中华经典名著
全本全注全译丛书

张建业◎译注

焚书 下

中华书局

卷四　杂述

解经题

【题解】

本文是对《大佛顶》经题的解释，写作年代不详。《大佛顶》即《楞严经》，又名《首楞严经》（唐代天竺沙门般剌蜜帝译，与后秦鸠摩罗什译《首楞严经》是不同的两种经书），全称《大佛顶如来密因修证了义诸菩萨万行首楞严经》。共十卷。此经述阿难、富楼那、憍陈如等佛陀弟子求法与弘教故事，借以宣传密宗即事而真、即身成佛的思想。有人怀疑此经为汉人所撰述，尚无定论。

大佛顶者，至大而无外，故曰大；至高而莫能上，故曰顶。至大至高，唯佛为然，故曰大佛顶也。夫自古自今，谁不从是大佛顶如如而来乎①？但鲜有知其因者耳②。能知其因，如是至大，如是至高，则佛顶在我矣。然何以谓之至大？以无大之可见，故曰至大也。何以谓之至高？以无高之可象③，故曰至高也。不可见，不可象，非密而何④？人唯不知其因甚密，故不能以密修⑤，不能以密证⑥，而欲其决了难矣⑦。岂知此经为了义之密经⑧，此修为证明之密修⑨，此佛为至大至高，不可见，不可象，密密之佛乎⑩！此密密也，诸菩萨万行悉从此中流出⑪,无不可见,无不可象,非顽空无用之比也⑫,是以谓之首楞严。首楞严者,唐言究竟坚固也⑬。究竟坚固不坏,则无死无生,无了不了之人矣⑭。

【注释】

①如如:佛教用语。指平等不二的法性理体。

②鲜:少。

③无高之可象:高到无法描述它的形象(的程度)。象,这里作动词用。

④密:深奥秘密,即神秘之意。

⑤密修:闭关静修。修,指修佛道。

⑥密证:在默思静修中得到证果。证,参悟,修行中领悟妙道。

⑦决了:决定明了。

⑧了义:与"不了义"对言。佛教认为真实之义,彻底的义理,最完满的义谛,明了地说出究竟真实之理的叫"了义";不能及于完全的绝对真理,只是一种经验的真理,具有相对意义,而为方便之说的叫"不了义"。

⑨证明:参悟。

⑩密密:极其神秘。

⑪万行:指一切修行方法。

⑫顽空:指一种无知无觉、无思无为的死的虚幻境界。

⑬唐言:即汉语。唐,唐代,代指中国。究竟坚固:佛教用语。绝对坚固,用以表明佛教所虚构的精神本体是真实的,永恒的,不生不灭的。

⑭无了不了:没有什么"了义"不明了的。前一个"了",指"了义"。

【译文】

《大佛顶如来密因修证了义诸菩萨万行首楞严经》这部佛经题目中

的"大佛顶",意思是佛性最大,没有能超过他的,所以说"大";佛性最高,没有能在他上面的,所以称为"顶"。最大最高,只有佛性才能达到这"大佛顶"。自古至今,哪个众生不是从"大佛顶"真如佛性中而来呢?却很少有人知道其中的根由。能够知道其中的根由,那么这就是最高最大,佛性也就在我心中。什么是最大?因为超越了眼睛能见的范围,所以是最大。什么是最高?因为高到无法描述它的形象,所以称为最高。既然不可以用眼睛见到,不可以用形象显示,那么不是奥秘又是什么呢?人们就是因为不知道佛性的秘密所在,所以不能从秘密处修证,不能从秘密处了悟,因此要决定明了佛性,就难了。人们哪里知道,《楞严经》是讲述佛教了义的秘密经典,《楞严经》的修行方法是神秘微妙的证悟之道,《楞严经》所说的佛,是最高最大的法身佛性,不可眼见,不可描述,极其神秘!这部神秘的佛经,是众菩萨一切修行方法的源头,不可眼见,不可描述,不可以用虚幻的顽空来比拟,所以称之为《首楞严》。所谓《首楞严》,唐代的话,意思指彻底绝对的坚固。所谓彻底绝对的坚固不坏,就是指超越了生死,超越了解脱与不解脱境界的人啊。

书《决疑论》前

【题解】

本文写作年代不详。《决疑论》,书名。即《略释新华严经修行次第决疑论》,简称《华严经决疑论》《决疑论》。佛教著作,唐代李通玄撰。四卷。据序称,李通玄撰《新华严经论》四十卷后,"又虑时俗机浅",故又作此书及《华严经大意》《释华严经十明论》。认为《华严经》是"一乘圆教佛果之门",分十部分叙其"纪纲",以使学者"知进修之轨"。所述十部分(十门)均附《华严经》内相应的品名,并作详细解释,实际是把《华严经》分为十部分讲解。该书见于日本《大藏经》。决疑,解决疑难。

经可解①，不可解。解则通于意表②，解则落于言诠③。解则不执一定，不执一定即是无定，无定则如走盘之珠，何所不可？解则执定一说，执定一说即是死语，死语则如印印泥，欲以何用也？

【注释】

①经可解：与下句"不可解"，意为佛经解释得好，就能达到言外之意，解释得不好，就会拘泥于言语，使人固执一意。故说可解又不可解。这是作者根据佛教禅宗"见性成佛，不在言说"的理论而立论。禅宗认为语言只能表达个别事物，"真如"佛性是圆满的精神本体，不能用语言文字来表达。否则，就会妨碍"见性"。

②意表：言外之意。

③言诠：本指用语言解说，后引申为语言的迹象。这里指用语言文字去勉强说明抽象的内容。亦作"言筌"。

【译文】

佛经可以解释，但不容易解释得圆融无碍。佛经解释得好，则言外之意能够通达；如果解释得不好，则拘泥于刻板的言句，不能使人通达佛意。解释佛经有两种情况：一是不执着固定死板的言句；不执着固定死板的言句，就是没有定法可执着；不执着定法，那么学经解义则灵活机动，犹如珠走玉盘；那么解释佛经又有何不可？二是解释佛经执着固定死板的言句；执着固定死板的义理，就是没有生气的死句；用死句解释佛经，就像把印章印在印泥里，能有什么用呢？

此书千言万语，只解得《心经》中"色即是空，空即是色"两句经耳①。经中又不曰"是故空中无色"乎②？是故无色者众色之母③，众色者无色之色，谓众色即是无色则可，谓众色之外别无无色岂可哉④！由此观之，真空者众苦之母⑤，众苦者真空之苦，谓真空能生众苦则可，谓真空不能除灭众苦又岂可哉！盖既能生众苦，则必定能除灭众苦无疑也。众苦炽然生，而真空未尝生；众苦卒然灭，而真空未尝灭⑥。是以谓之极乐法界⑦，证入此者⑧，谓之自在菩萨耳⑨。今以厌苦求乐者谓之三乘⑩，则《心经》所云"照见五蕴皆空⑪，度一切苦厄"，又云"能除一切苦，真实不虚"者⑫，皆诳语矣⑬。

【注释】

①《心经》：佛教经典之一，全称《般若波罗蜜多心经》。心，喻为核心，纲要，精华，是佛教般若学说的核心。"般若波罗蜜多"，是梵语的音译。般若，或译为"波若"，意译为智慧。但这里的"智慧"，是指一种"妙智妙慧"，是众生本心所具有，能产生一切善法的"智慧"。波罗蜜多，意为由此岸（生死岸）度人到彼岸（涅槃、寂灭而成佛）。《心经》的要旨是"五蕴皆空"，说明以般若（智慧）观察宇宙万事万物自性本空的道理，而证悟无所得的境界。色即是空，空即是色：语出《心经》。色，形色，泛指一般的物质现象。空，虚空，佛教认为客观物质世界是不真实的，所以说它是空的。但这种空并不是绝对的空无所有，不是虚无，所以又叫"真空"。

②空中无色：真空中不存在形色（即物质现象）。佛教认为真空实相，都是因缘和合，虚妄而生。彻底了悟真空实相的圣人，连因缘本身也视为空。因此，从根本的究极角度看，一切存在的根本相是空，是相对，是依赖，所以说"空中无色"。

③无色：不存在物质现象。这里指"真空"。众色：指各种物质现象。佛教认为万事万物都是"真空"所化现的幻相，"真空"是一

种精神本体。

④"谓众色"二句:意为说各种物质现象是"真空"的显现是可以的,但是如果说在各种物质现象之外没有"真空"的存在怎么可以呢!

⑤"真空"句:佛教认为生、老、病、死诸苦都是"真空"所变现的。如若悟得"真空",把世间一切事物都看成幻相,即可除灭一切苦难。

⑥"众苦"四句:佛教认为,"真空"这种精神本体是不生不灭的,而它所显现的各种幻相则有生有灭。炽(chì)然,旺盛的样子。卒(cù)然,忽然。卒,同"猝"。

⑦"是以"句:佛教认为悟得"真空"即可脱离苦难而享受极乐,故说"真空"是"极乐法界"。法界,梵文意译。界是"种类"之意,诸法一一差别,各有分界,因称法界。其含义有二:有时指现象界的全体,有时指宇宙万有的"本体"。

⑧证:参悟。修行中领悟妙道。

⑨自在菩萨:佛教认为悟得"真空",摆脱一切烦恼痛苦,通达无碍,就是自在。自在菩萨又指观世音菩萨,传说其怀普济众生之愿,而自在无阂,故称。

⑩三乘:指引导教化众生达到解脱境界的浅深不同的三种教法。一般指小乘(声闻乘)、中乘(缘觉乘)和大乘(菩萨乘)。

⑪五蕴皆空:意为物质和精神等一切现象都是虚幻不实的。五蕴,又称"五阴",即色(物质界)、受(感觉)、想(观念)、行(意志)、识(意识)五者假合而成的身心。色为物质现象,其余四者为心理现象。佛教不承认人身灵魂实体,认为它们都不过是由"五蕴"假合而成。

⑫真实不虚:指修般若法,不但可以明心见性,还可以证得佛果,除尽一切苦厄灾难。

⑬皆诳语矣：这是接"今以厌苦求乐者谓之三乘"而言。李贽认为，厌苦求乐，心中有所牵挂，以此去想通过"三乘"达到解脱境界，那与《心经》所说是大相径庭的，也不可能达到"五蕴皆空"的"真空"境界，因而也就不能除灭一切苦难。

【译文】

这本书说了千言万语，其实只是解释《心经》中"色即是空，空即是色"两句经文罢了。经中不是说过"是故空中无色"吗？所以真空是各种物质之母，各种物质是真空中的物质，说各种物质本身就是真空，是可以的，说各种物质之外，没有其他的真空，怎么可以呢！这样看来，真空是苦的源头，苦是从真空而来的，那么说真空能生众苦是可以的，怎么能说真空不能灭除众苦呢！既然真空能生出众苦，人悟空之后，那么也必定能够消除众苦，这是没有疑问的。众苦纷纭而产生，而真空是不生不灭的；众苦突然完全消失，真空依旧不生不灭。所以佛教称真空境界为极乐世界，证入这种境界的人，可以称之为得大自在菩萨了。现在人们把讨厌痛苦、追求快乐看作三乘佛教解脱法门的全部，其实是不全面的，否则，《心经》所讲"照见五蕴皆空，度一切苦厄"，又说"能除一切苦，真实不虚"，这些大乘般若空观的道理和解脱的方法，都是骗人的话了。

　　十法界以佛界与九界并称①，岂可即以娑婆世界为佛界②，离此娑婆世界遂无佛界耶？故谓娑婆世界即佛世界可也，谓佛世界不即此娑婆世界亦可也。非厌苦，谁肯发心求乐？非喜于得乐，又谁肯发心以求极乐乎？极乐则自无乐，无乐则自无苦，无罣碍③，无恐怖④，无颠倒梦想⑤。非有苦，有罣碍，有恐怖，有颠倒，而见以为无也。非有智有得⑥，而见以为无得也⑦。非有因有缘⑧，有苦有集，有灭有道⑨，而强以为无苦、集、灭、道也。非有空有色,有眼耳鼻舌身意⑩,而强以为空中无色,无眼耳鼻舌身意也。故曰:"但有言说,皆无实义。⑪"

【注释】

①十法界:佛教把地狱、饿鬼、畜生、阿修罗、人、天"六道"(亦称"六趣")和声闻、缘觉、菩萨、佛"四圣"合称为十法界。

②娑婆世界:又名"忍土""忍界",系释迦牟尼所教化的三千大千世界(即众生所居住的俗世)的总称。娑婆,梵语音译,意为"堪忍"。佛教认为此世界里的众生,能忍受种种烦恼,故称。

③罣(guà)碍:指受周围环境所迷惑,而不能悟脱。罣,同"挂"。

④恐怖:指堕入生死轮回而生恐怖。

⑤颠倒:佛教用语。即颠倒见,指颠倒是非的妄见。

⑥智:作"般若"讲,即智慧,佛教所说的妙智妙慧。

⑦无得:即无所得。佛教认为体会了"五蕴"的"真空",心中无所执着,无所分别,叫"无所得"。因为真心本来空寂,知而无知,才是真知,得而无得,才是真得,一切都不过是返观本性和真心罢了。

⑧有因有缘:佛教谓使事物生起、变化和坏灭的直接原因(主要条件)为因,间接原因(辅助条件)为缘。

⑨"有苦"二句:苦、集、灭、道,释迦牟尼传道时提出的四项道理,称"四谛",又称"四真谛""四谛法门"。"谛"为"真理"之意。苦谛,是人对于社会人生及自然环境所做的价值判断,认为世间充满痛苦与烦恼,人的一生都是苦的。集谛,是指造成世间人生痛苦的原因。"集",就是招集一切苦恼之意。灭谛,是求得解除痛苦的途径。"灭",就是灭有为还于无为,即靠修行而达于涅槃寂灭。道谛,是指脱离"苦""集"达到涅槃寂灭的理论说教和修行方法。"道",有"能通"之意,要灭掉罪业,只有依据一定的方法,

道谛就是正道修习的法门。苦、集二谛是世间法，集是苦因，苦
是集果。灭、道二谛是出世法，道是灭因，灭是道果。"四谛"是
佛教的基本教义之一。

⑩眼耳鼻舌身意：佛教所说的"六根"。根为能生之意，即能发生认
识功能的眼为视根，耳为听根，鼻为嗅根，舌为味根，身为触根，
意为思虑之根。

⑪"但有"二句：语出《楞严经》。佛教认为，当悟得"真空"时，一切
皆空，所谓苦乐、因缘、四谛、六根等，都只是言语所说，并无真
实义。

【译文】

　　佛教把法界分为十法界，其中佛界与其他九界并称，但怎么就能把
娑婆世界看作是佛界，认为离开此娑婆世界，就没有佛界呢？认为娑婆
世界就是佛世界是可以的，认为佛世界并不仅仅就是娑婆世界，也是正
确的。不是厌离痛苦，谁肯发心追求快乐？不是喜欢过快乐的生活，谁
又肯发心追求极乐世界呢？极乐世界，是无乐的世界，没有快乐，就没
有痛苦，没有挂碍，没有恐怖，没有颠倒梦想。极乐世界是真实不虚的，
并不是有痛苦，就有挂碍，有恐怖，有颠倒，而是众生有了智慧，看到了
没有恐怖颠倒的真相后认为没有。不是有什么具体的智慧和证悟，而
是众生有了智慧后，看到了智慧证悟也不可得。不是有因有缘，有苦集
灭道，而勉强以为没有苦集灭道。不是有真空有物质，有六根六识，但
勉强以为真空中无物质，没有六根六识。所以说："只是言语所说，都不
是真实第一义。"

　　夫经，言教也。圣人不得已而有言①，故随言随扫，亦恐
人执之耳。苟知凡所有相皆是虚妄②，则愿力慈悲尤相之大
者③，生死之甚者，而可藉之以为安④，执之以为成佛之根本
乎⑤？凡有佛，即便有愿，即便有慈悲。今但恐其不见佛耳，

不患其无佛愿,无慈悲心也。有佛而无慈悲大愿者,我未之见也。故有佛,即便有菩萨。佛是体,菩萨是用;佛是主人翁,菩萨是管家人;佛是圣天子,菩萨是百执事⑥。谁能离得? 若未见佛而徒兴假慈悲,殆矣⑦!

【注释】

①圣人:这里指佛、菩萨。

②"苟知"句:佛教认为一切存在都只是幻相,所以说"凡所有相皆是虚妄"。相,佛教用语。指一切事物外现的形式、形态,如火之焰相、水之流相等。

③愿力:佛教用语。本愿力、宿愿力的略称。指誓愿的力量,即济度众生而发出的善愿功德之力。慈悲:佛教用语。佛能用爱护心给人安乐,叫作慈;用同情心拔除人的痛苦,叫作悲。

④藉(jiè):凭借。

⑤执:依据。

⑥执事:古时指侍从皇帝或大官员左右供使令的人。

⑦殆(dài):危险。

【译文】

所谓佛经,就是佛教化众生的语言。大道本来无言,圣人在传法的时候,不得已而运用语言,所以佛讲法的时候,会说完就扫掉,也是恐怕别人执着自己所说的话。如果知道所有的现象都是虚妄的假象,那么佛菩萨的大愿大慈大悲,只是特别宏大的法相而已,生死大事,怎么可以凭借这些来安心,执着这些当作成佛的根本呢? 只要证得成佛的根本,也就有了菩萨的大愿,也就有了菩萨的大慈大悲。现在的人只担心他们不见佛,不担心他们没有佛的大愿与大慈大悲。证得佛心而没有大愿大慈大悲的人,我没有见过。所以有了佛心,也就有了菩萨的妙用。佛心是本体,菩萨行是妙用;佛心是主人翁,菩萨是管家;佛心是神圣的天子,菩萨是具体执行做事的臣子。谁能够离开佛心而有菩萨行呢? 如果没有见佛明心而徒然兴起假慈悲,这样的修行就很危险了。

解经文

【题解】

本文写于万历二十五年(1597),李贽当时应梅国桢之邀在大同(今山西大同)。袁宗道《白苏斋类集》卷一五《与李卓吾(三)》曾说到此文的写作:"今岁(万历二十五年)天气不甚热,云中(大同)地高气爽,清凉当更倍此。院署敞豁,想见居士(指李贽)掷拂,中丞(指梅国桢)缓带,高谈之状,甚愉快也。"可为此文于本年写于大同的佐证。袁宗道在此信中还提及,此文是对《楞严经》中第二卷"晦昧为空"一段的解释,而且"晦昧为空,为字从来未有如此解者,未有如此直截透彻者"。《楞严经》这段原文是如来佛向阿难和"诸大众"讲经说法的一段话,内容是:"我常说言,色心诸缘,及心所使,诸所缘法,惟心所现。汝身汝心,皆是妙明真精妙心中所现物。云何汝等遗失本妙圆妙明心,宝明妙性? 认悟中迷。晦昧为空,空晦暗中,结暗为色,色杂妄想,想相为身。聚缘内摇,趣外奔逸,昏扰扰相以为心性。一迷为心,决定惑为色身之内,不知色身,外洎山河虚空大地,咸是妙明真心中物。譬如澄清百千大海,弃之。惟认一浮沤体,目为全潮,穷尽瀛渤,汝等即是迷中倍人。"其大意是:我常说,认知一切外物的心,攀缘在世界的物色之上,这都是由心支使的,而这由心所攀缘的世界种种物色,也只是心的显现而已。你们的身和心,都是由不可思议的妙明真心所显示出来的。为什么说你们遗失了原本属于自己的妙明真心,遗失了你们本来清净无垢的妙明本体呢? 这是因为你们的认识有了迷惑。你们迷失了圆明的妙、心转为晦暗昏昧的顽空相,就在这顽空相的晦暗中,认识心把晦暗聚集为物色,这种物色世界则混杂了种种妄想颠倒,并把这种种妄想颠倒聚集在身内。从而,心就被种种色尘缘物摇荡激动起来,于是,就纷纷趋奔那易坏滞碍的物色世界而去,一派昏昧迷惑、扰动不安的样子,以为这就是本真心性,以如此昏昧不安为本真心性。本心一旦迷失,就只知道这个心是种种物色在易坏之躯中的聚集,哪里知道这个物质之躯,以及那些山川、河流、天空、大地,也都不过是如此妙明真心所显示出来的事物呢!譬如那澄澈明净的大海,你们弃之不见,反而把水上的泡沫看成整个大海,想以此穷尽大海,你们这是迷而又迷啊!这一段的经说,正体现了《楞严经》的主旨,即"一切世间诸所有物,皆即菩提妙明真心,心精遍圆,含裹十方"(卷三)。意即世间一切事物,都是菩提妙明本心的显现生发,本真心体圆融遍在,涵含十方世界。而众生不明自心性净妙体,故流转生死。应当遵从佛陀教诲,不要"迷己为物,失于本心,为物所转",而是要"若能转物,则同如来"(卷二)。破除种种颠倒妄见,通过各种修行次阶,最终彻证妙明真心,成无上道。李贽在此文中的解释,有着自己独特的理解。

　　晦昧者,不明也。不明即无明①。世间有一种不明自己心地者②,以为吾之真心如太虚空③,无相可得④,只缘色想交杂⑤,昏扰不宁⑥,是以不空耳⑦。必尽空诸所有,然后完吾无相之初,是为空也⑧。夫使空而可为,又安得谓之真空哉⑨?纵然为得空来,亦即是掘地出土之空,如今之所共见太虚空耳,与真空总无交涉也⑩。夫其初也⑪,本以晦昧不明之故而为空⑫;其既也⑬,反以为空之故,益晦暗以不明⑭。所谓晦暗,即是晦昧,非有二也。然是真空也,遇明白晓了之人⑮,真空即在此明白之中,而真空未始明白也⑯。苟遇晦暗不明之者,真空亦即在此晦暗之中,而真空未始晦暗也⑰。故曰:"空晦暗中。"⑱唯是吾心真空,特地结起一朵晦暗不明之色⑲。本欲为空,而反为色,是以空未及为⑳,而色已暗结矣㉑。故曰:"结暗为色。㉒"于是即以吾晦暗不明之妄色,杂吾特地为空之妄想,而身相宛然遂具㉓。盖吾此身原从色想交杂而后有也㉔。

【注释】

①无明:愚痴。佛教理论十二因缘(十二缘生)中的一支。佛教认为愚夫由于不懂得缘生法(即无明),所以起惑造业。

②心地:佛教指心,即思想、意念等。佛教认为三界唯心,心是一种精神本体,如滋生万物的大地,能随缘生一切诸法,故称心地。

③真心:真实无妄的心。佛教把人的正常认识叫"妄心",而通过修习佛道达到的思想境界叫"真心"。太虚空:佛教认为浩瀚的太空无形无相,虚空常寂,故谓之太虚空。

④相:指一切事物外观的形式、形态。详见《书〈决疑论〉前》第四段注②。

⑤缘:因为,由于。色想交杂:万物的形象和内心的意象作用交集在一起。色,指形色,有形的物质现象。想,指想象中的意象。

⑥昏扰不宁:不断搅扰,不能安宁。昏扰,昏乱,心神不宁。

⑦是以不空:所以不能空灵。

⑧"必尽"三句:意为(有人认为)必须把各种有形有相的东西全部空掉,然后才可以回归到人我无形无相的本来面目——佛性,这是有意去追求的空。为空,指有意去追求"空"。

⑨"夫使"二句:意为如果"空"可以有意追求而造出来,那又怎么能称为"真空"——佛性真心呢?真空,佛教认为客观物质世界是不真实的,所以说它是空的。但这种空并不是绝对的空无所有、绝对的虚无,所以又叫"真空",而不是虚空,这种真空,即佛性真心。

⑩"纵然"四句:意为(那种认为可以有意去追求空的人)即使是能够造作出一个空来,也只能是如同挖地掘土造出的空洞,像我们看到的广阔无垠的太虚空一样,而不是真正的佛性,与真空佛性是没关系的。

⑪其初:最初。

⑫"本以"句:意为认为晦昧不明的虚空(混沌一片)就是真空佛性。

⑬既:已。后来的意思。

⑭"反以"二句:意为更把空无所有当成真空佛性,于是就更加糊涂不清了。

⑮晓了:通晓,明了。

⑯真空未始明白:真空佛性却无所谓明白不明白。

⑰真空未始晦暗:真空佛性却无所谓晦暗不晦暗。

⑱空晦暗中:真空佛性就在晦暗之中。

⑲"唯是"二句:意为只是我们的真心佛性于真空之中妄想执着,结果就凝结成晦昧不明林林总总的万物。色,物相。

⑳空未及为:无法得到空。

㉑色已暗结:物相却已形成。

㉒结暗为色:(由于各种妄想不断纠结)形成了种种物相。

㉓"于是"三句:意为于是就以我们晦暗不明而形成的虚妄物相,夹杂着我们对于空的虚妄念想,形成了好像存在的身体假相。妄色,虚妄不实的物相。妄想,虚妄不实的念想。身相,指身体状貌形象。宛然,状貌可见的样子。遂具,就具备了。

㉔"盖吾"句:意为我们的身体只是由妄想交杂、执着不断的产物,内在含义就是说我们的身体根本就不存在。色想,即妄色妄想。

【译文】

　　晦昧,就是不明的意思。不明,就是佛教所说的无明烦恼。世间有一种情况,就是不明白自己的心,误以为我的佛性真心,就像无边的虚空,没有形相可得,只是因为万物的形相和内心的妄念交集在一起,昏乱虚妄,扰动不安,所以不能获得空。有这种见解的修行人,认为一定要空掉所有的物相思维,恢复我原来虚空无相的本来样子,这才能得到真空。假如真空是可以有意去创造,又怎么能称为真空呢?即使通过有意地创造,得到了一个空相,那也是掘地挖土所得到的空相,就像现在共同见到的无边宇宙一样,与佛教所说的真空佛性,没有任何关系。其实,真空佛性的本来面貌,就是晦昧不明的样子,因其晦昧不明,所以称为真空;后来,由于众生想要空掉所有的形相,所以使本来晦暗不明的就更加晦暗不明了。所谓晦暗,就是晦昧的意思,也就是真空佛性,没有其他意思。但是这个真空佛性,碰到明白人,真空佛性也就在通晓之中,而真空佛性是无所谓明白不明白的。如果遇到晦暗不明白的人,真空佛性也就在晦暗之中了,而真空佛性是无所谓晦暗不晦暗。所以《楞严经》说:"真空佛性就在晦暗之中。"只是我们的真心佛性,于真空之中妄想执着,结果就凝结成晦昧不明的林林总总的万物。本来要空掉万法,反而因此凝结为物相,所以空没有达到,物相却已经形成。所以《楞严经》说:"由于种种妄想缠绕,形成了种种有形的物相。"以我们晦暗不明而形成的虚妄物相,夹杂着我们对于空的虚妄念想,形成了好像存在的身体假相。而我们的身体根本就不存在,我们的身体只是妄想交杂、执着不断的产物。

　　既以妄色妄想相交杂而为身,于是攀缘摇动之妄心日夕屯聚于身内[①],望尘奔逸之妄相日夕奔趣于身外[②],如冲波逐浪,无有停止,其为昏扰扰相[③],殆不容以言语形状之矣。是谓心相,非真心也,而以相为心可欤[④]!是自迷也。既迷为心[⑤],则必决定以为心在色身之内[⑥],必须空却诸扰扰相[⑦],而为空之念复起矣[⑧]。复从为空结色杂想以成吾身[⑨],

展转受生⑩,无有终极,皆成于为空之一念,始于晦昧之无明故耳⑪。夫既迷为心⑫,是一迷也。复迷谬以为吾之本心即在色身之内⑬,必须空却此等心相乃可。嗟嗟! 心相其可空乎! 是迷而又迷者也,故曰"迷中倍人"⑭。岂知吾之色身洎外而山河⑮,遍而大地,并所见之太虚空等,皆是吾妙明真心中一点物相耳⑯。是皆心相自然⑰,谁能空之耶? 心相既总是真心中所现物,真心岂果在色身之内耶? 夫诸相总是吾真心中一点物,即浮沤总是大海中一点泡也⑱。使大海可以空却一点泡,则真心亦可以空却一点相矣,何自迷乎?

【注释】

①攀缘摇动:佛教谓心随外境纷驰而多变。指心神游荡不定,如猿攀树枝摇曳。妄心:虚妄的心思。

②"望尘"句:意为各种追逐外物的杂念妄想、虚妄行为形成了身外的大千世界。望尘,望尘莫及。指望着前面车马飞扬的尘土而怕追赶不上。奔逸,极快地奔跑。妄相,虚妄的行为。奔趣,奔跑。趣,同"趋"。

③昏扰扰相:昏乱虚妄、扰动不安的样子。

④"是谓"三句:意为这是由心感知而形成的现象,而不是真心佛性,怎么可以把感知而产生的现象当成本来佛性呢? 心相,能感知的心,指人的精神现象。

⑤既迷为心:本心迷惑之后。

⑥"则必"句:意为就会认为人的真心佛性在色身之内。

⑦"必须"句:意为(为了求得真心佛性)就必须把昏乱虚妄搅动不安的种种心相空掉。

⑧"而为空"句:意为于是着意追求空的妄想又产生了。

⑨"复从"句:意为又从空去结色杂想,以成自己之身。结色,即上文所说"结暗为色"。杂想,即上文所说的妄想。

⑩展转受生:流转于生死轮回。受生,投胎,投生。

⑪"皆成"二句:意为(流转于生死轮回不能解脱)都是因为执着于空的念头,而这个执着则源于糊涂不清的无明烦恼。

⑫既迷为心:这里指本心被空境所迷惑。

⑬迷谬:迷惑谬误。本心:即下文所说的"妙明真心"。

⑭迷中倍人:迷而又迷的人。

⑮洎(jì):通"暨"。和,与。

⑯妙明真心:《楞严经》所谓的最高精神本体,即佛性真心,世界万物和主观精神都是它的幻现。

⑰心相自然:真心自然显现的物相。

⑱浮沤(ōu):漂浮的水泡。

【译文】

既然是因为虚妄的物相与妄想相互缠绕而形成我们的身体,那么心随外境纷驰多变的妄想都聚集于身体之中,各种追逐外物的虚妄行为形成了身外的大千世界,就像冲波逐浪一样没有停止,其形其相是昏乱扰动的,难以用语言来描绘。这些所谓的心相,不是佛性真心,那些把虚妄物相当作妙明真心的观点,怎么可以呢! 这是自己迷惑自己。本心迷惑之后,肯定以为真心佛性在身体内,必须空掉那些虚妄扰动的心相,于是想证得空相的妄想又产生了。众生从空相去结色杂想形成自己的身体。身体流转于生死轮回,没完没了,都是源于那一念"空"想。而对于空的执着,则源于糊涂不清的无明烦恼。本心被空境迷惑,这是第一次迷惑。接着又迷惑于认为我的真心在身体之内,必须空掉自己的心相才可以。唉! 心相怎么能空掉呢! 这是迷惑之后的又一次迷惑,所以说"是迷而又迷的人"。哪里知道我的身体以及外在的山河大地,还有眼睛所见的虚空,都只是我妙明真心中的一点物相罢了。这都是真心自然显现的物相,谁能空掉它呢?心相既然只是妙明真心中的一点物相,真心怎么能在身体内呢?其实诸般物相只不过是我真心中的一点东西罢了,就像大海中的一点泡沫而已。如果大海可以空掉泡沫,那么真心也可以空掉物相了,自己是何其迷惑自己啊?

　　比类以观①,则晦昧为空之迷惑,可破也已。且真心既已包却色身,洎一切山河虚空大地诸有为相矣②,则以相为心,以心为在色身之内,其迷惑又可破也。

【注释】

①比类:以此例相比照。

②有为相:佛教主张万有皆空,心体本寂,称造作之相或虚假之相为"有相"。有为相,指一切有造作,有生灭,由"因缘"所生的"物相"。

【译文】

以此推理,那么晦昧为空的迷惑,可以破除了。真心既然已经包括了色身,以及一切山河大地、虚空等各种物相,那么以物相为真心,以为真心在身体之内,这种迷惑也可以破除了。

念佛答问

【题解】

本文于万历六年(1578)写于云南鸡足山。高奣(wěng)映《鸡足山志》卷四《名胜下·李卓吾先生谈禅楼》:"先生(指李贽)温陵人,官姚安太守,于万历六年戊寅,因巡按(指云南按察使刘维)调榆(大理府,古叶榆县所在地)、鹤(鹤庆)、姚(姚安)三府会剿此胜蛮贼(指腾越道北胜州的少数民族起义)机宜,按君延于永昌府(治所在今云南保山),故先生得久游于鸡足。寓大觉寺,与小月禅人论净土法门,遂作《念佛答问》。"可供参考。

　　小大相形,是续鹜短鹤之论也①。天地与我同根②,谁是胜我者？万物与我为一体,又谁是不如我者？我谓念佛即是第一佛③,更不容于念佛之外复觅第一义谛也④。如谓念佛乃释迦权宜接引之法⑤,则所谓最上一乘者⑥,亦均之为权宜接引之言耳。古人谓佛有悟门⑦,曾奈落在第二义⑧,正仰山小释迦吐心吐胆之语⑨。后来中峰和尚谓学道真有悟门⑩,教人百计搜寻,是误人也。故知此事在人真实怕死与不耳⑪。发念苟真,则悟与不悟皆为戏论,念佛参禅总归大海⑫,无容着唇吻处也⑬。

【注释】

①"小大"二句:意为事物的大小,要各听自然,不必强加比较、区别。相形,相比较。续鹜短鹤,语本《庄子·骈拇(mǔ)》:"长者不为有余,短者不为不足。是故凫胫虽短,续之则忧;鹤胫虽长,断之则悲。"意思是把本来短的接长,把本来长的截短。鹜,鸭子。后因以"续凫断鹤"比喻违失事物本性,欲益反损。凫,野鸭。

②天地与我同根:佛教认为,人和天地万物,都是"真如"佛性的显现,同根共本,无大小、高下之分。

③念佛:佛教的一种修行方法,约分为称名念佛、观想念佛与实相念佛三种。一般指前一种,即口诵"阿弥陀佛"或"南(nā)无(mó)阿弥陀佛"。第一佛:佛教所说的最高境界和真理。

④第一义谛:指最上至深的妙理,也称第一义、真谛、胜义谛,与世
　　谛、俗谛或世俗谛对称。世间法为"俗谛",出世法为"真谛"。

⑤释迦:指释迦牟尼。接引:佛教用语。指阿弥陀佛与观世音、大
　　势至菩萨引导众生入西方净土。

⑥最上一乘:指至高无上的教法。

⑦悟门:佛教用语。领悟佛理的门径。

⑧曾奈:同"争奈""怎奈"。第二义:与第一义相对,即"俗谛",指世
　　俗的道理。

⑨仰山小释迦:唐末江西大仰山慧寂和尚(807—883),别号小释
　　迦,为禅宗沩(wéi)仰宗开山祖师之一。其禅学注重心性,强调
　　自心佛性,教人"各自回光返照","莫将心凑泊,但向自己性海如
　　实而修"。有《仰山慧寂禅师语录》一卷传世。《宋高僧传》卷一
　　二、《景德传灯录》卷一一、《统要续集》卷八、《六学僧传》卷七、
　　《五灯会元》卷九等有传。吐心吐胆:即吐肝露胆,比喻赤诚相
　　见,说出心里话。这里指慧寂和尚禅学强调自心佛性的特色。

⑩中峰和尚:明本(1263—1323),字中峰,钱塘(今浙江杭州)人。
　　元代僧人。著有《中峰和尚广录》。《佛祖通载》卷三六、《增集续
　　传灯录》卷六、《续稽古略》卷一、《新续高僧传》卷一七等有传。

⑪"故知"句:意为学道成佛就在于人是否真正怕死而已。佛教认
　　为,只有真正怕死才能使人决心学道以求进入无生无死的极乐
　　佛国。

⑫参禅:禅宗的修持方法。有游访问禅、参究禅理、打坐禅思等形
　　式。大海:即佛海。佛教比喻佛界广大如海。

⑬着唇吻:争论的意思。

【译文】

　　事物总有大小长短,要听其自然,不要截长续短使失其本性。天地
与我一样,没有什么大小高下之分,谁能比我优越? 万物与我一样,又

有谁不如我呢？我认为诚心念佛就是修行的最高境界，没必要在念佛之外再研究什么至深的妙理。如若认为念佛是释迦牟尼佛祖引导众生进入西方净土的权宜之法，那么所说的至高无上的教法，也都是暂时适宜地引导众生进入西方净土之法。古人曾说有领悟佛理的门径，怎奈这种说法已落入世俗之理，这正是大仰山慧寂和尚的肺腑之言。后来中峰和尚说学道真有领悟佛理的门径，教人千方百计搜寻，这实在是误人啊。由此可知学道成佛关键在于人是否真正怕死而已。如若萌生的念头真实，那么所谓悟与不悟都是随便说说而已，只有念佛参禅才能归入佛海，这是不必争论的。

《征途与共》后语

【题解】

　　李贽在《与方讱庵》一文中曾说："《征途与共》一册，是去冬别后物。"（《续焚书》卷一）《与方讱庵》写于万历二十四年（1596），由此可证此文写于万历二十三年（1595）冬。当时，李贽女婿庄纯夫到麻城、黄安，时任江西宁州知州的方讱庵也到麻城与庄纯夫相会，并日与共学。临别，李贽在他们共学的册子上题写了"征途与共"四字，并写了此跋。《征途与共》今佚。文中提出的"世间功名富贵，最易埋没人"，与学道要靠自己，像伯牙学琴一样，除得硕师按图指授外，主要是靠自己的独立实践，方能有得，都是颇有启示的。

　　弱侯之言①，盖为未得谓得者发耳②。若方子及犹为勇往之时③，岂宜以此言进之哉？然吾闻学者未得谓得真不少也，则即进之以此言亦宜。夫世间功名富贵，最易埋没人。余老矣，死在旦夕，犹不免近名之累，况当热闹之场，擦粉涂

额以悦于人④,而肯究心生死⑤,视人世繁华极乐以为极苦,
不容加乎其身⑥,余又安所求于世也⑦?盖生死念头尚未萌
动,故世间参禅学道之夫,亦只如此而止矣。则有鼻孔辽天
者⑧,亦足奇也,我愿弱侯勿太责之备也。姑置勿论,且摘弱
侯叙中语,以与侯商何如?

【注释】

①弱侯:焦竑(hóng,1540—1620),字弱侯,又字从吾、叔度,号澹
园,又号漪园,著文亦常署漪南生、澹园子、澹园居士、澹园老人、
太史氏等,有时偶书龙洞山农。学者多称澹园先生。其籍贯为
南京应天府旗手卫,但他的上世是山东日照人,因此,焦竑自称
乡贯,有时言金陵、江宁、上元(皆南京异称),有时言琅琊(山名,
在今山东日照、诸城东南海滨,因秦始皇在此建有琅琊台并刻石
而著称,这里代指日照)。万历十七年(1589)以殿试第一为翰林
院修撰。后因议论时政被劾,谪福宁州(治所在今福建霞浦)同
知。焦竑本是耿定向的学生,但后来思想上深受李贽的影响,二
人成为挚友。曾为李贽的《焚书》《续焚书》《藏书》《续藏书》等作
序。著有《澹园集》《焦氏笔乘》《焦氏类林》等。《明史》卷二八
八、《明史稿》卷二六九、《明儒学案》卷三五、《罪惟录》卷一八、
《列朝诗集小传》丁集下、《居士传》卷四四、《江南通志》卷一六五
等有传。焦竑在《刻苏长公集序》中曾说:"至文动形生,役使万
景,而靡所穷尽。非形生有异,使形者异也,譬之嗜音者必尊信
古,始寻声布爪,唯谱之归,而又得硕师焉以指授之。乃成连于
伯牙,犹必徙之岑寂之滨,及夫山林杳冥,海水洞涌,然后怳有得
于丝桐之表,而水山之操,为天下妙。若曚者偶触于琴而有声,
辄曰:'音在是矣。'遂以谓仰不必师于古,俯不必悟于心,而傲然

可自信也,岂理也哉!"(《澹园集》卷一四)焦竑这里以伯牙学琴为例,强调为学要依靠古代的图谱和当今大师的传授才能有所成就。李贽对此提出了不同看法。

②未得谓得:学未有得却自称为有得。

③方子及:方沆(hàng,1542—1608),字子及,号讱(rèn)庵,莆田(今福建莆田)人。隆庆二年(1568)进士。历官南京户部郎、刑部郎、云南提学、湖广佥事等。著有《漪兰堂集》。明代李维桢《大泌山房集》卷八一,《莆田县志》卷一三、卷二二,《姚安县志》卷六五,民国《新纂云南通志》卷一七九有传。勇往:努力上进。

④擦粉涂额:犹言涂脂抹粉。

⑤究心:专心研究。

⑥不容加乎其身:不愿把上句所说的视极乐为极苦加在自己身上(意思是要摒弃功名富贵)。

⑦"余又"句:意为(上面所说的那种人)我又怎么能从这世间里找得到呢?

⑧鼻孔辽天:即鼻孔朝天。形容高傲自大。这里指见识高远,不同流俗。

【译文】

焦竑那些话,是说给那些没学到什么却自认为已学有成的人的。像方子及是努力上进的人,怎么能用焦竑的话向他进言呢?然而我听到有不少什么也没学到却自认学已有成的人,对于这些人,把焦竑的话送给他们倒是很合适的。世间的功名富贵,最容易埋没人。我老了,死在旦夕,还难免有追求名誉的牵累,何况处在热闹之场,涂脂抹粉以求他人的欢喜,哪里肯专心研究生死大事,把人生的繁华极乐看成极苦,摒弃功名富贵,我到哪里能找到这种人呢?如若对于生死这样的大事还没有产生思考,那么世间参禅学道的人,也只能如此罢了。如若遇到见识高远不同流俗之人,真是太珍奇了,我希望焦竑对这些人不要有太多的责备。这些先不管他,暂且摘出焦竑有关的说法,与他商榷一下怎么样?

　　侯谓声音之道可与禅通①,似矣。而引伯牙以为证②,谓古不必图谱③,今不必硕师④,傲然遂自信者,适足以为笑,则余实不然之。夫伯牙于成连,可谓得师矣,按图指授,可谓有谱有法,有古有今矣。伯牙何以终不得也?且使成连而果以图谱硕师为必不可已⑤,则宜穷日夜以教之操,何可移之海滨无人之境,寂寞不见之地,直与世之瞍者等⑥,则又乌用成连先生为也?此道又何与于海,而必之于海然后可得也?尤足怪矣!盖成连有成连之音,虽成连不能授之于弟子;伯牙有伯牙之音,虽伯牙不能必得之于成连。所谓音在于是,偶触而即得者,不可以学人为也⑦。瞍者唯未尝学,故触之即契⑧;伯牙唯学,故至于无所触而后为妙也⑨。设伯牙不至于海,设至海而成连先生犹与之偕⑩,亦终不能得矣。唯至于绝海之滨,空洞之野,渺无人迹,而后向之图谱无存,指授无所,硕师无见,凡昔之一切可得而传者,今皆不可复得矣,故乃自得之也。此其道盖出于丝桐之表⑪,指授之外者,而又乌用成连先生为耶?然则学道者可知矣。明有所不见,一见影而知渠;聪有所不闻,一击竹而成偈⑫:大都皆然,何独瞍师之与伯牙耶⑬?

【注释】

①声音之道:弹琴的道理。

②伯牙:相传是春秋时期人,善弹七弦琴。《荀子·劝学篇》有"伯牙鼓琴,而六马仰秣"的记载,并认为其高超的琴艺乃"积学"而成。据《乐府题解》:伯牙学琴于成连先生,学了三年还是没有什么成就。后随成连到东海蓬莱山,听海水澎湃、群鸟悲鸣之声,

心有所感,乃援琴而歌。从此琴艺竟达到很高的造诣。琴曲《水
仙操》即为伯牙当时所作。相传《高山流水》也是他的作品。

③古不必图谱:学琴不必依靠古人指导练习琴艺的图谱。

④今不必硕师:学琴也不必依靠当代大师的指导。硕师,大师。

⑤已:停止。这里是缺少之意。

⑥矇者:不学无知的人。这里指焦竑所说的"偶触于琴而有声"的
"矇者"。

⑦"不可"句:意为单靠学习他人那是不行的。

⑧触:指接触弹琴的事。契:符合。指符合弹琴的道理。

⑨无所触:指好像没有接触过弹琴的事一样。也就是摆脱了从图
谱和硕师那里接受来的一套框框。

⑩偕:同行,在一起。

⑪丝桐:指琴。琴多用桐木制成,安上丝弦,故称。表:外。

⑫"明有"四句:意为真正的目明,一见影子就知道是你;真正的耳
聪,一听击竹声就知道是该念什么偈语。这里强调的是,只有摆
脱了传统的"见""闻",才能真正达到目明、耳聪的"自得"境地。
渠,你。击竹,指弹琴。竹,管乐器。这里指念偈语时的伴奏乐
声。偈(jì),偈语,偈颂,佛经中的唱颂词。

⑬矇师:把学生教成"矇者"的老师。指成连。

【译文】

焦竑说弹琴的道理与佛禅修行是相通的,这大致可以说得通。但
他引伯牙学琴为例,认为学琴不必依靠古人的琴艺图谱,也不必接受当
代大师的指导,这样自信而又高傲之人,那是非常可笑的,对这样的说
法我认为并不正确。伯牙学琴于成连,可谓得师了,按图指授,可谓有
谱有法,有古有今了。为什么伯牙还是学不到真正的琴艺呢? 如若成
连真是认为图谱大师为不可缺少,那就不应该日夜教伯牙照图谱弹奏,
为什么却引伯牙到海滨无人之境,寂寞不见人之地,与不学无知的人一

样,成连先生又有什么用呢? 此中道理与海有何关系,为什么必到海滨
然后可以得到琴艺呢? 这是非常奇怪的。这是因为成连有成连之音,
虽成连不能传授给弟子;伯牙有伯牙之音,虽伯牙不能必从成连得之。
这就是所说的音如此存在,人们偶然接触灵感一发而得之,单靠学习他
人那是不行的。曚曚不学无知之人虽然没有按图而学,但他一旦能感
知到琴律,就会体会到弹琴的道理,伯牙到无人之境的海滨而学有所
得,那是因为他摆脱了从图谱和硕师那里的一套框框,所以能达到妙
境。如若伯牙没去海滨,如若到了海滨而成连先生犹和他一起设框框
限制,那么伯牙也决不会有所成功。正因为伯牙到了绝海之滨,空洞之
野,渺无人迹,而后以前的图谱已不起作用,成连的条条框框也没了限
制,大师也不见,先前一切应该遵守而传承的,都不再干扰,所以才能取
得自己体验到的成绩。这种道理的悟出实是出于琴弦之外,也出于硕
师的指授之外,也就用不着成连先生了。由此也可以得知学道之理了。
真正的目明能见,一见影子就知道是你;真正的耳聪能听,一听去竹声
就知道该念什么偈语:大家都是这样,把学生教成曚者的老师成连与学
徒伯牙又怎么能例外呢?

　　吾愿子及如曚师,弱侯如居海上者,于是焉敬以书其
后,而题曰《征途与共》以归之①。与共者,与共学也。子及
以纯甫为可与②,故征途日与之共学。倘真可与共,则愿并
以此语与之可。

【注释】

①归:通"馈",赠送的意思。

②纯甫:名凤文(1554—1606),字纯夫(又作纯甫),泉州人。李贽
　的女婿。可与:可与共学。

【译文】

我愿方沆像曔师，焦竑则如居海上之人，于是恭敬地书写这些句附于书后，而题名曰《征途与共》以赠送。与共之意，就是可以共学之意。方沆与纯甫可以共学，那么在今后的人生征程中就要一起共学。如若真能如此，那么我把这些话题赠他们也就可以了。

批下学上达语

【题解】

本文约写于万历十九年（1591），当时李贽在武昌。下学上达，语出《论语·宪问》："孔子曰：'莫我知也夫（没有人知道我呀）！'子贡曰：'何为其莫知子也（为什么没有人知道您）？'孔子曰：'不怨天，不尤人，下学而上达。知我者其天乎？'"关于"下学上达"，历来有不同的解释。程颢认为："盖凡下学人事，便是上达天理。然习而不察，则亦不能上达矣。"并说："学者须守下学上达之语，乃学之要。"（朱熹《论语集注》引）皇侃《义疏》说："下学，学人事；上达，达天命。我既学人事，人事有否（pǐ，坏）有泰（好），故不尤人。上达天命，天命有穷有通，故我不怨天也。"今人杨伯峻《论语译注》则解为"学习一些平常的知识，却透彻了解很高的道理"。可供参考。李贽此文当是针对焦竑辩驳程颢辟佛的言论而发。当时，焦竑与耿定向在书信来往中，多次提到对程颢辟佛的看法。耿定向《又与焦弱侯》第八书曾说："顷得贤（指焦竑）驳异（辩论不同意见）程伯子（即程颢）辟佛诸条。余固陋，不谓贤不得佛意，然亦不谓程伯子不得贤意。"（《耿天台先生文集》卷三）焦竑在《答耿师》中说："伯淳，宋儒之巨擘也，然其学去孔孟则远矣。孔孟之学，尽性至命之学也。独其言约旨微，未尽阐晰，世之学者又束缚于注疏，玩狎于口耳，不能骤通其意。释氏诸经所发明，皆其理也。苟能发明此理，为吾性命之指南，则释氏诸经，即孔孟之义疏也，而又何病焉！伯淳斥佛，其言虽多，大抵谓

'出离生死'为利心。夫生死者,所谓生灭心也。……学者诚有志于道,窃以为儒、释之短长,可置勿论,而第反诸我之心性。苟得其性,谓之梵学可也,谓之孔孟之学可也,即谓非梵学、非孔孟学,而自为一家之学,亦可也。盖谋道如谋食,藉令为真饱,即人目其馁,而吾腹则果然矣。"(《澹园集》卷一二)显然,程颢坚持的是严格的儒、佛界限,而焦竑强调的则是引佛入儒。在这种论辩中,"下学上达"也成为一个重要组成部分。耿定向《明道语录辑》中辑有程颢与焦竑关于这方面的针锋相对的论辩言论,其原文如下:"(明道说)'释氏本怖生死为利,岂是公道? 唯务上达,而无下学。然则其上达处岂有是也? 元不相连属。但有间断,非道也。'焦曰:'离下学无上达。今内典所言皆下学也。从此得悟,便名上达。学以求达,如凿井求及泉也。学而不达,学亦何为? 下学是求上达之路。'"(《耿天台先生文集》卷九。焦竑的话又见《澹园集》卷一二《答友人问》,文字稍有出入。)李贽此文,就是由此而发。李贽认为,"下学者圣凡之所同",既然"凡民"与"圣人""同其学矣",那么,说"满街皆是圣人,何不可也?"如若说"上达"是"圣人所独",那么,对于孔子之道连颜回都"未达一间(差一点没能达到)",只能是"颜子而下,皆凡民也"。这里,李贽由"下学上达"的解说,得出的是他一再阐述的"圣凡一律"的结论,这在等级森严的封建社会有着重要的意义。此文又见于大雅堂订正李贽辑袁宏道校《枕中十书》壬集《理谭》和《李卓吾先生秘书八种》卷九《理谭》。

"学以求达",此语甚不当。既说离下学无上达,则即学即达[①],即下即上,更无有求达之理矣,而复曰"求达",何耶? 然下学自是下学,上达自是上达,若即下学便以为上达,亦不可也。而乃曰"学以求达",是果即下学以求达耶,抑别有求达之学耶? 若即学求达,当如前诘[②];若别有求达之学,则剜肉作疮③，尤为揠苗之甚矣④。故程伯子曰⑤："洒扫应对，便是精义入神。⑥"曰"便是"，则是即学即达也。然又曰："人须是识其真心⑦。"夫真心不可以识识⑧，而可以学求乎？不可以学求，则又是离学而后有达也⑨，故谓学以求达者非也。离学者亦非，即学者亦非⑩，然则夫子何自而上达乎⑪？此颜子所以终身苦孔之达矣⑫。不曰"即学即达"，不曰"离学而达"，亦不曰"学以求达"，而但曰"下学而上达"，何其意圆语圆⑬，令人心领神会，而自默识于言意之中也⑭。今观洒扫应对，虽下愚之人亦能之，唯不能达乎其上，是以谓之下学也，是以谓之百姓也，是以谓之鄙夫也，是以谓之凡民也，是以谓之但可使由也⑮。至于精义入神，则自然上达矣。上达，则为聪明圣智达天德之人矣⑯。是以谓之曰"形而上"也⑰，谓之曰"可以语上"也⑱，谓之曰"君子上达"也⑲。虽颜子大贤，犹曰"未达一间⑳"，曰"其殆庶几㉑"，况他人哉！则夫子之自谓莫我知，自谓惟天知者㉒，信痛悼之极矣㉓。盖世之学者不是日用而不知㉔，则便是见之为仁智㉕，而能上达者其谁也？夫学至上达，虽圣人有所不知，而凡民又可使知之乎？故曰："吾有知乎哉。"㉖虽圣人有所不能，而凡民又可使能之乎？故曰："民鲜能久矣。㉗"民之所以鲜能者，以中庸之不可能也㉘，非弃之也。然则下学者，圣凡之所同。夫凡民既与圣人同其学矣，则谓满街皆是圣人㉙，何不可也？上达者，圣人之所独，则凡见之为仁智，与日用而不知者，总是不达，则总是凡民明矣。然则自颜子而下，皆凡民也。可畏也夫！先圣虽欲不慨叹于由、赐之前可得耶㉚？

【注释】

①即学即达:与下文"即下即上",都是通过学习一些平常的知识就可以透彻了解很深的道理的意思。

②"若即"二句:意为如果是就下学去求上达,那在前面已经提出质问了。诘(jié),质问,追问。

③剜(wān)肉作疮:犹剜肉成疮。本想割肉医疮,但被割之处反成新疮。比喻徒劳无益,结果与预想适得其反。剜,用刀挖取。

④揠(yà)苗:语出《孟子·公孙丑上》。即揠苗助长。比喻强求速成,有害无益。

⑤程伯子:即程颢(1032—1085),字伯淳,人称明道先生。洛阳人。与其弟程颐(字正叔)均为北宋哲学家、教育家,是北宋理学的奠基者,世称"二程"。其学说为后来朱熹所发展和继承,世称"程朱学派"。其著作后人编为《二程全书》。《宋史》卷四二七、《宋元学案》卷一一、《藏书》卷三二等有传。

⑥"洒扫"二句:出处未详。《论语·子张》朱熹集注引了"程子"的一段话:"圣人之道,更无精粗。从洒扫应对,与精义入神,贯通只一理。"语意与这个引语相近。洒扫应对,意为洒水扫地,酬答宾客。封建时代儒家教育、学习和礼节训练的基本内容之一。精义入神,语出《周易·系辞下传》。意为精研微妙的义理,达到神妙的境界。

⑦"人须"句:见《孟子·公孙丑上》朱熹集注引谢氏(谢良佐)的话。《孟子》原文是:"今人乍见孺子将入于井,皆有怵惕恻隐之心——非所以内交(结交)于孺子之父母也,非所以要(求)誉于乡党朋友也,非恶其声(厌恶小孩的哭声)而然也。"谢良佐的原话是:"人须是识其真心。方乍见孺子入井之时,其心怵惕,乃真心也。非思而得,非勉而中,天理之自然也。内交、要誉、恶其声而然,即人欲之私矣。"真心,谢良佐原意是指出于"天理之自然"

而无"人欲之私"的人的本性。

⑧以识识：靠知识去识别。

⑨离学：即下文的"离学而达（求达）"。

⑩即学：即下文的"即学即达"。

⑪夫子：指孔子。

⑫"此颜子"句：颜子，即颜回，字子渊，又称颜渊。春秋鲁国人。孔子弟子，好学乐道。贫居陋巷，箪食瓢饮，而不改其乐。孔子对其极为称赞，《论语》"先进"篇、"雍也"篇中都有记载。颜回曾称颂孔子之道是"仰之弥高，钻之弥坚。瞻之在前，忽焉在后"。（《论语·子罕》）意为越抬头看，越觉得高；越用力钻研，越觉得深。看看似乎在前面，忽然又到了后面（表示不易捉摸难以达到）。这里所说的"终身苦孔之达"，当指此。

⑬圆：圆转周到。

⑭默识（zhì）：暗暗记住。这里是体会的意思。

⑮但可使由：语出《论语·泰伯》："民可使由之，不可使知之。"使由之，使他们照着我们的道路走。

⑯聪明圣智达天德：语出《中庸》。圣智，圣哲的智慧。达天德，能通达天赋的仁义礼智信大德。

⑰形而上：语出《周易·系辞传上》："形而上者谓之道，形而下者谓之器。"后来哲学上把精神性的东西称为"形而上"。

⑱可以语上：语出《论语·雍也》："子曰：'中人以上，可以语上也；中人以下，不可以语上也。'"可以传给他高深道理。

⑲君子上达：语出《论语·宪问》："子曰：'君子上达，小人下达（通达于财利）。'"君子通达于仁义。

⑳未达一间（jiàn）：语出扬雄《法言·问神》："昔乎！仲尼潜心于文王矣，达之。颜渊亦潜心于仲尼矣，未达一间耳。"差一点没能达到。一间，很小的间隔、距离。

㉑其殆庶几：语出《周易·系辞传下》："子曰：'颜氏之子(颜回)，其殆庶几乎？有不善(过失)，未尝不知(从来不会不知道)；知之，未尝复行也(从来不会再去做)。'"大概差不多。

㉒"则夫子"二句：见本篇题解。

㉓痛悼：悲痛伤心。

㉔日用而不知：天天照着做而不知其道理。

㉕见之为仁智：即仁者见仁，智者见智，各执一说，都不全面。

㉖吾有知乎哉：语出《论语·子罕》："吾有知乎哉？无知也。有鄙夫(庄稼汉)问于我，空空如也(我本来一点也不知道)。我叩其两端而竭焉(我从他问题的首尾两头去询问，从而得到启示，然后尽力地回答他)。"意为我有知识吗？

㉗民鲜能久矣：语出《中庸》："子曰：'中庸其至矣乎！民鲜能久矣。'"意思是中庸的道理是最高最好的，可惜人们已经长久不能做到它了。

㉘中庸：儒家的政治、哲学思想，待人处事的最高道德标准。"中"就是不偏不倚，无过无不及。"庸"，就是平常。

㉙满街皆是圣人：语出王阳明《传习录》下(见《王文成公全书》卷三)。王阳明提出的这一命题，是与他的"良知"说紧密相连的。王阳明认为"良知"是人人所共同的，没有贤与不肖的区别，"良知良能，愚夫愚妇与圣人同"(《王文成公全书》卷二《传习录》中《答顾东桥书》)，因此，"满街都是圣人"。这表现出王阳明希图抹平贤与不肖的区别的平等观念，对于封建社会严格的等级制及其理论，具有巨大的震撼作用。但王阳明又认为："惟圣人能致其良知，愚夫愚妇不能致，此圣愚之所由分也。"(《答顾东桥书》)就是说良知良能虽然人人相同，但却可能被蒙蔽，这正是区分圣贤与愚人的分界，表现出"良知"说在貌似平等外衣下包含的不平等实质。李贽深受王阳明思想影响，他曾在著作中一再

　　张扬王阳明"满街皆是圣人"的命题,并从中引出了具有强烈战斗意义的"侯王与庶人同等""圣人与凡人一"(《道古录》)的平等思想。

㉚"先圣"句:意为孔子只好在子路、子贡面前感慨叹气了。《论语·公冶长》记载,孔子曾慨叹道:"道不行,乘桴(fú,木筏)浮于海(到海外去)。从我者,其由(子路)与?"孔子对子贡的感慨即本文注①所引。由,即仲由(前542—前480),字子路,鲁国卞(今山东泗水)人。性直爽勇敢。赐,即子贡(前520—?),复姓端木,卫国人。善于辞令。由与赐,都是孔子弟子。

【译文】

　　学习一些平常的知识,却能透彻了解高深的道理,这话很不恰当。既然说离开平常的知识就不可能透彻了解高深的道理,那就是说只要学习一些平常的知识就可以透彻了解高深的道理,那就没有必要去透彻了解高深的道理了,可又说要透彻了解高深的道理,为什么?然而学习平常的知识就是学习平常的知识,透彻了解高深的道理就是透彻了解高深的道理,若认为通过学习一些平常的知识,就能够透彻了解高深的道理,也是不可以的。而竟然说学习一些平常的知识就能透彻了解高深的道理,那么是真正要从学习一些平常的知识去透彻了解高深的道理呢,还是另有求得了解高深的道理的学问呢?如若认为学习一些平常的知识就能达到透彻了解高深的道理,那在前面已经提出质问了。平常知识就包含着高深的道理,如若另外再去寻求高深的道理,那只能像本想割肉医疮反而成为新疮一样适得其反,比揠苗助长更加有害无益。所以程颢说:"洒水扫地,酬答宾客,就是精研微妙的义理,能达到神妙的境界。"说"便是",就是说平常的知识中就包含着很精妙的道理。然而朱熹在注《孟子·公孙丑上》时,曾引到谢良佐的话:"人须是识其真心。"即出于"天理之自然"而无"人欲之私"的本性。真心不可以靠知识去识别,怎么可以靠学习而获得?不可以靠学习而获得,那么离开学习也是可以达到的，因此认为只有通过学习才能达到真心是不对的。离开学习可以获得高深的道理是不对的，通过学习可以获得高深的道理也是不对的，那么孔夫子是怎么达到高深的境界呢？这不正是颜回称颂孔子之道是"仰之弥高，钻之弥坚，瞻之在前，忽焉在后"，终身苦于对孔子之道难以达到了。不说"学习一些平常的知识，就能透彻了解高深的道理"，不说"不需要学习也可以悟出高深的道理"，也不说"只有通过学习才能悟出高深的道理"，而只是说"学习一些平常的知识就能悟出高深的道理"，意义和语言表达是多么圆转周到，令人心领神会，自然体会到语言中的含义。如今看洒水扫地，酬答宾客，即使是极愚笨的人也能够做到，只是因为他们没有了解高深的道理，就认为他们只知道一些平常的知识，就称他们为平民百姓，甚至称他们为村野鄙夫，称他们为凡夫俗子，称他们为只可使由之不可使知之的愚人。至于精研微妙的义理，达到神妙的境界，那自然是极为深奥的道理了。只有懂得了这些极为深奥的道理，那才是具有圣哲的智慧、能通达天赋的仁义礼智信大德之人。他们才因此称之为具有精神性特征的"形而上"之人，称之为像《论语·雍也》所说的是"可以语上"之人，称之为像《论语·宪问》所说的"君子上达"之人。这种大德之人是很难得的，即使像颜回这样的大贤人，那样潜心于孔子之道，也还是差一点没能达到，以致《周易·系辞传下》也称他还是差一点，何况他人呢！所以孔子自述没有人能了解他，只有上天了解他，确实是悲痛伤心至极啊！世上求学之人，不是天天照着做而不知其道理，就是仁者见仁，智者见智，各执一说，都不全面，谁能够完全透彻了解很高深的道理？完全透彻了解高深的道理，即使是圣人也有不懂的地方，平民百姓又怎么会懂呢？所以《论语·子罕》中说："我难道有知识吗？"即使是圣人也做不到，平民百姓又怎么会做得到呢？所以《中庸》记载孔子说："中庸的道理是最高最好的，可惜人们已经很长时间做不到了。"平民百姓所以做不到它，是因为中庸是最高的道德标准，它不容易做到，并不是故意放弃它。所以学习一些平常的知识，圣人与平民百姓一样。既然在学习平常知识方面圣人与平面百姓一样，王阳明在《传习录》中所说的满街都是圣人，有什么不可呢？能透彻了解高深的道理，只有圣人能做到，那么常人所说的为仁为智，虽天天照着做而不知其道理，不能透彻了解其中高深的奥妙，很明显那都是普通人了。然而自颜回以下，都是这样的普通人。这真使人感到忧虑呀！孔子怎么能不在子由前发出"道不行，乘桴（木筏）浮于海（到海外去）。从我者，其由（子路）与"的感叹？在子贡前发出"莫我知也夫……不怨天，不尤人，下学而上达，知我者其天乎"的感叹呢！

书方伯雨册叶

【题解】

万历二十七年(1599)，方伯雨到南京从焦竑学习《周易》，并与李贽等一起研读，本文当写于此时。方伯雨，名时化，字伯雨，号少初，歙县（今安徽歙县）人。曾任朝城（今山东阳谷与河南范县之间）令。著有《易颂》等。为焦竑的门徒，也是李贽的学生。册叶，分页装潢成的字画册。李贽出入于儒、释、道，晚年更衷心于禅宗，因此他有不少"谈佛乘者"的"因缘语"（本书《自序》），有些是赤裸裸的宗教说教。但在李贽不少有关佛教的文章中，却又显示着佛教"异端"的色彩。这不仅表现在他大量的融儒于佛，把儒家教义纳入佛学教义之中，以达到反对封建压迫反对传统思想的目的，更表现在他不时对佛教教义本身提出的质疑。此文即是一例。身、心、声名到底"究竟坚固"否？说它"究竟坚固"到底是"真实语""虚谬语"？这疑问本身不正表示着李贽并非一个真正虔诚的佛教徒吗？

楞严^①，唐言究竟坚固也^②。究竟坚固者是何物？此身非究竟不坏也,败则归土矣③。此心非究竟不坏也,散则如风矣。声名非究竟不坏也,天地数终④,乾坤易位⑤,古圣昔贤,载籍无存矣⑥,名于何有,声于何寄乎? 切须记取此一着子⑦:何物是坚固? 何年当究竟? 究竟坚固不坏是真实语,是虚谬语? 是诳人语⑧,是不诳人语? 若诳人,是佛自诳也,安能诳人。千万参取⑨!

【注释】

①楞严:即《楞严经》。见《解经题》题解。

②唐言:汉语。究竟坚固:见《解经题》注⑬。

③败:死亡。

④数:气数,命运。

⑤乾坤:《周易》中的两个卦名,指阴阳两种力量,引申为天地、日月、男女的代称。这里指日月。

⑥载籍:书籍。

⑦一着子:本谓下棋落一子,这里指一件事理。

⑧诳:欺骗,瞒哄。

⑨参取:参酌,考究。

【译文】

佛经《楞严经》,汉语的意思是"究竟坚固"。"究竟坚固"是什么东西? 人自身是不能"永远"不腐的,死而腐烂,就归于尘土了。人的灵魂也不能"永远不朽",人死就如同一阵清风飘散了。人的声名也不能"永远不朽",天地气数也会有终结,乾坤处在不断变化之中,古今圣贤都没能将无数的著作文章保存下来,他们的盛名能在哪里传播,声誉能在哪里寄托呢? 千万要仔细分析这些事理:什么事物能够"不朽"? 什么年月才叫"永远"? "究竟坚固"这话是真理,还是谬论? 是骗人的瞎话,还是用以警示人的话？如果是骗人的瞎话，那么是佛自己在欺骗自己，又怎么可以用来欺骗别人呢？你千万要深刻地领悟呀！

读若无母寄书

【题解】

本文于万历二十四年(1596)写于黄安。若无，俗姓王，名世本，黄安(今湖北红安)人。万历十七年(1589)，李贽寓居麻城，若无与曾继泉"欲以求出世大事"(本书卷二《书黄安二上人手册》)而到麻城龙潭湖。万历二十四年，若无想离开龙潭湖远游，其寡母张氏来信劝阻，语真情切，当时与耿定向和解的李贽在黄安看后十分感动，特作此文。文中李贽称若无母为"圣母"，并对自己的一些说教作了自责。文中提出"念佛者必修行，孝则百行之先"，认为佛"必定亦只是寻常孝慈之人而已"，只有这样才是"念真佛"，而不是"念假佛"。可以看出，李贽的出世法与世间法，并不像佛教那样隔若天地。耿定向在读了李贽此文后，曾写《读李卓吾与王僧若无书》《孝节传》及《书孝节传》(均见《耿天台先生文集》卷一九)，对李贽之说深切赞叹，对若无母的孝节行为"感省"了李贽大加表彰，可供参考。

　　若无母书云："我一年老一年，八岁守你，你既舍我出家也罢，而今又要远去。你师当日出家，亦待终了父母，才出家去。你今要远去，等我死了还不迟。"若无答云："近处住，一毫也不曾替得母亲。"母云："三病两痛自是方便，我自不欠挂你①，你也安心，亦不欠挂我。两不欠挂，彼此俱安。安处就是静处，如何只要远去以求静耶？况秦苏哥从买寺与你以来②，待你亦不薄，你想道情③，我想世情④。世情过得，就是道情。莫说我年老,就你二小孩子亦当看顾他。你师昔日出家,遇荒年也顾儿子,必是他心打不过,才如此做。设使不顾,使他流落不肖⑤,为人笑耻。当此之时,你要修静⑥,果动心耶,不动心耶? 若不动心,未有此理;若要动心,又怕人笑,又只隐忍过日⑦。似此不管而不动心,与今管他而动心,孰真孰假,孰优孰劣? 如此看来,今时管他,迹若动心⑧,然中心安安妥妥,却是不动心;若不管他,迹若不动,然中心隐隐痛痛,却是动心。你试密查你心:安得他好,就是常住⑨,就是金刚⑩。如何只听人言? 只听人言,不查你心,就是被境转了⑪。被境转了,就是你不会安心处。你到不去住心地⑫,只要去住境地⑬。吾恐龙潭不静⑭,要住金刚⑮;金刚不静,更住何处耶? 你终日要讲道,我今日与你讲心。你若不信,又且证之你师,如果在境,当住金刚;如果在心,当不必远去矣。你心不静,莫说到金刚,纵到海外,益不静也。"

【注释】

①欠挂:同"牵挂"。

②秦苏哥:不详。从文中看当为麻城人士。

③道情:修道者超凡脱俗的情操。

④世情:世俗的事情。

⑤流落:漂泊流离,穷困失意。不肖:不成材,品行不好。

⑥修静:修行静坐。

⑦隐忍:勉强容忍。

⑧迹:形迹,行动。

⑨常住:佛教用语。永存,永恒不变。

⑩金刚：佛教用金刚譬喻坚固、锐利，能摧毁一切的意思。

⑪境：佛教指成为心意对象的世界。这里指客观外界事物。

⑫到：同"倒"。住心地：即上文所说安得心好之意。心地，佛教用语。佛教指心，即思想、意念等。佛教认为三界唯心，心是一种精神本体，如滋生万物的大地，能随缘生一切诸法，故称"心地"。下文"在心"意同此。

⑬住境地：即上文所说"被境转"的意思。下文"在境"义同此。

⑭龙潭：即龙潭湖。

⑮金刚：这里指佛教虚构的金刚山，是佛的一个住地。又称铁围山，或金刚铁围。是耸立在世界外部之上的高山，海水所以充盈而不漏，就因有此山围绕之故。

【译文】

若无母亲给若无的信中说："我一年比一年老，这八年陪着你，你愿意离开我出家也可以，现今却又要到远处去。你师父当时出家，也是等他父母逝世以后才出家的。你现在要到远处去，等我死了也不迟。"若无回信说："我虽然住在近处，一点也帮不了你什么。"母亲说："我有个什么病痛你在总是方便些，我即使不牵挂你，你也安心，也不牵挂我。互不牵挂，都很安心。安心处就是清静之处，为什么非到远地以求得清静呢？何况秦苏哥从给你买寺以来，待你不薄，你想修道得到超凡脱俗的情操，我想的是世俗的事情。世俗的事情处理好，也就达到了超凡脱俗的道情。先不说我年老，你那两个小孩子也应该好好照顾。你师父以前出家时，遇到荒年也总是看顾自己的孩子，这一定是他心中忧虑，才这样做。要是不管不顾，使他漂泊穷困不成材，那不是让人耻笑么。遇到这种情况，你要修行静坐，你动心还是不动心？若不动心，与理不合；若要动心，又怕人耻笑，那就只好勉强容忍度日。像这样不管而不动心，和管他而动心，哪个真哪个假，哪个对哪个不对？这样看来，今时管他，这样的做法好像是动心，然而心中却安安妥妥，却是不动心；如若不管他,这样的做法好像是不动心,但心中难免隐隐痛痛,却成了动心。你细心想一想,把他安顿好了,那就永远心安了,那就坚固稳定了。为什么只听别人的议论?只听别人的议论,不考查你自己的心意,那你就被外界事物影响了。被外界事物影响了,你就很难安安妥妥不动心了。你若不愿依着可以安心之法而做,却甘愿受外界的影响。这样恐怕你在龙潭湖也难得安静,只有去金刚山了。如若金刚山也难得安静,那你能往何处呢?你终日要讲道,我今日与你讲心。你要是不信,就可以拿你师父的行为作证,如果在境,就住金刚山吧;如果在心,就不必远去了,如果你的心不清静,别说到金刚山了,即使到了海外,也不会清静的。

　　卓吾子读而感曰:恭喜家有圣母,膝下有真佛①。夙夜有心师②,所矢皆海潮音③,所命皆心髓至言④,颠扑不可破。回视我辈傍人隔靴搔痒之言⑤,不中理也。又如说食示人⑥,安能饱人,徒令傍人又笑傍人,而自不知耻也。反思向者与公数纸⑦,皆是虚张声势,恐吓愚人,与真情实意何关乎!乞速投之水火,无令圣母看见,说我平生尽是说道理害人去也。又愿若无张挂尔圣母所示一纸,时时令念佛学道人观看,则人人皆晓然去念真佛,不肯念假佛矣。能念真佛,即是真弥陀⑧,纵然不念一句"弥陀佛",阿弥陀佛亦必接引⑨。何也?念佛者必修行⑩,孝则百行之先⑪。若念佛名而孝行先缺,岂阿弥陀亦少孝行之佛乎?决无是理也。我以念假佛而求见阿弥陀佛,彼佛当初亦念何佛而成阿弥陀佛乎?必定亦只是寻常孝慈之人而已。言出至情⑫,自然刺心,自然动人,自然令人痛哭,想若无必然与我同也,未有闻母此言而不痛哭者也。

【注释】

①膝下：指人幼年时常依于父母膝旁，用"膝下"表示父母对幼儿的
　　亲昵。这里指若无。真佛：指若无母。

②夙夜：早晚。心师：佛教谓以己的真心为师，称"心师"。

③矢：这里是发出的意思。海潮音：佛教用语。海潮按时而至，其
　　音宏大，故以之譬喻佛、菩萨应时适机说法的声音。

④命：告诫。心髓至言：发自内心的深切中肯的话语。

⑤傍人：同"旁人"。下文两个"傍人"，同此。隔靴搔痒：比喻说话
　　不中肯不贴切，没有抓住要领。

⑥说食示人：口说食物给人听。比喻说空论。

⑦向：从前。公：指若无。

⑧弥陀：阿弥陀佛的省称。意译为无量寿佛。居西方极乐世界，为
　　该地的教主，与释迦、药师并称三尊。

⑨"纵然"二句：意为只要心中"能念真佛"，即使口中不念一句"阿
　　弥陀"，死后也会被接引到西方极乐世界。

⑩修行：佛教用语。指佛教徒依佛规进行修习。

⑪行：品行，品德。

⑫至情：最真挚的感情。

【译文】

　　卓吾子读了若无母亲信后感叹道："恭喜你家有圣母，你身旁有真
佛。早晚有心师教导，所言都是应时说法之言，所告诫之语都是发自内
心深切中肯的语言，这些都是颠扑不可破的道理。再看一看我们这些
人如同隔鞭搔痒一样不中肯不贴切的言语，太不切合事理了。又如只
口说给人食物的空话，怎么会让人饱食，只是让人们互相嘲笑，而自己
还不知羞耻。想起来以前给你的几封书信，都是虚张声势，恐吓愚人，
与真情实意没任何关系。希望你快把它们投之水火，不要让你的圣母看
到，说我平生尽是讲道理害人。又希望你把你圣母的书信张挂起来，常

常使念佛学道的人观看,那么人人都懂得去念真佛,不肯念假佛了。心中能念真佛,那就是真的阿弥陀佛,即使口中不念一句"弥陀佛",阿弥陀佛也一定会在他死后把他接引到西方极乐世界。为什么?念真佛者一定会依佛规进行修习,而孝则是各种品行的首位和根本。如若虽口念佛名却没有孝的品德,阿弥陀不就成了缺少孝这种品德的所谓佛么?哪里有这种道理。我认为如若以念假佛而想求见阿弥陀佛,那么阿弥陀佛当初念的什么佛才成了阿弥陀佛?阿弥陀佛所以能成为阿弥陀佛,一定是因为他平常是个很孝慈的人罢了。发自真挚感情的语言文字,自然能使内心激动,自然使人受到感动,自然能引起人的痛哭,我想若无一定与我有同感,没有听了若无母亲的言语而不痛哭的人。

耿楚倥先生传

【题解】

本文于万历二十三年(1595)写于麻城。耿楚倥,耿定理(1534—1584),字子庸,号楚倥,人称八先生,耿定向的仲弟,因此,也叫仲子。但对耿定向鼓吹儒家的伦理道德有不同看法,而与李贽思想比较接近。《明儒学案》卷三五载:"卓吾寓周柳塘湖上。一日论学,柳塘谓:'天台(耿定向)重名教,卓吾识真机。'楚倥诮柳塘曰:'拆篱放犬!'"耿定理病逝后,李贽曾作《哭耿子庸》诗四首(本书卷六)以悼之。《明史》卷二二一、《明儒学案》卷三五、《湖北通志》卷一五一、《黄安府志》卷一九、民国《麻城县志前编》卷九等有传。在这篇传文中,李贽深切追述了他与耿定理的交往与友情,以及和耿定向的冲突及其和解的始末。言真意挚,从中可见出李贽的精神。

先生讳定理①,字子庸,别号楚倥,诸学士所称八先生是也。诸学士咸知有八先生,先生初不自知也。而此称《楚侗先生传》,何也? 夫传者,所以传也②。先生初不待传,而此复为传以传之,又何也? 盖先生初不待传,而余实不容不为先生传者。按先生有德不耀③,是不欲耀其德也;有才无官,是不欲官其才也④。不耀德,斯成大德矣;不用才,始称真才矣。人又乌能为先生传乎? 且先生始终以学道为事者也。虽学道,人亦不见其有学道之处,故终日口不论道,然目击而道斯存也⑤。所谓虽不湿衣,时时有润者也。⑥

【注释】

①讳:指已故尊长者的名。

②"夫传"二句:前一"传(zhuàn)"字为名词,传记之意。后一"传"字为动词,记载之意。下文"为传以传之"同。

③耀:光耀,显露。下文"耀"是炫耀的意思。

④官:这里作动词。借当官来显示。

⑤目击而道斯存:语本《庄子·田子方》:"若夫人者,目击而道存矣,亦不可以容声矣(也不容再用语言了)。"眼光一接触便知"道"之所在。形容悟性好。

⑥"所谓"二句:意为虽然衣服不湿,却从被露沾衣的故事中悟出了道理。这是借用《说苑》中"吴王欲伐荆"的典故:吴王欲伐荆,告其左右曰:"敢有谏者死!"舍人有少孺子者欲谏不敢,则怀丸操弹,游于后园,露沾其衣,如是者三。吴王曰:"子来,何苦沾衣如此?"少孺子给吴王讲了"螳螂捕蝉,黄雀在后"的故事,吴王称善,于是不再兴兵。

【译文】

　　先生名定理,字子庸,别号楚侗,各位学士都称之为八先生。各位学士都知道有八先生,然而先生自己起初并不知道。那么此文称《楚侗先生传》,为什么?传记是记载主人事迹的。楚倥先生并不愿意为他立传,那么我写这个传记记载他的事迹,又是为什么呢?先生虽然不愿意为他立传,但我却不能不为他立传。先生品德高尚,但他却不愿炫耀;先生才能突出却不做官,那是不愿借当官显示其才能。品德高尚而不愿炫耀,这真是大德;不借当官而显示其才能,这才是真才。人们哪里能不给先生立传呢?而且先生始终是以学道为事。虽然学道,人们也看不到他处处显示学道的表现,所以先生终日口不论道,却一眼就能悟出道之所在。这就像《说苑》所说的,吴王听少孺子的谏言时,看到少孺子衣服不湿,却从被露沾衣的故事中悟出了道理。

　　庄纯夫曾告我曰①:"八先生云:'吾始事方湛一②。湛一本不知学,而好虚名,故去之。最后得一切平实之旨于太湖③,复能收视返听④,得黑漆无入无门之旨于心隐⑤,乃始充然自足⑥,深信而不复疑也。唯世人莫可告语者,故遂终身不谈,唯与吾兄天台先生讲论于家庭之间而已⑦。'故亦遂以天台为师,天台亦自谓吾之问学虽有所契,然赖吾八弟之力为多。子庸曾问天台云:'《学》《庸》《语》《孟》⑧,虽同是论学之书,未审何语最切?'天台云:'圣人人伦之至一语最切⑨。'子庸谓终不若未发之中之一言也⑩。"余当时闻之,似若两件然者。夫人伦之至,即未发之中,苟不知未发之中,则又安能至乎?盖道至于中⑪,斯至矣。故曰:"中庸其至矣乎⑫。"又曰:"无声无臭至矣⑬。"

【注释】

①庄纯夫:名凤文,泉州人。李贽的女婿。

②方湛一:方一麟,又名与时,号湛一,黄陂(今湖北黄陂)人。耿定

向在《里中三异传》中，把他和何心隐、邓豁渠称作"异人"而加以
抨击（见《耿天台先生文集》卷一六）。

③平实：平易踏实。太湖：指邓豁渠，初名鹤，又名鹳初，亦简作鹳，
　号太湖。内江（今四川内江）人。曾师事赵贞吉，后落发为僧，游
　历天下，遍访知名学者。十余年后，二人相遇，赵斥邓思想"荒
　谬"，要他回乡守父母之墓，邓拒绝。后至涿州（今河北涿州），死
　于野寺中。著有《南询录》，李贽曾为之作叙（见《续焚书》卷二）。

④收视返听：语出陆机《文赋》。不视不听。形容专心致志，集中精
　神思索。

⑤"得黑漆"句：不详。侯外庐主编《中国思想通史》认为："'黑漆无
　入无门之旨'其性质之秘密使耿定理认为'世人莫可告语'等等
　情况，都暗示何心隐与民间反封建秘密组织的可能联系。"何心
　隐（1517—1579），原名梁汝元，字桂乾，号夫山，吉州永丰（今江
　西永丰）人。曾从学颜山农，为泰州学派的代表人物之一。早年
　放弃科举道路，在家乡组织"萃（聚）和堂"，进行社会改良的试
　验。后因反对严嵩的斗争，遭严党疾视，改名何心隐，四处讲学。
　其言行颇具"异端"色彩，后被湖广巡抚王之垣以"妖逆""大盗
　犯"的罪名捕杀于武昌。后人整理有《何心隐集》。邹元标《愿学
　集》、黄宗羲《明儒学案》卷三二、沈德符《万历野获编》卷一八、
　《江西省志》卷三六、《永丰县志》卷五等有传。李贽在《答邓明
　府》（本书卷一）、《为黄安二上人三首·大孝》（本书卷二）、《何心
　隐论》（本书卷三）、《与焦漪园太史》《寄焦弱侯》（《续焚书》卷一）
　中对何心隐多有推崇与论述，可参看。

⑥充然：犹浩然。盛大貌。

⑦天台：耿定向（1524—1596），字在伦，号楚侗，因称"侗老"，又号
　天台，黄安（今湖北红安）人。嘉靖三十五年（1556）进士。历官
　御史、侍郎、户部尚书等，是明代重要理学代表人物之一。著有

《耿天台先生全书》《耿天台先生文集》等。《明史》卷二二一,《明
史稿》卷二〇七,《明儒学案》卷三五,《湖北通志》卷八六、卷一二
六,《黄安府志》卷一四、卷一九,《罪惟录》卷一〇,《麻城县志》康
熙版卷七、乾隆版卷一五、光绪版卷一八、民国版《前编》卷八卷
九等有传。

⑧《学》《庸》《语》《孟》:即《大学》《中庸》《论语》《孟子》,合称"四
书"。朱熹注《论语》,又从《礼记》中摘出《中庸》《大学》,分章断
句,加以注释,并配以《孟子》,题称《四书章句集注》,成为学习的
入门书。后来科举考试,规定必须在"四书"内出题,发挥题意则
以朱熹"集注"为根据。

⑨圣人人伦之至:语出《孟子·离娄上》。原文为:"规矩,方圆之至
也;圣人,人伦之至也。"意为圆规和曲尺是方圆的标准,圣人是
人伦关系的最高典范。至,标准,典范。

⑩未发之中:语本《中庸》。原文是:"喜怒哀乐之未发,谓之中。"意为
喜怒哀乐之情未发时都是性情的本然,无所偏倚,所以叫"中"。

⑪至:这里作动词,达到的意思。

⑫中庸其至矣:语出《中庸》。意为中庸的道理是最高最好的了。

⑬无声无臭至矣:语出《中庸》。原文为:"上天之载,无声无臭,至
矣!"意为上天做事,没有声音,没有气味,微妙到了极点。"上天
之载,无声无臭",见《诗经·大雅·文王篇》,这是一首歌颂周文
王的诗。李贽在这里也是借用。

【译文】

庄纯夫曾告诉我说:"八先生说:'我开始是向方湛一学。发现方湛
一根本不懂得学理,只好虚名,所以离开了他。最后从邓豁渠学到了平
易踏实的意义,又能集中精神思索,从何心隐学到黑漆无入无门的意
义,这才心底充实,深信而不再怀疑。只是世上没有可以交谈的人,所
以终身不谈,只是与我兄长天台先生在自己家中讲论罢了。'因此定理

就以其兄长天台为师，而天台也说自己的学问虽然靠体会领悟，但也从八弟定理那里得到很多教益。耿定理曾问天台：'《大学》《中庸》《论语》《孟子》，虽然都是论学之书，不知道哪一句最重要深切？'天台说：'圣人人伦之至一语最重要深切。'定理说不如'喜怒哀乐之未发谓之中'一语最重要深切。"我当时听到，好像两人说的都有道理。实际上人伦之至，就是未发之中，如若不知道未发之中，那又怎么能达到人伦之至呢。人伦之至达到了未发之中，那才是真正达到了像圣人一样的人伦关系的典范。所以说："中庸是人伦关系最高最好的标准了。"又说："上天做事，没有声，没有味，微妙到了极点。"

　　岁壬申①，楚侹游白下②，余时懵然无知，而好谈说。先生默默无言，但问余曰："学贵自信，故曰'吾斯之未能信'③。又怕自是，故又曰'自以为是，不可与入尧、舜之道'④。试看自信与自是有何分别？"余时骤应之曰："自以为是，故不可与入尧、舜之道；不自以为是，亦不可与入尧、舜之道。"楚侹遂大笑而别，盖深喜余之终可入道也。余自是而后，思念楚侹不置⑤，又以未得见天台为恨。丁丑入滇⑥，道经团风⑦，遂舍舟登岸，直抵黄安见楚侹，并睹天台，便有弃官留住之意。楚侹见余萧然⑧，劝余复入，余乃留吾女并吾婿庄纯夫于黄安，而因与之约曰："待吾三年满，收拾得正四品禄俸归来为居食计，即与先生同登斯岸矣⑨。"楚侹牢记吾言，教戒纯夫学道甚紧；吾女吾婿，天台先生亦一以己女己婿视之矣。

【注释】

①壬申：隆庆六年（1572）。

②白下：南京市的别称，故址在今南京市北。东晋咸和三年（328），

陶侃讨苏峻,垒筑白石,后因以为城。唐武德九年(626),改金陵为白下。

③吾斯之未能信:语出《论语·公冶长》。原文意思是:孔子叫漆雕开去做官,漆雕开答道:"吾斯之未能信。"意为我对这个还没有信心。这里借用来说明"学贵自信"。

④"自以为是"三句:语出《孟子·尽心下》。原意是指"乡愿(好好先生)"自以为正确,但与尧舜之道完全违背。这里借用来说"自以为是"。

⑤不置:不止,放置不下,不忘之意。

⑥丁丑:万历五年(1577)。

⑦团风:镇名。今湖北团风。

⑧萧然:萧条冷落的样子。

⑨同登斯岸:指共同学道。

【译文】

隆庆六年,定理来到白下,我当时糊涂不明事理,却好发议论。定理则默默无言,问我:"学贵自信,所以孔子说'吾斯之未能信'。又怕自是,所以孟子说'自以为是,不可与入尧、舜之道'。你看自信与自是有什么不同?"我当时立即回答说:"自以为是,所以不可入尧、舜之道;不自以为是,也不可以入尧、舜之道。"定理听后大笑而去,可能是深深喜欢我可以入道了。从此以后,我日夜思念定理,又遗憾没能与天台相见。万历五年我去云南,经过团风,于是舍舟登岸,直奔黄安去见定理,并看望天台,当时就有了不去云南为官而留住黄安的想法。定理见我情绪不好,劝我还是到云南任职,我听从定理的意见,把女儿与女婿庄纯夫留在黄安,并和定理、天台约定:"等我任职三年期满,得到正四品官位的俸禄有了生活的保障,就回来和你们共同学道。"定理牢记我的话,对庄纯夫学道抓得很紧;对待我的女儿和女婿,天台先生也像对待自己的女儿女婿一样。

　　嗟嗟！余敢一日而忘天台之恩乎！既三年，余果来归①，奈之何聚首未数载，天台即有内召②，楚倥亦遂终天也③！既已戚戚无欢④，而天台先生亦终守定"人伦之至"一语在心，时时恐余有遗弃之病⑤；余亦守定"未发之中"一言，恐天台或未窥物始⑥，未察伦物之原。故往来论辩，未有休时，遂成扞格⑦，直至今日耳。今幸天诱我衷，使余舍去"未发之中"，而天台亦遂顿忘"人伦之至"⑧。乃知学问之道，两相舍则两相从，两相守则两相病，势固然也。两舍则两忘，两忘则浑然一体，无复事矣。余是以不避老，不畏寒，直走黄安会天台于山中。天台闻余至，亦遂喜之若狂。志同道合，岂偶然耶！然使楚倥先生而在，则片言可以折狱⑨，一言可以回天，又何至苦余十有余年，彼此不化而后乃觉耶⑩，设使未十年而余遂死，余终可以不化耶！余终可以不与天台合耶！故至次日，遂同其子汝念往拜先生之墓⑪，而先生之墓木拱矣⑫。余既痛九原之不可作⑬，故特为此传，而连书三纸以贻之：第一纸以呈天台，志余喜也。第二纸付汝念、汝思⑭，使告而焚之先生之坟，志余恨也。第三纸特寄子健于京⑮，志余喜而且恨，恨而又喜也。盖子健推爱兄之心以及我，可谓无所不至矣。故为传传余意以告先生云。

【注释】

①余果来归：指万历九年（1581）初夏，李贽弃官来到黄安。

②内召：指耿定向于万历十二年（1584）三月被起用为都察院左佥都御史，不久升为左副都御史。（据《明神宗实录》卷一四七、一五二）

③终天：去世。耿定理于万历十二年七月二十三日去世。

④戚戚无欢:忧伤的样子。

⑤遗弃:抛弃,丢弃。这里指超脱人世而出世。

⑥物始:事物的本原。

⑦扞(hàn)格:抵触,矛盾。

⑧"今幸"三句:李贽与耿定向晚年矛盾缓解,万历二十三年(1595)冬十二月,李贽不顾天气严寒、年老体弱,再次赴天台山与耿定向会晤。天诱我衷,老天爷开导我。

⑨片言可以折狱:语出《论语·颜渊》。意为根据简短数语就可以判决案件。这里李贽借用的意思是,只要耿定理出面调解,矛盾就可能消除。片言,只言片语。折狱,断案。

⑩化:改变。

⑪汝念:字克念,耿定理的长子。

⑫墓木拱:语本《左传·僖公三十二年》:"尔何知?中寿,尔墓之木拱矣。"意为墓地之树,长得两手可以合围那么粗了。后因以"墓木已拱"为慨叹人逝已久之词。

⑬九原:黄泉。不可作:指死者不能复活。作,起。

⑭汝思:耿定理的次子,周思敬的女婿。

⑮子健:即耿定力(1541—?),字子健,号叔台,又叫叔子。耿定理之弟。隆庆五年(1571)进士。后官至右佥都御史、南京兵部侍郎,卒赠户部尚书。《澹园集》卷三三,《明史》卷二二一,《明史稿》卷二〇七,《黄州府志》卷一四、卷一九,《麻城县志》康熙版卷七、乾隆版卷一五、民国版《前编》卷八卷九等有传。

【译文】

　　唉!我一天也不敢忘天台的恩!三年以后,我果然弃官回到黄安,但相聚没几年,天台就被起用为都察院左佥都御史赴任而去,定理不允也驾鹤归西!我整日忧伤,天台则守定"人伦之至"一语在心,时时担心我会超脱人世而出世。我则还是守定"未发之中"的旨意,担忧天台不能认识到事物的本原，不能认识到伦物的本原。因此两人往来论辩，长久不休，产生了矛盾，直到今日。如今感谢上天诱导我的内心，使我不再坚持"未发之中"，而天台也不再坚持"人伦之至"。认识到学问之道，双方都不固执己见就会减去矛盾，减去矛盾就会浑然一体，不会再互相不满了。我因此不顾年老，不怕严寒，到天台山中与天台相会。天台听到我的到来，欣喜若狂。志同道合，这不是偶然的事！然而如果定理还在，他几句话就能化解我和天台的矛盾，消去两人多年的误解，就不会使我十多年陷在苦闷之中，彼此都不能改变直至今日才有所觉悟。如若不到十年我驾鹤归西了，岂不是我永远都不能化解与天台的矛盾么！永远都不能与天台再会合和好了！所以我到黄安的第二天，就同定理之子汝念去定理墓前悼拜，无限感叹，定理已早离我去矣。我痛感黄泉下的定理不能再回人间，所以特作此传记，并连写三份分别送之：第一份给天台，以表我内心的喜悦。第二份给定理之子汝念、汝思，让他们在定理坟前焚烧，以表我内心的悔恨。第三份则寄给京师的定理的弟弟耿子健，以表我内心的喜悦与悔恨，悔恨及喜悦。耿子健待我如同对待他兄长耿定理一样亲热，真可以说是无微不至。所以我特写此传记把我的心意告知定理。

　　敬少时多病①，贪生无术，藉楚倥兄介绍，得受业于耿天台先生之门。先生虽知余学沉于二氏②，然爱余犹子也。继因往来耿宅，得与李卓吾先生游，心切师事之。两先生以论道相左③，今十余年矣。敬居其间，不能赞一辞④，口含黄蘗⑤，能以气向人乎⑥？唯恨楚倥兄早逝耳。三日前，得楚倥长郎汝念书。汝念以送庄纯夫到九江，专人驰书白下，报喜于余云："两先生已聚首，语甚欢契。"越三日，则为十二月二十九，余初度辰也⑦，得卓吾先生寄所著《楚倥先生传》，述两先生契合本末且悉⑧。余读之,不觉泪下曰:"两先生大而化矣⑨,乃适以今日至,岂非余更生辰耶⑩,抑楚倥先生复作也⑪!"因手书而梓之。板成,以付汝念及余婿汝思。周思敬跋。

【注释】

①敬:即写跋语的周思敬(? —1597),号友山,麻城(今湖北麻城)人。周思久(柳塘)之弟。隆庆二年(1568)进士,曾官工部主事、户部侍郎等。李贽好友,与耿定向也有交往。著有《周友山集》。《湖北通志》卷一三六,《黄州府志》卷一四、卷二〇,《麻城县志》康熙版卷七、乾隆版卷一六、光绪版卷一九、民国版《前编》卷八卷九等有传。

②二氏:指佛教释迦牟尼和道家老聃。

③相左:互相对立,不一致。

④赞一辞:参与意见。

⑤口含黄蘗(bò):比喻有苦难言。黄蘗,亦作黄柏,落叶乔木,树皮中医入药,味极苦。蘗,同"蘗"(檗)。

⑥气:勇气。向:偏向,迎合。

⑦初度:谓始生之年时,后因称生日为"初度"。辰:日子。

⑧悉:详尽。

⑨大而化:大化,指人生的重要变化。这里借以说明李贽与耿定向两人观点的变化。

⑩更生:新生,重新获得生命。

⑪复作:复活。

【译文】

思敬年少时多病,怕死又没有解脱之法,经定理兄的介绍,到耿天台先生门下从师学习。先生虽然知道我热衷于佛教与道家,但对我的爱护如同爱护自己的孩子。后来因为常常来往于耿家，又认识了李卓吾先生，遂诚心拜他为师。后来耿、李两位先生因为论道见解不同而发生矛盾，至今已经十几年了。思敬夹在他们中间，难以发表意见，有苦难言，也没有勇气表示赞同哪一方。深感遗憾的是定理兄逝世太早了。三天前，得到定理长子汝念的信。汝念送庄纯夫到九江，派专人送信到白下，报喜给我说："两先生已经会面，交谈非常欢欣投合。"过了三天，则为十二月二十九，正好是我生日，收到卓吾先生所寄的著作《楚倥先生传》，其中详细记述了两位先生友爱投合的经过。我读后，不觉流下眼泪说："两位先生都有了重要的变化，这个消息正好赶在我的生日到来之际，这真是使我重新获得了生命，或是定理先生返回人世了！"因此我写下此文并刻板，板刻成后，交给汝念和我的女婿汝思。周思敬跋。

附　周友山为僧明玉书法语

周思敬

【题解】

明玉（1524—1595）：字无瑕，明代僧人。《新续高僧传四集》卷四四、民国《峨嵋山志》卷五等有传。法语，佛教用语，讲说佛法的话语。此文有助于我们对李贽精神品格的了解。

万寿寺僧明玉①，事温陵李长者日久矣②。长者本为出世故来此③，然世人方履人间世，日夜整顿人世事尚无休时，而暇求出世之旨以事出世之人乎？虽出家儿犹然，何况在家者。且长者性方行独④，身世孤单，生平不爱见俗人，闻俗语，以故身世益孤。唯爱读书。读书每见古忠臣烈士，辄自感慨流涕，故亦时时喜闻人世忠义事。不但以出世故来见长者,长者方喜之;若或有以真正的实忠义事来告,长者亦无不喜也。是故明玉和尚喜以兴福寺开山第一祖无用事告长者云⑤:"兴福寺,古刹也⑥。无用,方僧也⑦。无用游方来至其寺⑧,悯寺僧之衰残,忿居民之侵害,持竹枪连结果一十七条性命,然后走县自明,诣狱请死。县令怜之,欲为出脱⑨,无用不从,遂即自刎。寺僧感其至性⑩,能以身护法,以死卫众,遂以此僧为开山第一祖。至今直寺者守其规程⑪,不敢少犯。"长者闻之,欢喜无量,叫明玉而言曰:"尔莫轻易说此僧也。此僧若在家,即真孝子矣;若在国,则真忠臣矣;若在朋友,则真义士矣;能肯学道参禅,则真出世丈夫,为天人师佛矣⑫。可轻易也耶!盖天地间只有此一副真骨头耳。不问在世出世,但有此,百事无不成办也。"

【注释】

①万寿寺:在湖北麻城西城。光绪《麻城县志》卷四"寺观":"万寿寺在西城,有周思久题'梵王宫'及澄心方丈字。"

②温陵李长者:指李贽。

③出世:指超脱人世。

④性方行独:指李贽性格与行为都与世俗不合。方,正直。

⑤兴福寺:在湖北麻城县南。康熙《麻城县志》卷二:"兴福寺,在白果(gǎo)镇西一里许,唐贞观乙巳(645)真济禅师建。"无用:明代游方到麻城的僧人。

⑥古刹(chà):古寺。

⑦方僧:游方的僧人。

⑧游方:指僧人为修行问道或化缘而去游四方。

⑨出脱:开脱。

⑩至性：真挚的性情，卓绝的品性。

⑪直寺：主持一寺事务。直，通"值"。

⑫天人师：佛教称佛为天界与人间之师，故称天人师。

【译文】

　　万寿寺僧人明玉，跟随温陵李贽已经很久了。李贽本来是为了超脱人世来此的，但是一些世人经历着人间之事，日夜都在为操劳人间之事而不停忙碌，哪有工夫研究出世的旨意以侍奉超脱人世之人呢？即使出家之人都是这样，何况没出家的世人呢。况且李贽的性格与行为都与世俗不合，只孤单一人，生平不爱见俗人，听俗语，因此就更加孤独。但他特爱读书。读书时每每见到古时的忠臣烈士，就会激动得感慨流涕，所以常常喜欢听人们讲世上忠义之事。不只是以研讨出世的问题来见李贽，李贽高兴；如若有真实的忠义之事来告诉他，他也同样喜欢。因此明玉把兴福寺开山第一祖无用的事告诉李贽，说："兴福寺是个古寺，无用是个游方的僧人。无用游方到了兴福寺，看到寺院僧人的衰败与艰难，因附近居民对寺院的侵害而发怒，手持竹枪一气打死十七个人，而后到县衙自首，到狱中请死。县令同情他，准备为他开脱，无用没有听从，遂即自刎而死。兴福寺僧人为他的真性情所感动，认为他能以身护法，以死保卫众僧，就认他为开山第一祖。至今主持寺院事务的人都遵守着原来的常规章程，不敢有一丝违规。"李贽听后，非常喜欢，对明玉说："你不要轻率随便地谈论此僧。此僧若在家，必定是真孝子；若在国，必定是真忠臣；若与朋友相交，必定是真义士；能肯学道参禅，必定是真正的超脱世俗的大丈夫，是天人师佛祖。怎么可以轻率随便评说呢！我想天地间只有这一副真正的骨气品德。不问在世或者出世，只要有这种骨气品德，什么事都可以成功的。"

　　明玉之告长者，并长者之语明玉如此。今年春，明玉为兴福寺直岁僧来求法语于余①，余因以得闻长者之语，遂语明玉曰："即此是法语矣,又何求乎？苟直岁僧闻此语,则能念祖德也,继继绳绳②,山门不坠矣③。苟合寺僧闻此语④,则毋忘祖功也,岁岁年年,规程一如矣。况因此得闻长者之风,顿明出世大事乎？明玉可即以此语登之于轴⑤,悬之于直寺方丈之室⑥,庶几合寺僧众,云游道侣⑦,过而读焉。或有真正骨头者,急来报我,我将携以见长者,俾长者不至孤单也⑧。"

【注释】

①直岁僧:佛教僧职。禅宗寺院东序六知事之一,负责耕耘、修缮等事务。

②继继绳绳:继继承承,谓前后相承,延续不断。

③山门:寺院的外门。这里指佛寺。

④合寺:整个寺院。合,全部。

⑤轴:把字、画装成卷轴形的挂幅。

⑥方丈:初指寺院,后指僧尼长老、住持的居室。又作一般寺院内主持者的尊称。

⑦云游道侣:游历各地的僧侣。

⑧俾(bǐ):使。

【译文】

明玉关于无用情况对李贽的述说,由此引起李贽对明玉的论述就是这样。今年春天,明玉为兴福寺的直岁僧向我索求法语,我因为得到上述李贽的评述,就告诉明玉说:"李贽老所言就是法语,又何必再题写呢？如若直岁僧听到李贽老的话,能够做到怀念祖师的功德,并继承下去,佛寺一定会盛旺。如若全寺院僧人都能认真听从李贽老的话,能够做到怀念祖师的功德,那么岁岁年年,常规章程就会像以前一样遵守不变。何况因此而认识到李贽老的品格精神，很快领悟到出世这样大事的意义。明玉可以把李贽老这些话装裱成挂幅，挂在寺院的客厅，这样全寺院的僧人，到处游历而经过兴福寺的道侣，在这里都可以读到。若是遇到真有骨气品德的，立即报告我，我就带他去见李贽老，以使李贽老不再孤单寂寞。"

题关公小像

【题解】

万历五年(1577)，李贽出任云南姚安知府，撰有《关公告文》(本书卷三)，此文当是同时所作。关公，即关羽(?—219)，字云长，河东解县(今山西临猗)人。三国蜀汉大将。其事迹被神话，尊称为"关公""关帝""关圣"等。《三国志》卷三六、《藏书》卷五六等有传。在这篇短文中，李贽一方面赞颂了关羽与刘备、张飞的桃园三结义，一方面赞颂了关羽的皈依佛门，这虽然都是依《三国演义》而论，但其中却包含着李贽自己的人生感慨。李贽自嘉靖三十五年(1556)出任河南辉县教谕，到撰写此文时出任姚安知府，在二十年的官场中，由于他不合时俗的思想与性格，处处与上司相抵牾，致使其"五十以后，大衰欲死"(本书卷二《圣教小引》)，在朋友的劝诲下，开始了对佛学的研究。此后，佛教对他的影响愈来愈大。他虽不是一个正统的佛教信徒，但佛教众生平等、人人成佛的思想却成为他反对儒学的重要武器。这里他称赞关公"皈依三宝"，并以此说"万亿斯年，作吾辈导师哉"，也正是他上述思想的真实表现。

古称三杰，吾不曰萧何、韩信、张良[1]，而曰刘备、张飞、关公[2]。古称三友，吾不曰直、谅与多闻[3]，而曰桃园三结义[4]。呜呼！唯义不朽，故天地同久，况公皈依三宝[5]，于金仙氏为护法伽蓝⑥，万亿斯年，作吾辈导师哉⑦！某也四方行游，敢曰以公为述⑧。唯其义之⑨，是以仪之⑩；唯其尚之⑪，是以像之⑫。

【注释】

①"吾不"句：萧何（？—前193），沛（今江苏沛县）人。曾为沛吏。秦末协助刘邦起义，刘邦建立西汉王朝的重要助手。西汉初任丞相。封酂（zàn）侯。主张法治，并仿效秦制，制定汉代法令《九章律》，被称为"萧何律"。后因向刘邦建议把皇帝打猎的园林改为耕田，而被囚禁。《史记》卷五三、《汉书》卷三九、《藏书》卷九等有传。韩信（？—前196），淮阴（今江苏淮阴）人。初属项羽，继归刘邦，在楚汉战争中，助刘邦打败了项羽，是刘邦建立西汉王朝的重要助手。曾被封为齐王、楚王。后被吕后所杀。《史记》卷九二、《汉书》卷三四、《藏书》卷四七等有传。张良（？—前186），字子房，传为战国时城父（今安徽亳州）人。祖与父都曾为韩相。秦灭韩后，张良图谋恢复韩国，结交刺客，在博浪沙（今河南原阳）狙击秦始皇未中，逃匿下邳（今江苏睢宁）时，遇黄石公，得《太公兵法》。秦末战争中归刘邦，协助刘邦灭秦、楚，是建立西汉王朝的重要谋臣之一。汉朝建立后，被封为留侯。刘邦曾说："运筹策（策）帷帐之中，决胜千里外，吾不如子房。"（《史记》本传）《史记》卷五五、《汉书》卷四〇、《藏书》卷一一等有传。《史记》卷八《高祖本纪》曾称萧、韩、张为三杰。

②"而曰"句：刘备（161—223），字玄德，涿郡（今河北涿州）人。三国时蜀汉政权的开创者。《三国志》卷三二、《藏书》卷四等有传。张飞（？—221），字益德，涿郡（今河北涿州）人。三国蜀汉大将。《三国志》卷三六、《藏书》卷五六等有传。据《三国志》卷三二《蜀书·先主传》注引《傅子》，三杰应是指诸葛亮、张飞、关羽。原文

如下："诸葛亮达治知变,正而有谋,而为之相;张飞、关羽勇而有义,皆万人之敌,而为之将:此三人者,皆人杰也。"

③直、谅与多闻:语本《论语·季氏》:"孔子曰:'益者三友,损者三友。友直,友谅,友多闻,益矣。'"正直,诚实,见识广博。

④桃园三结义:据《三国志平话》及《三国演义》记载,刘、关、张三人在张飞的桃园里结拜为异姓兄弟,并誓言:"虽为异姓,既结为兄弟,则同心协力,救困扶危;上报国家,下安黎庶;不求同年同月同日生,但愿同年同月同日死。皇天后土,实鉴此心。背义忘恩,天人共戮!"(《三国演义》第一回)《三国志》卷三六《蜀书·关羽传》,只载刘、关、张三人"寝则同床,恩若兄弟",并没有提到桃园结义之事。

⑤公:指关羽。皈依三宝:《三国演义》第七十七回说,关羽死后阴魂不散,经玉泉山老僧普静指点,"稽首皈依而去"。皈依,佛教用语。指身心归向于佛。皈,同"归"。三宝,佛教称佛、法、僧为"三宝"。佛是已开悟的人,法是佛的教法,僧是信奉佛的教法者,三者构成佛教的最重要的要素,因称"三宝"。也用以指佛。

⑥"于金仙"句:意为作为佛的护法神。金仙氏,即佛。《宋史》卷二二《徽宗本纪》:"宣和元年,诏佛改号大觉金仙。"伽(qié)蓝,佛寺里的守护神。

⑦导师:佛教用语。对引导人进入佛道的佛或菩萨的通称。

⑧逑(qiú):配偶,这里是伴侣之意。

⑨义:这里作动词,嘉许之意。

⑩仪:榜样。

⑪尚:尊崇。

⑫像之:供他的像。

【译文】

古人被称为三杰的,我说不是萧何、韩信、张良,而是刘备、张飞、关羽。古人称为三友的,我不认为是孔子所说的"友直、友谅、友多闻",而是桃园三结义。呜呼!只有义不朽,可与天地并存,何况关公又身心归向了佛祖,成为佛祖的护法神,永远永远都是我们的导师!我也曾四方行游,冒昧地愿以关公为伴侣。因为我对他非常崇拜,所以要以他为榜样;因为我对他非常尊敬,所以供奉他的小像并作此文。

三大士像议

【题解】

　　本文于万历二十一年(1593)写于麻城,由李贽口述怀林笔录。大士,佛教对菩萨的称呼,如观音大士,即观音菩萨。本文所说的"三大士",指观音、文殊和普贤。文殊梵语也称文殊师利,故文中两用之。此文谈的是芝佛院诸菩萨及韦驮尊者的塑像问题,但其中所提出的重神气,不重形美;唯真识真,唯真逼真;心灵则生,不灵则死;人为万物之灵,反不如一块泥巴等等。不但表现了李贽对人生的体验,对于文艺创作也都极富启示意义。

　　观世音像高一尺四寸①,文殊像高一尺二寸②,面俱向南,而意思实时时照观世音。独普贤像高一尺二寸③,面正向如观世音然,而趺坐磐石则如文殊④。普贤与文殊二大菩萨所坐石崖,比观世音坐俱稍下三四寸,俱相去一尺九寸。罗汉等像俱高六七寸⑤,有行立起伏不同。观音坐出石崖一尺三寸,文殊、普贤坐出石崖一尺一寸。别有玲珑山石,覆罩其顶,俱出崖三尺四寸,直至横断崖遂止。高处直顶穿山穴,石崖自东来,至正中亦遂止。观世音旁有善财执花奉献⑥。崖又稍断,复起一陡崖,转向正中坐,坐文殊师利。又自西斜向东,连生两崖:一崖建塔,一崖坐普贤。即此三坐。上方,迢递逶迤⑦,或隐或现,或续或绝,俱峻险古怪,则罗汉等往来其间。用心如意塑出,用上好颜料装成,即有赏;不则明告佛菩萨⑧,即汝罚也。

【注释】

①观世音:四大菩萨之一。能现三十三种化身,救十二种大悲。因主张随类化度众生,不分贵贱贤愚,听到世间众生的呼救声,即施以救援,被尊为"大慈大悲救苦救难观世音菩萨"。后因避唐太宗李世民之讳,改称"观世音"为"观音"。其形象初为男身,后为男身、女身不定。元以来渐成女身,妙年美容,手中常持花瓶,以泄甘露,普济众生。

②文殊:四大菩萨之一,即文殊师利,亦称曼殊师利,意为"妙吉祥""妙德"等,简称文殊。以智慧辩才,为大菩萨中第一,故尊号为"大智文殊"。他和普贤并称,作为释迦的胁侍,侍左方。

③普贤:四大菩萨之一,亦称遍吉、三曼多跋陀罗。以"行愿"著称。传说他有延命之德,发过十大弘愿,因成为主一切诸佛的理德、行德者,尊号为"大行普贤"。他和文殊并称,作为释迦的胁侍,侍右方。

④趺(fū)坐:盘腿端坐。

⑤罗汉:梵文阿罗汉的省称。小乘佛教用来指最高的修道程度,谓已断烦恼,超出三界轮回,应受人天供养的尊者。我国寺庙中供奉者,有十六尊、十八尊、五百尊、八百尊之分,达到这种程度的僧人也称罗汉。

⑥善财:菩萨名。亦称善财童子。因生时有各种珠宝涌出,故名。初受文殊教化,得到智慧,南行访五十三位名师,智慧日益丰富,最后遇普贤,实现成佛之愿。常居观音左侧。事迹见《华严经》。

⑦迢递(tiáo dì)逶迤：形容高远弯曲的样子。

⑧不(fǒu)则：同"否则"。

【译文】

观世音像高一尺四寸，文殊像高一尺二寸，都面向南，而神情都时时朝向观世音。只有普贤像高一尺二寸，面也朝向观世音，而盘腿端坐则像文殊。普贤与文殊两大菩萨所坐的石崖，比观世音所坐的石崖都低下三四寸，相距为一尺九寸。罗汉等像都高六七寸，有行走站立参差不同的形状。观音坐出石崖一尺三寸，文殊、普贤坐出石崖一尺一寸。别有玲珑山石，覆罩其顶，都出崖三尺四寸，到横断崖为止。高处一直到穿山穴，石崖从东边来，到正中间而止。观世音身旁有善财童子执花恭敬地进献。崖又稍断，又起一陡崖，转向正中坐，文殊师利坐在上面。又自西向东斜，相连两崖：一崖建塔，一崖坐普贤。这就是所说的三坐。再往上，高远弯曲，或隐或现，或连接或断开，都峻险古怪，罗汉就在这里活动。要照上面所说塑造，用上好颜料装成，就给奖赏；否则就告知佛菩萨，那就是对你的责罚。

时有众僧共见，曰："崖上菩萨法身莫太小么①？"和尚曰②："只有山藏人，未有人包山。"后菩萨像出，和尚立视良久，教处士曰③："三大士总名菩萨，用处亦各不同。观音表慈，须面带慈容，有怜悯众生没在苦海之意。文殊表智，凡事以智为先，智最初生，如少儿然，面可悦泽丰满，若喜慰无尽者。普贤表行④，须有辛勤之色，恰似诸行未能满足其愿。若知此意，则菩萨真身自然出现，可使往来瞻仰者顿发菩提心矣⑤。岂不大有功德哉！不但尔也⑥，即汝平生塑像以来一切欺天诳人之罪，皆得销殒矣⑦。"时有一僧对曰："也要他先必有求忏悔之心乃可。"和尚呵之曰："此等腐话再不须道!"处士金姓,眇一目⑧,视瞻不甚便,而心实平稳可教。像之面目有些不平整,和尚每见,辄叹以为好,岂非以其人乎,抑所叹在骊黄之外也⑨?众僧实不知故。因和尚归方丈⑩,即指令改正。和尚大叫曰:"叫汝不必改,如何又添改也?"金处士牙颤手摇,即答云:"非某甲意,诸人教戒某也⑪。"林时亦在旁⑫,代启和尚曰⑬:"比如菩萨鼻不对嘴,面不端正,亦可不改正乎?"和尚忻然笑曰⑭:"尔等怎解此个道理,尔试定睛一看:当时未改动时,何等神气,何等精采。但有神则自活动,便是善像佛菩萨者矣⑮,何必添补令好看也。好看是形,世间庸俗人也。活动是神,出世间菩萨乘也⑯。好看者,致饰于外,务以悦人,今之假名道学是也。活动者,真意实心,自能照物⑰,非可以肉眼取也⑱。"

【注释】

①法身:亦称"真身",即具有佛德的自身。谓证得清静自性,成就一切功德之身。"法身"不生不灭,无形而随处现形,也称为佛身。与生身(亦称"应身""化身",即父母所生之身)共称"二身"。

②和尚:李贽自称。

③处士:古时指有才德而隐居不仕的人。这里的处士,即指下文所说的塑像的"金姓"工匠。

④行(héng):佛教指修行的功夫。

⑤菩提心:帮助开悟别人的心愿,即佛心。菩提,佛教用语。意译为"觉""智""道"等。佛教用以指豁然彻悟的境界,又指觉悟的智慧和途径。

⑥尔:如此。

⑦销殒(yǔn):消亡。

⑧眇(miǎo)：一目失明。

⑨骊(lí)黄之外：从表面现象之外(即从实质)看问题。典出《列子·说符》：古代善相马的伯乐年老，推荐九方皋为秦穆公访求骏马。三月后于沙丘得之。"穆公曰：'何马也？'对曰：'牝而黄。'使人往取之，牡而骊。"于是穆公责备伯乐。伯乐解释说，九方皋是"得其精而忘其粗，在其内而忘其外"，即看到了马的实质而忽视了其外表。牝牡(pìn mǔ)，雌性的和雄性的。骊，纯黑色的马。此典又见《淮南子·道应训》《吕氏春秋·观表》，九方皋分别作九方堙(yīn)、九方歅(yīn)。

⑩方丈：初指寺院，后指僧尼长老、住持的居室。

⑪教戒：教导和训诫。

⑫林：指怀林，龙潭湖芝佛院和尚。

⑬代启：代(金工匠)陈述。

⑭忻然：喜悦的样子。

⑮善：佛教用语。指一切有利于觉悟、解说，符合佛理的活动。

⑯出世间：指超脱人世。菩萨乘：佛教指引导教化众生达到解脱的五种修道方式(五乘)中程度最高的一种。即通过修六度法门(布施、持戒、忍辱、精进、禅定、智慧)，可使来生超越三界，达到无上觉悟的大涅槃而成佛。

⑰照：佛教用语。博大精深的慧力。

⑱肉眼：佛经所说五眼之一，谓肉身之眼。认为肉眼见近不见远，见前不见后，见明不见暗。后因以指俗眼。

【译文】

当时有许多僧人都在看三大士像的塑造，有人说："崖上的菩萨法身是不是太小？"和尚说："只有山藏人，未有人包山。"后来菩萨塑像完成，和尚站在那里看了很久，对塑像的匠人说："三大士总名菩萨，但作用并不一样。观音仪容要表现慈祥，应该面带慈祥的容貌，表现出怜悯众生身处苦海之意。文殊仪容要表现智慧,一切事情都是以智慧为先,智慧初现,如同幼儿,面容要光润悦目,总是一脸欣喜。普贤仪容要表现修行的功夫,应该面带辛勤之色,好像各种修行都还没有达到。如若懂得这些意蕴,那么菩萨塑像就会表现出他的真身面目,可以使往来瞻仰之人顿发帮助开悟别人的心愿。这不是大大的功德么!不但如此,你平生塑像以来,一切欺天骗人之罪,都可以消去了。"这时有一僧人说:"那也得他先有求忏悔之心才可。"和尚责备他说:"这样的废话,不要再说!"塑佛像工匠姓金,一目失明,观察不很方便,而内心感情深挚平稳可教。他塑的佛像面目有些不平整,和尚每次相见,都给以称赞,这是因为和尚看到姓金匠人可教呢,还是从表面之外看到了实质呢?众多僧人都不知其原因。后来和尚回方丈去了,有僧人要金匠把不平整处加以改正。和尚见后大叫道:"叫你不要改,为什么又改了?"金匠牙颤手摇答道:"不是我要改,大伙要我改的。"这时怀林正在一旁,替金匠说:"要是菩萨鼻不对嘴,面不端正,也可以不改吗?"和尚笑着说:"你们怎么不理解其中的道理,你们集中视线看一看:没改之前塑像何等神气,何等精彩。有神气自然生动活泼,就表现出了佛菩萨的善像,没必要再添补去追求好看。好看只是外形,为世间庸俗人看重。神气自然生动活泼,才是超脱人世达到无上觉悟大涅槃的佛的境界。只管好看,重在外面,一心取悦于人,现今的假名道学就是这样。重在神韵神味,才是真心实意,才能以博大精深的慧力观察事物,这是一般人的俗眼达不到的。"

适居士杨定见携宝石至①,和尚呼侍者取水净洗,因置一茎草于净几之上,取石吸草,以辨真不。盖必真,乃可以安佛菩萨面顶肉髻也②。乃石竟不吸草。和尚乃觉曰:"宝石不吸腐草,磁石不引曲针,自古记之矣。快取一茎新草来投之!"一投即吸。和尚喜甚,曰:"石果真矣! 此非我喜真也,佛是一团真者,故世有真人③,然后知有真佛;有真佛,故自然爱此真人也。唯真识真,唯真逼真④,唯真念真,宜哉!然则不但佛爱此真石,我亦爱此真石也。不但我爱此真石,即此一粒真石,亦惓惓欲人知其为真⑤,而不欲人以腐草诬之以为不真也。使此真石遇腐人投腐草,不知其性,则此石虽真,毕竟死于腐人之手决矣。"

【注释】

①居士:对在家信佛修道者的一种称呼。杨定见:号凤里,麻城(今湖北麻城)人。李贽在龙潭湖居住时往来论道的僧人之一,也是李贽的学生,深得李贽赞赏。在《八物》中说:"如杨定见,如刘近城,非至今相随不舍,吾犹未敢信也。直至今日,患难如一,利害如一,毁谤如一,然后知其终不肯畔我以去。"(本书卷四)在《豫约·早晚守塔》中说:"刘近城是信爱我者,与杨凤里实等。"(本书卷四)万历二十八年(1600),湖广按察司佥事冯应京烧毁了龙潭湖芝佛院,并驱逐李贽。杨定见为李贽设法先行藏匿,然后避入河南商城的黄檗山中,免遭了封建统治者的一次毒手。

②肉髻:释迦牟尼头顶有肉团隆起如髻,故称。为佛三十二相中的顶髻相。

③真人:指真心实意不弄虚作假的人。

④逼:亲近。

⑤惓(quán)惓:恳挚的样子。

【译文】

这时恰巧定见合手抱着一块宝石过来,和尚叫侍者取水把宝石洗净,并把一株草放到洁净的小桌上,而后取过宝石吸草,以辨宝石的真假。如若是真宝石，就可以安放在佛菩萨头顶上的肉髻处。那块宝石竟然不吸草。和尚于是觉悟道："宝石不吸腐烂的草，磁石不吸弯曲的针，古来就有这种记载。快取一抹新草放那里。"结果新草一放就被宝石吸起。和尚非常喜欢，说："此石真是宝石。这并不是我特别喜爱真，佛就是一团真，所以世上有真人，然后知有真佛；有真佛，所以自然爱此真人。只有真才能认识真，只有真才能亲近真，只有真才能思念真，这是必然的了！那么不但佛爱此真石，我也爱此真石。不但我爱此真石，就是这样一小粒真石，也恳挚地希望人们知道它是真宝石，而不愿人们用腐败之草诬陷它不是真宝石。如若这真宝石遇到腐败的人投以腐败的草，认识不到这真宝石的本质与性能，那么宝石虽真，那也一定会死在腐败之人的手中。"

佛像菩萨坯胎已就，处士长跪合掌而言曰："请和尚看安五脏！"和尚笑曰："且住！我且问尔！尔曾留有后门不？若无门，即有腹脏，屎从何出？所以你们愚顽，未达古人立像之意。古人立像，以众生心散乱，欲使之睹佛皈依耳①。佛之心肝五脏，非佛罔知，岂是尔等做得出也！且夫世之塑神者必安五脏，穿七孔②，何也？为求其灵而应也，庶几祈福得福，祈免祸得免祸也。此世人塑神事神之本意也。若我与诸佛菩萨则不然。若我以诸佛菩萨为心，则吾心灵；众僧若以诸佛菩萨为心，则众僧心灵。借佛菩萨像以时时考验自己心灵不灵而已。灵则生，不灵则死。是佛菩萨之腹脏常在吾也。"处士又曰："某日开光③，须用活鸡一只刺血点目睛。"和尚曰："我这里佛自解放光，不似世上一等魍魉匠、魑魅僧巧立名色④，诳人钱财也。尔且去用心妆出，令一切人见之无不生渴仰心，顿舍深重恩爱苦海，立地欲求安乐解脱、大光明彼岸⑤，即尔塑事毕矣，我愿亦毕矣。无多言！再无多言！"故至今未安五脏，未开光。然虽未开光，而佛光重重照耀，众僧见之，无不渴仰。

【注释】

①皈(guī)依：佛教用语。指入教仪式，含有身心归向和依托之意。

②七孔：指人脸上耳、目、鼻、口的七个孔穴。

③开光：佛教的一种宗教仪式。佛像塑成后，择吉日举行仪式，画眼点睛，开始供奉。

④魍魉(wǎng liǎng)、魑魅(chī mèi)：都是传说中的鬼怪。这里指巧立名目骗取钱财的工匠和僧人。名色：名目，名称。

⑤解脱：佛教用语。指用禅定的方法摆脱烦恼业障的束缚而复归于自在。彼岸：佛教用语。佛教以有生有死的境界为"此岸"，体会到了最高精神本体，就能超脱生死(即涅槃)的境界为"彼岸"。《大智度论》十二："以生死为此岸，涅槃为彼岸。"

【译文】

佛像菩萨的塑像已初具形体，处士长跪合掌说："请和尚看怎么安置五脏。"和尚笑道："且住！我先问问你，你在塑像上留有后门没有？要是没有留后门，即使有肚子内脏，怎么拉屎？所以说你们愚昧，不了解古人立像之意。古人所以立像，因为众生心里散乱，想使他们看见佛像就产生身心归向之意。佛的心肝五脏，只有佛自己知道，哪里是你们做得出来的！现在世上塑神像时必安五脏，穿七孔，为什么？那是为了求得自己想要得到的结果，希望祈求有福得到福，免去灾祸就免去灾祸。这就是世人塑造神像祭祀神灵的本意。我们与诸位菩萨的关系却不是这样。如若我以诸佛菩萨的精神心思为榜样，那么我也会得到佛菩萨精神心思的感应；众僧若以诸佛菩萨的精神心思为榜样，那么众僧也会得到佛菩萨精神心思的感应。我们是借着佛菩萨的塑像时时考验自己的心思精神罢了。能够继承佛菩萨的精神思想就会有所作为，不能继承佛菩萨的精神思想那就等于死灭。所以佛菩萨的心肝五脏都在自己。"处士又说："哪一天开光，须用活鸡一只刺血用以给佛菩萨点睛。"和尚说："我这里的佛会自行解脱发光，不像世上那些巧立名目如同鬼怪的工匠和僧人，刺血点睛不过是为了骗人钱财罢了。你们只要尽心尽力把佛菩萨的塑像打扮修饰好，令一切人看到后都生出敬慕盼望的心思，立即舍弃了人世间深重的恩爱苦海，立刻想求得能达于安乐而超脱生死的大光明彼岸，你的塑像任务就完成了，我的心愿也达到了。不要再说，不要再说了！"所以佛菩萨塑像至今没安五脏，没开光。然而虽然没有开光，而佛光却重重照耀，众僧见之，都非常敬慕仰望。

至五月五日，和尚闲步廊下，见妆严诸佛菩萨及韦驮尊者像[①]，叹曰："只这一块泥巴，塑佛成佛，塑菩萨成菩萨，塑尊者成尊者，欲威则威，欲慈则慈，种种变化成就俱可。孰知人为万物之灵，反不如一泥巴土块乎！任尔千言万语，千劝万谕，非聋即哑，不听之矣。果然哉，人之不如一土木也！"怀林时侍和尚，请曰："和尚以人为土，人闻之必怒；以土比人，人闻之必以为太过。今乃反以人为不如土木，则其以和尚为胡说乱道，又当何如也？然其实真不如也，非太过之论也。记得和尚曾叹人之不如狗矣，谓狗终身不肯背主人也。又读孙坚《义马传》[②]，曾叹人之不如马矣，以马犹知报恩，而人则反面无情，不可信也。今又谓人更土木之不如，则凡有情之禽兽，无情之土木，皆在人上者，然则天亦何故而生人乎？""噫！此非尔所知也。人之下者，禽兽土木不若,固也;人之上者,且将咸若禽兽③,生长草木,又岂禽兽草木可得同乎? 我为下下人说④,不为上上人说⑤。"林复请曰:"上下亦何常之有? 记得六祖大师有云⑥:'下下人有上上智⑦',有上智则虽下亦上;'上上人有没意智',没意智则虽上亦下。上下之位,固无定也。""噫! 以此观之,人决不可以不慎矣。一不慎即至此极,顿使上下易位。我与子从今日始,可不时时警惕乎!"沙弥怀林记⑧。

【注释】

①妆严:妆饰,打扮。韦驮(tuó):又称韦驮天,佛教护法天神,传说他能驱除邪魔,保护佛法。

②孙坚《义马传》:《三国志》卷四六《孙坚传》裴松之注引韦昭《吴书》中一段故事:东汉灵帝中平元年(184),孙坚与黄巾军张角作战,"坚乘胜深入,于西华失利。坚被创坠马,卧草中。军众分散,不知坚所在。坚所骑骢马驰还营,踣(bó,跌倒)地呼鸣,将士随马于草中得坚。"《义马传》,当指此。

③咸若禽兽:语本《尚书·商书·伊训》:"鸟兽鱼鳖咸若。"使禽兽顺从孳长。若,顺,顺从。

④下下人:凡庸之人。

⑤上上人:德行智能高尚的人。

⑥六祖大师:指佛教禅宗第六祖慧能(638—713),亦作惠能,唐代高僧。俗姓卢,世居范阳(今河北涿州)。因父被贬,徙南海新兴(今广东新兴),遂生于此。据说是一个不识字的樵夫,听人诵《金刚般若经》,乃发心学佛,北赴黄梅(今湖北黄梅)双峰山,投禅宗第五祖弘忍门下,充当行者,为碓房舂米小僧。弘忍禅师选法嗣时,上座神秀有偈语云:"身是菩提树,心如明镜台。时时勤

拂拭,勿使惹尘埃。"针对神秀这种渐悟主张,他请人代笔作偈主
张顿悟曰:"菩提本无树,明镜亦无台。本来无一物,何处惹尘
埃?"此偈得到弘忍的赞许,便将禅法秘授与他,并付与法衣。成
语"继承衣钵"之典即出于此。后来他在韶州(今广东韶关)曹溪
宝林寺大倡顿悟法门,宣传"见性成佛",与神秀在北方宣扬的渐
悟之说相抗,成为"南宗"之祖。世人有"南顿北渐""南能北秀"
说。卒谥"大鉴禅师"。其顿悟之说,不仅对佛教,而且对后来的
哲学、文学艺术创作等都有较深的影响。他死后,弟子们所编集
的语录,称为《六祖法宝坛经》(亦称《坛经》)。《旧唐书》卷一九
一、《宋高僧传》卷八、《景德传灯录》卷五、《天圣广灯录》卷七、
《嘉泰普灯录》卷一、《六学僧传》卷四等有传。

⑦"下下"句:与下句"上上人有没意智",皆见《坛经》。意为地位极
　低的人也可能有极高的智慧,地位极高的人也会一时没了心智。
　上上智,最上等的智慧。没意智,没有聪明智慧。

⑧沙弥:初出家的和尚。

【译文】

　到五月五日,和尚到廊下散步,看到雕塑已完的诸佛菩萨和韦驮尊
者像,感叹道:"就是这一块泥巴,塑佛成佛,塑菩萨成菩萨,塑尊者成尊
者,想表现威武就威武,想表现慈祥就慈祥,种种变化成就都好。谁能
知道人为万物之灵,反而不如一块泥巴呢!任凭你千言万语,千劝万
谕,他都不是像聋子就是像哑巴,什么都像没听见。如果这样,人还不
如一土一木。"怀林当时在旁侍候和尚,恭敬地说:"和尚把人当作土,人
们听到一定会发怒;又以土比作人,人们听到一定认为这太过分了。现
今又说人还不如土木,人们一定会认为你在胡言乱语,那又该怎么样
呢?然而其实人真不如土木,这并不是过分之说。记得和尚曾感叹人
不如狗,认为狗终身都不肯背叛主人。又读孙坚的《义马传》后,曾感叹
人不如马,认为马还知报恩,而人则翻脸无情,没有信用。现今又说人

更不如土木,那么凡是有情的禽兽,无情的土木,都在人之上,那么上天又为什么要生人呢?""噫!其中的道理你不知道。低下凡庸之人,不如禽兽土木,固然如此;德行智能在上之人,那都像顺从尊长的禽兽和草木,但和禽兽草木又怎么可能相同呢?我以上所说是为凡庸的一般人所说,不是说那些德行智能高尚的人。"怀林又恭敬地问道:"上下又怎么会常有呢?记得六祖慧能大师曾说:'低下凡庸的人也可能有极高的智慧',有了这种智慧,虽是低下凡庸之人也在上了;'德行智能高的人有时也会没有了心智',没有了这种心智,虽是德行智能高之人也在下了。上下之位,并不是固定不变的。""噫!由此观之,人决不可不谨慎。一不谨慎就会达到这种境界,立即使上下易位。我和你从今日开始,要时时警惕呀!"小和尚怀林记。

代深有告文　　时深有游方在外

【题解】

本文于万历二十一年(1593)十月写于麻城。深有(1544—1627),俗姓熊,名深有,僧号无念,麻城(今湖北麻城)人。龙潭湖芝佛院守院僧。曾为周思久(柳塘)礼请李贽居芝佛院。后入黄蘖山(在河南商城)建法眼寺。著有《醒昏录》《黄蘖无念复问》等。《麻城县志》康熙版卷八和光绪版卷二五、《五灯严统》卷一六、《五灯全书》卷一二〇等有传。当时深有游方在外,芝佛院的事务由李贽主持,因此,"代深有"写此"告文"。

龙潭湖芝佛院奉佛弟子深有,谨以是年日月①,礼拜梁皇经忏以祈赦过宥愆事②。念本院诸僧虽居山林旷野,而将就度日,不免懒散苟延,心虽不敢以遂非③,性或偏护而祗悔④。夫出家修行者,必日乾而夕惕⑤;庶檀越修供者⑥,俱履福而有功⑦。早夜思惟，实成虚度。纵此心凛凛⑧，不敢有犯；而众念纷纷⑨，能无罔知⑩。但一毫放过⑪，即罪同丘山；况万端起灭，便祸在旦夕乎？深有等为此率其徒若孙⑫，敬告慈严⑬。慈以悯众生之愚，愿弃小过而不录；严以待后日之谴，姑准自改而停威⑭。则万历二十一年十月以前，已蒙湔刷⑮；而从今二十一年十月以后，不敢有违矣。

【注释】

①是年：这年。

②梁皇经忏：即《梁皇忏》，佛教书《慈悲道场忏法》的别称，亦称《梁武忏》。相传梁武帝初为雍州刺史时，夫人郗氏性酷妒，病死。梁武帝即位后夜梦郗氏化为蟒。为了替郗氏忏悔罪业，乃集录佛经语句，作成忏法十卷，因称《梁皇忏》。后为佛家常用的超度忏法。宥愆(yòu qiān)：宽恕过失。宥，宽恕，原谅。

③遂非：纵容自己的过失。

④偏护：偏私袒护。

⑤日乾而夕惕：语本《周易·乾》："君子终日乾乾，夕惕若，厉(严谨)无咎(过错)。"意为朝夕奋发努力，不敢有所懈怠。乾、惕，均是戒惧不懈之意。

⑥庶：但愿，希望。檀越：梵语音译，意译为施主。寺院僧人对施舍财物者的尊称。修供：向神佛供献物品。

⑦履福：指得到佛的福荫。功：成效。

⑧凛凛：敬畏、畏惧的样子。

⑨众念：各种各样的俗念。

⑩罔知：无知。指错误。

⑪一毫：一根毫毛。表示极少，很小。

⑫徒若孙:徒弟和徒孙。

⑬慈严:指佛。佛教徒认为佛是慈悲而威严的,犹如慈母严父。

⑭威:惩罚,刑罚。

⑮湔(jiān)刷:洗刷。即上文所谓"赦过宥愆"。

【译文】

龙潭湖芝佛院敬奉佛祖的弟子深有,恭敬地在这年日月以梁皇经礼拜以请求赦免宽恕过失事。愿哀怜本院诸僧虽居山林旷野,而将就度日,但难免懒散拖延,心中虽不敢纵容自己的过失,或者由于性情的偏私袒护而造成悔恨。出家修行的人,应该朝夕奋发努力,不敢有所懈怠,并希望向神佛供献物品的施主,都能得到佛的福荫而取得成效。日夜思量,实成虚度。即使心中敬畏畏惧,不敢有所冒犯;而种种俗念杂乱,难免没有错误。但是,如若放过一点点错误,造成的罪过就会像丘山一样重大;何况种种俗念繁多纷杂生灭不定,如没有敬畏之心,早晚就会发生祸灾。因此深有等率领着徒子徒孙,恭敬地报告于慈悲威严的佛像之前。慈悲的佛怜悯众生的愚昧,请舍去众生的小过而不再录记;威严的佛对众生的过失暂不谴责,待他们改过后而免去惩罚。在万历二十一年十月以前,对他们已有免罚;从今二十一年十月以后,再也不敢违背佛法了。

又告

【题解】

本文于万历二十一年(1593)写于麻城。文中对佛法的明心见性及礼忏等作了简明扼要的解说,并显示出李贽自己对佛理的独特理解。

切以诵经者①,所以明心见性②;礼忏者③,所以革旧鼎新④。此僧家遵行久矣。皆以岁之冬十月十五日始,以次年春正月十五日终。自有芝佛院以来,龙潭僧到今,不知凡几诵而凡几忏矣,而心地竟不明⑤,罪过竟不免,何哉?今卓吾和尚为塔屋于兹院之山,以为他年归成之所⑥,又欲安期动众⑦,礼忏诵经。以为非痛加忏悔,则诵念为虚文;非专精念诵,则礼忏为徒说。故此两事僧所兼修,则此会期僧家常事也。若以两者目为希奇,则是常仪翻成旷典⑧,如何可责以寡过省愆之道⑨,望以明心见性之理乎?谓宜于每岁十月,通以为常。否则每一期会⑩,必先起念⑪;先起念已,然后举事⑫;既举事已,然后募化⑬;既募化已,然后成就⑭。如此艰辛,谓之旷典,不亦宜乎!从今以后,不如先期募化有缘菩萨,随其多寡,以为资粮。但得二时无饥⑮,即可百日聚首。于是有僧常觉⑯,慨然任之。不辞酷烈之暑,时游有道之门;不惮跋涉之勤⑰,日履上圣之室⑱。升合不问⑲,随其愿力⑳,无不顿发菩提妙心㉑;担荷而来,因其斋粮,可使随获菩提妙果㉒。诵经者明心,而施主以安坐自收善报;礼佛者忏罪,而施主以粒米遂广福田㉓。不唯众僧不致虚度,虽众施主亦免唐捐㉔。常觉之功,不既溥乎㉕!但如此岁岁年年,则众僧有福,施主有福,常觉亦有福。恐以我为妄语,故告佛使明知之。

【注释】

①切(qiè):同"窃",犹言私自,私下。表示个人意见的谦辞。

②明心见性:禅宗认为人心中本具佛性,只要能"识自本心,见自本性",就可当下成佛。明心见性,意为摒弃世俗一切杂念,彻悟因

杂念而迷失了的本性(即佛性)。明心,使心思清明纯正。见性,谓悟彻清净的佛性。

③礼忏:佛教徒礼拜佛菩萨,诵念经文,以忏悔所造成的罪过。

④革旧鼎新:语本《周易·杂》:"革,去故也;鼎,取新也。"即"革故鼎新"。后遂以"革故鼎新"指革除旧的,创建新的。这里指按照佛教教义的要求改过迁善。

⑤心地:佛教用语。佛教指心,即思想、意念等。佛教认为三界唯心,心是一种精神本体,如滋生万物的大地,能随缘生一切诸法,故称"心地"。

⑥归成:佛教用语。谓归西天,即死亡。

⑦安期:佛教用语。即安居,又称坐夏或坐腊。僧徒每年在夏季有三个月的安居期,在此期间不外出,静心坐禅修学。其时正当雨季,又称"坐雨安居"。具体日期因地而异。

⑧常仪:通常的仪式。旷典:稀世盛典。

⑨省愆(qiān):反省过失。

⑩期会:约期聚会。

⑪起念:产生某种想法。

⑫举事:行事,办事。

⑬募化:化缘。指僧徒求人施舍财物。

⑭成就:完成,完结。

⑮二时:指早晚。

⑯常觉:芝佛院僧人。李贽《与焦从吾》十七书中曾提到他:"此僧本好游,又探知弟意如此(指李贽有就焦竑终老的打算),故强以此缘簿相请……果欲遍阅诸经,何处不可耶?""承以虎丘席(焦竑曾为李贽寻得虎丘僧舍,准备让李贽去那里阅读佛经),甚好。但弟亦未尝以此托常耶。弟知兄之贫者,安忍琐琐相累乎?"(《李氏遗书》卷一)

⑰惮(dàn)：怕。

⑱上圣之室：指信奉佛教的人家。

⑲升合(gě)不问：募缘时不管多少都收。升合，重量单位，十合为一升。

⑳愿力：佛教用语。本愿力、宿愿力的略称。指誓愿的力量，即济度众生而发出的善愿功德之力。

㉑菩提妙心：即菩提心。见《三大士像议》第二段注⑤。

㉒"可使"句：意为发菩提(求成佛)心，可以获致菩提妙果，即可以得到佛的果位。菩提妙果，指佛果。

㉓福田：佛教用语。佛教认为供养布施，行善修德，能受福报，犹如在田里播种以后可以有收获一样。故称"福田"。

㉔唐捐：佛教用语。落空，虚耗，白白地抛弃掉。唐，空。捐，弃。

㉕溥(pǔ)：广大，普遍。

【译文】

　　我认为诵经之人，都是为了明心见性。礼拜佛祖则是为了忏悔罪过，重新作为。长久以来僧人们都是这样做的。时间都是从冬季的十月十五日开始，到次年的春季正月十五日结束。自从建有芝佛院以来，龙潭湖的僧人，不知有多少次诵经多少次礼忏了，但是心地竟然不明，罪过竟然不免，为什么？现今卓吾和尚在芝佛院的山旁建了一个塔屋，作为他驾鹤西归后藏尸骨之用，为此又想叫僧徒们在安居期礼忏诵经。我认为对于世俗杂念不痛加忏悔，那么这诵念经文也毫无意义；如若不是对经文专一精的体悟，那么想通过礼忏对罪过忏悔也等于白说。所以礼忏诵经两事僧徒都要兼修，那么这应该成为僧徒预定日期的常事。如若把这两种常事看成稀奇，就把通常的仪式当成了稀世盛典，如何期望引导不犯过失和反省过失，并晓得明心见性之理呢？所以应该把每年的十月定为常例。否则每一约期聚会，都会产生某种想法；有了某种想法，然后就去办理；办理事完，又去化缘；化缘完毕，才算完结。如此艰辛,称之为稀世盛典,不是很合适吗? 从今以后,不如先去找有缘分的施主化缘,随其给予多少,以为活动的经费。只要早晚不缺饭食,就可百日相聚。于是有个叫常觉的僧徒,慷慨地负起化缘的任务。他不避夏暑的酷烈,常常游走在有道德修养的人家;不怕跋涉的辛勤,天天访说信奉佛法之人。募缘时多少都收,随从施主济度众生的愿力,无不立即生发帮助开悟他人的菩提心;常觉肩负着化缘的责任,因为这些斋粮,可使施主获致菩提妙果,得到佛的果位。诵经之人使心性清明纯正,而施主则安坐收到善报;礼拜佛菩萨而忏悔罪过,施主则以粒米而获得"福田"的收获。这样不仅众僧不致虚度年华,而且众位施主也会获得充实的佛法。如此看来,常觉之功岂不大哉! 如能年年岁岁这样,则众僧有福,施主有福,常觉也有福。我担心你们把我的话当作虚妄不实的谎言,所以把我的以上想法告知佛祖。

礼诵药师告文

【题解】

本文于万历二十一年(1593)十月写于麻城。礼诵,礼佛诵经。药师,佛名。药师琉璃光佛的简称。下一篇《礼诵药师经毕告文》中的药王菩萨也是指"药师菩萨"。传说他曾发十二誓愿,立志为众生消除痛苦。又传说他是星宿光,曾以良药供养僧众,后成为佛。这里指《药师经》。告文,祭文。这是一篇"祈求免病"的告佛文字,表现了李贽病中的心情。

余两年来,病苦甚多①。通计人生大数②,如我之年,已是死期。既是死期,便与以死,乃为正理,如何不赐我死,反赐我病乎? 夫所以赐之病苦者,谓其数未至死,尚欲留之在世,故假病以苦之③,使之不得过于自在快活也。若我则该死之人:寿至古稀④,一可死也;无益于世,二可死也;凡人在世,或有未了业缘⑤,如我则绝无可了,三可死也。有此三可死,乃不即我死,而更苦我病,何也? 闻东方有药师琉璃光王佛发大弘愿,救拔病苦众生,使之疾病涅槃⑥。卓吾和尚于是普告大众,趁此一百二十日期会⑦,讽经拜忏道场⑧,就此十月十五日起,先讽《药师经》一部四十九卷,为我祈求免病。想佛愿弘深,决不虚妄也。夫以佛愿力而我不求,是我罪也。求佛而佛不理,是不慈也;求佛而佛或未必知,是不聪也:非佛也。吾知其决无是事也。愿大众为我诚心念诵,每月以朔望日念此经⑨,共九朔望,念经九部。呜呼! 诵经至九部,不可谓不多矣;大众之殷勤,不可谓不虔矣⑩。如是而不应焉,未之有也。但可死,不可病。苦口叮咛,至三再三,愿佛听之!

【注释】

①"余两年"二句:万历二十年(1592)以来,李贽先是患痢:"弟今秋苦痢,一疾几废矣。"(本书卷二《寄京友书》)而后又患气急,即气喘病(见本文及后面《礼诵药师经毕告文》《寒灯小话》),深为病痛所苦。

②通计:总计。大数:气数,自然法则。

③假:借。

④古稀:亦作"古希"。杜甫《曲江》诗之二:"酒债寻常行处有,人生七十古来稀。"后因用"古稀"为七十岁的代称。实际上,李贽这年是六十七岁,古稀是约略的说法。

⑤业缘:佛教用语。佛教把人的身、口、意三方面的行为叫"业",称"三业"。并认为三者都有善恶之分,是招致在六道(地狱、饿鬼、畜生、修罗、人间、天上六种轮回境地)中生死轮回乐果或苦果的因缘。善业招致乐果,恶业招致苦果。

⑥涅槃(niè pán):梵语音译,佛教用语。是佛教修习所要达到的理想。一般指熄灭虑念、消除烦恼、超脱生死的理想境界。后亦作死亡的美称。这里指疾病消除。

⑦一百二十日期会:期会通常自十月十五日起至翌年正月十五日止,仅足三个月九十天、七朔望,这里却说"一百二十日""九朔望"(见下文),为什么? 因为本年适逢闰十一月。《明通鉴》卷七〇于"万历二十一年十二月"下注:"是年十一月有闰。"与李贽这里所言相吻合。

⑧讽经拜忏:佛教徒念诵佛经,向佛表示悔过的礼拜仪式。讽,念。忏,忏悔。

⑨朔望:朔日和望日。农历每月的初一日和十五日。

⑩虔:虔诚,恭敬。

【译文】

　　我这两年来,病苦甚多。总计人生的气数,像我这种年岁,应该到死期了。既然该到死期,就应该让我死去,这才是正理,为什么不让我死,却让我病呢? 我想所以让我受病痛的折磨,可能是我的人生气数还不该死,还想把我留在人世,所以借病而使我受苦,使我不能过于自在快活。像我则是应该死的人:我已到古稀之年,一可死也;无益于世,二可死也;凡人在世,或者有未完成的善业或恶业的因缘,像我则这些都不存在了,三可死也。有这三种可死之理由,又不让我立即死,反而让我受病苦的折磨,为什么? 听说东方有药师琉璃光王佛曾发为众生消除痛苦的十二弘愿,解救众生的病苦,使之疾病消除。卓吾和尚于是向大众普遍告示,趁着今年的一百二十日期会,做诵念佛经忏悔罪过的法事，从十月十五日起，先讽诵《药师经》一百四十九部，为我祈求免去病痛。我想佛祖大慈大悲的心愿弘深，决不会荒诞无稽。如若佛祖有善愿功德之力而我不去求得，那是我的罪过。我祈求佛祖而佛祖不理，那是佛祖不慈；我祈求佛祖而佛祖却不知道，那是佛祖不聪；如若这样那就不是佛祖。我深知绝对不会出现这种情况。所以希望大众为我诚心念诵佛经，在每的初一和十五诵念《药师经》，一共有九个朔日望日，念经九部。呜呼！诵经到九部，不可谓不多矣；诵经大众的殷勤，也是极为虔诚和恭敬了。这样的诚心却得不到感应，也绝对不会出现这种情况。我愿意死，而不愿意受病痛的折磨。所以苦口再三叮咛，希望佛祖能够听到！

移住上院边厦告文

【题解】

本文于万历二十一年(1593)写于麻城。上院，对寺院的敬称。边厦，旁屋，厢房，即文中所说"前廊边两厦"。文中对上院边厦的建筑及移住其中的心思作了交代，显示出李贽对佛理与佛法的理解与遵循。

龙湖芝佛院佛殿之后，因山盖屋①，以为卓吾藏骨之室。盖是屋时，卓吾和尚往湖广会城②，居士杨定见及常住僧常中、常通等告神为之③。逮和尚归，又告神添盖两厢④，及前廊边两厦。草草成屋，可居矣。和尚但念力出众人，成此大屋，宴然居之⑤，不特心神不安，面貌且有厚颜也。屋成，遂题扁悬其额曰"阿弥陀佛殿"⑥。中塑西方接引佛一尊⑦，高一丈二尺，以为院僧三时念佛⑧，瞻像皈依之地⑨。南向厢房三间，塑起普陀悬崖⑩，坐观世音菩萨于崖石波涛之上，以显急苦难大慈悲之力⑪，使众僧有所依怙⑫，不生怖畏。前廊五间，中间塑韦驮尊者金像一躯⑬，连座高九尺，专赖其拥护僧众，使精勤者获利益，怠昏者用一杵⑭，故扁其额曰"护法尊者之殿"，而观音则直书"南无观世音菩萨"七字而已⑮。殿之东西，供养达摩、伽蓝二像⑯。门楼北上，其神在上，南向，则为执金刚神⑰，专听护法尊者主使⑱。有此种种慈悲威严佛菩萨真容，则和尚借佛背后半间丈室以藏骨，心亦安矣。今尚未塑佛，未敢入居正室，且亦未敢谢土⑲。何也？土木之攻未得止⑳，则动土之事尚有劳也。但欲择日入居边厦，不得不告。

【注释】

①因：依，顺着。

②湖广：湖广行省。元代所置。明代的湖广辖境约相当于今湖北、湖南两省。会城：省会，指武昌。

③杨定见：见《三大士像议》第三段注①。

④两厢：正房两边的房子。

⑤宴然：安闲自适的样子。

⑥扁：同"匾"。

⑦接引佛：即阿弥陀佛。佛教谓阿弥陀佛与观世音、大势至两菩萨可以引导众生入西方净土。

⑧三时：指早晨、中午、黄昏。

⑨瞻像皈（guī）依：瞻仰佛像，全身心归向佛祖。皈依，指入教仪式，含有身心归向和依托之意。

⑩普陀：山名。在浙江定海。佛教传说观世音菩萨居此地讲法。

⑪"以显"句：因观世音被称为"大慈大悲救苦救难观世音菩萨"故

称。急苦难,急救人的苦难。慈悲,用爱护心给人以安乐为慈,用同情心拔除人的痛苦为悲。

⑫依怙(hù):依靠。

⑬韦驮:又称"韦驮天",佛教护法之神。传说他能驱除妖魔,保护佛法。

⑭杵(chǔ):指韦驮手执的兵器金刚降魔杵。

⑮南无(nā mó):梵语音译,顶礼、忠于、尊敬的意思。常用来加在佛、菩萨或佛经题名之前。

⑯达摩:亦作达磨,菩提达摩的简称。天竺(今印度)高僧。中国佛教禅宗的创始者。于南朝宋末航海到广州,梁武帝曾迎至建康(今南京)。后渡江往北魏,住嵩山少林寺。传说达摩在此面壁打坐九年。后遇慧可,授以《楞伽经》四卷,于是禅宗得以流传。《唐高僧传》卷一九、《景德传灯录》卷三、《六学僧传》卷三、《五灯严统》卷一等有传。伽(qié)蓝:佛寺里的守护神。

⑰执金刚神:指手执金刚杵的神。金刚杵,传为最坚硬的武器,能摧毁万物,后引申为"力士",作为护法天神。

⑱护法尊者:指韦驮。

⑲谢土:古代房子盖成后,用香烛、纸箔、牲礼酬谢土地神的一种祭祀形式。

⑳土木之攻:土木建筑工程。攻,通"工"。

【译文】

在龙潭湖芝佛院的后面,依山盖一小屋,作为卓吾仙逝后藏尸骨之室。盖此屋时,卓吾和尚去湖广行省的省会武昌了,是居士杨定见和常住僧常中、常通等把此举的意图向神作了表白。等到卓吾和尚回来后,又向神说明要再在正房两边盖两厢房,和前廊边两厢房。急急忙忙盖成,可以居住了。和尚想这都是众人出力,成此大屋,自己若安闲而居,不但心神不安,且有厚颜不知羞的感觉。所以,屋盖成后,就题一匾额"阿弥陀佛殿"悬挂其上。并在殿中塑西方接引佛一尊,高一丈二尺,作为院僧早中晚三时念佛经,瞻仰佛像并全身心归向佛祖之地。南向厢房三间,塑起像普陀山的悬崖,观世音菩萨坐在崖石波浪之上,以表现观世音大慈大悲救苦救难之力,使众僧有所依靠,不会产生恐惧之感。前面廊房五间,中间塑韦驮尊者金像身躯,连座高九尺,专依赖他保护众僧,使精进勤奋之人获得利益,懈怠昏沉之人给他一杵的教训,所以题一匾额为"护法尊者之殿",而在观世音塑像殿前,就直接写一匾额"南无观世音菩萨"七字罢了。殿之东西,侍奉达摩、伽蓝二尊塑像。门楼北上,塑一神像在上,南向则塑一手执金刚杵的神,专听护法尊者韦驮的指使。有这么多慈悲威严佛菩萨的真容,那么和尚借背后半间狭小的斗室用以藏尸骨,心也安了。现在还没有塑完佛像,不敢就入住正室,而且也不敢举行酬谢土地神的仪式。为什么?因为土木建筑工程没完,还有一些劳务之事要做。但是想选择合适日子入住厢房,所以作此《移住上院边厦告文》)。

礼诵药师经毕告文

【题解】

本文于万历二十二年(1594)写于麻城。李贽由自己的病愈,想到小僧常通的病痛,体现出长者的慈悲心怀。

和尚为幸免病喘,结经谢佛事①。念今日是正月十五之望日,九朔望至今日是为已足②,九部经于今日是为已完。诵经刚到两部,我喘病即减九分;再诵未及四部,我忍口便能斋素③。斋素既久,喘病愈痊;喘病既痊,斋素益喜。此非佛力,我安能然?虽讽经众僧虔恪无比④,实药王菩萨怜悯重深,和尚不胜礼谢祷告之至。和尚再告:有小僧常通见药师如来即愈我疾,亦便发心⑤,随坛接讽,祈疮口之速合。乃肃躬而致虔⑥,以此月十六之朝,请大众讽经一部。呜呼!佛乃三界之大父⑦,岂以僧无可取而遂弃之;况我实诸佛之的嗣⑧,又岂忍不以我故而不理也! 念此僧虽非克肖⑨,在僧中亦无大愆⑩。钟磬齐臻⑪,鼓钵动响。经声昭彻⑫,佛力随施⑬。两年未愈之疮,药王一旦加被⑭,何幸如之! 为此代恳,不胜瞻依⑮。

【注释】

①结经:佛教指拜忏仪式结束时所念的经。

②朔望:见《礼诵药师告文》注⑨。

③忍口:抑制食欲。斋素:吃素。

④虔恪(kè):虔诚恭敬。

⑤发心:发愿。

⑥肃躬:端严恭敬。躬,通"恭"。

⑦三界:佛教把众生生死往来的轮回分为欲界、色界和无色界(无形体、无物质的世界)。大父:原指祖父,这里是祖宗之意。

⑧的(dí)嗣:嫡系,亲信派系。的,通"嫡"。这里是"正统教徒"之意。

⑨克肖:品行优秀。

⑩愆(qiān):过失。

⑪钟磬(qìng):与下句"鼓钵",均为佛寺的乐器。臻:至,引申为"起"。

⑫经声昭彻:诵经之声明彻清亮。

⑬随施:立即施展。

⑭加被：保佑。佛的威力施加其身。

⑮瞻依：瞻仰归依。表示尊敬虔诚之意。

【译文】

　　和尚幸运地免除了病喘的痛苦，特在拜忏仪式结束时以念经表达对佛祖的感谢。念经至今日正是正月十五的望日，念九个朔望之日的誓愿到今日已经全部完成，九部经到今日也已念完。诵经刚到两部，喘病就减去九分；接着诵经还没到四部，我抑制食欲便能吃素食了。吃了一段时期的素食，喘病全好；喘病全好，就更喜欢素食。这要不是佛祖的助力，我怎么能这样呢？我的喘病全好，虽然有众僧徒虔诚恭敬地诵经相助，实在是由于药师菩萨深切的怜悯，和尚对此礼谢祷告感激不尽。和尚又告：有小僧常通见药师如来很快就治愈了我的喘病，也产生一心愿，依着祭祀之坛接着诵经，希望疮口快快愈合。于是端严恭敬地表示虔诚之心，以此月十六日之早晨，请大众讽诵佛经一部。呜呼！佛是三界的祖宗，哪里能以为僧徒无可取就弃之不顾；何况我们都是诸位佛祖的正统教徒，哪里又能忍心因为他与我不同而不理会呢！考虑到常通这个僧徒虽然品行并不是特别优秀，但在众僧中也没有大的过失。钟磬声齐起，鼓钵声齐响。诵经之声明彻清亮，佛祖之力立即施展。两年治不好的疮病，药师一旦保佑而愈，那是多么幸运之事！为此代为常通恳切请求，瞻仰归依，感激不尽。

代常通病僧告文

【题解】

　　本文于万历二十二年(1594)写于麻城。这是代常通写的求治病痛的"告文"，与《礼诵药师经毕告文》一样，表现出李贽作为长者的慈悲之心。

　　龙湖僧常通，为因病疮苦恼，礼拜水忏①，祈佛慈悲事。重念常通自从出家②，即依三宝③。叵耐两年以来④，痰瘤作祟⑤，疮疼久缠，医药徒施，岁月靡效⑥。咸谓必有冤业⑦，恐非肉眼能医；倘求一时解除，须对法王忏悔⑧。第顾微末⑨，何缘上达于彼苍⑩；纵出至诚，未必降临于下地。历观前劫⑪，想不能如悟达师之戒律精勤⑫，重重十世以为高僧⑬；俯念微躯，又不如歌利王之割截身体，节节肢解而无嗔恨⑭。举足下足⑮，罔非愆尤⑯；日增月增，无可比喻。因忍痛以追思，或明知而故犯。彼已往其奈之何，恐将来当堕无间⑰。所赖众弟兄等：同心一意，顿兴灸艾分痛之真情⑱；因病生怜，遂起借花献佛之妄念⑲。以是吉日，礼拜忏文⑳。仗诸佛为证明㉑，一忏更不再忏；对大众而发誓，此身即非旧身。若已灭罪而更生㉒，何异禽兽；倘再悔罪而复忏，甘受诛夷㉓。伏愿大慈大悲㉔，曲加湔刷㉕；大雄大力㉖，直为洗除。法水暗消，疮口自合。此盖佛菩萨悯念保持之恩，与众弟兄殷勤礼拜之致也。

【注释】

①礼拜水忏：向神行礼，敬诵《水忏经》。据传唐僧知玄面部生疮，病势颇重，遇一奇僧用水替他洗好面疮后，为报恩而作《水忏经》。

②重念：再思。

③三宝：见《题关公小像》注⑤。

④叵（pǒ）耐：亦作"叵奈"，无奈。

⑤作祟（suì）：为害。

⑥靡(mí)效：无效。

⑦冤业：佛教用语。佛教认为人的身、口、意三方面的行为是"业"，三者都有善恶之分。善业招致善报，恶业招致恶报。冤业就是因造恶业而招致的冤报。

⑧法王：意为"佛法之王"，指释迦牟尼。

⑨第：副词，只是。顾：顾念，念及。微末：指地位低下。

⑩何缘：何由，何从。彼苍：语本《诗经·秦风·黄鸟》："彼苍者天，歼我良人。"指苍天。

⑪劫：佛教用语。指很长一段时间。佛教认为世界经历若干万年毁灭一次，再重新开始，这样一个周期称一劫。劫的时间长短，佛经有各种不同说法。这里则泛指人世间的灾难。

⑫悟达师：即知玄(811—883)，俗姓陈，眉州洪雅(今四川洪雅)人。据记载，他坚守佛教的戒律，研习佛经及佛教以外的典籍。唐僖宗时赐号悟达国师。他的弟子世代任僧官，都是有名的和尚。《宋高僧传》卷六、《六学僧传》卷一四、《神僧传》卷八、《高僧摘要》卷四等有传。

⑬"重重"句：指知玄的弟子世代为高僧。重重十世，世世代代。

⑭"又不如"二句：传说歌利王是古印度的一个国王，性情残暴。据佛经记载，有一次，释迦牟尼在城外修禅，国王率领一批宫女到树林游玩。宫女跑到释迦牟尼身边听其说法，国王很反感，诬责他贪恋女色，就割下他的鼻、耳，砍断他的手。但释迦牟尼面不改色，也无怨恨之心，被残伤的身体立即复原。国王见此情景，十分惭愧，就归顺了佛教。割截，割断。嗔(chēn)恨，气恨。

⑮举足下足：一举一动。

⑯罔非愆尤：没有不是过错。

⑰无间：佛教用语。一种地狱的名称。据《俱舍论》卷一一称，造"十不善业"的重罪者堕入之，受无间断之苦，故名无间地狱。

⑱灸艾分痛：为别人分担痛苦。典出《宋史》卷三《太祖本纪三》。原文是："太宗(赵光义)尝病亟，帝(赵匡胤)往视之，亲为灼艾，太宗觉痛，帝亦取艾自灸。"

⑲借花献佛：佛教用语。原是寄花以献佛，《过去现在因果经》一："今我弱女不能得前，请寄二花以献于佛。"这里是献礼的意思。

妄念：妄想，不切实际的念头。

⑳忏文：忏悔的告文。

㉑证明：佛教用语。这里指证实不会违背自己的誓言。

㉒罪：这里指过错，过失。更生：再生，再起。这里指重犯旧过。

㉓诛夷：诛杀，杀灭。

㉔大慈大悲：这里指佛的慈悲之心。

㉕湔(jiān)刷：洗刷。

㉖大雄大力：佛教认为佛有降伏妖魔的大智慧大法力，叫大雄大力。

【译文】

龙湖僧常通，因为病痛的苦恼，向神行礼，敬诵《水忏经》，祈求佛祖以慈悲救难之心给予关怀。深思常通自从出家，就皈依三宝。无奈两年以来，痰瘤为害，疼痛难忍，医药白吃，常年无效。大伙都认为这可能是有冤业在身，恐非肉眼能医；若想尽快病除，应该对佛法之王释迦牟尼忏悔。想到自己只是地位低下的一普通僧徒，怎么能上达佛法之王所居的苍天；纵然自己非常赤诚，佛法之王也不会为我降临下地。看一看人世间的灾难，想想是因为都不能像悟达师那样对佛教戒律专心坚守和精心研讨，所以他的弟子世世代代成为高僧；低头想想自己地位低下，又不如佛祖释迦牟尼那样，虽被残暴的歌利王割断身躯，却无气愤之心。一举一动，难免有错；日积月累，难以说清。因此忍着病痛想一想，有时或许是明知而故犯。过去的事情已无可奈何了，我担心的是怕将来堕入无间地狱而受苦。高兴的是得到众僧徒兄弟的支持：同心一意，都甘愿与我分担痛苦；看到我的病痛而发出怜悯之心，生发出借花献佛以求得佛祖为我治好病痛的希望。所以在此吉日,奉此礼拜忏悔的告文。并向诸佛祖保证我决不会违背自己的誓言,决不会把自己的忏悔当作儿戏;同时也对僧徒大众发誓,从今而后一定严守佛法,面目一新。如若重犯旧过,那就和禽兽一样;如若已经发誓忏悔改过却又重犯而再次忏悔,甘受诛杀的惩罚。诚恳希望佛祖能发大慈大悲之心,对痰瘤细加清洗;施展大智慧大法力,对痰瘤彻底清除。像清水洗涤污垢一样,佛法在不知不觉中清除了痰瘤,病痛全然消逝。这都是佛祖菩萨怜悯保护的恩德,也是众位僧徒兄弟殷勤礼拜的结果。

安期告众文

【题解】

本文写于万历二十一年(1593)。文中有"况今正当一百二十日长期"等语,与《礼诵药师告文》相一致,可证也是写于同时"期会"间。安期,见《代深有告文·又告》注⑦。这是在芝佛院安期内写给僧众的布告,对僧徒们的作为进行了教诲。

一常住中所有事务①,皆是道场②;所作不苟③,尽属修行。唯愚人不信,不肖者苟且④,须赖师长教督之耳⑤。今师不知教督,其徒又不畏慎⑥,则所有事务令谁为之? 必至于废弛荒散而已。尚赖一二徒子徒孙之贤者自相协力,故龙湖僧院得以维持到今。然中间不无偷惰成性,必待呼唤而后作者;或恃顽不理⑦,虽呼唤之而亦不为者。未免有三等僧众在内,则虽欲不荒散,终不可得矣。夫此间僧众约有四十余人,各人又受徒子,徒子又收徒孙,日益月增,渐久遂成大丛林⑧,而皆相看不肯作务,则虽有一二贤者,其奈之何!

况今正当一百二十日长期,大众云集,十方檀越^⑨,四海龙象^⑩,共来瞻礼者乎^⑪?

【注释】

①常住:僧侣称寺院、田地、什物等为常住物,简称常住。这里指寺院。

②道场:寺宇或法会及祀佛学佛之所。

③不苟:不随便,不马虎。

④不肖:不贤,不成材。苟且:随便马虎,敷衍了事。

⑤教督:教导,督促。

⑥畏慎:警惕谨慎。

⑦恃顽:任性逞强。

⑧丛林:佛教寺院。

⑨十方:东、西、南、北、东南、东北、西南、西北和上下。这里指各个方面。檀越:梵语音译,意译为施主。寺院僧人对施舍财物者的尊称。

⑩四海:古代以中国四境有海环绕,各按方位称"东海""南海""西海"和"北海",但也因时而异,说法不一。这里指全国。龙象:水行中龙力大,陆行中象力大,因此佛教用以比喻诸罗汉中修行勇猛、有最大能力者。后亦指高僧。

⑪瞻礼:瞻仰礼拜。

【译文】

寺院中的一切事务,都应该像诵经礼拜的道场一样;一举一动都不马虎,都如出家学佛的修养德行那样认真。只有愚昧的人不信,不成材之人则敷衍了事,这都需要师长的教导与督促。而今师长不知道去教导督促,僧徒又不知警惕谨慎,那么寺院的事务叫谁去做?无人去做就必然会废弛荒散罢了。幸亏有几位徒子徒孙的贤者共同努力,所以龙

湖僧院才得以维持到今日。然而也有苟且懒惰成性,一定要等着呼叫
他才做事的;或者是任性逞强,虽呼叫他也不去做事之徒。寺院内免不
了有三等僧徒,就是想不荒散,也终是做不到。芝佛院僧众约有四十多
人,每人又收有徒子,徒子又收有徒孙,一天比一天多,芝佛院成了一个
大的寺院。但都互相看视而不肯做事,其中就是有一两位贤者,又有什
么办法!况且现今正当一百二十日长期,大众云集,十方施主,四海高
僧,一起来瞻仰礼拜呢?

　　为此,将本院僧众分为三等,开列于后,庶勤惰昭然①,
务化惰为勤②,以成善事。报施主之德,助师长之化,结将来
之果,咸在于兹矣。勤者,龙象也。懒者,无志也。若安坐
而食十方之食,虽呼唤亦不作者,无耻也。皆赖贤师长委曲
劝诱之。故有师长则责师长,若师长亦无之奈何,则责韦驮
尊者③。尊者轻则一杵,重则三杵毕矣,尊者勿谓我太严也。
唯佛至细至严,所以谓之大慈大悲。故经曰《楞严》④,又曰
《华严》⑤。严者所以成悲也,尔韦驮又不可不知也。勿太酸
涩⑥,佛法不是腐烂之物。第一等勤行僧有八。此八众,余
所亲见者,其常川作务⑦,不避寒暑劳苦极矣。第二等躲懒
僧众三名,第三等奸顽僧众一名⑧。此二等三等之众,据我
目见如此耳,若懒而能勤,顽而能顺,即为贤僧矣。但常住
徒有人食饭,无人作务,且人数虽多,皆非是作重务之人,则
此十余众者,可不加勤哉!努力向前,毋受尊者之杵可也。

【注释】
　　①庶:副词。但愿,希望。昭然:明白,清楚。

②务：务须。

③韦驮：见《移住上院边厦告文》注⑬。

④《楞严》：佛经名。见《解经题》题解。

⑤《华严》：佛经名。全称《大方广佛华严经》，简称《华严经》，又称《杂华经》，为中国佛教宗派之一华严宗的主要典籍。

⑥酸涩：迂腐固执。

⑦常川：经常不断。

⑧奸顽僧众一名：当指欲学鲁智深行径的常志。关于常志，袁中道《游居柿录》卷九有如下论述："袁无涯来，以新刻卓吾批点《水浒传》见遗。予病中草草视之。记万历壬辰夏中，李龙湖方居武昌朱邸。予往访之，正命僧常志抄写此书，逐字批点。常志者，乃赵瀔(gǔ)阳门下一书吏，后出家，礼无念为师。龙湖悦其善书，以为侍者，常称其有志，数加赞叹鼓舞之，使抄《水浒传》。每见龙湖称说《水浒》诸人为豪杰，且以鲁智深为真修行，而笑不吃狗肉诸长老为迂腐。一一作实法会，初尚恂恂不觉；久之，与其侪伍有小忿，遂欲放火烧屋。龙湖闻之大骇，微数之，即叹曰：'李老子，不如五台山智真长老远矣。智真长老能容鲁智深，老子独不能容我乎？'时时欲学智深行径。龙湖性褊多嗔，见其如此，恨甚，乃令人往麻城招杨凤里至右辖处，乞一邮符，押送之归湖上。道中见邮卒牵马少迟，怒目大骂曰：'汝有几颗头？'其可笑如此。后龙湖恶之甚，遂不能安于湖上，北走长安，竟流落不振以死。痴人前不得说梦，此其一征也。"

【译文】

由于以上原因，现将本院僧众分为三等，开列于后，使勤劳与懒惰清楚明白，一定要使懒惰的变得勤谨，以成善事。报答施主之德，帮助师长进行教化，将来结下佛果，都在现今之所为了。勤谨之人，可以成为像龙象一样具有勇猛威力的高僧。懒惰之人，则是毫无志气的俗人。

如若既不劳神也不费力只是坐等白吃饭,就是呼叫他也不干事,那就真是无耻之徒了。这些僧徒都需要师长耐心尽力地劝导。所以有师长的则要求师长负责去劝导,如若师长也没办法,那就把此任务交给韦驮尊者。韦驮尊者可以对那些懒惰之徒给以惩处,轻则一杵,重在三杵即可,韦驮尊者不要以为我这样做是太严厉了。只因为佛祖要求做事要极其细微极其严密,所以称之为大慈大悲。因此称为《楞严》,又称《华严》。正因为严才慈悲怜悯,你韦驮又不是不知道。不要太迂腐固执,佛法不是腐烂之物。第一等勤行僧有八名。这八位是我亲眼所见,他们干活经常不断,不避寒暑极其劳苦。第二等躲懒僧众三名,第三等奸顽僧众一名。这两等僧众,是依据我亲眼所见而说的,如若懒的能变勤奋,顽的能变顺从,那也就可以成为贤僧了。但是常住的僧徒有人吃饭,却无人干活,人数虽然很多,都不是做重要任务之人,那么这十多位僧徒,怎么能不努力呢!努力向前,以免受尊者韦驮之杵的惩罚。

告土地文

【题解】

本文于万历二十一年(1593)写于麻城。土地,土地神,掌管、守护某个地区的神。俗称土地爷。这是在"佛殿告成塔屋亦就"举行期会之前,为告神谢土而作。

自庚寅动工以来①,无日不动尔土,无岁不劳尔神。唯尔有神,凡百有相②,遂使群工竭力,众僧尽心,以致佛殿告成,塔屋亦就。目今趺坐直上③,则西方阿弥陀佛一躯也,金碧辉煌,宛有大人贵相矣。瞻仰而来者能无顿兴念佛念法之心乎? 卓立在前,则护法韦驮尊者威容也,金甲耀光,已手降魔宝杵矣④。专修净业者能无更坚不懈不退之志乎⑤？又况观音、势至咸唱导于吾前⑥，更有文殊、普贤同启迪于吾后⑦。悬崖千丈，友罗汉直抵上方⑧；少室无余⑨，面达摩犹在东壁⑩。谁无缓急⑪，大士即是救苦天尊⑫；孰识平生⑬，云长尤是护法伽蓝⑭。黑海有门⑮，唯法无门，现普陀于眼底⑯；上天有路，唯道无路，睹灵山在目中⑰。十界同虚⑱，判念便分龙虎⑲；六牖寂静⑳，一棒打杀猢狲㉑。从兹继继绳绳㉒，咸愿师师济济㉓。务同一念，莫有二心。则卓吾之庐，即是极乐净土；龙湖上院，遍是华严道场矣㉔。此虽仗佛之赐，实亦尔相之能。故特塑尔之神，使与司命并列㉕。虔恭致斋，不酒不肉；殷勤设素，匪荤匪腥㉖。唯茶果是陈，只疏饭以供㉗。名香必爇㉘，愿与司命齐意；好花用献，当听韦驮指麾㉙。有恶则书，见过速录。细微毕举，毋曰我供汝也而有阿私㉚；小大同登㉛，毋曰众汝敬也而有偏党㉜。幽明协赞㉝，人神同钦㉞。则尔土有力，帝将加升㉟，长守此湖，永相依附矣。

【注释】

①庚寅：指万历十八年(1590)。

②凡百有相：一切都得到保佑。相，佑助，扶助，这里指保佑。

③趺(fū)坐：盘腿端坐。

④手：作动词，握着。

⑤净业：佛教用语。清净的善业，一般指笃修净土宗之业。这里泛指道业。

⑥观音：见《三大士像议》第一段注①。势至：菩萨名。大势至的简

称。以其所到之处，世界振动，有大威势；众生遇者，皆能息火、血、刀之灾；又以智慧光照一切，故名"大势至"。唱导：佛教用语。指讲经说法，宣讲开导。与下句的"启迪"意思相近，都是指启发引导。

⑦文殊、普贤：被供奉为释迦的左右侍神。详见《三大士像议》第一段注②③。

⑧友：这里是成群的意思。罗汉：见《三大士像议》第一段注⑤。

⑨少室：山名。在今河南登封西北，嵩山之西峰。著名的禅宗和少林派拳术发源地少林寺即在此。这里所说的"少室"与上文所说的"悬崖"，均指芝佛院中塑建的假山。无余：指全在眼中。

⑩"面达摩"句：意为达摩还面对东边的崖壁坐着。相传达摩为求道曾在少林寺面壁打坐九年。少林寺今仍存有面壁石、面壁庵，即达摩面壁处。

⑪缓急：指处境困难，危急。

⑫大士：佛教对菩萨的称呼，如观音大士，即观音菩萨。天尊：佛教对佛的称呼。

⑬平生：一生。

⑭云长：即关羽(？—219)，字云长，河东解县(今山西临猗)人。三国蜀汉大将。其事迹被神化，尊为"关公""关帝"。后又成为寺院里的护法神。《三国志》卷三六、《藏书》卷五六等有传。伽(qié)蓝：佛寺里的守护神。

⑮黑海：苦海。

⑯现普陀于眼底：意为在这里即可求得佛法。普陀，山名。在浙江定海，传说观世音菩萨居此地讲法。

⑰睹灵山在目中：意同"现普陀于眼底"。灵山，灵鹫山的简称。在古印度摩揭陀国王舍城之东北(今巴基斯坦境内)，山中多鹫，故名。一说山形像鹫而得名。传说释迦牟尼曾在此讲《法华》等

经,故佛教以为圣地。

⑱十界:十法界的简称。佛教把地狱、饿鬼、畜生、阿修罗、人、天
　　"六道"(亦称"六趣")和声闻、缘觉、菩萨、佛"四圣"合称为十法
　　界。虚:虚空。

⑲判念便分龙虎:意为由于"十界同虚",可以很快判别出龙虎。
　　念,佛教用语。形容极短的时间。宋洪迈《容斋三笔·瞬息须
　　臾》:"又《僧祇律》云:'二十念为一瞬,二十瞬名一弹指。'"明胡
　　应麟《少室山房笔丛·双树幻钞中》:"一刹那为九百生灭,九十
　　刹那为一念,见《仁王经》。"龙虎,佛教把龙比喻为能护持佛法的
　　神力,把虎比喻为勇猛可畏之力。

⑳六牖(yǒu):佛教把六根(眼、耳、鼻、舌、身、意)比喻为六牖。牖,
　　窗户。

㉑一棒打杀猢狲:意为由于"六牖寂静",可以很快消除世俗杂念。
　　猢狲,佛教用以比喻不受约束的世俗杂念。

㉒继继绳绳:继继承承,谓前后相承,延续不断。

㉓师师:相互师法、效法。济济:众多貌。

㉔华严道场:佛教指宣讲佛教教义的地方。华严,即《华严经》,这
　　里代指佛经。

㉕司命:神名。这里指灶神,俗称灶王爷。

㉖匪:非。

㉗疏:通"蔬",蔬菜。

㉘爇(ruò):烧。

㉙指麾(huī):指挥。麾,同"挥"。

㉚"细微"二句:这是承接上面"有恶则书,见过速录"而言。意为只
　　要有恶、有过,不管是否"细微",都要提出、记下,不要因为我供
　　奉你就有所偏私。阿私,偏私。下二句意与此相近。

㉛小大同登:小大之恶、之过都要登录、记载。

㉜偏党:偏向。

㉝幽明:指生与死,阴间与人间。人死后到阴间为幽,人世间叫阳间为明。协赞:协助。

㉞钦:敬佩,佩服。

㉟帝:指天帝。

【译文】

　　自万历十八年佛殿塔屋动工以来,天天动你的土,年年劳你的神。正因为有你的神灵,一切都得到了保佑,从而使群工竭力,众僧尽心,终于建成佛殿,盖起塔屋。现在盘腿端坐在上的,是西方阿弥陀佛身躯,金碧辉煌,宛然一副大人贵相。前来瞻仰之人能不立即兴起念佛念法的心吗?高高直立在前的,则是护法尊者韦驮威严的面容,金甲闪耀着光芒,手持降魔的宝杵。见到这种景况,专修道业之人能不产生坚强勇猛向前的心志吗?何况还有观音、大势至菩萨讲经说法启发引导于前,更有文殊、普贤菩萨讲经说法启迪开导于后。还有悬崖千丈,成群的罗汉直抵苍天;如同少室的山峰一览无余,达摩佛面对东壁端坐。人人都会遇到危急,解救危急的就是菩萨天尊;仔细考察平生,关云长更是佛寺优异的护法守护之神。苦海终有解脱之法,佛法却不易获取,但在这里看到普陀山即可求得;修行上天自有途径,道心道力的修炼却不是易事,但在这里看到灵山即可有收获。十界都是空虚的,所以很快就能判别出具有护持佛法神力的龙虎;六根是寂静的,所以很快就能消除世俗杂念的束缚。从此都能前后相承,延续不断,彼此相互师法。大家一心一意,没有二心。如此则卓吾之庐,就是极乐净土;龙湖上院,也就成了华严道场了。这虽然是依赖着佛祖的赏赐,也是你土地爷扶助的结果。因此特塑你的像,并与灶王爷并列。虔诚恭敬地供以斋祭,不供酒肉;殷勤地设一素斋,不荤不腥。只有茶叶水果和蔬菜饭食的供奉。烧的都是好香,愿你与灶王爷一起分享;献的都是好花,当听韦驮尊者的指挥。如若我们有恶行一定要记下,看见我们有错误就要立即指出。不管这些恶行与错误多么细微都要提出警告，不要因为我供奉你就有所偏私；小大之恶之过都要登录记载，不要因为众僧敬奉你就有所偏向。生死都希望你给以协助，人世与神界都会表示对你的敬佩。你土地爷这样尽力，天帝一定会对你褒奖，并望你能长守龙潭湖，永远和你相依附。

告佛约束偈

【题解】

　　本文于万历二十一年(1593)写于麻城。本卷《豫约·早晚功课》说："具上院《约束册》中，不复再列。"《豫约》除《小引》外共七条，五条写于李贽七十岁时，《早晚功课》一条有目无文，当即指此《告佛约束偈》。偈(jì)，偈语，偈颂，佛经中的唱颂词。

　　龙湖芝佛上院①，从新创立道场②。上殿阿弥陀佛，下殿韦驮尊者。特地接引众生，不是等闲作伴。观音文殊普贤，悲智行愿交参③。从今皈依得地，皆赖信女善男。韦驮尊者何为？宝杵当头立断。毫发分明可畏，尤勿容易等闲！为此与众约束，不紧不严不慢。四时不须起早，黎明报钟方好。清早《金刚》一卷，春夏秋冬一样。二鼓念佛一千④，冬春二时为然。休夏依时自恣⑤，不是仿古模贤。但记诵经念佛，紧闭门户莫忽！恐惹闲人杂沓，致使诵念间歇。早晨报钟甫毕⑥，便入诸殿上香。上香必须鸣磬⑦，磬动知是行香⑧。失磬定是失香⑨，面佛罚跪半响。大众闻钟齐起，急忙整顿衣裳。嗽洗诸事各讫，沙弥如前撞钟⑩。首众即便领众①，以次合掌致恭。前后不得参差，先行拜礼韦驮，然后观音上殿，虔恭礼拜一遍。上殿铺设经卷，高声跪诵《金刚》。诵罢斋毕何为？依旧讽读《法华》②。每岁三冬无事，日日《华严》一卷③。不许安期抄化④，扰害菩萨善良。但得二时粥饭⑤，便当吃紧思量。如果粥饮不继，沿门持钵可也。但知听其自至，便知为僧便宜。为僧不须富贵，富贵不须为僧。为僧为己生死，人死于己何与！何必哀死吊丧，替人庆生喜旺，无故遨游街市，及自上门上户⑯。不许赴请诵经，不许包揽经诵。不许讽诵《玉经》⑰，公夺道人衣钵。不许私习应付⑱，侵占万寿僧饭⑲。不许放债生利，不许买贱卖贵。一切富贵心肠，尽付龙湖流水。须知回头无多⑳，纵使忍饥不久。不闻衣禄分定㉑，非人智力能求。何况一身一口，何必过计私忧！自谓是佛弟子，却学市井下流；自谓禅僧无比，独坐高贵上头。犹然蝇营狗苟㉒，无人替代尔羞。我劝诸人莫错，快急念佛修福。但移此心念佛，便是清凉极乐。

【注释】

①上院：对寺院的敬称。

②道场：指和尚或道士诵经、礼拜、做法事的场所。

③悲智行愿：佛教认为观音表示慈悲，文殊表示智慧，普贤表示行愿。

④二鼓：二更天，指晚上九时至十一时。

⑤休夏：佛教徒每年夏季有三个月的安居期，在此期间不外出，静心坐禅修学，称"坐夏"；坐夏结束之日称"休夏"。自恣：在休夏日，僧众可以举行忏悔大会，或当众揭发自己的过失，或随意检

举别人的错误,在举罪悔过中,自我检查遵守戒律的情况,增强遵守戒律的意识。因无忌无隐,不受约束,而称为"僧自恣日"。

⑥甫毕:刚刚完毕。甫,方才,刚刚。

⑦磬(qìng):打击乐器。状如曲尺,用玉、石或金属制成。悬挂于架上,击之而鸣。

⑧行香:礼拜神佛的一种仪式。始于南北朝。初,每燃香熏手,或以香末散行。唐以后则斋主持香炉巡行道场,或在仪式导引下出街。后也泛指入庙焚香叩拜。

⑨失磬:忘记鸣磬。失,丢失。

⑩沙弥:初出家的和尚。

⑪首众:佛教职务。又称首座,禅堂上位居上座的僧人,负责率领众僧。

⑫《法华》:指《法华经》,全称《妙法莲华经》。十国时后秦鸠摩罗什译,是集大乘思想大成之作,故流传较广,为中国佛教天台宗及日本日莲宗立说的主要依据。

⑬《华严》:指《华严经》。见《安期告众文》第二段注⑤。

⑭抄化:即化缘,指僧尼向人乞求布施。

⑮二时:指早晚。

⑯上门:高门。《北齐书·冯子琮传》:"又专营婚嫁,历选上门,例以官爵许之,旬日便验。"上户:富裕之家。唐杜宝《大业杂记》:"大业二年五月,敕江南诸州科上户,分房入东都住,名为部京户,六千余家。"

⑰《玉经》:道教经名。全称《高上玉皇本行集经》,一般叫作《玉皇经》,又称《皇经》,是道教经常持诵的经书。内容主要是赞颂玉皇。

⑱私习:秘密学习。这里指正统经书之外的东西。

⑲万寿:长寿,祝福之词。这里指生日祝寿。

⑳回头：这里指有所觉悟而改变原来的想法和行为。

㉑衣禄：衣食福分。分定：本分所定，命定。

㉒蝇营狗苟：像苍蝇一样到处钻营，像狗一样苟且求活。比喻为追求名利，不顾廉耻，不择手段。

【译文】

龙湖芝佛上院，重新创立了诵经、礼拜和做法事的道场。上殿供奉着阿弥陀佛，下殿是韦驮尊者的塑像。特地接引众生入西方净土，并不是在这里随便无端地为伴。观音文殊普贤三祖，在一起表示着慈悲智慧行愿。从今有了归顺依附之地，这都是依赖着众多出力的信女善男。韦驮尊者何为？手执宝杵对违法之徒果断警戒。毫发之细的是是非非都严加分辨，不要草率糊涂随随便便。为此与你们定此约束，虽不紧不严也不能怠慢。四时不须起早，听到黎明报晓钟声起床就好。起床后先念《金刚经》一卷，春夏秋冬都一样不变。二更念"阿弥陀佛"一千遍，冬春二季都依然。休夏时节要自我检讨过失，这并不是模拟古代圣贤。一定要记住诵经念佛，紧闭门户不可怠慢。这是因为恐怕惹有闲人杂沓，致使诵经念佛中断。早晨报晓时钟一完，立即到各个佛殿上香。上香时必须击磬奏乐，磬声一响就要叩拜。忘记了击磬一定会上香错乱，那就应该面对佛祖罚跪半晌。大众听到钟声齐起，急忙整顿衣裳。漱洗诸事完毕，小和尚要象如以前一样撞钟。首众随即领着众僧，按着次序合掌表达恭敬。前后不得有误，首先拜礼韦驮，然后是观音上殿，虔恭礼拜一遍。上殿铺设有经卷，高声跪诵《金刚》。诵罢斋毕干什么？照旧讽读《法华》。每岁三冬无事，天天诵读《华严》一卷。不许在安期化缘，以免扰害菩萨善良。但得早晚粥饭，就应当仔细认真思量。如果饮食不够，可以持钵沿门化缘。听从他自拘束地得当地去做，可知为僧徒也可斟酌情势自行处置。为僧不求富贵，要想富贵不必为僧。为僧是为了修行自己求得解脱生死，他人的生死与自己有什么关系！何必哀死吊丧，应该替他因解脱而走向极乐西天而喜庆，不要借着哀死吊丧而无故遨游街市，到那些富豪之家。不许随意应邀赴约诵经，不许排斥他人包揽一切经诵。不许讽诵《玉皇经》，去侵夺道徒的衣钵。不许私下学习正统经书之外的东西，以去骗取占有生日祝寿的僧饭。不许放债生利，不许买贱卖贵。一切富贵心肠，尽付龙湖流水。要知道什么事情都会过去，一时的饥饿也不会长久。人们常说衣食福分命里所定，不是人的智力就能求得。何况一身一口，何必过多考虑过多忧愁。自家本是佛祖弟子，却学市井卑俗之流；自己称自己是得道禅僧，高贵无比地端坐着，却又追求名利不顾廉耻，人人都为你害羞。我劝诸人莫错过，快快念佛修福。若能将俗心改为诚志念佛，自然就可以进入清凉极乐的心境。

二十分识

【题解】

　　本文于万历二十年（1592）写于武昌。李贽在《复麻城人书》中曾说："时闻灵、夏兵变，因发愤感叹于高阳，遂有《二十分识》与《因记往事》之说。"（本书卷二）"灵、夏兵变"，指哱（pò）拜叛乱一事。见前文《答陆思山》注。在《复麻城人书》《二十分识》《因记往事》三文中，李贽从不同方面表现出对当时国事的关心。在本文中，李贽重点论述了识、才、胆的作用及其关系，而又特别推重识的价值。由此出发，他强调了"非但学道"，而且"举凡出世处世，治国治家，以至于平治天下"，都需要二十分识。正是在这一理论基础上，他赞扬吕尚、管仲、张良等杰出的政治家，甚至一反传统观念，而赞扬顺从时势大潮，劝蜀主降魏的谯周。这一切都在表示面对当时国是日非的现实，李贽希望重用有识之士的心愿。至于文中李贽称自己"出词为经，落笔惊人，我有二十分识，二十分才，二十分胆"，那更是对自己著作意义的充分肯定，也是对当时道学家对李贽种种攻击的反击。

　　有二十分见识，便能成就得十分才，盖有此见识，则虽只有五六分才料，便成十分矣。有二十分见识，便能使发得十分胆，盖识见既大，虽只有四五分胆，亦成十分去矣。是才与胆皆因识见而后充者也。空有其才而无其胆，则有所怯而不敢；空有其胆而无其才，则不过冥行妄作之人耳①。盖才胆实由识而济②，故天下唯识为难。有其识，则虽四五分才与胆，皆可建立而成事也③。然天下又有因才而生胆者，有因胆而发才者，又未可以一概也。

【注释】

①冥行妄作：盲目乱干。冥行，夜间行路，比喻盲目行事。

②济：得到补益。

③建立：建功立业。

【译文】

　　一个人有二十分思想见解，便能具备十分的才能，因此，有了二十分见识，那么虽然原本只有五六分的才能，也能使之具备十分的才能了。有二十分见识，就能形成十分的胆量，因此，见识深刻，原本虽只有四五分胆量，也能使之具备十分的胆量了。才能与胆量都因见识的深刻而得到充实和提高。空有才能而无胆量，就心生畏惧而不敢去实践；空有胆量而没有才能，就只是个盲目乱干的人。因此才能与胆量实在是从见识中得到补益，所以，天下之人真正具有见识者是很可贵的。如果有见识，虽只有四五分的才与胆，都是可以建功立业、成就大事的。然而，世上又有因才能而生胆量的，也有因胆量而提高才智的，这又不能一概而论了。

　　然则识也、才也、胆也，非但学道为然，举凡出世处世，治国治家，以至于平治天下，总不能舍此矣，故曰"智者不惑，仁者不忧，勇者不惧"①。智即识，仁即才，勇即胆。蜀之谯周②，以识胜者也；姜伯约以胆胜而无识③，故事不成而身死。费祎以才胜而识次之④，故事亦未成而身死。此可以观英杰作用之大略矣。三者俱全，学道则有三教大圣人在⑤；经世则有吕尚、管夷吾、张子房在⑥。空山岑寂，长夜无声，偶论及此，亦一快也。

【注释】

①"故曰"三句：语出《论语·子罕》。

②谯周（201—270）：字允南，三国巴西郡西充国（今四川阆中）人。官至光禄大夫。魏将邓艾伐蜀时，谯周劝蜀主刘禅要"知得失存亡"而降魏。后被魏封为阳城亭侯。李贽在《藏书》卷六八中，把谯周列入"吏隐外臣"传，并称赞他劝蜀降魏是"刘氏无虞，一国蒙赖"，有"全国之功"。

③姜伯约：即姜维（202—264），字伯约，天水冀县（今甘肃甘谷）人。三国时蜀大将，为诸葛亮所信任和重用。魏灭蜀，他被迫向魏将钟会投降。后钟会谋反，他佯与联合，拟乘机恢复蜀汉，事败被杀。李贽说他"无识"，"事不成而身死"，指的当是这件事。

④费祎（yī）：字文伟，江夏鄳（méng，今河南罗山）人。三国时蜀臣，曾官大将军、益州刺史。为诸葛亮所重用，后为魏降人郭脩所杀。

⑤三教大圣人：指儒教的孔丘，道教的老聃，佛教的释迦牟尼。

⑥经世：治世，治理国家。吕尚：即姜尚，名牙，字子牙，俗称姜太公。传说他八十岁时在渭水边钓鱼，为周文王访得，与语大悦，即拜为相位。后又助武王起兵伐纣，完成兴周大业。其事迹见

《史记》卷三二《齐太公世家》。姜尚在《鬻子》《六韬》《金匮》《搜
神记》等书中,被逐渐加以神话,至《封神演义》达到极致。管夷
吾:即管仲(? —前645),名夷吾,字仲,春秋时齐国颍上(颍水之
滨)人。曾辅助齐桓公以"尊王攘夷"相号召,使之成为春秋时第
一霸主。其事迹见《史记》卷六二《管晏列传》。《汉书》卷三
〇《艺文志》道家著录有《管子》八十六篇。张子房:即张良(? —
前186),字子房,汉初政治家。详见《题关公小像》注①。

【译文】

　　然而思想、才能、胆量,都不是从学道中获得的,凡是出世入世、治
国或治家以及平天下,总离不开这三方面,所以说"有才智的人不迷惑,
仁德的人不忧愁,勇敢的人不畏惧"。智就是思想,仁就是德才,勇就是
胆量。三国时蜀国的谯周,是个以见识见长的人;姜维以胆量见长但没
有见识,所以事业没有建立起来就死了;费祎以才能见长见识又差了
点,所以,也未成就大事业就死了。由此可以看出识、才、胆这三者对英
雄豪杰们所产生的影响。能识、才、胆三者俱全的,在思想造诣方面儒
教有孔子,道教有老聃,佛教有释迦牟尼这样的人;在治理国家方面则
有周代的姜子牙,春秋时的管仲,汉代的张良这样的人。在幽静的山谷
中,在寂然无声的长夜里,偶然与朋友谈论这些.也是一大乐事。

　　怀林在旁①,起而问曰:"和尚于此三者何缺?"余谓我有
五分胆,三分才,二十分识,故处世仅仅得免于祸。若在参
禅学道之辈,我有二十分胆,十分才,五分识,不敢比于释迦
老子明矣②。若出词为经③,落笔惊人,我有二十分识,二十
分才,二十分胆。呜呼! 足矣,我安得不快乎! 虽无可语
者,而林能以是为问,亦是空谷足音也④,安得而不快也!

【注释】

①怀林:龙潭湖芝佛院和尚。

②释迦老子:即释迦牟尼,佛教创始人。

③出词为经:指著书立说。

④空谷足音:语本《庄子·徐无鬼》:"夫逃虚空(空谷)者……闻人足音,跫(qióng)然(脚步声)而喜矣。"在空旷的山谷里能听到脚步声,比喻极为难得。

【译文】

当时怀林在身旁,他问道:"你在这识、才、胆三方面哪方面显得不足?"我自我评价是:有五分胆量,三分才智,二十分见识,所以,处世才仅仅免于灾祸。而在禅学研究领域,我有二十分胆,十分才,五分识,那是不敢和释迦牟尼相比的。如论著书立说,立论惊人,我则有二十分识,二十分才,二十分胆。唉!知足了,我还哪里不痛快呢?虽然这时没有人可以与我讨论这问题,而怀林能以这个问题问我,也是极为难得,还哪里不痛快呢!

因记往事

【题解】

本文于万历二十年(1592)写于武昌。也是有感于"西事"而作。"因记往事"的"因",是由于写前一篇《二十分识》,而忆起十年前的一件往事,即文中所说"故因论及才识胆,遂复记忆前十余年之语"。此文写于林道乾活动高潮二十年后,李贽因宁夏兵变,痛感朝廷的腐败无能和用人不当,因此,想起了二十年前的林道乾。文中热情称赞林道乾有"二十分才""二十分胆""二十分识",但朝廷却弃置不用,还要"弥缝禁锢之";反而重用那些"平居无事,只解打恭作揖,终日匡坐,同于泥塑"的无能之辈,与"一旦有警,则面面相觑,绝无人色,甚至互相推委,以为能明哲",借"良知讲席,以阴博高官"的奸诈之徒。正因为这种"举世颠倒","故使豪杰抱不平之恨,英雄怀罔措之戚,直驱之使为盗也"。这实质上是说出了官逼民反的道理。李贽在《〈忠义水浒传〉序》中对于那种"冠履倒施,大贤处下,不肖处上"的现象曾进行了猛烈攻击,从而对"水浒"英雄的"忠义"给予热烈赞颂,与此文相对看,都表现出李贽对当时社会"举世颠倒"的愤慨。

　　向在黄安时①,吴少虞大头巾曾戏余曰②:"公可识林道乾否③?"盖道乾居闽、广之间,故凡戏闽人者,必曰林道乾云。余谓尔此言是骂我耶,是赞我耶?若说是赞,则彼为巨盗,我为清官,我知尔这大头巾决不会如此称赞人矣。若说是骂,则余是何人,敢望道乾之万一乎④?

【注释】

①向:从前。黄安:今湖北红安。

②吴少虞:吴心学,号少虞,黄安人。曾在黄安似马山建洞龙书院,因自称"洞龙"。耿定向的学生,与李贽也有亲密交往。李贽与耿定向矛盾激化后,吴站在耿一边,曾对李贽进行攻击。李贽在《答耿司寇》中曾说:"大抵吴之一言一行,皆自公(指耿定向)来。"(本书卷一)。《黄州府志》卷一九《儒林》说他"一意孔孟之学","教人以下学上达为宗"。著有《洞龙集》。康熙《黄安县志》卷一〇有传。大头巾:头巾,原指明代读书人戴的头巾,后用来指迂腐的儒生。"大"字形容其头巾呆气十足,迂腐之甚。

③林道乾:福建泉州人,一说广东惠来(今广东惠来)人(据《潮州府志》)。明嘉靖万历年间活动于闽、台、粤沿海一带的一股海上武装势力的首领。后为明军所败,扬帆至鸡笼山(今台湾基隆),南

经吕宋(今菲律宾)至大泥(今泰国南部的北大年,《明史》亦作浡
泥),定居其地,号道乾湾,率众垦辟土地,从事耕植,并于此立国
称王。

④敢:不敢,岂敢。

【译文】

从前在黄安时,吴少虞大头巾曾开玩笑地对我说:"您认识林道乾
吗?"大概是因为林道乾往来于福建、广东之间,所以凡是与福建人开玩
笑者,必说到林道乾。我说你这话是骂我,还是赞美我?假若说是赞美
我,那么林道乾是大盗,我是清官,我知道你这个大头巾决不会如此称
赞人。假若说是骂我,那么我是什么人,岂敢有林道乾的万分之一吗!

夫道乾横行海上,三十余年矣。自浙江、南直隶以及广
东、福建数省近海之处①,皆号称财赋之产②,人物隩区者③,
连年遭其荼毒④,攻城陷邑,杀戮官吏,朝廷为之盰食⑤。除
正刑、都总统诸文武大吏外⑥,其发遣囚系,逮至道路而死
者⑦,又不知其几也,而林道乾固横行自若也。今幸圣明在
上,刑罚得中⑧,倭夷远遁⑨,民人安枕,然林道乾犹然无恙如
故矣⑩。称王称霸,众愿归之,不肯背离。其才识过人,胆气
压乎群类,不言可知也。设使以林道乾当郡守二千石之
任⑪,则虽海上再出一林道乾,亦决不敢肆。设以李卓老权
替海上之林道乾⑫,吾知此为郡守林道乾者,可不数日而即
擒杀李卓老,不用损一兵费一矢为也。又使卓老为郡守时,
正当林道乾横行无当之日⑬,国家能保卓老决能以计诛擒林
道乾,以扫清海上数十年之逋寇乎⑭? 此皆事之可见者,何
可不自量也?

【注释】

①南直隶:明制称直属于京师的地区为直隶。明成祖从南京迁都北京后,又称直属北京的地区为北直隶,直属南京的地区为南直隶。南直隶相当于今江苏、安徽两省。

②财赋之产:财物贡赋的产地。

③人物隩(ào)区:人才汇聚蕴藏之地。隩区,蕴藏,藏伏。

④荼(tú)毒:毒害,残害。

⑤旰(gàn)食:过时而食,形容心忧事繁而忙于应付。旰,傍晚。

⑥正刑:正定法律,这里泛指管刑法的官员。都:都指挥使。总:总督。统:统兵。以上都是官名。

⑦"其发遣"二句:指因镇压林道乾不力而被治罪的官员。发遣,流放,充军。囚系,关押,囚禁。逮,逮捕,押解。

⑧得中:适当,适宜。

⑨倭夷:古代对骚扰我国东南沿海的日本海盗的蔑称。远遁:远逃。

⑩无恙(yàng):无忧无痛,即安好之意。恙,忧,痛。

⑪郡守二千石:指知府。汉代郡守年俸二千石,明代知府相当于郡守这一级。

⑫权替:暂且代替。

⑬无当:无挡。当,同"挡"。

⑭逋(bū)寇:逃亡、流窜的盗匪。

【译文】

林道乾横行海上,有三十多年了。自浙江、江苏、安徽以及广东、福建数省离海近的地方,都以财物贡赋产地和人才汇聚之地而著名,多年来却遭受到残害,攻陷城池,杀戮官吏,朝廷都难以应付。除了管刑法的、都指挥使、总督、统兵等这些文武高官外,因镇压林道乾不力而被流放、囚禁、押解以及在此过程中死亡的官员,又不知道有多少,但林道乾仍然如故，横行无阻。现今皇上英明，刑罚适宜，日本海盗远逃而去，人民安居乐业，无忧无虑，但是林道乾也仍旧安然无恙，一切如故。他称王称霸，很多人愿意归顺于他，而不肯离去。由此可见，林道乾才识过人，胆量和勇气超过了同一类人，这是不言而明的。假若委任林道乾为年俸二千石的知府的官职，即使海上再出一个林道乾，也不敢放肆横行。假设以李卓老暂且代替海上新出的林道乾，我知道被委任为知府的林道乾，可以不用几天就能捉拿并杀掉李卓老，而且不用损伤一个兵士，不用费去一只箭头。反过来说，如若李卓老为知府时，正是林道乾横行无阻之际，国家能保证李卓老一定能用计谋捕捉并诛杀林道乾，以扫清海上几十年来的流窜盗匪吗？这都是清清楚楚的事，怎么可以不正确地估计自己、认识自己呢？

嗟乎！平居无事，只解打恭作揖，终日匡坐^①，同于泥塑，以为杂念不起，便是真实大圣大贤人矣。其稍学奸诈者，又搀入良知讲席^②，以阴博高官^③，一旦有警，则面面相觑^④，绝无人色，甚至互相推委，以为能明哲^⑤。盖因国家专用此等辈^⑥，故临时无人可用。又弃置此等辈有才有胆有识之者而不录，又从而弥缝禁锢之^⑦，以为必乱天下，则虽欲不作贼，其势自不可尔。设国家能用之为郡守令尹^⑧，又何止足当胜兵三十万人已耶^⑨？又设用之为虎臣武将，则阃外之事可得专之^⑩，朝廷自然无四顾之忧矣。唯举世颠倒，故使豪杰抱不平之恨，英雄怀罔措之戚^⑪，直驱之使为盗也。余方以为痛恨，而大头巾乃以为戏；余方以为惭愧，而大头巾乃以为讥：天下何时太平乎？故因论及才识胆^⑫，遂复记忆前十余年之语。吁！必如林道乾，乃可谓有二十分才，二十分胆者也。

【注释】

①匡坐：正襟端坐。匡，正。

②挽入：杂入，混入。良知讲席：以良知为其内容的讲堂、论坛。良
知，儒家谓人类先天具有的道德意识，最先为孟子所提出，他认
为人们都有"不虑而知"的"良知"与"不学而能"的"良能"（《孟
子·尽心上》）。后来王阳明加以发挥，说："若鄙人所谓致知格
物者，致吾心之良知于事事物物也。吾心之良知，即所谓天理
也，致吾心良知之天理于事事物物，则事事物物皆得其理矣。"
（《传习录》中）讲席，高僧、儒师讲学的席位。

③阴博：暗中谋取。博，图谋，讨取。

④面面相觑（qù）：相视无言，以表示因紧张或惊惧而束手无策之
状。觑，看。

⑤明哲：明智，洞察事理。这里指明哲保身，指道学官僚们面对国
家之警，只考虑自己的丑态。

⑥此等辈：这里是指林道乾一类有才有胆有识之人。

⑦弥缝禁锢：这里指严密禁闭、压制。

⑧令尹（yǐn）：泛指县府等地方长官，这里指县令。

⑨胜兵：精兵，强兵。

⑩阃（kǔn）外之事：指带兵作战、驻守边防之事。阃外，指京城或朝
廷以外，亦指外任将吏领兵驻守的地域，与朝中、朝廷相对。阃，
郭门。

⑪罔（wǎng）措之戚：不知所措的愁悲。

⑫论及才识胆：指前文《二十分识》。

【译文】

哎呀！平日安居无事，只知道弯身抱拳作揖，整天正襟端坐，好像

泥塑，以为不正确的念头不产生，便成了真实的大圣人大贤人了。那些略微学些奸诈的人，又杂入以良知为内容的讲学，以此为手段，暗中谋取高官之位，如若一旦遇到危险的情况，就相视无言，惊慌失措，脸无人色甚至互相推卸责任，以为这样可以保住自己。因为国家专用这样一类人，所以遇到紧急情况时就找不到可用之人，而像林道乾这样有才有胆有识的人，却被抛在一边不予录用，甚至进一步对他们排斥、压制，认为他们能使天下大乱，这样的话，林道乾一类人即使不想造反作贼，这种情势也是不可能的。假设国家能用林道乾这些人为知府县令，又哪里只抵得上强兵三十万呢？假设国家能用林道乾这些人为勇武之臣和军事将领，带兵作战、驻守边防之事由他们掌管，朝廷自然没有国防的忧愁了。只是因为全天下是非颠倒，所以使豪杰抱有不平之恨，英雄怀着不知所措的愁悲，只能驱使他们造反为盗贼了。我正以此为可痛恨之事，而大头巾却以此为玩笑；我正以此为可惭愧之事，而大头巾却以此为讥讽：天下什么时候才能太平呢？因此论及才识胆的关系而写了《二十分识》一文，于是又想起十年前所说的话。唉！只有像林道乾这样的人，才可称得是有二十分才，二十分胆的人。

　　某曰①："如此则林道乾无识乎？无识安能运才胆而决胜也？②"夫古之有见识者，世不我知③，时不我容④，故或隐身于陶钓⑤，或混迹于屠沽⑥，不则深山旷野，绝人逃世而已，安肯以身试不测之渊也⑦？纵多能足以集事⑧，然惊怕亦不少矣。吾谓当此时，正好学出世法⑨，直与诸佛诸祖同游戏也⑩。虽然，彼亦直以是为戏焉耳⑪。以彼识见，视世间一切大头巾人，举无足以当于怀者⑫，盖逆料其必不能如我何也⑬，则谓之曰二十分识亦可也。

【注释】

①某：作者自指。

②"无识"句：即《二十分识》所说："有二十分见识，便能使发得十分胆，盖识见既大，虽只有四五分胆，亦成十分去矣。"

③世不我知：世人不了解我。我知，知我。

④时不我容：时势不容纳我。我容，容我。容，容纳，接受。

⑤陶钓：从事陶器制作与钓鱼。

⑥屠沽：从事屠宰业与卖酒。

⑦不测之渊：不知有多深的深渊，指冒险之事。

⑧集事：成就事业。

⑨出世法：佛教谓达到超脱生死境界之法。

⑩诸佛诸祖：佛教称修行成道者为佛，开创宗派者为祖师，合称佛祖。

⑪"彼亦"句：指林道乾把自己反叛朝廷当游戏罢了。彼，指林道乾。

⑫"举无足"句：意为全都不能够符合自己的心意。当，适合，符合。

⑬逆料：预料。

【译文】

我说："如果这样林道乾就没见识了？无识怎么能运用它的才和胆而取得胜利？"古时候有见识的人，不被世人所了解，不被社会所容纳，因此有的隐居于制陶钓鱼的行业，有的混杂于屠宰卖酒的行业，否则躲入深山旷野，与人事隔绝罢了，怎么肯让自身去陷于冒险的境地？纵然自己很有才能完全可以成就事业，但仕途让人惊怕之事也是很多的。我认为在这种情况下，正好学学超脱生死之法，爽快地与诸佛诸祖一同游戏好了。虽然，林道乾只不过把他反叛朝廷也当成游戏了。以他的见识，看世间一切大头巾之人，全都不能够符合自己的心意，预料他对我也必不能怎么样，所以认为他有二十分识也是可以的。

四海

【题解】

本文于万历六年(1578)写于云南鸡足山。据高霎(wěng)映《鸡足山志》卷四、卷六,这年秋冬,四川道御史刘维出任云南按察使,适逢腾越道北胜州(今云南永胜一带)少数民族起义。刘维调姚安、大理、鹤庆三府知府谋划会剿事宜。李贽以姚安知府身份奉命到永昌府(治所在今保山市),并趁机同友人罗姚州、郑大姚等北游鸡足山。在此留住数月,与小月禅人论净土法门,与友人论四海,写有《念佛答问》《六度解》《四海说》(即此文《四海》)等文章。《鸡足山志》卷一〇在《四海说》一文前有段序文如下:"与罗姚州、郑大姚公使同游鸡足山,而高郡丞为居,夜深偶有是论。其时候刘巡按议剿贼于北胜州。"李贽此文意在纠正把四海理解为都实有其海的传统看法,提出"四海即四方也"的见解。但由于缺乏科学的地理知识,文中含有不少差误。

　　丘文庄谓自南越入中国始有南海[1],而西海竟不知所在。余谓《禹贡》言"声教讫于四海"者[2],亦只是据见在经历统理之地而纪其四至耳[3]。所云四海,即四方也。故又曰"四方风动"[4],则可见矣,岂真有东西南北之海,如今南越之海的然可睹者哉[5]?

【注释】

① 丘文庄(1420—1495):丘濬,字仲深,号琼台,文庄是其谥号,琼山(今广东琼山)人。景泰五年(1454)进士。历官庶吉士、翰林编修、国子祭酒、礼部右侍郎、礼部尚书、文渊阁大学士等。著有《琼台汇稿》《朱子学的》等。《续藏书》卷一一、《明史》卷一八一、

《明史稿》卷一六四、《明书》卷一一二等有传。南越：亦作“南粤”，古国名。秦末赵陀建立，今广东、广西一带。

②《禹贡》：《尚书》中的一篇。该文在歌颂禹披九山、通九泽、决九河、定九州的大功的同时，记述了当时的政治制度，行政区划，山川分布，交通物产，水土治理，贡赋等级等情况，是我国最早最有价值的地理著作。声教讫于四海：声威和教化到达四海。讫，止，到达。

③见在：尚存，现今存在。经历：历时久远。统理：管辖治理。纪其四至：记载它四周所达到的地界。

④四方风动：语出《尚书·大禹谟》。四方响应。风动，像风一样鼓动，风吹草伏，比喻广泛的响应。

⑤南越之海：当指南海。的然：确实。

【译文】

丘文庄认为自从南越归属中国后中国才有南海，而西海则不知在哪里。我认为《尚书·禹贡》中说“声教讫于四海”，也只是依据尚存的很久以来管辖治理的地界的记载而言。所说四海，就是说四方。所以在《尚书·大禹谟》中又说“风动四方”，这就很清楚了，哪里有东西南北的四海，像现今可以真实可见的南越之海呢？

　　今据见在四方论之①：四川天下之正西也，云南则天下之西南，陕西则天下之西北。一正西，一正北②，一西南，皆不见有海也。由陕西而山西，据大势则山西似直正北之域矣③，而正北亦无海也，唯今蓟、辽邻山东④，始有海⑤。从此则山东为东方之海⑥，山东抵淮、扬、苏、松以至钱塘、宁、绍等处⑦，始为正东之海⑧。东瓯至福建⑨，则古闽越地也⑩，稍可称东南海矣⑪。广东即南越地，今其治为南海郡⑫，尽以为正南之海矣,不知闽、广壤接⑬,亦仅可谓之东南海耳。由此观之,正西无海也,正北无海也,正南无海也⑭,西北西南以至东北皆无海⑮,则仅仅正东与东南角一带海耳,又岂但不知西海所在耶?

【注释】

①见在:现在。见,同"现"。

②正北:据上文应为西北。按明万历刻本《李温陵集》、阿英点校本及陕西教育行政社排印本均作"西北"。中华书局版误,现校改。

③直:通"值"。这里是位于之意。

④蓟(jì):古代州名。明代九边(设在北方的九个边防军镇)之一,镇守地区相当于今河北长城内东起山海关,西至居庸关,及天津市以北一带。辽:古郡名。即辽东郡,相当于今辽宁省东部,与山东省隔渤海海峡相望。

⑤海:当指渤海。

⑥东方之海:包括渤海与黄海,山东半岛东端伸入渤海与黄海之间。

⑦淮、扬、苏、松:指淮安、扬州、苏州、松江。钱塘、宁、绍:指杭州、宁波、绍兴。

⑧正东之海:当指东海。

⑨东瓯(ōu):古族名。越族的一支。分布在今浙江南部瓯江、灵江流域。其首领摇助汉灭项羽,受封为东海王。因都东瓯(今浙江温州),俗称东瓯王。参阅《史记》卷一一四《东越列传》。

⑩闽越:古国名。辖境相当于今福建北部,浙江南部,及广东潮州、梅州一带。

⑪东南海:东南面的海,应包括东海与南海。

⑫治:治所,一省或一府的地方行政长官署所在地。南海郡:古郡

名,秦时置,治所在番禺(今广州)。这里即指广州。

⑬壤接:接壤,地界相连接。

⑭正南无海:李贽以为只有东南海,正南无海,这是对南海地理位置的错觉。

⑮东北皆无海:李贽把渤海、黄海都看作东方之海,因此说东北无海,也是不确的。我国东北地区的辽东半岛正濒临渤海。

【译文】

以现在的四方看一看:四川在天下的正西方,云南在天下的西南方,陕西在天下的西北方。一正西,一正北,一西南,都不见有海。由陕西至山西,依地理大势山西似乎位于正北方,而这里也没有海,唯有现今和蓟、辽相邻的山东才有海。从这里看山东之海可以称为东方之海,由山东到淮安、扬州、苏州、松江以及杭州、宁波、绍兴等处,才是正东之海。东瓯至福建,那是古代闽越国之地,也许可以称为东南海。广东即古时的南越,现今的治所在南海郡,都认为这里就是正南之海,却不知福建与广东地界相连,所以那里也可以称之为东南海。由此可以得出结论,正西没有海,正北没有海,正南没有海,西北西南以及东北都没有海,仅仅在正东与东南角一带有海,西海又不知在哪里呢?

且今天下之水皆从西出,西水莫大于江、汉①。江有四:有从岷来者,有从沱来者,有从黑、白二水来者②。汉有二:有从嶓冢来者,有从西和徼外来者③。此皆川中之水④,今之所指以谓正西是也。水又莫大于黄河,黄河经过昆仑⑤。昆仑乃西蕃地⑥,是亦西也。虽云南之地今皆指以为西南,然云南之水尽流从川中出,则地高于川中可知矣。高者水之所泻,流之所始,而东南一海咸受之⑦,则海决在下流之处,云南、四川、山、陕等去海甚远⑧,皆可知也。云南、川、陕之外,其地更高,又可知也。不然,何以不顺流而西,往彼西海,而乃迢递逶迤尽向东南行耶⑨?则知以四川为正西者,亦就四方之势概言之耳。今云南三宣府之外⑩,有过洋阔机大布道自海上来者⑪,此布我闽中常得之,则云南旋绕而东⑫,又与福建同海⑬。则云南只可谓之东南⑭,而不得谓之西南,又可知矣。

【注释】

①江、汉:指长江、汉水(一称汉江)。

②"江有"四句:意为长江有四个源流,它们从岷(mín)江、沱(tuó)江、黑水(即乌江)、白水(指白龙江,嘉陵江的上游)而来。李贽这里所说的四个源流,实际上是长江在四川盆地中的四大支流,它们分别自南北两侧注入长江。

③"汉有"三句:意为汉水有两个源流,它们从嶓冢(bō zhǒng)、西和境外而来。嶓冢,山名。在陕西宁强境。西和,县名。今甘肃西和。徼(jiào)外,边界以外。汉水发源于陕西南部的宁强县,流经陕西南部、湖北西北部和中部,在武汉市入长江,是长江最长支流。李贽说西和是汉水发源地之一,是错误的。

④川中之水:四川境内的水(指长江与汉水)。此说也欠准确。

⑤昆仑:即昆仑山,在新疆、西藏之间。西接帕米尔高原,东延入青海境内。

⑥西蕃地:西蕃诸国的地域,指西域。我国古代对西域一带及西部边境地区的泛称。西蕃,亦作"西藩""西番"。

⑦受:容纳。

⑧山、陕:山西、陕西。

⑨迢递逶迤:形容河流遥远弯曲。

⑩云南三宣府:指明代在云南少数民族地区设立的南甸、干崖、陇川三个宣抚司。明代在我国西北、西南各少数民族地区设置土司制度,并设相应的文、武官职,由少数民族头领担任,并子孙世袭,统称"土官"。宣抚司设宣抚使,为武职。

⑪阔机大布:可能是机织的大幅平纹布。

⑫旋绕:环绕。

⑬与福建同海:福建面临南海、东海,云南与海并不相连,李贽认为云南与福建同海是错误的。

⑭"则云南"句:李贽误认云南位于我国东南,这和当时的地理知识大都局限于中原地区有关。

【译文】

　　如今天下之水都是从西边而来,西来之水最大的是长江和汉水。长江有四个源头:一是岷江,一是沱江,一是乌江和白龙江。汉江有两个源头,是从嶓冢和西和以外而来。这都是四川境内的水,也就是今天所说的西出之水。河水黄河最大,黄河流经昆仑。昆仑在西域之地,也在西方。人们都认为云南地处西南,然而云南的水都流经四川而入长江,那么由此可知云南的地势高于四川。水流自然从高处往下排泄,流入东南之海,所以海一定是在下流之处,而位于高处的云南、四川、山西、陕西等地离海很远,这是很明白的。云南、四川、陕西之外,其地势更高,那更不必说了。不然,那些水源为什么不顺流而西,流到西海,却遥远弯曲地都流向东南呢?由此可知,以四川为正西之说,也就是以四方之势大概的说法。现今云南在三宣府之外,有阔机大布漂洋过海而来,这种布在我们福建也常见到,那么云南环绕向东,又和福建同临一海。由此可以认为云南是在东南,而不能说云南在西南,这是明明白白的。

　　吾以是观之,正南之地尚未载之舆图①,况西南耶? 故

4海   891

余谓据今人所历之地势而论之,尚少正南与西南、正西与西北、正北与北东诸处者,以不见有海故卜之也②。以天下三大水皆从川中出卜之③,而知其难以复寻西海于今之世也。西海既不可寻,则又何名何从而祀海也④?然则丘文庄欲祀北海于京之东北,杨升庵欲祀西海于滇之西南⑤,皆无义矣⑥,其谁享之⑦?呜呼!观于四海之说,而后知世人之所见者小也,况四海之外哉!

【注释】

①载之舆图:记载在地图上。

②"以不见"句:意为因为见不到四方之海,所以估计无所谓四海。卜,估计。

③三大水:指长江、黄河、汉水。李贽以为三大水都发源于四川境内,这是错误的。

④"则又"句:意为那又用什么名义根据什么理由来祭海呢?祀,祭祀。

⑤杨升庵(1488—1559):名慎,字用修,号升庵,新都(今四川新都)人。武宗正德六年(1511)殿试进士第一,授翰林修撰。世宗时,因"大礼议"事件(反对世宗朱厚熜生身父母加以帝、后谥号),被贬谪云南三十年。他致力著述,诗文杂著达一百余种,在明代文坛上颇负盛名,对李贽的思想也有一定影响,李贽著有《读升庵集》。后人辑有《升庵集》。《续藏书》卷二六、《明史》卷一九二、《明史稿》卷二六七、《明书》卷一四七、《列朝诗集小传》丙集等有传。

⑥无义:没有意义。

⑦享之:接受它(指祭祀)。

【译文】

　　由此可见,正南之地还没有记载在地图上,何况西南呢? 所以,我根据现今人们所经历的地理形势认为,在正南与西南、正西与西北、正北与北东等处,因为见不到有海,所以估计也没有所说的四海。以长江、黄河、汉水都是发源于四川估计,那么也很难在今世能找到西海。既然西海找不到,那又能以什么名义根据什么理由来祭海呢? 所以丘文庄要在京都的东北祭北海,杨升庵想在云南的西南祭西海,都没什么意义,祭祀又能被谁接受呢? 呜呼! 看一看有关四海之说,就知道世人的识见的狭小,何况关于四海之外呢!

八物

【题解】

　　本文约写于万历二十三年(1595)或万历二十四年(1596)。当时李贽在麻城。这是一篇论述用人的文章。李贽有感于"待小人也过严,而恶恶执怨也反过甚"及取人"始广而终狭"的议论,在此文中,以物喻人,从"一草一木,皆可珍也"和"百工效用,皆有益于治"的观点出发,提出了"有用""有益于世"的用人标准,主张对人才不可求全责备或有非分要求,更反对按一己的好恶取舍人才的狭隘观点。这种对人才"兼收而并用"的思想,不但在当时,就是在今天,也还是有启示意义的。

　　尝谓君子无怨,唯小人有之;君子有德必报德,而小人无之。夫君子非无怨也,不报怨也;非不报怨也,以直报怨也①。苟其人可恶而可去②,则报之以可恶可去之道焉;苟其人可好而可用③,则报之以可好可用之道焉。其恶而去之也,好而用之也,直也,合天下之公是也。其或天下不知恶而去之、好而用之也，而君子亦必去之、必用之，是亦直也，合天下之公理也。夫是之谓"以直"。既谓之直，则虽无怨于我者，亦必如是报之矣，则虽谓圣人未尝报怨焉亦可也。若曰"以德报怨"，则有心矣，作伪矣，圣人不为也。至于人之有德于我者，则志在必报，虽以圣人为有心，为私厚④，不计矣⑤。何也？圣人义重者也。义重故可以托孤⑥，而况托知己之孤乎？义重故可以寄命⑦，而况寄有德之命乎？故曰"以德报德"。唯其人有必报之德⑧，此世道所以攸赖⑨，国家所以有托，纲常所以不坠⑩，人伦所以不灭也⑪。若小人非不报德也，可报则报，不可报则亦已而勿报，顾他日所值何如耳⑫。苟祸患及身，则百计推托，逃避无影矣，虽有德，将安知乎？唯有报怨一念，则终始不替⑬。然苟势盛于我，财多于我，我又可藉之以行立⑭，则怨反为德，又其常也。盖十百千万咸如斯也。此君子小人界限之所以判也⑮。故观君子小人者，唯观其报怨报德之间而已。故余尝以此定古今君子小人，而时时对人言之不省也⑯。除此之外，君子小人有何分别乎？吾见在小人者更为伶俐而可用也。

【注释】

①以直报怨：和下文"以德报怨""以德报德"，均出自《论语·宪问》。原文是："或曰：'以德报怨，何如？'子曰：'何以报德？以直报怨，以德报德。'"以，用。直，正直。怨，怨恨。德，恩惠。报，回答，报答。

②恶(wù)：厌恶，讨厌。

③好(hào)：喜爱。

④私厚:偏爱厚待。

⑤不计:不去考虑。

⑥托孤:以孤儿相托。与下文"寄命",语本《论语·泰伯》:"可以托
　　六尺之孤,可以寄百里之命。"

⑦寄命:以国家的命脉(政事)相托。

⑧"唯其"句:意为正因为人们(这里指君子)具有一定要报答人家
　　恩惠的美德。

⑨攸(yōu)赖:所依赖。

⑩纲常:指三纲五常。三纲,即君为臣纲,父为子纲,夫为妻纲。
　　纲,纲维,法度。五常,即五种伦常道德,一说父义、母慈、兄友、
　　弟恭、子孝,一说为仁、义、礼、智、信。坠:失去。

⑪人伦:语出《孟子·滕文公上》:"教以人伦:父子有亲,君臣有义,
　　夫妇有别,长幼有叙,朋友有信。"封建礼教所规定的伦理道德
　　准则。

⑫顾:看。值:遇到。

⑬不替:不忘,不废弃。

⑭藉之:依靠他。行立:行事立身。这里指争得个人权位。

⑮判:分。

⑯不省:不厌其烦。省,简约。

【译文】

　　有人说君子没有怨恨,只有小人才有怨恨;君子对他人的恩惠也必
然会报答以恩惠,而小人不会这样。其实君子并不是没有怨恨,只是不
报以怨恨;也不是不报以怨恨,而是用公平正直来回答怨恨。如若一个
人非常可恶而且不可用,那就对他实行讨厌不用之道;如若一个人非常
可爱又能委之以重任,那就喜欢他重用他。对于讨厌的人不用他,对于
喜欢的人就重用他,这是正直的,符合天下的公理。如若众人不知此人
的可恶而不用他,不知道此人的可爱而重用他,君子却该不用的不用,

该重用的重用,这也是正直的,是符合天下的公理的。这就叫"以直"。既然称之为公平正直,那么对待对自己没有怨恨的人,也一样如此待他,这样说圣人并不"以怨报怨"也是可以的。如若说拿恩惠来回答怨恨,那则是存有心计了,是虚伪的,圣人不会这样。如若别人对我有恩惠,我一定要报答,虽然这样会被认为有心计,有所偏爱厚待,也不必考虑。为什么?圣人对义看得很重。义重就可以孤儿相托,何况是知己之孤相托呢?义重可以把国家的政事相托,何况以对你有恩惠的国事相托呢?所以说"以德报德"。正因为君子具有一定要报答人家恩惠的美德,所以世道才有所依赖,国家才有所寄托,纲常才不会丢失,人伦才不会消逝。若是小人并不是以恩惠报恩惠,可报就报,不可报那就不报,要看遇到什么情况而定。如若祸患危及自己,那就会想种种办法借故推脱,逃之夭夭,虽有恩惠,怎么会知道?只有对怨恨的报复,那是始终不会忘记的。如若他权势比我大,财富比我多,我可以借助他争得个人权位,那么对他的怨恨也可以转化为他对自己的恩德,这也是常事。世上这样的事情是很多很多的。这就是分别君子与小人的界限。所以看他是君子或是小人,就看他怎样对待报仇恨报恩德的不同了。所以我常常以此判定古今的君子小人,并常常不厌其烦地对人讲说。除此之外,君子与小人有什么分别?我现在认为小人更为伶俐而可用。

或曰:"先生既如此说矣,何先生之待小人也过严,而恶恶执怨也反过甚乎①?"余曰:"不然,我之恶恶虽严,然非实察其心术之微②,则不敢有恶也。纵已恶其人,苟其人或又出半言之善焉,或又有片行之当焉,则我之旧怨尽除,而亲爱又随之矣。若其人果贤,则初未尝不称道其贤,而欲其亟用之也③。何也?天之生才实难,故我心唯恐其才之不得用也,曷敢怨也。是以人虽怨我,而欲害我报我者终少,则以我心之直故也。"

【注释】

①恶(wù)恶(è)执怨:憎恶坏人坏事,要报旧怨。执怨,报怨,结怨。

②心术:内心的意向,亦指思想品质。后多指居心(多为贬义)。

　微:隐蔽处。

③亟用:迅速地重用。

【译文】

　　有人说:"先生既如此说,为什么先生对待小人过于严厉,憎恶坏人坏事要报旧怨反而更严厉呢?"我回答说:"不是这样的,我虽然严厉地憎恶坏人坏事要报旧怨,如若没有详察他内心的隐蔽之处,那是不敢有所憎恶的。如若已经对他有所憎恶,如若他又有半言之善,或者有微小的好的行为,那么我对他原来的憎恶都会消失,并产生亲爱之情。如若这个人果然贤惠,虽然起初没有人称他的贤惠,那也想迅速地重用他。为什么?上帝生一有才之人实在不易,所以我心里唯恐有才者得不到重用,哪里还敢怨恨呢。所以人们虽怨恨我,而想害我报复我的还是很少的,这是因为我心里正直。"

　　或曰:"先生之爱才诚然矣,然其始也取人太广,爱人太骤①,其既也弃人太急②,而终之收录人也亦太狭。曷不论定而后赏③,勿以始广而终狭乎?"吁! 不然也。夫人实难知,故吾不敢以其疑似而遂忽之④,是故则见以为广;而真才难得,故吾又不敢以疑似而遂信之,是故则见以为狭耳。若其入眼即得,无复疑似,则终身不贰⑤,如丘长孺、周友山、梅衡湘者⑥,固一见而遂定终身之交,不得再试也。如杨定见⑦,如刘近城⑧,非至今相随不舍,吾犹未敢信也。直至今日患难如一,利害如一,毁谤如一,然后知其终不肯畔我以去⑨。夫如是,则余之广取也固宜。设余不广取,今日又安得有此二士乎? 夫近城笃实人也,自不容以有二心;杨定见有气人也⑩,故眼中亦常常不可一世之士⑪。夫此二人,皆麻城人也。友山麻城人,而麻城人不知之也。衡湘麻城人,而麻城人不知之也。若丘长孺之在麻城,则麻城诸俗恶辈直视之为败家之子矣⑫。吾谓周友山则世之所称布帛菽粟是也⑬,其不知也宜也。梅衡湘则古今所称伯乐之千里马⑭,王武子之八百骏是也⑮,其不知也亦宜也。若丘长孺,虽无益于世,然不可不谓之麒麟凤凰、瑞兰芝草也⑯。据长孺之为人,非但父母兄弟靠不得,虽至痛之妻儿亦靠他不得也。非但妻儿靠不得,虽自己之身亦终靠他不得。其为无用极矣。然其人固上帝之所笃生⑰,未易材者也⑱。观其不可得而亲疏敬慢也⑲,是岂寻常等伦可比耶⑳? 故余每以麟凤芝兰拟之,非过也。若杨定见二子者,譬则楼台殿阁,未易动摇,有足贵者。且高明之家㉑,吉人之都㉒,是非好恶,又自明白。

【注释】

①骤:急速。

②既:不久,后来。

③论定:定下结论。

④疑似:认识不清,不能肯定。

⑤不忒(tè):不变。忒,变更。

⑥丘长孺:即丘(一作邱)坦,字坦之,号长孺,麻城(今湖北麻城)人。据袁中道《游居柿录》卷一一所引丘诗中有"我齿于君长六

岁"句，中道生于隆庆四年(1570)，则丘坦应出生于嘉靖四十三年(1564)，比李贽小三十七岁。万历二十六年(1598)，公安三袁在北京城西崇国寺创立蒲桃社，丘坦是其主要成员之一。万历三十四年(1606)，武乡试第一，官至海州(今江苏东海)参将。善诗，工文，是李贽寓居麻城时的朋友。著有《南北游草》等。《麻城县志》康熙版卷七、乾隆版卷一六、光绪版卷二〇等有传。周友山：即周思敬。见《耿楚侗先生传》第五段注①。梅衡湘：即梅国桢(1542—1605)，字客生(一作克生)，号衡湘，麻城(今湖北麻城)人。隆庆元年(1567)举人，万历十一年(1583)进士。历官都察院右佥都御史，巡抚大同、兵部右侍郎等。李贽好友，曾为李贽的《藏书》《孙子参同》作序。著有《燕台集》《西征草》《西征集》《梅司马遗文》等，均佚。今人凌礼潮整理有《梅国桢集》。《明史》卷二二八，《明史稿》卷二一二，《黄州府志》卷一四，《麻城县志》康熙版卷七、乾隆版卷一六、光绪版卷一八、民国版《前编》卷九、卷一五、《续编》卷一四等有传。

⑦杨定见：见《三大士像议》第三段注①。

⑧刘近城：麻城人，曾跟随李贽多年。在《豫约·早晚守塔》一文中，李贽曾说："刘近城是信爱我者，与杨凤里实等。"

⑨畔：通"叛"，背叛。

⑩有气人：有骨气的人。

⑪"故眼中"句：意为因此常常不把当代那些显贵人物看在眼里。可，认可，称许。一世，一代。

⑫诸俗恶辈：那些庸俗卑劣之人。

⑬布帛菽(shū)粟(sù)：指日常生活必需品，比喻平常而又不可缺。菽，豆的总称。粟，谷子，去皮后就是小米。后泛指谷类。

⑭伯乐：相传春秋中期秦穆公之臣，善相马者，认为相千里马必须"得其精而忘其粗，在其内而忘其外"。参见《三大士像议》第二

段注⑨。或说伯乐即孙阳,称孙阳伯乐。见《通志·氏族略四》。

⑮王武子:据《世说新语·汰侈》和《晋书》卷四二《王济传》。王济,字武子,西晋太原晋阳(今山西太原)人。与晋武帝司马炎的舅父王恺(字君夫)都极其豪侈,并好射箭。王恺有牛名八百驳,据《尔雅·释畜》:"驳如马,倨牙,食虎豹。"王济表示,愿拿千万钱与王恺的八百驳为赌注,一比射箭的输赢。王恺自恃技术高强,让王济先射。王济一箭中靶,而后让左右宰取牛心而去。(又见《初潭集》卷二五《侈臣》)驳,骏马之称。八百,形容其善于奔跑。

⑯麒麟:古代传说中的一种动物。形状像鹿,独角,尾像牛,全身有鳞甲。古人拿它象征祥瑞。这里借喻杰出的人。凤凰:古代传说中的百鸟王。羽毛美丽,雄的叫凤,雌的叫凰。也常用以象征祥瑞。这里借喻才德优异的人。瑞兰芝草:即兰草、灵芝草。常用作芳香吉祥的象征。这里借喻品德高尚。

⑰笃生:谓生而得天独厚。

⑱未易材:不可替代的人才。易,替代。

⑲"观其"句:意为看他那种不可使人亲近或疏远,尊敬或怠慢的态度。这里是借用《老子》的话来评价丘长孺。《老子》第五十六章:"故不可得而亲,不可得而疏,不可得而利,不可得而害,不可得而贵,不可得而贱,故为天下贵。"意思是能这样不分亲,不分疏,不分利,不分害,不分贵,不分贱,(达到玄妙齐同的道的境界)就能为天下人所尊贵。

⑳"是岂"句:意为这难道是普通人所可比拟的吗?等伦,同辈,同等。这里指普通人,一般人。

㉑高明之家:指地位显贵者的家庭。

㉒吉人之都:指行善者的乡里。吉人,善良的人。都,古代地方区域名,相当于现在的区或乡。

【译文】

有人说："先生的爱才是真诚的，但起初取人太广，爱人也太急速，后来抛弃也太急，因此最终被收录可用的人也太少了。为什么不先定下结论而后再奖赏，不要起初宽广而后来就狭少了。"吁！不是这样。因为认识一个人不容易，所以我又不敢因为认识不清忽略他，因此初见就宽广；而真才难得，所以我又不敢因为认识不清就信任他，因此后来就狭少了。若是有人我一眼就识得，没有什么认识不清，那么终身都不会变更，像丘长孺、周友山、梅衡湘等，就是一见就定下了终身之交，不必再考查了。像杨定见，像刘近城，要不是直到现今相随不舍，我也是不敢相信的。直到今日患难如一，利害如一，毁谤如一，而后知道他们永远不会背叛我而去。正因为这样，我取人宽广也是合适的。如若我不宽广取人，今日怎么会有杨定见、刘近城二人呢？刘近城是笃实之人，自然不会产生二心；杨定见是有骨气的人，因此常常不把当代那些显贵人物看在眼里。这二人都是麻城人。周友山也是麻城人，但麻城人并不了解他。梅衡湘也是麻城人，但麻城人也不了解他。如若丘长孺在麻城，麻城那些庸俗卑劣的小人一定认为他是败家之子。我认为周友山是像豆、谷一样的日常生活必需品，虽平常而又不可缺少，不为人知也很正常。梅衡湘则像伯乐所说的千里马，也像王武子的善于奔跑如同骏马的牛，但若没有伯乐与王武子的赏识，不为人知也是很平常的。像丘长孺，虽然看起来无益于世，然而不可不称为像是麒麟凤凰、瑞兰芝草那样才德优异高尚的人。按照丘长孺的为人，不但父母兄弟靠不得，就是非常疼爱的妻子儿女也靠他不得。不但妻儿靠他不得，就是他自己的事情也靠不得。他真是无用之极。然而上帝生他到人间也是得天独厚，是不可代替的人才。看他那种使人不可亲近也不可疏远不可尊敬也不可怠慢的态度，这难道是普通人可比拟的吗？所以我常常用麒麟凤凰瑞兰芝草比喻他，这并不过分。杨定见、刘近城二人，如同楼台殿阁，不会轻易动摇，也是很可贵的。至于地位显贵的家庭，善良的乡里之人,是非好恶,自会明白。

或曰:"公之知梅衡湘,似矣。然人之所以不知者,以其权智太审也①。夫人而专任权智,则可以生人②,亦可以杀人,如江淮河海之水然矣③。"余谓衡湘虽大样④,然心实细谨⑤,非曹孟德等比也⑥。必如曹孟德等,方可称之为江淮河海之水,如之何而遂遽以誉衡湘也哉! 呜呼! 此数公者,我固知之,而数公固各不相知也。非有日月星辰洞然皎然⑦,如郭林宗、许子将、司马德操者出⑧,安能兼收而并用之耶?

【注释】

①权智太审:过分讲究权术智谋。

②生人:使人生存。

③江:长江。淮:淮河。河:黄河。

④大样:麻城方言。意为表面大大咧咧,满不在乎,实为看不起人,高傲自大。

⑤细谨:小心谨慎。

⑥曹孟德:曹操(155—220),字孟德,小字阿瞒,谯(今安徽亳(bó)州)人。东汉末,在镇压黄巾起义中,逐步扩充军事力量,平定吕布等割据势力,统一中国北部,封魏王。后子曹丕称帝追尊为武帝。三国时政治家、军事家、文学家。后人整理有《曹操集》。《三国志》卷一、《藏书》卷四等有传。

⑦洞然:照见一切的样子。皎然:洁白明亮的样子。

⑧郭林宗:郭泰(128—169),"泰",或作"太",字林宗,东汉太原郡介休(今山西平遥)人。家世贫寒。"年二十,行学至城皋(应为皋)屈伯彦精庐,乏食,衣不盖形,而处约(生活在穷困之中)味道

（体味道的哲理），不改其乐。李元礼一见称之曰：'吾见士多矣！无如林宗者也。'"（东汉班昭《续汉书》）博通典籍，善谈论。尝游洛阳，与河南尹李膺相友善，名震京师。后归乡里，官府以"有道君子"征召，不就，人们以"有道先生"称之。善品评海内人士，性明知人，然不为危言刻论。党锢祸起，泰独得免，闭门教授，弟子数千。及卒，蔡邕为撰碑文。《后汉书》卷六八、《藏书》卷六六等有传。许子将：许劭（150—195），字子将，东汉汝南平舆（今河南汝南）人。好品评人物，每月更换其品题，被称为"月旦评"。"清平之奸贼，乱世之英雄。"就是他对曹操的品评。（见《后汉书》卷六八《许劭传》）司马德操：司马徽（？—208），字德操，东汉末颍川阳翟（今河南禹州）人。善知人，曾向刘备推荐诸葛亮、庞统（字士元）等人。后曹操得之，欲重用，会病逝。庞德公（庞统的叔父）曾说："诸葛孔明为卧龙，庞士元为凤雏，司马德操为水镜。"（见《三国志》卷三七《庞统传》注引《襄阳记》）《藏书》卷六六有传。

【译文】

有人说："你对梅衡湘的了解，似乎正确。但是人们对梅衡湘不了解，是不是因为他太过分讲究权术智谋。如若过分讲究权术智谋，可以使人生存，也可以杀人，就像江淮河海的水一样。"我说梅衡湘虽然大大咧咧、满不在乎、高傲自大，但他却也小心谨慎，并不像曹操那样。像曹操，才可以称之是江淮河海之水，怎么能随意地赞誉梅衡湘呢！呜呼！这些人我固然知道一些，而这几位人他们相互并不了解。没有像日月星辰那样洁白明亮的洞察力，如果善于品评人物的郭林宗、许子将、司马德操离去，怎么能对人才兼收而并用呢？

或曰："如先生言，必如此数者，然后可以用于世耶？"曰："不然也。此其可大用者也，最难得者也，未易多有者也。子但见麻城一时有此数人，便以为易易矣，不知我费了多少心力方得此数人乎？若其他则在在皆有①，时时可用，自不待费力以求之矣。犹之鸟兽草木之生，周遍大地，任人选取也。"

【注释】

①在在：处处。

【译文】

有人说："如若依先生您这种说法，一定要像以上所说的数人，才可以用于世吗？"我说："不是这样。这些都是有大用之人，也是最难得的，不容易得到许多。你看见麻城一时有此数人，便以为很容易了，不知道我费了多少心力才得到这几个人？若是其他普通人则处处都有，时时可用，用不着费力去求得。犹如鸟兽草木的生长，遍地都是，任你选取了。"

余既与诸侍者夜谈至此，次日偶读升庵《凤赋》①，遂感而论之曰："《书》称麟凤②，称其出类也③。夫麟凤之希奇，实出鸟兽之类，亦犹芝草之秀异，实出草木之类也。虽曰希奇秀异，然亦何益于人世哉！意者天地之间④，本自有一种无益于世而可贵者，如世之所称古董是耶？今观古董之为物，于世何益也？夫圣贤之生，小大不同，未有无益于世者。苟有益，则虽服箱之牛⑤，司晨之鸡⑥，以至一草一木，皆可珍也。"故因《凤赋》而推广之，列为八物，而鸟兽草木与焉。吁！八物具而古今人物尽于是矣⑦。八物伊何⑧？曰鸟兽草木，曰楼台殿阁，曰芝草瑞兰，曰杉松栝柏⑨，曰布帛菽粟，曰千里八百⑩,曰江淮河海,曰日月星辰。

【注释】

①升庵:见《四海》第四段注⑤。《凤赋》:是《太史升庵全集》第一卷的首篇,描写凤凰外形美丽,德性善良,"天下有道,得凤象之",天下无道,"凤不翔留";并指出对于似凤及凤的变种宜加以详辨。

②《书》:指《尚书》。《尚书·益稷》有"鸟兽跄跄""凤凰来仪"之句,原意是描写扮演飞禽走兽和凤凰的舞队表演舞蹈的情况。

③出类:超出同类。

④意者:料想。

⑤服箱:拉着车厢。

⑥司晨:报晓。

⑦"八物"句:意为八物具备了(即指以八物为喻),古今人物全都包括在其中了。

⑧伊何:是什么? 伊,是。

⑨栝(guā):即桧(guì)树,柏叶松身,其叶尖硬,也叫刺柏。

⑩千里八百:即千里马、八百骏。

【译文】

我既与诸位侍者夜谈至此,次日偶读杨升庵之作《凤赋》,于是有感而论之说:"《尚书·益稷》有'鸟兽跄跄','凤凰来仪',称赞麒麟凤凰超出同类。麒麟凤凰之稀奇,确实超出一般鸟兽之类,也就像灵芝瑞草的秀美特出,确实超出一般草木之类。虽说它稀奇特出,那又对人世有什么益处呢! 料想天地之间,本来就有虽无益于世却可贵之物,例如世人常说的古董不就是吗? 现在看古董这种物件,对人世有什么益处? 而圣贤之生,虽小大不同,却都有益于世。如若有益,虽然是拉车的牛,报晓的鸡,以至于一草一木,都是很珍贵的。"所以我借着升庵先生的《凤赋》加以推广，列为八物，鸟兽草木也在其中。吁！以八物比喻人物，古今人物都包括在其中了。八物何所指？即鸟兽草木，楼台殿阁，芝草瑞兰，杉松栝柏，布帛菽粟，千里八百，江淮河海，日月星辰。

　　夫鸟兽草木之类夥矣①，然无有一羽毛一草木而不堪人世之用者。既已堪用矣，则随所取择，总无弃物也。是一物也。

【注释】
①夥（huǒ）：多。

【译文】
　　鸟兽草木之类很多，然而没有一片羽毛一棵草木不能被世人所用。既然都可以有用，那就依需要而取，都不会被丢弃。这是一物。

　　夫宫寺楼阁，山舍茅庐，基址一也，而高低异；本植一也①，而小大异；居处一也②，而广狭异。同是乡人而乡不如，则以宫室产业之良矣③。譬之于鸟则宾鸿④，于兽则猎犬，于草则国老⑤，于木则从绳⑥。同于鸟兽草木，而又不同于鸟兽草木，则以其为鸟兽草木本类之独著耳⑦。是一物也。

【注释】
①本植：盖房时所竖的木柱。引申为支柱，根本。植，木柱。
②居处：住处，住所。
③"同是"二句：意为同是一个乡里，可是乡里的人不如他，就是因为他的房屋比人家好，财产比人家多。
④宾鸿：即鸿雁，秋南来春北去的一种候鸟。《礼记·月令》："秋季

之月,鸿雁来宾。""来宾"意即来做宾客,所以叫作"宾鸿"。

⑤国老:甘草的别名。李时珍《本草纲目·草一·甘草》称,甘草"调和众药有功,故有国老之号"。

⑥从绳:指笔直之木。比喻有用之材。《尚书·说命上》:"惟木从绳则正。"意思是木料经过墨斗绳加工就直。

⑦独著:特别突出。

【译文】

宫寺楼阁,山舍茅庐,地基一样,高低却不同;盖房用的木柱一样,大小却不同;住所之用一样,而广阔狭小却不同。同是一乡里之人,可是这家不如那家,就是因为那家的房屋比这家好,财产比这家多。譬如鸟类里有宾鸿,兽类里有猎犬,草类里有国老即甘草,木类里有笔直的顶梁柱。它们都是鸟兽草木,而又不同于一般的鸟兽草木,它们是鸟兽草木中特别突出的。这又是一物。

夫芝草非常,瑞兰馨香①,小人所弃,君子所喜,设于世无君子亦已②。譬之玩物,过目则已,何取于温?譬之好音,过耳则已,何取于饱?然虽无取于温饱,而不可不谓之希奇也。是一物也。

【注释】

①馨(xīn)香:芳香。

②设:假设,假使。亦已:也就罢了。

【译文】

灵芝非常珍贵,瑞兰芳香无比,但小人弃之,只有君子喜欢它们,假使没有君子它们也就不会被看重。譬如玩物,眼睛欣赏欣赏也就完了,它哪里能使你得到温暖?譬如好音,耳朵听听也就完了,它哪里能使你得到饱食？但是，它们虽然不能使人得到温饱，但也不可不称之为稀奇。这又是一物。

夫青松翠柏，在在常有，经历岁时，栋梁遂就。噫！安可以其常有而忽之！与果木斗春^①，则花不如^②，与果木斗秋，则实不如。吁！安可以其不如而易之^③！世有清节之士^④，可以傲霜雪而不可以任栋梁者，如世之万年青草，何其滔滔也^⑤。吁！又安可以其滔滔而拟之！此海刚峰之徒也^⑥。是亦一物也。

【注释】

①斗春：在春天争胜。斗，争胜，比赛。

②花不如：不如其他果木的花。下文"实不如"，即不如其他果木的实。

③易之：忽略它。

④清节：清操，高洁的节操。

⑤滔滔：形容多得很。

⑥海刚峰：即海瑞（1514—1587），字汝贤，号刚峰，广东琼山（今海南海口）人。嘉靖二十八年（1549）举人。嘉靖四十五年（1566）任户部主事时，因上疏批评世宗迷信道教、不理朝政等，被捕入狱。世宗死后获释。隆庆三年（1569）任应天巡抚，疏浚吴淞江，推行一条鞭法，曾令徐阶等官宦豪强退田。后因被张居正、高拱排挤，革职闲居十六年。万历时再起，先后任南京吏部右侍郎和南京右佥都御史。死后谥忠介。为学以刚为主，故以刚峰自号。在任期间，力主严惩贪污，并平反一些冤狱，被人们赞为清官。民间因而有《海忠介公居官公案》《大红袍》等传说。后人整理有

《海瑞集》。《续藏书》卷二三、《耿天台先生文集》卷一六、《国朝
献征录》卷六四、《明史》卷二二六、《明史稿》卷二一〇等有传。

【译文】

青松翠柏,处处常有,经过一些时日,就成为栋梁之材。噫!哪能
因为它们处处常有而轻视呢?与其他果木在春天争胜,不如其他果木
的花,与其他果木在秋天比赛,不如其他果木的果实。吁!怎么可以因
为青松翠柏不如其他果木的花与实就忽略它?世上有高洁节操之人,
他可以不屈于权势富贵而又不被授以栋梁之任,如同世上的万年青草,
又是多么多呀!吁!又怎么可以因为众多而与他人相比拟呢!这就像
海瑞一样。这又是一物。

夫智者好奇,以布帛菽粟为不足珍;贤者好异,以布帛
菽粟为无异于人。唯大智大贤反是,故以其易饱易暖者自
过吾之身,又以其同饱同暖者同过人之日。所谓易简而得
理①,无为而成化②,非若人之徒欤③?真若人之徒也④。是
亦一物也。

【注释】

①易简而得理:语本《周易·系辞上》,原文是:"易简而天下之理得
矣。"意为易知简行,就能符合天下万物的规律。

②无为而成化:语本《老子》第三十七章,原文是:"道常无为而无不
为。侯王若能守之,万物将自化。"意为"道"永远是"无为"的,是
顺任自然的,然而没有一件事不是他所为。侯王如果能持守他,
万物也必将自然而然地发展变化。

③非若人之徒欤:难道不像是这种人吗?

④真若人之徒也:正是这种人啊。

【译文】

　　有些智慧的人喜欢新奇,所以认为布帛菽粟没什么珍贵;有些贤德的人喜欢不同,就认为布帛菽粟和人一样普通。只有大智大贤的人不是这样,所以他们既以容易暖饱的方式度日生活,又以容易暖饱的方式使他人也能度日生活。这就是《周易》所说的易知简行就能符合天下万物的规律,也就是《老子》所说的"道"永远是"无为"的,是顺任自然的,万物也必然是自然而然地发展变化,这难道不像是大智大贤这样的人吗? 正是这种人啊。这又是一物。

　　夫马牛麟凤,俗眼视之,相去故甚远也。然千里之驹^①,一日而致^②;八百之牛^③,一日而程^④。麟乎凤乎,虽至奇且异,亦奚以异为也? 士之任重致远者,大率类此。而世无伯乐,只谓之马牛而不知其能千里也,真可慨也! 是又一物也。

【注释】

　　①驹(jū):此指少壮的骏马。

　　②致:到达。指跑完一千里。

　　③八百之牛:指前文所说王恺的八百驳一类的牛。

　　④程:用作动词,即"跑(八百里)路程"之意。

【译文】

　　马牛麒麟凤凰,在俗人眼里,那是相差太远了。然而骏马一日可跑千里,王武子那如同骏马的牛一日可跑八百里。麒麟与凤凰,虽然很奇特少见,为什么以这种奇特少见来求取呢? 士人能以任重致远的,大都这样。如若世上没有伯乐,只把牛马看成牛马而不知道它们能一日跑千里之远,真是让人感慨叹息啊! 这又是一物。

　　夫能生人又能杀人，能贫人又能富人，江淮河海是也。利者十五①，而害者亦十五。利害相半，而趋者不倦②。今世用人者知其害而不察其利，是欲埋塞天下之江河而不用之也③。宋王介甫欲决梁山泊以为良田④，而思无置水之处。刘贡父大声叫曰⑤："再凿一梁山泊则可置此水矣!"然则今日江淮河海之士，既以有害而不用矣，将安所置之哉？是亦一物也，今未见其人也。

【注释】

①十五：十分之五。

②趋者：指到江淮河海去谋利的人。

③埋（yīn）塞：堵塞。

④王介甫：王安石（1021—1086），字介甫，号半山，抚州临川（今江西临川）人。庆历进士。神宗熙宁年间（1068—1077），两次任宰相，积极推行青苗、均输等新法。后退居江宁（今南京），封荆国公，世称荆公。北宋政治家、文学家、思想家。其散文雄健峭拔，为"唐宋八大家"之一。诗作遒劲清新，词虽不多而风格高峻。著有《临川集》等。《宋史》卷三〇五、《藏书》卷三九等有传。欲决梁山泊以为良田：见司马光《涑（sù）水记闻》卷一五："集贤校理刘攽（bān）贡父好滑稽，尝造（到）介甫，值一客在坐，献策曰：'梁山泊决而涸之，可得良田万余顷，但未择得便利之地贮其水耳。'介甫倾首沉思，曰：'然。安得处所贮许多水乎?'贡父抗声曰：'此甚不难。'介甫欣然，以谓有策，遽问之，贡父曰：'别穿一梁山泊，则足以贮此水矣。'介甫大笑，遂止。"

⑤刘贡父：刘攽（1022—1088），字贡父，临江新喻（今江西新余）人。庆历进士，仕州县二十余年，始为国子监直讲。曾写信给王安

石,反对变法。哲宗时,历官襄州知州、蔡州知州、中书舍人等。著作甚丰,尤善史学,《东汉刊误》特别为人称道。又曾协助司马光修《资治通鉴》。《宋史》卷三一九、《宋元学案》卷四等有传。

【译文】

能使人生存又能杀人,能使人贫困又能使人富足,江淮河海就是这样。利益有十分之五,害处也有十分之五。利害各占一半,但到江淮河海去谋利之人不知疲倦。而今用人者只知用人像江淮河海那样有害而不知道也有利,那不是想把天下的江河都堵塞而不用吗?宋代的王安石想把梁山泊的水决口放出使之变为良田,却想不出水放到何处。刘贡父大声说道:"再凿一个梁山泊,就可以储存那些水了!"那么今日像江淮河海一样的人,认为他们都有害而不能用,那么把他们安置到哪里去呢?这又是一物,至今未见其人。

夫智如日月,皎若辰星,照见大地,物物赋成①。布帛菽粟者,决不责以霜杉雪柏之操②;八百千里者,决不索以异香奇卉之呈③。名川巨浸④,时或泛滥崩冲⑤;长江大河,实藉其舟楫输灌⑥。高楼凉殿,巍然焕然,谁不欲也,独不有鸟兽鱼鳖与之咸若⑦,山川草木亦令多识乎⑧?器使之下,可使无不获之夫⑨。则知日月星辰灼然兼照⑩,真可贵矣。此一物者,实用八物⑪,要当以此物为最也⑫,今亦未见其人也。

【注释】

①物物赋成:万物都获得生长。赋,赋予。
②责:要求。
③索:索要,讨取。呈:显露。
④巨浸:大水。这里指大湖泊。

⑤崩冲：水流冲激岸堤而奔腾。

⑥藉：凭借，依靠。

⑦"独不"句："鸟兽鱼鳖咸若"，语出《尚书·伊训》。意为难道不是有鸟兽
　　鱼鳖同它和睦相处。咸，都。若，顺，和顺。这里是和睦相处之意。

⑧亦令多识：也可以令人增长见识。

⑨"器使"二句：意为量材使用，就可以使（用人者）不会找不到可用
　　之人。器使，量材使用。不获，不得，不能。

⑩灼然兼照：明亮地普照（大地万物）。

⑪实用八物：实际上能发挥八物的作用。

⑫要：总。

【译文】

　　智如日月，皎像辰星，照见大地，万物都得以生长。对于布帛菽粟
这些物品，决不要求它们有霜杉雪柏的贞操；能跑八百千里的牛马，决
不要求它们有异香奇卉的显露。名川大湖，有时会泛滥冲激；长江大
河，是靠着船只运输交流。高楼凉殿，巍峨光彩，谁不想得到，难道不是
有鸟兽鱼鳖同它和睦相处，山川草木也可以使人增长见识吗？量材使
用，用人者就不会找不到可用的人。由此可知，日月星辰明亮地普照大
地万物，真是可贵。这一物，实际上能发挥八物的作用，应当以此物为
总，但今日却没有见到这样的人。

　　呜呼！此八物汤也①，以为药则气血兼补，皆有益于身；
以救世则百工效用②，皆有益于治。用人者其尚知此八物
哉！毋曰彼有怨于我也，彼无德于我也，虽有千金不传之
秘，长生不老之方，吾只知媢嫉以恶之③，而唯恐其胜己也
已。吁！观于八物之说，而后知世之用人者狭也，况加之媢
嫉之人欤！

【注释】

①汤：这里指"汤药"，即中医的汤剂。

②百工效用：各种人才都发挥其效力和作用。百工，原指各种手艺工匠，引申为各种各样的人才。

③媢（mào）嫉以恶之：语出《大学》："人之有技，媢疾以恶之。"疾，通"嫉"，嫉妒。因妒忌而厌恶他。

【译文】

呜呼！这八物是一种汤药，用它当药则气血兼补，都对健身有益；用它以救世则各种人才都可以发挥效力和作用，都有益于治世。用人者也许可以知道这八物吧！不要说他对我有怨，他对我无德。虽然有千金不传的秘诀，长生不老的药方，我只因为妒忌而厌恶他，唯恐他超过自己。吁！看看这篇八物之说，而后知道现世用人的狭窄，何况再因为妒忌而厌恶他人呢！

五死篇

【题解】

本文于万历十六年（1588）写于麻城。此文有两点值得注意，其一是李贽所表达的生死观。他提出了五种死法，虽有层次优劣之区别，但均为"善死"，均值得肯定。他最厌恶的是那种"好名说谎""徒务虚名"被世俗夸为美谈、呼为考终的伪善者的生死观。在李贽看来，这种死虽被世俗夸为美谈，呼为考终，但还不如庸夫俗子的自然而死合于生死之源。李贽最痛恨虚伪，他曾痛斥那种"其人既假，则无所不假"（本书卷三《童心说》）的社会病态，在这篇谈论生死观的文字中，这种思想又一次得到表现。其二，李贽表示他不能做"大买卖"而死于报答知遇之恩，那就做"小买卖"而"死于不知己者以泄怒"，则是有为、有感而发。此文写于万历十六年李贽寓居麻城维摩庵时。好友耿定理的逝世，与理学家耿定向论战的展开,被人诬为"异端"而后干脆以"异端"自居而引起的种种非议,在李、耿论战中周思久等人逐渐离开李贽而站到耿定向一边……这一切的一切都使李贽感到知己之不得,为知己而死的义烈行为更为可贵,更值得称赞。"死于不知己者以泄怒",正是这种心绪积压至极的发泄。"谨书以此告诸貌称相知者,闻死来视我,切勿收我尸!"其中感慨又何其深啊!

人有五死,唯是程婴、公孙杵臼之死①,纪信、栾布之死②,聂政之死③,屈平之死④,乃为天下第一等好死。其次临阵而死,其次不屈而死。临阵而死勇也,未免有不量敌之进⑤,同乎季路⑥。不屈而死义也,未免有制于人之恨,同乎睢阳⑦。虽曰次之,其实亦皆烈丈夫之死也,非凡流也。又其次则为尽忠被谗而死⑧,如楚之伍子胥⑨,汉之晁错是矣⑩。是为不知其君,其名曰不智。又其次则为功成名遂而死⑪,如秦之商君⑫,楚之吴起⑬,越之大夫种是矣⑭。是为不知止足⑮,其名亦曰不智。虽又次于前两者,然既忠于君矣,虽死有荣也;既成天下之大功矣,立万世之荣名矣,虽死何伤乎?故智者欲审处死⑯,不可不选择于五者之间也。纵有优劣,均为善死。

【注释】

①程婴、公孙杵臼(chǔ jiù)之死:程婴、公孙杵臼,春秋晋国人。晋景公三年(前598),司寇屠岸贾(gǔ)借晋灵公被刺杀事件杀了晋将赵朔,并灭其族人。时赵朔妻正怀孕,躲入宫中,生一男孩。屠岸贾闻之,索于宫中,以绝后患。赵朔的友人程婴冒着生命危险从宫中救出了赵氏孤儿,并与赵氏门客公孙杵臼商议,用自己

的儿子冒充赵氏孤儿,逃匿山中,而由程婴假意告发。结果,公孙杵臼与假赵氏孤儿被屠岸贾杀害。程婴携真的赵氏孤儿(名武)藏匿山中十五年,后景公得知赵氏孤儿尚在,立为后。程婴和赵武杀了屠岸贾,为赵家报了仇,程婴则以自杀报答公孙杵臼。事见《史记》卷四三《赵世家》。

②纪信:汉高祖刘邦手下将军。西汉三年(前204),楚汉战于荥(xíng)阳(今河南荥阳),汉王刘邦为项羽包围,十分危急。纪信乘汉王的车子,插着汉王的旗子,出荥阳东门,向项羽假投降,让刘邦从城西门逃走。项羽"烧杀纪信"。事见《史记》卷七《项羽本纪》。栾(luán)布:西汉时梁人,曾任梁大夫。后梁王彭越被高祖刘邦以"谋反"罪所杀,并将首级挂在洛阳市上,下诏曰:"有敢收视者,辄捕之。"栾布出使齐国归来,竟到彭越头下祭奠哭泣。刘邦大怒,要将他烹死。但栾布不惧死,并大论彭越在楚汉之战中助汉之功。后来刘邦释放了他,并封他为都尉。事见《史记》卷一〇〇《季布栾布列传》。

③聂政:战国时轵(zhǐ,今河南济源)人,杀人后避仇,在齐国以屠为事。韩国大夫严仲子与国相侠累有仇,恐被侠累所害而逃亡,并四方求人报仇。在齐访知聂政是个勇敢之士,便备厚礼与他结交。聂政因有老母在,不肯接受礼物。等老母死后,聂政为了报答知己之遇,便持剑到韩国刺杀了侠累,为严仲子报了仇。随即又自毁面容,剖腹出肠而死。事见《史记》卷八六《刺客列传》。

④屈平(约前340—前278):名平,字原,战国时楚国人。楚怀王时曾任左徒、三闾大夫。他主张举贤授能,修明法度,联齐抗秦,但遭到保守派上官大夫靳尚、令尹子兰等的反对,被谗去职。楚顷襄王时被放逐江南。公元前278年,秦将白起攻破楚国首都郢都(今湖北江陵),毁弃楚国王家陵庙。屈原在无限悲愤中投入湖南汨(mì)罗江自杀。作品有《离骚》《九章》《九歌》《天问》等。

　　屈原是位爱国主义诗人。《史记》卷八四、《藏书》卷二七等有传。

⑤不量敌之进：不估量敌方的情况而贸然进攻。

⑥季路(前542—前480)：姓仲，名由，字子路，又字季路，鲁国卞(今山东泗水)人。孔子学生，曾任卫大夫孔悝(kuī)的邑宰。性直爽勇敢。卫出公十二年(公元前480)，在出公辄与其父蒉(kuài)聩(kuì)互相争夺君位的动乱时，子路不顾别人劝阻，进城而责问蒉聩，先被打断帽缨，在他坚守"君子死，冠不免(去掉)"的儒教而系帽缨时被杀死。事见《史记》卷六七《仲尼弟子列传》。

⑦睢(suī)阳：地名在今河南商丘南。这里指唐代睢阳守将张巡。张巡，南阳(今河南邓州)人。开元进士。天宝十四年(755)，安禄山叛乱，起兵守雍丘(今河南杞县)。后移守睢阳，与太守许远共同作战，在内无粮草、外无援兵的情况下，依靠人民坚守数月不屈。睢阳失守后，惨遭杀害。后人称为张睢阳。《新唐书》卷一九二、《藏书》卷五〇等有传。

⑧被谗：被说坏话。谗，谗言。

⑨伍子胥：名员，字子胥，春秋末楚国人，后到吴国为大夫。他与军事家孙武一起，帮助吴国"西破强楚，北威齐晋，南服越人"。吴王夫差时，劝王拒绝越国求和并停止伐齐，吴王不听，渐被疏远。后吴王赐剑命他自杀。二十年后，吴国终被越国灭亡。《史记》卷六六、《藏书》卷二七等有传。

⑩晁(cháo)错(前200—前154)：西汉颍川(今河南禹州)人。历任博士、御史大夫，汉景帝的主要谋划人物之一，号称"智囊"。他向景帝建议削弱诸侯割据势力，加强封建中央集权，坚决抗击匈奴。后来吴楚七国以"清君侧"为名起兵叛乱，晁错在政敌袁盎等攻击谗害下被杀。政治家，文学家。后人整理有《晁错集》。《史记》卷一〇一、《汉书》卷四九、《藏书》卷一五等有传。

⑪功成名遂：语出《墨子·修身》。事业成功了，名声也有了。遂，

完成,达到。

⑫商君:即商鞅(约前390—前338),姓公孙,名鞅,战国时卫国人,亦称卫鞅。他辅助秦孝公变法,因功封于商(今陕西丹凤),称商君,又叫商鞅。他两次变法,奠定了秦国富强的基础。秦孝公死后,被贵族诬害,车裂而死。《汉书》卷三〇《艺文志》有《商君》二十九篇,今存二十四篇。《史记》卷六八、《藏书》卷一五等有传。

⑬吴起(?—前381):战国初期卫国人。初任鲁将,后任魏将,屡建战功,被任为西河(郡名,辖境在今陕西东部黄河西岸地区)守。后遭陷害,逃奔楚国,辅佐楚悼王实行变法,促进了楚国富强。政治家、军事家。楚悼王死后,被旧贵族杀害。《汉书·艺文志》著录《吴起》四十八篇,今佚。今本《吴子》六篇系后人所托。《史记》卷六五、《藏书》卷四七等有传。

⑭大夫种:即文种,字少禽(一作子禽),春秋末越国大夫。越王勾践兴师攻吴,大败,被吴兵困守会稽(今浙江绍兴)。文种献计勾践,到吴贿赂太宰嚭(pǐ),得免亡国。勾践归国后,授文种以国政,君臣刻苦图强,终于灭亡吴国。这时谋臣范蠡劝文种离开越国,文种不听,勾践听信"种且作乱"的谗言,赐剑命其自杀。事见《史记》卷四一《越王勾践世家》。

⑮不知止足:不知停止、满足。李贽此评论是从《老子》第四十四章"故知足不辱,知止不殆,可以长久"而来。《老子》的意思是知道满足就不会受屈辱,知道适可而止就不会有危险,这样才可以保持长久。

⑯欲审处死:想要慎重地选择死。审处,慎重选择,审慎处理。

【译文】

人生有五种不同的死法,只有程婴、公孙杵臼之死、纪信、栾布之死,聂政之死,屈原之死,才是天下第一等好死。其次是身临战阵而死,遇难不屈而死。身临战阵而死是勇,有时则是不估量敌情而贸然进攻,季路就是这样。遇难不屈而死是义,难免不是由于对敌人的仇恨,死守睢阳的张巡、许远就是这样。不屈而死虽不如临阵而死有意义,但也都是烈丈夫之死,不是庸俗之辈所能做到的。又次之则是为尽忠心而被他人尽谗言而死,像楚国的伍子胥,汉代的晁错就是这样。这是因为他们对自己的君主不够了解,对此可以称之为不智。又其次则为功成名就而死,如秦之商鞅,楚之吴起,越之大夫文种就是这样。他们不知道满足,也可以称之为不智。虽然不如前两者,然而既忠于君,虽死也还是很光荣的;既然成就了天下之大功,立下万世之盛名,虽死又有什么可悲伤的呢? 所以智者要慎重地选择怎么死,在这五种死之间进行选择。应该认识到,这五种死纵有优劣,都可以称之为善死。

　　若夫卧病房榻之间①,徘徊妻孥之侧②,滔滔者天下皆是也③。此庸夫俗子之所习惯,非死所矣,岂丈夫之所甘死乎? 虽然,犹胜于临终扶病歌诗,杖策辞别④,自以为不怖死,无顾恋者⑤。盖在世俗观之,未免夸之为美谈,呼之为考终⑥。然其好名说谎,反不如庸夫俗子之为顺受其正⑦,自然而死也。等死于牖下耳⑧,何以见其节,又何以见其烈,而徒务此虚声为耶?

【注释】

①榻:床。

②妻孥(nú):妻子儿女。

③"滔滔"句:语出《论语·微子篇》。意思是有如滔滔洪水到处都是。

④杖策:扶着拐杖。

⑤顾恋:顾盼留恋。

⑥考终：长寿而死，享尽天年。考，老。终，死。

⑦顺受其正：语出《孟子·尽心上》。依照自然法则接受它给予的
　正命。

⑧等死：一样死。等，同，一样。牖（yǒu）下：窗下。

【译文】

　　整日躺在病床之上，妻子儿女徘徊守护在身旁，天下大多数人都是
这样死去。这是庸夫俗子的习惯，不是真正的死得其所，大丈夫怎么能
甘心这样死呢？虽然如此，又胜过那些将死之时还要扶病歌诗，拄着拐
杖强力与人辞别，故意表现出不怕死，没什么顾念留恋的。对于这类人，
在世俗看来，不免夸其为美谈，呼之为寿尽而终。然而那样好名说谎，反
而不如庸夫俗子依着自然法则而接受正常的死亡。人都是要死的，怎么
样见其节气，怎么样见其烈志，而不必只为得到一个好名说谎的虚誉就
是了。

　　丈夫之生，原非无故而生，则其死也又岂容无故而死
乎？其生也有由，则其死也必有所为，未有岑岑寂寂①，卧病
床褥间，扶柩推辇②，埋于北邙之下③，然后为得所死矣。苍
梧殡虞④，会稽尸夏⑤，圣帝明王亦必由之，何况人士欤⑥！
第余老矣⑦，欲如以前五者，又不可得矣。夫如此而死既已
不可得⑧，如彼而死又非英雄汉子之所为⑨，然则将何以死
乎？计唯有做些小买卖耳⑩。大买卖如公孙杵臼、聂政者，
既不见买主来到，则岂可徒死而死于床褥之间乎？且我已
离乡井，捐童仆⑪，直来求买主于此矣，此间既无知己⑫，无知
己又何死也？大买卖我知其做不成也，英雄汉子，无所泄
怒，既无知己可死，吾将死于不知己者以泄怒也。谨书此以
告诸貌称相知者⑬，闻死来视我，切勿收我尸！是嘱。

【注释】

①岑岑(cén)寂寂:寂寞冷清。

②扶柩(jiù)推辇(niǎn):扶着灵柩推着殡车。柩,装着尸体的棺材。辇,古代用人力拉的车子。这里指殡车。

③北邙(máng):山名。又名邙山,也称芒山,在今河南洛阳东北。东汉光武帝建元十一年(35)恭王刘祉葬于此,后成为王侯公卿的葬地。

④苍梧:山名。即九嶷(一作疑)山,在今湖南宁远南。殡(bìn):殓而未葬,这里是葬的意思。虞:即虞舜,名重华,因其先国于虞,谥号舜,故称虞舜。传说中父系氏族社会后期部落联盟领袖。相传他在南巡时死在苍梧之野,即葬于此。《汉书》卷六《武帝纪》:"望祀虞舜于九疑。"《史记》卷一有传。

⑤会(kuài)稽:山名。在今浙江绍兴东南。尸:尸体,这里作动词用,埋葬之意。夏:即夏禹,又称大禹。原为夏后氏部落领袖,奉虞舜之命治理洪水,疏通江河,兴修沟渠。后被选为舜的继承人,舜死后即位,建立夏代。相传夏禹东巡时,死葬于会稽山。《史记》卷二有传。

⑥人士:有名望的人。旧时多指社会上层人物。

⑦第:只。

⑧如此:指上面所说的"五死"。

⑨如彼:指上面所说的"临终扶病歌诗,杖策辞别"的徒务虚名的死。

⑩计:这里是估计、看来之意。小买卖:李贽把报答知遇之恩、为知己而死的义烈行动称为"大买卖",把"死于不知己者以泄怒"称为"小买卖"。

⑪捐:舍弃,这里是遣散之意。

⑫此间:指当时李贽寓居的麻城(今湖北麻城)。

⑬貌称相知者：表面上称为知己的人。当指那些口是心非、言行不一的假道学家。

【译文】

　　大丈夫之生，并不是无故而生，他的死又怎么能容忍无故而死呢？他的出生一定有缘故，那么他的死也一定是有所作为，不会寂寞冷清，卧在病床，死后把尸体装进殡车，推到北邙山下埋葬，就算是死得其所了。虞舜葬于苍梧，夏禹葬于会稽，圣帝明王也必然走向这不归之路，社会上有名望的人也同样如此！我已衰老了，希望像前面说的五种死法，恐怕是做不到了。既然做不到上面所说的五种死法，若像那种"临终扶病歌诗，杖策辞别"徒务虚誉的死又不是英雄汉子所愿，那么我该怎么死呢？想一想只有"死于不知己者以泄怒"的小买卖罢了。大买卖如公孙杵臼、聂政那样，但没有买主，那么怎么可以像庸夫俗子那样甘心死在病床上呢？况且我早已离开了故乡，又遣散了童仆，只想来此求得买主，在这里既然没有知己，无知己又怎么死呢？像公孙杵臼、聂政那样而死的大买卖我是做不成了，英雄汉子，没有地方可以泄怒，既然没有知己可为之死，我就死于不知己者发泄愤怒吧。郑重地写下这些文字告诉那些表面上与我相知而言行不一之人，如若听到我的死讯来探视，千万不要收我的尸体！以此相嘱咐。

伤逝

【题解】

　　本文写作时间不详。伤逝，为死而伤痛。逝，死。"勿伤逝，愿伤生也"显然是一种消极情绪。但看透了"生之必有死""死之不可复生"，却也是达观的人生态度。

　　生之必有死也，犹昼之必有夜也。死之不可复生，犹逝之不可复返也①。人莫不欲生,然卒不能使之久生;人莫不伤逝,然卒不能止之使勿逝。既不能使之久生,则生可以不欲矣。既不能使之勿逝,则逝可以无伤矣。故吾直谓死不必伤,唯有生乃可伤耳。勿伤逝,愿伤生也!

【注释】

①逝:这里指过去,即岁月的消失。以下几个"逝"字,则指死。

【译文】

人生一定会死,就像白天过去必有夜晚。死了就不可能复活,就像时间过去是不会再回来一样。人们没有不想长生的,但是最终谁都不会长生;人们没有不为死悲伤的,但是最终谁都不能不死。既然不能长生不死,那就不必想千岁万岁活下去。既然不能避免死亡,那么死亡也没有什么可以悲伤的。所以我认为死没必要悲伤,只有想长生者才真正是可悲的。因此,不要悲伤死亡,但愿为想长生者而哀伤。

戒众僧

【题解】

本文于万历二十一年(1593)写于麻城。这是有感于"今师不知教督,其徒又不畏慎"(见前《安期告众文》),以及"间有新到比丘未知惭愧,不得不更与申明之",特写此文以戒之。

佛说波罗蜜①。波罗蜜有六②,而持戒其一也。佛说戒、定、慧③。戒、定、慧有三,而戒行其先也。戒之一字,诚未易言。戒生定,定生慧。慧复生戒,非慧离戒;慧出于戒,非慧灭戒。然则定、慧者成佛之因,戒者又定、慧之因。我释迦老子未成佛之先④,前后苦行一十二年⑤,其戒也如此,汝大众所知也。我释迦老子既成佛之后,前后说法四十九年⑥,其戒也如此,亦汝大众所知也。若谓佛是戒空⑦,戒是佛缚,既已得道成佛,不妨毁律破戒,则舍精舍⑧,归王宫,有何不可,而仍衣破衲⑨,重持钵⑩,何为者哉? 须知父母乳哺之恩难报,必须精进以报之。所谓一子成道,九族生天,非妄言也。十方颗粒之施难消⑪,必须精进以消之,所谓披毛戴角⑫,酬还信施⑬,岂诳语耶⑭!

【注释】

①波罗蜜:亦作"波罗密",梵语的音译。意译为到彼岸,即由此岸(生死岸)度人到彼岸(涅槃、寂灭),也就是经过修行而成佛的意思。

②波罗蜜有六:即佛教所说的"六度",指布施(捐助财物给寺院),持戒(遵守佛教戒律),忍辱(忍受耻辱),精进(对佛道勤奋修行而不懈怠),禅定(专一静虑,达到觉悟的佛境),般若(智慧,求得解脱的修行方法)。这是由生死苦海此岸到极乐世界彼岸的六种修佛法门。

③戒、定、慧:佛教称之为"三学",指习佛者所修的三种学向。一是戒学。戒是梵语的音译,意思是防非止恶的规范。指学习戒律,以防身、口、意者的不净。佛教有五戒(不杀生、不偷盗、不邪淫、不妄语、不饮酒)、八戒、十戒、二百五十戒等戒规。二是定学。即学禅定,以使心思集中,专注一境而不散乱。三是慧学。指学佛理,以获得破惑证真的智慧,从而达到解脱。

④释迦老子:指释迦牟尼。

⑤苦行一十二年:据佛经记载,释迦牟尼十九岁(一说二十九岁)

时,舍弃王子之位,离开王官出家修道。他辗转于雪山之麓,拜访名师,独坐尼连禅河之旁,刻苦静思,每天只吃一麻一麦,备历艰辛。又曾一人走到一棵毕钵罗树(后称菩提树)下,思考解脱之道。共经历了十二年的修行,最后终于战胜烦恼魔障,彻底觉悟而得道。

⑥说法四十九年:据说释迦牟尼活了八十岁。他十九岁出家修道,三十一岁成道,成道后说法恰好四十九年。

⑦佛是戒空:修道成佛后就可以空掉一切戒规。空,放下,空掉。

⑧舍:舍弃,离开。精舍:寺院的异名。

⑨衣:穿。衲(nà):僧衣。

⑩钵(bō):僧徒食用器具。梵语"钵多罗"的省称。

⑪十方:指东、西、南、北、东南、西南、东北、西北、上、下十个方位。这里是一切的意思。颗粒之施:指施主给予的布施。

⑫披毛戴角:意指变为禽兽。

⑬酬还信施:偿还信士的施舍。

⑭诳语:骗人的话。

【译文】

佛说大乘佛教的修行解脱方法,有六个层面或者六种方法,持戒,是其中的一种。佛说戒、定、慧三种学向,而戒学,被放在第一位。戒这个字,确实不容易说清。佛经说,由戒生定,由定生慧。从智慧中又会生出戒律,并不是有了智慧就不守戒律了;智慧从戒律中产生,不是智慧消灭戒律。如果说定力和智慧是成佛之因,那么戒律又是得定力和智慧之因。释迦牟尼佛还没成佛之前,曾经苦行十二年,他的戒律精严,到了这种程度,这是你们大家所知道的。释迦牟尼成佛之后,前后说法四十九年,他的戒律精严是这样的,这也是你们大家所知道的。如果说修道成佛之后,就可以空掉一切戒律,认为戒律是成佛的束缚,既然已经得道成佛,不妨自由破戒,那么释迦牟尼佛离开僧房精舍,回到以前的王宫，又有何不可以呢，但是佛仍然穿着朴素的僧袍，依旧托钵乞食，又是为什么呢？要知道父母的养育之恩难以报答，必须努力精进修行才能回报。人们说一人成道，九族升天，不是虚妄胡说的。十方施主的供养难以消化，出家人必须努力用功修行才能对得起众生的供养，不然就会堕入轮回，成为披毛戴角的畜生，酬还施主的供养，这种说法不是骗人的啊！

然则戒之一字，众妙之门①；破戒一言，众祸之本。戒之一字，如临三军，须臾不戒，丧败而奔；戒之一字，如履深谷，须臾不戒，失足而殒②。故知三千威仪③，重于山岳；八万细行④，密如牛毛。非是多事强为，于法不得不尔故也⑤。毋曰"莫予觏也⑥"，便可闲居而纵恣。一时不戒，人便已知，正目而视者，非但一目十目，盖千亿目共视之矣。毋曰"莫予指也⑦，便可掩耳而偷铃⑧。一念不戒，鬼将诛之，旁观而嗔者⑨，非但一手十手，盖千亿手共指之矣。

【注释】

①众妙之门：语出《老子》第一章。一切变化的总门。这里用来说明戒是关键。

②殒(yǔn)：死。

③三千威仪：三千，极言其多；威仪，威德，仪则。佛经说二百五十戒，各有行、住、坐、卧四威仪。泛指举止动作的种种律仪规范。

④八万细行：有八万条有关小节小事的戒律。这是极言其多。细行，小节，小事。

⑤法：指佛教的学说、规范等。

⑥毋曰"莫予觏(gòu)也"：语本《诗经·大雅·抑》："莫予云觏"。

意为不要说没有人遇见我。觏,遇见。

⑦毋曰"莫予指也":意为不要说没有人指着我。

⑧掩耳而偷铃:即掩耳盗铃,喻自己欺骗自己。这是由《吕氏春秋·自知》的"掩耳盗钟"而来:"范氏之亡也,百姓有得钟者,欲负而走。则钟大不可负,以椎毁之,钟况然有音。恐人闻之而夺己也,遽掩其耳。"

⑨嗔(chēn):不满。

【译文】

既然这样,那么戒这个字,是佛教中的众妙之门,破戒的话,是众祸之本。戒这个字,就像在三军阵前,一会儿不守戒,就会战败逃亡;戒这个字,就像在山谷中行走,一会儿不守戒,就会失足跌下悬崖死亡。所以我们知道,三千威仪,重于泰山;八万细行,多如牛毛。这些微细的戒律,都要认真持守。不是多事勉强去守戒,而是对于学佛的人来说,不得不如此。不要说"没有人遇见我"。便在无人看见的闲居之时,放纵自己。一时不守戒,人就已经知道,人们正睁着眼睛看着你呢,不只是一只眼、十只眼,有千百亿只眼睛都看着你。不要说"没人指着我",然后就可以掩耳盗铃。一念不守戒,鬼神会诛杀他,旁观而生气的人中,不但有一手十手,有千百亿只手一起指着他呢。

　　严而又严,戒之又戒。自今以往,作如是观:坐受斋供,如吞热铁之丸,若不胆颤心寒,与犬豕其何异！行觅戒珠①,如入清凉之阁,若复魂飞魄散,等乞丐以何殊！如此用心,始称衲子②。如水行舟,风浪便覆;如车行地,欹斜即败③。风浪谁作？覆没自当。欹斜谁为？颠仆自受。凡我大众,其慎之哉！除年长久参者无容赘示④,间有新到比丘未知惭愧⑤,不得不更与申明之耳。凡此大众,幸各策厉⑥,庶称芝佛道场;猛著精神,共成龙潭胜会可矣。

【注释】

①行:这里指"戒行",即恪守戒律的操行。戒珠:指戒律。佛教认
　为戒律精洁,有如明珠,可以庄严人身。

②衲(nà)子:僧人。

③敧(qī):倾斜。

④参:佛教规仪。禅宗僧人参见住持,寺院讲禅集会,以及说法念
　诵等,谓之参。有早参、晚参、小参等。

⑤比丘:亦作"比邱"。梵语音译,意译为"乞士",以上从诸佛乞法,
　下就俗人乞食得名,为佛教出家"五众"之一。指出家修苦行的
　男子,俗称和尚。

⑥策厉:督促勉励。

【译文】

　　守戒应该严之又严,戒之又戒。从今之后,要这样看:出家之后,坐
在那里接受施主的供养,最后因不守戒,堕入地狱,受吞热铁丸之报,如
果想到这里还不胆战心寒,与猪狗又有何不同! 出家人如果严守戒律,
就像进入了清凉的阁楼,但如果出家人不守戒,死后就会堕落魂飞魄
散,那么与乞丐又有何区别! 这样用心观照,才能称为真正的出家人。
就像在水上行走的小船,遇到风浪便会翻船;就像行驶的车辆,如果歪
斜就会翻车。风浪是哪里来的? 都是自己招致覆没。车子歪斜是谁造
成的? 都是自己自作自受。我们出家人,一定要谨慎! 那些出家人中
的老修行者自不用多说,偶尔有新来的比丘不守戒律也不知惭愧,不得
不再为其说明。所有的出家僧众,请相互督促勉励,这才能称为芝佛道
场;大家要努力打起精神勇猛精进,才能共同促成龙潭胜会。

六度解

【题解】

　　本文写于万历六年(1578)游鸡足山时。(参见《四海》题解)六度：见《戒众僧》注②。

　　我所喜者学道之人，汝肯向道，吾又何说？道从六度入。六度之中，持戒禅定其二也。戒如田地，有田地方有根基，可以为屋种田。然须忍辱。忍辱者，谦下以自持，虚心以受善，不敢以贡高为也①。如有田地，须时时浇粪灌水，方得有秋之获。不然，虽有田地何益？精进则进此持戒忍辱两者而已。此两者日进不已，则自然得入禅定真法门矣。既禅定，不愁不生智慧而得解脱也。故知布施、持戒、忍辱真禅定之本，而禅定又为智慧解脱之本。六者始终不舍，如济渡然②，故曰六度。此六度也，总以解脱为究竟③，然必须持戒忍辱以入禅定，而后解脱可得。及其得解脱也，又岂离此持戒忍辱而别有解脱哉！依旧即是前此禅定之人耳。如离禅定而说解脱，非唯不知禅定，而亦不知解脱矣。以此见生死事大，决非浅薄轻浮之人所能造诣也④。试看他灵山等会⑤，四十九年犹如一日，持戒忍辱常如一年。今世远教衰，后生小子拾得一言半句，便自猖狂，不敬十方，不礼晚末⑥，说道何佛可成。此与无为教何异乎⑦？非吾类也。

【注释】

　　①贡高：自命高超不凡。

②济渡:过河。

③究竟:佛教用语。犹言至极,即佛典里所指的最高境界。

④造诣:学业所达到的程度。

⑤灵山:见《告土地文》注⑰。

⑥晚末:晚年,老年。指前辈。

⑦无为:佛教用语。指无因缘造作、无生住异灭四相造作为"无为"。这里指无需坚持修行学道。

【译文】

我喜欢的是学道的人,如果你愿意努力向道,我又有什么话可说呢?学道从学习六度开始。六度之中,"持戒""禅定",是其中的两项内容。持戒就像田地,有了田地,才有根基,才可以在田地上盖房子、种田。但是还需要修"忍辱"。所谓忍辱,就是学道之人,应该谦虚,保持自我反省,虚怀若谷,从善如流,不敢自命高超不凡。如果有了持戒的田地根基,还要时时施肥灌溉,才能有秋天的丰收。不然,即使有田地,又有什么益处?"精进"就是推进"持戒""忍辱"两项修道内容。学道之人日日努力,精进地修习"戒持"与"忍辱",则自然就可以证入真实"禅定"的法门。既然能够证得"禅定",那么不担心不生发"智慧",从而获得佛教所说的涅槃解脱之果。所以我们知道,布施、持戒、忍辱,是禅定的基础,而禅定,是智慧解脱的基础。这六度,始终是前后一贯,不能舍弃其中任何一项,就像过河的六个器具一样,所以称为六度。这六度,都以智慧解脱为终极目标,但必须经过持戒、忍辱,然后进入禅定,之后才可以证得智慧解脱。当修道人证得智慧解脱,又怎么能离开持戒忍辱别处求得解脱呢!学道人依旧还是之前修习禅定的人罢了。如果离开禅定而说解脱,不但不懂禅定,而且也不知道解脱。由此可见生死问题是人生最大的问题,这绝不是浅薄轻浮的人所能够到达的境界。你看佛祖的灵山圣会,讲说佛法,四十九年如一日,持戒忍辱从未改变。现在离释迦佛时代已经很遥远了,佛教也渐渐衰落,年轻人知道一句半句佛经的话,就自己狂妄起来,不礼敬十方三世诸佛,不尊重有道的前辈,说什么"哪有佛可成",这与"无为教"外道有什么区别? 这不属于我们学佛这类人的见解啊!

观音问

【题解】

这组文章写作时间不一,但都是寓居麻城时之作,其内容则是谈佛讲法。李贽深受佛学禅宗思想的影响,因此,在他的著作中有不少是"谈佛乘者"的"因缘语"(本书卷一《答焦漪园》)。其中有赤裸裸的唯心主义说教,近于宗教宣传,有些则借谈佛说法,对封建统治传统思想进行了批判,阐述了自己对人生的体验。《观音问》是回答梅澹然、自信等人提出的关于佛学问题的一组短札,共十七则,其中就体现了上述的多重内容。其中《答自信》第三篇关于"清净本原"与"山河大地"的关系的论述,在中国哲学史上成为一个重要命题,应引起特别注意。观音,即观世音,这里则是对梅澹然和其他女弟子的称谓。

答澹然师①

昨来书,谓:"观世音大士发大弘愿②,我亦欲如是发愿:愿得如大士圆通无障碍③。闻庵僧欲塑大士像④,我愿为之,以致皈依⑤,祗望卓公为我作记也⑥。"余时作笔走答云⑦:"观音大士发大弘愿,似矣。但大士之愿,慈悲为主:以救苦救难为悲,以接引念佛众生皈依西方佛为慈。彼一切圆通无障碍,则佛佛皆然,不独观音大士也。彼塑像直布施功德耳⑧,何必问余? 或可或否,我不敢与⑨。"余时作答之语如此,然尚未明成佛发愿事,故复言之。

【注释】

①本文写于万历二十一年(1593)。澹然:李贽好友梅国桢之女,居孀为尼,经常写信向李贽质疑问难。曾尊李贽为师,李贽不肯,亦以师相称。

②大士:佛教对菩萨的称呼,如观世音大士,即观世音菩萨。大弘愿:很大的誓愿。

③圆通无障碍:佛教认为,现实世界的一切事物都是互为融通、互不妨碍的,都可以消融在"真空"之中。圆通,没有偏倚,通达自在(也就是没有障碍)。

④"闻庵僧"句:万历二十一年,芝佛院将为观音、文殊和普贤等塑像。见《三大士像议》及注①。

⑤皈(guī)依:全身心归向和依托于佛祖。

⑥祗(zhī)望:恭敬希望。祗,敬。

⑦作笔走答:依句义应为"走笔作答"。作答,即复信。

⑧布施功德:佛教认为敬佛施舍钱财是一种功德。

⑨与(yù):参与,参预。

【译文】

昨天收到你的来信,说:"观世音菩萨发大誓愿。我也要这样发愿:希望能够得到像观世音菩萨那样的通达自在,无所障碍。听说芝佛院要为观音菩萨、文殊菩萨和普贤菩萨等塑像,我愿意做这件事,并全身心地皈依佛祖,恭敬地请您为我印证。"我当时提笔回答说:"观世音菩萨发大誓愿,和你现在相似。但观音菩萨的大愿,以慈悲为主要内涵:大悲的意思是救苦救难;大慈的意思是接引念佛的众生,皈依往生西方极乐世界阿弥陀佛。观音菩萨通达无碍,每尊佛都是如此,不单单观音菩萨是这样的。你为菩萨塑像,是真正的布施功德,何必问我呢?所以说,是否能够促成塑像的功德,我不敢参与。"我当时这样回答,但还没说明成佛发愿的问题,所以再谈一谈。

　　盖言成佛者,佛本自成,若言成佛,已是不中理之谈矣①,况欲发愿以成之哉②!成佛者,成无佛可成之佛,此千佛万佛之所同也。发愿者,发佛佛各所欲为之愿,此千佛万佛之所不能同也。故有佛而后有愿,佛同而愿各异,是谓同中有异也。发愿尽出于佛,故愿异而佛本同,是谓异中有同也。然则谓愿由于佛可也③,而谓欲发愿以成佛可乎?是岂中理之谈哉!虽然,此亦未易言也。大乘圣人尚欲留惑润生④,发愿度人,况新发意菩萨哉⑤!然大乘菩萨实不及新发意菩萨,大愿众生实不及大心众生⑥,观之龙女、善财可见矣⑦。故单言菩萨,则虽上乘⑧,犹不免借愿力以为重。何者?见谛未圆而信心未化也⑨。唯有佛菩萨如观音、大势至、文殊、普贤等⑩,始为诸佛发愿矣。故有释迦佛则必有文殊、普贤,释迦为佛而文殊、普贤为愿也。有阿弥陀佛则必有观音、势至,弥陀是佛而观音、势至是愿也。此为佛愿⑪,我愿澹师似之!

【注释】

①不中理之谈:佛教禅宗认为,人人本来就具有"佛性",只要悟得"自性",就能成佛,不必有意去追求成佛。所以说成佛是不合道理之谈。下文"成无佛可成之佛",意思基本相同。

②况欲发愿以成之:佛教禅宗要求人们消除世俗杂念,以达到忘记世俗的"无念"之境。如果存有"愿心",那就是还有所记挂,还没有达到"无念"。所以说不能发愿成佛。

③愿由于佛:指成佛之后,又必然有超度众生的慈悲大愿。

④大乘圣人:指菩萨。大乘,佛教于公元一世纪逐渐形成的一个流

派,与小乘相对而言。大乘强调利他,普度一切众生,如发大心者所乘之大车,故名"大乘"。小乘注重修行、持戒,以求得"自我解脱"。留惑润生:谓菩萨修行已达到完全可以摆脱世俗杂念而成佛,但还保留一些"惑",以便继续留在世间救度众生。惑,佛教指因世俗的诱惑而引起的烦恼。润,滋润,引申为救度。

⑤新发意菩萨:刚刚发菩萨心学佛的人。

⑥大愿众生:指具有愿众生成佛之心的菩萨。大愿,大誓愿。佛教指普度一切众生的广大愿心。大心众生:指信佛之心坚定的菩萨。大心,志向大,有抱负。

⑦龙女:据《法华经》记载,龙女是大海娑竭罗龙王之女,八岁时便有信仰佛说之情,到灵鹫山修道。然而佛皆为男身而成。龙女并不为此而沮丧,依然专意修习禅定。经过不断努力,勤苦修炼,达到一个新的境界。有一次,她见佛献宝,突然自己也变为男身,并终于成了佛。以后人们常以此故事说明有志者事竟成。善财:菩萨名,亦称善财童子。《华严经》记载,善财初受文殊教导,又参访五十三位名师,后遇普贤,终于实现成佛之愿。

⑧上乘:即大乘。与下乘(小乘)相对而言。

⑨见谛未圆:没有彻底悟得佛家的"真谛"。信心未化:信仰佛法的心还不彻底。

⑩大势至:即势至。见《告土地文》注⑥。文殊、普贤:见《三大士像议》第一段注②、注③。

⑪佛愿:即上文"有佛而后有愿""愿由于佛"的意思。

【译文】

所谓成佛,其实一切众生本具佛性,本来是佛,若说成佛,已经是不合理的言谈,更何况发愿成佛呢! 所谓成佛,就是成无佛可成之佛,这是所有佛都共同的地方。所谓发愿,发每尊佛各自所要弘法度生的愿望,这是佛与佛不同的地方。所以先有佛而后有佛所发的大愿,佛心相同而大愿不同,这就是同中有异的道理。发愿都是出自佛心,所以每尊佛愿望不同,但佛心是一样的,这就是异中有同的道理。这样说佛有超度众生的愿望,是可以的。如果说要发愿成佛怎么可以呢?这难道是合理的言谈吗!即使是这样,这个道理也不容易说明白。大乘菩萨还想要留下一些微细烦恼,作为救度众生的方便方法,何况初发心的菩萨呢!但是大乘菩萨,实在不如初发心菩萨大愿坚定,发大愿救度众生的菩萨,也真的不如信心坚定的菩萨,关于这一点,看看善财和龙女就能知道了。所以只说菩萨,那么即使是上乘的菩萨,仍旧不免有救度众生的大愿的负累。为什么呢?因为还未证得诸佛真实的境界,所以信心还没有彻底。只有大菩萨如观音、大势至、文殊和普贤等,才真正地升起了佛愿。所以有释迦牟尼佛则一定有文殊菩萨、普贤菩萨,释迦牟尼是佛,而文殊菩萨、普贤菩萨代表佛的大愿。有阿弥陀佛,那么一定有观音菩萨和大势至菩萨。阿弥陀佛代表佛心,观音菩萨和大势至菩萨则代表佛的大愿。这才是真正的佛的大愿,我希望澹然师您能像他们一样。

又

　　佛之心法①,尽载之经。经中一字透不得②,即是自家生死透不得③,唯不识字者无可奈何耳。若谓经不必读,则是经亦不必留,佛亦不用有经矣。昔人谓读经有三益:有起发之益,有开悟之益,又有印证之益④。其益如此,曷可不读也⑤!世人忙忙不暇读,愚人懵懵不能读⑥,今幸生此闲身,得为世间读经之人而不肯读,比前二辈反在其后矣。快刻期定志立限读之⑦,务俾此身真实可以死乃得⑧。

【注释】
①心法:与"色法"相对而言,指关于心、性修养之法。

②透:透彻,明白。

③自家生死透不得:指不能领悟超脱生死的道理。佛教认为,学佛是为了摆脱生死轮回之苦,成佛即可超脱生死。

④印证:指验证学佛心得是否与经义相符。

⑤曷:何,怎么。

⑥懵(měng)懵:愚昧无知的样子。

⑦刻期:限立日期。立限:确定期限。

⑧"务俾"句:意为一定要使自己达到真正理解了可以死的地步才行。也就是要达到真正超脱生死的境界。俾(bǐ),使。

【译文】

诸佛的心法,全部记载在佛经里。修行人于佛经中有一个字不明白,就是自己的生死透不过去,只有不认识字的人无可奈何,所以也就不说了。若说佛经不用读,那么佛经也不必留在世上,佛也不用留下佛经了。以前的人说读经有三种好处:能启发学人的信心,能令学人明心见性,能印证学人的修证境界。读经的好处这么多,怎么能不读呢!世间的人整天忙碌没有时间读,愚昧的人不识字不能读,现在我们很幸运能有闲暇,可以读经却不肯读,则比前两种人更加不如。希望大家赶紧限立日期确定期限阅读佛经,一定要使自己尽快达到真正超脱生死的境界。

又①

世人贪生怕死,蝇营狗苟②,无所不至,若见此僧端坐烈焰之中,无一毫恐怖,或遂顿生念佛念法之想,未可知也。其有益于尘世之人甚大,若欲湖僧为之津送则不可③。盖凡津送亡僧者,皆缘亡者神识飞扬④,莫知去向,故藉平时持戒僧众诵念经咒以助之⑤。今此火化之僧,必是了然自知去向者,又何用湖僧为之津送耶? 且湖上僧虽能守戒行,然其贪生怕死,远出亡僧之下,有何力量可以资送此僧? 若我则又贪生怕死之尤者,虽死后犹怕焚化,故特地为塔屋于龙湖之上⑥,敢以未死之身自入于红炉乎? 其不如此僧又已甚远。自信、明因向往俱切⑦,皆因尔澹师倡导,火力甚大⑧,故众菩萨不觉不知自努力向前也⑨。此其火力比今火化之僧又大矣。何也? 火化之僧只能化得自己,若澹师则无所不化。火化僧纵能化人,亦只化得众人念佛而已,若澹师则可以化人立地成佛,故其火力自然不同。

【注释】

①在此文中,李贽借一僧人的"火化",批评了世人的"贪生怕死,蝇营狗苟"。但李贽对"火化"并不完全赞成。在此文中他就指出"火化之僧只能化得自己",就不如澹然等"可以化人立地成佛",更显出"火力"之甚。就在此文之后《答自信》第四段中,李贽更明白指出,"此僧火化",并非"正法","人不必学之耳"。因为"古今念佛而承佛接引者,俱以无疾而化为妙"。这与李贽多次强调的学道念佛不必分出家在家一样,都是一种极为切实的人生追求,而并非迷信式的宗教情结。在此文中,李贽还明言自己是"贪生怕死之尤者",而且"死后犹怕焚化",更何况"以未死之身自入于红炉乎"? 这些都是这种切实人生追求的无所遮掩的内心直白。

②蝇营狗苟:像苍蝇一样到处钻营,像狗一样苟且求活。比喻不顾廉耻,不择手段。

③湖僧:疑指李贽寓居的龙潭湖的僧人。津送:办理丧事。

④神识:神魂。

⑤持戒：遵守戒律。

⑥"故特地"句：李贽在龙潭湖芝佛院曾建佛塔以为藏骨之用。塔屋，佛塔。

⑦自信：向李贽求学的女弟子。明因：梅国桢之女。李贽寓居麻城期间，明因常向他写信求教。

⑧火力：指宣传佛教所产生的威力。

⑨众菩萨：指自信、明因等女佛教弟子。

【译文】

　　世间的人都贪生怕死，为了谋生过着蝇营狗苟的生活，如果见到僧人端坐在烈火中火化，却没有一丝一毫的恐怖，观者或许很有可能一下子生起念佛念法的想法。僧人火化的举动，对于尘世之人发起学佛向道之心是很有益处的，但如果要为龙潭湖的僧人用这种方法办理丧事则不可以。因为凡是给僧人办理丧事，都是因为亡者死后神魂飞出，不知道去向，所以借平时持戒精严的僧众们诵念经咒来帮助他。现在火化的僧人一定是知道自己的去向的，又何必要芝佛院的僧人为他办理丧事呢？况且龙潭湖的僧人即使能守戒律，但其贪生怕死的情况，远远超过亡僧，又有什么力量来为此僧送行呢？像我则贪生怕死更加严重，即使是死后也怕火化，所以特地在龙湖之上建立寺庙，怎么敢以没死的身体自焚供佛呢？我们都比这个和尚差得太远。自信、明因都很向往这种境界，都是因为你们澹然师父倡导，使佛教的影响得以传播，所以自信、明因诸菩萨就不经意地自发努力向前。由此可见，澹然师父的佛理感化力比这火化僧又大多了。为什么呢？火化之僧只能化了自己，像澹然师父则可以度化众生。火化僧即使能度化众生，也只能度化众生去念佛罢了。像澹然师父则可以教化人立地成佛，所以她的佛教影响力，比火化僧的力量更加强大。

又①

　　学道人大抵要跟脚真耳②，若始初以怕死为跟脚，则必以得脱生死、离苦海、免恐怕为究竟③。虽迟速不同,决无有不证涅槃到彼岸者④。若始初只以好名为跟脚,则终其身只成就得一个虚名而已,虚名于我何与也? 此事在各人自查考,别人无能为也。今人纵十分学道,亦多不是怕死。夫佛以生死为苦海,而今学者反以生死为极乐,是北辕而南其辙,去彼岸愈远矣。世间功名富贵之人,以生为乐也,不待言也。欲学出世之法,而唯在于好名,名只在于一生而已,是亦以生为乐也,非以生为苦海也。苦海有八,生其一也。即今上亦不得,下又不得,学亦不得,不学亦不得,便可以见有生之苦矣。佛为此故,大生恐怖。试看我辈今日何曾以此生身为苦为患,而决求以出离之也。寻常亦会说得此身是苦,其实亦只是一句说话耳,非真真见得此身在陷阱坑坎之中⑤,不能一朝居者也⑥。试验之自见。

【注释】

①佛教把人生说成苦海,以涅槃彼岸为极乐世界。此文即是对这一思想的解说。

②跟脚:立足点,出发点。

③究竟:即佛典里所指的最高境界。

④涅槃:梵语音译。意译为"灭""灭度""寂灭""圆寂"等。即熄灭一切烦恼,度脱生死苦海,达到圆满寂静的状态,是佛教全部修习所追求达到的最高理想境界。彼岸:见《三大士像议》注㊱。

⑤陷阱坑坎:这里都是比喻上文说的"有生之苦"。坑坎,坑穴。

⑥一朝:一时。

【译文】

学道人要有正确真实的初发心,如果学道人一开始以怕死为学佛的出发点,则一定会以脱离生死、离开苦海、免除恐怖为学佛的终极目标。不管修行的速度如何,绝对没有不能证悟到涅槃境界、到达解脱彼岸的。如果一开始发心学佛只是为了沽名钓誉,那么一辈子只能成就一个虚名罢了,可是虚名对于我有什么用处呢?每个人的初发心如何,在于每个人自己考察自己,别人是无能为力的。现在的人即使学道很认真,也大多不是因为畏惧生死。佛本以生死为苦海,而现在的学人却以生死为乐,真是南辕北辙,离彼岸越来越远啦。世间功名富贵之人,以生活享受为乐,不愿学佛自不必说。那些要学出世佛法的人,却往往成为沽名钓誉之徒,所谓名誉也只是一生的事儿,所以还是贪恋此生,而不是为出离生死苦海学佛。佛教说人生有八苦,“生”是其中一苦。那么现在上下都不行,学不学都容易存在问题,就可以见到生存本身的烦恼所在。佛当初因为这个缘故,生大恐怖。但看我们这些人现在有谁以这个身体为痛苦忧患,而决定追求出离呢?很多学佛的人平时也会说这个身体是苦,其实只是嘴上说说而已,并不是真的见到此身堕落在欲望的牢坑中,是多么危险,不能暂居。请大家用这种观点来反省自己的见地。

又①

　　闻师又得了道②,道岂时时可得耶?然真正学者亦自然如此。杨慈湖先生谓大悟一十八遍③,小悟不记其数,故慈湖于宋儒中独为第一了手好汉④,以屡疑而屡悟也。学人不疑,是谓大病。唯其疑而屡破,故破疑即是悟。自信菩萨于此事信得及否?彼以谈诗谈佛为二事,不知谈诗即是谈佛。若悟谈诗即是谈佛人,则虽终日谈诗何妨。我所引“白雪阳春”之语⑤,不过自谦之辞,欲以激厉彼,俾知非佛不能谈诗也⑥,而谈诗之外亦别无佛可谈。自信失余之意,反以谈诗

为不美,岂不误哉？历观传灯诸祖⑦,其作诗说偈⑧,超逸绝
尘不可当⑨,亦可以谈诗病之乎⑩？唯本不能诗而强作,则不
必;若真实能诗,则因谈佛而其诗益工者又何多也,何必以
谈诗为病也？

【注释】

①本文虽然是就学佛之道而论,但提出的"屡疑而屡悟",却是治
　学、治世都极为重要的原则。"疑"就是独立思考,就是对传统观
　念、既定法则的再推敲。有了这种"疑"的精神,才能不拾人牙
　慧,人云亦云,才能有所发现,有所前进。李贽在《答僧心如》中
　说:"学者但恨不能疑耳,疑则无有不破者。"(《续焚书》卷一)也
　是同样的意思。正是基于这一思想,李贽才在"屡疑而屡悟"中
　成了传统思想的"异端"。文中论到谈佛与谈诗的关系时提出:
　"唯本不能诗而强作,则不必;若真实能诗,则因谈佛而其诗益
　工。"也是有一定启示的。

②了道:得道,悟道。

③杨慈湖:杨简(1141—1225),字敬仲,号慈湖,慈溪(今浙江慈溪)
　人。乾道进士。陆九渊弟子。因筑室德润湖上,世称慈湖先生。
　官至宝谟阁学士。南宋哲学家。著作由弟子编为《慈湖遗书》。
　《宋史》卷四〇七、《藏书》卷三二、《宋元学案》卷七四等有传。

④了手:高手。

⑤"我所"句:见后《答自信》:"我于诗学无分,只缘孤苦无朋,用之
　以发叫号,少泄胸中之气,无'白雪阳春'事也。""白雪阳春",即
　"阳春白雪",战国时楚国的高雅歌曲名。《文选》宋玉《对楚王
　问》:"其为《阳阿》《薤露》,国中属而和者数百人;其为《阳春》《白
　雪》,国中属而和者不过数十人而已。"李周翰注:"《阳春》《白
　雪》,高曲名也。"后因用以泛指高雅的文艺作品。

⑥俾：使。

⑦传灯诸祖：指佛教禅宗历代祖师。传灯，佛家指传法。佛法犹如明灯，能破除迷暗，故称。北宋僧人道原著有《景德传灯录》，明代僧人居顶著有《续传灯录》等。

⑧偈（jì）：梵语"偈佗"的简称，即佛经中的唱颂词。通常以四句为一偈。

⑨超逸绝尘：同"超轶绝尘"。谓骏马奔驰，出群超众，不着尘埃。《庄子·徐无鬼》："天下马有成材（天生的材质），若卹（亡）若失，若丧其一（好像忘掉了自己），若是者，超轶绝尘，不知其所（不知所终）。"后用以比喻出类拔萃，不同凡俗。

⑩病：作动词，看作缺点、弊病之意。

【译文】

听说您又悟道，道岂是时时能悟的？然而真正的学者也自然都是这样，时时有新体会。杨简先生曾说大悟十八次，小悟不计其数，所以杨简先生在宋儒中是独一无二大彻大悟的高手，原因就在于他敢于屡次生起和打破疑团。学人在学习的过程中没有怀疑，是大问题。只有当学人有疑惑并不断破除疑惑，才能悟道，所以破疑就是开悟。自信菩萨您对这事信得及吗？有的人以为谈佛法和谈诗歌是两件事，不知道谈诗歌就是谈佛法。如果能体会谈诗歌就是谈佛法，那么即使是终日谈诗，又何妨呢。我上次书信中谈到关于"阳春白雪"的话，不过是自谦之语，想要通过这个激励人们，使人们知道没有佛性的人是不能谈诗歌的，而谈诗歌之外也无佛可谈。自信法师没有理解我的意思，反以为谈诗歌不是好事，岂不是误解吗？看遍佛教历史上传灯的祖师们，他们写诗作偈，都达到了超凡脱俗的境界，能说他们谈诗歌是有毛病吗？只有那些本来不能写诗而非要勉强去写的情况，则没有必要；如果真能写诗，那么可以告诉他，因为谈论佛法而写诗写得更加工丽的人也很多啊，何必以谈诗为弊病呢？

与澄然①

认不得字胜似认得字，何必认得字也？只要成佛，莫问认得字与否，认得字亦是一尊佛，认不得字亦是一尊佛。当初无认字佛，亦无不认得字佛。无认字佛，何必认字；无不认字佛，何必不认字也？大要只要自家生死切耳。我昨与丘坦之寿诗有云②："劬劳虽谢父母恩③，扶持自出世中尊④。"今人但见得父母生我身，不知日夜承世尊恩力⑤，盖千生万劫以来⑥，作忘恩背义之人久矣。今幸世尊开我愚顽，顿能发起一念无上菩提之心⑦，欲求见初生爷娘本面⑧，是为万幸，当生大惭大愧乃可。故古人亲证亲闻者，对法师前高叫大哭⑨，非漫然也⑩。千万劫相失爷娘，一旦得之，虽欲不恸哭，不可得矣。慎莫草草作语言戏论，反成大罪过也！世间戏论甚多，惟此事是戏论不得者。

【注释】

①澄然：麻城梅氏族中之女。

②丘坦之：即丘坦，号长孺。见《八物》第三段注⑥。

③劬（qú）劳：劳苦，指父母养育子女的辛劳。

④扶持：扶助。世中尊：即世尊，佛的十个名号之一，佛教徒对释迦牟尼的尊称，意为世间之尊。隋代慧远《无量寿经义疏》卷上："佛备众德，为世钦仰，故号世尊。"

⑤承世尊恩力：承受世尊的恩爱之力。承，承受，蒙受。

⑥劫：佛教用语。佛教认为世界经历若干万年毁灭一次，再重新开始，这样一个周期称一劫。劫的时间长短，佛经有各种不同

说法。

⑦无上菩提：佛教指至高无上的觉悟、智慧。无上，高不可及。菩提，梵文音译，意译为"觉""智""道"等。佛教用以指豁然彻悟的境界，又指觉悟的智慧和途径。

⑧初生爷娘：指佛性。禅宗认为，佛性是人人都有的，人心是万有的本体，它能生化万物(包括人们自身)，佛性就在"本心自性"之中，虽生死轮回，也不会改变。故称"本心自性"为初生爷娘。

⑨法师：佛教对精通佛经并能讲解佛法的高僧的尊称。

⑩漫然：随便，随意。

【译文】

不认识字有胜过认识字的地方，学佛人何必非要认识字呢？只要能成佛，别问是否有文化认得字，认识字也是一尊佛，不认识字也是一尊佛。当初没有认字的佛，也没有不认字的佛。没有认字的佛，何必非要认识字；没有不认字的佛，何必非要不认字？

学佛求道的人，最重要的是要生死心切。我昨天给丘坦之的祝寿诗说："劬劳虽谢父母恩，扶持自出世中尊。"现在的人只看到父母生养了我的身体，不知道日夜都承受佛的慈悲力，因为长久以来，忘却佛恩已经很久了。现在幸而佛开启我的智慧，使我能够一下发起追求觉悟智慧的心念，要追求见到自己的本来面目、真如佛性，这是多么庆幸，所以我们应当生起惭愧的心念才可以。古人有明心见性的人，在法师面前大叫大哭，不是没有原因的。长久以来，人们错过自己的本来面目，一旦得道，体悟佛性，即使不想痛哭，也是不可能的。希望你能够谨慎言语，不要说些戏言，铸成大罪！世间的戏论多多啦，只有明心见性这件事，是喜欢游戏语言的人不能体会得到的。

答自信①

既自信，如何又说放不下②；既放不下，如何又说自信也？试问自信者是信个甚么？放不下者又是放不下个甚么？于此最好参取③。信者自也，不信者亦自也。放得下者自也，放不下者亦自也。放不下是生④，放下是死⑤；信不及是死，信得及是生。信不信，放下不放下，总属生死。总属生死，则总属自也，非人能使之不信不放下，又信又放下也。于此着实参取，便自得之。然自得亦是自，来来去去，生生死死，皆是自，可信也矣。

【注释】

①自信：向李贽学习佛学的麻城梅氏族中之女。

②放不下：佛教把排除世俗的干扰叫放下，不排除的叫放不下。

③参取：参酌吸取。

④放不下是生：意为不排除世俗的干扰，就只有生的困惑痛苦。

⑤放下是死：意为排除了世俗的干扰，就可以得到解脱。

【译文】

既然名字叫自信，怎么又说放不下；既然放不下，怎么名字又叫自信呢？试问自信是信个什么？放不下又放不下个什么呢？最好在这里参究体悟。相信的是自己，不信的也是自己。放得下的是自己，放不下的也是自己。如果说放不下是生，放下就是死；如果说信不及是死，那么信得及就是生。信或者不信，放下或者放不下，都属于生死轮回的范畴。既然都属于生死轮回的范畴，那么也就是业果自招，不是别人能使他不信或者不放下，又信或者又放下。在这个地方努力用功参究体悟，就能够得到智慧。不过生起智慧也是自己的事。来来去去，生生死死，都是自己的问题，应该相信这一点。

来书"原无生死"四字①，虽是诸佛现成语，然真实是第一等要紧语也。既说原无生死,则亦原无自信,亦原无不自信也;原无放下,亦原无不放下也。"原无"二字甚不可不理会:既说原无,则非人能使之无可知矣,亦非今日方始无又可知矣。若待今日方始无,则亦不得谓之原无矣。若人能使之无,则亦不得谓之原无矣。"原无"二字总说不通也。故知原无生者,则虽千生总不妨也。何者?虽千生终不能生,此原无生也。使原无生而可生,则亦不得谓之原无生矣。故知原无死者,则虽万死总无碍也。何者?虽万死终不能死,此原无死也。使原无死而可死,则亦不得谓之原无死矣。故"原无生死"四字,不可只恁么草草读过②,急着精彩③,便见四字下落。

【注释】

①原无生死:佛教认为,除了佛教所指的精神实体外,不论客观世界还是主观世界,都是虚幻不实的,都是由因缘凑合而成。人身也是如此,所以也就无所谓生死。只是由于存在不符合佛教教义的思想和行为,才造成了生死苦果,循环不停。如能灭除上述思想和行为,就能脱离生与死的循环不停,达到既没有生也没有死的最高精神境界。

②恁么:这么。

③急着:重视,迫切。精彩:精神实质。

【译文】

　　来信中提到"原无生死"四个字,虽然是诸佛常说的现成话,但却是最真实重要的话。既然说本来没有生死,那么也本来没有自信,也本来没有不自信,本来没有放下,也本来没有不放下。"原无"两个字不可以不好好体会理解:既然说原无,那么没有人能使他不知道,也不是今天才开始不知道的。如果今天才开始不知道,也不能称为"原无"。如果有人能使他不知道,也不能称为"原无"。"原无"两个字总是说不通。所以知道原来无生的人,即使是曾经多次生生死死也不妨碍。为什么呢?即使是生生死死多次,但本体是本来不生的,因为本体本来就如此。如果原来无生而后来又升起生死,那也不能称之为原来就是"无生"。所以我们知道原来本体不死,那么即使是生生死死多少次也是不妨碍的。为什么呢?即使是死过多次,本体却没有死过,因为本来没有生死。假如原本没有死亡的本体,却有了生死,那么也不能称为原本没有死亡了。所以"原无生死"四个字,不能只那样草草忽忽地读过去,要重视自己的内心,顿断烦恼,猛然醒悟自性,这时候便能见到"原无生死"这四个字的下落。

又

一动一静,原不是我,莫错认好①。父母已生后,即父母未生前②,无别有未生前消息也。见得未生前,则佛道、外道、邪道、魔道总无有③,何必怕落外道乎?总无死,何必怕死乎?然此不怕死总自十分怕死中来。世人唯不怕死,故贪此血肉之身,卒至流浪生死而不歇;圣人唯万分怕死,故穷究生死之因,直证无生而后已④。无生则无死,无死则无怕,非有死而强说不怕也。自古唯佛、圣人怕死为甚,故曰"子之所慎,斋战疾⑤",又曰"临事而惧,若死而无悔者,吾不与⑥",其怕死何如也?但记者不知圣人怕死之大耳。怕死之大者,必朝闻而后可免于夕死之怕也,故曰"朝闻道,夕死可矣⑦"。曰可者,言可以死而不怕也;再不复死,亦再不复怕也。我老矣,冻手冻笔,作字甚难,慎勿草草,须时时与明因确实理会。我于诗学无分,只缘孤苦无朋,用之以发叫号,少泄胸中之气,无"白雪阳春"事也⑧。举世无真学道者,今幸有尔列位真心向道,我喜何如! 若悠悠然唯借之以过日子⑨,又何必乎?

【注释】

①错认:错误地分辨、认识。

②"父母"二句:意为被父母生下以后和未生之前一样。这是为了论证下文"无生则无死"的理论。

③佛道:佛法之道,即佛教学说。外道:佛教对本教以外的宗教与思想的通称。邪道、魔道:佛教把妨害佛道的学说称为邪道、魔道。

④直证:径直证明。

⑤"子之"二句:语出《论语·述而》。意为孔子所小心慎重的事有:斋戒(祭祀前清心洁身,表示庄敬),战争,疾病。

⑥"临事"三句:语本《论语·述而》,原文是:"暴虎(赤手空拳和老虎搏斗)冯(píng)河(不用船只渡河),死而无悔者,吾不与也。必也临事而惧,好谋而成者也(善于谋略而能完成的人)!"意为遇事要小心谨慎,如果不顾情况而去冒险,死了又不后悔的人,我是不和他在一起的。

⑦"朝闻"二句:语出《论语·里仁》。

⑧"白雪阳春":即"阳春白雪"。见《答澹然师》第五篇注⑤。

⑨悠悠然:悠闲自在的样子。

【译文】

能动能静的,本不是我,希望你不要错认。父母已经生了我,和父母未生我之前的本来佛性,本来不二。能体会父母未生我之前的无相的佛性真心,那么佛道、外道、邪道、魔道都是虚妄的,并不真实存在,又何必怕落于外道呢？佛性也本来不生不死，又何必怕死呢？然而这种不怕死的心态，总是从十分怕死中来。世上的人都是因为不畏惧生死，所以才会贪着这个血肉之躯，最后流浪生死轮回，不能停歇；圣人都是十分畏惧生死，所以彻底参究生死的根本原因，真正证悟不生不灭才罢手。没有生，则没有死，没有死，就没有恐惧心，没有勉强说自己不怕死亡的。自古以来，只有佛和圣人十分畏惧死亡，所以说："孔子所谨慎小心的事有三种：斋戒、战争、疾病。"又说："遇到事情要小心谨慎，如果不顾情况而去冒险，死了又不后悔的人，我是不会和他在一起的。"圣人怕死的情况怎么样啊？记录的人恐怕也不明白圣人是如何特别畏惧死亡的。特别畏惧死亡的人，一定会平时努力学道，以避免死亡后的恐惧。所以说"朝闻道，夕死可矣"。说"可"，是指可以面对死亡无所畏惧，因为证悟到不生不死的真心，所以也就不怕色身的生灭变化了。

　　我老了，手脚发凉，写字很困难，你一定要谨慎对待此事，不要草草忽忽地过去，要经常与明因认真地参究、学习、体会。我对于诗学没什么天分，只是因为性格孤僻朋友少，有时用写诗来发泄心中的情绪意气，其实我没有什么高雅的诗作。世上真正学道的人是很少的，现在庆幸有各位真心追求修道，我是多么高兴啊！如果只是借着游戏佛教过悠闲自在的日子，又何必落发出家呢！

又[①]

　　若无山河大地，不成清净本原矣[②]，故谓山河大地即清净本原可也。若无山河大地，则清净本原为顽空无用之物[③]，为断灭空不能生化之物[④]，非万物之母矣，可值半文钱乎？然则无时无处无不是山河大地之生者，岂可以山河大地为作障碍而欲去之也[⑤]？清净本原，即所谓本地风光也[⑥]。视不见，听不闻，欲闻无声，欲嗅无臭[⑦]，此所谓龟毛兔角[⑧]，

原无有也。原无有,是以谓之清净也。清净者,本原清净,
是以谓之清净本原也,岂待人清净之而后清净耶? 是以谓之
盐味在水,唯食者自知,不食则终身不得知也。又谓之色里胶
青⑨。盖谓之曰胶青,则又是色,谓之曰色,则又是胶青。胶
青与色合而为一,不可取也。是犹欲取清净本原于山河大地
之中,而清净本原已合于山河大地,不可得而取矣;欲舍山河
大地于清净本原之外,而山河大地已合成清净本原,又不可
得而舍矣。故曰取不得,舍不得,虽欲不放下不可得也。龟
毛兔角,我所说与佛不同:佛所说以证断灭空耳。

【注释】

①这一短文回答了自信提出的关于"清净本原"与"山河大地"的关
系问题。这一问题曾成为宋明理学家关注的一个理论命题。宋
代的杨简认为:"天者吾性中之象,地者吾性中之形。"(《工易》,
《慈湖遗书》卷七)王守仁说:"天下无心外之物","我的灵明便是
天地鬼神的主宰。……天地鬼神万物,离却我的灵明,便没有天
地鬼神万物了。我的灵明,离却天地鬼神万物,亦没有我的灵
明。"(《传习录下》,《王文成公全书》卷三)杨简、王守仁都把"山
河大地"和"清净本原"(灵明)视为一体,这与李贽在本文中的说
法基本一致。但二者的侧重点却又有所不同,那就是杨、王二人
都是以"清净本原"为主,也就是以人的本心为主,认为"山河大
地"就是"清净本原",都是"吾性"中的象与形。而李贽却是以
"山河大地"为主,认为"清净本原"就是"山河大地"。冯友兰先
生认为这是"王守仁的体系向着它的反面转化","是唯心主义向
唯物主义的转化"(《从李贽说起——中国哲学史唯物主义和唯
心主义互相转化的一个例证》)。就李贽与王守仁以及泰州学派

的承传关系看,冯友兰先生的论断是正确的。就李贽自己的哲学思想看,此文则又表现出复杂的内涵。"山河大地"是实在的客观存在,"清净本原"即佛教认为的人的本心是一种虚无的主观臆想,二者本是处于对立地位。李贽为了完成从"此岸世界"向"彼岸世界"的过渡,却把这二者调和起来,一方面说"若无山河大地,不成清净本原矣""无时无处无不是山河大地之生者";一方面又说"山河大地即清净本原""山河大地已合成清净本原",把唯物与唯心两个完全对立的哲学理论"合二而一"。这种哲学思想的矛盾,正好表现出李贽既要执着于现实斗争,而又幻想超脱现实的思想上的矛盾。应该特别指出的是,李贽把"清净本原"说成是"龟毛兔角",那就等于说无"清净本原";说"清净本原"就是"山河大地",那就强调了人的精神对客观现实的依从,这则是与佛教唯心主义不一样的唯物主义理论了。

②清净本原:人的本心。佛教认为这种本心是清净的(远离罪恶和烦恼)精神实体,它是世界的本原,能生万物。

③顽空:指一种无知无觉的、无思无为的死的、虚幻的境界。

④断灭空:佛教认为世界是幻相,假而不实,但非"虚无",不等于零。对于主张世界等于零的"空"的学说,佛教称之为"断灭空"。

⑤障碍:即魔障,因能扰乱身心,破坏好事,障碍善法,因而称"障碍"。

⑥本地风光:又叫本来面目,即佛教所谓人的心性本分。本地,本来的心性。

⑦臭(xiù):气味。

⑧龟毛兔角:比喻不存在。龟无毛,兔无角,龟毛兔角只是一种虚构。

⑨胶青:黑色颜料中加胶质成分,二而为一,不能分。

【译文】

假若没有山河大地,也就没有清净本心,所以可以说山河大地就是清净本心。假若没有山河大地,那么清净本心就成了无知无觉的顽空境界,成了没有用的东西,因为无知无觉的断灭顽空境界中,不能生化出大千世界、万事万物,不是万物之母,这样无知的断灭空难道能值半文钱吗? 既然我们的清净本心无时无处无不是生化山河大地的本原,那么怎么可以把山河大地看作修行的障碍而去掉呢? 所谓清净本心,就是我们的本来面目,我们的佛性。佛性无形无相,看不见,听不到,要去听没有声音,要去闻没有气味,这就像乌龟的毛和兔子的角一样,虽然有个名字却没有实在的物体相对应。本来无形无相,所以说是清净本心。所谓清净,是指本来就是清净无染的,所以称之为清净本原,怎么能等人修行清净之后才能证到那个清净本心呢? 所以说佛性就像水中的盐味,只有喝水的人能够自知,不喝的人则一辈子也不能知道。又说佛性就像颜料里的胶青。说它是胶青,它又是颜料,说它是颜料,它又是胶青。胶青与颜料合而为一,是不能单独拿出来的。这就好比要从山河大地之中取出一个清净本心来,而清净本心已经合于山河大地,不可能再取出来;要把山河大地舍出清净本心之外,而山河大地已合于清净本心,也不可能舍掉。所以说取不得,也丢不掉,即使要不放下也不可能。前面所说的龟毛兔角,我所说的与佛所说的有所不同:佛说龟毛兔角是为了说明什么叫断灭空的境界。

又

　　念佛是便宜一条路,昨火化僧只是念佛得力。人人能念佛,人人得往西方①,不但此僧为然,亦不必似此火化乃见念佛功效也。古今念佛而承佛接引者,俱以无疾而化为妙②。故或坐脱③,或立亡,或吉祥而逝。故佛上称十号④,只曰"善逝"而已。善逝者,如今人所言好死是也。此僧火化,虽非正法⑤,但其所言得念佛力,实是正言⑥,不可因其不是正法而遂不信其为正言也,但人不必学之耳。念佛须以见佛为愿,火化非所愿也。

【注释】

①西方:佛教虚构的极乐佛国。

②无疾而化:没有疾病而死去。

③坐脱:佛教传说有些名僧临终时,端坐安然而死,称为"坐化",也称"坐脱"。

④十号:释迦牟尼佛的十种名号。即:如来,应供(意为享受人、天的供养),正遍知(意为能正确遍知一切之事),明行足(意为能知前世与来世的一切,又能解脱烦恼),善逝(意为得涅槃之果),世间解(意为能善解现世的一切),无上士(意为至高无上之尊),调御大夫(意为能引导众生入涅槃),天人师(意为人、天之导师),佛世尊(意为佛中之佛,世间之尊)。

⑤正法:佛教指释迦牟尼所传的教法,别于外道而言。

⑥正言:直言,正直的话。

【译文】

念佛是方便简洁的一条修行路。昨天火化僧的境界,只是念佛念得好因而修行得力。人人能够念佛,人人都能往生西方。不但这个和尚是这样,也不一定像这样火化才能见到念佛的功效。古今念佛而能够得到佛的接引的,都有无疾而终的微妙功用。这些修行人或者坐脱立亡,或者吉祥去世。所以佛有十大名号,有一个叫作"善逝"。善逝,就是现在人所说的"好死"。这个僧人火化自己,即使不是佛教正法,但他说自己念佛得力,确实符合佛教的语言,不要因为火化这件事不是佛教正法就不相信他所说的话是佛教正言,但人们不必效法他罢了。念佛的人,要以见佛成佛为大愿,不能以火化作为念佛的目标和愿望。

又

　　无相、无形、无国土①，与有相、有形、有国土，成佛之人当自知之，已证涅槃之人亦自知之②，岂劳问人也？今但有念佛一路最端的③。念佛者，念阿弥陀佛也。当时释迦金口称赞有阿弥陀佛④，在西方极乐国土，专一接引念佛众生。以此观之，是为有国土乎，无国土乎？若无国土，则阿弥陀佛为假名⑤，莲华为假相⑥，接引为假说⑦。互相欺诳，佛当受弥天大罪，如今之衙门口光棍，当即时败露，即受诛夷矣⑧，安能引万亿劫聪明豪杰同登金莲胜会乎⑨？何以问我有无形、相、国土为也？且夫佛有三身⑩：一者清净法身⑪，即今问佛问法与问有无形、相、国土者也，是无形而不可见，无相而不可知者也。是一身也。二者千百亿化身⑫，即今问佛问法问有无形、相、国土，又欲参禅，又欲念佛，又不敢自信，如此者一日十二时⑬，有千百亿化现，故谓之化身。是又一身也。即法身之动念起意，变化施为，可得而见，可得而知，可得而状者也。三者圆满报身⑭，即今念佛之人满即报以极乐⑮，参禅之人满即报以净土，修善之人满即报以天堂，作业之人满即报以地狱⑯，悭贪者报以饿狗⑰，毒害者报以虎狼，分厘不差，毫发不爽⑱，是报身也。报身即应身，报其所应得之身也。是又一身也。今但念佛，莫愁不到西方，如人但读书，莫愁不取富贵，一理耳。但有因，即有果。但得本，莫愁末不相当；但成佛，莫愁佛不解语，不有相，不有形，不有国土也。又须知我所说三身，与佛不同。佛说三身，一时具足⑲，如大慧引儒书云⑳："'天命之谓性'㉑，清净法身也。'率性之谓道'，圆满报身也。'修道之谓教'，千百亿化身也。"最答得三身之义明白。然果能知三身即一身㉒，则知三世即一时㉓，我与佛说总无二矣。

【注释】

①相：佛教用语。指一切事物外观的形式、形态，如火之焰相，水之流相等。但这一切存在都是虚幻不实的幻象，"凡所有相皆是虚妄"，所以又是无相、无形。国土：这里指佛教所说的西方极乐佛国。

②证：参悟。修行中领悟妙道。

③端的：确实。

④释迦：释迦牟尼。金口：佛教说释迦牟尼的口舌如金刚坚固不坏，所以叫"金口"。

⑤假名：佛教用语。谓不能反映实际的概念、语言。

⑥莲华：呈莲花形的佛座，比喻佛门的妙法。

⑦接引：谓阿弥陀佛与观世音、大势至两菩萨可以引导众生入西方净土。

⑧诛夷：诛杀，杀戮。

⑨万亿劫：言其时间极长。劫，见《与澄然》注⑥。金莲：指莲座，亦称莲台、莲花台，呈莲花形的佛座。佛教认为，虔诚念佛可以到极乐世界，可以登莲花台。

⑩佛有三身：说法不一。通常指法身、报身、化身（或应身）。《朱子语类》卷一二五："佛氏所谓三身：法身者，释迦之本性也；报身者，释迦之德业也；肉身者，释迦之真身而实有之人也。"清阮葵生《茶余客话》卷一四："凡佛皆有三身：一曰法身，谓圆心所证；二曰报身，谓万善所感；三曰化身，谓随缘所现。"佛教禅宗认为，

人人自身本性中都具有这三身佛。

⑪清净法身：谓证得清净自性，成就一切功德之身。法身不生不灭，无形无相而随处现形相。

⑫千百亿化身：是法身的化现。指佛、菩萨为化度众生，在世上现身说法时变化的种种形象。亦指人们由于善恶念头而引起的思想行为上的变化。这是可见、可知、可状的。

⑬一日十二时：指子、丑、寅、卯、辰、巳、午、未、申、酉、戌、亥十二个时辰。

⑭圆满报身：指法身为因，经过修习而获得佛果之身。亦指人们思想行为所产生的后果，即佛教所说善有善报，恶有恶报，报其应得之身。圆满，佛事完毕。

⑮满：圆满，完成。下文"作业之人满"，满，达到一定程度之意。

⑯作业：佛教的因果报应说，把产生后果的前因叫作"业"。通常指身、口、意三方面的活动，称"三业"。三者都有善恶之分，作善业的得善报，作恶业的得恶报。这里系指恶业。

⑰悭贪：吝啬而贪得。

⑱不爽：没有差错。

⑲具足：犹具备。即"三身即一身""三身即一佛"，人人都具有"三身佛"之意。

⑳大慧：即宗杲(1089—1163)，姓奚，字昙(tán)晦，宁国宣城(今安徽宣城)人。南宋僧人，孝宗赐号大慧。著有《大慧语录》等。其事迹见《统要续集》卷二二、《联灯录》卷一七、《嘉泰普灯录》卷一五、《五灯会元》卷一九、《佛祖通载》卷二〇、《续传灯录》卷二七等。

㉑天命之谓性：与下文"率性之为道""修道之为教"，语出《中庸》。意为人的"仁义礼智信"的本性是上天给予的，遵循着这个本性行事叫作道，把这个道加以修明并用来教化人们叫作教。这三

句是《中庸》第一章的第一段，阐明了性、道、教的内涵及其相互
关系。大慧用此来解释三身佛，把佛教思想和儒家思想统一起
来了。

㉒三身即一身：就是"三身即一佛"。

㉓三世即一时：佛教把过去世、现在世、未来世称为三世，并认为三
世是人们本心中所具有的，是本心的化现。

【译文】

　　佛说无形、无相、无国土，也说有相、有形、有国土，成佛之人应当知
道自己应该修行哪个法门，已经证到涅槃的人也都自己知道，哪里需要
问别人呢？现在只有念佛这条路最可靠。念佛，就是念阿弥陀佛。当
时释迦牟尼金口称赞阿弥陀佛，在西方极乐世界净土，专门接引那些念
佛求往西方的众生。以这种角度来看，这是有国土呢，还是没有国土
呢？如果没有国土，那么阿弥陀佛是个虚妄的假名，莲花是虚妄的假
象，接引众生是虚妄的假说。如果这一切都是虚假的，那么就是佛欺骗
众生，犯了弥天大罪，就像衙门口犯法的光棍，当时当地就会败露自己
的行迹，立即就会受到刑罚，怎么能够接引亿万智慧念佛之人，同登彼
岸，参与金莲圣会呢？你为什么问我西方极乐世界是否为无形、无相、
无国土呢？佛有三身：第一是清净法身，就是现在所说的无形、无相、无
国土，没有具体的相貌，不可见知的清净本体，这是一个佛身。第二是
千百亿化身，也就是现在所说的有形、有相、有国土的佛身，这里又要参
禅，又要念佛，又不敢自信的，你们这些人一天十二个时辰，有千百亿化
身，就是佛的化身。这是又一个佛身。法身的动念起意，变化施为，能
够看见，能够懂得，能够形容。第三就是圆满报身，就像现在念佛的人
念得圆满了就得到极乐世界的报身，参禅之人参究圆满了也能证得净
土，修善的人善行圆满了就得到往生天堂的善报，做坏事做多了的人就
得到地狱的果报，吝啬贪婪的人得到饿鬼的果报，毒恶的人得到虎狼的
果报，分毫不差，这是报身。报身就是应身，得到其应得的报应之身。

这是第三种佛身。现在只管念佛，不要发愁不能往生西方，就像人只管念书，不要发愁不能得到富贵，是一个道理。只要有因，一定会有果。只要得到根本，不要发愁不能得到相应的枝末；只要成佛，不要发愁佛不能理解众生的语言，不要担心诸佛境界无相、无形，无国土。又要知道我所说的三身，与佛所说的不同。佛所说的三身，当下就具足完备，就像大慧法师引用儒家的经典说："'天命之谓性'，这就是法身。'率性之谓道'，这就是圆满报身。'修道之谓教'，这就是佛的千百亿化身。"这最能回答明白佛的三身的意思。如果真能知道三身就是一身，那么就能知道三世也就是当下，到这里，我与佛所说的就没什么差别了。

答明因^①

昨有客在，未及裁答^②。记得尔言"若是自己，又何须要认^③"。我谓此是套语，未可便说不要认也。急写"要认"数字去。夫自己亲生爷娘认不得^④，如何是好，如何过得日子，如何便放得下^⑤，自不容不认得去也。天下岂有亲生爷娘认不得，而肯丢手不去认乎？决无此理，亦决无此等人。故我作寿丘坦之诗有云："劬劳虽谢父母恩，扶持自出世中尊。"^⑥尊莫尊于爷娘，而人却认不得者，无始以来认他人作父母^⑦，而不自知其非我亲生父母也。一旦从佛世尊指示，认得我本生至亲父母，岂不畅快！又岂不痛恨昔者之不见而自哀鸣与流涕也耶！故临济以之筑大愚，非筑大愚也，喜之极也^⑧。夫既认得自己爷娘，则天来大事当时成办，当时结绝矣^⑨。盖此爷娘是真爷娘，非一向假爷娘可比也。假爷娘怕事，真爷娘不怕事：入火便入火，烧之不得；入水便入水，溺之不得。故唯亲爷娘为至尊无与对⑩，唯亲爷娘能入于生死，而不可以生死；唯亲爷娘能生生而实无生，能死死而实无死⑪。有此好爷娘，可不早亲识认之乎？然认得时，爷娘自在也；认不得时，爷娘亦自在也。唯此爷娘情性大好，不肯强人耳。因复走笔潦倒如此⑫，甚不当。

【注释】

①明因：梅国桢之女。李贽寓居麻城期间，明因常向他写信求教。

②裁答：裁笺作答，即写回信。

③认：即下文认"亲生爷娘"。

④亲生爷娘：即"初生爷娘"，指佛性。见《与澄然》注⑧。

⑤放得下：佛教把排除世俗的干扰叫放下，不排除的叫放不下。

⑥"劬劳"二句：见《与澄然》注③注④。

⑦无始：指太古，很久。

⑧"故临济"三句：讲的是临济宗义玄问佛法的故事。据宋代颐藏主集《古尊宿语录》卷五记载，义玄向黄檗希运问佛法大意，问声未绝，黄檗便打。三度发问，三度被打。义玄"自恨障缘，不领深旨"，要离黄檗而去。当他向黄檗辞行时，黄檗要他到洪州高安（今江西高安）大愚处，说大愚必定有话告他。义玄到了大愚那里，大愚对他说了一句隐语："老婆心切，为汝彻困。"义玄听后大悟说："原来黄檗佛法无多子！"大愚说："你见个什么道理？速道，速道！"义玄在大愚胁下筑三拳，表示领悟而高兴到了极点。筑，指拳打。后其禅宗认为最完全、最圆满的本心，不能用正面语言表达，只能用比喻，用隐语，用拳打脚踢的动作来说明。义玄（？—867），曹州（今山东曹县）人。唐代和尚。晚年居于真定府（今河北正定）的临济院，其所创宗派即称为临济宗。他出于

慧能门下的南岳一系，禅风以"棒喝"著称。事迹见《宋高僧传》卷一二、《景德传灯录》卷一二、《天圣广灯录》卷一〇、《建中靖国续灯录》卷一、《五灯会元》卷四等。

⑨结绝：结束，了结。

⑩与对：与之相对等，相匹敌。

⑪"唯亲"四句：意为只有"亲爷娘"即佛性，才可以使自己超脱生死，达到无生无死的精神境界。生生，相生不绝的意思。

⑫潦倒：举止散漫，不自检束。

【译文】

昨天有客人在，所以没来得及回信。记得你曾经说"如果佛性是自己，有何必要认取初生爷娘"。我说这是套话，不能就这样说不认取。快写"要认取初生爷娘"几个字去。自己的本来面目认不得，如何是好，如何过日子，如何能放得下，所以不能容忍不认得自己的佛性。天下岂有自己的本来面目认不得，而肯丢开手不去认取呢？绝没有这样的道理，也绝没有这样的人。所以我为丘坦之写的祝寿诗说："劬劳虽谢父母恩，扶持自出世中尊。"佛性就像自己的亲爹娘，最尊贵莫过于自己的亲爹娘了，而人却不认识，长久以来认别人做自己的爹娘，而不知道别人不是自己的亲生父母。一旦听从了佛的指示，认识我的本来面目、亲生父母，难道不是很畅快吗！又怎能不痛恨自己往日不能认识自己的本来面目而痛哭流涕呢！所以临济见性后用拳头击打大愚的胁下，不是打大愚，是非常高兴的意思。既然认识了自己的本来面目、亲生爹娘，那么最重要的事情已经办完，当时就感觉到了结的痛快。这个佛性爹娘是亲爹娘，不是一向以来的假父母可以相比的。假的爹娘怕事，真的爹娘不怕事；入火便是火，烧不坏；入水便是水，淹不死。所以只有亲爹娘是最尊贵的，没有能与之匹敌相比，只有亲爹娘能表现出生死的假象，而实际上根本从无生死；只有亲爹娘能生生不息，而实际无生；只有亲爹娘能屡次死亡，而实际从没死过。有这样好的爹娘，为什么不早点亲近认识呢？佛性是不生不灭的，好比认识亲爹娘时，爹娘已经在那里；不认识时，爹娘也自在哪里。只是这对父母性情非常好，不愿意强人所难罢了。所以我这样散漫无稽地给你写信，说佛性即人的亲生父母如何如何，其实是很不妥当的。

又

"无明实性即佛性"二句①，亦未易会②。夫既说实性，便不可说空身；既说空身，便不宜说实性矣③。参参④！"但得本⑤，莫愁末。"我道但有本可得，即便有末可愁，难说莫愁末也。"自利利他"亦然：若有他可利，便是未能自利的矣。既说"父母未生前"，则我身尚无有；我身既无有，则我心亦无有；我心尚无有，如何又说有佛？苟有佛，即便有魔⑥，即便有生有死矣，又安得谓之父母未生前乎？然则所谓真爷娘者，亦是假立名字耳，莫太认真也！真爷娘不会说话，乃谓能度阿难⑦，有是理乎？佛未尝度阿难，而阿难自迷，谓必待佛以度之，故愈迷愈远，直至迦叶时方得度为第二祖⑧。当迦叶时，迦叶力摈阿难⑨，不与话语，故大众每见阿难便即星散，视之如仇人然。故阿难慌忙无措，及至无可奈何之极，然后舍却从前悟解⑩，不留半点见闻于藏识之中⑪，一如父母未生阿难之前然，迦叶方乃印可传法为第二祖也⑫。设使阿难犹有一毫聪明可倚，尚贪着不肯放下，至极干净，迦叶亦必不传之矣。盖因阿难是极聪明者，故难舍也。然则凡看经看教者，只要舍我所不能舍，方是善看经教之人，方是真聪明大善知识之人。莫说看经看教为不可，只要看得瞥脱乃可⑬。

【注释】

①"无明实性即佛性"二句：指唐代禅僧玄觉（真觉）在《永嘉证道歌》中所说："无明实性即佛性，幻化空身即法身。"（见《景德传灯录》卷三〇）中华书局本把这句话作如下标点："无明'实性即佛性'二句"，把"无明"标为人名，那么，"'实性即佛性'二句"当然是无明所说了。查有关中国佛教之书，僧人字"无明"者有三：一是宋僧慧性，有《无明慧性禅师语录》；二是元僧元长，有《千岩元长僧师语录》；三是明僧慧经，有《无明慧经僧师语录》：但三者"语录"中都没有"实性即佛性"以及与"空身"关系的论述。而且，只有依《永嘉证道歌》中两句，才可以解通李贽下面的论说。无明，佛教"十二缘"之一，即无智慧、愚痴或迷暗之意。实性，佛教指一切事物的共同的本性，与实相、实际同义。佛性，谓众生觉悟之性，也指佛的慈善本性。佛教认为人人都有成佛的本性，佛性就在"本心自性"之中。

②易会：容易领会、领悟。

③"夫既"四句：意为既然说实性是佛性，实性乃普遍实际的存在，便不可以说空身，因为佛性就在身内。既然说空身，便不好说空身之内还有什么实性。李贽这几句话的意思，在于说明看佛经不可看得太死，要看得洒脱（即下文所说的"瞥脱"）。空身，身体是空无的。

④参参：考究，验证，琢磨。

⑤本：根本，本原。

⑥魔：梵语魔罗的简称，意译为"扰乱""破坏""障碍"等，以能扰乱身心，破坏好事，障碍善法，故名魔。为佛教之大敌。

⑦阿难：梵语阿难陀之略，意译为"欢喜""庆喜"。传为释迦牟尼的从弟，也是释迦的十大弟子之一。释迦成道回乡时，随之出家，侍从释迦左右达二十五年。长于记忆，被称为"多闻第一"。佛

教禅宗说他是传承佛法的第二代祖师。

⑧迦叶:梵语摩诃迦叶波之略,意译为"饮光"。古印度摩揭陀国王舍城(今属巴基斯坦境)人。因他年高德重被称为大迦叶。释迦牟尼十大弟子之一,是传承佛法的第一代祖师。

⑨摈:摈斥,拒绝。

⑩悟解:指对佛理的领悟。

⑪藏识:佛教用语。法相宗"八识"中第八识"阿赖耶识"的意译。因为它是含藏一切善恶因果种子(法相宗认为世界一切事物都是种子变成的)之识,所以称为藏识。

⑫印可:佛家谓经印证而认可。禅宗多用于弟子从师得到的称美许可。

⑬瞥(piē)脱:爽快,洒脱,不拘泥。

【译文】

"无明实性即佛性"两句,也不容易领会。既然谈到实性本体,便不能说空身;既然说空身,便不应该说是实性本体。你好好参究琢磨下!"但得本,莫愁末。"我这么说的意思是,只要有本可得,那么便有末可愁,不能说不用为枝末发愁。"自利利他"的说法也是如此:如果有个众生可以给予利益,那么就是不能利己。既然谈到佛性是"父母未生前"的本来面目,那么我的身体尚且没有;我的身体既然没有,那么我的心也没有;我的心尚且没有,如何又说有佛呢? 如果有佛,也就有了魔,也就有生有死,又怎么能说是父母未生前的本来面目呢? 然而所说的真的爹娘,也是一个假名,不要太认真了! 真的爹娘不会说话,却说能度化阿难尊者,有这种道理吗? 佛未曾度化阿难,而阿难自己迷惑了,阿难认为必须等佛来度化他,所以就越迷越远,一直到迦叶尊者的时候才被度化为禅宗第二祖。当佛圆寂、迦叶尊者结集佛经的时候,迦叶总是尽量拒绝阿难,不跟他说话,大家一见阿难就立即散去,就像看到仇人一样。所以阿难在慌张无措,甚至无可奈何的情况下,放下以前对于佛教的理解,心识中不留一点佛教的知识见闻,正如父母未生阿难之前的样子,这时迦叶才印证阿难为禅宗第二代祖师。如果阿难还有一丝一毫的聪明才智可以依靠,还贪着不肯放下心中的学问聪明,乃至不肯放到完全干净,迦叶也一定不肯传禅宗衣钵给他。因为阿难是非常聪明的人,所以难以舍弃自己的学识。凡是学习佛教经论的人,只有敢于舍弃那些特别不愿意舍弃的东西,才是善于学习佛教经论的人,才是真聪明有善知识的人。不要说学习佛教经论是不允许的,只要看了佛经,能让自己更加洒脱就行。

明因曰:诸相原非相,只因种种差别,自落诸相中,不见一相能转诸相[①]。

诸相原非相,是也,然怎见得原非相乎?世间凡可得而见者,皆相也,今若见得非相,则见在而相不在,去相存见,是又生一相也。何也?见即是相耳。今且勿论。经云[②]"若见诸相非相,即见如来[③]",既见了如来[④],诸相又向何处去乎?抑诸相宛尔在前,而我心自不见之耶,抑我眼不见之也?眼可见而强以为不见,心可见而谬以为不见,是又平地生波,无风起浪,去了见复存不见,岂不大错!

【注释】

①"诸相"四句:意为世间所有有形有相的物质和精神,都是虚妄不真实的。只因世上的众生心中有种种差别,所以自己就落进差别的窠臼中去。一旦为这种差别的外相所迷,就不能体会到诸法的本体实相,并依实相升起妙用,而运用世间诸法。诸相原非相,意为一切现象都不是真正存在的物质现象。佛教认为真空实相,都是因缘和合,虚妄而生。彻底了悟真空实相的圣人,连因缘本身也视为空。因此,从根本的究极角度看,一切存在现象

也都是非相,都是空,都是一种相对和依赖。对于佛教来说,此
"非相"就是实相,就是本体与佛教的最高真实——自相、法相、
法身等,都是同一的。诸相,一切现象。

②经:指《金刚经》。

③"若见"二句:意为如果认识到一切相状都不是真实的相状,那才
是真正地认识到了如来的真正体性了。如来,释迦牟尼的十种
称号之一。

④既见了如来:以下数句是李贽对上引两句《金刚经》经文的体会
与理解。李贽认为,经文在于说明,如果不停留在现象上面,而
领悟到现象不过是真如佛性的体现,那就不必把可以看见的现
象硬说成没有看见。如若把看见的现象硬说成没有看见,这就
是平地生波,无风起浪,这就是大错。

【译文】

明因说:"世间所有有形有相的物质和精神都是虚妄不真实的,只
因世上的众生心中有种种的差别,所以自己就落进差别的窠臼中,如果
没能一丝一毫的执着,就能够升起妙用,转化外在的物质和精神。"

世间所有有形有相的物质和精神都是虚妄不真实的,这是没错,但
怎么就见得是虚妄不实的呢? 世间凡是能看得见的,都是有形有相的,
现在如果见到它虚妄不实的一面,那么见的作用还在,而有形有相的物
质和精神反而不在,抛弃物质和精神,留下见的作用,这是又生出一个
有形质的东西。为什么这么说? 见的作用也是一种形质。现在先不要
说这些。《金刚经》说"若见诸相非相,即见如来",既然见了佛,那众多
形质又到哪里去了呢? 或者是有形质的物质和精神还都宛然在眼前,
只是我的心不去感知分别罢了,或者是我的眼睛看不见呢? 眼睛可见
而勉强以为看不见,心可以看见而错误地以为看不见,这又是平地生
波,无风起浪了。去掉一个见,又保留一个不见,岂不是严重的错误!

　　明因曰：豁达空是落断灭见①，着空弃有是着无见②，都是有造作③。见得真爷娘④，自无此等见识。然即此见识，便是真空妙智⑤。

　　弃有着空，则成顽空矣⑥，即所谓断灭空也，即今人所共见太虚空是也⑦。此太虚空不能生万有。既不能生万有，安得不谓之断灭空，安得不谓之顽空？顽者，言其顽然如一物然也。然则今人所共见之空，亦物也，与万物同矣，安足贵乎！六祖当时特借之以喻不碍耳⑧。其实我之真空岂若是耶！唯豁达空须细加理会，学道到此，已大段好了⑨，愿更加火候⑩，疾证此大涅槃之乐⑪。

【注释】

①"豁达"句：意为执持于一切皆空，否定因果见解的人，是落到了断灭空的邪见之中。豁达空，指否定因果，认为一切皆空、因果也无的一类见解。断灭见，即下文所说的"断灭空"之见。佛教认为世界是幻相，假而不实，但非"虚无"，不等于零。对于认为一切皆空，主张世界等于零的"空"的学说，佛教称之为"断灭空"。

②"着空"句：意为认定为空弃掉万有，那就是看不到它缘起的一面。着，附着，依附，引申为认定。空，即诸法空性；有，即诸法缘起。佛教认为一切法的本质是虚妄，是"空"，一切法的现象是"有"。空有不二，就是诸法实相。

③造作：即有为。因缘所生之意。

④真爷娘：即诸法实相，众生的本来面目。

⑤便是真空妙智：意为（能够见到空有不二的诸法实相），就是具有了真实妙有的大智慧。真空妙智，即能见到诸法实相的智慧。

真空,佛教认为客观物质世界是不真实的,所以说它是空的。但这种空不是绝对的空无,空也是一种实然本体,所以又叫"真空"。妙智,佛教认为佛的智慧精妙深奥,故称"妙智"。

⑥顽空:指一种无知无觉的、无思无为的死的虚幻的境界。

⑦太虚空:佛教认为浩瀚的太空无形无相,虚空常寂,故谓之太虚空。

⑧"六祖"句:指六祖慧能的偈语:"菩提本无树,明镜亦非台。本来无一物,何处惹尘埃。"该偈语表现了无所障碍通达自在的顿悟主张。详见《三大士像议》第五段注⑥。

⑨大段:十分。

⑩火候:比喻修养工夫的成熟。

⑪疾证:努力证得。疾,努力,尽力。大涅槃:深远广大的涅槃境界。即既灭绝了一切烦恼,又具有一切功德的超脱、寂静状态。

【译文】

明因说:"豁达空是落进了断灭见,执着空抛弃实有是执着无见,都是造作,不是客观真实的。只要见到了自己的佛性,就自然没有这样的见地。但是这种见识就是真空妙智。"

弃有着空,抛弃诸相,执着空相,就成了不生一法的顽空,也就是佛教所说的"断灭空",也就是现在人们所见到的无边的虚空。这个无边的虚空,不能生起万物。既然虚空不能生起万有,怎么能不称之为断灭空,怎么能不称之为顽空?顽,意思是指愚顽不灵像一种物质。现在人们看到的虚空,也是愚顽不灵的物质,与万物相同,有什么尊贵的呢!六祖大师当时用虚空来比喻佛性的无碍,人们就误以为佛性就是虚空。其实我说的真空佛性,哪里是这样的呢!只有豁达空的说法要好好加以领悟体会,学佛到了这里,已经颇有成效,希望百尺竿头更进一步,快快努力证得这大涅槃之乐。

明因曰：名为豁达空者是谁，怕落豁达空者是谁，能参取豁达空者是谁①。我之真空能生万法②，自无莽荡③。曾有偈云④："三界与万法⑤，匪归何有乡⑥，若只便恁么⑦，此事大乖张⑧。"此是空病⑨，今人有执着诸祖一语修行者⑩，不知诸祖教人，多是因病下药，如达磨见二祖种种说心说性⑪，故教他外息诸缘⑫，心如墙壁⑬。若执此一语，即成断灭空⑭。

真空既能生万法，则真空亦自能生罪福矣⑮。罪福非万法中之一法乎？须是真晓得自无罪福乃可，不可只恁么说去也。二祖当时说心说性，亦只为不曾认得本心本性耳。认得本心本性者，又肯说心说性乎？故凡说心说性者，皆是不知心性者也。何以故？心性本来空也。本来空，又安得有心更有性乎？又安得有心更有性可说乎？故二祖直至会得本来空，乃得心如墙壁去耳。既如墙壁，则种种说心说性诸缘，不求息而自息矣。诸缘既自息，则外缘自不入，内心自不惴⑯，此真空实际之境界也，大涅槃之极乐也，大寂灭之藏海也⑰，诸佛诸祖之所以相续慧命于不断者也⑱。可以轻易而错下注脚乎？参参！

【注释】

①参取：参酌吸取。

②万法：佛教指一切事物。

③莽荡：辽阔无际。

④偈(jì)：偈语，偈颂，佛经中的唱颂词。这首偈语见《大慧普觉禅师书卷第二十九》(《大藏经·诸宗部》)，是大慧杲禅师的诗偈。

⑤三界：佛教把众生生死往来的轮回分为欲界、色界和无色界（无形体、无物质的世界）。

⑥匪：不。

⑦恁么：这样，如此。

⑧乖张：不顺，不相合。

⑨空病：佛教指弃空着有的错误知见。又称豁达空，或顽空。

⑩诸祖：佛教称修行成道者为佛，开创宗派者为祖师。一语：即万法皆空之类的语言。佛教谈空，并非离开因果，或指什么都没有，而是指森罗万象皆如梦幻，虚妄不真，使人因此断除烦恼。但有些学人因此执空不舍，以空为真实，则又进入另一类错误知见，即顽空或豁达空。

⑪达磨：亦作达摩，菩提达摩的简称。中国佛教禅宗的创始者。详见《移住上院边厦告文》注⑯。二祖：即禅宗二祖慧可（487—539），初名神光，一名僧可，俗姓姬，洛阳虎牢（今河南荥阳）人。年轻时通读老庄、《周易》，兼习佛典。后入洛阳香山，师事宝静，出家为僧。传说四十岁时，入嵩山少林寺访菩提达摩，未蒙接见。因立积雪中，终夜不果。至天明，乃断左臂以示虔诚，终被菩提达摩接见，面授禅法。从学六载，得"安心"法门，受衣钵为禅宗二祖。所谓"安心"，即通过佛法，使心灵安定，达不动之境。在禅宗来说，这是大悟的境地，能彻见心源。《景德传灯录》卷三曾记载慧可与达摩关于"安心"法门的对话："光（神光慧可）曰：'我心未宁，乞师（菩提达摩）与安。'师曰：'将心来，与汝安。'曰：'觅心了不可得'。师曰：'我与汝安心竟。'"内在之意是说，不能把心灵看成一个物事，只有"觅心了不可得"，才能安心。慧可晚年屡受其他僧人迫害，终不动摇。圆寂后，谥正宗普觉禅师。其弟子僧璨传其法，成为禅宗三祖。其事迹见《唐高僧传》卷一九、《释氏六帖》卷一一、《景德传灯录》卷三、《天圣广灯录》卷七等。

⑫缘:佛教用语。对"因"而言,佛教谓使事生起、变化和坏灭的直接原因(主要条件)为"因",间接原因(辅助条件)为"缘"。

⑬心如墙壁:佛教禅宗认为,要达"安心"之境,其方法就是使心定住于一点,安住不动,不偏不倚,如同壁立。这样就能达到"舍伪归真"的境界。

⑭"若执"二句:意为若像有人那样"执着诸祖一语修行",而"不知诸祖教人,多是因病下药",那就会导向"断灭空"。

⑮罪福:佛教指违背佛教伦理的"五逆"(杀父、父母、杀阿罗汉、分裂教团、危害佛体而使之流血)和"十恶"(杀生、偷盗、邪淫、妄语、两舌、恶口、杂秽语、贪欲、瞋恚、邪见)为"罪";佛教徒必须遵守的戒律"五戒"(不杀生、不偷盗、不邪淫、不妄语、不饮酒)和符合佛理活动的"十善"(与"十恶"相反的十种善行)为"福"。

⑯惴(zhuì):忧愁,恐惧。

⑰大寂灭:与"大涅槃"同义。藏海:藏,是宝藏的意思。如来之性,有无量功德宝藏,称如来藏。如来藏就像包涵无限智慧而又息掉一切波浪的大海,因称"藏海"。

⑱慧命:佛的智慧生命。

【译文】

明因说:"称为谿达空的是谁,害怕落进谿达空的是谁,能够参究吸取谿达空性的人又是谁。我的真空佛性能够生出万法,自然不会陷入无际之茫然。曾经有个偈子这样说:三界与一切诸法,不能都归到'何有'这个说法。如果只会说'佛性就这个样子',就发生了严重的错误。这就是犯了着空的错误。现在有些人执着祖师的某一句话,不知道祖师指导弟子,像医生拯救病人一样,都是根据疾病不同下药,没有固定的方法。就像达摩见到二祖神光喜欢说种种心性的语言,于是就教他去掉外部的因缘,使心像墙壁一样,念头断绝。但如果执着这句话,就会落入断灭空的见解。"

真空既然能生万法,那么真空也能生出罪恶与福德。罪恶与福德难道不是万法中的一种吗? 修行人需要真实明了本来没有罪恶与福德,不能只那么说些口头禅。二祖当时说心性法,也只是因为当时不认识自己的本心佛性。如果一个人认识自己的本心佛性,又怎么肯只满足于说心性法呢? 所以凡是沉溺于说心性法的人,都是不知道心性的人。为什么呢? 因为心性本来空。既然本来是空的,又怎么有心性呢? 又怎么有心性可说呢? 所以二祖一直到领会了本来空的道理,才能够心如墙壁,万虑皆空。既然说心如墙壁,那么种种说心性的机缘,不求熄灭自然就熄灭了。诸缘既然熄灭了,那么外缘自然进不来,内心自然不恐惧忧愁,这才是真空佛性实际的境界,是大涅槃的极乐境界,是烦恼寂灭后的如来藏,是诸佛和诸位祖师世代传承的佛的智慧本性。难道可以轻易做出错误的解释吗? 好好参究吧!

　　明因云:那火化僧说话亦通,只疑他临化时叫人诵《弥陀经》[1],又说凡见过他的都是他的徒弟。

　　临化念《弥陀经》,此僧家常仪也[2]。见过即是徒弟,何疑乎? 能做人徒弟,方是真佛,我一生做人徒弟到老。

【注释】

①《弥陀经》:即《阿弥陀经》。该经叙述佛在祇园向舍利弗等说西方极乐国土阿弥陀佛事,以弘念佛能往生净土之旨。有后秦鸠摩罗什和唐玄奘译本。

②常仪:通常的仪式。

【译文】

明因说:"那火化僧说的话也算通达。只是他临火化时叫人诵《弥陀经》,又说凡见过他的都是他的徒弟,这些言行令人怀疑。"

临圆寂的时候,念诵《阿弥陀经》,这是出家人普通平常的修行仪式。见过的就是徒弟,有什么值得疑惑的? 能做人家的徒弟,才是真佛。我非常乐意一生做人家的徒弟到老。

豫约

【题解】

本文开头说:"余年已七十矣",在《与方讱庵》中又说:"弟自二月初回湖上之庐……《豫约》真可读,读之便泪流,老子于此千百世不得磨灭矣。"(《续焚书》卷一)可知此文作于万历二十四年(1596)二月初李贽从黄安回龙潭湖之后。豫约:预先立下的戒约。"豫约"除"小引"外,还有"七条"(一条无文,实为六条),前五条是戒律式的约言,从不同方面作了戒约。后二条是遗嘱和自述平生,特别是"感慨平生"一节,是了解和研究李贽生平思想的宝贵资料。

小引

【题解】

小引,小序。引,序的一种。

余年已七十矣,且暮死皆不可知。然余四方之人也①,无家属僮仆于此,所赖以供朝夕者,皆本院之僧,是故豫为之约。

【注释】

①四方:指流寓四方。

【译文】

我已经七十岁了,不知道什么时候就走到人生的尽头了。但我是流寓四方之人，既无家属，又无僮仆，日夜所依赖之人，都是本院的僧众，因此，特预先立下以下戒约给众僧徒。

约曰：我在则事体在我①，人之敬慢亦在我④。我若有德，人则敬我，汝等纵不德，人亦看不见也。我若无德，人则我慢③，纵汝等真实有德，人亦看不见也。所系皆在我，故我只管得我立身无愧耳。虽不能如古之高贤，但我青天白日心事④，人亦难及，故此间大贤君子，皆能恕我而加礼我。若我死后，人皆唯尔辈之观矣⑤，可复如今日乎？且汝等今日亦自不暇：终年修理佛殿，塑像诵经，铸钟鞔鼓⑥，并早晚服事老人。一动一息，恐不得所⑦，固忙忙然无有暇刻矣⑧。今幸诸事粗具，塔屋已成⑨，若封塔之后⑩，汝等早晚必然守塔，人不见我，只看见汝，则汝等一言一动可苟乎哉！汝等若能加谨僧律，则人因汝敬，并益敬我，反思我矣。不然，则岂但不汝敬，将我此龙湖上院即同兴福等寺应付僧一样看了也⑪。其为辱门败种，宁空此院，置此塔⑫，无人守护可矣。

【注释】

①事体：事情，事理。

②慢：轻视，侮慢。

③我慢：慢我，对我不尊、轻视。

④青天白日：比喻人的思想和行为高尚纯洁。

⑤"人皆"句：意为人们都看着你们这些人的言行。

⑥鞔（mán）鼓：张革蒙鼓。把皮革绷紧，固定成鼓面。

⑦得所:得到安居之地。

⑧暇刻:空闲的时间。

⑨塔屋:佛塔,指李贽在芝佛院佛殿后盖的藏骨之塔。(见卷二《又
　　与周友山书》)

⑩封塔:尸骨藏于塔屋内封闭。

⑪龙湖上院:指李贽居住的龙潭湖芝佛院。上院,对寺院的敬称。
　　兴福寺:在麻城南三十五里。应付僧:指专门到寺外以应付佛事
　　而求得财物为生的僧人。

⑫置:废弃,舍弃。

【译文】

　　戒约如下:我活在世上寺院的一切事务都会集中在我身上,人们敬
重我或轻视我都在于我自身的作为。我若德高望重,人们自然敬重我,
你们就是不注重道德修养,人们也看不见。我若缺乏道德修养,人们自
然会轻视我,你们纵然很注意道德修养,人们也不会注意。这一切事务
都在我身上,所以我立身处世都要无所愧疚。我虽不如古之高贤,但我
的所作所为纯洁无私,一般人难以企及,所以这里的大贤君子,对我都
很宽恕有礼。我死后,人们都会看你们这些人的言行了,是否能像我在
世时一样?你们现在都很忙碌:要修理佛殿,要塑像诵经,要张革蒙鼓,
还要早晚服侍我这样的老人。杂事不断,难得安居,终日忙忙少有空
闲。好在现在诸事已粗具,塔屋已建成,封塔之后,你们早晚必然守塔,
人们看不见我了,只能看见守塔的你们,因此,你们的言行不能随随便
便,马马虎虎!你们若能更加严谨地遵守佛教戒律,那么人们就会因为
你们对戒律的尊敬,就更加敬重我,思念我。否则,不但他们不敬重你
们,也会把我们龙湖上院和兴福寺那些一心到寺外去求得财物的应付
僧一样看待了。要是这样败坏门风,那就宁愿空设龙湖上院,废弃藏骨
之塔,无人守护就是了。

吾为此故，豫设戒约，付常融、常中、常守、怀捷、怀林、怀善、怀珠、怀玉等①。若余几众②，我死后无人管理，自宜遣之复还原处，不必强也。盖年幼人须有本师管辖③，方可成器；又我死后势益淡薄，少年人或难当抵也④。若能听约忍饥和众⑤，则虽十方贤者⑥，亦宜留与共聚，况此数众与下院之众乎⑦？第恐其不肯或不能⑧，是以趁早言之。

【注释】

①常融……怀玉等：均为芝佛院僧人。

②几众：为数不多的僧徒，小和尚。

③本师：佛教徒对释迦牟尼的尊称，意为根本的教师。一般也指所从授业的老师。

④当抵：对付，抵挡。

⑤和众：僧众。

⑥十方贤者：指外来僧人。

⑦数众：即上文所说的"几众"。下院：僧寺的分院。

⑧第：只。

【译文】

我因为这个缘故，特预先立下戒约，给常融、常中、常守、怀捷、怀林、怀善、怀珠、怀玉等。其他小僧徒，我死后无人管理，应该将他们遣返回家，但也不必勉强。年幼僧徒须要有授业老师的管辖，才可以成器；但我死后寺院授业老师力量淡薄，小僧徒难以对付。如若能听从戒约忍苦耐劳的僧众，虽是外来僧人，也应该相留共聚，何况本院的小僧徒与僧寺分院的僧徒呢？只是怕他们不肯或不能听从戒约，因此趁早说明白。

一、早晚功课

【题解】

功课，佛教徒称每日按时诵经念佛为做功课。

　　具上院《约束册》中①，不复再列。

【注释】

①《约束册》：指《告佛约束偈》，见该文题解。

【译文】

早晚功课都写在上院的《约束册》中，不再重复。

一、早晚山门

【题解】

山门，佛寺的大门。此戒约对山门的开闭作了细致的说明。

　　山门照旧关锁，非水火紧急，不得擅开；非熟客与檀樾为烧香礼拜来者①，不得擅开。若为看境而来，境在湖上之山，潭下之水，尽在上院山门之外②，任意请看，不劳敲门与开门也。远者欲做饭吃，则过桥即是柳塘先生祠③，看祠有僧，来客可办柴米，令跟随人役烧茶煮饭，彼中自有锅灶，亦不劳扣门矣。何也？山僧不知敬客礼数，恐致得罪耳。

【注释】

①檀樾(yuè)：梵语音译，意译为施主。寺院僧人对施舍财物者的

尊称。

②"境在"三句:指龙潭湖山水。据袁宗道《龙湖记》:"龙湖一云龙潭,去麻城三十里。万山瀑流,雷奔而下,与溪中石骨相触,水力不胜石,激而为潭。潭深十余丈,望之深青,有如龙眠。而土之附石者,因而夤缘得存,突兀一拳,中央峙立。青树红阁,隐见其上,亦奇观也。潭右为李宏甫精舍,佛殿始落成,倚山临水,每一纵目,则光黄诸山森然屏列,不知几万重。"(《白苏斋类集》卷一四)周思久《钓台记》:"去家二十里而近有湖,前瞰龟岭,后枕玉山,左右重冈,抱若城郭,盖胜境也。有石形类大龟蹲水心,横三丈许,纵倍之。居士(周思久)结茆(茅)其上,覆土竹为门径,杂以花卉。湖每遇雨,涨水激石怒号,如喷雪溅珠,咫尺不闻人声。适流减浪平,鸥浮鱼跃,居士则载酒棹一叶舟,歌渔父辞,极所往而后返。人望之者,以为仙岛也。"(乾隆《麻城县志》下卷三)可见当时的龙潭湖及钓台确是一处美景。

③柳塘先生祠:指周思久在龙潭湖南岸的家祠龙湖寺。周思久,字柳塘,麻城(今湖北麻城)人。周思敬之兄。嘉靖三十二年(1553)进士,曾官琼州(今海南省)知府。晚年筑室龙潭湖,自号石潭居士。工诗,善书。与李贽、耿定向都有来往。著有《石潭集》《求友录》《柳塘遗书》等。《黄州府志》卷一九,《湖北通志》卷一五一,《麻城县志》康熙版卷七、乾隆版上卷一五、光绪版卷一八、民国版《前编》卷九等有传。

【译文】

山门依原来的规定关锁,除非遇到水火之灾的紧急情况,不要随意打开;不是熟客与施主为烧香礼拜而来之人,也不得随意打开。如若有人为看风景而来,景在湖上之山,潭下之水,都在上院山门之外,请任意看,不必敲门与开门。远来之人想做饭吃,过桥即周思久先生的龙湖寺的家祠,家祠有看守僧徒,可以给来客备办柴米,让跟随之人烧茶煮饭,锅灶具备,也用不着开山门。为什么要这样戒约呢? 担心山中僧徒不知敬客礼数,招待不当以致得罪人就不好了。

一、早晚礼仪

【题解】

礼仪,礼节和仪式。此文对僧众的礼佛静坐与外出进行了戒约。

除挑水舂米作务照常外①,其余非礼佛即静坐也②,非看经即经行念佛也③。俱是整顿僧衣与接客等矣,岂可效乡间老以为无事,便纵意自在乎? 与其嬉笑,无宁耻眂④,此实言也。其坐如山,其行如蚁,其立如柱,其止如钉,则坐止行立如法矣。我既不自慢,人谁敢谩我? 有饭吃饭,无饭吃粥;有银则籴,无银则化⑤。化不出米,则化出饭;化不出饭,则化出粥;化不出粥,则化出菜;化不出菜,则端坐而饿死。此释迦律仪也⑥。不法释迦而法积攒俗僧⑦可乎? 此时不肯饿死,后日又不饱死不病死乎? 总有一日死,不必怕饿死也。

【注释】

①作务:劳作,服役。

②礼佛:顶礼于佛,拜佛。静坐:排除杂念,闭目安坐。学道学佛人的一种修养方法。

③经行:在一定地方旋绕往来或径直来回。佛教徒作此行动,为防坐禅而欲睡,或为养身疗病,或表示敬意。

④耻眂(jié):静心养神。眂,蒙眬欲睡的样子。

⑤化:化缘,募化。向人求布施。

⑥释迦:释迦牟尼。律仪:僧侣遵守的戒律和立身的准则。

⑦积攒:积聚,积蓄。这里指积聚财物。

【译文】

除了日常的挑水舂米劳作外,其他时间或拜佛或静坐,或者在漫步中以念佛而表敬意。这一切都要僧衣整洁如同接待宾客,难道能像乡下老人那样闲暇无事,就随随便便吗?只是嬉嬉笑笑,不如静心养神,这是实在的嘱告。坐姿要像山一样安稳,行走要像蚂蚁一样直前,站立要像柱子一样挺直,止步要像钉上一样纹丝不动,这样坐止行立都符合法则了。我自己很有礼貌,他人谁还能慢待我?有饭吃饭,没饭吃粥;有钱就买米,没钱就化缘。化缘得不到米,争取化点饭;化不到饭,争取化点粥;化不到粥,争取化点菜;菜也化不到,那就端坐饿死。这就是佛祖释迦牟尼所立的戒律和仪则。不遵守释迦佛祖的戒律和仪则却学那些只知积蓄财物的俗僧,怎么可以呢?此后不愿因化缘不得而饿死,日后不也逃不脱死亡这一最终归宿呢?总有一天要死,因此,饿死也没有什么可怕。

既不怕饿死,又胡为终日驰逐乎?是故不许轻易出门。除人家拜望礼节与僧家无干,不必出门往看外,若称要到某庵某处会我师父或师兄师弟者,皆不许,只许师父暂时到院相看,远者留一宿,近者一饭即请回。若俗家父母兄弟,非办斋不许轻易入门相见。若无故而时常请假,欲往黄柏山①,欲往东山②,欲往维摩庵等处者③,即时驱遣之去。宁可无人守塔,不可容一不守戒约之僧④;宁可终身只四五众,不可妄添不受约一人。夫既不许到师父住处矣,况俗家乎?如此则终日锁门,出门亦自希矣。不但身心安闲,志意专一,久则自觉便宜,亦不耐烦见世上人矣。有何西方不可到,大事不可明乎?试反而视世间僧日日邀游街市,当自汗流羞耻之。化他日之钱米,养不惜羞之和尚,出入公私之门⑤,装饰狗脸之行,与衙门口积年奚殊也⑥!彼为僧如是,我为僧不如是,不但修行所宜,体面亦自超越,起人敬畏,何苦而不肯闭门静坐乎?

【注释】

①黄柏山:即黄蘗山。在湖北麻城东北,河南商城西南。万历间僧无念曾在此开山建寺。

②东山:在湖北黄梅县,上有东山寺。因五祖弘忍创立,又名"五祖寺"。禅宗六祖慧能曾在此寺学道。

③维摩庵:在麻城县城中。万历十三年(1585),李贽离开黄安,徙居麻城,先住周思久女婿曾中野家。后由周思敬出资买下两家民居,改建成维摩庵,供李贽居住。李贽曾在此庵住三年多,并"落发"以示"异端"之名。

④戒约:戒律。禁止教徒不当行为的法规。

⑤公私之门:官府和权贵私宅。

⑥"与衙门"句:意为与那些整日在衙门口巴结官府以求一己私利的人有什么不同。积年,多年,累年。

【译文】

既然不怕饿死,为什么又要终日奔波呢?因此不允许轻易外出。人家礼尚往来互相拜望与僧徒又没有关系,更不必出门去观看。如若说要到外面去是为了与师父或师兄师弟相聚会,那也不许,只许师父到芝佛院来相见,远者可留宿一晚,近者吃饭后即请回去。如若是出家前的父母兄弟,除非是办理斋事也不许轻易入门相见。如若无原因却时常请假,说要去黄柏山法眼寺,要去东山五祖寺,或者要去维摩庵等,那就让他离开芝佛院。宁可无人守塔,也不能容忍一个不守戒律的僧徒;宁可只有四五僧众,也不可随意增加一个不守戒律之僧。既然师父处都不许随便去,何况世俗之家呢? 这样终日锁门,外出自然少了。如此则不但身心安闲,志意专一,久成习惯,自然觉得方便适宜,也就不觉得不与世人相见而有什么烦闷了。如能如此,想化身到西方有何难,有什么事理不可解? 反之,看看世间那些日日遨游街市的世间俗僧,自然会感到羞耻流汗。为了化缘日后的钱米,养这些不知羞耻的和尚,出入官府和权贵之门,一副祈求狗脸之行色,这不和那些整日在衙门口巴结官府以求一己之私的人一样吗! 有的僧人就是这样,我们则不能这样,我们出家学佛修养品德就应该遵守戒律,这样名声高超,使人们敬畏,为什么不愿闭门静坐呢!

　　既终日闭门,亦自然无客,万一有仕人或乡先生来①,不得不开门者,彼见我如此,亦自然生渴仰矣,虽相见何妨耶? 接乡士夫则称老先生②,接春元及文学则称先生③,此其待之者重矣。若称之以老爹相公,反轻之耳。且既为佛子④,又岂可与奴隶辈同口称声耶? 我自重,人自重我;我自轻,人亦轻我:理之所必至也。闭门静坐,寂然无声,终年如此,神犹钦仰,何况于人? 太上出世为真佛⑤,其次亦不为世人轻贱,我愿足矣。区区藏尸塔屋⑥,有守亦可,无守亦可,何足重乎! 若本县经过有公务者,自有下院众人迎接⑦,非守塔僧所当闻。若其真实有高兴欲至塔前礼拜者,此佛子也,大圣人也,急宜开门延入,以圣人待之,烹茶而烧好香,与事佛等⑧,始为相称。迎送务尽礼:谈佛者呼之为佛爷;讲道学者呼之为老先生;不讲学不谈佛,但其人有气概欲见我塔者,则呼之为老大人。五众齐出与施礼⑨,三众即退而办茶⑩,唯留常融、怀林二人安客坐而陪之⑪:融隅坐⑫,林傍坐,俱用漆椅,不可用凳陪客坐也。有问乃答,不问即默,安闲自在,从容应对,不敢慢之,不可敬之。敬之则必以我为有所求,甚不可也。

【注释】

①仕人:仕宦之人,为官者。乡先生:过去对辞官居乡或在乡任教老人的尊称。

②乡士夫:居乡的士大夫。

③春元:不详。文学:原为官名,指各州府所设专门向读书人传授儒家经典的学官。唐初称经学博士,德宗时改称文学,宋以后废。这里泛指从事儒学教育的教官。

④佛子:佛门弟子。佛教认为受佛戒的众生必当作佛,故称“佛子”。此处指僧人。

⑤太上:最上,最高。

⑥藏尸塔屋:即塔屋。见《小引》第二段注⑨。

⑦下院:僧寺的分院。

⑧事佛:供奉佛。事,供奉,侍奉。

⑨五众:佛教指出家的五种信徒:一是比丘,指出家后受过具足戒(佛教为比丘、比丘尼所受的戒律,因与沙弥、沙弥尼所受“十戒”相比,戒品具足,故称)的男性僧侣。二是比丘尼,指出家后受过具足戒的女性僧侣,俗称“尼姑”“尼”。三是式叉摩那(梵文音译,意译为“学戒女”“学法女”等),指年满二十而未受具足戒的女性。四是沙弥,指七岁以上、二十岁以下受过十戒的出家男子。五是沙弥尼,指七岁以上、二十岁以下受过十戒而未受具足戒的出家女子。

⑩三众:五众中的三众。据下句看,指比丘尼、式叉摩那、沙弥尼三位女性。

⑪常融、怀林：都是龙潭湖芝佛院的和尚。

⑫隅(yú)坐：座位的侧边。

【译文】

既然整日闭门，自然无客，万一有官员或辞官乡居的士大夫来，不得不开门，他们见我们这样，自然会表示出仰慕，就是相见也无妨。接待居乡的士大夫要称老先生，接待春元和教官要称先生，表示对他们的尊重。如若称他们老爹、相公，反而觉得轻视了。我们既然是佛门弟子，哪能像一般人那样随便称呼人呢？我们自己对人尊重，人们自然也会尊重我们；我们自己轻率，人们自然也不会尊重我们：这是必然的道理。闭门静坐，寂然无声，常年如此，神都景仰，何况人呢？最高出世为真佛，其次也不被世人所轻贱，我就满足了。小小的藏尸塔屋，有人守也可以，无人守也可以，何必那么看重！若是本县有公务者经过，自有分院众人迎接，守塔僧人不必过问。若有真心实意到塔前礼拜者，那是真佛子，那是大圣人，应该急忙开门请进，像圣人一样招待，并要烹茶而烧好香，与供奉佛事一样，这样才符合情理。迎送来客一定要符合礼节：谈佛者称之为佛爷；讲道学者称之为老先生；不讲学不谈佛，但其人有气节想见我塔者，则称之为老大人。五种信徒一齐出来施礼，施礼后其中三众退而办茶，只留常融、怀林二人坐而陪客：常融坐在侧边，怀林坐在旁边，都用漆椅，不可用条凳陪客而坐。有问即答，不问不言，安闲自在，从容应对，不要慢待，也不要特别恭维。特别恭维会被认为有求于他，这是非常不合适的。

一、早晚佛灯

【题解】

该文对日月灯作了解释，佛既像日月，又像明灯，常明常亮，所以称之为日月灯明佛。

　　夫灯者所以继明于昼夜,而并明于日月者也。故日能明于昼,而不能照重阴之下①;月能明于夜,而不能照殿屋之中。所以继日月之不照者,非灯乎? 故谓之曰日月灯明佛②,盖以佛譬日月灯,称佛之如灯如日月也。日月有所不照,唯灯继之,然后无所不照,非谓日月可无而灯独不可无也。今事佛者相沿而不知其义,以为常明灯者但是灯光③,而不复论有日月,乃昼夜然灯不息④,则日月俱废矣。非但月为无用之光,而日亦为无益之明矣。故今只令然灯于夜,昼则不敢然,以佛常如日也。只令然灯于晦⑤,望之前后十余夜即不敢然⑥,以佛之常如月也。唯邻晦朔前后半余月⑦,然灯彻旦,以佛之常如灯也。则允矣⑧,足称日月灯明佛矣。

【注释】

①重阴:地下。

②日月灯明佛:佛名。以日月灯明比喻佛光。意为佛光在天如日月,在地如灯。《法华经》:"世尊放眉间白毫相光,照东方万八千世界。而弥勒发问,文殊决疑,以为日月灯明,佛本光瑞如此。"

③常明灯:又名长明灯,即佛像前的琉璃灯,昼夜常明。

④然:通"燃"。

⑤晦:阴历每月的最后一天。

⑥望:阴历每月十五(有时为十六日或十七日)叫"望"。地球运行到太阳与月亮之间,当月亮和太阳的黄经相差一百八十度,太阳从西方落下,月亮正好从东方升起之时,地球上看见的月亮最圆满,这种月相叫"望"。

⑦朔:阴历每月的第一天。

⑧允：得当。

【译文】

灯是为白日黑夜之间无光之时照明所用的，和日月一样发挥其照明之光。太阳能照明于白日，却不能照到地下阴处；月亮能照明于暗夜，却不能照明于殿屋之中。所以能以继日月照不到而又能有光亮的，不就是灯吗？因此称之为日月灯明佛，那是以佛譬喻日月灯，佛就如能照亮白昼与黑夜的日月灯。日月照不到之处，灯则继之照亮，而后就处处可照，但这并不是说可以没有日月而只有灯就可以了。现今事佛之人沿习着这一观念却不知其真正含义，认为长明灯就是昼夜常明之光，而不论及日月，所以昼夜燃点不息，而把日月之光都废弃了。不但认为月为无用之光，而且日光也成为无益之明。现在只在晚上点灯，白天则不点，因为佛就如同白日的太阳。只在每月的最后一天点灯，每月十五前后十多个晚上就不再点灯，因为佛就如同月亮一样照明了。在晦朔前后半月间，彻夜点灯，则表示佛就如常明之灯。这样的认识是正确的，所以称为日月灯明佛。

一、早晚钟鼓

【题解】

这里说的是寺院的钟鼓，但对钟鼓声威的描绘，对"声音之道原与心通"的论说，都具有深刻的感发启示作用。文字的潇洒纵横，典实的引用无迹，不但与所论的内容相契合，而且极富艺术感染力，令人有一种审美陶醉的愉悦。

夫山中之钟鼓，即军中之号令，天中之雷霆也。电雷一奋①，则百谷草木皆甲坼②；号令一宣，则百万齐声，山川震沸。山中钟鼓，亦犹是也。未鸣之前，寂寥无声③，万虑俱息④；一鸣则蝶梦还周⑤，耳目焕然，改观易听矣⑥。纵有杂念，一击遂忘；纵有愁思，一搉便废；纵有狂志悦色⑦，一闻音声，皆不知何处去矣。不但尔山寺僧众然也，远者近者孰不闻之？闻则自然悲仰⑧，亦且回心易向⑨，知身世之无几⑩，悟劳攘之无由矣⑪。然则山中钟鼓所系匪鲜浅也⑫，可听小沙弥辈任意乱敲乎⑬？轻重疾徐，自有尺度：轻能令人喜，重能令人惧，疾能令人趋，徐能令人息，直与军中号令天中雷霆等耳，可轻乎哉！虽曰远近之所望而敬者僧之律行⑭，然声音之道原与心通，未有平素律行僧宝而钟鼓之音不清越而和平也⑮。既以律行起人畏敬于先，又听钟鼓和鸣于清晨良宵之下。时时闻此，则时时熏心⑯；朝朝暮暮闻此，则朝朝暮暮感悦⑰。故有不待入门礼佛见僧而潜修顿改者⑱，此钟鼓之音为之也，所系诚非细也。不然，我之撞钟击鼓，如同儿戏，彼反怒其惊我眠而聒我耳⑲，反令其生噪心矣。

【注释】

①奋：震动。

②"则百谷"句：语本《周易·解》："雷雨作而百果草木皆甲坼。"甲坼(chè)，谓草木发芽时种子外皮裂开。甲，草木种子的外皮。坼，裂开。

③寂寥：寂静。

④虑：思虑。

⑤蝶梦还周：睡醒后觉悟之意。即"庄周梦蝶"，典出《庄子·齐物论》："昔者庄周梦为(梦见自己变为)胡蝶，栩栩然胡蝶也。自喻(愉)适志与(邀游各处悠然自在)！不知周也。俄然觉，则遽遽

然(僵卧之样)周也。不知周之梦为胡蝶与,胡蝶之梦为周与?"
后来称梦为"蝶梦"。

⑥改观易听:视、听都有所改变,更新。

⑦狂志:狂妄的志趣。悦色:令人愉悦之色。这里指好色之想。

⑧悲:悲伤。仰:敬仰。

⑨回心易向:回心转意,改变方向。

⑩无几:没有多少时候。

⑪劳攘:劳碌争逐。

⑫所系匪鲜浅:关系不小。匪,非。鲜,少。

⑬沙弥:初出家的男佛教徒。

⑭律行:指僧徒持守戒律的行为。

⑮律行僧宝:持守戒律的僧人。僧宝,佛教三宝(佛、法、僧)之一,
原指僧团,后泛指继承、宣扬佛教教义的僧众。清越:清脆悠扬。

⑯熏心:陶冶心性。

⑰感悦:感动喜悦。

⑱潜修:专心修行。顿改:立即悟改。

⑲聒(guō):声音吵闹。

【译文】

山寺中的钟鼓,就如同军中的号令,天空的雷霆。电闪雷震,百谷
草木就要发芽生长;号令一响,百万军士齐声呐喊,山川震沸。山寺中
的钟鼓,也是这样。未响之前,寂静无声,万念俱息;钟鼓一响,则猛然
醒悟,耳目清新,视听明朗。即使有杂念,听到钟鼓一击就会忘却;即使
有愁思,听到钟鼓一打就会消逝;即使有狂妄之志好色之想,一听到钟
鼓之声,也都会荡然无存。不但山寺众僧是这样,就是远近之人谁听不
到呢?听到这钟鼓之声自会产生悲伤或敬仰之情,而且会思考人生的
所为,身世的短暂,劳碌争逐的无意义。由此可知,山寺中的钟鼓关系
重大,怎么能让小僧徒随意乱敲呢?钟鼓之声的轻重快慢,都有一定的

尺度：轻则令人欢喜，重则令人恐惧，快则令人心急，慢则令人宁静，与军中的号令和天空的雷霆一样，不可轻视！虽然远近人们所关注和景仰的是僧徒持守戒律的行为，但是声音之道与心性修养相通，没有平素持守戒律的僧徒击发的钟鼓之声不是悠扬平和的。既然能以持守戒律的行为引起人们的敬畏，又能使之在清晨良宵之时听到钟鼓的和鸣。时时听到钟鼓之声，则时时陶冶心性；清晨傍晚听到钟鼓之声，则清晨傍晚都感动喜悦。所以有人虽没有礼佛见僧却能专心修行或有过即改，都是听到山寺的钟鼓之声而感悟的结果，因此山寺的撞钟击鼓都是很严肃的礼仪。如若不是这样，把此当作儿戏随意撞击，人们就会因为这嘈杂的闹声影响了他们的安宁而发怒，反而使他们产生一种烦躁之心。

一、早晚守塔

【题解】

李贽在芝佛院曾建一小塔，作为逝世后藏尸骨之用，称"藏骨塔"。此篇在对守塔事项嘱咐的同时，对人生、修行、礼佛等都有精辟的论述，其中对与周友山的友情的称赞，对梅澹然虽为女身却是超脱世人的大丈夫的评说，都具有深刻的意义。李贽在该篇的最后说："以上虽说守塔事，而终之以修净土要诀，盖皆前贤之所未发，故详列之，以为早晚念佛之因。"很有助于对此篇的理解。

封塔后即祀木主①，以百日为度②，早晚俱烧香，唯中午供饭一盏，清茶一瓯③，豆豉少许④，上悬琉璃⑤。我平生不爱人哭哀哀，不爱人闭眼愁眉作妇人女子贱态。丈夫汉喜则清风朗月，跳跃歌舞，怒则迅雷呼风，鼓浪崩沙，如三军万马，声沸数里，安得有此俗气，况出家人哉？且人生以在世为客,以死为归。归家则喜而相庆,亦自谓得所而自庆也,又况至七八十而后归,其为庆幸,益以无涯,若复有伤感者,是不欲我得所也,岂出家人之所宜乎? 古有死而念佛相送,即今人出郭作歌送客之礼⑥,生死一例。苟送客而哀兴,岂不重难为客耶! 客既不乐,主人亦何好也? 是以再四叮咛,非怕汝等哭也,恐伤我归客之心也。唯当思我所嗜者。我爱书,四时祭祀必陈我所亲校正批点与纂集抄录之书于供桌之右⑦,而置常穿衣裳于供桌之左,早陈设,至晚便收。每年共十三次祭祀,虽名为祭祀,亦只是一饭一茶一少许豆豉耳。但我爱香,须烧好香;我爱钱,须烧好纸钱;我爱书,须牢收我书,一卷莫轻借人,时时搬出日头晒晒,干便收讫。虽庄纯甫近来以教子故⑧,亦肯看书,要书但决不可与之。且彼亦不知我死,纵或于别处闻知我死而来,亦不可与以我书。

【注释】

① 封塔:尸骨藏于塔屋内封闭。李贽在芝佛院近旁建有塔屋。木主:木制的神位,又称神主,俗称牌位。上面书写死者姓名以供祭祀。

② 度:限。

③ 瓯(ōu):盂类瓦器,用来酌酒饮茶。

④ 豆豉(chǐ):用豆子制成的食品。

⑤ 琉璃:指玻璃灯。宋叶适《赵振文传借琉璃灯铺写山水人物一烛发明百巧呈露画师精妙者不能过也》诗:"古称净琉璃,物现我常寂。"

⑥ 郭:外城。古代在城的外围加筑的一道城墙。

⑦四时:春夏秋冬四季。

⑧庄纯甫:纯甫,一作"纯夫",名凤文,泉州人。李贽的女婿。

【译文】

　　我的尸骨封塔之后就祭祀神主牌位,以一百天为限,早晚都烧香,只有中午则供饭一碗,清茶一杯,少量豆制食品,上面悬挂琉璃灯。我平生不喜欢人哭哭哀哀,不喜欢人们愁眉苦脸作那种妇人的平庸脸色。大丈夫高兴时喜欢的是清风朗月,跳跃歌舞;怒时如迅雷呼风,鼓浪崩沙,如三万军马,声震数里,怎么能有那种哭哭哀哀愁眉苦脸的俗气,何况又是出家人呢? 人生在世不过就是一个过客,而后死去才是归家。归家是值得高兴喜庆之事,应该因得其所而自己庆贺,何况长寿到七八十岁而后归家,更应加倍庆贺,如若有人为此而悲伤,那是不想让我归家么,这难道是出家人应有的观念吗? 古时人死后会念佛偈为之送行,就像现在有人外出亲友作歌相送之礼,生和死都一样。如若送客之时你很悲哀,不是使客人也极为难受么! 客人很难受,主人心中怎么会愉悦呢? 所以我再三叮咛,不是怕你们哭,怕的是伤了我归家之心。你们应当想一想我喜欢什么。我喜欢书,春夏秋冬祭祀时,一定要把我校正批点与汇编抄录的书放在供桌的右边,把我常穿的衣服放在供桌的左边,早上摆放,晚上收起。每年共有十三次祭祀,虽说是祭祀,也不过一饭一茶少量的豆制食品而已。但我喜欢香,你们要烧好香;我喜欢钱,你们要烧好纸钱;我喜欢书,你们要把我的书收存好,一卷也不要轻易借给他人,而且要常常搬出来晒晒太阳,晒干就收存起来。假若庄纯甫来以教育孩子为理由要看书,可以看,但绝对不可把书给他。况且他也不知道我死了,假若从别处听到我死的消息而来,也不可把我的书给他。

　　李四官若来①,叫他勿假哭作好看,汝等亦决不可遣人报我死,我死不在今日也。自我遣家眷回乡,独自在此落发为僧时,即是死人了也②,已欲他辈皆以死人待我了也。是以我至今再不曾遣一力到家者③,以为已死无所用顾家也。故我尝自谓我能为忠臣者,以此能忘家忘身之人卜之也④,非欺诞说大话也⑤。不然,晋江虽远⑥,不过三千余里,遣一僧持一金即到矣,余岂惜此小费哉?不过以死自待,又欲他辈以死待我,则彼此两无牵挂:出家者安意出家,在家者安意做人家。免道途之劳费,省江湖之风波,不徒可以成就彼,是亦彼之所以成就我也。何也?彼劳苦则我心亦自愁苦,彼惊惧则我心亦自疑惧;彼不得安意做人家,我亦必以为使彼不得做人家者我陷之也。是以不愿遣人往问之。其不肯遣人往问之者,正以绝之而使之不来也。庄纯甫不晓我意,犹以世俗情礼待我,今已到此三次矣。其家既穷,来时必假借路费,借倩家人⑦,非四十余日不得到此,非一月日不好遽回,又非四五十日未易抵家。审如此⑧,则我只宜在家出家矣,何必如此以害庄纯甫乎?故每每到此,则我不乐甚也,亦以使之不敢复来故也。既不肯使之来此,又岂肯遣人往彼乎?一向既不肯遣人往彼,今日又岂可遣人往彼报死乎?何者?总之我死不在今日也。我死既不在今日,何为封塔而乃以死待我也?则汝等之当如平日又可知也。待我如平日,事我如生前,言语不苟,行事不苟,比旧更加谨慎,使人人咸曰龙湖僧之守禁戒也如此,龙湖僧之不谬为卓吾侍者也又如此,其为喜悦我也甚矣,又何必以不复见我为苦而生悲怆也?我之形虽不可复见,而我心则开卷即在矣。读其书,见其人,精神且千万倍,若彼形骸外矣,又何如我书乎？况读其豫约，守其戒禁，则卓吾老子终日对面，十目视之无有如其显^⑨，十手指之无有如其亲者，又何必悲恋此一具瘦骨柴头，以为能不忘老子也耶？勉之戒之！

【注释】

①李四官：疑为李贽嗣子（过继的儿子）贵儿的孩子，李贽的嗣孙。

②死人：这里的意思是，"自落发为僧"后，即与亲友"彼此两无牵挂"，永绝"世俗情礼"。

③一力：一个仆人。

④卜：推断，预料。

⑤欺诞：虚夸骗人。

⑥晋江：今福建泉州。

⑦借倩：借助。倩，请，恳求。

⑧审：知道。

⑨十目视之：与下句"十手指之"，语本《大学》，原文是"十目所视，十手所指"。意为即使在独处时，也有许多双眼睛在注视着你，有许多只手在指点着你。表示监督的人很多，不允许做坏事，做了也隐瞒不住。这里李贽借用来说明自己仍然活在人们中间。

【译文】

如若李四官来了，叫他也不要假哭以表示对我的悼念，你们更不要把我的死讯告诉他，因为我早就死了。自从我把家眷送回家乡，独自一人在此落发为僧，那时已经是与亲友永绝世情的死人了，也希望他人像对待死人那样看我就行了。因此这么多年我都没有让一个仆人回老家看望，我把自己看作已死之人不用关心家中之事了。因此我曾说我可以做一个忠臣，是从我可以忘家忘身而得出的结论，并不是随意说说大话而骗人。不然，晋江虽远，也不过三千多里，派一僧人带点货币就可以到达，我难道在乎这点费用吗？不过我已把自己看作死人，也想让他人以死人看我,这样彼此都无牵挂:我出家在外一心出家,在家之人也安心无挂。免去来往道路的劳累与费用,避开了路途上风风雨雨的危险,不仅可以使家人安心,家人也可以减少对我的挂念。为什么?如若家人劳苦我心里必然也愁苦,家里人总是担心害怕我自然也疑虑忧心;这样家人不安愁苦,那一定是因为我的缘故是我害他们了。所以我不愿派人去问候。我所以不派人去问候,也是使家人不要因为挂念来看我。庄纯甫不懂得我的这种想法,仍以世俗情礼待我,已经来了三次了。他家中贫困,来时必然得借路费,恳求他人,没有四十多天到不了这里,在这里最少得住一个来月,返乡又得四五十日才能到家。早知道这样,我就应该在家乡出家,何必来此而给庄纯甫添这么多麻烦呢?所以庄纯甫每次来看我,我都很不高兴,为了使他以后不敢再来。既然不肯让庄纯甫来此,又怎么能派人去看望他们呢?既然从来不派人去看望他们,我死后又怎么可以派人去报丧呢?为什么?因为我并不是今日才死。我既然不是今日才死,何必待我死后尸骨封塔时才认为我死了?你们要像平常一样待我。待我如平日,事我如生前,说话不随便,做事不马虎,比以前更加谨慎,这样人们都会说龙湖寺的僧人能这样遵守戒律,真不愧为李卓吾的侍从,那我该是多么高兴,又何必因为我已死去而悲哀痛苦呢?我的形体虽不能再见,而我的心性思想就在我的著作中。你们读我的书,就如见到我一样,精神会千万倍地充实,而形体只是外在之相,哪能像我的书一样寄托着思想精神?况且读了这些豫约,严守着佛家的戒律,那就如与我整日面面相对,更如同许多眼睛看着你,许多只手指着你,又何必悲哀怀念我这一副瘦骨如柴的形体,而念念不忘呢?要努力,要谨慎!

　　我初至麻城,曾承庵创买县城下今添盖楼屋所谓维摩庵者①,皆是周友山物②,余已别有《维摩庵创建始末》一书寄北京与周友山矣③。中间开载布施事颇详悉,其未悉者又开具缘簿中④,先寄周友山于川中。二项兼查,则维摩庵布施功德主,亦昭昭可案覆而审⑤,不得没其实也。《创建始末》尚有两册:一册留龙湖上院为照;一册以待笃实僧能坚守楼屋静室者,然后当友山面前给与之。世间风俗日以偷薄⑥,不守本分,虽百姓亦难,何况出家之者。谨守清规⑦,莫乱收徒众以为能!纵不能学我一分半分,亦当学我一厘两厘,何苦劳劳碌碌,日夜不止也。在家之人,尚为有妻儿亲眷等,衣食人情,逼迫无措⑧;我出家人一身亦不曾出一丁银米之差⑨,若不知休,非但人祸,天必刑之⑩,难逃免也。周友山既舍此庵,不是小事。此庵见交银七十二两与曾、刘二家矣⑪,可轻视之欤!

【注释】

①曾承庵:麻城居士。李贽寓居麻城后新结识的友人。万历十三年(1588),曾承庵年仅四十岁病逝时,李贽写有《哭承庵》(《续焚书》卷五)以悼念友人。

②周友山:即周思敬。见《耿楚倥先生传》第五段注①。关于周友山出资建维摩庵,见前《早晚礼仪》第二段注③。

③《维摩庵创建始末》:今未见。

④开具:开列。缘簿:寺庙记载化缘的簿本。

⑤案覆:核实。审:详细,明白。

⑥偷薄:指社会风气浮薄,不敦厚。

⑦清规:佛教寺院规定信徒应守的规则。意为能对禅众起到清净作用,故名清规。

⑧无措:难以应付。

⑨一丁:形容极少极小。

⑩刑:罚。

⑪“此庵”句:当时周友山出资买下曾、刘二家民居,建成维摩庵。
　　见,现。

【译文】

　　我初到麻城时,曾承庵建置的城中盖有楼房的维摩庵,都是周友山出资所建,我写有《维摩庵创建始末》一书并寄给北京与周友山。其中对捐赠财物的情况有详细的记载,不清楚来源者也都记在化缘的账簿上,早些时也寄给了在四川的周友山。一查看这两方面的记载,给维摩庵布施财物的功德施主,就可以清清楚楚知道真实的情况了。《创建始末》还有两册:一册留在龙湖上院作为查看的依据;一册留给忠厚朴实能看守维摩庵楼房居室的僧徒,并当着周友山之面给他。如今世俗风气浮薄,不能安分守己,作一普通百姓都难,何况出家之人。所以要严格遵守寺院的戒规,不要以乱收徒弟以显其能! 纵然不能学我一分半分,也应当学我一厘两厘,没必要劳劳碌碌,白天黑夜不停。在家之人,因为有妻儿亲属等,衣食人情,都需要设法应对;而我们出家之人又没有什么差役,还不满足而有所贪求,那就不但召来人祸,而且天帝也必给以惩罚,都是难以避免的。周友山既然捐建了维摩庵,这不是小事。为建维摩庵,周友山又交曾、刘二家银七十二两购得他们的民居之地,这怎么可以轻视呢!

　　夫友山之所以敬我者,以我稍成一个人也①。我之所以不回家,不他往者,以友山之知我也。我自幼寡交,少知游。稍长,从薄宦于外②,虽时时有敬我者,然亦皮肤粗浅视我耳;深知我者无如周友山。故我不还家,不复别往寻朋友也,想行遍天下,亦只如此已矣。且友山非但知我,亦甚重我。夫士为知己死,何也? 知己之难遇也。今士子得一科第③,便以所取座主为亲爷娘④,终身不能忘;提学官取之为案首⑤,即以提学官为恩师,事之如事父兄:以其知己也。以文相知,犹然如此,况心相知哉!故天下未有人而不喜人知己者,则我之不归家又可知矣。今世不察,既以不归家病我,家中乡里之人,又以不归家为我病。我心中只好自问自答,曰:"尔若知我,取我为案首,我自归矣,何必苦劝我归也。"然友山实是我师,匪但知我己也。彼其退藏之密⑥,实老子之后一人⑦,我自望之若跂⑧,尤不欲归也。尔等谨守我塔,长守清规,友山在世,定必护尔,尔等保无恐也。

【注释】

①稍:稍微,略微。下文"稍长"的稍,逐渐之意。

②薄宦:卑微的官职。嘉靖三十五年(1556),李贽三十岁时,出任河南辉县教谕,开始了仕宦生活。

③科第:科考及第。科举有甲乙次第,故名科第。

④座主:唐宋时进士称主考官为座主,至明清,举人、进士亦称其本科主考官或总裁官为座主,或称座师。

⑤提学官:官名。宋代始设"提举学事司",长官称"提举学事",简称"提学"。掌所属州县学校和教育行政之事。明代正统元年(1436),特设提调学校官,称"提学道",或"提督学政",负责管理学校和教育行政。案首:明清时科举考试,县、府试及院试的第一名称案首。

⑥退藏之密:语本《周易·系辞上》:"退藏于密。"原意为让精微深邃的哲理退隐密藏起来,不露行迹,以表示其能包容万物。李贽借用来形容周友山的急流勇退,不与世争。

⑦老子:指老聃。老聃思想的重要特色,就是无为、无争。他在《老

子》中一再说:"夫唯不争,故无尤。"(第八章)"夫唯不争,故天下莫能与之争。"(第二十二章)"自是者不彰,自伐者无功,自矜者不长。"(第二十四章)"柔弱胜刚强。"(第三十六章)"挫其锐,解其纷,和其光,同其尘。"(第五十六章)"我无为,而民自化;我好静,而民自正;我无事,而民自富;我无欲,而民自朴。"(第五十七章)"以其不争,故天下莫能与之争。"(第六十六章)"不敢为天下先,故能成器长。"(第六十七章)"天之道,不争而善胜。"(第七十三章)

⑧跂(qǐ):语本《诗经·卫风·河广》:"跂予望之。"意为抬起脚后跟来张望。抬起脚后跟站着。

【译文】

周友山所以敬重我,那是因为觉得我已具有了独立的人格。我所以不回故乡,又不往别处,那是因为这里有真正知我的周友山。我从小不善于交往没有什么朋友。三十岁时,出任了河南辉县教谕,虽然常常有人对我很尊敬,但他们也只是表面肤浅的认识;真正了解我的则只有周友山。所以我不回故乡,也不再到他处交结朋友,我想走遍天下,也就是这样了。周友山不但对我有真正的了解,而且很看重我。士为知己者死,为什么?因为知己之友太难遇了。现今士子科考及第,就把主考官看作是亲爷娘一样,终生不忘;参加县府考试,被主考官取为第一名,就把主考官尊为恩师,对待他如同对待父兄:这都是因为知己之故。以文相知都能这样,何况像周友山对我以心相知呢!所以天下没有人不喜欢有知己之友,由此也就知道我为什么不回故乡了。有些人不了解其中的缘由,以不回故乡责备我,家乡的人们,又对我不回故乡产生不满。我心中只好自问自答,说:"你若了解我,取我为第一名,我自然就回去,何必苦苦劝我回去呢。"然而周友山真是我的老师,不只是知己而已。他那种急流勇退不与世争的精神,真是老子之后的第一人,我极其佩服,因此更不愿离开他而回故乡。你们要谨慎地看守我的藏骨塔,时时遵守寺院清规,周友山只要在世,必定会爱护你们,你们不必有什么担忧。

　　刘近城是信爱我者①，与杨凤里实等②。梅澹然是出世丈夫③，虽是女身，然男子未易及之，今既学道，有端的知见④，我无忧矣。虽不曾拜我为师，——彼知我不肯为人师也——然已时时遣人走三十里问法，余虽欲不答得乎？彼以师礼默默事我，我纵不受半个徒弟于世间，亦难以不答其请。故凡答彼请教之书，彼以师称我，我亦以澹然师答其称，终不欲犯此不为人师之戒也⑤。呜呼！不相见而相师，不独师而彼此皆以师称⑥，亦异矣！

【注释】

①刘近城：麻城人，曾跟随李贽多年。在《八物》中，李贽曾说："如杨定见，如刘近城，非至今相随不舍，吾犹未敢信也。直至今日患难如一，利害如一，毁谤如一，然后知其终不肯畔我以去。"

②杨凤里：即杨定见，号凤里。见《三大士像议》第三段注①。

③出世：超脱世人。

④端的：真正，确实。

⑤不为人师之戒：语本《孟子·离娄上》："人之患，在好为人师。"

⑥独师：特别为师。独，独特，特别。

【译文】

　　刘近城对我非常信任爱戴，与杨凤里一样。梅澹然是超脱世人的大丈夫，她虽是女身，然而比一般男子都突出，现今既然学道，并有真知灼见，我就很放心了。梅澹然虽然没有举行拜师之礼，——她知道我不肯为人师——但也常常派人走三十里来此问法，我虽然想不回答怎么可能呢？她既然暗暗以师待我，我纵然不收半个徒弟，也难以答谢她的诚心。所以对她有所请教的回信，她既以师称呼我，我也以澹然师回应她，这也就避免了孟子所说的"人之患在好为人师"了。唉！不相见而却互为师，不特别为师而还彼此以老师相称，与一般人也真不同了！

　　于澹然称师者，澹然已落发为佛子也。于众位称菩萨者，众位皆在家，故称菩萨也，然亦真正是菩萨。家殷而门户重①，即亲戚往来常礼，亦自无闲旷之期，安得时时聚首共谈此事乎？不聚而谈，则退而看经教②，时时问话，皆有的据③，此岂可以好名称之！夫即使好名而后为，已是天下奇男子所希有之事，况实在为生死起念，早晚唯向佛门中勤渠拜请者乎④？敬之敬之！亦以众菩萨女身也，又是有亲戚爱妒不等⑤，生出闲言长语⑥，不可耳闻也，犹然不一理会，只知埋头学佛道，作出世人，况尔等出家儿并无一事，安可不究心⑦，安可不念佛耶？

【注释】

①家殷：家庭富裕。门户重：家庭在社会上的地位重要。梅家是当时麻城的望族，故称。门户，犹门第。

②经教：经学的教戒。

③的据：确实可信的依据。

④勤渠：殷勤。

⑤爱妒：爱护和忌妒。

⑥长语：多余的话。与闲言义近。

⑦究心：专心研究。

【译文】

　　我称之为师的澹然，已经落发成为佛家弟子了。那些被称之为菩萨的,都在家中修行,所以称之为菩萨,她们是真正的菩萨。她们出身于名门望族,自然多有亲友的礼尚往来,难得闲暇,哪里能经常相聚而谈论佛事呢? 没有闲暇相聚,那就回家中学习经学的教戒,常常思考佛理,都取得真实可信的依据,这不能看作只是为了追求虚名! 就算她们是为了追求虚名而虔心信教,这也是天下奇男子很少能做到的,何况她们在认真思考着人生生死这样的大事,整日都心向佛门殷勤追求对这一人生大事的答案呢。这是非常可敬的! 这些菩萨都是女身,亲戚中有的爱护,有的忌妒,总会有些闲言流语,难以入耳,但她们并不去理会,只知埋头学佛道,做超脱世俗之人,何况她们出家后很少关心他事,怎能不专心研究佛理,一心念佛呢?

　　我有西方诀[①],最说得亲切,念佛求生西方者,须知此趣向,则有端的志气矣。不然,虽曰修西方,亦是一句见成语耳[②]。故念佛者定须看通了西方诀,方为真修西方之人。夫念佛者[③],欲见西方弥陀佛也[④]。见阿弥陀佛了,即是生西方了,无别有西方可生也。见性者[⑤],见自性阿弥陀佛也[⑥]。见自性阿弥陀佛了,即是成佛了,亦无别有佛可成也。故修西方者总为欲见佛耳,虽只得面见彼佛阿弥陀,然既常在佛之旁,又岂有不得见自己佛之理耶[⑦]? 时时目击,时时耳闻,时时心领而意会。无杂学,无杂事,一日听之,百日亦听之;一劫伴之[⑧],百万劫亦与之伴:心志纯一[⑨],再无别有往生之想矣[⑩],不成佛更何待耶? 故凡成佛之路甚多,更无有念佛一件直截不蹉者[⑪]。是以大地众生,咸知修习此一念也。然问之最聪明灵利肯念佛者,竟无一人晓了此意,则虽念佛何益? 既不以成佛为念,而妄谓佛是决不可成之物,则虽生西方,欲以奚为? 纵得至彼,亦自不肯信佛言语,自然复生别想,欲往别处去矣,即见佛犹不见也。故世之念佛修西方者可笑也,决万万无生西方之理也。纵一日百万声佛,百事不理,专一如此,然我知其非往生之路也。须是发愿欲求生西方见佛,而时时听其教旨,半言不敢不信,不敢不理会,乃是求往生之本愿正经主意耳。以上虽说守塔事,而终之以修净土要诀⑫,盖皆前贤之所未发,故详列之,以为早晚念佛之因。

【注释】

①西方诀:往生西方极乐世界的要诀。

②见成语:现成语。

③念佛:此处指称名念佛。即口称佛名而念佛。

④西方弥陀佛:即西方极乐世界的教主阿弥陀佛。

⑤见性:谓悟彻清净的佛性。禅宗认为,人心中本具佛性,只要能"识自本心,见自本性",就可当下成佛。

⑥自性:佛教指诸法各自具有的不变不灭之性。这里指人人都具有的成佛的本性,虽生死轮回,也不会改变。

⑦自己佛:自己即佛。人人生而就具有佛性,故就本质而言,人人自己就是佛。虽在现实上不是佛,仍可说自己即佛。也就是上文所说的"自性"。

⑧劫:指很长一段时间。佛教认为世界经历若干万年毁灭一次,再重新开始,这样一个周期称一劫。一劫的时间长短,佛经记载不一。

⑨纯一:纯朴,单纯。

⑩往生:佛教净土宗认为,具足信、愿、行,一心念佛,与阿弥陀佛的愿力感应,死后能往西方净土,化生于莲花。一说大彻大悟者,来世可以随意往生十方净土。

⑪直截：简单明白。不蹉：没有差错。蹉，差错，失误。

⑫净土：指西方净土，佛教虚构的西方极乐佛国，多指西方佛教主

阿弥陀佛净土。净土，无尘世污染的清净世界。

【译文】

我有通往西方极乐世界的要诀，说得极为亲切，想念佛求往西方极乐世界的人，应该知道其中志趣，就会产生真正追求的志气。否则，虽说想修行去西方极乐世界，那不过是人人都会说的现成话罢了。所以念佛之人一定要先看通西方诀，才能真正成为修往西方之人。称名念佛之人，都是想见西方极乐世界的教主阿弥陀佛。见了阿弥陀佛，那就是到了西方极乐世界了，没有别的西方可去了。如悟彻清净的佛性，那也就具有了不变不灭的成佛本性，那也就成佛了，没有别的佛可成了。可以成为其他的什么佛。所以，修行的目的是想到西方极乐世界去见阿弥陀佛，虽然修行者都想面见阿弥陀佛，但却不知只要悟彻清净的佛性，就常在佛旁了，自己即佛，怎么不能见呢？常常亲眼所见，常常亲耳所听，常常心领而意会。没有杂学和杂事的干扰：天天专心听念西方诀，不受劫难的干扰：心志纯朴，大彻大悟，自然可以往生十方净土，怎么可能不成佛呢？修行成佛之路很多，但没有一件像称名念佛那样简单明白不出差错。所以大地众生，都知道研习这一修行之念。但是问一问最聪明伶俐肯念佛之人，却没有一人了解此意，那么念佛又有什么用呢？既然不以成佛为念，而又胡乱说佛是修行不成的，那么就是修行到了西方，又想干什么呢？即使到了西方，又不肯相信佛的言语，自然又生出另外的想法，想到别处去，虽见了佛又和不见一样啊。所以世上一些人念佛想修行到西方实为可笑，也是绝对不可能真正修行到西方的。即使一日念一百万声佛诀，百事不理，专一如此，这也不是可以达到十方净土之路的。只有真正诚心诚意想求往生西方见佛，而且常常听从其教导旨意，一句话也不敢不信，不敢不理，这才是求得往生西方净土的根本誓愿和真正旨意。以上虽然要说守塔之事，却归于对修净

土要诀的论述,而且多为前贤没有涉及的,所以详细罗列述说,作为早晚念佛时的参考。

一、感慨平生

【题解】

此文是《豫约》的最后一条,与《卓吾论略》一样,都是研究李贽经历与思想的重要资料。在此文中,李贽历数自己由于"平生不爱属人管"而与各处上司相抵触的遭遇,"受尽磨难,一生坎坷,将大地为墨,难尽写也"。文中李贽激烈抨击明代政治的黑暗与官场的腐败,愤怒揭露封建礼教与道学家的伪善,深情抒写了自己在艰苦处境下追求人生之道的不屈不挠的精神。而且文辞深切感人,正如李贽自己所说,字里行间,"潦倒哀鸣""言之不顾""真情实意""心哀是真哀也"。李贽在《与方切庵》中说:"《豫约》真可读,读之便泪流,老子于此千百世不得磨灭矣。"(《续焚书》卷一)在《与周友山》中说:"诸侍者恐我老而卒急即世,祸及之,因有《豫说戒约》数条,不觉遂至二十余叶。虽只豫为诸侍说约,而末遂并及余之平生,后人欲见李卓老者,即此可当年谱矣。"(《续焚书》卷一)表明李贽对《感慨平生》也是极为重视的。

善因等众菩萨①,见我涅槃②,必定差人来看。夫诸菩萨甚难得,若善因者,以一身而综数产③,纤悉无遗④;以冢妇而养诸姑⑤,昏嫁尽礼⑥。不但各无间言⑦,亦且咸得欢心,非其本性和平,真心孝友⑧,安能如此? 我闻其才力其识见大不寻常,而善因固自视若无有也。时时至绣佛精舍⑨,与其妹澹师穷究真乘⑩,必得见佛而后已。故我尤真心敬重之。此皆尔等所熟闻,非千里以外人,百年以远事,或出传说未可信也。尔等但说出家便是佛了,便过在家人了⑪。今我亦

出家，宁有过人者？盖大有不得已焉耳，非以出家为好而后
出家也，亦非以必出家乃可修道然后出家也。在家不好修
道乎？缘我平生不爱属人管。夫人生出世，此身便属人管
了。幼时不必言，从训蒙师时又不必言⑫；既长而入学，即属
师父与提学宗师管矣⑬；入官，即为官管矣；弃官回家，即属
本府本县公祖父母管矣⑭。来而迎，去而送；出分金⑮，摆酒
席；出轴金⑯，贺寿旦⑰。一毫不谨，失其欢心，则祸患立至，
其为管束至入木埋下土未已也⑱，管束得更苦矣。我是以宁
飘流四外，不归家也。其访友朋求知己之心虽切，然已亮天
下无有知我者⑲。只以不愿属人管一节，既弃官，又不肯回
家，乃其本心实意。特以世人难信，故一向不肯言之。然出
家邀游，其所游之地亦自有父母公祖可以管摄得我。故我
于邓鼎石初履县时⑳，虽身不敢到县庭，然彼以礼帖来㉑，我
可无名帖答之乎㉒！是以书名帖不敢曰侍生㉓，侍生则太尊
己㉔；不敢曰治生㉕，治生则自受缚。寻思四字回答之，曰"流
寓客子"㉖。夫流寓则古今时时有之，目今郡邑志书㉗，称名
宦则必继之以流寓也。名宦者，贤公祖父母也；流寓者，贤
隐逸名流也㉘。有贤公祖父母，则必有贤隐逸名流，书流寓
则与公祖父母等称贤矣㉙。宦必有名乃纪，非名宦则不纪，
故曰名宦。若流寓则不问可知其贤，故但曰流寓，盖世未有
不是大贤高品而能流寓者。晦庵婺源人㉚，而终身延平㉛；苏
子瞻兄弟俱眉州人㉜，而一葬郏县㉝，一葬颍州㉞。不特是
也，邵康节范阳人也㉟，司马君实陕西夏县人也㊱，而皆终身
流寓洛阳，与白乐天本太原人而流寓居洛一矣㊲。孰谓非大

贤上圣而能随寓皆安者乎？是以不问而知其贤也。然既书流寓矣，又书客子，不已赘耶^㊳？盖流而寓矣，非筑室而居其地，则种地而食其毛^㊴，欲不受其管束又不可得也。故兼称客子，则知其为旅寓而非真寓^㊵，如司马公、邵康节之流也。去住时日久近^㊶，皆未可知，县公虽欲以父母临我^㊷，亦未可得。既未得以父母临我，则父母虽尊，其能管束得我乎？故兼书四字，而后作客之意与不属管束之情畅然明白，然终不如落发出家之为愈^㊸。盖落发则虽麻城本地之人亦自不受父母管束，况别省之人哉！或曰："既如此，在本乡可以落发，又何必麻城？"噫！我在此落发，犹必设尽计校，而后刀得临头。邓鼎石见我落发，泣涕甚哀，又述其母之言曰："尔若说我乍闻之整一日不吃饭，饭来亦不下咽，李老伯决定留发也^㊹。且汝若能劝得李老伯蓄发，我便说尔是个真孝子，是个第一好官。"呜呼！余之落发，岂容易哉！余唯以不肯受人管束之故，然后落发，又岂容易哉！写至此，我自酸鼻^㊺，尔等切勿以落发为好事，而轻易受人布施也。

【注释】

①善因：梅国桢之女，居家信佛。李贽的女弟子。菩萨：原为释迦牟尼修行而未成佛时的称谓，后也用于对佛教徒的称号。善因等信佛，故称她们为菩萨。

②涅槃（niè pán）：梵语音译。佛教修习所要达到的理想。一般指熄灭虑念、消除烦恼、超脱生死的理想境界。后亦作死亡的美称。

③综数产:总管数处产业。

④纤悉无遗:细微详尽,没有遗漏。

⑤冢(zhǒng)妇:嫡长子之妻。封建宗法社会中称正妻为"嫡",其长子即嫡长子。诸姑:诸位小姑。姑,丈夫的姐妹。

⑥昏:同"婚"。

⑦间(jiàn)言:挑剔离间的话。间,离间,空隙。

⑧孝友:孝敬父母,友爱兄弟。

⑨绣佛精舍:即绣佛寺,在麻城北街,为梅国桢三女梅澹然舍宅所建。《麻城县志》卷二:"绣佛寺,在北街,梅司马女澹然舍宅,以绣为功课,故名。"精舍,寺院的异名。

⑩澹师:指梅澹然,梅国桢之女,善因之妹。居媚为尼,经常写信向李贽质疑问难。曾尊李贽为师,李贽不肯,亦以师相称。穷究真乘:透彻研究佛教的道理。真乘,真正的佛理。

⑪过:超过。

⑫训蒙师:旧称学塾的启蒙老师。也叫塾师。

⑬师父:老师。提学宗师:提学道的长官被尊称为宗师。提学道,宋代始设"提举学事司",长官称"提学举事",简称"提学",掌管州县学校和教育行政之事。明代正统元年(1436),特设提调学校官,称"提学道",或"提督学政",负责管理学校和教育行政。

⑭公祖父母:旧时士绅对知府以上的地方官称"公祖",对州县地方官称"父母"。

⑮分(fèn)金:即礼金。共同送礼时各人分摊的钱。

⑯轴金:贺寿购买幛轴的钱。

⑰寿旦:生日。

⑱入木:入棺材,死去。

⑲亮:同"谅",料想。

⑳邓鼎石:即邓应祁,字永清,号鼎石,内江(今四川内江)人。李贽

早年朋友邓石阳的长子。万历十四年(1586)进士,同年,授麻城
(今湖北麻城)知县。

㉑礼帖:即请柬。旧时邀请别人会面或赴宴,用红纸书写名衔以
相邀。

㉒名帖:犹今日的名片。旧时用红纸书写职衔姓名,用于互相拜谒
的帖子。

㉓侍生:明清时官场中后辈对前辈的自称。平辈之间或地方官员
与乡绅之间拜访,也有谦称侍生的。

㉔太尊己:因邓鼎石为知县,李贽为"流寓客子",故说侍生为"太尊己"。

㉕治生:明代部属对长官或旅外官吏对原籍长官的自称。

㉖流寓客子:寄住他乡作客的人。

㉗郡邑志书:指府志、县志一类地方志。

㉘隐逸名流:旧时指隐居的社会知名人士。

㉙等:一样。

㉚晦庵:即朱熹。见前文注。

㉛终身延平:朱熹晚年在建阳讲学,并死于此。建阳原属建宁府。
李贽说朱熹"终身延平",系误记。终身,终生。延平,府名。治
所在今福建南平。

㉜苏子瞻兄弟:指苏轼与其弟苏辙。苏轼(1037—1101),字子瞻,
自号东坡居士。苏辙(1039—1112),字子由,一字同叔,号颍滨
遗老。

㉝一葬郏(jiá)县:苏轼死于常州,三子苏过将其葬于汝州郏县(今
河南郏县)小峨眉山。

㉞一葬颍州:苏辙晚年居许州(今河南许昌),卒后葬于此。许州,
古曾称颍州。

㉟邵康节:即邵雍(1011—1077),字尧夫,自号安乐先生、伊川翁
等。其先范阳(今河北涿州)人,少随父徙居共城(今河南辉县),

居城西北苏门山,刻苦自学。北宋哲学家。出游河、汾、淮、汉,从学于李之才,传其《河图》《洛书》象数之书。晚居洛阳,卒谥康节。著有《皇极经世》《伊川击壤集》等。《宋史》卷四二七、《藏书》卷三二、《宋元学案》卷九等有传。

㊱司马君实:司马光(1019—1086),字君实,陕州夏县(今山西夏县)涑水乡人,世称涑水先生。宝元进士。仁宗末年任天章阁待制兼侍讲知谏院,立志编撰《通志》,神宗时赐书名为《资治通鉴》。他反对王安石变法,辞官退居洛阳,专事《资治通鉴》的编纂。哲宗时,任尚书左仆射,兼门下侍郎,废除新法。为相八个月病死,追封温国公。著有《司马文正公集》《稽古录》等。李贽这里所说的“陕西”,应为“陕州”。

㊲白乐天:白居易(772—846),字乐天,晚号香山居士,又称醉吟先生。祖籍太原(今山西太原),后迁居下邽(今陕西渭南)。唐代诗人。童年避战乱,曾居越中。贞元进士,历官秘书省校书郎、刑部尚书等职。元和间任左拾遗及左赞善大夫,后因得罪权贵被贬为江州(今江西九江)司马。晚年隐居洛阳。文学上积极倡导新乐府运动。著有《白氏长庆集》。

㊳赘(zhuì):多余。

㊴毛:地面所生葶木。此指谷物。

㊵旅寓:旅居。真寓:安家定居。

㊶久近:长久、短暂。

㊷临:对待,监管。指上级对下级。

㊸愈:好。

㊹李老伯:指李贽。

㊺酸鼻:形容心酸、悲苦。

【译文】

善因等人若听说我死了,必定派人来芝佛院探望。这些女子都是很聪明难得的人，就说善因吧，她一个人统管着数处家产，大小事物都料理得井井有条。凭着大儿媳妇的身份，抚养起几个小姑，还给她们合乎礼法地办了婚事。不仅小姑们没有闲言碎语，还很得她们的欢心，如果不是善因性情温和，真心孝敬父母，友爱弟妹，怎能这样呢？我听说她的才力见识很不寻常，可善因则认为自己并没有什么特殊的地方。她经常到绣佛精舍，同妹妹澹然一起深心研讨佛理，必有一天修炼得到正果才算达到目的。所以，我尤其真心敬重她。这些都是你们熟知的，我说的不是千里以外的人，也不是百年以前的事，或者是出于传说不可相信的。你们总是说出家做了和尚就算成佛了，就超过在家信佛的人了。现在我也出家了，难道有超过别人的地方吗？我出家实在是大有不得已的原因，并不是认为出家是好事才出家，也不是觉得一定要出家才能研讨佛理、修炼得道才出家的。在家里就不能研讨佛理、修炼得道吗？我为什么一定要出家呢？因为我一辈子不愿意受人管束。人一出生，就要受人管了。小时不必说了，童年从师时也不必说了；长大了进入县府学堂，就得受老师和提学道的长官的管束了；进入仕途做了官，就又要受上级官员的管束；辞官回家，就又要受家乡县、府官员的管束。迎来送往，送礼设宴，给官员贺寿贺喜，稍有不慎，官员就不高兴，灾祸就马上降临到身上了，这种种管束到死也不会终结，死后被埋入地下那就被管得更苦了。因此，我宁可四处漂流，也不愿意回家。我访朋友求知的心愿虽然很急切，但料想普天下没有真正理解我的人。只以不愿被人管这件事说，我辞了官，又不回老家，这本是我的真心实意。只因为一般人难以相信，所以我也一向不肯对别人讲。然而出家遨游，在所游之地仍然会受当地府县官员的管束。所以当邓鼎石来任麻城知县时，我虽然不敢轻易走进县衙，而邓鼎石给我发来请柬时，我哪里能不回他以名片呢！但是，名片上不宜写"侍生"，写"侍生"把自己抬高了；又不宜写"治生"，写"治生"又太受束缚。思考再三，还是写"流寓客子"比较合适。古往今来时时有流寓的人，看现在的地方志上，记述有名望的官吏之后一定接着记载流寓在本地的名人。所谓名宦,指的是贤德的地方官;所谓"流寓",是指有贤德而隐居的知名人士。一个地方有好官吏,就必定有隐居的贤者,如果被列到地方志的"流寓"一类中去,那就和"名宦"一样被称作贤者了。官吏必须有名望,地方志上才记载他,没有名望就不会被记载,所以称作"名宦"。至于"流寓"中被记载的人,不用问就知道一定是贤者,因此地方志上只写作"流寓",世上没有不是才德出众却能流寓在外的。朱熹是婺源人,而最终流寓在福建延平;苏轼、苏辙兄弟都是四川眉州人,却一个葬在河南郏县,一个葬在河南许州。还不只这些,邵雍是河北范阳人,司马光是陕州夏县人,他们终身流寓洛阳,这同白居易本是山西太原人而最后流寓洛阳是一样的。谁说不是大圣大贤的人却能随遇而安呢?因此,地方志上列入流寓的人不用问就知道一定是贤者。我在名片上既写"流寓",又写"客子",岂不太累赘了吗?离家到外地定居,不是在那里盖房住下,就是在那里种地谋生,要想不受地方官的管束是不可能的。所以同时又称"客子",人家便知我只是暂时旅居在此,不是永远安家定居,就如同司马光和邵雍他们一样。离开或居住多长时间,都不知道,县令想以地方官身份监管,也是做不到的。既然地方官不能监管我,他们虽然尊贵,又哪里能管束得了我呢?所以,一同写下这"流寓客子"四字,我在此作客和不属管束的意思就表达得清楚明白了,然而还终不如落发出家更痛快。落了发即使是麻城本地人也可以不再受地方官的管束了,更何况我这个外省的人呢!有人说:"既然如此,那你可以回家落发,又何必一定要在麻城落发呢?"唉!我在麻城落发,还是思考了一番后才剃去头发的。邓鼎石见我剃发出家,悲哀地痛哭,他又转述他母亲的话说:"你若告诉李老伯,说我听到他要落发为僧,一天吃不下饭,饭在口里也难以下咽,李老伯一定不会落发。你如果能劝李老伯蓄发,你便是真正的孝子,是真正的好官。"唉!我剃发出家,难道容易吗!我就是因为不愿受人管束,才剃发出家的,这难道容易吗!写到这里,我很伤心,你们千万别以为出家是好事,而随便接受别人施舍的财物。

　　虽然,余之多事亦已极矣。余唯以不受管束之故,受尽磨难,一生坎坷①,将大地为墨,难尽写也。为县博士②,即与县令、提学触③;为太学博士④,即与祭酒、司业触⑤。如秦⑥,如陈⑦,如潘⑧,如吕⑨,不一而足矣。司礼曹务⑩,即与高尚书、殷尚书、王侍郎、万侍郎尽触也⑪。高、殷皆入阁⑫,潘、陈、吕皆入阁。高之扫除少年英俊名进士无数矣⑬,独我以触迄得全⑭,高亦人杰哉!最苦者,为员外郎不得尚书谢、大理卿董并汪意⑮。谢无足言矣,汪与董皆正人,不宜与余抵。然彼二人者皆急功名,清白未能过人,而自贤则十倍矣,余安得免触耶? 又最苦而遇尚书赵⑯,赵于道学有名,孰知道学益有名而我之触益又甚也。最后为郡守⑰,即与巡抚王触⑱,与守道骆触⑲。王本下流,不必道矣。骆最相知,其人最号有能有守⑳,有文学㉑,有实行㉒,而终不免与之触,何耶? 渠过于刻厉㉓,故遂不免成触也。渠初以我为清苦敬我,终反以我为无用而作意害我。则知有己不知有人,今古之号为大贤君子,往往然也。记余尝苦劝骆曰:“边方杂夷㉔,法难尽执㉕。日过一日,与军与夷共享太平足矣。仕于此者,无家则难住;携家则万里崎岖而入,狼狈而去。尤不可不体念之! 但有一能,即为贤者,岂容备责? 但无人告发,即装聋哑,何须细问? 盖清谨勇往㉖,只可责己,不可责人。若尽责人,则我之清能亦不足为美矣㉗,况天下事亦只宜如此耶!”嗟嗟! 孰知余竟以此相触也哉! 虽相触,然使余得以荐人,必以骆为荐首也㉘。此余平生之大略也。上之不能如东方生之避世金马门^㉙，以万乘为僚友^㉚，含垢忍耻，游戏仕路^㉛；最上又不能如胡广之中庸^㉜，梁江总之头黑^㉝，冯道之五代^㉞。贪禄而不能忍诟，其得免于虎口，亦天之幸耳！既老而思胜算^㉟，就此一着^㊱，已非上策，尔等安得知耶！

【注释】

①坎坷：道路不平。比喻不得志。

②县博士：学官名。即县教谕，负责教育所属生员和管理文庙祭祀。李贽于嘉靖三十五年（1556）出任河南辉县教谕，嘉靖三十九年（1560）而离任。

③提学：即提学官。见前注。

④太学博士：太学，中国古时的最高学府，是中央政府设立的教育士人的学校。明洪武初称"国子学"，后改称"国子监"。太学博士，负责传授知识的太学学官。李贽于嘉靖三十九年任南京国子监博士，但仅两三个月，因父亲病故即回家守制。嘉靖四十三年（1564），李贽又到北京任国子监博士。

⑤祭酒：国子监的主管。司业：国子监的副长官。

⑥秦：秦鸣雷（1518—1593），字豫之，号华峰，临海（今浙江临海）人。嘉靖二十三年（1544）进士第一。后任国子监祭酒，官至南京吏部尚书。著有《倚云楼稿》等。

⑦陈：陈以勤（1500—1575），字逸甫，号松谷，一号青居山人，南充（今四川南充）人。嘉靖二十年（1541）进士。后任国子监祭酒。隆庆元年（1567），官礼部尚书兼文渊阁大学士，参与机务。著有《青居山房稿》等。

⑧潘：潘晟（shèng），字思明，号水廉，新昌（今浙江新昌）人。嘉靖二十年进士。后任国子监司业。万历时为武英殿大学士。张鼐《宝日堂初集》卷一六等有传。

⑨吕：吕调阳（1516—1580），字和卿，号豫所，临桂（今广西临桂）人。嘉靖二十九年（1550）进士。后任国子监司业。官至礼部尚书兼文渊阁大学士。著有《帝鉴图说》。

⑩司礼曹务：管理礼曹的事务，即任礼部司务，负责文件收发和文书档案管理等事务。李贽于嘉靖四十五年（1566）出任北京礼部司务，在此期间，李贽结识了王阳明的信徒李逢阳、徐用检，开始了对王学的研究。李贽在《阳明先生年谱后语》中说："不幸年甫四十，为友人李逢阳、徐用检所诱，告我龙谿王先生语，示我阳明王先生书，乃知得道真人不死，实与真佛、真仙同，虽倔强，不得不信之矣。"（《王阳明先生道学钞》）经李逢阳介绍，李贽还认识了王阳明的再传弟子李材（号见罗）。后来，李贽在《答李见罗先生书》中说："昔在京师时，多承诸公接引，而承先生接引尤勤。发蒙启蔽，时或未省，而退实沉思。既久，稍通解耳。师友深恩，永矢不忘，非敢佞也。"（本书卷一）

⑪高尚书：即高仪（1517—1572），字子象，号南宇，谥文端，钱塘（今浙江杭州）人。嘉靖二十年进士。嘉靖四十五年至隆庆二年（1568）任礼部尚书。官至文渊阁大学士。著有《高文端奏议》等。尚书，明代朝廷吏、户、礼、兵、刑、工各部的长官。殷尚书：即殷士儋（1522—1582），字正甫，号文通，历城（今山东历城）人。嘉靖二十六年（1547）进士。隆庆二年（1568），接替高仪任礼部尚书，官至武英殿大学士。著有《金舆山房稿》。王侍郎：即王希烈，南昌（今江西南昌）人。嘉靖三十二年（1553）进士。隆庆二年任礼部右侍郎，隆庆四年（1570）转礼部左侍郎。侍郎，明代各部的副长官。万侍郎：即万士和（1516—1586），字思节，号履庵，宜兴（今江苏宜兴）人。嘉靖二十三年（1554）进士。隆庆时任礼部右侍郎、左侍郎，万历时官礼部尚书。著有《履庵集》。

⑫入阁：明代罢宰相之名，仿宋代置殿阁大学士，因阁在宫中，谓之

内阁。大学士入直文渊阁,称为入阁预机务,省称"入阁"。阁臣的职务实际上相当于宰相。

⑬扫除少年英俊名进士:明世宗崇道教,高仪以太常寺(中央管祭祀、礼乐的官署)"多滥员"为由上书皇帝,裁了四十八名官员。

⑭触迕:冒犯,违背。得全:得以保全。

⑮员外郎:明代六部下面设有司,司的长官为郎中,次官为员外郎。李贽于隆庆四年到南京任刑部员外郎,后升为郎中。万历五年(1577)离去。尚书谢:即谢登之,字汝学,号太登,巴郡(治所在今湖南岳阳)人。嘉靖二十六年(1547)进士。隆庆五年(1571)至万历二年(1574)任南京刑部尚书。大理卿董:即董传策,字原汉,号幼海,松江华亭(今上海松江区)人。嘉靖二十九年(1550)进士。隆庆五年,任南京大理寺卿。大理卿,即大理寺卿。国家最高的司法长官。万历时官至南京礼、工二部侍郎。著有《奏藏辑略》《采薇集》《幽贞集》《奇游漫记》等。汪:即汪宗伊,字子衡,号少泉,崇阳(今湖北崇阳)人。嘉靖十七年(1538)进士。万历三年(1575)任南京大理寺卿。官至户部尚书、南京吏部尚书。著有《南京吏部志》等。意:心意,欢心。

⑯尚书赵:即赵锦(1516—1591),字元朴,号麟用,余姚(今浙江余姚)人。嘉靖二十三年(1544)进士。万历二年任南京刑部尚书。

⑰最后为郡守:李贽于万历五年(1577)任云南姚安府知府。郡守,始置于战国,初为武职,后逐渐成为地方官。汉景帝时改称太守。宋代于升府之处,命朝廷出充长官,称为知(主持)某府事,简称知府。明代始以知府为正式名称,管辖州县,为府一级行政长官。这里以"郡守"代指知府。

⑱巡抚王:指王凝,字道南,号毅庵,宜城(今湖北宜城)人。嘉靖三十五年(1556)进士。万历初任云南巡抚,后升南京大理寺卿,官至兵部侍郎。巡抚,与总督同为地方最高长官,负责管理一省或

几省的军事、吏治、刑狱等。

⑲守道骆：即骆问礼（1527—1608），字子本，号缵亭，诸暨（今浙江诸暨）人。嘉靖四十四年（1565）进士。万历五年至八年（1577—1580）任云南参议。明代在布政使的属官中，有参政、参议二官，担任各道（明代一省分数道，道以下设府或州）维持治安和州县的督察任务，称为分守道或守道，为行政之辅佐。著有《万一楼集》。

⑳号：称。有能有守：有才能有操守。

㉑文学：指擅长文章，学问渊博。

㉒实行：德行，操行。

㉓渠：他。刻厉：刻薄严厉。

㉔边方杂夷：边疆居住的少数民族。夷，原为我国古代中原地区华夏族对东方各族的总称，后亦泛指少数民族。

㉕法难尽执：法令难以全部执行。

㉖清谨：廉洁谨慎。勇往：奋勇前进。

㉗清能：清正而贤能。

㉘荐首：首先推荐（的人选）。

㉙东方生：即东方朔（前154—前93），字曼倩，平原厌次（今山东惠民）人。汉武帝时为金马侍郎，官至太中大夫。曾上书汉武帝"陈农战强国之计"，"其言专商鞅、韩非之语"（见《汉书》本传）。西汉文学家，善辞赋。性诙谐滑稽，而又勇于直言切谏，民间有很多关于他的传说。《汉书》卷三〇《艺文志》杂家有《东方朔》十二篇，今佚。现存作品有《答客难》《非有先生论》《七谏》等。避世金马门：意为在朝廷隐居。金马门，汉代官署名，旁有铜马，故名。《史记·滑稽列传》："朔曰：'如朔等，所谓避世于朝廷间者也。古之人，乃避世于深山中。'时坐席中，酒酣，据地歌曰：'陆沉于俗（谓无水而沉），避世金马门。宫殿中可以避世全身，何必

深山之中,蒿庐之下。'金马门者,宦署门也,门旁有铜马,故谓之曰'金马门'。"李贽在《隐者说》中说:"大隐居朝市,东方生其人也。"(《续焚书》卷一)

㉚以万乘为僚友:指东方朔常在汉武帝左右,把汉武帝当作僚友。万乘,周制,天子地方千里,能出兵车万乘,因以"万乘"指天子。这里指汉武帝。僚友,同官的人。

㉛"含垢"二句:指东方朔以滑稽调笑、怪诞不经以求得汉武帝的欢心。

㉜胡广(91—172):字伯始,南郡华容(今湖南华容)人。历官司空、司徒、太尉、太傅等,先后事安、顺、冲、质、桓、灵六帝,是东汉中期官僚集团中的重要一员。据《后汉书·胡广传》:"性温柔谨素,常逊(顺)言恭色。达练(通达)事体,明解朝章(熟悉朝廷典章)。"他既与宦官通婚,又与名士交结。故京师谚语有"万事不理问伯始,天下中庸有胡公"之语。

㉝江总(519—594):字总持,梁代济阳考城(今河南兰考)人。自十八岁至三十六岁仕梁,经过十余职,后又仕陈,仕隋。仕陈时,与陈后主游宴后宫,写艳诗,不持政务。著作今存《江令君》辑本。头黑:谓年老而头发仍黑。指长寿。

㉞冯道(882—954):字可道,自号长乐老,五代时瀛州景城(今河北河间)人。后唐、后晋时,历任宰相;契丹灭后晋,又附契丹任太傅;后汉时,任太师;后周时,又任太师、中书令。曾作《长乐老自叙》,述历事五朝的经历与感慨:"为子,为弟,为人臣,为师长,为夫,为父,有子,有犹子(侄子、侄女),有孙,奉身即有余矣。为时乃不足,不足者何? 不能为大君致一统、定八方,诚有愧于历职历官,何以答乾坤之施。"他曾倡议并组织《九经》的校定与刻印,世称"五代监本",官府大规模刻书由此开始。后世因其历事五朝,每加非议。而李贽在《冯道传论》中对他使百姓"卒免锋镝之

苦"的"安民""养民"做法大加肯定(见《藏书》卷六八)。

㉟胜算:能够取胜和成功的谋略。

㊱此一着:指出家。

【译文】

我虽然不愿受人管束,可我遭遇的事故还是太多了。正是由于我不甘受人管束,受尽了磨难,所以一生不得志,就是把大地当墨,也难以写完。我任辉县教谕,就与县令、提学抵触;任国子监博士,就与祭酒、司业抵触。如与国子监的祭酒秦鸣雷、陈以勤,国子监司业潘晟、吕调阳等抵触,像这样的事还有很多很多。我转任礼部曹务时,就又与高仪尚书、殷士儋尚书、王希烈侍郎、万士和侍郎发生过矛盾冲突。高、殷二人都进了内阁,潘、陈、吕三人也都进了内阁。高仪以"多滥员"之名上书皇帝,淘汰了四十八名官员,打击排斥的人很多,我虽然冒犯过他,却单单得到了保全,所以高仪也算是杰出的了!最苦的事情,是我在南京任刑部员外郎时,却得不到尚书谢之、大理寺卿董传策和汪宗伊的喜欢。谢登之不值一谈,汪宗伊和董传策都是正派人,本不应和我抵触。可是这两个人都急于建功扬名,品行并不比他人纯洁,却觉得自己的贤德超过别人十倍,我怎么能和他们不发生冲突呢?还有一件最苦的事是碰到了尚书赵锦,他是个有名的道学家,谁知在道学方面越有名,我跟他冲突得就越厉害。最后,我任姚安知府期间,就又与巡抚王凝抵触,与守道骆问礼抵触。王凝本来就是个品格低下的人,不值得说了。骆问礼和我相互很了解,他被人称赞为有才能有操守,学问渊博,而且实干,但我还是和他抵触,这是为什么呢?因为他对下属和老百姓过于苛刻严厉,因此,就不免发生了冲突。他起初认为我廉洁清贫,因而敬重我,后来反而觉得我无能而有意加害我。他只知自己,不顾别人,古往今来号称为"大贤君子"的,大都是这样。记得我曾苦苦劝告骆问礼:"云南地处边疆,少数民族杂居,法令很难全部执行。一天天地过日子,与当地军民共享安宁就可以了。在此地做官,没有家眷难以久居;如果携带家眷从万里以外艰难地赶来，难免有一天又狼狈地离开。你尤其不能不设身处地为他们想一想！他们只要在某一方面有所作为，就算是好的了，怎么能样样求全？只要没人向你告发有事，你就装聋作哑，哪里用得着去细问。所谓廉洁谨慎，敢作敢为，这些品德只能用来要求自己，不能过严地要求别人。如果对别人过于苛责，那么自己的清正贤能也算不得美德了，何况所有的事情也只该如此对待呢！"唉！谁知我竟然因此跟骆问礼发生了矛盾呢！虽然我和骆问礼有矛盾，若要我推荐人才时，还是首先推荐骆问礼。这就是我生平的大致情况。我上不能像历史上的东方朔那样在宫中避世全身，以帝王为朋友，忍气吞声，把为官当儿戏，以滑稽调笑取得上司的欢心；再往上又不能像东汉时的胡广那样低声下气，中庸避害，又不能像南朝梁时的江总那样献殷勤，也不能像五代十国时的冯道那样明哲保身。我贪图俸禄去做官，可又不能忍受耻辱，在官场这个艰险的境地能够免于伤害，也算是天幸了！我现在已经老了，想想处世的谋略，落发出家，也不是上策，这些你们哪里懂得呢！

　　故余尝谓世间有三种人决宜出家。非三种而出家①，非避难，即无计治生②，利其闲散，可以成就吾之懒也，无足言也。三种者何？盖世有一种如梅福之徒③，以生为我酷，形为我辱，智为我毒，身为我桎梏④，的然见身世之为赘疣⑤，不得不弃官而隐夫洪崖、玉笥之间者⑥，一也。又有一种如严光、阮籍、陈抟、邵雍辈⑦，苟不得比于吕尚之遇文王⑧，管仲之遇齐桓⑨，孔明之遇先主⑩，傅说之遇高宗⑪，则宁隐无出。故夫子曰⑫："居则曰不吾知也，如或知尔，则何以哉⑬？"又曰："沽之哉！我待价者也⑭。"是以孔子终身不仕而隐也。其曰"有道则仕，无道则怀"，不过以赞伯玉等云耳⑮。若夫子苟不遇知己善价⑯，则虽有道之世，不肯沽也。此又一种也。夫天下曷尝有知己之人哉？况真为天下知己之主欤⑰！其不得不隐居于岩穴、钓台、苏门之山⑱，固其所矣。又有一种，则陶渊明辈是也⑲：亦贪富贵，亦苦贫穷。苦贫穷，故以乞食为耻，而曰"叩门拙言词"⑳。爱富贵故求为彭泽令，因遣一力与儿㉑，而曰"助汝薪水之劳"㉒。然无耐其不肯折腰何，是以八十日便赋《归去》也㉓。此又一种也。适怀林在傍研墨㉔，问曰："不审和尚于此三种何居㉕？"余曰："卓哉㉖！梅福、庄周之见㉗，我无是也。必遇知己之主而后出，必有盖世真才，我无是才也，故亦无是见也。其唯陶公乎㉘？"夫陶公清风千古㉙，余又何人，敢称庶几㉚，然其一念真实，受不得世间管束，则偶与同耳，敢附骥耶㉛！

【注释】

①非三种而出家：意谓不是上文所说"宜出家"的三种人而出家。

②治生：谋生。

③梅福：字子真，寿春（今安徽寿县）人。汉成帝时任南昌尉。后弃官家居，以读书养性为事。王莽专政时，梅福"一朝弃妻子，去九江"（指九江郡，治所在今安徽寿县），后来被人传以为神仙。

④"以生"四句：据王建章所辑《历代仙史·梅福》载："元始初，梅福见王莽专政，感叹说：'生我为酷，形我为辱，智为我毒，身为我桎梏。'遂弃妻子出游。"酷，残酷。形，形体。辱，耻辱。毒，毒害。桎梏，脚镣手铐，指束缚人的工具。

⑤的然：确实，的确。赘疣（zhuì yóu）：指附生于体外的肉瘤，比喻多余无用的东西。

⑥洪崖：在今江西新建。玉笥：即玉笥山，在今江西峡江。

⑦严光（前37—43）：一名遵，字子陵，会稽余姚（今浙江余姚）人。少时曾与刘秀同学。刘秀当皇帝后，他改名换姓，披着羊裘，垂钓于富春江泽中。后被召到京师洛阳，任谏议大夫，他不肯受，归隐于富春山。《后汉书》卷八三、《藏书》卷六七等有传。阮籍（210—263）：字嗣宗，陈留尉氏（今河南尉氏）人。曾为步兵校尉，也称阮步兵。三国魏文学家、思想家。与嵇康齐名，为"竹林七贤"之一。蔑视礼教，以"自然"与"名教"相对抗，尝以"白眼"看待礼俗之士。陈抟（tuán？—989）：字图南，自号扶摇子，亳（bó）州真源（今河南鹿邑）人。有大志，游四方，曾骑白骡想入汴州，中途听到赵匡胤当了皇帝，大笑坠骡，说："天下于是定矣。"即入华山为道士。著有《指玄篇》《高阳集》等。《宋史》卷四五七、《藏书》卷六七等有传。

⑧吕尚之遇文王：见前《二十分识》第二段注⑥。

⑨管仲之遇齐桓：见前《二十分识》第二段注⑥。

⑩孔明之遇先主：孔明，即诸葛亮。见前《孔明为后主写申韩管子六韬》注。先主，即刘备。《三国志·蜀书·诸葛亮传》载："徐庶见先主，先主器之，谓先主曰：'诸葛孔明者，卧龙也，将军岂愿见之乎？'先主曰：'君与俱来。'庶曰：'此人可就见，不可屈致也。将军宜枉驾顾之。'由是先主遂诣亮，凡三往，乃见。"后诸葛亮在上后主刘禅的《出师表》中说："臣本布衣，躬耕于南阳，苟全性命于乱世，不求闻达于诸侯。先帝不以臣卑鄙，猥自枉屈，三顾臣于草庐之中，咨臣以当世之事，由是感激，遂许先帝以驱驰。"后以"三顾茅庐"比喻对贤才的诚心邀请。

⑪傅说之遇高宗：事见《史记》卷三《殷本纪》。傅说（yuè），相传是商代在傅岩（今山西平陆）从事版筑的奴隶，后为高宗（名武丁）访贤所得，任为大臣，治理国政。

⑫夫子：指孔子。

⑬"居则"三句:语出《论语·先进》。意为平日说人家不了解我呀,假若有人了解你们,打算请你们出去为官,那你们怎么办呢?居,平日,平常。

⑭"沽之"二句:语出《论语·子罕》。子贡问孔子:这里有一块美玉,是把它收藏到柜子里呢,还是卖呢?孔子答道:"沽之哉!沽之哉!我待贾者也。"意为卖掉吧!卖掉吧!我正等着识货的商人呢!价,价值,价钱,原为"贾"。"贾"也可解为价钱。

⑮"其曰"二句:语本《论语·卫灵公》,原文是:"君子哉蘧(qú)伯玉!邦有道,则仕;邦无道,则可卷而怀之。"意为好一个君子蘧伯玉!政治清明就出来做官,政治黑暗就把自己的主张藏在心里。蘧伯玉,名瑗,字伯玉,春秋时卫国大夫。孔子弟子。传说他"年五十而知四十九之非"。

⑯善价:好的价钱,高价。

⑰主:帝王,皇帝。

⑱岩穴:山洞,指隐者的住处。钓台:故址在浙江桐庐西富春江畔的富春山上。是东汉严光(字子陵)隐居垂钓之处。今钓台处有石,临江有严先生祠。苏门之山:即苏门山,在河南辉县西北,为阮籍年轻时学道之处。邵雍也曾在苏门山下的百泉旁筑室而居,闭门修性,过着隐居生活,并把自己的住所称为"安乐窝"。

⑲陶渊明(365—427):陶潜,字渊明,一字元亮,私谥靖节,浔阳柴桑(今江西九江)人。东晋诗人。曾任江州祭酒、彭泽(今江西湖口东)令等职。因不满当时政治黑暗,和"不能为五斗米折腰向乡里小人(指郡里派来的督邮小官)"(《宋书·隐逸传》),而弃官归隐。嗜酒好文,以田园诗称,亦讽嘲时政,有"形尽神灭""乐天安命"的观点。后人辑有《陶渊明集》。

⑳叩门拙言词:语出《陶渊明集·乞食》:"饥来驱我去,不知竟何之!行行至斯里,叩门拙言词。"拙言词,难以开口。

㉑一力：一个仆役。力，服役的人。

㉒助汝薪水之劳：据《南史·陶渊明传》："(陶渊明)送一力给其子，书曰：'汝旦夕之费，自给为难，今遣此力，助汝薪水之劳。此亦人子也，可善遇之。'"薪水，采薪汲水。

㉓"然无"二句：萧统《陶渊明传》："(陶渊明任彭泽令时)会郡遣督邮至县，吏请曰：'应束带见之。'渊明叹曰：'我岂能为五斗米，折腰向乡里小儿！'即日解绶去职，赋《归去来》。"无耐，同"无奈"。折腰，指屈身服侍别人。八十日，指陶渊明在彭泽令任上的时间。《归去》，《归去来兮辞》的简称。

㉔适：恰好。怀林：龙潭湖芝佛院和尚。

㉕不审：不知。

㉖卓哉：高超啊！指怀林之问。

㉗庄周(约前369—前286)：即庄子，名周，宋国蒙(今河南商丘)人。他做过蒙地方的漆园吏，亦称"蒙庄"。后从事讲学、著述，是战国时哲学家，道家学派的创始人之一。他继承和发展了老子"道法自然"的观点，强调事物的自生自化。他主张齐物我、齐是非、齐大小、齐生死、齐贵贱，幻想一种"天地与我并生，万物与我为一"的主观精神境界，安时处顺，逍遥自得，倒向了相对主义与宿命论。传世作品有《庄子》。

㉘其唯陶公乎：大概只有陶公吧？指自己属于陶渊明这一类。

㉙清风：高洁的品格。

㉚庶几：近似，差不多。

㉛敢：怎敢。附骥：即附骥尾。蚊蝇附在马的尾巴上，借以远行千里。比喻依附他人而成名。这里用作谦词。骥，好马。这里比喻杰出人物。

【译文】

所以我曾经说过世上有三种人适宜出家。如果不属这三种情况却要出家，不是为了避难，就是没有办法谋生，贪图出家人的闲散，可以满足自己懒惰的要求，那就不值得说了。这三种人是什么样的人呢？世上有一种像梅福这类的人，把人生看作残酷，把形体看作耻辱，把智慧看作祸患，把肉体看作枷锁，确实看出了人生在世是多余无用的，不得不弃官隐居在洪崖、玉筍之间，这是一种。还有一种人如严光、阮籍、陈抟、邵雍辈，如果不能像吕尚遇文王，管仲遇齐桓，孔明遇先主，傅说遇高宗，就宁可隐居不仕。所以孔子曾问他的学生说："你们平常总说没人了解自己，如果有人了解你，想任用你，那你们怎么办呢？"另外，子贡曾问过：假如有一块美玉，是收藏起来，还是卖掉。孔子说："卖掉它，我正在等着识货的商人呢！"可见孔子是想做官的，但他没有遇到这种机会，因此孔子终身没做官而隐居了。他还说过"天下政治清明就做官，政治黑暗就把主张和本领藏起来"。但这话并不是他自己要奉行的原则，不过是用来称赞蘧伯玉罢了。至于孔子本人，如果没有知己的君主而且肯于重用他，即使是政治清明的时代，也是不肯从政的。这又是一种。天下哪里有知己的人呢？何况真称得上是了解自己的君主呢！严光这类人不得不隐居在岩穴、钓台、苏门山里，这本来是他们的安身之所啊。还有一种就是像陶渊明这样的人：又贪于富贵，又苦于贫穷。苦于贫穷，所以讨饭时感到羞耻，说"拍人家的门求助时，羞得不好开口"。说他爱富贵，是因他求官当了彭泽县令，还派了一个佣人给儿子，并说"帮助你干些打柴担水的活"。然而，他终不愿折腰向乡里小儿，因此在为官八十天后便辞官回家，还写了篇《归去来兮辞》。这又是一种人。这时正巧怀林在旁边研墨，就问："不知你在这三种人中算哪一种？"我说："问得妙啊！梅福、庄周把人生看成是多余的痛苦的事，这种见解我是没有的。一定要遇上知己的君主才出来做官，这种人一定有无人比得过的真正才能，我没有这种才能，也没有这种人的想法。在这三类人里，我大概只能和陶渊明一样吧？"陶渊明先生高洁的品格流传千古，我又算得什么人，敢说和他差不多，只是我受不得世间管束的思想，却与陶渊明偶合罢了,哪敢和他高攀呢!

以上六条,末条复潦倒哀鸣^①,可知余言之不顾矣^②。劝尔等勿哭勿哀,而我复言之哀哀,真情实意,固自不可强也。我愿尔等勿哀,又愿尔等心哀,心哀是真哀也。真哀自难止,人安能止?

【注释】

①潦倒:颓丧,不得意。哀鸣:悲哀之言。

②顾:顾忌。

【译文】

以上六条,最后这一条写出了心中的颓丧和悲哀,由此可见我这些话是没有什么顾忌了。我劝你们不要哭泣不要哀伤,我自己这些话却哀哀悲悲,这是我心中的真情实意,这是用不着劝勉的。我希望你们不要悲哀,又希望你们发出内心的悲哀,发自内心的悲哀是真正的悲哀。真正的悲哀自然难以抑制,人们怎么能抑制呢?

寒灯小话

【题解】

这一组文章共四段,于万历二十一年(1593)写于麻城。或议事,或议人,或记游,都表现出李贽独特的思维角度与认识。

第一段

【题解】

这篇文章由丘坦之的离去,引发出对不拘礼法的"天上人"的赞扬,对泥于世俗礼数的"世间人"的批判。同时,又由丘坦之联系到与之因女伶白六生纠葛的刘守有,对刘的为人行事进行了讽讥。

九月十三夜,大人患气急①,独坐更深,向某辈言曰②:"丘坦之此去不来矣③。"言未竟,泪如雨下。某谓大人莫太感伤,因为鄙俚之语以劝大人④。语曰:"这世界真可哀:乾坤如许大,好人难容载。我劝大人莫太伤怀。古来尽如此,今日安足怪! 我量彼走尽天下无知己,必然有时还来。"乱曰⑤:"此说不然。此人聪明大有才,到处逢人多相爱。只恨一去太无情,不念老人日夜难待。"十五夜,复闻人道有一老先生特地往丘家拜访荆州袁生⑥,且亲下请书以邀之。袁生拜既不答,召又不应;丘生又系一老先生通家子⑦,亦竟不与袁生商之⑧。傍人相视,莫不惊骇,以为此皆人世所未有者。大人谓:"袁生只为不省人间礼数⑨,取怒于人,是以遨游至此,今又责之备⑩,袁生安所逃死耶⑪? 嗟嗟⑫! 袁生之难也,乌得无罪乎!"怀林小沙弥从傍哂曰⑬:"袁家、丘家决定是天上人初来下降人世者⑭,是以不省人世事也。若是世间人⑮,安有不省世间礼数之理?"某谓林言甚辩⑯。大人曰:"林之言是也。夫唯真天上人,是以不知有人世事。故世间人之所能知者,天人不知;世间人之所能行者,天人不能:是以谓之天人也。夫世间人之所能知能行者,天人既已不知不能,则天人之所知者世间人亦决不知,天人之所能者世间人亦决不能。若慕天人以其所不知不能,而复责天人以世之所共知共能,是犹责人世以知能,而复求其如天人之不知与不能也,不亦难欤! 则不惟天人失其为天人,将世间人亦失其为世间人矣,是责备之过也。吾谓不如取天人之所独知独能者而以与之好,而略其所不知不能之不如世间人者,而不为之求备焉,则善矣。"因感而赋诗三章,以祛责备者之惑⑰。

不是天人初下世,如何不省世人礼? 省得世人礼不难,尔来我往知礼矣。

既不能知人世礼,如何敢到人间世? 任尔胸藏万斛珠⑱,不如百拜头至地。

去年曾有一新郎⑲,两处奔波苦苦忙⑳。粪扫堆边都是也㉑,痴人却说郎非常。

【注释】

① 大人:指李贽。气急:气喘病。

② 某辈:这里泛指与李贽在一起的其他和尚。

③ 丘坦之:丘坦,字坦之,号长孺。李贽寓居麻城时的朋友。详见《八物》第三段注⑥。当时,丘坦之因与刘守有在女伶白六生的纠葛中而离开麻城。

④ 为:用,使用。鄙俚之语:通俗、浅显的话。

⑤ 乱:辞赋篇末总概全文要旨的话。

⑥ 一老先生:疑是方一麟,又名与时,号湛一,湖北黄陂(今湖北黄陂)人。耿定向在《里中三异传》中,把他和何心隐、邓豁渠称作"异人"而加以排击(见《耿天台先生文集》卷一六)。方一麟与丘坦之的父亲丘齐云有交情。荆州袁生:当指公安(当时属荆州府)袁宗道、袁宏道、袁中道兄弟中的某位。袁中道于万历二十一年三月和十月曾两次到麻城访李贽,特别是十月间的访问,是与其兄宗道、宏道等多人一起前往,他们与丘坦之是好友,当时

也会到丘家相聚。

⑦通家子:世交之家的子弟。

⑧"亦竟"句:意为丘坦之没有向"袁生"打个招呼,告诉他丘家与方湛一有交情。

⑨不省:不晓得,不理会。礼数:礼节。

⑩责之备:求全责备。

⑪安所:何处。逃死:逃避灾祸的危险。

⑫嗟(jiē)嗟:表示感叹。

⑬怀林:龙潭湖芝佛院和尚。沙弥:初出家的男佛教徒。哂(shěn):微笑。这里含有嘲笑之意。

⑭天上人:比喻当时一些不拘礼法的人。下文"天人"含义同此。

⑮世间人:比喻拘泥世俗礼数的人。

⑯甚辩:很巧妙。

⑰祛(qū):除去。

⑱胸藏万斛(hú)珠:比喻才学渊博。斛,量器名。多用于量粮食。古代一斛为十斗,南宋末年改为五斗。

⑲新郎:当指刘守有,麻城世家大族,官锦衣卫指挥,依权仗势,豪霸一方,纵游狎邪,淫纵无度,被有的学者认为即《金瓶梅》中的西门庆原型。据冯梦龙《情史》卷六《丘长孺》,刘与丘为女伶白六生曾发生纠葛。当时兵部尚书凌云翼(太仓人)家居时,因"坑儒"而被弹劾。其子凌延年也在锦衣卫为官,为了行贿以求免其父罪,刘守有为之借贷"数千"。后刘守有游吴地太仓一带,凌以女伶白六生相赠,且"杂取玩器辅六生以往",刘守有则"焚券(借款欠条)而去"。刘回麻城后,"日索六生歌娱客",但只有丘长孺能操吴语,"遂(与白六生)以知音成密契"。丘长孺并乘机向刘守有提出,愿准数偿凌"数千"之款,而纳白六生为侧室。刘守有则亦"浮慕侠名,即日遣赠"。不久,有人进谗言于刘守有,说丘

与白早有私情。刘大怒,在丘外出时,将白六生毒死。丘长孺闻
讯赶回,"痛恨如刳肝肺","哀思不已",愤而离开麻城。本文开
头写"大人"(指李贽)听到丘坦之此去不来后,"言未竟,泪如雨
下",即指此。

⑳两处奔波:指刘守有往来于麻城和太仓之间。

㉑粪扫堆边:佛教将人间废弃之物称为"粪扫"。唐代慧琳《一切经
音义》:"粪扫衣者,多闻知足上行比丘常服衣也。此比丘高行制
贪,不受施利,舍弃轻妙上好衣服,常拾取人间所弃粪扫中破帛,
于河涧中浣濯令净,补衲成衣,名粪扫衣,今亦通命衲衣。"李贽
在这里借用此典表示了对刘守有为人行事的不满。

【译文】

九月十三晚上,大人得了气喘病,独坐到深夜,对在身旁的僧徒说:
"丘坦之这次离去不会再回来了。"话没说完,泪如雨下。一位僧徒对大
人说不要太感伤,并用俗语劝大人。俗语说:"这个世界真使人悲哀:天
地这么大,好人却难存在。我劝大人不要太伤怀。古来都是这样,现今
有什么可奇怪! 我想老丘走遍天涯遇不到知己,必然还会回来。"大人
想了想说:"你这种说法不一定对。老丘聪明大有才,到处逢人多相爱。
我恨他一去太无情,就不想老人日夜怎么熬过。"十五日夜,又听人说有
一老先生特地到丘家去拜访从荆州来的袁氏兄弟,并且亲自下了请帖
邀请。而袁氏兄弟既不回答,又不应邀;而丘坦之是老先生世交之家的
子弟,也没有把这种关系向袁氏兄弟说明。旁人看到这种情况,都很惊
骇,认为这是不应该发生的事情。大人说:"袁氏兄弟因为不懂得人间
礼节,所以受到人们的责备,他们本来是受邀请而到此,现在若对之求
全责备,那他们又如何逃脱人们的责备呢? 唉! 袁氏兄弟不谨慎,怎么
能不受到责备呢!"小和尚怀林在一旁嘲笑说:"袁家、丘家一定是从天
上刚刚降到人世的人,所以不懂得人世间的礼节。他们若是世间之人,
怎么会不懂得人世间的礼数呢?"一人说怀林之说很是巧妙。大人说:

"怀林之说很好。因为他们正是天上人,所以不知道人世间之事。所以世间人能知道的事,天上人是不会知道的;世间能做的事,天上人是不会做的:所以称他们为天上人。世间人能知道能做到的,天人既不能知也做不到,那么天人所知道的世间人也决不会知道,天人能做到的世间人也决做不到。如若向往天人的不知不能,而又责备天人不懂得人世的共知共能,那等于是责备世人既有世间知能,又要求他们像天人那样对人世的不知不能,这不是太难吗!这样天人不成天人,世间人也不成世间人了,这真是太求全责备了。我想不如取天人那所知所能而与之友好相处,而忽略去他们对人世间的不知不能,不对他们求全责备,那就好了。"因为有感于此而赋诗三章,以除去责备者的困惑。

不是天人初降人世间,怎么能懂得人间的礼仪?要懂得人间礼仪很容易,你来我往多学习。

既然不懂得人间的礼仪,怎么敢随便来到人间世?不管你才学八斗多么渊博,不如懂得礼仪更实际。

去年这里有个新郎,为一女伶而两处奔忙。本来就不是新衣裳,平庸的人却说新郎为此不寻常。

第二段

【题解】

李贽《三大士像议》中曾说:"人不如狗""人不如马"(见前),在这篇随感中又说:人不如猫,人不如狗,人不如禽兽,人不如强盗,世上一切都比人强,一切骂人之语都不足以骂出人的坏!李贽痛恨人类吗?不,他肯定被骂为"强盗"的人,他肯定对历史有所贡献的高、文、武、宣等人,他痛恨的是那种用"狗皮包倒人骨头"也不足以骂出其坏的人。这种人在当时何所指?是不需要今日的我们再论证了。此文以对话形式,发愤世疾俗的深沉感慨,却又出之于戏谑诙谐的文笔,是明末散文的另一种面目。

是夜,怀林侍次①,见有猫儿伏在禅椅之下②。林曰:"这猫儿日间只拾得几块带肉的骨头吃了,便知痛他者是和尚③,每每伏在和尚座下而不去。"和尚叹曰:"人言最无义者是猫儿,今看养他顾他时,他即恋着不去。以此观之,猫儿义矣!"

【注释】

①怀林:龙潭湖芝佛院和尚。侍次:在房里伺候、陪伴。次,出外远行停留之地,这里指李贽的住所。

②禅椅:和尚坐的椅子。

③和尚:这里指李贽。

【译文】

这天晚上,怀林在房间里侍候,看见小猫儿卧在禅椅下面。怀林说:"这猫儿白天只给它吃了几块带肉骨头,便知痛爱它的人是你,每每躺在你的座椅下不愿离去。"和尚感叹说:"人们常说世间最不讲义气的是猫儿,看来只要喂养照顾它,它就会恋着你而不愿离去。从这件事看来,猫儿也是讲义气的!"

林曰:"今之骂人者动以禽兽奴狗骂人①,强盗骂人,骂人者以为至重,故受骂者亦自为至重。吁!谁知此岂骂人语也!夫世间称有义者莫过于人。你看他威仪礼貌,出言吐气,好不和美!怜人爱人之状,好不切至②!只是还有一件不如禽兽奴狗强盗之处。盖世上做强盗者有二:或被官司逼迫,怨气无伸,遂尔遁逃;或是盛有才力,不甘人下,倘有一个半个怜才者使之得以效用③,彼必杀身图报,不肯忘恩矣。然则以强盗骂人，是不为骂人了，是反为赞叹称美其人了也。狗虽人奴，义性尤重，守护家主，逐亦不去；不与食吃，彼亦无嗔④，自去吃屎，将就度日。所谓'狗不厌家贫'是也。今以奴狗骂人，又岂当乎？吾恐不是以狗骂人，反是以人骂狗了也。至于奴之一字，但为人使而不足以使人者⑤，咸谓之奴⑥。世间曷尝有使人之人哉⑦？为君者汉唯有孝高、孝文、孝武、孝宣耳⑧，余尽奴也⑨。则以奴名人⑩，乃其本等名号⑪，而反怒人何也⑫？"

【注释】

①动：往往。

②切至：恳切周至。

③效用：尽力。

④嗔(chēn)：生气。

⑤为人使：被人使唤。使人：使唤别人。

⑥咸：都。

⑦曷尝：何曾。

⑧孝高、孝文、孝武、孝宣：即汉高祖刘邦，汉文帝刘恒，汉武帝刘彻、汉宣帝刘询。李贽在《藏书》中分别称赞他们是"神圣开基""明圣继统""英雄继创""守成令主"。西汉以孝治天下，故高祖以后，每位帝王谥号前都加"孝"字。《汉书》卷二《惠帝纪》颜师古注："孝子善述父之志，故汉家之谥，自惠帝已下，皆称'孝'也。"这里李贽称高祖刘邦为"孝高"，则是误记。

⑨余尽奴也：指自汉元帝以下的汉代皇帝都是无所作为的人。李贽在《藏书》中，将元、成、哀、平四帝附于宣帝之后，不单列纪，并在目录中批道："吁，此不足称帝矣。"

⑩以奴名人：以"奴"称呼人。名，称呼。

⑪本等名号：原本适合其身份的名称。本等，本来相当，原本适合。

⑫怒人：对人发怒。

【译文】

怀林说："现在社会上骂人的人往往以'禽兽''奴狗'来骂人，用'强盗'来骂人，骂人的人以为这是骂得很厉害了，而被骂的人也以为这是骂得很厉害了。哎！又有谁知道这根本就不是骂人的话！世间总说没有比人更讲仁义的了。你看他们仪容举止庄重而有礼貌，说起话来，十分和善得体，同情人爱护人的样子，显得非常周到。只是他们还有一处比不上禽兽奴狗强盗的地方。世上做强盗的大体有两种人：有的是受官府逼迫，怨气无处伸张，就逃去做了强盗；有的是很有才能，不甘心屈居人下，假如有人怜惜他的才能使他能够发挥作用，他必定不惜牺牲自己的生命设法报答，决不会忘记对他的恩情也就不会去做强盗了。这样看来，用'强盗'骂人，就不算骂人，反而是赞美人了。狗虽然是人的奴仆，却非常讲义气，专心守护主人家门，即使驱赶它，它也不愿离开；不给它食物吃，它也不生气，自己去吃屎，马马虎虎地过日子。这就是人们所说的'狗不厌家贫'的原因吧。现在有人用'奴狗'来骂人，这又哪里恰当呢？我反倒怕这不是用狗骂人，反而是用人来骂狗了。至于'奴'这个字，都只能被人使唤而不能去使唤所有的人，所以人可以说都是'奴'。人世间何曾有过专门使唤别人的人呢？当皇帝的汉代只有汉高祖、汉文帝、汉武帝、汉宣帝罢了。其余的都是'奴'，而用'奴'来称呼人，是合乎本来身份的名称的，却反倒使人发怒，这是为什么呢？"

和尚谓："禽兽畜生强盗奴狗既不足以骂人，则当以何者骂人乃为恰当？"林遂引数十种如蛇如虎之类，俱是骂人不得者。直商量至夜分①，亦竟不得。乃叹曰："呜呼！好看者人也,好相处者人也,只是一付肚肠甚不可看,不可处!"
林曰:"果如此,则人真难形容哉!世谓人皮包倒狗骨头②,
我谓狗皮包倒人骨头。未审此骂何如③?"和尚曰:"亦不足
以骂人。"遂去睡。

【注释】

①夜分:半夜。

②包倒:包着。

③审:知。

【译文】

　　和尚说:"既然用'禽兽''畜生''强盗''奴狗'这些都不足以骂倒
人,那么用什么骂人才更恰当呢?"怀林于是列举了数十种如蛇如虎之
类的动物,但都不能恰当地用来骂人。我与他讨论到半夜,也得不出什
么结论。于是我感叹道:"唉!最漂亮的是人,最好相处的是人,只是人
的一副心肠不怎么好看,也不好相处!"怀林说:"真的是这样,那么人才
是真正难以形容的呀!世上的人们都说人皮包着狗骨头,我倒不如说
狗皮包着人骨头更为恰当。我不知道像这样骂人是否恰当?"和尚回答
说:"这也还不足以骂倒人。"于是就去睡觉了。

第三段

【题解】

　　此文从"奢"与"俭"的辨析中引出"轻财重义""散财结客"之说,以
及对"借口轻财"而"浪费纵欲"的批判,都具有一定的认识意义。

　　守庵僧每日斋①,皆取给于城内外人家供给盏饭②,推其
余乃以饭往来方僧道侣③。是日,道侣中有一人再来索食,

守僧怒骂不已。大人闻之,谓某辈曰:"不与食亦罢,何太辱骂也?况又盏饭之余乎!"因论及常志等④,谓:"常志每借得银物,随手辄尽,此其视守僧之骂道人较胜矣。且常志等平日亦自谓能轻财好施,当过守僧十倍也。"某谓:"此说未当,要不过伯仲之间耳⑤。彼守僧之骂道人,伤于太俭者也。但知为施主惜余饭,而不知为施主广积福;但知化饭之难⑥,欲以饱其徒,不知受骂之苦,反以伤佛心:是太俭之故也。若常志辈,但见假借名色以得人之银若甚容易⑦,而不知屡借名色以要人之银,人实难堪。况慷他人之慨,费别姓之财,于人为不情⑧,于己甚无谓乎?是太奢之过也。奢俭俱非,何以称常志之胜⑨?"大人曰:"若如子言,则轻财之名不美乎?彼固慕轻财之名而后为之者也。"某曰:"嗟哉!是何言欤!夫古之言轻财者必曰重义,未有无故而轻财者也。故重义者必轻财,而轻财者以重义故,是以有轻财重义之说,有散财结客之说⑩。是故范纯佑麦舟之予,以石曼卿故⑪;非石曼卿则一麦不肯妄费矣。鲁子敬有一囷三千米之予,以周公瑾故⑫;非公瑾则一粒不肯妄费矣。为公瑾是以结客故散财,为石曼卿是以重义故轻财。今得人钱财,视同粪土,岂为谋王图霸,用之以结客乎?抑救灾恤患,而激于义之不能以已也⑬?要不过纵酒色之欲⑭,滋豪奴之贪⑮,乱而不理⑯,懦而不敢明耳⑰,何曾有一文施及于大贤之待朝铺者⑱!此为浪费纵欲,而借口轻财,是天下之浪子皆轻财之夫也,反不如太俭者之为得。故曰'与其奢也宁俭'⑲。"

【注释】

①斋：佛制，和尚过午都不许食，因以午前、午中之食为斋。按小乘戒律，只禁过午食，而不禁食净肉。后人据大乘别意，以素食为斋。

②供给盏饭：供奉神明的小碗饭。

③"推其"句：意为吃不完的盏饭才施舍给往来的行僧道友吃。方僧，游方的僧人。道侣，一起修行、修炼的僧友。

④常志：见《安期告众文》第二段注⑧。

⑤伯仲之间：相差无几。伯仲，兄弟之间的次序，"伯"为长，"仲"为次。

⑥化饭：募化饭食。

⑦名色：名目，名称。

⑧不情：不合情理。

⑨胜：胜过别人。比（别人）强。

⑩结客：结交宾客。

⑪"是故"二句：范纯佑（范仲淹长子），系范纯仁之误。范纯仁，字尧夫，苏州吴县（今江苏苏州）人。范仲淹次子。皇佑进士。父死始出仕。历仕仁宗、英宗、神宗、哲宗、徽宗五帝。哲宗时累官尚书右仆射兼中书侍郎。徽宗时，授观文殿大学士，促其入朝进见，以目疾辞归。《宋史》卷三一四、《藏书》卷一四等有传。石曼卿（994—1041），名延年，字曼卿，宋城（今河南商丘）人。气节自豪，不务世事。累举进士不中。真宗时，官大理寺丞、太子中允等。文学家，为文劲健，诗尤工，与苏舜钦、梅尧臣齐名。《宋史》卷四四二有传。据僧惠洪《冷斋夜话》卷一〇，范纯仁年轻时，范仲淹叫他去苏州用船运麦子五百斛回来，船经丹阳时，得知石曼卿因无钱料理丧事滞留当地，便慷慨地将整船的麦子送给他。而后，"单骑自长芦捷径而去。到家，拜起，侍立良久。文正（范

　　仲淹)曰:'东吴见故旧乎?'曰:'曼卿为三丧未举,留滞丹阳,时
　　无郭元振(唐代人,为人任侠使气,官安西大都护),莫可告者。'
　　文正曰:'何不以麦舟付之?'尧夫曰:'已付之矣。'"麦舟之予,整
　　船麦子的赠予。

⑫"鲁子敬"二句:鲁肃(172—217),字子敬,三国时临淮东城(今
　　安徽定远)人。东吴将军,著名的赤壁之战策划者之一。《三国
　　志》卷五四、《藏书》卷二五等有传。周瑜(175—210),字公瑾,
　　庐江舒县(今安徽舒城)人。东吴将军,助孙策孙权创立孙吴政
　　权。《三国志》卷五四、《藏书》卷一一等有传。据《三国志·鲁
　　肃传》,周瑜任居巢(今安徽巢县)长时,曾向鲁肃借粮。"肃家
　　有两囷(qūn)米,各三千斛,肃乃指一囷与周瑜。瑜益知其奇
　　也,遂相亲结,定侨、札之分。(春秋郑国公孙侨字子产与吴国
　　公子季札。季札至郑,与子产一见如故,互赠缟带纻衣。后因
　　以'侨'比喻朋友之交。)"后来周瑜将鲁肃推荐给孙权。囷,圆
　　形谷仓。

⑬"抑救灾"二句:意为或者是为了救灾济患,激于义气而不能控制
　　自己呢? 恤,救济,体恤。已,停止。

⑭过纵:笼络,献殷勤。这里是满足之意。

⑮豪奴:借主人之势横行霸道的奴仆。

⑯乱而不理:纷乱而不能治理。

⑰懦而不敢明:指主人懦弱,不敢明白指出豪奴的贪婪。

⑱待朝餔(bū)者:等待救济的人。朝餔,早餐。

⑲与其奢也宁俭:语出《论语·八佾》。意为(就一般礼仪说)与其
　　奢侈,不如节俭。

【译文】

　　守寺院僧人每日的斋饭,都是取自城内外施主供给神明的小碗饭,
吃不完的盖饭就施舍给往来的行僧道友。有一天,有一个道友来求食,

守寺院僧人对之怒骂不停。大人听到，对一些僧人说："不给他饭就是了，何必又要辱骂他？何况是剩下的盖饭呢！"并由此论到常志等，说："常志每次得到财物，随手散尽，这比守寺僧人骂求食道友要好。而且常志平日也总说自己能轻财好施，这比骂求食道友的僧人更胜过十倍。"有僧人说："您这说法不妥，比较起来也相差无几。寺院守僧骂求食道人，那是过度节俭了。他只知道为施主节俭多余的饭，却不知为施主多积福；只知道自己化饭之难，想以此使其僧徒不受饥，却不知求食道人被骂之苦，反而伤了佛心：这是由于太节俭的缘故。像常志这样的人，凭借一些名目很容易得到施主的银钱，而不知常常凭借一些名目而要人银钱，人家也很难为情。况且用化缘得来的钱财去轻财好施，这是慷他人之慨，费别姓之财，对他人不合情理，对自己又有什么意义呢？这种作为太奢侈了。守寺僧的俭与常志的奢都不好，为什么要称赞常志胜过守寺僧呢？"大人说："如若依你的说法，那么轻财好施之名却不好了？常志是不是为了博得轻财好施之名才那样做呢。"僧人说："哎呀！怎么这样说呢！古人说轻财必说重义，没有无缘故而去轻财。所以重义者必轻财，而轻财者也必重义，因此有轻财重义之说，有散财结交宾客之说。因此范纯仁把整船麦子赠送给了石曼卿，要不是石曼卿范纯仁一粒麦子也不会轻易舍弃。鲁肃把一谷仓米赠送给了周瑜，要不是周瑜鲁肃一粒米也不会轻易舍弃。为了结交周瑜鲁肃才散财，因为与石曼卿有着深交之义范纯仁才轻财。今人得了他人的钱财，却视同粪土，轻财好施，难道是为了谋王图霸，以此结交宾客吗？或者是为了救灾济患，激于义愤而一时激动呢？要不就是满足酒色的欲望，滋长了豪奴的贪欲，纷乱而不能治理，懦弱而不敢指责，其结果哪里有一文钱用到那些真正等待救济的人身上！这是浪费纵欲，却借口为轻财，那么天下的浪子不都成了轻财好施的人了，反而不如节俭的行为更应得到肯定。所以孔子说'与其奢侈，不如节俭'。"

第四段

【题解】

　　李贽很少写游记，这是难得的一篇。这篇游记不注重景色，而写人、写事、写感受，这是李贽与一般游记作者不同之处。

　　九月二十七日，林随长者游至西城①，发足欲往万寿寺②。寺有僧，长者每游必至方丈③。是日忽逢暴雨，势似天以同来，长者避雨于秀士门下④。不一盏茶，雨过，然平地皆水，可以行舟矣。林启长者曰⑤："此骤雨，水未退，不如升堂一坐⑥，稍待水退乃往。"长者登堂⑦，坐于中堂之上⑧。时有老仆即欲入报，长者遽止之曰⑨："勿报！我躲雨至此，权坐一时⑩，切勿报！不报，我尚多坐一时；若报，主人出，我不过一茶即起矣。"偶宅中有老姆从内出⑪，见是长者，不觉发声曰："是卓吾老爹，何不速报！"便番身入内⑫，口中道："卓吾老爹在堂，快报知！快报知！"于时主人出，安座已。坐未一茶，长者果起。

【注释】

①林：怀林，龙潭湖芝佛院和尚。长者：指李贽。

②发足：起程，出发。万寿寺：在麻城西城。光绪《麻城县志》卷四："万寿寺在西城，有周思久题'梵王宫'及澄心方丈字。"

③方丈：指寺院住持或住持的居室。

④秀士：秀才，亦泛指读书人。

⑤启：陈述，禀告。

⑥升堂：进入厅堂。

⑦登堂：登上厅堂。

⑧中堂：正中的厅堂，亦指厅堂之中。这里指后者。

⑨遽止：急忙制止。

⑩权：权宜，变通。这里是暂且之意。

⑪偶：偶然，恰巧。老姆：古代以妇道教女子的老师。

⑫番：反。

【译文】

九月二十七日，怀林跟随长者李贽到西城，想到万寿寺一游。寺内有僧徒，长者每次到此必与寺院住持相见。这一天忽然下起暴雨，其势像天也要漏了，长者只好在经过的秀士门下避一避雨。没有多久，雨停了，但平地都是水，可以划船了。怀林对长者说："这阵大雨，地下水未退去，不如到厅堂坐一坐，等水退去再去万寿寺。"长者随后进入厅堂，在厅堂中坐下。当时有老仆人就要进内报于主人，长者立即叫住他说："不要报！我躲躲雨，暂且坐一会儿，千万不要报信！不报，我可多坐一会儿；要是报了，主人出来接待，那我会喝口茶就走了。"这时恰巧有一女师从里边出来，看见是长者，不觉叫道："是卓吾老爹，为什么不快报告主人！"女师边说边反身入内，口中叫道："卓吾老爹在厅堂，快报告主人！快报告主人！"主人立即出来，坐在厅堂相陪。坐不到一杯茶工夫，长者果然起身告辞。

至道中，问林曰："何此家妇人女子尽识李卓吾耶？"林曰："偏是妇人女子识得，具丈夫相者反不识也①。此间男子见长者个个攒眉②。"长者曰："如尔言，反比不得妇人耶？"林曰："不然。男子惯见长者，故作寻常看，此老妇人乍见耳③，乍见是以生希有想④、欢喜想也。长者但自念果寻常乎，希有乎,不必问林也。若说男子不如妇人,非矣。"长者曰:"尔言是! 尔言是!"

【注释】

①具:具有。

②攒(cuán)眉:皱眉。

③乍见:初见。

④希有想:稀有的想法。希有,少有。

【译文】

在继续前行的路上,长者问怀林:"为什么这家的妇人女子都认识李卓吾?"怀林说:"正因为她们是妇女所以认识您,男子反而不认识您。这里的男子看见您个个都会皱眉。"长者说:"照你这种说法,男子还比不上妇女了?"怀林说:"不是您说的这样。男子经常看见您,所以像见熟人一样没什么惊奇,这个老妇人偶然见到您,所以就感到很惊奇,很欢喜。长者想想是不是这样,不必问怀林了。如若说男子不如女子,并不是这个意思。"长者说:"你说的是! 你说的是!"

疾行至万寿寺,会其僧。其僧索书①。书数纸已②,其徒又索联句③。联句曰:"僧即俗④,俗即僧,好个道场⑤;尔为尔⑥,我为我,大家游戏。"是夜雨不止,雨点大如车轮。长者肩舆淋漓带雨而归⑦,大叫于舆上曰⑧:"子看我与尔共作雨中游,何如?"林对曰:"真可谓游戏三昧⑨,大神通自在长者矣⑩!"

【注释】

①索书:要求写字。

②书数纸已:书写了几幅。

③联句:古人作诗方式之一,一般是一人一句联结而成一首诗。这里是指对联。

④俗:俗人。

⑤道场:和尚或道士诵经、礼拜、做法事的场所。

⑥尔:你。

⑦肩舆:轿子。

⑧于舆上:在轿子上。

⑨三昧:佛教用语。梵文的音译,又作"三摩地",意译为"正定"。谓屏除杂念,心不散乱,专注一境。引申为深得奥妙、诀窍之意。

⑩神通:佛教用语。指法力无边。

【译文】

　　他们一路快走到了万寿寺,并与住持相见。住持请长者题字。长者写了几幅,僧徒又要长者写对联。长者挥笔而成:"僧即俗,俗即僧,好个道场;尔为尔,我为我,大家游戏。"这天晚上大雨绵绵,雨点大如车轮。长者的轿子冒雨而归,长者在轿子上大声说:"我和你这是在雨中共游,感觉怎么样啊?"怀林说:"真可谓体会到了游戏的奥妙,长者真是具有无边的法力!"

玉合

【题解】

　　本文约写于万历二十年(1592),当时李贽在武昌。李贽在写于本年的《与焦弱侯》中说:"古今至人遗书批点得甚多……《水浒传》批点得甚快活人,《西厢》《琵琶》涂抹改窜得更妙。"(《续焚书》卷一)此文当是此时批点《玉合记》时而写。玉合,即《玉合记》,传奇剧本,明代梅鼎祚作。剧本取材唐代许尧佐的《柳氏传》,描写唐天宝年间诗人韩翃(hóng)和柳姬彼此离散而又团聚的故事。剧中主人公韩翃与友人李王孙爱姬柳氏相爱，李便把柳氏赠给韩翃。后来，两人在战乱中失散，柳氏落入蕃将沙吒利之手。许中丞（俊）单枪匹马经造沙宅，夺回柳氏，归于韩翃。玉合，即玉盒，古代妇女盛香膏的一种玉做的盒子，是韩、柳二人的信物。《玉盒记》即取名于此。在此文中，李贽借对《玉合记》的评说，提出了"知趣"的创作原则，称赞对"奇人""奇事"的表现，这与传统的文艺思想是大相径庭的。

　　此记亦有许多曲折①，但当要紧处却缓慢②，却泛散，是以未尽其美，然亦不可不谓之不知趣矣。韩君平之遇柳姬③，其事甚奇，设使不遇两奇人④，虽曰奇，亦徒然耳。此昔人所以叹恨于无缘也。方君平之未得柳姬也，乃不费一毫力气而遂得之，则李王孙之奇⑤，千载无其匹也⑥。迨君平之既失柳姬也，乃不费一时力气而遂复得之，则许中丞之奇⑦，唯有昆仑奴千载可相伯仲也⑧。呜呼！世之遭遇奇事如君平者，亦岂少哉！唯不遇奇人，卒致两地含冤，抱恨以死，悲矣！然君平者唯得之太易，故失之亦易，非许俊奇杰，安得复哉？此许中丞所以更奇也。

【注释】

①此记：指《玉合记》。

②要紧处：指剧本中的重要情节。

③韩君平：韩翃，字君平，唐代南阳（今河南南阳）人，有诗名。曾在淄、青节度使侯希逸府下当书记官。《新唐书》卷二〇三有传。

　柳姬：即柳氏，长安（今陕西西安）人，原为李王孙爱姬。

④两奇人：指李王孙与许中丞（俊）。

⑤李王孙：李翼，长安人，唐代皇族后裔。

⑥匹：匹敌，相比。

⑦许中丞：许俊，侯希逸府下的虞侯。

⑧昆仑奴：唐代昆仑族人流亡到中国，卖身为奴的，称昆仑奴。据唐代裴铏《昆仑奴》，唐大历中，有一崔姓书生到一品官府做客，爱上了穿红绸子衣服的歌妓，回家后把心事告诉了昆仑奴磨勒，磨勒便夜负崔生入一品官府，并一起带出了歌妓。后为一品所知，令甲士围擒之，磨勒持匕首飞出，不知所向。

【译文】

《玉合记》一剧的剧情有很多曲折，但在一些重要情节处却有些缓慢，有些不紧凑，所以显得不够完美，但也不能说梅鼎祚没有应有的趣味。其中所写韩君平与柳姬的相遇，其事就很奇，但是如若不是遇到李王孙与许中丞这两个奇人，虽说奇，也难以成趣。这就是前人所以叹息抱恨的原因。韩君平原来没有得到柳姬，后来不费一点力气而得到她，那是由于李王孙的奇行，这种奇行真是千载之下没有人可以相比。后来韩君平又失去了柳姬，在许中丞的帮助下，不费一点力气又与柳姬重聚，许中丞的奇行，千百年来只有昆仑奴可以相比了。唉！世上像韩君平这样遇到奇事的人，难道少吗！只是遇不到李王孙、许中丞这样的奇人，只能两地含冤，抱恨而死，悲哀之极！然而韩君平得之太容易，所以失之也容易，若没有许俊这一奇杰，又怎么会再得到呢？所以许中丞更是一位奇杰。

昆仑奴

【题解】

本文约写于万历二十年（1592）。当时李贽在武昌。昆仑奴，这里指明代梅鼎祚的杂剧《昆仑奴》中的主人公。该剧把唐代裴铏《昆仑奴》中的人物落实为郭子仪歌妓红绡与郭子仪同僚子弟崔生相爱，但不能如愿。崔家昆仑奴为了"成主之事",便飞越高墙深院,从郭家背出红绡,使二人成婚。两年后,崔生夫妇同游曲江,被郭家人发现。昆仑奴为了"完主之身",挺身而出承担了全部责任。郭派了四五十名家丁包围崔生书院,要缉捕昆仑奴。昆仑奴严词驳斥他们后,飞出书院飘然而去。李贽在此文中对昆仑奴的侠义精神给以赞扬。

　　许中丞片时计取柳姬,使玉合重圆①;昆仑奴当时力取红绡,使重关不阻②:是皆天地间缓急有用人也③,是以谓之侠耳。忠臣侠忠④,则扶颠持危⑤,九死不悔;志士侠义,则临难自奋,之死靡他⑥。古今天下,苟不遇侠而妄委之⑦,终不可用也。或不知其为侠而轻置之⑧,则亦不肯为我死,为我用也。

【注释】

①"许中丞"二句:指《玉合记》所写故事。见《玉合》题解。

②重关:重重关卡。这里指郭家的高墙深院,巡卒猛犬。

③缓急:紧急,危急。这是偏义复合词。

④忠臣侠忠:忠臣以效忠皇帝为侠。

⑤扶颠持危:语本《论语·季氏》:"危而不持,颠而不扶。"扶持危局。

⑥之死靡他:到死也没有二话。之,到。靡,没有。他,别的。

⑦妄委:随便委任。妄,随便,轻易。

⑧轻置:轻率任命。置,委托,任命。

【译文】

　　许中丞在短时间内设计救出柳姬,使她与韩君平得以团聚;昆仑奴以猛力救出红绡与崔生成婚,深院巡卒都被他置之一边:这真是天地间遇到危急时有用之人,所以称之为侠。忠臣以效忠皇帝为侠,为皇室扶持危局;志士则见义勇为,遇难而奋不顾身,死也无所畏惧。古今天下,如若没遇到侠义之士而轻易信任他,终是不可任用的。或者不知道他是否是侠士而随便委托他,他是不会为我死,为我所用的。

　　侠士之所以贵者,才智兼资,不难于死事,而在于成事也。使死而可以成事,则死真无难矣;使死而不足以成事,则亦岂肯以轻死哉!贯高之必出张王,审出张王而后绝吭以死者是也①。若昆仑奴既能成主之事,又能完主之身,则奴愿毕矣,纵死亦有何难,但郭家自无奈昆仑奴何耳。剑术纵精,初何足恃②。设使无剑术,郭家四五十人亦能奈之何乎?观其酬对之语可见矣③。况彼五十人者自谓囊中之物,不料其能出此网矣。一夫敢死,千夫莫当,况仅仅五十人而肯以活命换死命乎?直溃围出,本自无阻,而奈何以剑术目之!谓之剑术且不可,而乃谓之剑侠,不益伤乎!剑安得有侠也?人能侠剑,剑又安能侠人?人而侠剑,直匹夫之雄耳,西楚霸王所谓"学剑不成,去,学万人敌"者是也④。夫万人之敌,岂一剑之任耶!彼以剑侠称烈士者⑤,真可谓不识侠者矣。

【注释】

①"贯高"二句:贯高,汉代赵王张敖的丞相。《史记》卷八九《张耳陈余列传》记载,贯高妄图谋杀刘邦,张敖坚决反对。后来,刘邦发觉这一阴谋,逮捕了张敖、贯高等十余人。贯高为了替张敖辩雪,起初不愿自杀。待到事实真相大白后,刘邦释放了张敖,贯

高也被赦罪。贯高却表示："所以不死一身无余者,白张王(指赵
王张敖)不反也。今王已出,吾责已塞,死不恨矣。""乃仰绝肮",
自杀身死。绝肮(háng),刎颈。肮,同"吭",喉咙。

②恃:依赖。

③酬对之语:指昆仑奴被郭的家丁包围时的对话。郭的家丁说:
"俺老爷擎(拿)你,也只是为天下除害。"昆仑奴回答说:"可笑!
可笑! 你见害天下的哪里是俺这一班贫贱的人。"接着指出,安
禄山(唐代藩镇军阀)、李林甫、杨国忠(唐玄宗时宰相)等,才是
害人贼。表现出反抗封建压迫的抱负。

④西楚霸王:项籍(前232—前202),字羽,下相(今江苏宿迁)人。
秦末农民起义领袖,以骁勇善战著称。在巨鹿之战中摧毁秦主
力,秦亡后自立为西楚霸王。后在楚汉之战中,为刘邦击败,自
杀于乌江(今安徽和县)。《史记》卷七、《藏书》卷二等有传。《史
记·项羽本纪》载:"项籍少时,学书不成,去学剑,又不成。项梁
(叔父)怒之。籍曰:'书足以记姓名而已。剑一人敌,不足学,学
万人敌。'"万人敌:指能御敌万人的武艺(兵法、谋略)。

⑤烈士:指重义轻生的人。

【译文】

　　侠士所以可贵,因为兼有才能和智慧两种资质,为事而死并不难,
难的是能把事情做成功。如果死而能成事,那么死真不是难事;虽尽力
致死而不能成事,那也不应该去轻死! 贯高为了使赵王张敖不受冤狱
得以开脱,等审出赵王张敖与冤狱无关的真相后刎颈自杀就是一例。
像昆仑奴既能成全主人之事,又能保全主人之身,他的心愿已经完成,
死又有什么可怕,而郭子仪家又能把昆仑奴怎么样呢? 剑术纵然精熟,
也是不足以依赖的。就是不懂得剑术,郭子仪家派去的五十名家丁又
能对昆仑奴怎样呢? 看一看昆仑奴被郭子仪家丁包围时的对话就知道
了。郭家那五十名家丁自认为捉拿昆仑奴如取囊中之物,想不到昆仑

奴却冲破他们的包围而出。这真是一夫敢死，千夫莫当，何况仅五十名
家丁怎么肯用活命换死命呢？

　　昆仑奴冲破包围，本来也没什么倚仗，用得着以剑术称他吗！说剑
术不太恰当，还称为剑侠，这不是太过分了吗？剑哪里有侠呢？人能以
剑为侠，如若仅仅以剑，又怎么可以使人成侠呢？如若人只以剑为侠，
那只是匹夫之勇罢了，项羽所说的"学剑不成，去，学万人敌"就是这样
的。御敌万人，难道一剑可以担当的了吗！用剑侠称呼重义轻生的人，
实在是不知道侠的含义啊。

　　呜呼！侠之一字，岂易言哉！自古忠臣孝子，义夫节
妇，同一侠耳。夫剑之有术，亦非真英雄者之所愿也。何
也？天下无不破之术也。我以术自圣，彼亦必以术自神，术
而逢术，则术穷矣。曾谓荆卿而未尝闻此乎①？张良之击秦
皇也②，时无术士，故子房得以身免；使遇术者，立为齑粉
矣③。故黄石老大嗔怪于圯桥之下也④。嗣后不用一术，只
以无穷神妙不可测识之术应之。灭秦兴汉，灭项兴刘⑤，韩、
彭之菹醢不及⑥，萧何之械系不及⑦，吕后之妒悍不及⑧，功
成名遂而身退⑨，堂堂大道，何神之有，何术之有，况剑术耶？
吾是以深悲鲁勾践之陋也⑩，彼其区区⑪，又何足以知荆卿
哉！荆卿者，盖真侠者也，非以剑术侠也。

【注释】

　　①荆卿：指荆轲（？—前227），战国末年刺客，卫国人，卫人叫他庆
　　　　卿。游历燕国，燕人叫他荆卿，亦称荆叔。后被燕太子丹尊为上
　　　　卿，并派他去刺秦王政（即秦始皇）。他借着献秦逃将樊於期的头
　　　　和燕国督亢地图之名赴秦，在献图中，"图穷而匕首见"，刺杀秦始

皇未遂,当场被杀死。《史记》卷八六、《藏书》卷二七等有传。

②张良之击秦皇:张良,字子房,汉初政治家。见《题关公小像》注
①。他在秦灭韩以后,曾结交刺客,在博浪沙狙击秦始皇未遂。

③齑(jī)粉:碎末。这里是粉身碎骨的意思。

④"故黄石"句:事见《史记》卷五五《留侯世家》。说的是张良在下
邳(今江苏睢宁)桥上,遇到一位老人。他约张良过五天的清晨
在桥上等着相见。前两次,张良都来迟了,老人甚为责怪。第三
次,张良半夜就到桥上等候,老人见了很高兴,就送给张良一本
《太公兵法》。并说:"读此,则为王者师矣。后十年兴。十三年,
孺子(指张良)见我济北(济水北)谷城(在今山东省)山下,黄石
即我矣。"嗔怪,责怪。圯(yí)桥,即桥。《说文》:"东楚谓桥为
圯"。《水经注·沂水》:"水上有桥,徐泗间以为圯,昔张子房遇
黄石公于圯上,即此处也。"后来因称此桥为圯桥。

⑤灭项兴刘:灭掉项羽,成功刘邦。兴,成功,昌盛。

⑥韩、彭之俎醢(zǔ hǎi)不及:不会遭受像韩信、彭越那样的杀身之
祸。韩,指韩信,汉初政治家。见《题关公小像》注①。汉朝建立
后,曾被封为齐王、楚王,因有人告他谋反,被降为淮阴侯。后因
与陈豨(xī)谋反搞分裂,被吕后所杀。彭,指彭越(?—前196),
昌邑(今山东成武)人。封梁王。陈豨谋反时,刘邦向彭越调兵,
彭称病,引起刘邦恼怒。不久有人诬告彭参与谋反,被捕,后赦
为平民。在赴蜀途中遇到吕后,吕后用计把他带回洛阳城,说服
刘邦又把他杀害。《史记》卷九〇、《汉书》卷三四等有传。俎醢,
剁成肉酱。

⑦萧何之械系不及:不会遭受像萧何那样戴上刑具囚禁起来的灾
祸。萧何,汉初政治家。见《题关公小像》注①。萧因向刘邦建
议把皇帝打猎的园林改为耕田,而被囚禁。

⑧吕后之妒悍不及:没有遭受到由于吕后的妒悍而招致的灾祸。

吕后,指吕雉(zhì,前241—前182),刘邦妻。曾助刘邦平安天下,西汉统一后,又助刘邦杀害了韩信、彭越。《史记》卷九、《汉书》卷三、卷九七、《藏书》卷六三等有传。妒悍,嫉妒强悍。

⑨功成名遂而身退:据《史记·留侯世家》,张良曾说:"今以三寸舌为帝者师,封万户,位列侯,此布衣之极,于良足矣。愿弃人间世,欲从赤松子游耳。""乃学辟谷(不食五谷,道教的一种修炼术),道引(即气功)轻身(使身体轻健而能轻举)。"后得以善终。

⑩鲁勾践:生平事迹不详。《史记》卷八六《刺客列传》载:"鲁勾践已闻荆轲之刺秦王,私曰:'嗟乎,惜哉其不讲(不讲习)于刺剑之术也!甚矣,吾不知人也!曩(nǎng,以前)者吾叱之,彼乃以我为非人也!'"

⑪彼:指鲁勾践。区区:凡庸,愚拙。

【译文】

嗟!侠这个字,哪里容易说得明白。自古以来忠臣孝子,义夫节妇,都可以称之为侠。讲究剑术,并不是真正英雄的意愿。为什么?因为天下没有不被打破的权术。自己以为术艺高超,他人也必然认为自己的术艺神化无敌,这样以术对术,术艺也就难以施展了。我曾说荆轲怎么不懂得这一道理而盲目刺杀秦王呢?张良在博浪沙狙击秦始皇,当时因无术士在场,所以张良得以逃脱;如若有术士在场,张良就会立即粉身碎骨。这也是黄石公在圯桥责怪张良并送他《太公兵法》的原因。而后张良不用一术,只以无穷神妙不可测之术处事。终于灭秦兴汉,打败了项羽协助刘邦成功,也没有遭受韩信、彭越那样的杀身之祸,没有遭受像萧何那样被刑具囚禁起来的苦,没有遭受由于吕后的妒悍而带来的灾难,终于功成名立而善终,行的是光明正大之道,有什么神法,有什么术艺,何况剑术呢?我因此深感鲁勾践所说荆轲不讲刺剑之术的浅陋,他这样愚拙,又怎么会认识荆轲之所为!荆轲这样的人,是真正的侠士,但并不是以剑术而称侠。

拜月

【题解】

　　本文约写于万历二十年(1592)，当时李贽在武昌。拜月，即《拜月亭记》，又名《拜月记》《拜月亭》，南戏剧本。一般认为它是元代惠施(字君美)根据关汉卿所作杂剧《闺怨佳人拜月亭》(现仅有曲词和部分科白)加工改编。剧本描写书生蒋世隆与兵部尚书之女瑞兰相爱的悲欢离合，具有一定反封建礼教的倾向。李贽在《杂说》中曾说："《拜月》《西厢》化工也。"在此剧评中，虽然把剧中主人公的行动归于"义夫节妇""天之报施"，带有明显的思想局限，但对《拜月记》这类新兴剧本文学的称赞，对其中主人公叛逆精神的肯定，都显示着一种新的文艺思想。

　　此记关目极好①，说得好②，曲亦好，真元人手笔也。首似散漫，终致奇绝，以配《西厢》③，不妨相追逐也，自当与天地相终始，有此世界，即离不得此传奇④。肯以为然否？纵不以为然，吾当自然其然。详试读之，当使人有兄兄妹妹，义夫节妇之思焉。兰比崔重名⑤，尤为闲雅，事出无奈，犹必对天盟誓，愿终始不相背负，可谓贞正之极矣⑥。兴福投窜林莽⑦，知恩报恩⑧，自是常理。而卒结以良缘，许之归妹⑨，兴福为妹丈，世隆为妻兄，无德不酬，无恩不答。天之报施善人⑩，又何其巧欤！

【注释】

　　①此记：指《拜月亭记》。关目：戏剧中的重要情节。
　　②说：剧中的道白。
　　③《西厢》：即《西厢记》，元代王实甫作。剧本写张珙(gǒng)与崔相

国之女崔莺莺产生了爱情,在侍女红娘协助下,终于冲破封建礼教的束缚而结合。

④传奇:这里指南戏《拜月亭记》。

⑤兰:指《拜月亭记》中的女主人公王瑞兰。崔:指《西厢记》中的女主人公崔莺莺。名:功名,名誉。

⑥贞正:坚贞不移。

⑦兴福:《拜月亭记》中的人物陀满兴福。投奔林莽:兴福因父亲被陷害,家人被斩,他只身逃进山林,投奔寨主,并当了寨主。

⑧知恩报恩:兴福外逃时,遭到追兵围捕,急难中跳进秀才蒋世隆家的院子,蒋与他结为兄弟,并赠之以衣帽银物。后来,蒋世隆与王瑞兰在逃亡路上被山寨兵卒所捉,兴福救了他们,还以百金相赠以报前恩。

⑨许之归妹:指蒋世隆把妹妹蒋瑞莲嫁给兴福。

⑩报施:报酬。

【译文】

《拜月亭记》情节极好,道白也好,唱词也好,真是元人所写的作品。开头好像有些散漫,后面却奇妙非常,与《西厢记》相比配,不相上下,自然应当受到社会的重视,有这样的社会现实,就离不开这样的传奇作品。是否同意这一说法?纵然不同意,我则认为这是必然的。你认真地读一读,自然使人产生兄兄妹妹,义夫节妇的思念。《拜月亭记》中的王瑞兰比《西厢记》中的崔莺莺更看重名誉,更为娴雅,在当时情景下出于无奈,尚且对天盟誓,愿意永远不相背弃,可以说是最为坚贞不移了。陀满兴福家中遭祸而逃避山林,在蒋世隆家得到救助,后来在逃亡路上他又救了蒋世隆,知恩报恩,自是常理。而最终结以良缘,蒋世隆把妹妹蒋瑞莲嫁给兴福,兴福成为蒋世隆妹妹的丈夫,蒋世隆则为兴福妻蒋瑞莲的兄长,行德得到了酬谢,施恩得到了报答。《拜月亭记》中所表现的善人必有善报,又是多么巧妙啊!

红拂

【题解】

本文约写于万历二十年（1592），当时李贽在武昌。红拂，即《红拂记》，传奇剧本，明代张凤翼作。剧本把唐代杜光庭的传奇小说《虬髯客传》，及孟棨《本事诗》中乐昌公主与徐德言破镜重圆的故事揉合在一起，以杨素宠妓红拂和李靖相爱私奔的情节贯串其间，描写了李靖、红拂、虬髯客三人的故事。李贽在此文中，借对《红拂记》的评说，提出了戏剧也可以具有"兴、观、群、怨"的作用，这实是为当时的新兴文艺制造舆论。"今之乐犹古之乐"的立论，则是对当时复古思潮的反驳，同样是为戏剧这样的新兴文艺争地位。此文虽短小，提出的问题与立论却意义重大。

此记关目好①，曲好②，白好③，事好。乐昌破镜重合④，红拂智眼无双⑤，虬髯弃家入海⑥，越公并遣双妓⑦，皆可师可法，可敬可羡，孰谓传奇不可以兴，不可以观，不可以群，不可以怨乎⑧？饮食宴乐之间，起义动慨多矣⑨。今之乐犹古之乐⑩，幸无差别视之其可！

【注释】

①关目：戏剧中的重要情节。

②曲：唱词。

③白：说白，对话。

④乐昌：南朝陈后主陈叔宝的妹妹乐昌公主。破镜重合：南朝陈将亡时，驸马徐德言与其妻乐昌公主破一铜镜，各执一半，约为他日重见的凭证。陈亡后，乐昌公主为杨素所得。当杨素得知破

镜之事,甚表同情,就帮助他们重新团圆,实现了"破镜重合"。

⑤红拂:杨素府中歌妓,姓张,名出尘。智眼无双:指红拂见李靖才貌不凡,当夜私奔李靖所住旅店与之结为夫妇一事。

⑥虬髯(qiú rán):即虬髯客,姓张,名仲坚。弃家入海:指虬髯客于酒店结识李靖夫妇,肝胆相照,将其全部家产赠给他们,而后自携其妻奔向海外。

⑦越公:即杨素,隋文帝时他以功封越国公,故称越公。并遣双妓:指剧中杨素先后遣送红拂予李靖、乐昌予徐德言之事。

⑧"孰谓"四句:语本《论语·阳货》:"子曰:小子何莫学夫诗?诗,可以兴,可以观,可以群,可以怨。"兴,指启发鼓舞的作用;观,指考察社会现实的作用;群,指互相感化、互相提高的作用;怨,指批评政治、表达民情的作用。

⑨起义:激起人们的义气。动慨:激发人们的感慨。

⑩"今之乐"句:语本《孟子·梁惠王下》。意为现代的音乐和古代的音乐其作用是一样的。今之乐,指当时流行的传奇剧本。

【译文】

《红拂记》这个剧本情节好,唱词好,对话好,内容也好。乐昌公主与徐德言终于"破镜重合",红拂独具慧眼与李靖私奔,虬髯客赠出全部家产而携妻奔向海外,杨素先后遣送红拂予李靖、乐昌公主予徐德言,这都是可以为师表为楷模,可钦敬可美赞的。谁说传奇不可以"兴、观、群、怨"?在寻常相聚观戏之间,激发人们的义气和感慨也是很多的。现世的戏曲音乐和古代音乐的作用是一样的,千万不要把它们分成高低才是正确的!

卷五　读史

曹公 二首

【题解】

　　本文写作时间不详。曹公，即曹操(155—220)，字孟德，小字阿瞒，谯(今安徽亳州)人。东汉末，在镇压黄巾起义中，逐步扩充军事力量，平定吕布等割据势力，统一中国北部，封魏王。后子曹丕称帝，追尊为武帝。三国时政治家、军事家、文学家。后人整理有《曹操集》。《三国志》卷一、《藏书》卷四等有传。本文通过曹操不嫌丁仪"目眇"而想嫁其爱女，读陈琳檄文而跃然病愈，感叹曹操的爱才、慕才的深笃诚挚，并以唐明皇远离杜甫、孟浩然，以及"六朝庸主"的嫉才、恶才加以对比，实是包含着对当时不重视人才的愤慨。

　　曹公欲以爱女嫁丁仪①，五官中郎将曰②："妇人观貌，而丁仪目眇③，恐爱女不悦。"后公与仪会，因坐而剧谈④，勃然起曰："丁掾好士，即使其两目盲，犹当嫁女与之，何况但眇？是儿误我⑤！"呜呼！曹公爱才而忘其眇，爱才而忘其爱，爱才而忘其女之所不爱，若曹公真可谓爱才之极矣！然丁掾亦何可当也？夫人以目眇为病，而丁掾独以目眇见为奇，吾是以知曹公之具眼矣⑥。是故独能以只眼视丁掾也。是故丁掾可以失爱女，而不可以失岳翁⑦！纵可以不称岳翁，而不得不称以知己之主！

【注释】

①丁仪：字正礼，三国时魏国沛郡（今江苏沛县、丰县一带）人。曹操曾想把女儿嫁给他，被曹丕阻止。在曹丕与曹植争夺王位过程中，丁仪支持曹植，曹丕即位后，将他杀害。事见《三国志·魏书》卷一九《陈思王植传》裴松之注引《魏略》。

②五官中郎将：官名。秦置中郎，至西汉分五官、左、右三署，各置中郎将以统领皇帝的侍卫。东汉以后，统兵将领也多用此名，其上再加称号。建安中，曹丕为五官中郎将，则为丞相之副。这里指曹丕。

③眇（miǎo）：瞎了一只眼。

④剧谈：畅谈，愉快尽情地谈。

⑤"丁掾（yuàn）好士"五句：均见《三国志》卷一九《陈思王植传》裴松之注引《魏略》。文字稍有出入。丁掾，指丁仪。掾，官府中佐助官吏的通称。丁仪为曹操的属官，故称之。

⑥具眼：具有鉴别人才的眼力。

⑦岳翁：岳父。

【译文】

　　曹操想将爱女嫁给丁仪，五官中郎将曹丕说："女人都要漂亮的男子，而丁仪瞎了一只眼，恐怕爱女不高兴。"后来曹操与丁仪相聚，坐着畅谈，突然站起来，说："丁仪是个很好的人才，即使他瞎了两眼，也应该将爱女嫁他，何况他只瞎了一只眼呢？是曹丕这孩子误了我。"唉！曹操爱丁仪的才能而不顾及他的一只眼瞎，爱他的才能而不顾及自己的爱女，爱他的才能而不顾及他爱女的不爱，像曹操这样可称之为极其爱才了！然而丁仪怎么能承受这样的尊崇？人们都以眼瞎为病，而丁仪却以眼瞎而被视为奇,我因此知道曹操真是具有鉴别人才的眼力。因此他能真正看到丁仪的才能。因此丁仪可以失去曹操的爱女,却不可失去曹操这样的岳父! 纵然不以岳父相称,却不得不称之为知己之主了!

<h1 style="text-align:center">又</h1>

　　魏武病头风①,方伏枕时,一见陈琳檄②,即跃然起曰:"此愈我疾! 此愈我疾!"夫文章可以起病,是天下之良药不从口入而从心授也③。病即起于见文章,是天下之真药不可以形求④,而但可以神领也。夫天下之善文章,如良医之善用药,古今天下亦不少矣。故不难于有陈琳,而独难于有魏武。设使呈陈琳之檄于凡有目者之前⑤,未必不皆以为好,然未必遽皆能愈疾也⑥。唯愈疾,然后见魏武之爱才最笃⑦,契慕独深也⑧。故吾不喜陈琳之能文章,而喜陈琳之遇知己。盖知己甚难,虽琳亦不容不怀知己之感矣。唐之明皇⑨,岂不是能文章者? 然杜甫"三大礼赋"⑩,浩然"不才"诗⑪,已弃之如秦、越人矣⑫,况六朝之庸主哉⑬! 况沈、谢引短推长⑭,僧虔秃笔自免⑮,孝标空续《辨命》哉⑯!

【注释】

①魏武:即魏武帝曹操。下面所引之事,见《三国志》卷二一《王粲传》裴松之注引《典略》。原文为:"琳作诸书及檄,草成呈太祖。太祖先苦头风,是日疾发,卧读琳所作,翕然而起曰:'此愈我病。'数加厚赐。"头风:中医学病名。指头痛时作时止,经久不愈。

②陈琳(？—217)：字孔璋，广陵(今江苏扬州)人。建安七子之一。以擅书檄著名，曾为袁绍掌管书记，作《为袁绍檄豫州》一文，痛骂曹操及其父、祖。后袁绍败，陈琳归附曹操，曹操爱其才，让他为司空军谋祭酒，管记室。著有《陈记室集》。《三国志》卷二一、《藏书》卷三八《王粲传》后附有传。檄(xí)：文体的一种。古代官府用以征召、通告或声讨的文书。

③心授：心里获得，精神上治疗。

④形求：在具体事物的外形上去寻找。

⑤凡有目者：指一般人。

⑥遽(jù)：急速。

⑦笃：深厚，诚挚。

⑧契慕独深：爱慕得特别深。

⑨唐之明皇：即唐玄宗李隆基，公元712—756在位。因谥号为至道大圣大明孝皇帝，故又称唐明皇。

⑩杜甫(712—770)：字子美，巩县(今河南巩县)人。唐代诗人。著有《杜工部集》。《旧唐书》卷一九〇、《新唐书》卷二〇一、《藏书》卷三九等有传。"三大礼赋"：指杜甫写的《朝献太清宫赋》《朝飨太庙赋》和《有事于南郊赋》。天宝十三载(754)正月，玄宗李隆基接连举行了三个盛典：祭祀玄元皇帝、太庙和天地。当时困在长安的杜甫趁机写了这三篇礼赋。玄宗读后很赞赏，让他待制集贤院，命宰相考试他的文章。但考后却无下文。

⑪浩然"不才"诗：孟浩然(689—740)，襄阳(今湖北襄阳)人。唐代诗人。年轻时在家乡鹿门山隐居。四十岁才入长安求仕，但并不得志。因此，他在《岁暮归南山》诗中说："北阙休上书，南山归敝庐。不才明主弃，多病故人疏。""不才"诗，即指此。著有《孟浩然集》。《旧唐书》卷一九〇、《新唐书》卷二〇三等有传。

⑫弃之如秦、越：喻唐玄宗对杜甫、孟浩然的疏远，不重视。秦、越，

春秋时诸侯国名,秦在西北,今甘肃、陕西一带,越在东南,今浙江、江苏一带,皆为较偏远之地。

⑬六朝:三国的吴、东晋,南朝的宋、齐、梁、陈,都以建康(今江苏南京)为首都,历史上称为"六朝"。

⑭沈:沈约(441—513),字休文,吴兴武康(今浙江武康)人。南朝文学家。历仕宋、齐、梁三代。著有《沈隐侯集》。《宋书》卷一〇〇、《梁书》卷一三、《南史》卷五七、《藏书》卷三八等有传。
谢:谢朓(464—499),字玄晖,陈郡阳夏(今河南太康附近)人。和谢灵运同族,人称"小谢"。曾任宣城太守,又称"谢宣城"。南朝梁诗人。著有《谢宣城集》。《南齐书》卷四七、《南史》卷一九、《藏书》卷三八等有传。引短推长:谓有意不露才以形己之短,显人之才。典出《南史》卷四九《刘峻传》:"(梁)武帝每集文士策经史事,时范云、沈约之徒皆引短推长,帝乃悦,加其赏赉。会策锦被事,咸言已罄。帝试呼问峻,峻时贫悴冗散,忽请纸笔,疏十余事,坐客皆惊。帝不觉失色。自是恶之,不复引见。"

⑮僧虔:王僧虔(426—485),琅玡临沂(今山东临沂)人。南朝宋、齐书法家。宋孝武帝欲擅书名,僧虔不敢显示自己的书法才能,就常用掘笔(秃笔)写字,才免于被害。事见《南齐书》卷三三《王僧虔传》。

⑯孝标:刘峻(462—521),字孝标,平原(今山东平原)人。南朝梁文学家、哲学家。所注《世说新语》,引证丰富,为世所重。他因"疏十余事"而遭梁武帝"恶之"(见注⑭)。后曾作《辨命论》,以表明心迹,但终生都不被荐用。《辨命论》认为统治自然和社会的是一种客观的必然规律,"鬼神莫能预,圣哲不能谋",以朴素唯物主义的自然观批判佛教的"有神论",是一篇著名的无神论之作。《梁书》卷五〇、《魏书》卷四三、《南史》卷四九、《北史》卷

三九等有传。空续：白白地撰写，指不受重视。

【译文】

魏武帝曹操有头痛病，正要躺下休息，一看见陈琳写的痛骂他及其父祖的《为袁绍檄豫州》一文，立即起来说："这能治好我的病！这能治好我的病！"文章可以治病，那就是说天下的良药不是从嘴喝下去而是从精神上获得。疾病可以由文章治疗，那就是说天下的真药不应该在具体事物的外形上去寻找，而是可以从心里和精神上获得。天下的好文章，如同好的医生善于用药，从古至今这样的事例也是很多的。所以陈琳并不难得，而魏武帝曹操却是很难遇到的。如若把陈琳的《为袁绍檄豫州》给一般人看，也会认为是好文章，然而不一定会很快治好他的病。魏武帝曹操看了陈琳的《为袁绍檄豫州》一文很快治好了他的头痛病，然后才见出曹操爱才是多么的诚挚，爱慕之情是多么深刻。所以我不是高兴陈琳善于作檄文，而是高兴陈琳能遇到曹操这样的知己。知己之遇极难，就是陈琳也不会不心生感慨遇到曹操这样的知己。唐明皇李隆基，难道不是能做文章的人吗？他对杜甫上的"三大礼赋"不予理睬，孟浩然在《岁暮归南山》诗"不才明主弃"的感叹，都可以见出他对杜甫、孟浩然这样的人才是多么的疏远和不重视，何况六朝那些无识的庸俗的君主呢！何况当时的文学家沈约、谢朓有意不显示自己的才能以表自己之短而显示他人之才，王僧虔不敢显示自己的书法才能就用秃笔写字才免于被害，刘孝标白白地写了《辨命论》以表明心迹，但终生都不被荐用呢！

杨修

【题解】

本文写作时间不详。杨修（175—219），字德祖，弘农华阴（今陕西华阴）人。曾为丞相曹操主簿，后被曹操所杀。汉末文学家。其事迹见

《后汉书》卷八四、《三国志》卷二一等。

　　史称丞相主簿杨修谋立曹植为魏嗣①,曹丕患之②,以车载废簏③,内吴质与之谋④。修以白操⑤,丕大惧,质曰:"无害也。"明日复以簏载绢而入,推验无人⑥,操由是疑。又修每当就植⑦,虑有关白⑧,忖度操意,豫作答教十余条⑨,敕门下随问应答。于是教裁出⑩,答即入,操怪之,乃收杀修⑪。此为实录矣。或以修聪敏异常,又与袁氏为婚,故曹公忌之⑫。

【注释】

①"史称"句:从此句至"乃收杀修",事见《三国志》卷一九《陈思王植传》裴松之注引《世语》。主簿,官名。汉代中央及郡县行政长官的属官,主管文书事务。魏晋以后,渐为将帅重臣幕府中的重要僚属,参与机要,总领府事。曹植(192—232),字子建,曹操的三子,曹丕之弟。诗人。著有《曹子建集》。《三国志》卷一九、《藏书》卷三八等有传。为魏嗣,成为魏国的继承人。嗣,继承人。据曹植本传,当时,曹丕为太子,曹植由于"言出为论,下笔成章",而深得曹操宠爱,"几为太子者数矣"。又据裴松之注引《世语》,杨修与丁仪兄弟,"皆欲以植为嗣",从而引起曹丕对他们的忧患与忌恨。

②曹丕(187—226):字子桓,曹操次子。建安二十五年(220)代汉自立,国号魏,称魏文帝,都洛阳。诗人。著有《魏文帝集》。《三国志》卷二、《藏书》卷四等有传。

③废簏(lù):废坏的大箩筐。簏,用竹、柳条或藤条等编成的圆形的盛物器具。

④内(nà)吴质与之谋：把吴质藏于簏中进宫与之相谋商。内，同"纳"，使进入。吴质(177—230)，字季重，济阴(今山东定陶西北)人。官至振威将军。文学家，曹丕的谋士。《三国志》卷二一有传。

⑤白：告诉。

⑥推验：推问验证。

⑦就：就近，接近。

⑧关白：报告，禀告。

⑨答教：指曹植就"关白"而要应答曹操提出问题的答案。教，教导。这里作问题讲。

⑩裁：通"才"。

⑪收：逮捕。

⑫"或以"三句：据《三国志·陈思王植传》载："太祖(曹操)既虑终始之变(即前文所说'魏嗣'之事)，以杨修颇有才策，而又袁氏之甥也，于是以罪诛修。"袁氏，指袁绍，为当时最大的割据势力，后来被曹操所败，病死。《后汉书》卷七四上、《三国志》卷六等有传。杨修是他的外甥。忌，讨厌，憎恶。

【译文】

史书记载，曹操主政时主簿杨修想把曹植立为魏国的继承人，从而引起太子曹丕的忧虑，用车拉个废旧的大箩筐，把谋士吴质藏在箩筐中载进宫谋求对策。杨修将此事报告给曹操，曹丕非常害怕，吴质说："没关系。"第二天又用大箩筐装满丝绢进宫，结果验证无人，曹操由此对杨修产生了疑心。又杨修与曹植相聚时，考虑到向曹操报告之事，就推测曹操之意，事前作好答案，告诫门客给以回答。于是曹操提出的问题立即就会得到答复，引起曹操的怀疑，就逮捕了杨修并处死刑。这不是传说而是实录。也有另一种说法，以为杨修颇有才干，又是曹操敌手袁绍的外甥，所以曹操憎恶他。

　　夫曹公爱才，今古所推，虽祢正平之无状①，犹尔相容，陈孔璋之檄辱及父祖②，且收以为记室③，安得有此？且有此，安得兼群雄而并天下也？其欲谋立临淄④，为丕等所潛是的⑤，盖临淄本以才捷爱幸，秉意投修⑥，故修亦自以植为知己。植既数与修书，无所避忌，修亦每于操前驰骋聪明⑦，则修之不善韬晦⑧，自宜取败。修与祢正平、孔北海俱相知⑨，俱是一流人，故俱败。

【注释】

①祢(mí)正平：祢衡(173—198)，字正平，平原般(今山东临邑东北)人。汉末文学家。少有才辩，长于笔札。性刚傲物，人皆憎之。而孔融深爱其才，并上书荐之"数称于曹操"(《后汉书·祢衡传》)。著有《鹦鹉赋》，借物抒怀，辞气慷慨，表现出才智之士生于乱世的不幸遭遇。《后汉书》卷八〇下、《三国志》卷一〇裴松之注引、《藏书》卷三七等有传。无状：没有礼貌。据《后汉书·祢衡传》，曹操想见祢衡，衡不往，并言语放肆。曹操以其才名，不欲杀之。祢衡善击鼓，曹操召之为鼓史，在大会宾客时，让祢衡击鼓而羞辱他。祢衡却当众脱去衣服，裸体而立，再穿上曹操为之特制的衣服，慷慨击鼓，容态不差，致使曹操只好自我解嘲："本欲辱衡，衡反辱孤。"祢衡后又应操之邀前往，却在营门外，"以杖捶地大骂"。曹操不愿承担"杀才"之名，就将祢衡送给了刘表，刘表又送给了"性急"的江夏太守黄祖。祢衡终被黄祖所杀。

②陈孔璋：即陈琳。见《曹公二首》第二段注②。

③记室：为兼务秘书和书记工作的官员。

④临淄：古邑名。在今山东临淄北。此指被封为临淄侯的曹植。

⑤谮(zèn)：诬陷。的：确实。

⑥秉意：执意，自己坚持的意向。

⑦驰骋聪明：意为夸耀、显示自己。

⑧韬(tāo)晦：隐藏不露。

⑨孔北海：即孔融(153—208)，字文举，东汉末鲁国(治今山东曲阜)人。孔子后裔。曾做过北海相，故称孔北海。又任少府、大中大夫等职。其为人恃才负气，终以触怒曹操被杀。能文善诗，为"建安七子"之一。原有集，已散佚，明人辑有《孔北海集》。《后汉书》卷七〇、《三国志》卷一二、《藏书》卷三〇等有传。

【译文】

曹操的爱才，今古都赞许，即使像祢衡那样没有礼貌，曹操也不计较，陈琳在《为袁绍檄豫州》文中痛骂曹操及其父祖，曹操也不记仇，并把他收为秘书，什么人能这样？正因为这样，曹操才能打败群雄而兼并了天下。曹操想立临淄侯曹植为太子，为曹丕等所诬陷确有其事，曹植本来以自己的敏捷才能受到曹操的宠爱，他又执意结交与杨修意气投合，所以杨修也自以为是曹植的知己。曹植多次写信给杨修，而且无所避忌，杨修也经常在曹操面前夸耀显示自己，却不知道隐藏不露的道理，他的失败是必然的。杨修与祢衡、孔融都是相知，都是恃才负气的一类人，所以都失败了。

反骚

【题解】

本文写作时间不详。屈原作《离骚》，以抒发遭逢忧患之情。西汉末扬雄作《反离骚》，仿《离骚》而反其意，在同情屈原的遭遇的同时，又从全身自守的角度对屈原有所非议。由此而引起后人对《离骚》与《反离骚》的种种评议，本文即李贽围绕这一命题而提出的议论。

　　朱子曰[①]："雄少好辞赋[②]，慕司马相如之作[③]，怪屈原文过相如[④]，至不容[⑤]，作《离骚》[⑥]，自投江而死，悲其文，读之未常不流涕焉[⑦]。以为君子得时则大行[⑧]，不得则龙蛇[⑨]，遇不遇命也[⑩]，何必湛身哉[⑪]！乃作书往往摭《骚》文而反之[⑫]，自岷山投诸江以吊屈原云[⑬]。"

【注释】

①朱子：即朱熹（1130—1200），字元晦，一字仲晦，号晦庵，别号紫阳。卒后追谥"文"。徽州婺源（今江西婺源）人，后侨居建阳（今福建建阳）。绍兴进士，曾任秘阁修撰等职。南宋哲学家、教育家。在经学、史学、文学、乐律以至自然科学方面都有不同程度的贡献。特别是在哲学上，发展了程颢、程颐关于理念关系的学说，集理学之大成，建立了一个完整的客观唯心主义理学体系，世称"程朱理学"，在明清两代被提到儒学正宗地位。著有《四书章句集注》《周易本义》《诗集传》《楚辞集注》，及后人编纂的《朱子语类》《朱文公文集》等。《宋史》卷四二九、《藏书》卷四五、《宋元学案》卷四八、卷四九等有传。李贽在这里引用的一段话，见朱熹《楚辞集注·反离骚》，朱熹则本《汉书·扬雄传》。

②雄：扬雄（前53—18），字子云，蜀郡成都（今四川成都）人。少好学。其博通群籍，多识古文奇字。仿《周易》《论语》作《太玄》《法言》，又编字书《方言》。西汉后期辞赋家。明代张溥集其文为《扬子云集》。《汉书》卷八七、《藏书》卷三二等有传。

③司马相如（前179—前118）：字长卿，蜀郡成都（今四川成都）人。西汉辞赋家。其著作明人辑有《司马文园集》。《史记》卷一一七、《汉书》卷五七、《藏书》卷三七等有传。按，《楚辞集注·后语·反离骚第十六》（下同），此句后有"以为式"三字。下句"怪"

前有"又"字。据《汉书·扬雄传》："先是时,蜀有司马相如,作赋甚弘丽温雅,雄心壮之,每作赋,常拟之以为式。"

④怪:责怪,怨。屈原(约前340—前278):名平,字原,战国时楚国人。楚怀王时曾任左徒、三闾大夫。他主张举贤授能,修明法度,联齐抗秦,但遭到保守派上官大夫靳尚、令尹子兰等的反对,被谗去职。楚顷襄王时被放逐江南。公元前278年,秦将白起攻破楚国首都郢都(今湖北江陵),毁弃楚国王家陵庙。屈原在无限悲愤中投入湖南汨(mì)罗江自杀。屈原是位爱国主义诗人,作品有《离骚》《九章》《九歌》《天问》等。《史记》卷八四、《藏书》卷二七等有传。

⑤不容:不被容纳。

⑥《离骚》:《楚辞》篇名,屈原的代表作。我国古代最长的一首抒情诗。全诗通过自叙身世、陈述节操、诉说遭际等,充满激情地抒发了对祖国、对人民的热爱,表现了他一生努力追求革新政治使祖国富强的崇高理想,以及这一理想遭到毁灭时的悲愤心情。同时,对楚国贵族集团的顽固昏庸进行了揭露。

⑦常:通"尝"。原文"常"作"尝","焉"作"也"。

⑧得时:遇到好时机。这里指被重用。大行:发挥才智,做一番大事。

⑨龙蛇:语出《周易·系辞下》："龙蛇之蛰,以存身也。"意为(在不得重用时)就要像龙蛇那样潜隐蛰居,以保存自己。后因以"龙蛇"喻隐退。

⑩遇:得以好机遇。指被重用。

⑪湛(zhàn)身:沉身。这里指屈原投江而死。

⑫摭(zhí):拾取,取用。反之:(辞意)与《离骚》相反。原文"《骚》"作"《离骚》"。

⑬岷山:绵延于四川、甘肃两省边境。原文"江"作"江流"。

【译文】

朱熹说："扬雄年轻时好辞赋,喜欢司马相如的作品,又觉得屈原的作品超过了司马相如,但却不为世所容,从而作《离骚》,最后投江而死,扬雄非常悲伤屈原之文,读之不禁流下热泪。在扬雄看来,君子能被君主重用,就干一番大事,不被重用,就应该潜隐蛰居,保存自己,被重用或不被重用,都是命中注定的,屈原又何必为不被重用而投江呢!有感于此,扬雄就作了《反离骚》,仿照《离骚》而却反其意,从岷山投入江中以祭奠屈原。"

　　李生曰①:《离骚》,离忧也②;《反骚》,反其辞,以甚忧也,正为屈子翻愁结耳③。彼以世不足愤④,其愤世也益甚⑤;以俗为不足嫉,其嫉俗愈深。以神龙之渊潜为懿⑥,则其卑鄙世人⑦,驴骡下上⑧。视屈子为何物,而视世为何等乎⑨?盖深以为可惜,又深以为可怜,痛原转加⑩,而哭世转剧也⑪。夫有伯夷之行⑫,则以饿死为快;有士师之冲⑬,则以不见羞污为德⑭:各从所好而已。若执夷之清而欲兼柳之和⑮,有惠之和又欲并夷之清,则惠不成惠,夷不成夷,皆假焉耳。屈子者夷之伦⑯,扬雄者惠之类,虽相反而实相知也⑰,实未常不相痛念也⑱。彼假人者岂但不知雄⑲,而亦岂知屈乎?唐柳柳州有云⑳:"委故都以从利兮㉑,吾知先生之不忍㉒。立而视其颠覆兮㉓,又岂先生之所志㉔?穷与达其不渝兮㉕,夫唯服道而守义㉖。吁嗟先生之貌不可得兮㉗,犹仿佛其文章㉘。托遗编而叹喟兮㉙,涣余涕其盈眶㉚。哀今之人兮㉛,庸有虑时之否臧㉜?退默默以自服兮㉝,曰吾言之而不行㉞!"其伤今念古,亦可感也!独太史公《屈原传》最得之㉟。

【注释】

①李生：李贽自称。

②离忧：这是对《离骚》命题之义的解释。关于《离骚》的题义自来说法不一。司马迁说："离骚者，犹离忧也。"（《史记·屈原列传》）以"忧"释"骚"，而"离"字无解。东汉班固说："离，犹遭也；骚，忧也。明己遭忧作辞也。"（《离骚赞序》）则以"离"为"罹"，因而解作"遭"。稍后于班固的王逸说："离，别也；骚，愁也。"（《楚辞章句》）后世学者或主"遭忧而作"之说（朱熹《楚辞集注》即是），或主"离别之忧"之说（如清代蒋骥的《山带阁注楚辞》）。后人还有其他说法，如说"离骚"即"牢骚"，《离骚》即《劳商》，为楚古典之名等等。这里李贽取司马迁之说。

③屈子：指屈原。愁结：忧愁郁结而难解。

④彼：指扬雄。

⑤其：指扬雄。

⑥以神龙之渊潜为懿：把神龙的深水隐藏看作美好德行。语本《周易·乾》孔子对初九"潜龙勿用"的解释："龙德而隐者也。不易乎世，不成乎名；遁世无闷，不见是而无闷；乐则行之，忧则违之：确乎其不可拔，潜龙也。"意为这是龙，亦即有作为的人，隐藏看不到的德行。意志不因世俗改变，也不争虚名；隐退而不苦闷，主张不被接纳，也不忿懑不平；主张能够愉快实现则实行，担忧难以实现则摆脱；坚定信念而不动摇，这就是潜龙的德行。渊，深水。潜，隐藏。懿，（德行）美好。

⑦卑鄙世人：即以世人为卑鄙。意思是轻视、看不起世人。

⑧驴骡下上：（视之）同驴骡不相上下。扬雄《反离骚》："骋骅骝以曲囏（jiān）兮，驴骡连蹇（jiǎn）而齐足。"意为使骅骝一样的骏马驰行在屈曲艰阻之中，那只能以驴骡一样的速度艰难前行。曲囏，曲折艰阻。囏，"艰"的古字。连蹇，行走艰难貌。

⑨视世为何等:把世道看成什么样子。等,样子,类型。

⑩转加:更加。转,翻,成倍的增加。

⑪哭世:愤世嫉俗。剧:剧烈。

⑫伯夷:孤竹国君的长子。孤竹君要传位给其三子叔齐,孤竹君死后,叔齐要让位于伯夷。伯夷以为不应违背父命而逃走,叔齐也不肯就位而出走。后二人听说周文王贤,同奔周。周文王死后,武王发兵伐商纣,伯夷、叔齐叩马而谏。武王灭商后,二人逃到首阳山(今山西永济南),不食周粟而死。事见《史记》卷六一《伯夷列传》。后以"不食周粟"表示清白气节。行:德行。

⑬士师:官名。掌管刑狱。这里是指春秋时鲁国大夫柳下惠。柳下惠,姓展,名获,字禽。食邑在柳下,谥惠,因称柳下惠。以善于讲究贵族礼节著称。在鲁国任士师之职。曾三次被免职,但随和从事,不肯弃职。其事迹见《论语·微子》《左传·僖公二十六年》。《孟子·万章下》:"柳下惠,圣之和者也。""故闻柳下惠之风者,鄙夫(胸襟狭小的人)宽,薄夫(刻薄的人)敦(厚道)。"冲:谦和。

⑭羞污:玷污。羞,羞耻。污,行为污浊。

⑮执:持,具有。夷之清:指伯夷的清白气节。柳之和:指柳下惠的谦和风范。

⑯伦:同类,同等。

⑰相知:互相了解,感情深厚。

⑱痛念:谓顾念其痛而抚慰之。

⑲彼假人者:那个假道学。指朱熹。

⑳柳柳州:指柳宗元(773—819),字子厚,河东(今山西永济)人。唐德宗贞元进士。后官至监察御史。顺宗时,任礼部员外郎,是王叔文集团政治革新的积极参加者。后遭到守旧势力的迫害,被贬为永州(今湖南永州)司马,再改柳州(今广西柳州)刺史。

因后人称他为柳柳州。著有《柳河东集》。《旧唐书》卷一六〇、《新唐书》卷一六八、《藏书》卷三九等有传。以下引文见《柳河东集·吊屈原文》。

㉑委:抛弃。故都:指国家。从利:追逐个人的利益(名利地位)。

㉒先生:这是柳宗元对屈原的尊称。不忍:不忍心这么做。

㉓立而视其颠覆:站在一旁,眼看着自己国家的覆灭。按,《吊屈原文》(下同),此句"颠覆"作"覆坠"。

㉔志:志向。原文"岂"作"非"。

㉕穷:处境穷困。达:显达,显要。不渝:不改变(理想)。原文"其"作"固"。

㉖服:信服,服从。道:道理。守:坚守,坚持。义:指符合道理的行动。原文"而"作"以"。

㉗吁嗟(xū jiē):叹词。原文无此二字。貌:容貌。原文此句与上句之间还有多句。

㉘犹仿佛其文章:在文章中如见到您一样。

㉙托:捧起。遗编:指屈原的作品。叹喟(kuì):叹息的样子。原文"遗编"下有"而"。

㉚浃:水盛的样子。

㉛哀今之人兮:原文是"吾哀今之为仕兮"。原文此句与上句之间还有多句。

㉜"庸有"句:意为哪有一个关心国家的兴亡。庸有,哪有。虑时,关心国事。否(pǐ),坏。臧(zāng),好。

㉝退:退身。这里指不和那些只顾个人名利的保守势力同流合污。默默:不说话,不出声。自服:穿上未出仕时的衣服。指退隐以洁身自好。此句原文作"退自服以默默兮"。此句与上句之间还有两句。

㉞"曰吾"句:意为因为我的主张不能实行。原文无"而"字。

㉟太史公:关于"太史公",汉代司马谈为太史令,子司马迁继之,

《史记》中皆称"太史公"。一说太史公为官名，一说是司马迁对其父的尊称，一说太史令掌天文图书等，古代主天官者皆为上公，故沿旧名，而称之。当以第三说较为可信。后世多以"太史公"称司马迁。司马迁（约前145—?），字子长，夏阳（今陕西韩城南）人。西汉史学家、文学家。著有《史记》，是我国最早的通史，开创了纪传体史书的体例。书中不少传记形象鲜明，语言生动，成为史传文学的代表，对后世史学与文学都有深远影响。《汉书》卷六二、《藏书》卷四〇等有传。

【译文】

李贽认为：《离骚》就是遭遇了忧愤之作；《反骚》，虽反其意，表达的则更加忧愤，正如屈原在《离骚》中所表现的难解的忧愤郁结之情。扬雄表面上表现着要潜隐蛰居之意，其中却包含着更深的忧愤；表面上表现着对世俗的无所谓，实际上却是对世俗更加痛恨。如若有神龙深水潜藏的美德，不把世俗之人放在眼里，但如不遇时机也就难有所作为。要屈原潜隐蛰居而不忧愤那还是屈原吗？那又怎么看待屈原所处的世道和处境呢？对屈原的遭遇深为惋惜，深为怜悯，对屈原的痛惜更加激烈，而愤世嫉俗之情也就更加激烈。如若有伯夷的德行，那就不怕饿死以显气节的清白；如若有柳下惠的谦和，那就不怕别人的羞辱而能随和从事：依照自己的意愿去做就是了。如若想既有伯夷的清白气节又有柳下惠的谦和，那就既不可能成为柳下惠，也不可能成为伯夷，只能成为一个不惠不夷的假人。屈原是伯夷一类的人，扬雄是柳下惠一类的人，虽然处世态度不一致实际上情感是相通的，因此，扬雄对屈原也是很痛惜而想抚慰他。像朱熹一类假道学不但不理解扬雄，哪里会理解屈原呢？唐代的柳宗元说过："不顾国家的兴亡而追逐个人的名利，屈原不是这样的人。看着国家的危机却不关心，那也不是屈原的志向。得势与不得势屈原都不会改变他的心志，他总是坚守着自己的道义去做事。唉！虽然不能看到屈原当时的容貌与情态，但是从他的作品中可以理解他当时的处境与情态。读着他的作品生出无限的感慨，禁不住流下了难以控制的热泪。哀叹现在的仕人，还有谁关心国家的大事呢？有些人不愿与那些名利之徒同流合污而洁身退隐，那是因为自己的主张受到阻挠！"柳宗元的这些话伤今念古，深为感人！由此看来，司马迁的《屈原传》最能说明屈原的思想与当时的处境。

《史记》屈原

【题解】

　　本文写作时间不详。该文是对《史记》中屈原传有关问题的评议。其中所提出的"王明则臣主并受其福，不明则臣主并受其辱"，及屈原"虽忠亦痴"的命题，则是李贽对君主与臣子关系的一贯看法。

　　夫为井者①，泄淤泥而莹清泉②，可以汲矣③。而乃不汲，真不能不令人心恻也④。故知王明则臣主并受其福⑤，不明则臣主并受其辱，又何福之能得乎⑥？然则怀王客死于秦⑦，屈原沉没于渊⑧，正并受其辱者耳，曷足怪也！张仪侮弄楚怀⑨，直似儿戏，屈原乃欲托之为元首⑩，望之如尧、舜、三王⑪，虽忠亦痴。观者但取其心可矣。昏愚庸主有何草制可定⑫，左右近侍绝无与原同心者⑬，则原亦太孤孑而无助矣⑭。且所草稿既未定⑮，上官大夫等安得见之⑯？既得而见，则是吾示天下以公也⑰。公则无有我人⑱，又何待夺，又何夺之而不与乎⑲？即推以为上官大夫之能可也⑳，不待彼有夺意斯善矣㉑。此以人事君之道㉒，臣之所以广忠益者㉓，真大忠也，甚不可以不察也。

【注释】

①为井:淘井,排出沉积的泥沙。

②莹:洁净。

③汲:从下往上取水。

④心恻:痛心叹惜。

⑤明:贤明。

⑥"又何福"以上几句:是以洁净的井水比喻贤人。语本《史记》卷八四《屈原贾生列传》。原文是:"《易》曰:'井泄不食,为我心恻,可以汲。王明,并受其福。'王之不明,岂足福哉!"《易》曰"一段引自《周易·井》,泄,原为"渫",相通。意思是说,井已浚治,洁净清澈,但却不被饮用,犹如贤士洁身自持,但却不被人所知所用,这是使人心里很难过的。如若人君贤明,肯用贤人,那么天下将共同得到幸福。

⑦怀王客死于秦:怀王,即楚怀王,名熊槐,公元前328—公元前298年在位。昏庸寡断,听信谗言,不采纳屈原的变革主张,致使楚国国势日益衰弱。公元前299年,他不听屈原的劝告,应秦昭王之约请赴秦,为秦所拘留,"兵挫地削,亡其六郡,身客死于秦"。事见《史记·屈原贾生列传》。

⑧沉没于渊:指屈原投汨罗江事。

⑨张仪侮弄楚怀:张仪(?—前310),魏国人。公元前328年任秦相,曾以"连横之策"游说六国(韩、赵、魏、楚、燕、齐)以事秦。后入魏为相。《汉书》卷三〇《艺文志》纵横家有《张子》十篇,今佚。《史记》卷七〇有传。公元前313年,秦惠王想攻齐,瓦解齐楚联盟,派张仪出使楚国,劝楚怀王与齐断交,答应"秦愿献商、於之地(今陕西商县至河南内乡一带地方)六百里"为报酬。楚怀王"贪而信张仪,遂绝齐"。事后,张仪却说"仪与王约六里,不闻六百里"。如同儿戏一样,使楚怀王受了骗。事见《史记·屈原贾

生列传》。侮弄，欺侮，戏弄。

⑩托：依托，信赖。

⑪尧、舜：我国历史传说中父系氏族社会后期部落联盟领袖。尧，
　名放勋，初封于陶，又封于唐，号陶唐。谥号尧，故称唐尧。舜，
　名重华，因其先国于虞，谥号舜，故称虞舜。尧、舜为儒家理想的
　圣君。三王：说法不一。这里指夏、商、周三代开国之王，即夏
　禹、商汤、周文王。也是儒家理想的君王。

⑫草制：草拟制书。这里指屈原起草拟制变革的法令。

⑬左右近侍：指楚怀王、顷襄王周围的守旧派上官大夫靳尚、令尹
　子兰（怀王之子，顷襄王之弟）等人。

⑭孤孑（jié）：孤立，孤单。

⑮草稿：即屈原草拟的变革法令的稿。

⑯上官大夫：指上官靳尚，楚国人，楚怀王、顷襄王身边保守派代
　表人物。上官，复姓。大夫，原为官阶，周代在国君之下有卿、
　大夫、士三等。战国时只是爵称，不再是官称，地位略低于
　卿爵。

⑰吾：这里指屈原。示：把事物摆出来或指出来给人看。公：公心。

⑱无有我人：没有我你的分别。

⑲"又何夺之"以上数句：见《史记·屈原贾生列传》："上官大夫与
　之（屈原）同列，争宠而心害其能。怀王使屈原造为宪令，屈原属
　草稿未定。上官大夫见而欲夺之，屈平不与，因谗之曰：'王使屈
　平为令，众莫不知，每一令出，平伐其功，以为"非我莫能为"也。'
　王怒而疏屈平。"

⑳即推以为：就推说是。能：才能。

㉑夺意：夺稿的念头。斯善：这就好了。斯，这。善，好。

㉒事：侍奉。道：道理。

㉓广：扩充，扩大。忠益：尽忠报效（国家）的益处。

【译文】

为什么要淘井呢？那是为了挖去泥沙，引出清泉，可以有洁净之水饮用。如若井已挖好，清泉已出，却无人饮用，那真是白费心力，让人难过的事了。君臣之间的关系也是这样，君主贤明，包括君主和大臣在内的天下都会得到幸福，君主昏庸，包括君主和大臣在内的天下都会遭受耻辱，哪里还会有幸福可言？所以楚怀王身死秦国，屈原愤而投入汨罗江，这正是由于君主的昏庸而使君主与大臣同受其辱，以至国亡身死，这有什么奇怪的！张仪以谎言欺侮楚怀王，如同儿戏，屈原却想把他当作国家元首而治理国家，甚至希望他能成为尧、舜、三王那样的君主，真是虽忠心却愚痴。我们只看取他的忠心就是了。对于楚怀王这样的昏愚庸主还有什么变革法令的制定，而且他身旁的那些顽固派官员也无人赞成屈原的主张，屈原实在是孤单无助了。还有屈原草拟的变革法令还没定稿，顽固派的代表人物上官靳尚怎么就能看见而夺取？退一步讲，上官靳尚见到了这个变革法令的草稿，那也是要公布于众给大家看的，既然如此，也就没有必要遮掩，上官靳尚也没有必要夺取，屈原也没有必要不给他看。再者，就推说上官靳尚也有这种才能，不必使他产生夺取之意就好了。这才是侍奉君主之道，臣子才会收到尽忠报国的效益，这才是真正的大忠，这是应该认真思考的。

渔父

【题解】

本文写作时间不详。《渔父（fǔ）》，《楚辞》篇名，相传为屈原所作。但司马迁在《屈原传》中只是作为一个有关屈原的故事来叙述，并没有把它看作是屈原的作品。所以王逸《楚辞章句》说是"楚人思念屈原，因叙其辞以相传焉"。这个推测有一定道理。该作品中的人物渔父，劝说屈原在"举世皆浊""众人皆醉"的社会环境里，不必"独清""独醒"，而应

"与世推移"，随波逐流，以保全自己。文中屈原则表示："宁赴湘流，葬于江鱼之腹中"，也不愿"蒙世俗之尘埃"，显示出保持清节而不与顽固势力妥协的斗争精神。本文是李贽对《渔父》的评议。

　　细玩此篇①，毕竟是有此渔父，非假设之辞也。观其鼓枻之歌②，迥然清商③，绝不同调④，末即顿显拒绝之迹⑤，遂去不复与言，可以见矣。如原决有此见，肯沉汨罗乎⑥？实相矛盾，各执一家言也⑦。但为渔父则易，为屈子则难，屈子所谓邦无道则愚以犯难者也⑧。谁不能智⑨，唯愚不可及矣⑩。渔父之见，原亦知之，原亦能言之，则谓为屈原假设之词亦可⑪。

【注释】

①细玩：仔细体会。此篇：指《渔父》。

②鼓枻（yì）之歌：见《渔父》篇。其歌词说："沧浪之水清兮，可以濯（zhuó，洗涤）吾缨（系帽丝带）。沧浪之水浊兮，可以濯吾足。"表现的是随和处世的思想。鼓枻，划桨。指划船。枻，船桨。

③迥（jiǒng）然清商：显然是不同于一般的清商之音。迥然，卓越不群貌。清商，商声，古代五音之一。其音调凄清悲凉。

④绝不同调：指渔父与屈原不是同调。

⑤末：指《渔父》篇末。拒绝之迹：不接受屈原意见的迹象。即下文"遂去不复与言"。

⑥汨（mì）罗：汨罗江，在今湖南东北部。

⑦执：坚持。一家言：原指有独特见解、自成体系的学术论著，这里指一种思想和说法。

⑧"屈子"句：意为屈原就是人们所说的国君无道时还痴愚刚直而

　　不畏祸患的人。邦,国家。此指国君。愚,痴愚而刚直。犯难,
　　这里是不怕危险、不畏祸患之意。

⑨谁不能智:意为谁没有那种智慧,即人人都可能有那样的智慧。

⑩唯愚不可及:只有那种痴愚刚直不可以追上。

⑪“则谓”句:意为那么就认为屈原为了表明己志而虚构出与渔父
　　对话之一情节也是可以的。

【译文】

　　我认真地读了《渔父》一文,觉得应该有这样一位渔父,并非虚构之
辞。看其中的鼓枻之歌,与一般的清商之音迥然不同,与屈原的思想也
大相径庭,篇末更表现出两人不同道,渔父不再与屈原言谈而离去,这
可以说明渔父之劝谕是存在的。如若屈原听从了渔父的劝谕,那他还
会投汨罗吗? 认为《渔父》为屈原所作,或认为只是人们为思念屈原而
编撰的一个故事,虽相互矛盾,也可以看作一种说法。但是可以这样认
为,依渔父的意见去做比较容易,依屈原的意志去做则比较困难,因为
屈原面对无道的国君,却还要痴愚刚直地进谏。谁没那智力,只有那痴
愚刚直的达不到目的。渔父的劝谕,屈原也了解其中之义,屈原也可以
这样虚构,从这方面说,把《渔父》看作是屈原为了表明己意而虚构出与
渔父的对话也是可以理解的。

招魂

【题解】

　　本文写作时间不详。《招魂》,《楚辞》篇名。作者一说是屈原,一说
是宋玉。主屈原者,根据是《史记》卷四《屈原贾生列传》:“余读《离骚》
《天问》《招魂》《哀郢》,悲其志。”汉代其他学者如刘向、王逸等则认为
是宋玉所作。关于本篇的主旨,有的说是屈原招怀王,有的说是屈原招
自己,有的说是宋玉招屈原,也难以确指。该文以中间巫阳招魂词为主

体,前有叙文,后有乱词,运用了民间的神话与传说,驰骋着无比丰富的想象,描绘了楚国以外的四方及天上地下的灾难与险恶,而后又生动形象地歌颂了楚国在居室、陈设、饮食、歌舞等各方面的高度成就。《招魂》是一篇富于艺术魅力的诗章和奇文。

朱子曰①:"古者人死,则以其上服升屋履危②,北面而号曰:'皋某复③。'遂以其衣三招之而下以覆尸④。此礼所谓复也⑤。说者以为招魂复魂⑥,有祷祠之道⑦,尽爱之心⑧,盖犹冀其复生耳⑨。如是而不生⑩,则不生矣,于是乃行死事⑪。而荆楚之俗⑫,乃或以施之生人⑬,故宋玉哀闵屈原放逐⑭,恐其魂魄离散⑮,遂因国俗⑯,托帝命⑰,假巫语以招之⑱。其尽爱致祷,犹古遗意⑲,是以太史公读之而哀其志焉。"

【注释】

①朱子曰:以下所引朱熹的话,见《楚辞集注·招魂》。

②上服:上衣。升屋:登上屋顶。履危:站在高处。按,《楚辞·招魂》(下同),此句"则"字后有"使人"二字。

③北面而号(háo):脸朝北面大声呼叫。皋(gāo)某复:语出《礼记·礼运》:"及其死也,升屋而号。告曰:'皋某复。'"皋,拖长声音呼唤。复,转回来。

④三招之而下:据《礼记·丧大记》,招魂时"北面三号,卷衣投于前"。陈澔(hào)《礼记集说》:"三号者,一号于上,冀魂自天而来;二号于下,冀魂自地而来;三号于中,冀魂自天地四方之间而来……三号毕,乃卷敛此衣(指死者应穿的衣服)自前投而下,司服者以箧受之,复之小臣,即自西北荣(屋脊)而下也。"覆尸:盖住尸体。原文"而"作"乃"。

⑤复:复魄,即复魂(招魂)。《仪礼·士丧礼》:"复者一人。"汉代郑玄注:"复者,有司招魂复魄也。"贾公彦疏:"出入之气谓之魂,耳目聪明谓之魄,死者魂神去离于魄,今欲招取魂来复归于魄,故云招魂复魄也。"

⑥说者:指评说此事的人。

⑦有祷祠之道:符合于向天向神告事求福及得福后报以祭祀的道理。

⑧尽爱之心:表示对死者竭尽眷爱的心情。

⑨冀:希望。以上四句原文作:"说者以为招魂复魄,又以为尽爱之道,而有祷祠之心者,盖犹冀其复生也。"

⑩不生:指不会活过来。

⑪行死事:办理丧事。此句后原文有"此制礼者意也"一句。

⑫荆楚:即楚国。荆,古代楚国的旧称。

⑬施之生人:用在活着的人。原文此句"以"后有"是"字。

⑭宋玉:战国时楚国辞赋家,和屈原同时而稍晚。《史记·屈原贾生列传》说:"屈原既死之后,楚有宋玉、唐勒、景差之徒者,皆好辞而以赋见称。"《汉书》卷三〇《艺文志》载有他著的赋十六篇,其篇目已不可考。《楚辞章句》有《招魂》《九辩》,《文选》有《风赋》《高唐赋》《神女赋》《登徒子好色赋》《对楚王问》,《古文苑》有《笛赋》《舞赋》等六篇。但除《九辩》外,其他是否为宋玉所作,都有不同意见。这里,朱熹则把《招魂》看成是宋玉的作品,所以说"哀闵屈原放逐"。闵:同"悯",怜悯。原文"屈原"后有"无罪"二字。

⑮原文"离散"后有"而不复还"四字。

⑯因:根据,按照。国俗:楚国的风俗。楚国当时招魂这一巫风极盛,而招魂词的突出特点是每隔一句用一个楚国方言"些"字做语尾,这也是楚国巫师禁咒语的旧习,这些在《招魂》中都有明显

表现。

⑰托帝命：借着上帝的命令。《招魂》有："帝告巫阳曰：'有人在下，我欲辅之。魂魄离散，汝筮予之（先占卜魂在哪里，然后招来给那个人）。'"

⑱假：假借，借用。巫语：巫师的话。此句后原文还有"以礼言之固为鄙野然"等字。

⑲"其尽"二句：原文作："其尽爱以致祷，则犹古人之遗意也。"

【译文】

朱熹说："古时候人死了，则拿着上衣登上屋顶站在高处，面向北大声呼叫：'转回来。'长声呼叫三次后将死者应穿的衣服投下盖住死者尸体。礼中称此为复魂即招魂。评说这种事的人认为这种招魂复魂的仪式，符合向天向神祷告以求福及得福后报以祭祀的道理，也表示对死者竭尽眷爱的心情，还希望死者能够复活。这样做后死者不复活，那是不会复活了，于是就办理丧事。而楚国的风俗，这种仪式也有时用于活着的人，所以宋玉怜悯屈原的被放逐，恐怕他的魂魄离散，就按照楚国的风俗，借着上帝的命令，假借巫师的话为屈原招魂。竭尽眷爱的心情来祷告，犹如古人的用意，所以太史公司马迁在《史记·屈原贾生列传》中说读了宋玉的《招魂》而哀悼他的心志。"

李生曰①：上帝命巫阳占筮屈平所在②，与之魂魄③。巫阳谓屈原放逐江南，魂魄不复日久，不待占而后知，筮而后与也。但宜即差掌梦之官往招其魂④，速之来归耳⑤。夫返魂还魄，生死肉骨⑥，天帝专之⑦，乃使阳筮之，帝之不足为明矣⑧。故阳谓帝命难从，而自以己情来招引之也。天帝亦遂辞巫阳⑨，而谢不能复用屈原焉⑩。盖玉自比巫阳⑪，而以上官、子兰等比掌梦之官⑫，以怀、襄比天帝⑬，辞意隐矣⑭。其招之辞只述上下四方不可久处⑮,但道故国土地、饮食、宫室、声妓、宴游之乐⑯,宗族之美,绝不言当日事⑰,可谓至妙至妙。善哉招也! 痛哉招也! 乐哉招也! 同时景差亦有《大招辞》⑱。至汉时淮南小山作《招隐士》⑲。朱子曰:"淮南王安好招致宾客⑳,客有'八公'之徒㉑,分造词赋,以类相从,或称大山,或称小山㉒,汉《艺文志》有淮南王群臣赋四十四篇是也。"王逸云㉓:"小山之徒闵伤屈原身虽沉没,名德显闻㉔,与隐处山泽无异㉕,故作《招隐士》之赋以彰其志。"

【注释】

①李生:李贽自指。

②巫阳:古代神话中善于占卜的巫人,名阳。占筮(shì):占卜。占,预测,卜问。筮,用蓍草占卦。

③与:给。

④差:派遣。掌梦之官:天上官名。掌管占梦(因梦而占其吉凶)的事。以上数句,《招魂》原文为:"巫阳对曰:'掌梦! 上帝命其难从! 若必筮予之,恐后之谢。'"意为巫阳对上帝说:占卜魂在何处,应是掌梦者的事。上帝的命令我难以遵从。如若先占筮后复魂,恐怕落在魂魄消亡之后了。巫阳之意是不必先筮,应该马上就去招魂。

⑤速:召,请。

⑥生死肉骨:这里指使骨肉生或使骨肉死。

⑦专:专有,独自掌握。之:代词。指"返魂还魄,生死肉骨"的大权。

⑧不足:不值得。这里是"不能算是"的意思。

⑨"天帝"句:《招魂》原文为:"(帝)不能复用巫阳焉。"有的学者则

把此句与上句相连,断为:"恐之后谢,不能复用(魂魄不能再用,死者也就不能复活了)。巫阳焉乃(于是)下招曰。"

⑩谢:谢绝,表示婉言拒绝。

⑪玉:指宋玉。

⑫上官:指上官大夫靳尚。子兰:楚怀王幼子,顷襄王之弟,任令尹(楚国的最高官职,掌握军政大权)。

⑬怀:即楚怀王。襄:即顷襄王,怀王长子,名相。昏庸无能,曾把屈原放逐到长江以南的荒野。

⑭辞意:指《招魂》的文辞含义。隐:隐晦,不明说。

⑮上下四方:天地与东西南北。《招魂》中的招魂词,首先描绘了上下四方的灾难与险恶,从而说明那里的"不可托(寄托,作客)""不可止",而要"魂兮归来"!

⑯故国:祖国。声妓:即声伎,古代宫廷及贵族家中的歌姬舞女。

⑰当日事:当时的政事。

⑱景差:战国末期楚国人,和宋玉同时。王逸《楚辞章句》中有《大招》一篇,但是屈原的作品还是景差的作品,他已"疑莫能明"。《大招》也是招魂之辞,显然是模仿《招魂》而写,但词采却远远不及,肯定不是屈原所作。

⑲淮南小山:与下文"大山",都是西汉淮南王刘安一部分门客的共称(汉代高诱《〈淮南子注〉序》则以为人名)。其作品存《招隐士》一篇,收入王逸《楚辞章句》中,王逸说是为悯伤屈原而作。但《文选》则题刘安作。

⑳淮南王安:即刘安(前179—前122),沛郡丰(今江苏丰县)人。汉高祖之孙,袭父淮南厉王刘长之封为淮南王。西汉思想家、文学家。好读书鼓琴,善辞赋。曾"招致宾客方术之士数千人",集体编写《鸿烈》(后称《淮南鸿烈》,也叫《淮南子》)。后以谋反事发自杀。有集,已佚。《史记》卷一一八、《汉书》卷四四等有传。

㉑八公:指淮南王刘安的门客苏非、李尚、左吴、田由、雷被、毛被、
　　伍被、晋昌八人(见高诱〈淮南子注〉序))。《史记·淮南衡山列
　　传》"阴结宾客"司马贞索隐引《淮南要略》,"田由"作"陈由","毛
　　被"作"毛周"。

㉒"分造"四句:王逸《楚辞章句·招隐士》序:"昔淮南王安博雅好
　　古,招怀天下俊伟之士,自八公之徒,咸慕其德而归其仁。各竭
　　才智,著作篇章,分造辞赋,以类相从,故或称小山,或称大山,其
　　义犹《诗》有小雅、大雅也。"

㉓王逸:字叔师,南郡宜城(今湖北宜城)人。安帝时为校书郎,顺帝
　　时官侍中。东汉文学家。所作《楚辞章句》,是《楚辞》最早的完整
　　注本,颇为后世学者所重视。作有赋、诔、书、论等二十一篇。原
　　有集,已散佚。明人辑有《王叔师集》。《后汉书》卷八〇上有传。

㉔名德:名誉品行。显闻:闻名传世。

㉕"与隐"句:意为和隐居在深山丛林中、江河湖泊上的隐士没有什
　　么差别。

【译文】

　　李生说:上帝命令善于占卜的巫阳占卜一下屈原在哪里,以便给他
魂魄。巫阳说屈原已被放逐江南,魂魄没有回复已经很长时间了,不用
占卜我就知道,只有用蓍草占卦后给他复魂。但应该派遣掌管占梦的
官去招魂,请屈原之魂尽快归来。返魂还魄,骨肉生死,这是天帝独自
掌管的,现在命巫阳占卦处理,天帝也不太聪明了。所以巫阳认为天帝
的命令难以听从,就用自己的方法和情思为屈原招魂。天帝也就不再
用巫阳,并婉言拒绝不再用屈原了。在《招魂》中宋玉自比为巫阳,而把
上官大夫靳尚、楚怀王幼子子兰等比之为掌管占梦的官,把楚怀王、楚
顷襄王比之为天帝,《招魂》的这种写法隐晦而有深意。《招魂》中的文
字,只说上下四方的灾难与险恶不可久处,又说祖国土地、饮食、宫室、
声妓、宴游的美丽与快乐,宗族之间的和睦美好相处,而根本不说当时

屈原被放逐之事,真是至妙至妙。这是一篇美好的招魂,叹惜的招魂,欢喜的招魂! 和宋玉同时的景差也写有《大招辞》。汉代的淮南王刘安作有《招隐士》。朱熹说:"淮南王刘安喜欢招集宾客,门客中有'八公'之徒,分别创作辞赋,依据所表现的事理的内容分别编为一类,或称大山,或称小山,汉代的《汉书·艺文志》记载有淮南王群臣作的赋四十四篇正是这些作品。"东汉文学家王逸说:"小山之徒怜悯同情屈原身虽沉没汩罗江,但名誉品行都闻名于世,和隐居在深山丛林中、江河湖泊上的隐士没什么差别,所以作有《招隐士》之赋用以彰显他的意志和品德。"

诫子诗

【题解】

本文写作时间不详。《诫子诗》,是东方朔的一篇作品,见《艺文类聚》卷二三、《太平御览》卷四五九、《全汉文》卷二五,部分见《汉书·东方朔传》。本文开头所引为原诗全文,但文字与原诗有出入。东方朔(前154—前93),字曼倩,平原厌次(今山东德州)人。汉武帝时为金马侍郎,官至太中大夫。曾上书汉武帝"陈农战强国之计","其言专商鞅韩非之语"(见《汉书》本传)。西汉文学家,善辞赋。性诙谐滑稽,而又敢于直言切谏,民间有很多关于他的传说。《史记》卷一二六、《汉书》卷六五、《藏书》卷六八等有传。《汉书》卷三〇《艺文志》杂家有《东方朔》十二篇,今佚。现存作品有《答客难》《非有先生论》《七谏》等。李贽在本文中,对刘向、扬雄就东方朔的议论提出了评说。

"明者处世,莫尚于中①。优哉游哉②,于道相从。首阳为拙③,柳惠为工④。饱食安步,以仕代农⑤;依隐玩世⑥,诡时不逢⑦。才尽身危⑧，好名得华⑨。有群累生⑩，孤贵失和⑪。遗余不匮⑫，自尽无多⑬。圣人之道，一龙一蛇⑭。形见神藏⑮，与物变化，随时之宜，无有常家⑯。"

【注释】

①尚：崇尚。中：适中。

②优哉游哉：闲暇自得的样子。

③首阳：这里指的是伯夷、叔齐。见《反骚》第二段注⑫。拙：愚蠢。

④柳惠：即柳下惠。见《反骚》第二段注⑬。工：高明的意思。"柳惠"《汉书》作"柱下"(指曾为柱下史的老子)。

⑤以仕代农："代"《汉书》作"易"。

⑥依隐玩世：对政事既有所顺从，又无为如隐，谓依违于政事与隐居之间的玩乐态度。依，依违。隐，朝隐，隐于朝廷。东方朔曾说，他是"所谓避世于朝廷间者也"(《汉书·东方朔传》)。

⑦诡时不逢：与当时相违而又不会遇到祸害。诡，违背，相反。

⑧才尽身危：才能全都显示出来就要遭到危险。

⑨好名得华：追求名声者，只能得到些浮华、虚荣。

⑩有群累生：拉群结党就会连累生命。

⑪孤贵：孤独自负。

⑫遗余：留有余地的意思。匮(kuì)：穷竭。

⑬自尽：尽自己的才能。无多：没有多余，即量力而做。以上六句，据严可均《全汉文》原作："才尽者身危，好名者得华。有群者累生，孤贵者失和。遗余者不匮，自尽者无多。"

⑭一龙一蛇：喻时显时隐，能伸能屈。龙是古代传说中会飞腾的动物，蛇常蛰伏在地里。《管子·枢言》："周者不出于口，不见于色。一龙一蛇，一日五化之谓周。"尹知章注："一则为龙，一则为蛇，喻人行藏。"

⑮见:同"现"。

⑯常家:固定的处所。这里指固定的处世方法。

【译文】

东方朔的《诫子诗》说:"要懂得为人处世,要遵循适中之理。闲暇自得,依道而行。不食周粟的伯夷、叔齐愚蠢,随和从事的柳下惠高明。吃饱饭慢步走,把做官当成种地;依违于政事与隐居之间的玩乐态度,与当时相违而又不会遇到祸害。过于表现自己的才能就要遭到危险,一心追求名声只能得到虚荣。拉群结党会连累生命,孤傲自负就难以与人相处和谐。做事要留有余地就不会穷尽,尽自己的力量但要量力而做。圣人之道,就是时显时现能伸能屈。形像面貌表现在外而心中的想法却深深隐藏,跟着事物的变化,随着自己认为适宜的道理去办,没有固定的处世方法。"

卓吾子曰:既云随时之宜,则首阳非拙;既云无有常家,则何必柳下而后为工?班固赞曰①:"刘向言少时数问长老贤人通于事及朔时者②,皆曰:'朔口谐倡辩,不能持论,喜为庸人诵说。'③故令后世多传闻者④。而扬雄亦以朔'言不纯师,行不纯德,其流风遗书蔑如'也⑤。然朔名过实者,以其诙达多端⑥,不名一行⑦,应谐似优⑧,不穷似智⑨,正谏似直⑩,秽德似隐⑪。非夷、齐而是柳下惠⑫,戒其子以尚容……其滑稽之雄乎⑬!"卓吾子曰:向既称朔口谐辩倡,则是论胜也⑭,而曰"不能持论"何哉⑮?向之所谓论者,向去朔未远,千载而上,恍然犹将见之,而问于长老之在朔时者,向可知也⑯。当朔时,朝野无半人知朔,唯武帝知朔⑰,故朔有谏必听。此同时诸长老,谁是知朔者而问朔也⑱?不见设客难乎⑲?吁!"言不纯师,行不纯德,其流风遗书蔑如"乎不也⑳？雄之为人益可知矣。卑卑弄其唇吻㉑，欲以博万世之名，视朔奚啻霄壤㉒！余此参驳㉓，当为朔、雄实录㉔。

【注释】

①班固赞：指班固《汉书·东方朔传》赞语。班固（32—92），字孟坚，扶风安陵（今陕西咸阳东北）人。曾任兰台令史。东汉史学家、文学家。著有《汉书》，整齐了纪传体史书的形式，并开创了"包举一代"的断代史体例。《汉书》卷一〇〇上、《后汉书》卷四〇上、《藏书》卷四〇等有传。赞，一种文体，多附在人物传记后面。

②刘向（约前77—前6）：字子政，本名更生，沛（今江苏沛县）人。历任谏大夫、宗正光禄大夫等。西汉经学家、文学家。曾校订整理群书，著有《新序》《说苑》等。《汉书》卷三六、《藏书》卷三七等有传。及朔时者：与东方朔同时的人。

③口谐倡辩：说话滑稽，善于辩论。持论：立论，提出主张。庸人：平常的人。

④传闻：指关于东方朔的传说。

⑤扬雄：见《反骚》第一段注②。言不纯师：学术缺少纯一不杂的师传。行不纯德：行为缺少纯一不杂的道德标准。流风：流传下来的风气。这里指留下的影响。遗书：遗作。蔑如：不足称道的意思。以上所引扬雄话，见《法言·渊骞》。纯德，原作"纯表"。

⑥诙达：诙谐豁达而善于应变。多端：多方面。

⑦不名一行：不局限于一种德行，即不拘小节，无拘无束。

⑧应谐：对答诙谐。优：倡优，旧指演戏的人。

⑨不穷：指论辩滔滔不绝。

⑩正谏：严正地劝谏（君王）。

⑪秽德：丑恶的品行。这里指放荡不羁的行为。《汉书·东方朔

传》载，东方朔"怀肉污殿"，即把皇帝赐给群臣之肉，拔剑割肉，
怀揣而去；醉在殿中，小便殿上。隐：隐士。

⑫夷、齐：伯夷、叔齐。

⑬尚容：崇尚保身。容，容身，保身避害。《汉书·东方朔传赞》
"尚"作"上"。"然朔"数句：扬雄《法言·渊骞》原文是："或问：
'东方生名过实者，何也？'曰：'应谐、不穷、正谏、秽德，应谐似
优，不穷似哲，正谏似直，秽德似隐。'请问'名'。曰：'诙达。''恶
比（和谁相比）？'曰：'非夷尚容，依隐玩世，其滑稽之雄乎！'"

⑭论胜：以议论胜，长于议论。

⑮"而曰"句：意为刘向所认为的不能立论有什么道理呢？

⑯"向之"六句：意为我们与东方朔相隔千年之上，好像还可以看到
他，而刘向离东方朔的时代并不远，还要去向与东方朔同时的老
辈问他的情况，刘向（对东方朔的议论）是可想而知了。

⑰唯武帝知朔：据《汉书·东方朔传》："朔虽诙笑（诙谐调笑），然时
观察颜色，直言切谏，上常用之。"但实际上是被武帝当作俳优、
弄臣看待，终不被重用。这在东方朔的《答客难》中有鲜明体现。

⑱问朔：指刘向向"同时诸长老"询问东方朔的情况。

⑲设客难：指东方朔的《答客难》。东方朔因不满于弄臣的地位，
"因著论，设客难己，用位卑以自慰谕"。文中以虚设的客发难，
以苏秦、张仪的"都卿相之位，泽及后世"的显贵，与东方朔虽"好
学乐道""智能海内无双"，却"官不过侍郎，位不过执戟"形成强
烈对比。而后东方先生却意态平静地讲出"彼一时也，此一时
也"，用"时异事异"的大道理对客进行了驳难，对汉天子的圣德
进行了颂扬，但又说这种圣德造成的现实却是"尊之则为将，卑
之则为虏；抗之则在青云直上，抑之则在深泉之下；用之则为虎，
不用则为鼠"。激愤之情溢于言表，表现出与战国纵横之士相
比，汉代文士处境地位的下降。李贽在这里以《答客难》为例，说

明刘向问询"同时诸长老"及其说法的不足取。

㉑"言不纯师"句：意为是（像扬雄说的那样）"言不纯师，行不纯德，其流风遗书蔑如"，还是与之相反呢？用反问方式否定了扬雄的看法。

㉑卑卑：卑下，平庸，微不足道。弄其唇吻：玩弄口舌，耍嘴皮子。唇吻，嘴。

㉒奚啻(chì)：何止。霄壤：天地。形容相差很远。

㉓参(cān)驳：批驳。参，弹劾。这里是批判、斥责的意思。

㉔实录：这里意为符合实际的评论。

【译文】

卓吾子说：既然认为应该随着自己认为适宜的道理办事，那么不食周粟的伯夷、叔齐并不愚蠢；既然认为没有什么固定的处世方法，那么也不必认为随和从事的柳下惠就高明。班固在《汉书·东方朔传》中的赞语说："刘向说他年少时数次问及与东方朔同时而又知道东方朔情况的长老贤人，他们都说'东方朔说话滑稽，善于辩论，但不会提出主张，只是喜欢和平常的人传述讲说'。所以后世就有很多关于他的传说。而扬雄在《法言·渊骞》中认为东方朔'学术缺少纯一不杂的师传，行为缺少纯一不杂的道德标准，他留下的影响和遗作都不值得称道'。然而东方朔的名声却超过了他自身的行为，他在多方面都能做到诙谐豁达并善应变，不拘小节，无拘无束，对答诙谐如舞台上的演员，论辩滔滔不绝好像多有智慧，对君王的严正劝谏似乎很刚直，放荡不羁好像不受世俗约束的隐士。他不是伯夷、叔齐一类而却与柳下惠相似，以柳下惠的品行戒其子要善于避害保身……这不是超人的滑稽人才吗！"卓吾子说：刘向既然说东方朔说话滑稽，善于辩论，那不就是长于议论，为什么又说他"不会提出主张"呢？刘向对东方朔有那样的议论，刘向与东方朔相差时间不远，我们与东方朔相隔千年之上，好像还可以看到他的样子，而与东方朔相去不远的刘向，却还要去向与东方朔同时的长老贤人问他的情况，刘向对东方朔的议论正确与否难说了。东方朔在时，朝野没有半个人赏识他，只有汉武帝刘彻看重他，所以东方朔的谏言汉武帝必听。刘向所问及的知道东方朔情况的长老贤人，又有谁真正懂得东方朔呢？你没看见东方朔写的《答客难》吗？吁！这与扬雄在《法言·渊骞》中认为东方朔"学术缺乏纯一不杂的师传，行为缺乏纯一不杂的道德标准，他留下的影响和遗作都不值得称道"的说法，不正好是相反吗？由此也可以看出扬雄的为人不怎么样。他以微不足道的耍嘴皮子，想博取万世留名，与东方朔相比真是相差如天地之别！我这样批评扬雄对东方朔的评说，应当是符合实际的评论。

非有先生论

【题解】

本文写作时间不详。《非有先生论》，东方朔所作，主要内容是借吴国君臣的对话说明君主当采纳善言。文中讲非有先生仕于吴三年而不言，吴王怪而问之，答以"谈何容易"，表现了君臣遇合、悲士不遇的感慨。文载《汉书》卷六五《东方朔传》。本文借着东方朔的《非有先生论》，赞美了汉武帝的爱才，东方朔的得遇（实际情况并不完全如此，见《诫子诗》有关注释）并对"千载遇少而不遇多"的历史与现实发出了感慨。

遇得其人①，则一言以兴②；遇不得其人，则一言遂死。千载遇少而不遇多，此志士所以在山③，仁人所以尽养寿命也④。唯其不忍为⑤，是以莫肯为⑥，歌咏弹琴，乐而忘死⑦，宜矣。然则东方生盖亦幸而遭遇汉武者也⑧。人谓大隐居市朝⑨，以东方生为朝隐⑩。噫！使非武帝爱才知朔如此，敢一日而居市朝之间哉？最先避世而歌德衰者朔也⑪。

【注释】

①其人:这里指像汉武帝那样善于用人的君主。

②兴:起。这里指得到重用。

③在山:隐居深山。

④养寿命:避祸以求保身长寿。"养寿命"及下文的"不忍为""乐而忘死"均见《非有先生论》。

⑤不忍为:指不忍心做卑躬屈膝、迎合君主、无益于治国的谀臣。《非有先生论》原文为:"故卑身贱体,说(悦)色微辞,愉愉呴呴,终无益于主上之治,则志士仁人不忍为也。"

⑥莫肯为:不愿去做官。

⑦"歌咏"二句:指乐于坚持过隐居生活。

⑧东方生:即东方朔。汉武:汉武帝刘彻。

⑨大隐:旧时称身居市朝(市场和朝廷)而不求利禄为大隐。

⑩朝隐:旧时指虽居位在朝,而淡泊恬退与隐居无异。

⑪"最先"句:意为(如若不是遇到武帝爱才之人)恐怕最先避世而感叹自己不遇的就是东方朔吧。歌德衰,语本《论语·微子》:"楚狂接舆歌而过孔子曰:'凤兮凤兮!何德之衰?往者不可谏,来者犹可追。'"何德之衰,意为为什么这么倒霉?

【译文】

如若遇到善于用人的君主,那么一句话就能得到重用;如若遇到不善于用人的君主,那么一句话就会被处死。一千多年来遇到善用人的君主很少,所以很多志士就隐居深山了,以求避祸而保身长寿。因为不愿卑躬屈膝做谀臣,所以就不去做官,以为歌咏弹琴、乐而忘死最合宜。而东方朔则是幸运地遇到了汉武帝这样的君主。人们都说大隐隐居于市场和朝廷,认为东方朔就是隐于朝廷之人。噫!如若不是汉武帝爱才而又深知东方朔,东方朔敢居于朝市一天吗?恐怕最先避世而感叹不遇其时的就是东方朔吧。

子虚

【题解】

本文写作时间不详。子虚,指《子虚赋》,司马相如作。文中虚构了楚国子虚与齐国乌有先生对各自"游戏之乐,苑囿之大"的夸耀,而以子虚夸楚为主,故以《子虚》名篇。司马相如还有《上林赋》,是武帝召见他后,"请为天子游猎赋"而作。文中假设亡是公极力铺陈汉天子上林苑的"巨丽"和游猎的壮观,以压倒齐、楚,故以《上林》标题。这两篇赋虽有相对的独立性,但已融为一体。其所表现的思想,是批评诸侯的僭越,而肯定天子的声威,表现出对汉朝大一统中央皇朝的歌颂。这两篇作品,还显示着汉大赋在体制上的完整确立。

班固曰[①]:"史迁称《春秋》推见至隐[②],《易》本隐以之显[③],《大雅》言王公大人而德逮黎庶[④],《小雅》讥小己之得失[⑤],其流及上[⑥]:所言虽殊,其合德一也[⑦]。相如虽多虚辞滥说[⑧],然其要归[⑨],引之节俭[⑩],此与《诗》之讽谏何异[⑪]?扬雄以为靡丽之赋劝百而讽一[⑫],犹骋郑、卫之音[⑬],曲终而奏《雅》[⑭],不已戏乎[⑮]!"余谓扬雄此言非但不知人,亦且不知文;非但不知文,亦且不知言;非但不知言,亦且不知讽矣。既不知讽,宜其剧秦而美新也[⑯]。

【注释】

①班固曰:以下一段话,是班固《汉书》卷五七《司马相如传赞》,转引自司马迁《史记》卷一一七《司马相如列传赞》,文字稍有出入。班固,见《诫子诗》第二段注①。

②史迁:司马迁。见《反骚》第二段注㉟。《春秋》:编年体春秋史,

儒家经典之一。相传孔子依据鲁史《春秋》加以整理修订而成。《春秋》文字简短，据说有寓褒贬、别善恶之意，后世称为"春秋笔法"。推见至隐：从显现的文义中推论出幽深的隐事，即"春秋笔法"。

③《易》：即《周易》，又称《易经》，原是古代用于占卜之书，后被儒家列为经典之一。内容包括《经》《传》两部分，通过八卦形式（象征天、地、雷、风、水、火、山、泽八种自然现象），推测自然与社会的变化，认为阴阳两种势力的相互作用是产生万物的根源。在宗教迷信下，保存了古代人的一些朴素辩证法思想。本隐以之显：《周易》讲天道神明，语义原是隐晦难懂，但却显现着社会人事的道理。之，往，到。这里是"能达到""能现出"的意思。

④《大雅》：《诗经》中的一部分。《诗经》分风、雅、颂三部分，其中包括十五"国风"，雅分"大雅""小雅"，颂分"周颂""鲁颂""商颂"。风、雅、颂是从音乐上分类，风是带有地方色彩的音乐，雅是周王朝直接统治地区的音乐（"大雅""小雅"之分，有的认为以政事分，有的认为以道德分，有的认为以乐曲分），颂是用于宗庙祭祀的乐歌。《大雅》多为西周王室贵族的作品，主要反映了周部落发展的过程，有些诗篇也揭露了统治者的暴虐昏乱及统治危机。王公大人：指奴隶主贵族。德逮黎庶：德教普及到百姓。逮，到。黎庶，民众百姓。司马迁就是从道德上分"大雅""小雅"。

⑤《小雅》：《诗经》中的一部分。大抵产生于西周后期和东周初期。这时王政衰微，政治黑暗，故其中诗篇较多的是指斥朝政缺失，反映社会动乱，以及周室与西北戎狄部族以及东方诸侯各国之间的矛盾，也有少数是统治者宴会的乐歌。讥：讽刺，挖苦。小己：一己，个人。

⑥流：传布。及：达到。上：这里指上层贵族。

⑦合德：符合道德。

⑧相如:司马相如。见《反骚》第一段注③。虚辞滥说:空虚浮夸的言辞,缺乏意义的叙说。这里指《子虚赋》等的主要内容而言,司马相如的大赋排比铺陈,结构宏丽,并好用奇词僻字,既是其艺术特色的体现,也是其缺点之所在。

⑨要归:要点所在,切要之处。

⑩引:引导,劝说。之:指汉武帝。节俭:《子虚赋》《上林赋》的主要内容是描绘帝王苑囿之大,田猎之盛,在末尾则加以反对奢侈淫靡的议论,作者想以此规劝汉武帝。

⑪《诗》:指《诗经》。讽谏:以婉言相劝谏。

⑫扬雄:见《反骚》第一段注②。靡丽之赋:指《子虚赋》一类大赋铺陈宏丽的结构与辞采。劝百而讽一:鼓励成百而讽谏只有一。意为司马相如的赋虽意在讽谏,却因奢靡之辞多而适得其反。

⑬犹:如同。骋:放开,放纵。郑、卫之音:春秋战国时郑、卫两国的民间音乐。因不同于雅乐,曾被儒家斥为“乱世之音”(《礼记·乐记》)、“淫声”(《论语·卫灵公》)。

⑭曲终而奏《雅》:在乐曲的末尾才奏《雅》乐。意为在文章的末尾才寓一点规谏之意。

⑮已:太,过。

⑯剧秦而美新:指斥秦政的酷暴,称赞新政的美好。剧,这里作指斥、贬斥讲。“二世而亡,何其剧与!”李善注:“言促甚也。”新,朝代名。公元8年,汉朝新都侯王莽杀汉平帝,取代汉政权,建国号“新”。“新”王朝建立后,扬雄被召为中散大夫。他模仿司马相如《封禅文》,写了一篇《剧秦美新》给王莽,指斥秦朝,抨击秦始皇焚书、统一度量衡等措施,美化“新”朝,对王莽歌功颂德,称之为“配五帝,冠三王,开辟以来,未之闻也”。

【译文】

班固说:“司马迁说《春秋》一书中有从显现的文义中推论出幽深隐

事的春秋笔法,从《周易》隐晦难懂的文义中显现出社会人事的道理,《大雅》表现了王公大人德教普及到百姓,《小雅》则是讽刺个人的得失,其旨意也影响到上层贵族;这些说法虽不相同,其符合道德则是一致的。司马相如的作品虽多空虚浮夸之辞,然而要点所在,还在于反对奢侈而重在节俭,这与《诗经》的以婉言相劝谏没有什么不同。扬雄认为像司马相如的那些铺陈宏丽、多用奇僻字的大赋,其效果只能是劝百讽一,就如同放纵郑、卫的音乐,只在快结束时才寓一点规谏之意,不是太过分玩笑了吗!"我认为扬雄此言不但不知人,而且不知文;不但不知文,而且不知语言;不但不知语言,而且不知什么是讽谏了。既然不知什么是讽谏,所以他才会写出《剧秦美新》之文,指斥秦始皇的酷暴,称赞王莽新朝的美好。

贾谊

【题解】

本文写作时间不详。贾谊(前200—前168),雒阳(今河南洛阳东)人。西汉政治家、文学家。历任博士、太中大夫、长沙王太傅和梁怀王太傅等。他提出的打击诸侯割据势力以加强中央集权,发展农业生产,抗击匈奴侵略等主张,对巩固西汉政权起了很大作用。他的著作经后人整理成《新书》。《史记》卷八四、《汉书》卷四八、《藏书》卷三六等有传。这是篇读史札记。全文由班固《汉书·贾谊传》的论赞引起,在肯定贾谊的政治主张的同时,对班固、董仲舒以及"今日"那种成为"穿窬之盗"的儒家,进行了深刻的批判。其中对董仲舒一方面鼓吹"不计功谋利",一方面又"欲计利而避害"的两面手法的揭露,更具深意。其矛头不但指向了传统儒家,更指向了当时居于统治地位的道学家。这是李贽精神的所在,也是他很多读史小品的共同特色。

班固赞曰①:"刘向称贾谊言三代与秦治乱之意②,其论甚美,通达国体③,虽古之伊、管未能远过也④。使时见用,功化必盛⑤,为庸臣所害⑥,甚可悼痛!追观孝文玄默躬行⑦,以移风俗,谊之所陈略施行矣⑧。及欲改定制度⑨,以汉为土德⑩,色上黄⑪,数用五⑫,及欲试属国⑬,施五饵三表以系单于⑭,其术固以疏矣⑮。谊亦天年早终⑯,虽不至公卿,未为不遇也⑰。凡所著述五十八篇,掇其切要于事者著于《传》云⑱。"

【注释】

①班固赞:见《诫子诗》第二段注①。下文是班固在《汉书·贾谊传》后面的评语。

②刘向:见《诫子诗》第二段注②。三代:指夏、商、周。贾谊向汉文帝陈述夏、商、周三代与秦朝治乱的见解,见《治安策》《过秦论》等文。

③通达国体:通晓国家大事。国体,国之大体。这里指国家大事。

④伊:伊尹,名挚,曾耕于有莘氏之野,原为有莘氏女的陪嫁之臣,后帮助汤灭了夏桀,成为商代开国大臣。《史记》卷三有传。管:管仲(? —前645),名夷吾,字仲,春秋时齐国颍上(颍水之滨)人。曾辅助齐桓公,以"尊王攘夷"相号召,使之成为春秋时第一个霸主。《汉书》卷三〇《艺文志》道家著录有《管子》八十六篇。《史记》卷六二有传。

⑤功化:功业和影响。

⑥为庸臣所害:据《汉书·贾谊传》,贾谊力主改革,才识过人,文帝"议以谊任公卿之位",当时权臣周勃、灌婴等"尽害之,乃毁谊曰:'雒阳之人年少初学,专欲擅权。纷乱诸事。'"于是文帝"亦

疏之，不用其议”，让贾谊出任长沙王太傅，后改任梁怀王太傅。贾谊屡受挫折，三十三岁郁闷而死。

⑦孝文：即汉文帝刘恒（前202—前157），公元前179—公元前157年在位。他曾接受贾谊建议，推行重农抑商，加强中央集权和加强国防的政策。《史记》卷一〇、《汉书》卷四、《藏书》卷三等有传。玄默：深沉静默。躬行：亲身实践。

⑧陈：陈述，建议。略：大略，大体上。

⑨改定制度：指贾谊任太中大夫时，上书汉文帝建议制定新的礼仪制度。下文“以汉为土德，色上黄，数用五”等都是改定制度的内容。

⑩以汉为土德：古代阴阳家把金、木、水、火、土五行看成五德，认为历代王朝各代表一德，按照五行相克或相生的顺序，交互更替，周而复始。并以此论证了在政治上应该与“五行”相生相克的有关制度（如改正朔、易服色）的重要。依照这种理论，认为周是火德；水克火，因此，秦灭周，应以水德据有天下；土又克水，汉灭秦，就是以土德据有天下。

⑪色上黄：指举行典礼时，车马服饰一律用黄颜色。汉为土德，土为黄色，所以崇尚黄颜色。上，同“尚”，崇尚。

⑫数用五：阴阳家认为“土”在“五行”中占第五位，所以贾谊主张用数崇尚五。

⑬试属国：试做管理属国之官。贾谊曾要求汉文帝让他任属国之官，“以主匈奴”。属国，官名。即典属国，管属国（这里指匈奴）事务的官。

⑭五饵三表：贾谊向汉文帝建议笼络匈奴的一种怀柔政策。“五饵”指衣服车马、山珍海味、音乐美女、室宇奴婢以及对来降者由皇帝亲自接待，以这五种办法作诱饵。“三表”指喜爱匈奴人的形貌，爱好匈奴人的技艺，并对之讲信义，以这三种手段表示其

友好。见《新书·匈奴》。系:缚。这里有笼络制服之意。单 (chán)于:匈奴最高首领的称号。

⑮其术固以疏矣:意为这种办法实在是太粗疏而不切实际了。东 汉统治者认为汉应是火德,色尚赤。班固以此为本,所以不同意 贾谊的上述看法。固,本来,实在。

⑯天年:寿命。

⑰不遇:这里指没有受到重用、赏识。

⑱掇(duó):拾取,引申为选择。《传》:指《汉书·贾谊传》。

【译文】

班固《汉书·贾谊传》的赞语说:"刘向认为贾谊论述夏、商、周三代 和秦王朝兴衰的道理,他的论述非常好,能透彻地了解治理国家的根本 方针,即使古代的伊尹、管仲也比他超过不了很多。如果贾谊当时被重 用,他的功绩和影响一定很大,但是他受到大臣中平庸之辈的排挤和打 击,令人非常惋惜痛心!回头看看汉文帝,沉静俭约,身体力行,移风易 俗,贾谊提出的政治措施大体上施行了。至于贾谊建议改正朔,更换服 色制度,认为汉是属于土德,颜色以黄色为尊,数用五为吉,又请求试用 为典属国之官,用'五饵三表'的策略笼络单于,这些方法本来就不切实 际。贾谊只活了三十三岁就过早地病逝,虽没有官至公卿,还不算是没 有受到赏识。他的著述共有五十八篇,选取其中对于治理国家事务切 中要害的那些著作,记述在他的传记中。"

李卓吾曰:班氏文儒耳,只宜依司马氏例以成一代之 史①,不宜自立论也。立论则不免搀杂别项经史闻见,反成 秽物矣。班氏文才甚美,其于孝武以前人物②,尽依司马氏 之旧,又甚有见,但不宜更添论赞于后也。何也?论赞须具 旷古只眼③,非区区有文才者所能措也④。刘向亦文儒也,然筋骨胜⑤，肝肠胜，人品不同，故见识亦不同，是儒而自文者也⑥。虽不能超于文之外，然与固远矣⑦。

【注释】

①司马氏例：指司马迁编写《史记》的体例。

②孝武：即汉武帝刘彻（前 156—前 87），公元前 140—公元前 87 年在位。在位期间，在"独尊儒术"的同时，兼用法术、刑名，以加强统治。同时削弱地方势力，限制富商大贾，兴修水利，移民西北屯田，把冶铁、煮盐、铸钱收归官营，设置平准官、均输官，由官府经营运输和贸易，有力地巩固了中央政权的统治。在对外政策上，派张骞两次至西域，派唐蒙至夜郎（今贵州、云南、四川、广西部分地区），并用卫青、霍去病进击匈奴，加强对边疆的统治，促进了经济文化的发展。《史记》卷一二、《汉书》卷六、《藏书》卷三等有传。

③旷古只眼：自古以来未有的眼力。这里指超越前人的独特见解。

④措：胜任。

⑤筋骨胜：与下文"肝肠胜"，都是指刘向有骨气，品格不同寻常。刘向曾屡次上书劾奏外戚专权，表现出不惧权贵的气节。见《汉书》卷三六《刘向传》。

⑥儒而自文：虽是儒生而著文能有自己的见解。

⑦与固远矣：比班固高明多了。

【译文】

李卓吾说：班固只是一个擅长写文章的儒生，只应当依照司马迁的体例撰成西汉一代的史书，不应当自己发表评论。发表评论就不免掺杂别的经史中的观点及所闻所见，反成了污秽之物。班固的文才很好，他的《汉书》对于汉武帝以前的人物，完全依照司马迁《史记》的原有记载，也很有见解，但不应当在传文之后另外增加评论。为什么呢？因为评论人物必须具有自古以来没有过的独到见解，不是有区区文才的人所能做到的。刘向也是一个擅长写文章的儒生，但是他的气节超过了班固，性格、品质超过了班固，人品不同，所以见识也不同，是儒生而自有文采的人。虽然不能超出文之外，然而比班固强得多了。

汉之儒者咸以董仲舒为称首①，今观仲舒不计功谋利之云②，似矣。而以明灾异下狱论死③，何也？夫欲明灾异，是欲计利而避害也。今既不肯计功谋利矣，而欲明灾异者何也？既欲明灾异以求免于害，而又谓仁人不计利，谓越无一仁又何也④？所言自相矛盾矣。且夫天下曷尝有不计功谋利之人哉！若不是真实知其有利益于我，可以成吾之大功，则乌用正义明道为耶？其视贾谊之通达国体⑤，真实切用何如耶？

【注释】

①董仲舒（前179—前104）：广川（今河北广川）人。西汉儒家主要代表人物。景帝时为博士。武帝举贤良文学之士，他对策建议"诸不在六艺之科，孔子之术者，皆绝其道，勿使并进"（《天人三策》），形成了"罢黜百家，独尊儒术"的局面。他还提出了"天不变，道亦不变"的形而上学宇宙观、"天人感应"的神学理想和"三纲五常"的伦理观念，在封建社会中产生了深远影响。著有《春秋繁露》《董子文集》等。《史记》卷一二一、《汉书》卷五六、《藏书》卷四四等有传。

②不计功谋利：这是对董仲舒"正其谊（义）不谋其利，明其道不计其功"（见《汉书·董仲舒传》）两句话的概括。

③"而以"句：汉武帝建元六年（前135）四月，辽东高庙、长陵高原殿

先后失火，董仲舒以"天人感应"的理论写了篇奏章，以示火灾的发生是上天对汉朝政策不满。草稿被主父偃发现，偷偷交给了武帝刘彻。武帝将奏章交大臣讨论，结果董仲舒以诽谤朝廷罪下狱并判死刑，后获赦。事见《汉书·董仲舒传》。

④"而又"二句：董仲舒做江都相，侍奉易王，一次易王问他："越王勾践与大夫泄庸、文种、范蠡攻打并灭掉了吴国，我认为（泄庸等）是越国三个仁德之人。"董仲舒回答说：越用诈力灭吴，"由此言之，粤（越）本无一仁。仁人者，正其谊不谋其利，明其道不计其功……"越无一仁，越国没有一个有仁德的人。

⑤视：比。

【译文】

　　汉朝的儒者都以董仲舒为首领，现在看了董仲舒反对计功谋利的说法，像个做首领的大儒的样子了。然而董仲舒以明察灾异被捕入狱，定为死罪，为什么呢？明察灾异就是想计利避害。董仲舒既然口口声声说决不肯计功谋利，为什么又要明察灾异呢？既要明察灾异以求免于受害，而又讲仁人不计功利，还说越国根本没有一个仁人，这又是为什么呢？所说自相矛盾了。再说天下何曾有不讲功谋利的人啊！如果不是确实知道对自己有利益，可以使自己成就大的功业，那么何必又要正什么义，明什么道呢？比起贾谊通晓治国的大政方针，提出实际合用的建议，又怎么样呢？

　　班氏何知，知有旧时所闻耳，而欲以贬谊，岂不可笑！董氏章句之儒也①，其腐固宜。虽然，董氏特腐耳②，非诈也，直至今日，则为穿窬之盗矣③。其未得富贵也，养吾之声名以要朝廷之富贵④，凡可以欺世盗名者，无所不至。其既得富贵也，复以朝廷之富贵养吾之声名，凡所以临难苟免者⑤，无所不为。岂非真穿窬之人哉！是又仲舒之罪人，班固之罪人，而亦敢于随声雷同以议贾生。故余因读贾、晁二子经世论策⑥，痛班氏之溺于闻见，敢于论议，遂为歌曰：驷不及舌⑦，慎莫作孽⑧！通达国体，刘向自别⑨。三表五饵，非疏匪拙⑩。彼何人斯？千里之绝⑪。汉廷诸子⑫，谊实度越⑬。利不可谋，何其迂阔⑭！何以用之？皤须鹤发⑮。从容庙廊⑯，冠冕佩玦⑰。世儒拱手，不知何说⑱。

【注释】

①章句之儒：指只会拘泥于儒家经典的章句辨析，而不能理解其大意的儒生。

②特：只是，仅仅。

③穿窬(yú)之盗：挖洞越墙的盗贼。窬，从墙上爬过去。

④要：求，取。

⑤临难苟免：遇到危难，苟且偷生。

⑥晁：晁错。见下文《晁错》题解。经世论策：论述治理国家的文章。

⑦驷不及舌：即"一言既出，驷马难追"之意。指话一出口，就收不回来，应该特别谨慎。驷，一车四马。

⑧作孽：指对贾谊妄加评论。

⑨刘向自别：指刘向对贾谊的评论与班固不同。

⑩非疏匪拙：既不空疏也不拙劣。这是反驳班固对贾谊的批评。匪，同"非"。

⑪千里之绝：(贾谊)是像飞奔千里的骏马一样的卓越人才。绝，绝足，即骏马。

⑫汉廷诸子：指汉廷的朝臣。

⑬谊实度越：贾谊最为卓越。度越，超群出众。

⑭迂阔：迂腐不切实际。

⑮"何以"二句：意为为什么要重用董仲舒一样迂阔的老儒生(而却排斥贾谊)呢？皤(pó)须鹤发，白须白发。

⑯庙廊：指朝廷。

⑰冠冕(miǎn)：这里指官员所戴的礼帽。佩玦(jué)：腰间佩戴的玉饰。皆指官员的服饰。

⑱"世儒"二句：意为现在的道学家对董仲舒那么敬仰崇拜，真不知是何道理。拱手，两手相合以示敬意。

【译文】

　　班固知道什么，他只知道孔孟书上一些老话罢了，而想用这些话来贬低贾谊，难道不可笑吗！董仲舒不过是一个只会对古书文章析句的儒生，他的迂腐并不奇怪。虽然如此，董仲舒只是迂腐罢了，并不是欺诈。但是到了今天，那些道学家却是一些挖洞翻墙的盗贼。他们没有得到富贵的时候，沽名钓誉以邀取朝廷富贵，只要能够欺世盗名，什么地方都要去钻营。他们已经得到了富贵，又利用朝廷富贵的名沽誉，只要碰到危险，就只顾自己苟且逃避，什么丑事坏事都干得出来。这难道不真的是一些挖洞翻墙的盗贼吗！这种人是董仲舒的罪人，班固的罪人，却也竟敢随声附和跟他们一个腔调来责难贾谊。所以我因为阅读贾谊、晁错二人关于治理国家的政论文章，痛惜班固见闻浅陋，竟敢评论责难贾谊，于是作了一段歌词，说：一言既出，驷马难追，千万不要胡说造孽！刘向能认识贾谊"通达国体"，这就使自己与班固互相区别。贾谊提出的"三表五饵"，也并不空疏，也并不笨拙。他是一个什么样的人呢？他像一匹超凡的千里马，是一个独一无二的人中之杰。在汉代朝廷里的所有臣子中，贾谊才能突出，把众人超越。董仲舒说什么不讲功谋利，他的观点多么迂阔！贾谊应该怎样重用？应让他活到须发皆白。从从容容在朝廷做高官，头戴冠冕，腰佩玉玦。世俗儒生就只好拱手作揖,不知还有什么话可说。

晁错

【题解】

本文写作时间不详。晁(cháo)错(约前 200—前 154),西汉颍川(今河南禹州)人。历任博士、御史大夫,汉景帝的主要谋臣之一,号称"智囊"。政治家、文学家。曾向景帝建议削弱割据势力,加强封建中央集权,坚决抗击匈奴。后来吴楚七国以"清君侧"为名起兵叛乱,晁错在政敌袁盎等攻击谗害下被杀。后人整理有《晁错集》。《史记》卷一〇一、《汉书》卷四九、《藏书》卷一五等有传。本文所提出的"治国之术多矣",反对"皆就己之术数",以及"世无定时,我无定术""术不能违时""时亦不能违术"的思想,是颇有见地的。

班固赞曰①:"晁错锐于为国②,远虑而不见身害③。其父睹之,经于沟渎④,亡益救败⑤,不如赵母指括以全其宗⑥,悲夫!错虽不终,世哀其忠,故论其施行之语著于篇⑦。"

【注释】

①赞曰:以下引文,是班固在《汉书·晁错传》后面的评语。

②锐:勇猛坚决,如锋刃之锐利。

③远虑:考虑国家的长远利益。不见身害:看不到自身的危险。

④"其父"二句:这两句指晁错的父亲目睹晁错不听他的劝告,坚持削藩,怕牵连受祸,因而服毒自杀(见《汉书·晁错传》)。经于沟渎,语出《论语·宪问》,意为自杀于山沟。经,上吊自杀。沟渎,沟壑,山沟。

⑤亡(wú)益救败：指晁错父亲的自杀未能使晁错及其家属免于被
　　害。亡,同"无"。

⑥赵母指括以全其宗：赵括是战国时赵国名将赵奢的儿子,自幼熟
　　读兵书,却没有实践经验,且傲慢自信。秦国进攻赵国,赵王要
　　用赵括代替名将廉颇带兵去抵御秦国。赵括的母亲上书劝阻,
　　赵王不听。赵母就要求说,如果赵括失败,不能连累她的宗族。
　　赵王答应了。结果,赵括战败身死,因赵母有言有先,宗族得以
　　保全(见《史记》卷八一《廉颇蔺相如列传》)。指,指斥。

⑦施行之语：指晁错有关施政的奏疏。篇:指《汉书·晁错传》。

【译文】

　　班固在《汉书·晁错传》的赞语中说:"晁错为国家勇猛坚决,总是
考虑国家的长远利益而不顾个人的危险。他的父亲看到这种情况,尽
力劝告晁错,晁错却听不进去,他的父亲怕牵连受祸,因而服毒自杀,但
最终也没有使晁错及其家属免于被害,这和赵括的母亲保全其宗族的
智谋相比真是相差太远了,这是多么悲哀之事! 晁错虽然不得善终,世
人却哀怜他的忠心,所以将他有关施政的奏疏写进他的传记中。"

　　卓吾曰：晁错对策①,直推汉文于五帝②,非谀也③,以其
臣皆莫及也。故曰:"五帝神圣,其臣莫及,而自亲事④。"亲
事则不可不知术数矣⑤。今观其时在廷诸臣,仅贾生耳⑥。
贾生虽千古之英,然与文帝远矣,是岂文帝咸有一德之臣
乎⑦? 夫既不得如五霸之佐,贤于其主⑧,又不得如三王之
臣,与主而俱贤⑨,则孝文真孤立无辅者矣。是故晁错伤之,
而推之以与五帝并也。然谓汉文无辅则可,谓其不知术数
则不可。夫治国之术多矣,若谓人尽不知术数,必欲其皆就
己之术数,则亦岂得谓之知术数哉? 汉文有汉文之术数也,

汉高有汉高之术数也⑩，二五帝霸又自有二五帝霸之术数也⑪。以至六家九流⑫，凡有所挟以成大功者⑬，未常不皆有真实一定之术数。唯儒者不知，故不可以语治。虽其间亦有一二偶合，然皆非性定神契⑭，心融才会⑮，真若执左券而后为之者也⑯。是故因其时，用其术，世无定时，我无定术，是之谓与时消息而己不劳⑰，上也。执其术，驭其时⑱，时固无常，术则有定，是之谓执一定以应于不穷，次也。若夫不见其时，不知其术，时在则术在，而术不能违时；术在则时在，而时亦不能违术：此则管夷吾诸人能之⑲，上之上也。若晁错者，不过刑名之一家⑳，申、商之一术㉑，反以文帝为不知学术，而欲牵使从己，惑矣！

【注释】

①对策：亦作"对册"。古时就政事、经义等设问，由应试者对答，称对策。自汉代起作为取士考试的一种形式。这里指晁错的《贤良对策》（见《汉书·晁错传》）。

②"直推"句：指晁错在《贤良对策》中把汉文帝推崇到与五帝并列的地位。原文有"今以陛下神明德厚，资财不下五帝"之语。五帝，即黄帝、颛顼（zhuān xū）、帝喾（kù）、唐尧、虞舜。

③谀：谄媚，奉承。

④"五帝"三句：见《贤良对策》。亲事，亲自处理国家大事。

⑤术数：治理国家的方法和谋略。

⑥贾生：指贾谊。

⑦咸有一德：原是伪古文《尚书》篇名，据古书记载，系伊尹为戒太甲而作，意为都有纯一的道德。这里的"咸有一德之臣"原指伊尹，借以比喻贾谊，说贾谊不能算是汉文帝的伊尹。咸，都。一，

纯一。

⑧"夫既"二句：用晁错《贤良对策》下面句意："五伯（霸）不及其臣，则任使（差遣）之。"五霸，春秋时期五个霸主。说法不一，一般指齐桓公、晋文公、秦穆公、宋襄公、楚庄王。佐，辅佐者。

⑨"又不"二句：用晁错《贤良对策》下面句意："三王臣主俱贤，则共忧之。"三王，说法不一，一般指夏、商、周三代开国之王，即夏禹、商汤、周文王。

⑩汉高：指汉高祖刘邦。

⑪二五帝霸：指五帝、五霸。

⑫六家九流：指先秦至汉初学术思想的主要派别。六家，即阴阳家、儒家、墨家、名家、法家、道德家。汉司马谈有《论六家要旨》，见《史记》卷一三〇《太史公自序》。九流，即儒家、道家、阴阳家、法家、名家、墨家、纵横家、杂家、农家。见《汉书》卷三〇《艺文志》。

⑬挟（xié）：持，把握的意思。

⑭性定神契：人的自然秉性与精神相一致，相契合。

⑮心融才会：思想与才能相融合。

⑯执左券（quàn）：有把握的意思。券，契据。古代契据常分左右两片，双方各执其一。左片称左券，由债权人收执，用为索还债务等的凭证。

⑰与时消息：随着形势的变化而变化。消息，指生灭变化。消，灭。息，生。

⑱驭其时：应对不断变化的时势。驭，驾驭，控制。

⑲管夷吾：即管仲。见《贾谊》第一段注④。

⑳刑名：指循名责实、慎赏明罚的治国之术，后人称为"刑名之学"。申不害为其代表学派。韩非子亦尚"刑名"。

㉑申：指申不害（约前385—前337），战国时郑国人。曾任韩昭侯的

相十五年,主张法治,尤其重术。所谓术就是"因任而授官,循名而责实,操杀生之柄,课群臣之能"(转引《韩非子·定法》)。即君主要经常监督臣下,考核其是否称职,予以奖惩,使能尽职守,以加强君主专制。《汉书·艺文志》著录《申子》六篇,现仅存辑录《大体》一篇。《史记》卷六三、《藏书》卷一五等有传。商:指商鞅(约前390—前338),姓公孙,名鞅,战国时卫国人,亦称卫鞅。他辅助秦孝公变法,因功封于商(今陕西商洛),称商君,又叫商鞅。他两次变法,奠定了秦国富强的基础。秦孝公死后,被贵族诬害,车裂而死。《汉书·艺文志》有《商君》二十九篇,今存二十四篇。《史记》卷六八、《藏书》卷一五等有传。

【译文】

卓吾说:晁错上的《贤良对策》,把汉文帝推崇到与五帝并列的地位,这并不是奉承,是因为当时的大臣都不如他。所以晁错在《贤良对策》中说:"五帝神圣,那些大臣都不及他,所以五帝都亲自处理国家大事。"亲自处理国家大事就不可不知道治理国家的方法和谋略。现在看起来当时在朝的大臣中,有些能力的仅仅只有贾谊一人。贾谊虽然可称为千古之英,但与汉文帝相差也很远,怎能算是汉文帝的伊尹呢?汉文帝既不像五霸那样有辅佐之臣,而且臣都比主贤能;又不像三王之臣,与主一样贤良;所以汉文帝真是处于孤立没有辅助的境地。正因为这样晁错非常伤心,才把汉文帝推崇到与五帝并列的地位。如若说汉文帝没有得力的辅助之臣还可以,如若说汉文帝不懂得治国的方法和谋略却是不对的。治理国家的方法和谋略很多,如若说人们都不知道治理国家的方法和谋略,都必须依照自己的方法和谋略,那怎么就能被称为知道方法和谋略呢?汉文帝有汉文帝的治国方法和谋略,汉高祖有汉高祖的治国方法和谋略,五帝、五霸有五帝、五霸的治国方法和谋略。以至六家九流,凡是具有把握成大功者,都有自己的一套治理方法和谋略。只有儒者不懂这个道理,所以不可以和他们谈论治国的方法与谋略。虽然其中也许有一二次的偶合,但那并不是他们的认识所致,也不是思想与才能的结果,好像事前就有把握而后为之。所以要依据当时的情况,运用适合当时情况的方法和谋略,而时代在不断变化,也就不会有永远不变的方法和谋略,所以说应该随着时代形势的变化而变化,这才是上策。掌握一定的方法和谋略,应对不断变化的时势,时势虽然总在变化,但方法与谋略却是老一套,所以说不变的方法与谋略去应用于不断变化的时势,这是次等的治国策略。假若看不到所处的时势,就不可能懂得治理的办法。有什么样的时势,就应该有什么样的治国谋略,而治国谋略也不能违背时势;运用什么样的治国谋略也一定是由于什么样的时势,时势不会与治国谋略相矛盾。这只有管夷吾等人能够做到,这是上等而又上等的治国之术啊。而晁错不过是刑名中的一家,申不害、商鞅的一种治国谋略,却以此认为汉文帝不懂治国的方法和谋略,想使汉文帝听从自己,这真是太不自量了。

　　夫申、商之术,非不可平均天下①,而使人人视之尽如指掌也②,然而祸患则自己当之矣。故错以其残忍刻薄之术③,辅成太子④;而太子亦卒用彼残忍刻薄之术⑤,还害其身。呜呼! 孰知错伤文帝之无辅⑥,而其父反以伤晁错之无父乎⑦! 是故国尔忘家,错唯知日夜伤刘氏之不尊也。公尔忘私,而其父又唯知日夜伤晁氏之不安矣⑧。千载之下,真令人悲伤而不可已,乃班固反讥其父不能学赵母,谬哉!

【注释】
　　①平均:齐一,平定治理。
　　②指掌:比喻事理浅显易明。
　　③残忍刻薄之术:指晁错建议"削藩"之策。

④辅成太子：太子指刘启，即后来的汉景帝。汉文帝曾任用晁错为
太子刘启的太子舍人、门大夫、太子家令等官职。"以其辩得幸
太子，太子家号曰'智囊'。""错又言宜削诸侯事，及法令可更定
者，书凡三十篇。孝文虽不尽听，然奇其材。当是时，太子善错
计策。爰盎(àng)诸大功臣多不好错。景帝即位，以错为内史。
错数请间言事，辄听，幸倾九卿，法令多所更定。"(《汉书·晁错
传》)

⑤彼：指晁错。

⑥无辅：无有得力的辅佐之臣。即前文所说："直推汉文于五帝，非
谀也，以其臣皆莫及也。"

⑦其：指晁错。无父：指晁错之父怕受牵连而服毒自杀。

⑧"是故"四句：《汉书·晁错传》载，晁错上"削藩"策后，其父赶到
京都，"谓错曰：'侵削诸侯，疏人骨肉，口让(责备)多怨，公(错为
御史大夫，位三公)何为也！'错曰：'固也(固当如此)。不如此，
天子不尊，宗庙不安。'父曰：'刘氏安矣，而晁氏危，吾去公归
矣！'遂饮药死，曰：'吾不忍见祸逮身。'"刘氏之不尊，即晁错所
说"天子不尊"。指在诸侯割据的局势下，西汉王朝的中央集权
得不到加强。

【译文】

申不害、商鞅的治国方法和谋略，也可以用以平定治理天下，其主
张浅显易明，然而他们自己也遭受到祸患。所以晁错用他那残忍刻薄
的主张谋略，辅助太子刘启；而刘启当了皇帝后，终于用晁错那残忍刻
薄的谋略把他除去了。呜呼！谁能知道晁错伤感汉文帝没有得力的辅
助大臣，而晁错的父亲反而伤感晁错不听劝告而自杀身亡呢！所以为了
国家而不顾家庭，晁错只是伤感中央集团的得不到加强和巩固。为了
公家而忘记自家，晁错的父亲又因晁错不听劝告而深感晁氏家庭的不
安。千载之下，真是使人悲伤至极，而班固却讥讽晁错之父没学赵括的

母亲得以保全性命，真是荒谬！

绝交书

【题解】

本文写作时间不详。绝交书，指嵇康的《与山巨源绝交书》。李贽善作翻案文章，本文即是一例。人们都赞扬嵇康与山涛绝交的节操像冰雪一样高洁，李贽则认为这多是嵇康的"不是"。孰是孰非？其实李贽也并非真的"贬"嵇康，他是看到了《与山巨源绝交书》的更深一层，那就是文中所表现的"不情之遁辞"。何焯曾说："（嵇康）意谓不肯仕耳，然全是愤激，并非恬淡。"（《文选》评引）张溥说得更为明白："中散绝交巨源，非恶山公，于当世人事诚不耐也。"（《汉魏六朝百三家集题辞》）李贽正是看到了嵇康借与山巨源绝交而内在的"愤激"和对当世人事的"不耐"。"此书实峻绝可畏，千载之下，犹可想见其人。"这样深情的赞叹，正是文外之意的自然透露。

此书若出相知者代康而为之辞则可①；若康自为此词，恐无此理。涛之举康②，盖所谓真相知者；而康之才亦实称所举。康谓己之情性不堪做官，做官必取祸，是也；谓涛不知己而故欲贻之祸③，则不是。以己为鸳雏，以涛为死鼠，又不是④。以举我者为不相知，而直与之绝，又以己为真不爱官，以涛为爱官者，尊己卑人，不情实甚⑤，则尤为不是矣。呜呼！如康之天才，稍加以学，抑又何当也⑥，而肯袭前人之口吻⑦，作不情之遁辞乎⑧？然此书实峻绝可畏⑨，千载之下，犹可想见其人。毋曰余贬康也⑩，全为上上人说耳⑪。

【注释】

①康：即嵇康（224—263），字叔夜，三国魏谯郡铚（zhì，今安徽濉溪）人。官中散大夫，世称嵇中散。崇尚老庄，好养生服食之事，但又疾恶如仇，敢于公开反对虚伪的礼教和礼法之士。明确表示自己"每非汤、武而薄周、孔"，"刚肠疾恶，轻肆直言，遇事便发"（《与山巨源绝交书》），表现了离经叛道、不与世合的精神。后被司马氏所杀。文学家、哲学家、音乐家，"竹林七贤"之一。鲁迅辑有《嵇康集》。《三国志》卷二一、《晋书》卷四九、《藏书》卷三一等有传。

②涛：即山涛（205—283），字巨源，西晋河内怀县（今河南武陟西南）人。"竹林七贤"之一。与司马懿有亲戚关系，见懿与曹爽争权，隐居不问世事。后司马师执魏政时出仕，入晋为吏部尚书、右仆射等职。本与嵇康交游，他由吏部郎升任大将军从事中郎时，欲荐嵇康自代，未成。一年后，嵇康遂致书与之绝交。《晋书》卷四三、《藏书》卷一〇等有传。

③贻：给，遗留。

④"以己"三句：嵇康在《与山巨源绝交书》中写道："己嗜臭腐，养鸳雏以死鼠也。"典出《庄子·秋水》：惠施任梁惠王的宰相，庄子要去看他。惠施听人言怀疑庄子是要谋取他的相位，于是到处搜捕庄子。庄子就去见他，说：南方有鸳雏，发于南海而飞于北海，非梧桐不息，非竹实不食，非清泉不饮。而吃腐鼠的猫头鹰却对它吓叫，以为是来抢他口中的死鼠。这是庄子把自己比为高洁的鸳雏，把惠施贪图高官厚禄比为嗜吃死鼠的猫头鹰。嵇康借此典故，以鸳雏自比，以嗜臭腐指山涛。鸳雏，古代传说像凤凰一类的鸟。

⑤不情：不合情理。

⑥抑又何当：又有谁能与之相比。

⑦袭前人之口吻：指嵇康在绝交书中借用庄子等人的文字。

⑧遁辞：这里指不愿吐露真意而搪塞的话。

⑨峻绝：严厉。

⑩毋：同"无"。

⑪上上人：指德行、智能最高的人。

【译文】

《与山巨源绝交书》若是出于与嵇康相知之人所写是可以的；若是认为就是嵇康自己所写，恐怕不合道理。山涛举荐嵇康为官，那是出于真正的相知；而且嵇康也具有担任这样官职的才能。嵇康说自己的情性不适宜做官，做官一定会得祸，正是这样；若说山涛不了解自己而举荐他是故意加祸于他，这是不对的。《与山巨源绝交书》中嵇康把自己比为鸳雏，把山涛比为嗜吃死鼠的猫头鹰，更是不对。把举荐自己的人看成是不相知，而且要与他绝交，并认为自己真的不爱做官，而山涛是真的爱做官，尊崇自己而贬低别人极不合情理，这就更加不对了。呜呼！像嵇康这样的天才，稍稍加以学习，又有谁能比得上呢，哪里能袭用前人的文字，以掩盖自己的真情实意呢？然而《与山巨源绝交书》文辞严厉可畏，千载之下，仍可想见其人。不要说我在贬斥嵇康，我是在为德行、智能最高的人讲道罢了。

养生论

【题解】

本文写作时间不详。养生论，嵇康作，其主旨在以道家的理论阐述养生之道。《晋书》卷四九《嵇康传》："以为神仙禀之自然，非积学所得，至于导养得理，则安期、彭祖之伦可及，乃著《养生论》。"文章批评士族官僚"声色是耽""饮食不节""好色不倦"；提倡"清虚静泰，少私寡欲""爱憎不凄于情，忧喜不留于意"；从而达到"修性以保神，安心以全身"的目的。在此文中，李贽对嵇康的养生理论表示了不同意见，对其人品、文辞表示了推崇。

　　嵇、阮称同心①，而阮则体妙心玄②，一似有闻者③，观其放言与孙登之啸可睹也④。若向秀注《庄子》⑤，尤为已见大意之人⑥，真可谓庄周之惠施矣⑦。康与二子游⑧，何不就而问道？今读《养生论》，全然不省神仙中事，非但不识神仙，亦且不识养生矣。何以当面蹉过如此耶⑨？以此聪明出尘好汉⑩，虽向、阮亦无如之何，真令人恨恨⑪。虽然，若其人品之高，文辞之妙，则岂"七贤"之所可及哉⑫！

【注释】

①嵇：嵇康。见《绝交书》注①。阮：阮籍（210—263），字嗣宗，陈留尉氏（今河南尉氏）人。曾为步兵校尉，也称阮步兵。三国魏文学家、思想家。与嵇康齐名，为"竹林七贤"之一。蔑视礼教，以"自然"与"名教"相对抗，尝以"白眼"看待礼俗之士。著有《阮步兵集》。《三国志》卷二一、《晋书》卷四九、《藏书》卷六八等有传。

②体妙心玄：指体态超凡，思想玄远。《晋书·阮籍传》："籍容貌瑰杰，志气宏放，傲然独得，任性不羁，而喜怒不形于色……当其得意，忽忘形骸，时人多谓之痴。""籍虽不拘礼教，然发言玄远，口不臧否人物。"心，思想。

③有闻：指闻道。即精通老庄思想。《晋书·阮籍传》："博览群籍，尤好《庄》《老》。"

④放言：畅所欲言，不受拘缚。与孙登之啸：《晋书·阮籍传》："籍尝于苏门山遇孙登，与商略终古及栖神导气之术，登皆不应，籍因长啸而退。至半岭，闻有声若鸾凤之音，响乎岩谷，乃登之啸也。"孙登，字公和，三国魏汲郡共（今河南辉县）人。隐士。好读

《周易》,善啸歌弹琴,曾与嵇康、阮籍相识。《晋书》卷九四、《神仙传》卷六、《藏书》卷六七等有传。

⑤向秀注《庄子》:向秀(约 22—272),字子期,河内怀(今河南武陟西南)人。官至黄门侍郎、散骑常侍。魏晋之际"竹林七贤"之一。早期与嵇康"共锻(打铁)于大树之下,以自赡给"(《晋书·嵇康传》)。哲学家、文学家。《晋书》卷四九有传。向秀曾为《庄子》作注,"发明奇趣,振起玄风",使"读之者超然心悟,莫不自足一时"(《晋书·向秀传》)。但余《秋水》《至乐》两篇注释未竟而卒。后郭象把向秀的注"述而广之"(《晋书·向秀传》),别为一书。向注早佚(《列子》张湛注和陆德明《经典释文》均有引文),现存郭注十卷可视为向、郭二人的共同著作。

⑥大意:这里指《庄子》所体现的主要思想。

⑦庄周(约前 369—前 286):即庄子,名周,宋国蒙(今河南商丘东北)人。他做过蒙地方的漆园吏,亦称"蒙庄"。后从事讲学、著述,是战国时哲学家,道家学派的创始人之一。他继承和发展了老子"道发自然"的观点,强调事物的自生自化。他主张齐物我、齐是非、齐大小、齐生死、齐贵贱,幻想一种"天地与我并生,万物与我齐一"的主观精神境界,安时处顺,逍遥自得,倒向了相对主义与宿命论。著有《庄子》。《史记》卷六三、《藏书》卷六七等有传。惠施(约前 379—前 310),战国时宋国人,善辩,与庄子为友。哲学家,名家代表人物。《汉书》卷三〇《艺文志》著录有《惠子》一卷,但早已散佚。在《庄子》、《荀子》等书中留存有关于他的思想的一些资料。

⑧二子:指阮籍和向秀。

⑨蹉(cuō)过:错过,错失。蹉,错,差误。

⑩出尘:超出世俗。

⑪恨恨:抱恨不已。这里作遗憾不已。

⑫七贤：即"竹林七贤"，指魏晋时嵇康等七个名士。《晋书·嵇康传》："所与（嵇康）神交者，惟陈留阮籍，河内山涛，豫其流者，河内向秀，沛国刘伶，籍兄子咸，琅邪王戎，遂为竹林之游，世所谓'竹林七贤'也。"

【译文】

嵇康和阮籍志同道合，而阮籍体态超凡，思想玄远，很像闻道的人，看一看他那畅所欲言不受束缚及与孙登在苏门山相互打口哨的情形就知道了。"竹林七贤"之一的向秀注的《庄子》，非常能阐发《庄子》的主要思想，真如同庄子的朋友惠施一样。嵇康和阮籍、向秀相交游，为什么就不问问人生之道？而今读他的《养生论》，表明他根本不懂神仙中的事，不但不懂神仙中的事，而且也不懂得养生之事。为什么当面错失了与阮籍、向秀研讨的机会？像嵇康这样的超出尘俗的聪明好汉，虽有向秀、阮籍也没能使他真正懂得人生与养生之道，这真使人遗憾不已。即使如此，若论人品之高，文辞之妙，"竹林七贤"谁也比不上嵇康。

琴赋

【题解】

本文写作时间不详。文中提出的"琴者心也"，而发自内心的琴声，又都是得之于"自然之道"，这是李贽"童心说""自然说"的又一表现。这一立论，与"琴者禁也，禁人邪恶，归于正道"的带有鲜明统治意识的文艺观，形成了尖锐的对立。

《白虎通》曰①："琴者禁也②。禁人邪恶，归于正道③，故谓之琴。"余谓琴者心也④，琴者吟也，所以吟其心也。人知口之吟，不知手之吟；知口之有声，而不知手亦有声也。如风撼树,但见树鸣,谓树不鸣不可也,谓树能鸣亦不可。此可以知手之有声矣。听者指谓琴声,是犹指树鸣也,不亦泥欤⑤!

【注释】

①《白虎通》:又名《白虎通义》《白虎通德论》,东汉班固等编撰。章帝建初四年(79),章帝刘炟(dá)在洛阳白虎观召集儒生开会,讨论如何解释经书的问题。因为自古文经传出现后,在文字、思想、师说各方面都同今文经学家展开了斗争,今文经学派感到有必要通过皇帝制成定论,以保持其思想上的统治地位。因此有了这场论辩。会上讨论的结果,由班固整理出来,编成此书。该书的思想是董仲舒以来今文经学派唯心主义和神秘主义哲学思想的延伸和扩大,也是今文经学的政治学说的提要。

②禁:禁止,抑制。

③“禁人”两句:这是孔子“《诗》三百,一言以蔽之,曰:思无邪”(《论语·为政篇》)思想的体现。正道,指儒家之道。

④心:发自内心的思想感情。

⑤泥:拘泥。

【译文】

东汉班固在《白虎通》中说:“琴声是引发人们的抑制之情。抑制心中的邪恶,而归于儒家的伦礼正道,所以叫作琴。”我则认为琴声是人们发自内心的思想感情,是一种吟咏歌唱,吟咏歌唱心中之情。人们只知道嘴能吟咏歌唱,不知道手也可以吟咏歌唱;只知道嘴可以发出声音,不知道手也可以发出声音。如风吹树动,但见树上发出声音,若认为树上无声那是不可以的,若认为树本身就会发声也是不可以的。由此可知手也可以发声的。如若听见的人只认为琴声是由手指而发,那就像是认为风吹树发出的声音就是树木的自鸣,那不是太拘泥了吗?

　　《尸子》曰①:"舜作五弦之琴②,以歌南风③,曰:'南风之薰兮④,可以解吾民之愠兮⑤。'"因风而思民愠,此舜心也,舜之吟也。微子伤殷之将亡⑥,见鸿雁高飞,援琴作操⑦,不敢鸣之于口,而但鸣之于手,此微子心也,微子之吟也。文王既得后妃⑧,则琴瑟以友之,钟鼓以乐之,向之展转反侧,寤寐思服者,遂不复有,故其琴有《关雎》⑨。而孔子读而赞之曰:"《关雎》乐而不淫⑩。"言虽乐之过矣,而不可以为过也。此非文王之心乎? 非文王其谁能吟之? 汉高祖以雄才大略取天下⑪,喜仁柔之太子既有羽翼⑫,可以安汉,又悲赵王母子属在吕后,无以自全,故其倚瑟而歌鸿鹄⑬,虽泣下沾襟,而其声慷慨,实有慰藉之色,非汉高之心乎? 非汉高又孰能吟之?

【注释】

①《尸子》:战国时法家尸佼所著,已佚。唐代魏徵等撰《群书治要》第三六卷辑有《劝学》等十三篇,清代章宗顺、汪继培、任兆麟等都有辑本。尸佼曾参与商鞅变法的策划,主张确立并根据法律制度进行统治。

②舜:虞舜,名重华,传说中父系氏族社会后期部落联盟领袖。作:弹。

③南风:即《南风歌》,相传虞舜弹五弦琴唱此歌。《孔子家语·辨乐解》:"昔者舜弹五弦之琴,造《南风》之诗。其诗曰:'南风之薰兮,可以解吾民之愠兮;南风之时兮,可以阜吾民之财矣。'"

④薰:温和。

⑤愠(yùn):怨恨,忧愁。

⑥微子:周代宋国的始祖。名启(一作开),商纣王的庶兄。因见商

代将亡，数谏纣王，王不听，遂出走。周公旦灭武庚后，封他
于宋。

⑦操：琴曲。

⑧文王：周文王，姓姬，名昌，商末周族领袖。商纣时为西伯，亦称
伯昌。曾被商纣囚于羑（yǒu）里（今河南汤阴北）。周族在他统
治期间，国势日益强盛，为后来武王灭商奠定了基础。

⑨"则琴"六句：这是就《诗经·周南·关雎》一诗而言。该诗中有
"琴瑟友之""钟鼓乐之""展转反侧""寤寐思服"之语。友，亲，比
喻夫妻间感情和谐。展转反侧，谓翻来覆去不能安睡。反，覆身
而卧。侧，侧身而卧。寤寐，犹言日夜。寤，睡醒。寐，睡着。思
服，思念。这实际上是一首爱情诗。但从《毛诗序》说："《关雎》
后妃之德也。"后来儒家都把此诗说成是赞美周文王妃太姒（sì）。
如孔颖达《毛诗正义》说："言后妃性行和谐，贞专化下，寤寐求
贤，供奉职事，是后妃之德也。"这里李贽把此诗解为文王得到后
妃后的心情，则是一家之说。

⑩乐而不淫：语出《论语·八佾》："《关雎》，乐而不淫，哀而不伤。"
意为《关雎》这诗，快乐而不放荡，悲哀而不痛苦。淫，过分。

⑪汉高祖：刘邦（前256—前195），字季，沛县丰邑（今江苏丰县）人。
西汉王朝的建立者。秦二世元年（前209）陈胜起义，他起兵响
应，称沛公。后在"楚汉战争"中，战胜项羽，建立汉朝。公元前
202—公元前195年在位。在位期间，继承秦制，实行中央集权，
先后消灭异姓诸侯王。并推行重农抑末政策，发展农业生产。
以秦律为根据，制定《汉律》九章。这些措施有利于社会经济的
发展和中央集权的巩固。《史记》卷八、《汉书》卷一、《藏书》卷二
等有传。

⑫仁柔之太子：指刘邦的儿子刘盈（孝惠帝），其人性格"仁弱"。既
有羽翼：刘邦曾想废太子刘盈，立戚夫人之子赵王如意。后来吕

后听从张良计,请刘邦多年求之不得的东园公、甪(lù)里先生、绮里季、夏黄公四位"年皆八十有余"的隐士为太子侍从。刘邦见后,感到太子"羽翼已成,难动矣"(见《史记》卷五五《留侯世家》)。

⑬"又悲"三句:《史记·留侯世家》载:刘邦送走东园公四人后,"召戚夫人指示四人曰:'我欲易之,彼四人辅之,羽翼已成,难动矣。吕后真而主矣。'戚夫人泣,上曰:'为我楚舞,吾为若楚歌。'歌曰:'鸿鹄高飞,一举千里。羽翮已就,横绝四海。横绝四海,当可奈何! 虽有矰缴(zēng zhuó,系有丝绳、弋射飞鸟的短箭),尚安所施!'歌数阕,戚夫人嘘唏流涕,上起去,罢酒"。赵王母子,指刘邦宠姬戚夫人及其子赵王如意。吕后,名雉,刘邦之妻。曾助刘邦杀韩信、彭越等异姓诸侯王。后其子(惠帝)即位,她掌握实际政权,杀害戚夫人及其子赵王如意。惠帝死后,她临朝称制,并分封诸吕为王侯,掌握汉朝天下。

【译文】

战国时法家尸佼在著的《尸子》中说:"虞舜弹五弦琴,唱《南风歌》,歌唱道:'温和的南风啊,可以解除人民的怨恨忧愁。'"由《南风歌》而想起人民的怨恨忧愁,这是虞舜的心思,是虞舜的吟唱。商纣王的庶兄微子因见商代将亡,看见鸿雁高飞,用琴弹奏《操》曲,不敢放声唱,而只好用手弹琴而抒发心思,这是微子的吟唱。周文王得到心爱的后妃后,弹奏琴瑟表示亲密和谐,敲击钟鼓以使之快乐,在没得到后妃时的翻来覆去不能安睡、日夜思念的情况都消失而去,所以有《关雎》这样的琴曲之诗。孔子读了这个琴曲之诗后称赞说:"这首诗快乐而不放荡。"意思是虽然快乐的过分了,但也不要认为这不可以。《关雎》表现的不就是周文王的心中之乐吗? 不是文王谁能吟咏这样的歌曲? 汉高祖刘邦用他出众的才能和远大的谋略取得天下建立汉朝,高兴仁爱温和的太子刘盈有"商山四皓"作为羽翼进行辅助,可以安定汉朝,又为赵王如意与其母亲戚夫人将受到吕后的迫害，难以自保，因此倚靠着琴瑟而唱鸿鹄之歌，虽然悲哀中泪滴沾湿了衣服，而歌声中也有着慷慨激昂之情，实有安慰之意，这不正是汉高祖刘邦心中之情吗？不是汉高祖刘邦谁又能吟咏这样的琴曲呢？

　　由此观之，同一心也，同一吟也，乃谓"丝不如竹，竹不如肉"①，何也？夫心同吟同，则自然亦同，乃又谓"渐近自然"，又何也？岂非叔夜所谓未达礼乐之情者耶②？故曰："言之不足，故歌咏之；歌咏之不足，故不知手之舞之③。"康亦曰："复之不足，则吟咏以肆志；吟咏之不足，则寄言以广意④。"傅仲武《舞赋》云⑤："歌以咏言，舞以尽意。论其诗不如听其声，听其声不如察其形。"以意尽于舞，形察于声也。由此言之，有声之不如无声也审矣⑥，尽言之不如尽意又审矣。然则谓手为无声，谓手为不能吟亦可。唯不能吟，故善听者独得其心而知其深也，其为自然何可加者，而孰云其不如肉也耶！

【注释】

①"丝不"二句：语出《晋书》卷九八《孟嘉传》："听妓，丝不如竹，竹不如肉。"丝指弦乐器，即琴瑟之类；竹指管乐器，即箫笛之类；肉指从口中唱的歌声，对乐器的声音而言。

②叔夜：即嵇康。见《绝交书》注②。未达礼乐之情者：不懂得欣赏和领会礼乐的情调。语见嵇康《琴赋序》。

③"言之"四句：语本《毛诗序》。原文为："情动于中而形于言，言之不足故嗟叹之，嗟叹之不足故永歌之，永歌之不足，不知手之舞之，足之蹈之也。"

④"复之"四句:见嵇康《琴赋序》。复,反复,再三。肆志,快意,纵情。广意,推广以扩大其意。

⑤傅仲武:傅毅,字仲武,扶风茂陵(今陕西兴平)人。东汉文学家。《后汉书》卷八〇上有传。

⑥审:明悉。

【译文】

由此看来,同是表达一种心情,同是一种吟咏,却说"琴瑟之类的弦乐,不如箫笛之类的管乐,而箫笛之类的管乐不如口中唱出的更有韵味和动听",为什么?既然乐声是通过吟咏表达一种心情,那么都应该是这样的,却又说慢慢地达到这种境界,这又是为什么?这难道不是像嵇康所说的因为不懂得欣赏和领会乐的情调吗?所以《毛诗序》说:"语言表达不足,就用吟咏来表达;吟咏也觉得表达不足,就加以形体的舞动以表达。"嵇康也说:"反复言说不足以表达内心之情,那就用歌咏来纵情表达;歌咏也不足以表达内心之情,那就写成诗文以表达心中的情意。"傅仲武在《舞赋》中说:"用歌声表达言语的情思,用舞蹈抒发心中的意念。阅读诗文不如听歌声,听歌声不如观看舞形。"这是说意念在舞蹈中可以得到充分表现,从舞蹈的形体动作中可以体察所表现的心声。从这方面看,有声的歌咏不如无声的舞蹈形体动作也是不言而喻的,语言的明白表达不如意在言外也是不言而喻的。所以说手上无声,手不能吟咏也是可以的。正因为手不能吟,所以善于听音者也可以从手的弹奏与舞动而体会到所表达的深深的心意,这是自然之理,怎么能说手的弹奏与舞动不如口的咏唱呢!

吾又以是观之,同一琴也,以之弹于袁孝尼之前①,声何夸也②?以之弹于临绝之际,声何惨也?琴自一耳,心固殊也。心殊则手殊,手殊则声殊,何莫非自然者,而谓手不能二声可乎?而谓彼声自然,此声不出于自然可乎?故蔡邕闻弦而知杀心③,锺子听弦而知流水④,师旷听弦而识南风之不竞⑤,盖自然之道,得手应心,其妙固若此也。

【注释】

①袁孝尼:袁准,字孝尼,晋人。以儒学知名。曾向嵇康学弹琴。据《晋书》卷四九《嵇康传》,嵇康被刑前,"顾视日影,索琴弹之,曰:'昔袁孝尼尝从吾学《广陵散》,吾每靳固(吝惜)之,《广陵散》于今绝矣!'"一说袁孝尼为嵇康之甥,从康学琴,康"靳固不与",仍从户外窃听而写其声,使《广陵散》得以后传。(见《文献通考》引《崇文书目》、《神奇秘谱》引《琴书》)

②夸:指优美动听。据《晋书·嵇康传》:"康尝游于洛西,暮宿华阳亭,引琴而弹。夜分,忽有客诣之,称是古人,与康共谈音律,辞致清辩,因索琴弹之,而为《广陵散》,声调绝伦,遂以授康,仍誓不传人,亦不言其姓字。"

③蔡邕(133—192):字伯喈,陈留圉(yǔ,今河南开封)人。汉末学者,好辞章、数术、天文,妙操音律,善鼓琴。后被王允囚死狱中。《后汉书》卷六〇下、《藏书》卷三七等有传。闻弦而知杀心:从琴声中知道弹琴者的紧张心情。典出《蔡邕传》,传载:邕在陈留时,有邻人以酒食召之,邕至,听到屏后琴声而有"杀心",遂返。邻人追而问其故,邕具实从告。弹琴者说:"我向鼓琴,见螳螂方向鸣蝉,蝉将去而未飞,螳螂为之一前一却。吾心耸然,惟恐螳螂之失之也。此岂为杀心而形于声者乎?"

④锺子:锺子期,春秋时楚国人,善于听琴,能从其朋友伯牙的琴声中听出所表达的是高山或流水之意。听弦而知流水:典出《列子·汤问》:"伯牙善鼓琴,锺子期善听。伯牙鼓琴,志在登高山。锺子期曰:'善哉,峨峨兮若泰山!'志在流水。锺子期曰:'善哉,洋洋兮若江河!'"后因以为知音相赏或知音难遇之典。

⑤师旷：字子野，春秋时晋国乐师。目盲，善弹琴，辨音能力甚强。《藏书》卷一八有传。识南风之不竞：指师旷从琴声中得知南来的楚军士气低落，不可怕。典出《左传·襄公十八年》："晋人闻有楚师，师旷曰：'不害，吾骤歌北风，又歌南风，南风不竞，多死声，楚必无功。'"不竞，不强，不振。

【译文】

我又由上面所说的道理来考察，同是弹琴，嵇康在袁孝尼学琴之前的弹奏，那是多么的优美动听？而在被刑之前索琴弹之，其乐声又是多么的惨痛？琴是一样的琴，弹奏时的情景与心情却是不一样。心情不一样时手的弹奏就不一样，手的弹奏不一样弹奏出的乐声就不一样，这是很自然的道理，怎么能说手不可以弹奏出不同的乐声呢？怎么能说一种乐声是出于自然，另一种乐声就不是出于自然呢？所以蔡邕从琴声中能听出弹琴者的紧张心情，钟子期从琴声中能听出高山或流水之意，师旷从琴声中能听出南来的楚军士气低落，这都是很自然的道理，得手应心，妙处就在这里。

幽愤诗

【题解】

本文写作时间不详。《幽愤诗》是嵇康所作的一篇四言长诗。嵇康的好友吕安，被其兄吕巽（xùn）诬为不孝逮捕入狱，嵇康到监狱证明吕安无罪，也被牵连入狱。此诗即入狱后所作。《晋书》卷四九《嵇康传》："东平吕安，服康高致，每一相思，辄千里命驾，康友而善之。后安为兄所枉诉，以事系狱，辞相证引，遂复收康。康性慎言行，一旦缧绁（léi xiè，被囚牢狱），乃作《幽愤诗》。"据《世说新语·简傲》刘孝标注引《魏氏春秋》："钟会为大将军兄弟所昵（nì，亲近），闻康名而造焉。会，名公子，以才能贵幸，乘肥衣轻，宾从如云。康方箕踞而锻，会至，不为之礼，会深衔之。后因吕安事,而遂谮(zèn,诬陷)康焉。"《晋书·嵇康传》也说:"帝既昵听信会,遂并害之。"(参看注⑥)则知嵇康的入狱及被害,实为锺会所为。在本诗中,嵇康叙述了他"凭宠自放""任其所尚""托好庄老""养素全真"的不附流俗的志趣和耿直的性格,虽然也明白自己"惟此褊心,显明臧否",以致引起"谤议沸腾""频致怨憎",但他并不肯改变素志,最后表示要"采薇山阿,散发岩岫,永啸长吟,颐神养寿",显示着他绝不同俗的硬骨头精神。

　　康诣狱明安无罪①,此义之至难者也,诗中多自责之辞何哉②? 若果当自责,此时而后自责,晚矣,是畏死也。既不畏死以明友之无罪,又复畏死而自责,吾不知之矣。夫天下固有不畏死而为义者,是故终其身乐义而忘死,则此死固康所快也,何以自责为也? 亦犹世人畏死而不敢为义者,终其身宁无义而自不肯以义而为朋友死也,则亦无自责时矣。朋友君臣,莫不皆然。世未有托孤寄命之臣既许以死③,乃临死而自责者。"好善暗人"之云④,岂别有所指而非以指吕安乎否耶? 当时太学生三千人,同日伏阙上书,以为康请⑤,则康益可以死而无责矣。锺会以反虏乘机害康⑥,岂康尚未之知,而犹欲颐性养寿⑦,改弦易辙于山阿岩岫之间耶⑧? 此岂嵇康颐性养寿时也? 余谓叔夜何如人也,临终奏《广陵散》⑨,必无此纷纭自责⑩,错谬幸生之贱态⑪,或好事者增饰于其间耳⑫,览者自能辩之。

【注释】

　　①诣:往。明:证明。安:吕安,字中(一作仲)悌,东平(今山东东

平)人。"志量开旷,有拔俗风气。"(《世说新语·简傲》刘孝标注
引《晋阳秋》)

②自责之辞:指《幽愤诗》里"感悟思愆(过失)""心焉内疚"等语。

③托孤寄命:语本《论语·泰伯》:"可以托六尺之孤,可以寄百里之
命。"意为可以把幼小的孤儿和国家的命脉托付给他。后以"托
孤寄命"指受遗命托付辅助幼君;或君主居丧时,受命摄理朝政。

④好善暗(àn)人:爱做好事,而暗于人事。语见《幽愤诗》。暗人,
暗于人事,不懂人情世故。《昭明文选·幽愤诗》李善注认为是
指与吕安交往的事。李贽不同意这种说法。

⑤"当时"三句:指嵇康被杀害前,有三千太学生上书请愿,要求赦
免嵇康的死罪,并让他当他们的老师,司马昭不许。《晋书·嵇
康传》:"康将刑东市,太学生三千人请以为师,弗许。"太学,中国
古时的最高学府,是中央政府设立的教育士人的学校。明洪武
初称"国子学",后改称"国子监"。伏阙,跪伏于皇宫门前。多指
直接向皇帝上书奏事。

⑥"锺会"句:锺会(225—264),字士秀,魏颍川长社(今河南长葛
西)人。豪门出身,司马昭的主要谋士之一。后因谋反被杀。
《三国志》卷一八有传。据《晋书·嵇康传》,锺会想拉拢嵇康,却
遭到嵇康的冷遇拒绝,因之怀恨在心。后来,淮南节度使毌丘俭
起兵反对司马昭,锺会就趁机诬告嵇康"欲助毌丘俭",并说嵇康
与吕安"言论放荡,非毁典谟(攻击儒家经典),帝王者所不宜
容",应该杀之,"以淳风俗"。嵇康就这样被杀害了。

⑦颐性养寿:涵养性情,保全寿命。颐,养。《幽愤诗》中句。《晋
书·嵇康传》作"颐神养寿"。

⑧"改弦"句:意为改变志向,要隐居于深山岩穴之中。改弦易辙,
比喻改变志向,像乐的变调、车的改道一样。阿,山的边角。岩
岫,洞穴。这是就《幽愤诗》中"采薇山阿,散发岩岫"之语而发。

⑨临终奏《广陵散》：据《晋书·嵇康传》，嵇康临刑时索琴奏《广陵散》，并说："昔袁孝尼尝从吾学《广陵散》，吾每靳固（吝惜）之，《广陵散》于今绝矣！"《广陵散》，琴曲名，"声调绝伦"。现存传谱最早见于明代朱权辑《神奇秘谱》，全曲分小序、大序、正声、乱声、后序五大部，连开指共四十五段，为篇幅最长的琴曲之一。后人据各段标题推测，此即《琴操》所记的《聂政刺韩王曲》。

⑩纷纭自责：胡乱地谴责自己。

⑪错谬幸生：违背道理，侥幸求生。错谬，错乱，不合事理。贱态：卑下求怜的姿态。

⑫增饰：指增添编造。饰，粉饰，引申为编造。

【译文】

　　嵇康到监狱证明吕安无罪，这就是讲义气也很难做到，为什么嵇康在《幽愤诗》中又多有自责之辞？如若果然要自我责备，在被捕之后而自责，晚了，这是害怕死的表现。既然不怕死而敢于证明朋友吕安无罪，却又怕死而自我责备，我不知道这是为了什么。天下之人固然有不怕死而仗义的人，他们一生都愿意为了仗义而不怕死，嵇康也是这样乐于为义而死，又为什么要在《幽愤诗》中对自己有所责备呢？世人中有怕死而不敢仗义的人，一生中宁肯无义而不会为朋友仗义而死，这种人也不会对自己有什么责备。不论是朋友还是君臣，无不如此。世上没有既以死相许而面临死亡又自责的托孤寄命之臣。《幽愤诗》中"爱好作事，而不懂人情世故"之语，是不是别有所指，而并不是指责吕安呢？嵇康受刑时，有三千太学生上书请愿，请求赦免嵇康的死罪，嵇康这样受到人们的尊崇，死而无憾，更不必自我责备了。锺会借淮南节度使毋丘俭起兵反对司马昭而诬告嵇康参与其间，难道嵇康会不知道，《幽愤诗》中怎么又要涵养性情，保全寿命，要改变志向，隐居于深山岩穴之中呢？这哪里是嵇康要涵养性情保全寿命的时候？我说嵇康是怎样一个人，面对死亡而弹奏《广陵散》之典，他怎么会胡乱地谴责自己，表现出违背道理侥幸求生的丑态,这可能是好事之人增添编造之语,读者自己一定会分辨出来。

酒德颂

【题解】

《酒德颂》,西晋刘伶抨击当时名教礼法的一篇作品。刘伶,字伯伦,西晋沛国(今安徽宿县)人。"竹林七贤"之一,纵酒放诞,对"礼法"表示蔑视。《晋书》卷四九、《藏书》卷六等有传。刘伶在《酒德颂》中以淋漓挥洒的词章,勾勒了一位以"惟酒是务"而超逸优游、孤高出尘、傲世挺立的"大人先生"形象,以致引起"贵介公子""搢绅处士"之流,以维护"名教"而对之发起了援礼据法而又丑态百出的围攻。但是,"大人先生"却以更为洒脱无稽、纵饮狂放的行动作为对他们围攻的回答。最后更以螟蛉之化蜾蠃为结,寓意着这些正人君子、达官显贵也终将化为异物,一时的肆行威暴又有什么价值? 李贽在这篇读后感中,特别称颂"结语独新妙",并明白指出:"道学先生、礼法俗士,举皆蜂虫之螟蛉子哉!"批判的深刻,讽刺的辛辣,自在不言之中!

《法言》曰①:"螟蛉之子②,蜾蠃祝之曰'类我类我'③,久则肖之矣④。速哉七十子之肖仲尼也⑤。"李轨曰⑥:"螟蛉桑虫,蜾蠃蜂虫。蜂虫无子,取桑虫蔽而殪之⑦,幽而养之⑧,祝曰'类我',久则化成蜂虫矣。"此颂唯结语独新妙⑨,非《法言》引用意,读者详之⑩! 今人言养子为螟蛉子即此。然则道学先生、礼法俗士,举皆蜂虫之螟蛉子哉! 犹自谓二豪,悲欤!

【注释】

①《法言》：西汉扬雄摹拟《论语》而作。以下引文见《昭明文选·酒德颂》李善注，文字略有不同。

②螟蛉：螟蛾的幼虫，泛指棉铃虫、菜粉蝶等昆虫的幼虫。

③蜾蠃（guǒ luǒ）：一种寄生蜂，以泥土筑巢于树枝或墙壁，常用注入蜂毒的办法捕捉螟蛉等小虫，使之麻痹，然后置之蜂窝，为其幼虫的食物。这种现象古人误以为是蜾蠃养螟蛉为幼虫，所以有把抱养之子称为"螟蛉子"的说法。

④肖：像。

⑤"速哉"句：意为孔子七十个弟子受孔子的教化比螟蛉变得像蜾蠃更为快速。以上四句引文见《法言·学行》。仲尼，孔子的字。

⑥李轨：字弘范，东晋人，任尚书郎，著有《齐都赋》等。曾注过《法言》。

⑦蔽而殪（yì）之：把（桑虫）储藏在窝里，给弄得好像死了一样。蔽，掩盖，这里指储藏。殪，死亡。

⑧幽：封闭。

⑨结语：指刘伶《酒德颂》的结语："二豪侍侧焉，如蜾蠃之与螟蛉。"意为这"二豪"（指"贵介公子"与"搢绅处士"）侍立在我的身旁，也将会如同蜾蠃之使螟蛉变化一样而被化为异物。

⑩详：详察，仔细琢磨。

【译文】

　　西汉扬雄摹拟《论语》而作的《法言》说："螟蛾的幼虫，被寄生蜂蜾蠃捕捉后使之麻痹作为喂养自己幼虫的食物，古人误以为螟蛾就是蜾蠃的幼虫，所以蜾蠃就祷告希望说：'和我一样和我一样。'时间一长果然就像蜾蠃。孔子七十弟子受孔子的教化比螟蛾的幼虫变得像蜾蠃更为快速。"东晋人李轨说："螟蛾是一种桑虫，蜾蠃是一种蜂毒的虫，蜾蠃把桑虫螟蛾储藏在窝里好像死了一样，封闭起来养他，并祷告希望说

‘和我一样’，时间一长就成为蜂虫了。”刘伶的《酒德颂》结语说：“二豪侍侧焉，如螺蠃之与螟蛉。”意为“贵介公子”与“搢绅处士”这两种有权势的人侍立在我的身旁，也将会如同螺蠃之使螟蛾变化一样而被化为异物，这个结语含意深刻而新妙，这不是扬雄《法言》引用之意，读者要细心考察！现今的人们把抱养的孩子称为螟蛉子就是从这里借用的。那些道学先生、礼法俗士，不都是像螺蠃使螟蛾化为异物一样吗？而还自称为“贵介公子”“搢绅处士”的豪强之士，这是多么悲哀呀！

思旧赋

【题解】

　　本文写作时间不详。《思旧赋》，向秀作。是他应郡举到河南洛阳，归来路经嵇康的山阳（今河南修武东南）旧居，为了“追想曩昔（从前）游宴之好”，为悼念嵇康而写。此文抚今追昔，忧从中来，痛惜之情，溢于言表。但由于当时政治环境的险恶，不便畅言，有言未尽之感。鲁迅曾说：“年青时读向子期《思旧赋》，很怪他为什么只有寥寥的几行，刚开头，却又煞了尾。”（《为了忘却的纪念》）向秀，见《养生论》注⑤。

　　向秀《思旧赋》，只说康高才妙技而已①。夫康之才之技，亦今古所有；但其人品气骨，则古今所希也②。岂秀方图自全，不敢尽耶③？则此赋可无作也，旧亦可无尔思矣④。秀后康死，不知复活几年，今日俱安在也？康犹为千古人豪所叹⑤，而秀则已矣⑥，谁复更思秀者，而乃为此无尽算计也耶⑦！且李斯叹东门⑧，比拟亦大不伦⑨。“竹林七贤”⑩，此为最无骨头者，莫曰先辈初无臧贬“七贤”者也⑪。

【注释】

①康：指嵇康。高才妙技：指《思旧赋》序里说嵇康"博综伎艺，于丝
竹特妙"。

②希：稀罕，少有。

③不敢尽：不敢把内心的话都说出来。

④旧亦可无尔思矣：意为"旧"也可以不用"思"了。

⑤叹：赞叹。

⑥已矣：完了。即下文"谁复更思秀者"之意。

⑦无尽算计：无穷地为自己打算。嵇康被杀后，向秀参加了郡举，
后来又出任了散骑侍郎、黄门侍郎、散骑常侍等官职。李贽对此
有所不满。

⑧李斯叹东门：李斯（? —前208），秦代楚上蔡（今河南上蔡西南）
人。初为郡小吏，后从荀卿学。战国末年入秦，官廷尉，建议对
六国采取各个击破的政策，对秦始皇统一六国，起了较大作用。
秦统一六国后，任丞相。又反对分封制，主张焚《诗》《书》，禁私
学，以加强中央集权统治。他又以"小篆"为标准，整理文字，对
我国文字的统一有一定贡献。秦二世时，为赵高所忌，把他与
他的儿子腰斩在咸阳。临刑时，李斯对他儿子说："吾欲与若复
牵黄犬俱出上蔡东门逐狡兔，岂可得乎!"著有《谏逐客书》和
《仓颉篇》（已佚，有辑本）。《史记》卷八七、《藏书》卷二〇等
有传。

⑨比拟：指向秀《思旧赋》"昔李斯之受罪兮，叹黄犬而长吟。悼嵇
生（指嵇康）之永辞兮，顾日影而弹琴"。这段话把嵇康临刑弹琴
与李斯"叹东门"相比拟。不伦：不类，不恰当。

⑩竹林七贤：见《养生论》注⑫。

⑪"莫曰"句：意为别认为前人没有在"七贤"中区分好坏。也就是
说"七贤"中是有好坏之别的。臧，赞美，表扬。

【译文】

向秀作《思旧赋》，只说嵇康才气高、丝竹技艺妙。嵇康的才气和丝竹技艺，今古都有；但他那种人品气骨，古今都难得。向秀可能是为了保全自己避免灾祸，不敢把内心的话都说出来？那么这个赋也不必作，与嵇康的旧交也不必思念了。向秀死在嵇康之后，如若他们死而再生几年，不知他们现在会怎么样？嵇康被千古以来人中豪杰所赞叹，而向秀却完了，有谁会思念他呢，而他却做这种无穷尽的算计！而且他在《思旧赋》中用李斯被腰斩时东门之叹来比拟嵇康临刑时的"顾日影而弹琴"，也是很不恰当的。向秀虽是"竹林七贤"之一，但却是最无骨头之人，不要认为前人没有在"竹林七贤"中区分好坏之别。

杨升庵集

【题解】

本文于万历二十四年（1596）写于麻城。杨升庵（1488—1559）名慎，字用修，号升庵，四川新都（今四川新都）人。武宗正德六年（1511）殿试进士第一，授翰林修撰。世宗时，因"大礼议"事件（反对给世宗朱厚熜生身父母加以帝、后谥号），被贬谪云南三十年。他致力著述，诗文杂著达一百余种，在明代文坛上颇负盛名，对李贽的思想也有一定影响。后人辑有《升庵集》。《续藏书》卷二六、《明史》卷一九二、《明史稿》卷二六七、《明书》卷一四七、《列朝诗集小传》丙集等有传。万历二十四年，李贽读杨慎的诗文选集，撰读书札记《读升庵集》二〇卷。李贽对这一著作很得意，在《与方讱庵》的信中说："夏来读《杨升庵集》，有《读升庵集》五百页。升庵先生固是才学卓越，人品俊伟，然得弟读之，益光彩焕发，流光于百世也……余琐琐别录，或三十页，或七八十页，皆老人得意之书，惜兄无福可与我共读之也。"（《续焚书》卷一）此文即是该书的序言，原名《读升庵集小引》，题于该书的卷首。《李氏六书·丛书汇纂五卷》则题为《杨升庵集序》。《焚书》卷五收入《读升庵集》有关评论共二十六篇,此为其中之一,改题为《杨升庵集》。在该文中,对杨升庵的人品、才望及其在明代文坛上的地位,都给以高度评价,对序文的撰写提出了颇引人深思的议论。在这一组的注文中,引到杨慎文时,分别依四库全书《升庵集》,与天地出版社 2000 年版《杨升庵丛书》。李贽引文与杨慎原文多有出入,不作一一说明。

　　余读先生文集,有感焉。夫古之圣贤,其生也不易,其死也不易。生不易,故生而人皆仰;死不易,故死而人尔思①。于是乎前而生者,犹冀有待于后世②;后而生者,又每叹恨于后时③;同时而生者,又每每比之如附骥,比之如附青云④。则圣贤之生死固大矣。

【注释】

①尔思:思念。

②犹冀有待于后:意为还把希望寄托于后世。

③后时:失时,不及时。

④"又每每"二句:"附骥""附青云",都是谦词,意为依附他人而成名。语出《史记》卷六一《伯夷列传》:"颜渊虽笃学,附骥尾而行益显","非附青云之士,恶能施于后世哉?"前者原指苍蝇附骥(千里马)尾而致千里,以喻颜回(字子渊)因孔子而名益彰,后来用以说明依附先辈或名人之后而成名。后者指乡间有德行的人,若不依托"贵大之士",怎么能被封侯赏爵而名传后代? 青云之士,指贵大之士,比喻位高名显之人。

【译文】

我读升庵先生的文集,很有感想。古时的圣贤,生也不容易,死也不容易。生而不容易,所以生在人世人们都敬仰他;死也不容易,因为死了人们思念他。于是生在前边的,就把希望寄托于后世;生在后边的,却又常常会叹息生不逢时;同时而生的,又往往比为只有像苍蝇附在千里马才能致千里,只有依附于位高名显的青云之士才能成名。这样看来圣贤的生死本来就是大事。

　　余读先生文集,欲求其生卒之年月而不得也。遍阅诸序文①,而序文又不载。彼盖以为序人之文②,只宜称赞其文云耳,亦犹序学道者必大其道,叙功业者必大其功,叙人品者必表扬其梗概③,而岂知其不然乎? 盖所谓文集者,谓其人之文的然必可传于后世④,然后集而传之也。则其人之文当皎然如日星之炳焕⑤,凡有目者能睹之矣,而又何藉于叙赞乎? 彼叙赞不已赘乎⑥? 况其人或未必能文,则又何以知其文之必可传,而遂赞而序之以传也? 故愚尝谓世之叙文者⑦,多其无识孙子欲借他人位望以光显其父祖耳⑧。不然,则其势之不容以不请⑨,而又不容以不文辞者也⑩。夫文而待人以传,则其文可知也,将谁传之也? 若其不敢不请,又不敢辞,则叙文者亦只宜直述其生卒之日,与生平之次第,使读者有考焉斯善矣⑪。

【注释】

①序文:指其他人替《杨升庵集》作的序文。

②彼:指为《杨升庵集》作序的人。序人之文:替别人书文作序。

③梗概:慷慨、刚直的气概。

④的然:确然,一定。

⑤皎然:明亮洁白。炳焕:光明,光亮。

⑥赘:多余。

⑦愚:自谦词。

⑧无识:不懂,不知。位望:地位,名望。

⑨不容:不允许。不请:不必请示。

⑩辞:辞却,推托。

⑪考:查考。斯:这就。

【译文】

我读升庵先生的文集,想从中找出他生卒的年月却找不到。又读遍了他人为《杨升庵集》作的序文,而序文也没有记载。这些人都认为替别人书文作序,只应该称赞他的文章,为学道之人作序一定大大称赞他的学道,为建功立业之人写传记一定得大讲他的功业,为人品高尚的人作传记一定要表扬他刚直慷慨的气概,哪里知道并不就是这样呢? 人们常说的文集,那是因为常说的该人的文章确实能传于后世,所以才汇成文集以传之。这些人的文章应该明亮洁白如同太阳星星那样光亮,有眼睛的人就能看,哪里用得着他人作序去称赞呢? 为称赞而写的序文不是多余吗? 何况有些人并不会文章,怎么知道他那些文字一定可以传于后世,就为之作序加以称赞使之传于世呢? 所以我认为世上那些为人作序之人,都是没见识的子孙后代请他们写序文以借他人的地位名望用以光显其父祖而已。如若不是这样,那就是因为情势不允许拒绝,不得不为之作序。文章等人去传播,那这文章就可想而知了,谁会去传播它呢? 如若遇到这种情况而不得不写,那么序文就应该写明人物的生卒之日,和他生平的事迹情景,使读者从中有所查考就好了。

　　吁! 先生人品如此,道德如此,才望如此,而终身不得一试①,故发之于文,无一体不备②,亦无备不造③,虽游其门者尚不能赞一辞④,况后人哉!余是以窃附景仰之私⑤,欲考其生卒始末,履历之详,如昔人所谓年谱者,时时置几案间,俨然如游其门,蹑而从之⑥。而序集皆不载,以故恨也。况复有矮子者从风吠声⑦,以先生但可谓之博学人焉,尤可笑矣!

【注释】

①不得一试:不被一用。试,用。

②无一体不备:没有一种体裁的文章不具备。意即各种文体都有所创作。

③无备不造:没有一种体裁的文章没达到很深的造诣。

④游其门者:游学于他门下的人,即向他求学的人。

⑤窃附景仰之私:暗自怀着敬佩仰慕的心情。景仰,仰慕,佩服尊敬。语本《诗经·小雅·车舝》:"高山仰止,景行行止。"

⑥蹑而从之:追随跟从他。

⑦矮子者:即"矮子观场,随人说妍",小个子看戏,跟着他人叫好之意。从风吠声:即"一犬吠风,众犬吠声",一只狗夜里听到风声而叫,众犬随着叫声而叫。这里都是比喻不辨是非,盲目附和。

【译文】

啊!升庵先生人品如此,道德如此,才望如此,却终生不被重用,所以他就抒发在文章之中,各种文体他都有所创作,各种文体的创作都达到很深的造诣,就是向他求学的人尚且不能称赞一辞,何况后人呢!我因此暗自怀着敬佩仰慕的心情,想考查升庵先生的生平,及详实的事迹,如同古人的年谱之作,常常放在桌旁,如同真是升庵先生的弟子,追随跟着他。但是序集都没有记载,所以非常的遗憾。何况还有一些"矮子观场,随人说妍","一犬吠风,众犬吠声"的不辨是非盲目附和的人,以为升庵先生只可称之为博学之人,这就更可笑了。

蜻蛉谣

【题解】

本文于万历二十四年(1596)写于麻城。选自《焚书》卷五。亦见《读升庵集》卷二。《蜻蛉谣》是明代文学家杨慎(升庵)于嘉靖年间写的一首乐府诗(见《升庵集》卷一二)。当时澜沧兵备副使姜龙采用安抚手段,让被迫聚居于大姚县西北的少数民族下山生活,杨慎写此诗对姜龙的做法进行赞美。《蜻蛉谣》即《大姚民谣》。蜻蛉,即大姚县,大姚县古名蜻蛉县。李贽在读了杨慎的《蜻蛉谣》诗和《兵备姜公去思记》后,对姜龙的少数民族政策深感赞佩,对杨慎肯定姜龙的从政方针更为赞许。这是因为李贽自己就是这样做的。李贽出任姚安知府时,“一切持简易,任自然,务以德化人,不贾世俗能声”(《焚书》卷二《又书使通州诗后》附《顾冲老送行序》)。因为在他看来,“边方杂夷,法难尽执,日过一日,与军与夷共享太平足矣”。李贽反对封建统治者对少数民族实行严酷的统治,主张和少数民族和平共处,这是一种积极的进步主张,也是他赞美姜龙、杨慎的思想基础。在这篇读后感中,李贽还提出了他的“原情论势”与人不同,特别是与“读书食禄之家”相背离的思想特质,以致被他们“不以为狂,则以为可杀也”。这是李贽对自己“异端”思想的又一次自我表白与认可。

古今人情一也,古今天下事势亦一也。某也从少至老,原情论势①,不见有一人同者,故余每每惊讶,以为天何生我不祥如此乎!夫人性不甚相远,而余独不同,非不祥而何?余初仕时②,亲见南倭、北虏之乱矣③;最后入滇④,又熟闻土官、猺、獞之变矣⑤。大概读书食禄之家⑥，意见皆同，以余所见质之⑦，不以为狂，则以为可杀也。今读先生集⑧，记姜公事⑨。姜公之心正与余合，而先生取之如此⑩，则知先生唯不用，用必为姜公无疑矣⑪。生虽后时⑫，见符前哲⑬，亦可以证余生之非不祥也。因喜录此⑭。

【注释】

①原情论势：考察人情和天下事势。原、论，都是推究、考察之意。

②初仕：开始做官，李贽于嘉靖二十四年（1555）任河南辉县教谕，开始走入仕途。

③南倭：指嘉靖年间不断侵扰我国东南沿海地区的日本海盗。北虏：指明代活动在河套一带的我国鞑靼族俺答部。嘉靖年间，鞑靼贵族经常武装出入河套，劫掠北方地区。

④滇：云南的别称。李贽于万历五年至万历八年（1577—1580），曾任云南姚安知府。

⑤土官：明代于我国西北、西南各少数民族地区设置土司制度，武职有宣慰使、宣抚使、安抚使等，文职有土知府、土知州、土知县等，统称"土官"。土官均由少数民族头领担任，实行子孙世袭。猺、獞：居住于我国西南地区的少数民族。变：变乱，叛乱。

⑥食禄：食君之禄，指吃俸禄的官吏。

⑦质：质问，辩论。

⑧先生集：指《杨升庵集》。

⑨记姜公事：指《杨升庵集》卷四《兵备姜公去思记》。此文写于姜龙离职之时，文中记述了姜龙安抚少数民族的办法，并称赞说："予闻治盗有道，不在胜之，而在靖之，观公之绩，足以为效矣。"

⑩取之如此：选取赞扬的正是这一方面。

⑪"则知"二句：意为杨慎没有得到任用，如若得到任用也必定像姜龙一样。

⑫生：李贽自指。后时：后来。意谓后辈。

⑬见符前哲：见解与前贤相符合。

⑭录此：指写下了这篇《蜻蛉谣》。

【译文】

古今以来人情都是一样的，古今以来天下的事势也都是一样的。我从小到老，都注意考察人情和天下的事势，却不见有一人与我的看法一致，所以我常常感到惊讶，认为老天爷为什么生下我这个如此不祥的人！人性本来都是相近的，而我却与人们不同，这不是不祥又是什么？我开始走入仕途时，亲身经历了日本海盗在东南沿海一带的侵扰，和北方鞑靼贵族的不断劫掠；最后出任云南姚安知府，又经常听到土官、僬族、僮族等少数民族的叛乱。大概吃俸禄的官吏，对以上这些事件的看法都是一样的，以我的认识与他们辩论，不认为是狂，就认为是可以杀头的。近日读了《杨升庵集》，看到他在《兵备姜公去思记》中称赞姜龙安抚少数民族的政策。姜龙的政治用心和我的想法正相符合，而杨慎老先生选取赞扬的正是这一方面，由此可知，杨慎老先生没有得到任用，如若得到任用也必定像姜龙一样是无疑的。我虽然是后辈，见解却与前贤相符合，由此也可以证明我并不是不祥之人。因此我高兴地写下了这篇《蜻蛉谣》。

唐贵梅传

【题解】

本文于万历二十四年(1596)写于麻城。亦见《读升庵集》卷二，原题前有"孝烈妇"三字。杨慎的同题文见《升庵文集》卷一一。

　　升庵先生《孝烈妇唐贵梅传》曰:"烈妇姓唐,名贵梅,池州贵池人也①。笄年适朱②,夫贫且弱。有老姑悍而淫,少与徽州富商有私③。弘治中④,富商复至池,见妇悦之,密以金帛赂姑。姑利其有,诲妇淫者以百数⑤,弗听;迫之,亦弗听;加以箠楚⑥,又弗听;继以炮烙⑦,体无完肤,终不听。姑乃以妇不孝讼于官⑧。通判慈谿毛玉受赂⑨,倍加刑焉。妇几死,然终不听也。商犹慕其色,令姑保出之。亲党咸劝妇曰⑩:'何不吐实?'妇曰:'若然,全吾名而污吾姑乎⑪?'乃夕易袿襡⑫,雉经于后园古梅树下⑬。姑不知也。及旦,手持桑杖,将入室挺之⑭。且骂且行,曰:'恶奴!早从我言,得金帛享快乐,今定何如也?'入室无见,寻至树下,乃知其死,因大恸哭。亲党咻曰⑮:'生既以不孝讼,死乃称妪心,何以恸哭为?'姑曰:'妇在,吾犹有望;妇死,商人必倒赃。吾是以哭,非哭恶奴也。'尸悬于树三日,颜如生,樵夫牧儿见者咸堕泪。每岁梅月之下,隐隐见其形。有司以府官故⑯,终不敢举节⑰。余舅氏喻士积薄游至池⑱,闻其事,作诗吊之,归属慎为传其事。呜呼!妇生不辰⑲,遭此悍姑。生以梅为名,死于梅之株。冰操霜清⑳,梅乎何殊㉑? 既孝且烈,汗青宜书㉒。有司失职,咄哉可吁㉓! 乃为作传,以附露筋碑之趾㉔。"

【注释】

①池州贵池:今安徽贵池。

②笄(jī)年:指女子成年。笄,盘发的簪。古代女子到了十五岁,要盘发插簪,作为成年的标志。适:出嫁。

③徽州:府治在今安徽歙(shè)县。

④弘治：明孝宗朱祐樘(chēng)的年号。

⑤诲：教。

⑥箠楚：本指棍杖之类，引申为拷打。箠，棍子。楚，荆杖。

⑦炮烙(páo luò)：相传是殷纣王所用的一种酷刑。后指用烧红的铁烫受刑的人。

⑧讼：诉讼，告状。

⑨通判：官名。明代的通判为州府的副职，一般是掌管钱粮、水利、巡捕等事。慈谿：今浙江慈溪。毛玉：据《池州府志》载，弘治十三年(1500)，毛玉任池州通判。

⑩亲：亲族。党：乡党，指邻里。

⑪污：玷污，使蒙受耻辱。

⑫乃夕：夜晚。乃，助词，无义。易袿褕(guī shǔ)：换衣裳。袿褕，袿衣，古代妇女的上等长袍。

⑬雉(zhì)经：自缢，上吊自杀。雉，通"绖"，牛鼻绳。

⑭挺：通"梃"。杖击。

⑮咻(xiū)：喧嚷，人声嘈杂。

⑯有司：官吏。古代设官分职，各有专司，故称。以：因。

⑰举节：表彰贞节。把(唐贵梅)贞节的事迹逐级上报。举，推举。

⑱喻士积：不详。从文中可知为杨慎之舅。薄：语助词。

⑲不辰：不得其时。

⑳冰操霜清：贞操如洁白清莹的冰霜。

㉑梅乎何殊：和梅花有何不同。

㉒汗青：指史书。古时在竹简上记事，先以火烤青竹，使水分如汗渗出，便于书写，并免虫蛀，故称。

㉓咄(duō)：叹词，表示惊诧。吁：叹气。表示感慨、惊怪。

㉔以附露筋碑之跗(fū)：以此(指传文)附在《露筋碑》的下方。据《高邮州志》载，唐代有一女子与嫂行郊外，日暮，嫂挽女投宿田舍，女

不从,乃露坐草中。结果被秋蚊咬得血尽筋露而死。后人因号露
筋女,盖露筋祠,立露筋碑,以表彰她。跗,脚。这里指碑的下方。

【译文】

升庵先生在《孝烈妇唐贵梅传》一文中说:"烈妇姓唐,名贵梅,池州
贵池人。十五岁嫁到朱家,丈夫贫穷而且身体不好。婆婆凶悍而且淫
乱,年轻时曾与徽州富商通奸。孝宗弘治年间,富商又到贵池,见到唐
贵梅非常喜欢她,密地里以钱物贿赂唐贵梅婆婆。婆婆有利可图,上百
次教唐贵梅与富商通奸,唐贵梅不听从;强迫她,也不听;对她进行拷
打,还是不听;接着用烧红的铁烫她,体无完肤,还是不听。婆婆就以不
孝之名把唐贵梅告于官。浙江慈溪人毛玉当时任池州通判,受了婆婆
的贿赂,对唐贵梅更加重刑。唐贵梅被折磨得几乎痛死,但还是不听
从。富商贪慕唐贵梅的美色,叫婆婆把她保释回家。邻里族人都劝唐
贵梅说:'为什么不说实情?'唐贵梅说:'要是说出实情,不是保全了我
的名声而使婆婆蒙受耻辱吗?'她晚上换了衣服,在后园古梅树下上吊
了。婆婆不知道这事。天亮时,她又手拿桑杖,要到唐贵梅室再打她。
边走边骂,说:'恶奴,早听我的话,得到钱物享受快乐,今天一定要听
从。'到室内见没有人,找到树下,看见唐贵梅已上吊而死,她于是大声
痛哭。邻里族人都人声嘈杂地说:'她活着时你告她不孝,死了不正称
你心了,为什么还要痛哭?'婆婆说:'她活着,我还有希望发财;她死了,
富商必然索要我受赂的钱物。我因此才哭,并不是哭这个不听话的儿
媳妇。'唐贵梅的尸体挂在梅树上三天,面色和活着时一样,打柴的人和
放羊的小孩看见都心悲落泪。每年梅花映月之下,隐隐可以看见她的
形色。当地官吏因为任池州通判的毛玉与此有关,终于不敢把唐贵梅
贞节之事逐级上报。我的舅父喻士积到贵池游览,听到唐贵梅的事迹,
特作诗以哀悼,回来后又嘱咐我作此传以传播其事。呜呼!唐贵梅生
不逢时,遇到了这样恶毒的婆婆。生时以梅为名,又死于梅树之下。贞
操如洁白清莹的冰霜,和梅花有何不同?她既孝又贞烈,应该写下她的

事迹以表彰。官员失去应尽的职责，实在使人感慨叹气！我特作此传文，附在《露筋碑》的下方。"

卓吾子曰：先王教化①，只可行于穷乡下邑②，而不可行于冠裳济济之名区③；只可行于三家村里不识字之女儿④，而不可行于素读书而居民上者之君子。池州通判毛玉，非素读书而居民上之君子乎？慈谿为县，又非毛玉所产之巨邑名区乎？今通判贪贿而死逼孝烈以淫，素读书而沐教化者如此⑤；孝烈唐贵梅宁死而不受辱，未曾读书而沐圣教者如彼：则先王之教化亦徒矣⑥。"孝烈"二字，杨太史特笔也⑦。夫贵梅之死烈矣，于孝何与⑧？盖贵梅所以宁死而不自白者，以姑之故也。不然，岂其不切齿痛恨于贿嘱之商，而故忍死以为之讳哉⑨？书曰"孝烈妇"，当矣。死三日而尸犹悬，颜如生，众人虽知而终不敢举，每岁之暮，白月照梅，隐隐如见，犹冀有知者乎⑩？吁！今之官府，不但此等之死不肯代白，纵有别项容易表白者，亦必有势与力而后肯。孰知数千里之外，无干与之人，不用请求而遂以孝烈传其事也？杨太史当代名流，有力者百计欲借一言以为重而不得，今孝烈独能得太史之传以自昭明于百世，孝烈可以死矣。设使当其时贵池有贤者果能慨然白之于当道，亦不过赐额挂匾，了一故事耳矣，其谁知重之乎？自此传出，而孝烈之形，吾知其不复重见于梅月之下也！升庵之闻，闻于其舅喻士积。士积夙游贵池⑪，亲见其事，曾为诗以吊之，故升庵作传，具载士积见闻始末，以士积可信也。然则此传不但孝烈藉以章显⑫，士积亦附以著名矣，传岂徒作耶！

【注释】

①教化:政教风化及其教育感化。

②下邑:小地方,小县。

③冠裳:指官宦士绅。济济:众多貌。

④三家村:偏僻的小乡村。

⑤沐:受润泽。引申为蒙受。

⑥徒矣:白费了。

⑦太史:官名。西周、春秋时太史掌管起草文书、记载史事、编写史书,兼管国家典籍等事。后代历有沿革。明代修史之事归翰林院,时人喜用古代之称称翰林官为太史。杨升庵曾任翰林院修撰,故称太史。

⑧何与:何干,有什么关系。

⑨讳:避讳,隐瞒。

⑩翼:帮助。《汉书·律历志上》:"辅弼执玉,以翼天子。"颜师古注:"翼,助也。"

⑪夙:从前。

⑫章显:表彰,显扬。

【译文】

卓吾子说:"先王的政教风化,只可行于贫穷的乡村小地方,而不会行于官宦士绅居住的名望地区;只可行于偏僻的小乡村不识字的女儿,而不会行于平常读书而居于平民百姓之上的君子。池州通判毛玉,不就是平常读书而居于平民百姓之上的君子吗?慈谿为县,不正是产生毛玉这样的人的大县名望之区吗?今日像通判毛玉贪图贿赂而死逼唐贵梅为淫,平常读书而受到政教风化之人就是这样;孝烈唐贵梅宁死而不受辱,没有读过书而却表现出受到圣人教化的就像她这样,那么先王的教化也是白费了。"孝烈"二字,是杨太史升庵独特的称谓。唐贵梅之死很是贞烈,与孝有什么关系?因为唐贵梅所以宁死也不说出婆婆逼她的真相，那是因为是她婆婆的缘故。如其不然，她能不切齿咬牙痛恨那以钱物贿赂婆婆的徽州富商，而却在死前尽力为她婆婆的恶行进行隐瞒？所以杨太史升庵为之题为"孝烈妇"，是非常合适的。唐贵梅吊死后尸体悬挂三天，面色和生前一样，众人都知道她的冤情却不敢举报；每岁之暮，当白月照着盛开的梅花，好像看见了唐贵梅，她还在希望有人帮助她申诉冤情吗？而今日的官府，不但这样的冤情不肯为之申诉清白，就是有其他很容易申诉的冤案，也一定得有权有势的人才能做。谁能知道在数千里之外，没有什么关系的人，不用请求就为孝烈女唐贵梅作传以表彰她的事迹呢？杨太史升庵是当代的名流，有权有势之人想借他一言而为重却得不到，而今唯独孝烈唐贵梅能得到杨太史为其作传而使其事迹显明于百世，孝烈唐贵梅虽死也得以慰安了。如若当时贵池有贤能之人能将此事慨然告之于官府，也不过赐额挂匾，留下一段故事而已，谁又会看重她？自从杨太史升庵为孝烈唐贵梅作的传传开，孝烈女唐贵梅的形象，就不只是再见于梅月之下了。升庵知道唐贵梅之事，是从他舅父喻士积那里听到的。喻士积从前游览贵池，亲自见到唐贵梅之事，曾经作诗以悼念她，所以升庵作的传，全记载下喻士积见闻的始末，这是因为喻士积所说完全可信。杨太史升庵为孝烈唐贵梅写的传不但使唐贵梅的事迹得到传播和表彰，喻士积也因附在传中而著名了，唐贵梅传没有白白地写呀！

　　嗟嗟①！毛通判当日之为，亦只谓贪其贿而人莫知也——贵梅已死，而谁为白也。孰知不白于贵池而卒白于新都乎②？今《升庵文集》盛行于世，夫谁不知传其事于此集之中者？贵池人士咸知有赃吏毛玉受贿而死逼孝烈以淫也，慈谿人士亦咸知有乡官毛玉受贿而死逼孝烈以淫也。毛玉唯无孙子则已，苟有子，则必不敢认毛玉以为父；苟有孙,则必不敢认毛玉以为祖矣。盖同乡少年倾慕太史之日久矣,读其书,阅其事,则必私相告语。私相告语,未有不窃笑而背骂者。夫毛玉之心,本欲多积金钱以遗其孙子,使孙子感己也,又安知反使孙子不敢认己也哉! 太史之传,严于先王之教化明矣。余谓此传有裨于世教者弘也③,故复亟读而详录之④,以为孝烈之外传云。

【注释】

①嗟嗟(jiē):叹词,表示感慨。

②贵池:指贵池当地的人。新都:代指杨慎。

③有裨:有益。弘:大。

④亟(qì)读:多次读。亟,屡次,一再。

【译文】

唉唉! 毛玉通判当时的作为,也只是认为贪受贿赂而人们也不会知道。唐贵梅已死,也没有人为她申诉。哪里知道此事没有在贵池得到申诉却在新都由杨太史升庵为之申诉了? 而今《升庵文集》盛行于世,谁能不知道在《升庵文集》中有关于唐贵梅冤案的事情呢? 贵池人士也都知道有贪赃之官毛玉受贿而死逼孝烈唐贵梅去满足徽州富商的淫欲,慈谿人士也都知道在此为官的毛玉受贿赂而死逼孝烈唐贵梅去满足徽州富商的淫欲。毛玉若无子孙也就罢了,如若有儿子,那一定不敢认毛玉为父;如若有孙子,那一定不敢认毛玉为祖父。毛玉的同乡少年早就仰慕杨太史升庵,现在读他的书,知道了毛玉贪贿赂而死逼唐贵梅之事,一定会私下相互传说。私下相互传说,没有不私下嘲笑而且背后诟骂的。毛玉原来的心思,本来是想多积些金钱留给自己的子孙,使子孙感谢自己,哪里知道他这种行为反而使子孙不敢认他! 杨太史升庵作的《唐贵梅传》,严格依循着先王的教化是极为明白了。我认为《唐贵梅传》非常有益于世俗教化，所以反复阅读并详细录记在上，把它作为孝烈女唐贵梅的外传。

茶夹铭

【题解】

本文于万历二十四年(1596)写于麻城。亦见《读升庵集》卷九。杨慎文见《升庵遗集》卷二六，题为《茶箸铭》，原文为："粉枪未旗，苏兰薪桂。殷宵茶星，下烛仙鬙(huì 小鼎)。茶夹，一种供煎饮之用的茶器(见《百川学海》陆羽《茶经》茶器类)。铭，古代文体之一，是多用于规戒、褒赞的韵文。李贽此文与杨慎文似无关系，只是取其题目而已，主要是从綦毋旻的《代茶饮序》加以发挥。借茶夹之铭，抒"一味清苦到底"的感慨，诙谐中寓深意。

唐右补阙綦毋旻著《代茶饮序》云①："释滞消壅②，一日之利暂佳；瘠气耗精③，终身之害斯大④。获益则归功茶力，贻害则不谓茶灾⑤。"余读而笑曰："释滞消壅，清苦之益实多⑥；瘠气耗精，情欲之害最大⑦。获益则不谓茶力，自害则反谓茶殃⑧。"吁！是恕己责人之论也。乃铭曰⑨：我老无朋，朝夕唯汝⑩。世间清苦，谁能及子⑪？逐日子饭⑫，不辨几钟；每夕子酌，不问几许。夙兴夜寐⑬，我愿与子终始。子不姓汤⑭，我不姓李⑮，总之一味清苦到底⑯。

【注释】

①右补阙(quē)：官名。唐代武则天时置，职务是对皇帝进行规谏，并举荐人才。右补阙属中书省，左补阙属门下省。綦毋旻(qí wú mín)：姓綦毋，名旻，生平不详。《代茶饮序》：一作《茶饮序》。据《渊鉴类函》卷三九〇《食物部·茶》引《事词类奇》："右补阙綦毋旻，博学有著述才，性不饮茶，著《茶饮序》，其末两句：'岂非福近易知，祸远难见？'"

②释滞消壅：消化积食。释，消除。滞，停滞。壅，堵塞。均指食物。

③瘠（jí）气耗精：伤害元气，消耗精力。瘠，瘦弱，这里是损害之意。

④斯：乃，却。

⑤贻害：留下害处。

⑥清苦：此指茶味。

⑦情欲：指对女色的放纵情欲。

⑧殃：祸害，灾殃。

⑨铭：作动词用，写铭文之意。

⑩汝：指茶。

⑪及子：比得上你。及，比。子，你，指茶。

⑫逐日：每日。子饭：即"饭子"。饭，动词，这里是喝的意思。下面"子酌"句式同。

⑬夙兴夜寐：早起晚睡。

⑭汤：这里指有茶味的其他汤汁之类。茶味清而带苦，与"汤"不同。

⑮我不姓李：李贽先祖原姓林，后改姓李。

⑯清苦：词义双关，一指茶味，一指清贫的生活。

【译文】

唐代右补阙綦毋旻在他所著的《代茶饮序》中说："消化积食，得到一天的暂时好处；但伤害元气，消耗精力，对终身之害极大。得到一天暂时的好处就归功于茶的功力，但伤害元气消耗精力的害处都不知是喝茶造成的灾害。"我读了这段文字后笑着说："消化积食，浓浓的清苦茶味常常品尝，伤害元气，消耗精力，对女色放纵的情欲的危害最大。从茶中得到好处认为那与茶无关，放纵情欲自我残害反说是茶给带来的灾殃。”吁！这是对自己宽恕而对人责备的理论。我作一铭文说：我老了没有朋友，从早到晚只有茶为伴。人世间的清苦，谁能比得上你？每天我都喝茶，不知喝了几杯；每晚也要喝茶，不问喝多少。早起晚睡，我愿和茶在一起。茶与带茶味的汤不同，我的祖先也不姓李，总之都是一样的清贫生活维持下去。

李白诗题辞

【题解】

本文于万历十四年（1596）写于麻城。此文亦当是读杨慎文《李诗选题辞》后所写，但不见《读升庵集》。李白（701—762），字太白。号青莲居士。祖籍陇西成纪（今甘肃秦安东），出生于碎叶城（今吉尔吉斯托克马克城附近），幼随父迁居绵州昌明（今四川江油）青莲乡。唐代诗人。著有《李太白集》。《旧唐书》卷一九〇下、《新唐书》卷二〇二、《藏书》卷三八等有传。名人的价值在其出生地还是在其业绩？看看有关名人出生籍贯的争夺战，读李贽这篇小品，可以深长思之。

　　升庵曰①："白慕谢东山②，故自号东山李白。杜子美云'汝与东山李白好'是也③。刘昫修《唐书》④，乃以白为山东人⑤，遂致纷纷耳⑥。"因引曾子固称白蜀郡人⑦，而取《成都志》谓白生彰明县之青莲乡以实之⑧。卓吾曰：蜀人则以白为蜀产，陇西人则以白为陇西产，山东人又借此以为山东产，而修入《一统志》⑨，盖自唐至今然矣。今王元美断以范传正《墓志》为是⑩，曰："白父客西域⑪，逃居绵之巴西⑫，而白生焉。是谓实录。"呜呼！一个李白，生时无所容入⑬，死而百余年，慕而争者无时而已。余谓李白无时不是其生之年，无处不是其生之地。亦是天上星，亦是地上英。亦是巴西人，亦是陇西人，亦是山东人，亦是会稽人⑭，亦是浔阳人⑮，亦是夜郎人⑯。死之处亦荣，生之处亦荣，流之处亦荣，囚之处亦荣，不游不囚不流不到之处，读其书，见其人，亦荣亦荣！莫争莫争！

【注释】

①升庵：即杨慎。见《杨升庵集》题解。

②谢东山：指晋代谢安。据《晋书》卷七九《谢安传》，谢安早年曾辞官隐居会稽（今浙江绍兴）之东山（今浙江上虞西南），经朝廷屡次征聘，方从东山复出，成为东晋要臣。又临安（今浙江临安）、金陵（今南京）亦有东山，也曾是谢安的游憩之地。因此"东山"亦代指谢安。李白《登金陵冶城西北谢安墩》诗："想像东山姿，缅怀右军（指书法家王羲之）言。"

③杜子美：杜甫（712—770），字子美，巩县（今河南巩县）人。唐代诗人。著有《杜工部集》。《旧唐书》卷一九〇下、《新唐书》卷二〇一、《藏书》卷三九等有传。汝与东山李白好：见杜甫诗《苏端薛复筵简薛华醉歌》："座中薛华善醉歌，歌辞自作风格老。近来海内为长句，汝与山东李白好。""东山"，原诗为"山东"。汝，指薛华。

④刘昫（xù）：后晋人，曾监修《唐书》，后因与欧阳修等所撰《新唐书》区别，称《旧唐书》。《旧五代史》卷八九、《新五代史》卷五五等有传。

⑤以白为山东人：《旧唐书》卷一九〇下《文苑传》："李白，字太白，

山东人。"说李白为山东人者,最早为杜甫,见前引诗句。而后为元稹,他在《唐故工部员外郎杜君墓系铭并序》中说:"时山东人李白,亦以奇文取称。"

⑥"白慕"六句:为概述杨慎文意而成,非《李诗选题辞》原文。

⑦曾子固:曾巩(1019—1083),字子固,南丰(今江西南丰)人。嘉祐进士,尝奉召编校史馆书籍,官至中书舍人。北宋散文家,为"唐宋八大家"之一。著有《元丰类稿》。《宋史》卷三一九、《藏书》卷三九等有传。曾巩在《李太白文集后序》中曾说:"盖白蜀郡人,初隐岷山,出居襄汉之间,南游江淮,至楚观云梦。"

⑧"而取"句:杨慎原文为:"《成都古今记》云:'李白生于彰明之青莲乡。'"彰明县,即唐昌明县,宋代称彰明。

⑨《一统志》:记载全国舆地之书。元代岳璘撰有《一统志》,今佚。明代李贤等奉敕撰,《四库提要》谓其体例一切遵照元《一统志》,故书名亦沿用之。

⑩王元美:王世贞(1526—1590),字元美,号凤洲、弇(yǎn)州山人。太仓(今江苏太仓)人。嘉靖二十六年(1547)进士。授刑部主事。其父王忬为严嵩所害,持丧归。隆庆时替父昭雪,出任浙江、山西、湖广、广西地方长官,入为太仆卿。万历时官至南京刑部尚书。明代文学家,与李攀龙同为"后七子"首领。攀龙死后,名望日高,独主文坛二十年。著有《嘉靖以来首辅传》《弇州山人四部稿》《续稿》《弇州堂别集》等。《续藏书》卷二六、《国朝献征录》卷六、《明史》卷二八七等有传。范传正:字西老,唐代邓州(今河南邓县)人。李白朋友范伦之子。历官歙(shè)、湖、苏三州刺史,有殊政,进拜宣歙(治域在今安徽宣城一带)观察史。他在《唐左拾遗翰林学士李公新墓碑并序》中,对李白的生平事迹有较详的考述。《旧唐书》卷一八五下、《新唐书》卷一七二等有传。

⑪客:李白之父名李客。西域:汉以后对于玉门关(今甘肃敦煌西北)以西地区的总称,始见于《汉书》卷九六上《西域传》。

⑫巴西:唐代四川绵州又称巴西。

⑬生时无所容入:范传正《唐左拾遗翰林学士李公新墓碑并序》:"公名白,字太白,其先陇西成纪人……隋末多难,一房被窜于碎叶,流离散落,隐易姓名。故自国朝已来,漏于属籍(户籍)。神龙(唐中宗年号)初,潜还广汉(绵州汉代属广汉郡),因侨(寓居)为郡人。父客,以逋其邑,遂以客为名,高卧云林,不求禄仕。"容入,容纳。

⑭会稽:今浙江绍兴。天宝元年(742),李白曾漫游于此,与道士吴筠相聚。

⑮浔阳:今江西九江。天宝十四年(755)安史之乱起。次年,肃宗弟弟永王李璘起兵东下,经过浔阳,坚请在浔阳的李白做幕僚。因李璘有和肃宗争帝位的野心,天宝十六年(757)被肃宗所灭,李白被捕下浔阳狱中。

⑯夜郎:今贵州桐梓一带。李白浔阳被下狱后,终被判处流放夜郎。肃宗乾元二年(759),李白到了四川巫山,因册立太子和天旱大赦天下,幸得放还,回到浔阳。

【译文】

杨升庵说:"李白钦慕谢东山谢安,所以自号东山李白。杜甫《苏端薛复筵简薛华醉歌》诗中说:"'汝与东山(原诗为山东)李白好'也是说李白是山东人。后晋时刘昫监修《唐书》,也以李白为山东人,从而引起了种种不同意见。"杨升庵引用曾巩在《李太白文集后序》中所说的李白是蜀郡即四川人,并引用《成都志》说李白生于四川彰明县的青莲乡用以证实。卓吾认为:四川人把李白说成是四川人,陇西人则把李白说成是陇西人,山东人又把李白说成是山东人,他们都把这不同说法各自写入自己的《一统志》,从唐代至今都是这样。今世的王世贞认为范传正在

《唐左拾遗翰林学士李公新墓碑并序》中所说是正确的,其中说:"李白的父亲李客原是西域即玉门关以西地区的人,后来逃到四川的巴西即绵州,李白就出生在这里。此说符合实际。"呜呼!一个李白,生时家中多难,无处相容,死后百余年,慕其名而争其出生籍贯长期不止。我认为说李白哪年出生的都可以,说李白的籍贯在哪里都可以。他既是天上之星,也是地上之英。既是巴西人,也是陇西人,也是山东人,也是会稽人,也是浔阳人,也是夜郎人。他死处也光荣,生处也光荣,被流放处也光荣,被囚禁处也光荣,他没有游历、没有被囚禁、没有被流放之处,读了他的书,也就如同见到他这个人,这都光荣光荣!不要再争再争了!

伯夷传

【题解】

本文于万历二十四年(1596)写于麻城。亦见《读升庵集》卷七。杨慎同题文见《升庵集》卷四七。伯夷,见《反骚》第二段注⑫。在此文中,李贽不同意孔子说伯夷求仁德便得到了仁德,又有什么怨呢?不同意朱熹对孔子这一说法的肯定,也不同意真德秀由此出发认为《史记·伯夷列传》只是以文采取胜的说法,而大赞伯夷的满腹是怨,并由此提出"今之学者唯不敢怨,故不成事"。表现出李贽一贯的反世俗精神。

真西山云①:"此传姑以文取②。"杨升庵曰:"此言甚谬。若道理有戾③,即不成文,文与道岂二事乎?益见其不知文也。本朝又有人补订《伯夷传》者,异哉④!"又曰:"朱晦翁谓孔子言伯夷'求仁得仁,又何怨',今太史公作《伯夷传》,满腹是怨,此言殊不公也⑤。"

【注释】

①真西山：即真德秀（1178—1235），字景元，后改希元，建州浦城（今福建浦城）人。曾在浦城县西的西岩山构筑西山精舍，从事讲学，故称西山先生。南宋宁宗庆元进士。官至参知政事兼侍读。学术继承朱熹。著有《西山文集》《文章正宗》《大学衍义》等。《宋史》卷四三七、《藏书》卷三五、《宋元学案》卷八一等有传。

②此传姑以文取：语义见真德秀《文章正宗》卷二〇，原是《太史公伯夷传》一文后的按语。按语说："朱文公（朱熹）曰：'孔子论伯夷谓"求仁得仁，又何怨？"司马子长作《伯夷传》，但见得伯夷满身是怨。'按，文公之说可谓至当。今特以其文而取之。"此按语所引朱熹的话，见《朱子语类》卷三四《论语》十六《述而·冉有曰夫子为卫君乎》章。但引用时文字稍有改动。此传，指司马迁的《史记》卷六一《伯夷列传》。姑，姑且。文，文采。以下的"文"字，指文章。

③戾（lì）：违反。

④"本朝"二句：指明代方孝孺所写的《夷齐》一文，见《逊志斋集》卷四。方孝孺（1357—1402），字希直，又字希古，人称正学先生，浙江宁海（今浙江宁海）人。宋濂弟子。惠帝时任侍讲学士。燕王（即成祖）起兵入京师（今江苏南京）后，他以不肯为成祖起草登极诏书被杀。《续藏书》卷五、《明史》卷一四一、《明史稿》卷一三二、《明书》卷一二〇、《明儒学案》卷四三、《列朝诗集小传》甲集等有传。他在《夷齐》一文中认为伯夷的辞让外逃，劝阻周武王伐商，以及不食周粮，采薇而食，最后饿死，是"过中失正"，对孟子对伯夷的评价也有所修正。杨慎对此加以讥笑，称之为"补订《伯夷传》"，是使人感到怪异的事。

⑤这段所引杨升庵的话，到"满腹是怨"，是真德秀《太史公伯夷传》

一文后的按语,与原文稍有不同。参看注②。朱晦翁,即朱熹。见《反骚》第一段注①。"求仁得仁,又何怨",见《史记·伯夷列传》。又见《论语·述而》,原文"求仁"后有"而"字。意为(他们)求仁德便得到了仁德,又有什么怨恨呢? 太史公,即司马迁。见《反骚》第二段注㉟。《伯夷传》,即《史记》卷六一《伯夷列传》。殊,实在。

【译文】

真德秀在太史公《伯夷列传》一文后的按语说:"此传姑且以文采取胜。"杨升庵说:"真德秀的这句话甚是荒谬。如若违反了道理,就不会成为好文章,文采与道理怎么能分开为两种事? 更加看出真德秀不懂得文章了。当代又有人续写伯夷之事,像是给司马迁的《伯夷列传》打补丁,真是怪异之事。"杨升庵又说:"朱熹说孔子曾说伯夷'求仁德便得到了仁德,又有什么怨恨呢',而司马迁写的《伯夷传》中却满肚子怨气,朱熹的话实在是不公正。"

卓吾子曰:"何怨"是夫子说,"是怨"是司马子长说。翻不怨以为怨①,文为至精至妙也。何以怨? 怨以暴之易暴②,怨虞、夏之不作③,怨适归之无从④,怨周土之薇之不可食,遂含怨而饿死⑤。此怨曷可少也⑥? 今学者唯不敢怨⑦,故不成事。

【注释】

①翻不怨以为怨:指司马迁把孔子的"何怨",说成"是怨"。司马迁在《史记·伯夷列传》中曾说:"孔子曰:'伯夷、叔齐,不念旧恶,怨是用希。''求仁得仁,又何怨乎?'余悲伯夷之意,睹轶诗(指伯夷叔齐的《采薇》)可异焉。其传曰:……由此观之,怨邪非邪?"

②以暴之易暴：以残暴代替残暴。意指周武王用暴力推翻商纣王
　　的暴虐统治。

③虞、夏之不作：虞夏时代不能重现。虞，我国历史传说中父系氏
　　族社会后期部落联盟，其联盟领袖是舜。夏，夏代。相传第一帝
　　王是禹。虞舜、夏禹时代，都是儒家理想君王的时代。

④适归之无从：意即无从适归，不知归附谁。适，往。归，归依。以
　　上三句，语意本《史记·伯夷列传》里所引伯夷叔齐的《采薇》歌
　　辞："登彼西山兮，采其薇矣。以暴易暴兮，不知其非矣。神农、
　　虞、夏，忽焉没兮，我安适归矣？"

⑤"怨周"二句：《史记·伯夷列传》："武王已平殷乱，天下宗周。而
　　伯夷、叔齐耻之，义不食周粟，隐于首阳山，采薇而食之。及饿且
　　死，作歌……遂饿死于首阳山。"周，周代，此指西周。薇：一种
　　野菜。

⑥曷：何，怎么。

⑦今之学者：指当时的道学先生。

【译文】

　　卓吾子说："又有什么可怨"是孔子所说，"满腹是怨"是司马迁《伯
夷列传》中的描绘。司马迁把孔子的"又有什么可怨"反转为满腹是怨，
这真是文章的至精至妙之处。怨什么？怨周武王用暴力推翻商纣王的
暴虐统治，怨理想的君王虞舜、夏禹的时代不能再现，怨不知应该归顺
于何人，怨周代土地上的野菜不可吃，终于含怨而饿死于首阳山。这些
怨怎么可以不怨呢？而今学者正因为不敢有怨，所以成不了事。

岳王并施全

【题解】

　　本文于万历二十四年(1596)写于麻城。亦见《读升庵集》卷八，原

题为《岳忠武施全》。杨慎文题为《岳武墓当称忠武》,见《升庵集》卷五〇。岳王即岳飞(1103—1147),字鹏举,相州汤阴(今河南汤阴)人。南宋抗金名将,多次击败金军,收复失地。后高宗、秦桧一心求和,岳飞被诬谋反的莫须有罪名而被杀害。著有《岳武穆遗文》(一作《岳忠武王文集》)。《宋史》卷三六五、《藏书》卷五二等有传。施全(?—1150),南宋钱塘(今浙江杭州)人。曾任殿司小校(官殿卫士)。因恨秦桧卖国,挟刀行刺,不遂被杀。

　　宋赠鄂王岳飞谥忠武①,其文曰②:"李将军口不出辞③,闻者流涕④;蔺相如身虽已死⑤,凛然犹生⑥。"又曰:"易名之典虽行,议礼之言未一。始为忠愍之号,旋更武穆之称⑦。获睹中兴之旧章⑧,灼知皇祖之本意⑨。爰取危身奉上之实⑩,仍采戡定祸乱之文⑪。合此两言,节其一惠⑫。昔孔明之志兴汉室⑬,子仪之光复唐都⑭,虽计效以或殊⑮,在秉心而弗异⑯。垂之典册⑰,何嫌今古之同辞⑱;赖及子孙⑲,将与山河而并久。"杨升庵曰:"今天下岳祠皆称武穆,此未定之谥也。当称忠武为宜。"又曰:"朱文公云⑳:'举世无忠义,这些正气忽自施全身上发出来㉑。'故《续纲目》书施全刺秦桧不克而死㉒,亦文公遗意也㉓。近有人云:'今之岳祠多铸贼桧像,跪缚门外。当更铸施全像,立在左,持刀砍桧乃得。'"

【注释】

①鄂王:南宋宁宗嘉定四年(1211)追封给岳飞的爵位。谥(shì):谥号。古代帝王、贵族、大臣、士大夫或其他有地位的人,据其生前业绩评定的带有褒贬意义的称号。帝王的谥号一般由礼官议上,臣下的谥号由朝廷赐予。一般文人学士或隐士的谥号,则由

其亲友、门生等所加,称为私谥,与朝廷颁赐的不同。忠武:南宋理宗宝庆元年(1225)追封给岳飞的谥号。

②其文:指宝庆元年宋理宗赵昀(yún)追封岳飞的《赐谥告词》。见岳珂《金陀粹编》(续编)卷一六。

③李将军:指李广(?—前119),陇西成纪(今甘肃秦安)人。善骑射,以勇敢善战著称,多次参加反击匈奴攻掠的战争。历官陇西、北地、右北平太守、卫尉,匈奴数年不敢攻扰,称之为"飞将军"。汉武帝元狩四年(前119),随大将军卫青追击漠北匈奴时,因迷道而贻误战机,在审问前因不甘受辱而自杀。《史记》卷一〇九、《汉书》卷五四、《藏书》卷五三等有传。口不出辞:不善于言辞。《史记·李将军列传》:"广讷口少言。"

④闻者流涕:指人们听说李广自杀后的悲痛。《史记·李将军列传》:"(李广)遂引刀自刭。广军士大夫一军皆哭。百姓闻之,知与不知,无老壮皆为垂涕。"

⑤蔺(lìn)相如:战国时赵国大臣。赵惠文王时,得一宝玉"和氏璧"。秦昭王听说后,扬言愿以十五城换此宝玉。蔺相如奉璧前往,秦昭王却违背诺言不肯割城。蔺相如当场力争,并以计夺回宝玉,使完璧归赵。赵惠文王二十年(前279),赵惠文王与秦昭王会于渑池(今河南渑池西),蔺相如又以自己的机智与勇敢,维护了赵惠文王的尊严,使免受其辱,因功任为上卿。《史记》卷八一、《藏书》卷一一等有传。

⑥凛然犹生:那种令人敬畏、不可侵犯的神情犹如活着一样。《史记·廉颇蔺相如列传》记载,蔺相如看到秦昭王无意给赵十五城时,以计又夺回"和氏璧",说:"大王必欲急臣,臣头今与璧俱碎于柱矣!"而后"相如持其璧睨柱,欲以击柱"。表现出凛然不可侵犯的英勇无畏气概。

⑦"易名"四句:指南宋孝宗淳熙五年(1178),朝廷下令追谥岳飞。

但究竟追封什么谥号,大臣们意见不一。最初拟谥忠愍(mǐn,同"悯"),后又改谥武穆。易名,指古时帝王、大臣、大夫等死后朝廷为之立谥号。议礼,议论礼制。这里指对岳飞谥号的议论确定。旋,不久。更,更改,改变。

⑧中兴:指南宋第一个皇帝高宗赵构。赵构死后追谥为"受命中兴全功至德圣神武文昭仁宪孝皇帝"。这里指赵构建立南宋王朝的时期。旧章:昔日的典章。

⑨灼知:明白了解。皇祖:指第一个追封岳飞谥号的南宋孝宗赵眘(shèn)。

⑩爰:于是。危身奉上:舍身奉事皇上。"忠愍"两字就含有"危身奉上"的意思。

⑪戡(kān)定:平定。祸乱:指岳飞对金军的抗击与对农民起义的镇压。"武穆"两字就含有"戡定祸乱"的意思。

⑫"合此"二句:意为合用"危身奉上"和"戡定祸乱"两言,各节取其一。即从"危身奉上"节取"忠"字的意思,从"戡定祸乱"节取"武"字的意思,合起来号称"忠武"。惠,恩惠。指"易名"是皇帝的一种"恩典"。

⑬孔明:诸葛亮(181—234),字孔明,琅玡阳都(今山东沂南南)人。三国蜀汉政治家、军事家。曾助刘备建立蜀国,并任丞相。死后追谥"忠武"。《三国志》卷三五、《藏书》卷一二等有传。

⑭子仪:郭子仪(697—781),华州郑县(今陕西华县)人。以武举累官至天德军使兼九原太守。唐玄宗李隆基时大将。安禄山叛乱时,任朔方节度使,在河北击败史思明。肃宗即位,任关内河东副元帅,收复唐国都长安。因功升中书令。死后也追谥"忠武"。《旧唐书》卷一二〇、《新唐书》卷一三七、《藏书》卷一〇等有传。

⑮计效:衡量功效。或殊:也许不一样。

⑯秉心:持心,用心。

⑰垂：传留，传下去。典册：记载典章制度等的重要册籍。这里指
国家的重要文献。

⑱同辞：指对岳飞的谥号与诸葛亮、郭子仪的谥号相同。

⑲赖：利益，好处。这是有荫庇、庇护的意思。

⑳朱文公：即朱熹。见《反骚》第一段注①。朱熹死后谥号为"文"，
故后人称他"朱文公"。

㉑"举世"二句：见《朱子语类》卷一三一《中兴至今日人物上》。原
文是："施全刺秦桧，或谓岳侯（指岳飞）旧卒，非是。盖举世无忠
义，这些正义忽然自他身上发出来。秦桧引问之曰：'你莫是心
风（即精神病）否？'曰：'我不是心风。举天下都要去杀番人，你
独不肯杀番人，我便要杀你！'"

㉒《续纲目》：指明代学者商辂（lù）续朱熹的《通鉴纲目》而编撰的
《通鉴纲目续编》。秦桧（1090—1155）：字会之，江宁（治今南京）
人。宋徽宗政和进士。北宋末任御史中丞。靖康时被金军俘到
北方，后诈称夺船逃回。高宗时任宰相，主张投降，杀害抗金名
将岳飞，成为历史上臭名昭彰的卖国贼。《宋史》卷四七三、《藏
书》卷五九等有传。

㉓遗意：遗下的意图。朱熹编撰《通鉴纲目》的用意，在于以《春秋》
笔法，"辨名分，正纲常"，以巩固封建统治。

【译文】

南宋宁宗封岳飞鄂王爵位，宋理宗时追封岳飞忠武的谥号，宋理宗
赵昀在追封岳飞的《赐谥告词》中说："汉代李广将军不善于言辞，他不
甘受辱自杀时听到的人都悲痛流泪；战国时的蔺相如虽已早死，他那种
令人敬畏、不可侵犯终于完璧归赵的精神犹如活着一样。"又说："早年
孝宗为岳飞追封谥号典礼虽然举行了，但却意见不一。开始用忠愍之
号，后来改为武穆的称谓。看一看南宋第一个皇帝高宗时的典章，就明
白了解第一个追封岳飞谥号的孝宗的本意。于是取舍身奉事皇上的事

实,采用抗击金兵和镇压农民起义的文辞。合用舍身奉皇上的"忠"和抗击金兵、镇压农民起义的"武"成忠武,成为皇帝的恩典。过去诸葛亮立志要复兴汉室,郭子仪在安禄山叛乱时收复了唐朝国都长安,他们与岳飞的功效也许不一样,但他们的用心却都一样。记载入国家的重要文献,三人同被谥号为忠武也不必分古今;使他们的子孙得到庇护,会与山河一样长存。"杨升庵说:"而今天下的岳王庙都称武穆,这是没有定下的谥号。应当称忠武为准确。"又说:"朱熹说:'全天下没有忠义之士,这些正义之气都从施全刺秦桧的行为中表现出来。'所以当代学者商辂在《续纲目》一书中写施全刺秦桧没有成功而被杀死,也是朱熹遗留下的意图。近来有人说:'而今的岳王庙都铸一卖国贼秦桧像,被捆绑着跪在岳王庙门外。应该再铸一施全像,站在左边,用刀砍秦桧才好。'"

　　李卓吾曰:此论甚当,甚有益风教①。倘礼官言官肯上一疏②,则忠武之谥,晓然于百世;施全之忠,暴白于圣朝矣③。不然,人人未得知也。

【注释】

①风教:风俗教化。

②礼官:掌管礼仪教化之官。言官:谏官,负责进谏或建议的官员。

　疏:奏章,奏疏。封建时代臣下向皇帝陈述事情的文章。

③暴(pù)白:显示明白。圣朝:指明朝。

【译文】

　　李卓吾说:这个说法很好,非常有益于风俗教化。如若掌管礼仪教化之官与负责进谏的谏官肯上一奏疏,那么给岳飞的忠武谥号,就可以使百世知晓;施全的忠贞,就可以显示于当今圣明之朝了。否则,人人都难以知道他们的事迹了。

张千载

【题解】

　　本文于万历二十四年(1596)写于麻城。亦见《读升庵集》卷八。杨慎同题文见《升庵集》卷四八。张千载,南宋人,文天祥之友。其事迹见《南宋书》卷六一、《宋史翼》卷三五、《宋季忠义录》卷一一、《宋元学案》卷八八。文天祥是充满浩然正气的民族英雄,张千载出于对这位民族英雄的敬慕和友情,置个人生死于不顾,为之供送饮食,为之藏首收尸,这种"生死交情"实为感人。在此文中,李贽对这种"生死交情"的赞美,发自肺腑,寓意极深。

　　庐陵张千载①,字毅甫,别号一鹗,文山之友也②。文山贵时,屡辟不出③。及文山自广败还④,至吉州城下⑤,千载潜出相见,曰:"丞相往燕⑥,千载亦往。"往既寓文山囚所近侧,三年供送饮食无缺。又密造一椟⑦,文山受命日⑧,即藏其首,访知夫人欧阳氏在俘虏中,使火其尸,然后拾骨置囊⑨,舁椟南归⑩,付其家安葬。是日,文山之子梦其父怒曰:"绳讵未断⑪!"其子惊觉,遽启视之⑫,果有绳束其发。李卓吾既书其事,遂为之赞曰:不食其禄,肯受其缚⑬!一绳未断,如锥刺腹。生当指冠⑭,死当怒目。张氏何人,置囊舁椟。生死交情,千载一鹗⑮!

【注释】

①庐陵:今江西吉安。

②文山:文天祥(1236—1282),字履善,一字宋瑞,号文山。吉州庐陵(今江西吉安)人。理宗宝祐四年(1256)中进士第一。南宋末

年政治家、文学家。官至右丞相,在东南沿海坚持反元斗争。后兵败被俘,在狱中写了著名的《过零丁洋》等诗,以"人生自古谁无死,留取丹心照汗青"的高尚民族气节,拒绝了元蒙贵族的威胁利诱,于1282年在北京从容就义。著有《文山先生全集》。《宋史》卷四一八、《藏书》卷三一、《宋元学案》卷八八等有传。

③辟:征召,荐举。

④广:指广东。文天祥与张世杰、陆秀夫等坚持抗元,曾进兵江西,恢复州县多处。后为元兵所败,退入广东,终于被俘。

⑤吉州:今江西吉安。

⑥燕:燕京,今北京。

⑦椟(dú):木箱。

⑧受命:牺牲生命。受,通"授",付出,献出。

⑨置:放置。

⑩舁(yú):抬,带。

⑪讵:岂,怎么。

⑫遽:急忙。

⑬不食其禄,肯受其缚:这是就上述文山托梦的传说而言。

⑭指冠:怒发冲冠。

⑮千载一鹗:均双关语。千载,既是张千载之名,也指历时之久。一鹗,一只鹗鸟,既指张的别号,又比喻非凡之意。鹗,旧时传说中一种非凡的鸟。

【译文】

江西庐陵的张千载,字毅甫,别号一鹗,是文天祥的朋友。文天祥官高身贵之时,多次举荐他但都遭到拒绝。等文天祥在广东兵败被俘而还,到了江西吉州城下,张千载暗暗地和文天祥相见,说:"丞相被押送燕京,我和你一起走。"到了燕京张千载就住在文天祥囚所附近,三年供养饮食一次不缺。又偷偷地做了一个木箱,文天祥被害死之日,不顾危险,把文天祥的头颅藏在里边,访知文天祥的夫人欧阳氏在停厝中,与她商议把文天祥的尸体火化,然后捡拾骨头放在一个口袋里,带着装头颅的木箱南归,到家乡安葬。当天,文天祥之子梦见父亲文天祥发怒说:"绳子怎么没有断!"文天祥之子惊醒,急忙打开藏头颅的木箱一看,果然有一绳子捆着头发。李卓吾既书写下这些事,又为之赞说:不接受元蒙的官宦之俸禄,怎么能受他们绳子的捆缚! 这个绳子不断,就如同锥子刺在腹部。活着就坚贞不屈,怒发冲冠,被迫害而死也毫不畏惧而怒目相视。张千载是什么样的人,他勇于把文天祥被害后的尸骨收到一个口袋里,把文天祥的头颅收到木箱中。这种忘我的生死交情,千年来也只有张一鹗一人!

李涉赠盗

【题解】

　　本文于万历二十四年(1596)写于麻城。选自《焚书》卷五。亦见《读升庵集》卷一一。杨慎《升庵集》卷五五题为《李涉赠盗诗》。李涉,号清溪子,洛阳人,晚唐诗人,宪宗时为太子通事舍人,文宗时任太学博士,曾被贬官流放康州(今广东德庆)。赠盗,指《赠盗》诗,见《全唐诗》卷四七七,原题作《井栏砂宿遇夜客》)。李贽此文全是借题发挥,其中不无愤激的"官即虎""官即盗",以及"官逼民反"的寓意,颇具认识意义。

　　唐李涉《赠盗》诗曰:"相逢不用相回避,世上如今半是君①。"刘伯温《咏梁山泊分赃台》诗云②:"突兀高台累土成③,人言暴客此分赢④。饮泉清节今寥落⑤,何但梁山独擅名⑥?"《汉书》云⑦:"吏皆虎而冠⑧。"《史记》云⑨:"此皆劫盗而不操戈矛者⑩。"李卓吾曰：此皆操戈矛而不畏官兵捕盗者。因记得盗赠官吏亦有诗一首，并录附之：

未曾相见心相识，敢道相逢不识君？

一切萧何今不用⑪，有赃抬到后堂分⑫。

肯怜我等夜行苦⑬，坐者十三行十五⑭。

若谓私行不是公⑮，我道无私公奚取⑯？

君倚奉公戴虎冠⑰，谁得似君来路宽？

月有俸钱日有廪⑱，我等衣食何盘桓⑲！

君若十五十三俱不许⑳，我得持强分廪去㉑，驱我为盗宁非汝！

【注释】

①"相逢"二句：这是李涉原诗的后两句。全诗是："暮雨萧萧江上村，绿林豪客夜知闻。相逢不用相回避，世上如今半是君。"《杨升庵集》卷五五所引与此略有不同，为版本所别。

②刘伯温：即刘基（1311—1375），字伯温，青田（今浙江青田）人。元明之际诗人。元末进士，官至浙江行省都事，为官廉直清正，不避豪强，但一再受到排挤。曾协助朱元璋起义，明初任御史中丞，兼太史令，封诚意伯。后被朱元璋毒死。著有《诚意伯集》。《咏梁山泊分赃台》：原题为《分赃台》，见《诚意伯集》卷一七。梁山泊，地名，在今山东郓城、梁山等县之间，即《水浒传》所描写的以宋江为首领的农民起义军活动的据点。

③突兀：高耸突出之貌。

④暴客：指梁山泊农民起义军。分赢：分配胜利果实。

⑤"饮泉"句：意为饮了贪泉的水仍能保持清廉节操的人今天非常少了。据《晋书》卷九〇《吴隐之传》：吴隐之操守清廉，出任广州

刺史,路过石门(今广东南海),有水名贪泉,相传饮此水后廉洁
之士亦变贪。隐之不信。酌而饮之,并赋诗曰:"古人云此水,一
歃(shà饮)怀千金;试使夷齐(指伯夷叔齐)饮,终当不易心。"寥
落,稀少。

⑥何但:怎么只有。但,只,仅仅。擅名:独有盗贼之名声。

⑦《汉书》:东汉班固著,其妹班昭续成,共一百二十卷,是我国第一
部纪传体的断代史。

⑧吏皆虎而冠:官吏都是戴着官帽的老虎。语本《汉书》卷九〇《酷
吏列传》,原文是"吏虎而冠"。

⑨《史记》:西汉司马迁著,分本纪、表、书、世家、列传等,共一百三
十篇,记载了从传说的黄帝到汉武帝时的历史,是我国第一部纪
传体通史。对部分历史人物的叙述,语言生动,形象鲜明,成为
我国史传文学的代表,在文学发展史上占有重要地位。

⑩"此皆"句:见《史记》卷一二七《日者列传》,原文是:"此夫为盗不
操矛弧(弓)者也。"此指官吏。戈矛,泛指武器。

⑪萧何(? —前193):沛(今江苏沛县)人。秦末协助刘邦起义,是
刘邦建立西汉王朝的重要助手。西汉初任丞相。封酂侯。主张
法治,并仿效秦制,制定汉代法令《九章律》,被称为萧何律。这
里所说"一切萧何",即指一切法令。后萧何因向刘邦建议把皇
帝打猎的园林改为耕田,曾被囚禁。

⑫后堂:封建社会官府衙门的前堂称正堂,是官吏升堂问案之处,
其后面称为后堂,即后面的堂屋。这里含有背人的地方之意。

⑬夜行:夜间出行。这里指偷盗活动。

⑭坐者:指坐在公堂的官吏。十三:十分之三,指分赃所得。行十
五:夜行的盗分十分之五。

⑮私行:暗地的行动。指偷盗。公:公道。

⑯公奚取:你们那些看似合乎公道的赃物又怎么取得呢?

⑰君倚奉公:你们打着奉公的旗号。倚,依靠,借着。

⑱廪:粮仓。这里指俸米。

⑲盘桓:徘徊,这里指没有着落。

⑳"君若"句:意为你们如若不接受上述分赃办法。

㉑持强:指用暴力。分廪:分掉粮仓之粮。

【译文】

　　唐代李涉《赠盗》诗说:"傍晚时分在风雨中的江边小村,夜间听说来了绿林好汉。咱们既然相遇了也就不须回避,如今社会上有半数都是你们这样的人了。"刘伯温在《咏梁山泊分赃台》诗中说:"高耸的台子用土堆成,人们传说强人在这里分配胜利果实。如今保持清高名节不愿做强盗的人是很少了,为什么梁山泊这个地方独有盗贼的名声呢?"《汉书》里说:"官吏都是戴着人帽子的老虎。"《史记》里说:"官吏都是不拿武器却大肆劫掠的家伙。"

　　李卓吾评论说:这都是一伙拿着武器、公开掠抢而不怕官兵缉捕的强盗。我也记得强盗赠官吏的一首诗,现抄录如下:

　　我们虽然没有见面但却互相了解,现在遇上了怎能说不相识呢?

　　如今也不用什么人用什么法令来公平判断,把赃物抬到后堂瓜分就是了。

　　如果怜悯我们夜间行盗不容易,你们这些坐在公堂上的官吏拿十分之三,我们拿十分之五好了。

　　要说我们的行为不光明正大,那我们就问问你们那些赃物是怎么取得的?

　　你们打着"奉公"的牌子搜刮百姓,谁能像你们有那么宽的得财门路?

　　你们月有月俸,日有粮米,我们这伙人的吃穿到哪里去找!

　　如果你们不愿意接受十分之五和十分之三的分赃办法,我们就要动武,打开你们的谷仓分粮,逼迫我们当"强盗"的,难道不正是你们自己吗!

封使君

【题解】

本文于万历二十四年（1596）写于麻城。选自《焚书》卷五。亦见《读升庵集》卷一一。杨升庵同题文见《升庵集》卷六〇。"封使君"的故事，见《太平御览》卷八九二引南朝梁任昉《述异记》："汉宣城郡守封邵，一日忽化为虎，食郡民。民呼曰'封使君'，因去，不复来。故时人语曰：'无作封使君，生不治民死食民。'"李贽此文，借张禹山之诗，更尖锐地指出今日的官虎要比昔日的官虎更为贪婪残酷，对照明代后期官场的腐败、黑暗，其批判精神极为强烈。

　　古传记言汉宣城郡守封邵[①]，一日化为虎，食郡民。民呼曰封使君[②]，即去不复来。其地谣曰："莫学封使君，生不治民死食民！"张禹山有诗云[③]："昔日封使君，化虎方食民；今日使君者，冠裳而吃人。"又曰："昔日虎使君，呼之即惭止；今日虎使君，呼之动牙齿。"又曰："昔时虎伏草，今日虎坐衙。大则吞人畜，小不遗鱼虾。"或曰此诗太激。禹山曰："我性然也。"升庵戏之曰："东坡嬉笑怒骂皆成诗[④]，公诗无嬉笑，但有怒骂耶？"李卓吾复谑之曰[⑤]：果哉怒骂成诗也！升庵此言，甚于怒骂。

【注释】

①宣城：汉代郡名，治所在今安徽宣城。郡守：始置于战国，初为武职，后逐渐成为地方官。汉景帝时改称太守，为掌治一郡的长官。汉代的郡守相当于后来的知府、太守。

②使君：汉代以后对州郡长官的称谓，意同"郡守"。

③张禺山：张含(1479—1565)，字愈光，号禺山，明代保山(今云南保山)人。能诗，有《禺山诗选》《禺山七言律钞》等。

④东坡：即苏轼(1037—1101)，字子瞻，自号东坡居士。因排行第一，人称苏长公。眉山(今四川眉山)人。嘉祐进士。神宗时，历官祠部员外郎，知密州、徐州、湖州。因反对王安石新法，以作诗"谤讪朝廷"罪贬黄州。哲宗时任翰林学士，官至礼部尚书。后又屡遭贬谪，最后北还，病死常州(今江苏常州)。追谥文忠。宋代文学家、书画家，与父洵、弟辙合称"三苏"。其文明白畅达，为"唐宋八大家"之一。其诗清新豪健，善用夸张比喻，而又能自创新意。论画主张神似，并善画竹，亦喜作枯木怪石。著有《东坡七集》及存世书画作品。诗文随意抒发感情，黄庭坚称为："东坡之酒，赤壁之笛，嬉笑怒骂，皆成文章。"

⑤谑(xuè)：戏谑，开玩笑。

【译文】

　　古时的传记载说，汉代宣城郡守封邵，有一天忽然变成了老虎，到处吃老百姓。老百姓叫他"封使君"，老虎就一去不再来。当地民谣说："官吏们不要学封使君，活着时不管老百姓，死了以后变成老虎却去吃老百姓。"张禺山就这个事作诗说："过去的封使君，变成老虎后才吃老百姓；今天的官吏们，却穿着官服吃老百姓。"又说："过去的变成老虎的封使君，人们一呼叫他就惭愧而去；今天穿着官服的官吏们，听到人们的呼叫就更加咬牙切齿地要害老百姓。"又说："过去变成老虎的封使君藏在草丛之中，今日的像老虎一样的官吏们却堂而皇之地坐在官衙之中。大贪吃人吃畜牲，小贪则连鱼虾也不放过。"有人说张禺山这些诗写的太过于激愤。张禺山说："我的性情就是这样。"杨升庵则玩笑地说："苏轼嬉笑怒骂都能成诗，老兄的诗没有嬉笑，怎么只有怒骂呢?"李卓吾也玩笑地说：真的啊，怒骂可以成诗啊！杨升庵的这些话，比怒骂更为厉害。

宋统似晋

【题解】

　　本文于万历二十四年(1596)写于麻城。亦见《读升庵集》卷七。杨慎同题文见《升庵集》卷四八。宋,宋代。统,事物之间相承的连续关系,系统。这里指王朝的传继。晋,晋代。在此文中,李贽不同意杨慎所说的宋代与晋代相似之论,而认为宋代可与唐代相比,表现了李贽的历史观。

　　先生谓宋统似晋①,余谓宋多贤君,晋无一主②,即宋艺祖以比司马炎何如也③?唯其仁柔④,是以怯弱,然爱民好士之报⑤,天亦不爽矣⑥。徽、钦虽北辕⑦,与怀、愍青衣行酒,跣足执盖⑧,实大径庭⑨。天之厚宋,亦可知也。唐虽稍得,然无主不乱,个个出走⑩。自五丁开道以来⑪,巴蜀遂为唐帝逃窜后户⑫,与汉已大不侔矣⑬。故谓宋比汉不得则可,谓比唐不得则不可⑭,况比晋乎?晋之司马懿⑮,一名柔奸家奴也⑯,更加以司马师之强悍⑰,司马昭之弑夺⑱,而何可以比艺祖?司马炎一名得志狭邪也⑲,更济以贾南风之淫妒⑳,问公私之虾蟆㉑,而何可以比太宗㉒?况仁宗四十年恭俭哉㉓,神宗励精有为哉㉔!所恨宋主无一刚耳。故余谓唐、宋一也,比之晋则已甚㉕。若康节不答国祚之问,唯取架上《晋纪》以示,见徽、钦事符怀、愍,南渡事似江东,非以是遂为晋比也㉖。

【注释】

　　①先生:指杨慎。

②晋无一主：指晋代没有一个贤主。

③宋艺祖：指宋太祖赵匡胤（927—976），涿州（今河北涿州）人。公元960—976在位。他用各个击破的战略，结束了五代十国的分裂割据局面，并选用将领长期驻防北方要地，加强对契丹的防御。鉴于以往"节镇太重，王弱臣强"的历史教训，采取了一系列措施，加强中央集权。又兴修水利，鼓励开垦荒地，使经济有所发展。是个较有作为的政治家。《宋史》卷一、卷二、卷三、《藏书》卷八等有传。艺祖，有文德之祖。后用以为开国帝王的通称。司马炎（236—290）：即晋武帝，字安世，河内温县（今河南温县西南）人。司马昭之子，继司马昭为相国、晋王，不久代魏称帝，灭吴，统一中国。公元265—290在位。在位期间，规定按官品高低占田，加强门阀制度，并大封宗室，生活荒淫。身死不久，全国就重新陷入分裂混战的局面。《晋书》卷三、《藏书》卷四等有传。

④仁柔：仁爱温和。史学家对赵匡胤的仁爱有所赞美。《宋史》本传载："太宗（匡胤之弟光义）尝病亟，帝往视之，亲为灼艾，太宗觉痛，帝亦取艾自灸。"李贽继承了这一评议，并把"取艾自灸"事例也写进了《藏书》宋太祖传中。

⑤爱民好士之报：宋以后的一些儒家，从宣扬"仁政""天命"论出发，认为宋代延续时间较长，是由于"爱民好士"的结果。

⑥不爽：不差，没有差错。

⑦徽、钦虽北辕：指宋徽宗、宋钦宗被女真贵族俘虏北方之事。徽，宋徽宗赵佶；钦，宋钦宗赵桓。钦宗靖康元年（1126），金兵攻破东京（今河南开封）。次年四月，女真贵族大肆勒索搜括后，掳走赵佶、赵桓和宗室、后妃数千人，及各种珍宝、礼器、皇家藏书，东京城中为之一空，北宋灭亡，史称"靖康之难"。北辕，车向北驶，北行。

⑧"与怀、愍"二句：指晋怀帝、晋愍帝被鲜卑贵族俘虏后受辱之事。怀，晋怀帝司马炽；愍，晋愍帝司马邺。晋永嘉五年（311），鲜卑贵族所建立的汉国汉王刘聪派刘曜破洛阳，俘怀帝，杀王公士民三万余人，史称"永嘉之乱"。晋建兴四年（316），刘曜又围长安，愍帝出降，西晋灭亡。《晋书》卷五《孝怀帝纪》载，被俘的司马炽在刘聪举行的宴会上，曾"着青衣行酒"，即穿着奴隶等卑贱者才穿的"青衣"给匈奴贵族斟酒。《晋书》卷五《孝愍帝纪》载，被俘的司马邺，在一次"大会"时，为刘聪"行酒洗爵，（刘聪）反而更衣（如厕大小便），又使帝执盖（拿便桶盖）"。跣足，赤脚。

⑨径庭：过分。引申为悬殊，差别，谓相距甚远。

⑩个个出走：指唐代皇帝中，因农民起义或少数民族侵扰等原因而逃出京都长安（今西安）。其实，在唐代二十一个皇帝中，因上述情况出逃的只有玄宗李隆基、肃宗李亨、代宗李豫、德宗李适（kuò）、僖宗李儇（xuān）、昭宗李晔等六位。说"个个出走"，是夸大之词。

⑪五丁开道：传说战国时秦惠王欲伐蜀，苦于没有进军的道路，于是作石牛五头，把金放在牛尾，扬言石牛能拉金屎。蜀王一听，令五丁（五个大力士）开辟蜀道，引进了石牛（见郦道元《水经注·沔水一》）。

⑫"巴蜀"句：意为四川成了唐代皇帝逃窜的后方。实际上唐代有两个皇帝曾因社会动乱逃往四川。一是唐玄宗李隆基因安禄山进逼长安，二是唐僖宗李儇因黄巢起义军攻克长安。

⑬侔（móu）：相同。

⑭"故谓"二句：意为宋代不能与汉相比是可以的，若说宋代不能与唐相比则是不可以的，即宋代可以比得上唐代。这是李贽的一种看法。不得，不能，不可。

⑮司马懿（179—251）：字仲达，三国河内温县（今河南温县西南）

人。出身士族。曾作过曹操的谋士,多谋略,善权变。后成为魏文帝曹丕、魏明帝曹叡(ruì)、魏齐王曹芳的重臣。魏齐王嘉平元年(249),杀曹爽,专国政。《晋书》卷一有传。

⑯柔奸:表面柔和而内心奸诈。家奴:指司马懿曾为曹操谋士,曹丕、曹叡、曹爽的臣子。

⑰司马师(208—255):字子元,司马懿的长子。继其父为魏大将军,专国政。嘉平六年(254),废魏帝曹芳,立曹髦(máo)为傀儡皇帝,进一步操纵魏国军政大权。《晋书》卷二有传。

⑱司马昭(211—265):字子上,司马懿次子,司马炎之父。继其兄司马师为魏大将军,专国政,并日谋代魏。魏帝曹髦曾说:“司马昭之心,路人所知也。”(《三国志》卷四《高贵乡公髦传》裴松之注引《汉晋春秋》)弑夺:指甘露五年(260)杀曹髦,立曹奂为傀儡皇帝。《晋书》卷二有传。

⑲狭邪:原指妓院。这里是浪荡子的意思。

⑳济以:加上。贾南风:晋惠帝司马衷的皇后,门阀士族出身,生活荒淫无耻。为了攫取政权,她挑起司马氏宗室间争权夺利的长达十六年的内讧战争,史称“八王之乱”。《晋书》卷三一有传。

㉑问公私之虾蟆:据《晋书》卷四《惠帝纪》,有一次惠帝司马衷在华林园听到虾蟆叫,竟问左右大臣:“此鸣者为官乎,私乎?”又,“及天下荒乱,百姓饿死,帝曰:‘何不食肉糜?’”可见其昏庸白痴之甚。

㉒太宗:即宋太宗赵光义(939—997),原名匡义,后改光义,即位后改炅(jiǒng),宋太祖赵匡胤之弟。公元976—997年在位。他继承太祖对割据政权各个击破的策略,基本上统一了中国。同时继续加强中央集权,大量增加进士科中试名额,使文臣纂修《太平御览》等书,加强了“重文”的风气,社会生产也得到逐步发展。《宋史》卷四、卷五、《藏书》卷八等有传。

㉓仁宗：即宋仁宗赵祯（1010—1063），1022—1063 在位。在位期间，曾采取一些以改良吏治为中心的措施，社会经济和科学文化都有所发展。但仁宗朝土地兼并和冗官冗兵严重，政治上因循苟且相习成风，对西夏和辽屈辱求和。《宋史》卷九、卷一〇、卷一一、卷一二、《藏书》卷八等有传。恭俭：恭谨谦逊俭朴。《宋史》本传赞："仁宗恭俭仁恕，出于天性，一遇水旱，或密祷禁廷，或跣（赤脚）立殿下……燕私（平日闲居）常服浣濯（多次洗过的旧衣），帷帘（yì）衾裯（床帐被褥），多用缯绤（shī 粗绸）。"李贽所说本此。

㉔神宗：即宋神宗赵顼（xū，1048—1085），1067—1085 在位。曾支持王安石变法，力谋富国强兵，改变宋代"积贫积弱"的局面。《宋史》卷一四、卷一五、卷一六、《藏书》卷八等有传。励精：振奋精神，致力于事业。

㉕已甚：过分。

㉖"若康节"五句：杨慎在《宋统似晋》一文中说，有人问邵雍，宋代国运怎样？邵雍没有回答，仅取下书架上的《晋纪》给问的人看，意为赵佶、赵桓和西晋的司马炽、司马邺一样当了俘虏。杨慎以此作为"宋统似晋"的一个论据。李贽不同意这种看法，认为邵雍这样做仅是预见到徽、钦和怀、愍一样要当俘虏，宋代像晋代一样要南渡，并不是把整个宋代比作晋代。康节，即邵雍（1011—1077），字尧夫，谥号康节。其先范阳（今河北涿州）人，幼随父迁共城（今河南辉县），在城西北的苏门山百泉建"安乐窝"，后迁居洛阳天津桥南。北宋哲学家。著有《皇极经世》《伊川击壤集》等。《宋史》卷四二七、《藏书》卷三二、《宋元学案》卷九〇等有传。国祚（zuò），国运。这里指王朝延续情况。《晋纪》，应指唐代房玄龄等编撰的《晋书》。南渡，公元 1127 年"靖康之难"后，宋康王赵构即位南京（今河南商丘），改元建炎，是为

宋高宗。后又南渡,定都临安(今杭州),史称南宋。"南渡"即指
南宋王朝。江东,习惯上称包括芜湖、南京以下的长江南岸地区
为"江东"。这里指西晋灭亡后,司马睿南迁建康(今南京)后建
立的东晋王朝。

【译文】

　　杨慎先生认为宋代和晋代很相似,我认为宋代多贤君,而晋代一位
贤君也没有,以宋太祖赵匡胤与晋武帝司马炎相比怎么样? 赵匡胤仁
爱温和,因此显得有些懦弱,但由于他的爱民好士使宋代统治延续时间
较长,这也是上天保佑的结果。宋徽宗、宋钦宗被女真贵族俘虏北方,
与晋怀帝被鲜卑贵族俘虏后穿着奴隶的青衣为鲜卑国王刘聪斟酒,晋
愍帝被鲜卑贵族俘虏后赤脚为刘聪拿便桶盖,差别之大不可同日而语。
上天对宋代的厚待,可以看得很明白。唐代虽然有所成功,然而没有一
个君主时代不乱,每个君主都在乱中逃出京都长安。自从传说中战国
时五个大力士开辟了蜀道以来,四川已成了唐代皇帝逃窜的后方,与汉
代相比那是大大不同了。所以说宋代不能与汉代相比是可以的,若说
宋代不能与唐代相比则是不可以的,何况更差劲的晋代呢? 晋代的司
马懿,不过是一名藏在曹魏朝中的表面柔和而内心奸诈的家奴,再加以
他的长子司马师的强悍,他的次子司马昭杀死魏国皇帝曹髦,他们这样
的恶劣怎么能和宋太祖赵匡胤比? 代魏称帝的司马昭之子司马炎不过
一名得志的浪荡子,再加上晋惠帝司马衷的皇后贾南风荒淫妒嫉,司
马衷在华林园听到虾蟆叫竟然问左右大臣"此鸣者为官乎私乎"的昏
庸,又怎么和宋太宗赵光义相比? 何况还有宋仁宗赵祯恭谨俭朴,宋
神宗赵顼振奋精神致力于事业! 遗憾的是宋代君主都缺乏刚毅之气
罢了。所以我认为唐与宋相比可称一样,杨慎先生以宋比晋那是太不
合适了。有人问邵康节宋代国运怎样,邵雍没有回答,仅取下书架上
的《晋纪》给问的人看,这只是表示邵雍预见到宋代的徽、钦二帝与晋
代的怀、愍二帝一样要当俘虏,宋代像晋代一样要南渡,并不是像杨慎

在《宋统似晋》中所说的那样是把整个宋代比作晋代。

逸少经济

【题解】

本文于万历二十四年(1596)写于麻城。亦见《读升庵集》卷八。杨慎同题文见《升庵集》卷四九。逸少,王羲之,字逸少,琅玡临沂(今山东临沂)人。出身贵族。官至右军将军,故又称王右军。东晋书法家,尤擅正、行,对后人影响极大。《晋书》卷八〇、《藏书》卷四六等有传。杨慎本有济世之志,但后因"大礼议"事件遭贬谪三十年,只能致力著述。李贽认为杨慎说王羲之有"经济之才",人们只以"翰墨称之",是"自寓",有一定道理。

先生谓逸少"识虑精深①,有经济才②,而为书名所盖③,后世但以翰墨称之④,艺之为累大哉⑤!"卓吾子曰:艺又安能累人?凡艺之极精者,皆神人也,况翰墨之为艺哉⑥!先生偏矣!或曰:先生盖自寓也⑦。

【注释】

①先生:指杨慎。识虑:见识与思虑。

②经济:经世济民。意即从政治国。

③书名:书法的名声。盖:掩盖。

④"后世"句:后世对王羲之的书法成就评价极高,称之为"书圣"。
   翰墨,笔墨,此指书法。

⑤艺:技艺。这里指书法艺术。累:拖累。

⑥况翰墨之为艺哉:何况书法艺术呢!

⑦盖:大概。自寓:寄托自己的感慨。

【译文】

　　杨慎先生说王羲之"见识与思虑精深,有经世治民从政治国的才能,但是却被书法的名声掩盖了,后世只以书法的成就称赞他为'书圣',书法艺术对王羲之的拖累太大了!"卓吾子说:艺术又怎么会拖累人?凡是艺术造诣极精的人,都是神人,何况书法艺术呢?杨慎先生之言差矣!或者说:杨慎说这话大概是寄托了济世之才没得施展的感慨吧。

孔北海

【题解】

　　本文于万历二十四年(1596)写于麻城。亦见《读升庵集》卷八。杨慎同题文见《升庵集》卷四九。孔北海:即孔融。见《杨修》注⑨。

　　"北海大志直节①,东汉名流,而与'建安七子'并称②;骆宾王劲辞忠愤③,唐之义士,而与'垂拱四杰'为列④。以文章之末技,而掩其立身之大闲⑤,可惜也!"卓吾子曰:文章非末技,大闲岂容掩?先生差矣!或曰:先生皆自况也⑥。

【注释】

①直节:刚直的气节。

②建安七子:指建安时期的七个文人。最早见于曹丕《典论·论文》:"今之文人,鲁国孔融文举,广陵陈琳孔璋,山阳王粲仲宣,北海徐幹伟长,陈留阮瑀元瑜,汝南应玚德琏,东平刘桢公幹。斯七子者,于学无所遗,于辞无所假,咸以自骋骥騄于千里,仰齐足而并驰,以此相服,亦良难矣。"这七个人,除孔融因反对曹操

被杀外,其余六人都为曹氏效力,形成曹魏文学集团。《三国志》卷二一、《藏书》卷三八有《王粲传》,陈琳等五人各附《王粲传》后。

③骆宾王(640?—684?):婺州义乌(今浙江义乌)人。唐高宗时历任武功、长安两县主簿及侍御史。武后时,数上疏言事。后得罪入狱。睿宗光宅元年(684),徐敬业在扬州起兵讨武后,骆宾王为其幕僚,写《为徐敬业讨武后檄》,传诵一时。徐敬业兵败,被杀(一说亡命不知所终)。著有《骆临海集》。《旧唐书》卷一九〇上、《新唐书》卷二〇一等有传。劲辞忠愤:刚劲的文辞,忠诚的激愤。指《为徐敬业讨武后檄》。此文揭露武则天“包藏祸心,窥窃神器”的阴谋,以及兴师讨伐的必要性、正义性,都写得义正词严,锋芒锐利,激昂慷慨,气势磅礴。其中“一抔(póu,一捧)之土未干,六尺之孤安在”,“请看今日之域中,竟是谁家之天下”,更是千古传诵。

④垂拱四杰:指武则天时代的文学家王勃(649—676)、杨炯(650—?)、卢照邻(634—?)和骆宾王,他们由于“以文词齐名,海内称为王杨卢骆,亦号为‘四杰’”(《旧唐书·文苑传上》)。四人传记均见《旧唐书》卷一九〇上、《新唐书》卷一二六等。垂拱,武则天称帝时的一个年号。

⑤大闲:大节,基本的行为准则。语本《论语·子张》:“大德不逾闲。”意为人的重大节操不能逾越界限。闲,木栏,界限。

⑥自况:自比。孔融因攻击曹操被杀,骆宾王因反对武则天而以悲剧告终,杨慎因“大礼议”事件而被贬谪,三人又都极有文名,李贽说杨慎借孔融、骆宾王而自比,有一定道理。

【译文】

“孔融有远大的志向和刚直的气节,是东汉的名流,和‘建安七子’齐名;骆宾王具有刚劲的言辞,忠诚的激愤,是唐代的义士,与‘垂拱四杰’并列。他们都是以文章的末技,掩盖了立身的基本行为准则,真是可惜!"李卓吾则说:文章并不是末技,立身的基本行为准则岂容掩盖?先生之说不对呀! 有人说:这不过是杨慎先生自比罢了。

经史相为表里

【题解】

本文于万历二十四年(1596)写于麻城。亦见《读升庵集》卷七。杨慎同题文见《升庵集》卷四七。"六经皆史"为李贽最早提出,这一主张,后来元代的郝经、清代的袁枚进一步作了发挥。至章学诚才成为一种系统的理论。他认为六经乃夏、商、周典章政教的历史记录,并非圣人为垂教立言而作。他提出了"六经皆史""六经皆器"的命题,反对"离器言道"。见《文史通义》中的《易教》《经解》。后来龚自珍《古史钩沉论二》、章炳麟《国故论衡·原经》也倡此说。

经、史一物也①。史而不经②,则为秽史矣③,何以垂戒鉴乎④? 经而不史,则为说白话矣⑤,何以彰事实乎? 故《春秋》一经⑥,春秋一时之史也。《诗经》《书经》⑦,二帝三王以来之史也⑧。而《易经》则又示人以经之所自出⑨,史之所从来,为道屡迁,变易匪常⑩,不可以一定执也⑪。故谓六经皆史可也⑫。

【注释】

①经、史一物:即经和史是一个事物的两个方面,互为联系,不应分离。经,对经典著作的尊称。这里则指儒家的"经典"。史,史书著作。

②不经:没有根据。这里指不以儒家经典作指导。

③秽史：歪曲历史本来面目的史书。语出《北史》卷五六《魏收传》。原是对北齐魏收所撰《魏书》中有关门阀豪族秽污之事，或有所遮掩美化，或与事实有所出入，被当事后人攻击"著史不平"，是"秽史"。原文为："（魏收奉诏撰《魏史》）修史诸人，宗祖姻戚，多被书录，饰以美言。（魏）收颇急，不甚能平，夙有怨者，多没其善。每言：'何物小子，敢共魏收作色（脸上变色）！举之则使上天，按之当使入地。'……于是众口喧然，号为'秽史'。"

④垂：留传。戒鉴：警戒，引以为戒。

⑤白话：空话，没有根据或不能实现的话。李贽《初潭集》卷十七"刘伶纵酒放达"评："不是大话，亦不是白话。"《红楼梦》第五十七回"紫娟道：'你妹妹回苏州家云。'宝玉笑道'你又说白话。苏州虽是原籍，因没了姑父姑母，无人照管，才就了来的。明年回去找谁，可见是扯谎。'"

⑥《春秋》：编年体春秋史。相传孔子依据鲁国史所编《春秋》加以整理修订而成。《春秋》文字简短，据说有寓褒贬、别善恶之意，后世称为"春秋笔法"。后来成为儒家经典之一。

⑦《诗经》：我国第一部诗歌总集，共三百零五篇。反映了自西周初年至春秋中叶（公元前11世纪到公元前6世纪）约五百多年的历史生活。全集分风、雅、颂三部分，其中包括十五"国风"，雅分"大雅""小雅"，颂分"周颂""鲁颂""商颂"。相传曾经孔子删改，后来成为儒家经典之一。《书经》：即《尚书》。"尚"即"上"，上代以来的书，故名。中国上古历史文件和部分追述古代事迹著作的汇编。相传由孔子编选而成。事实上有些篇章是后来儒家补充进去的。儒家经典之一。

⑧二帝：唐尧、虞舜。三王：夏禹、商汤、周文王。

⑨《易经》：即《周易》。见《子虚》注③。自出：出自于。

⑩"为道"二句：意为道是经常变化的，不是固定不变的。

⑪"不可"句：意为固执一定的看法是不可的。执，固执。

⑫六经皆史：谓《周易》《尚书》《诗经》《礼记》《乐经》《春秋》六经皆
　　为中国的古代史书。

【译文】

　　经典与史书之作是一个事物的两个方面，互为联系。史书之作若
不以经典为指导，那就会成为歪曲历史本来面目的"秽史"，怎么能让后
人引以为戒呢？经典若缺乏史笔，那就会成为没有根据的文字，怎么能
说明事实道理呢？所以《春秋》这一经典，也就是春秋时的历史。《诗
经》《书经》，也就是二帝、三王以来的历史。而《易经》则是告知人们经
是怎么形成的，史是怎么发展的，道是经常变化而不是固定不移的，固
执一定的看法是不可取的。所以说六经都是史书是正确的。

锺馗即终葵

【题解】

　　本文于万历二十四年(1596)写于麻城。亦见《读升庵集》卷二〇。
杨慎同题文见《升庵集》卷四四。锺馗(kuí)，中国古代传说中的故事人
物，谓能打鬼吃鬼和驱除邪祟，旧时端午节多悬锺馗之像(五代时悬于
除夕)。

　　杨升庵曰："《考工记》云①：'大圭首终葵。'②注③：'终
葵，椎也④。齐人名椎曰终葵⑤。'盖言大圭之首似椎也。《金
石录》以为晋、宋人名⑥。夫以终葵为名矣，后又讹为锺馗⑦。
俗又画一神像帖于门首⑧，执椎以击鬼。好怪者便傅会说锺
馗能啖鬼⑨。画士又作《锺馗元夕出游图》⑩，又作《锺馗嫁妹
图》。文士又戏作《锺馗传》，言锺馗为开元进士，明皇梦见，

命工画之⑪。按孙逖、张说文集有《谢赐锺馗画表》⑫,先于开元久矣,亦如石敢当⑬,《急就章》中虚拟人名也⑭。俗便立石于门,书'太山石敢当',文人亦作《石敢当传》。昧者相传⑮,便谓真有其人矣。"

【注释】

①《考工记》:先秦古籍中的重要科学技术著作。作者不详。据后人考证,它是春秋末齐国人记录手工业技术的官书,主要记述有关百工之事,是研究我国古代科学技术的重要文献。现存在《周礼》,故亦称《周礼·考工记》。

②大圭首终葵:语本《考工记·玉人》:"大圭长三尺,杼(shù)上终葵首,天子服之。"意为大圭长三尺,削尖上端,头部如终葵,天子佩用它。圭,一种玉器。大圭,丁字形,用途如笏,插在腰带间以记事备忘。杼,削尖,削薄。

③注:指东汉末年郑玄《考工记》注。

④椎(chuí):捶击的工具。后亦为兵器。

⑤齐人名椎曰终葵:见唐代贾公彦《考工记》"疏",原文是"齐人谓椎为终葵"。

⑥《金石录》:宋赵明诚撰,共三十卷,著录了作者所藏上起三代下及隋、唐、五代的金石拓本共二千种。前十卷为目录,按照时代顺序编排,每一目下注年月和撰书人名;后二十卷为辨证,共跋尾五百零二篇。今北京国家图书馆藏有宋初刊本。晋:指司马睿建立的东晋(317—420)。宋:指刘裕建立的南北朝时期的宋代(420—479)。

⑦讹(é):误传。

⑧帖:这里同"贴"。

⑨啖(dàn):吃。

⑩元夕：旧称农历正月十五日为上元节，是夜称元夕。与"元夜" "元宵"同。

⑪"文士"四句：据沈括《梦溪笔谈》卷三《杂志》记载，唐明皇李隆基 于病时，梦见一大鬼捉小鬼吃之，明皇问他，他自称名锺馗，生前 于开元时应试武举未中，死后决心消灭天下妖孽。明皇醒后，命 画工吴道子绘成图像。开元，唐明皇的一个年号(713—741)。 明皇，即唐玄宗，因谥号为至道大圣大明孝皇帝，因又称唐明皇。

⑫孙逖(tì)：博州武水(今湖南临武)人。唐玄宗时，历官左拾遗、集 贤院修撰、中书舍人等。著有《孙子逖集》。《旧唐书》卷一九〇 中、《新唐书》卷二〇二等有传。张说(667—730)：字道济，一字 说之，洛阳(今河南洛阳)人。历仕武后、中宗、睿宗、玄宗朝，历 官黄门侍郎、中书侍郎、同中书门下平章事、朔方节度使、中书令 等，封燕国公。擅长文辞，当时朝廷重要文件多出其手，亦能诗。 著有《张燕公集》。《旧唐书》卷九七、《新唐书》卷一二五、《藏书》 卷三八等有传。《谢赐锺馗画表》：张说文见《全唐文》卷二二三， 题为《谢赐锺馗及历日表》，中有"赐臣画锺馗一……屏祛群厉， 缋神像以无邪"。孙逖文未见。

⑬石敢当：旧时在家门口或村前、巷口、桥梁处立一小石碑或石雕武士 像，上刻"石敢当"或"泰山石敢当"等字，民间以为可以禁压不祥。

⑭《急就章》：一名《急就篇》，字书，西汉史游撰。今本三十四章。 大抵按姓名、衣服、饮食、器用等分类编成韵语，以教学童识字。 因首句有"急就"二字，故以名篇。虚拟人名：《急就章》卷一"石 敢当"，颜师古注："卫有石碏(què)、石买、石恶，郑有石癸、石楚、 石制，皆为石氏……敢当，言所当无敌也。"

⑮昧：愚昧。

【译文】

杨升庵说："《考工记》说：'一种玉器名圭，有长三尺的大圭，削尖上端，头部如终葵，天子佩用它。'东汉末年郑玄的注说：'终葵，是一种捶击的工具。'齐地的人把这种用以捶击的椎叫终葵。'意思是说大圭的头部像椎一样。宋代赵明诚著的《金石录》以为是晋代、宋代之间的人名。既然认为终葵为人名，后来又误传为锺馗。世俗之士又画个锺馗的神像贴在人门上，手拿一个捶击的工具以打鬼。喜欢怪异之事的人又传说锺馗能吃鬼。有画家又画了正月十五夜称为元夕的《锺馗元夕出游图》，又画有《锺馗嫁妹图》。文人又戏作《锺馗传》，说锺馗是开元时的进士，唐玄宗梦见他在捉小鬼吃，并自称生前应开元武举进士未中，死后就决心消灭天下妖孽。唐玄宗醒后，命吴道子画成图像。按孙逖、张说文集中有《谢赐锺馗画表》，都是在唐玄宗开元以前很久的事，这就像传说中的石敢当一样是《急就章》一书中虚拟的人名而已。世俗把一石块立于门外，上写'太山石敢当'，文人也作《石敢当传》。愚昧之人互相传说，以为真有这个人呢。"

卓吾子曰：莫怪他谓真有其人也，此物比真人还更长久也。且先生又安知不更有锺馗其人乎？终葵二字，亦是后人名之耳①。后人可以名终葵，又后人独不可以名锺馗乎？假则皆假，真则皆真，先生勿太认真也！

【注释】

①名：这里是看成人名的意思。下句"人名"同此。

【译文】

卓吾子说：不要奇怪人们认为锺馗是真有其人，这个物件比真人还要长久于世。而且杨升庵先生怎么能不知道另有锺馗这样的人呢？终葵二字，也是后人把他看成人名了。后人可以把终葵看成人名，又怎么不可以把锺馗看成人名？假了都假，真了都真，升庵先生不要太认真了。

先生又曰："苏易简作《文房四谱》云①：'虢州岁贡锺馗二十枚②。'慎按：砚以锺馗名，亦即《考工记》终葵大圭之义，盖砚形如大圭耳。"

【注释】

①苏易简(957—996)：字太简，梓州铜山(今四川中江)人。少笃学有文才。宋太宗太平兴国间进士。历官翰林学士承旨、中书舍人承旨、参知政事，后以礼部侍郎出知邓州。著有《文房四谱》《续翰林志》及《文集》二〇卷。《宋史》卷二六六有传。《文房四谱》：又称《文房四室谱》，记载被称为"文房四宝"的笔、墨、纸、砚四种文具的来历、制作、品类及有关故实。

②虢(guó)州：隋置，治所在卢氏(今河南卢氏)。唐代贞观中移治弘农(今河南灵室)。辖境相当于今河南西部。产澄泥砚，唐代时以为第一。

【译文】

升庵先生又说："宋代的苏易简作《文房四谱》说：'虢州(辖境相当于今河南西部)多年进贡名锺馗的澄泥砚二十个。'杨升庵按：砚以锺馗为名，也像《考工记》所说终葵就是大圭之义，因为澄泥砚的形状就像大圭。"

李卓吾曰：苏易简又以进士锺馗而讹呼石为锺馗矣①。砚石为锺馗，锺馗为进士，进士为大圭首，大圭首为椎，总之一椎而已，先生勿劳也！

【注释】

①"苏易简"句：意为苏易简又把原来"锺馗是进士"的说法变成"锺馗是一种石砚"的误传了。

【译文】

李卓吾说：苏易简把原来"锺馗是进士"的说法变成"锺馗是一种石砚"的误传了。石砚为锺馗，锺馗为进士，进士为大圭之首，大圭之首为用以捶击的椎，总之不过是一个用以捶击的椎而已，先生不必费太多心力了！

段善本琵琶

【题解】

本文于万历二十四年(1596)写于麻城。亦见《读升庵集》卷五。杨慎同题文见《升庵集》卷四四。段善本：唐代长安庄严寺僧，俗姓段，人称"段师"，著名琵琶家。贞元间曾与康昆仑比赛琵琶，将昆仑所弹《羽调绿腰》移入"枫香调"中弹出，昆仑惊服，拜请为师。有弟子数十人，以康昆仑、李管儿最著名。此文由段善本不教授康昆仑学艺，引出学道、读书、作文，以及人生修养的道理，反对"无佛处称尊"的浅见，颇引人深思。

唐贞元中①，长安大旱，诏移两地祈雨。街东有康昆仑②，琵琶号为第一手，自谓街西无己敌也。登楼弹新翻调《绿腰》③。及度曲④，街西亦出一女郎，抱乐器登楼弹之，移在枫香调中，妙技入神。昆仑大惊，请与相见，欲拜之为师。女郎更衣出，乃庄严寺段师善本也。德宗闻知，召加奖赏，即令昆仑弹一曲。段师曰："本领何杂耶⑤？兼带邪声⑥。"昆仑拜曰："段师神人也。"德宗诏授康昆仑⑦。段师奏曰："请昆仑不近乐器十数年，忘其本领，然后可授。"

【注释】

①贞元：唐德宗年号(785—805)。

②康昆仑：唐代西域康国(今乌兹别克共和国撒马尔罕一带)人。琵琶演奏家，德宗贞元时有"长安第一手"之称。后又从段善本深造。

③《绿腰》：琵琶曲名，又作《羽调绿腰》《羽调录要》《六么》等。

④度曲：按曲谱歌唱。

⑤本领：技能。

⑥邪声：感叹之声，这里指杂音。

⑦诏授：皇帝下达命令(让其)传授。授，传授，教。

【译文】

唐代德宗贞元年间，长安大旱，皇帝下令在两地求雨。街东有乐师康昆仑，号称天下琵琶第一人，自称街西无敌手。登楼弹新翻曲调《绿腰》。他一开始弹曲歌唱，街西也走出一妙龄女郎，手抱乐器登楼弹奏，将旧曲变移到枫香调中，妙技入神。康昆仑大惊，请与相见，并想拜之为师。妙龄女郎换衣后出来相见，原来是庄严寺的段师善本。德宗闻听此情，召见他并给以奖赏，同时又命康昆仑弹奏一曲，请段师善本给以品评。段师善本说："弹奏技能怎么这么不专？而且带着多余的杂音。"康昆仑听此言后，恭敬地礼拜说："段师真神人也。"德宗即刻下令命段师善本指导康昆仑。段师善本立即奏言德宗："请康昆仑停弹琵琶十多年，把他原来不专一的技法全部忘掉，到那时我就可以教授他了。"

卓吾子曰：至哉言乎！学道亦若此矣，凡百皆若此也①。读书不若此，则不如不读；作文不若此，则不如不作；功业不若此，则未可言功业；人品不若此，亦安得谓之人品乎？总之鼠窃狗偷云耳②。无佛处称尊③，康昆仑之流也。何足道！

何足道!

【注释】

①凡百:一切。

②鼠窃狗偷:原比喻小偷小盗或小规模的抢掠骚扰。这里指识见、
才能低浅。

③无佛处称尊:意为在没有比自己高明的人的地方妄自尊大。

【译文】

李卓吾说:这真是至理名言啊!学道也是这样,一切事情都是这
样。读书若不这样做,那就不如不读;作文若不这样做,那就不如不做;
建功立业若不这样做,那就谈不上建功立业;人品修养若不这样做,那
还谈什么人品修养?总之那种不专一的皮外能都只是见识才能低浅的
表现。山中无老虎,猴子称霸王,康昆仑就是如此之流。不值得说啊!
不值得说啊!

樊敏碑后

【题解】

本文于万历二十四年(1596)写于麻城。亦见《读升庵集》卷二,原
题作《樊敏碑跋》。杨慎同题文见《升庵文集》卷一〇。樊敏(120—
203),字升达,东汉巴郡(郡治在今四川南充县北)太守。为赞颂樊敏的
事迹,公元 205 年立一石碑,称"樊敏碑"。

镂石①,技也,亦道也②。文惠君曰:"嘻!技盖至此乎?"
庖丁对曰:"臣之所好者道也,进乎技矣③。"是以道与技为
二,非也。造圣则圣④,入神则神,技即道耳。技至于神圣所

在之处，必有神物护持⑤，而况有识之人钦？且千载而后，人犹爱惜，岂有身亲为之而不自爱惜者？石工书名，自爱惜也，不自知其为石工也⑥。神圣在我，技不得轻矣。否则，读书作文亦贱也，宁独镌石之工乎？虽然，刘武良以精镌书名可也⑦，今世镌工，又皆一一书名碑阴何哉⑧？学步失故⑨，尽相习以为当然，可笑矣！故雕镌者工⑩，则书镌者姓名，碑盖藉镌而传也⑪。镌者或未甚工，而所镌之字与其文，或其人之贤，的然必传于世⑫，则镌石之工亦必镌石以附之⑬。所谓交相附而交相传也。盖技巧神圣，人自重之。能为人重，则必借重于人。然元祐奸党碑⑭，石工常安民乃恳求勿镌姓名于其后⑮，又何耶⑯？

【注释】

①镌（juān）：雕刻。

②亦道也：（镌石虽是技艺）也含有一定的哲学道理。

③"文惠君"数句：事见《庄子·养生主》。原文说，庖丁替文惠君宰牛，手所触及的，肩所倚着的，脚所踩到的，膝所抵住的，进刀时及其割解时骨肉相离的响声，没有不合于音节，合于古乐《桑林》章的舞步，合于古乐《经首》乐章的韵律。这时文惠君说："嘻，善哉！技盖至此乎（技术怎能达到这般地步）？"庖丁放下屠刀回答道："臣之所好者也，进乎技矣。"意为我所爱好的是道，已经超过技术了。文惠君，不知何许人，旧注有的说是梁惠王，有的认为这是附会。盖，何以，怎能。庖丁，一说是名叫丁的厨师，一说就是厨师。庖，厨房。进，超过。

④造圣则圣：与下句"入神则神"，都是指技艺可以达到超出平凡、变化莫测的境地。

⑤神物：神异的东西，指鬼神。

⑥"不自知"句：意为不把自己看成是一个单纯的石工。

⑦刘武良：《樊敏碑》的雕刻者。书名：写上姓名。

⑧碑阴：石碑背后。

⑨学步失故：即"邯郸学步"。典出《庄子·秋水》。大意是，战国时
　　燕国有一个少年到赵国国都邯郸去，看到赵国人走路的姿势很
　　美，就跟着学起来。结果不但没有学会，连自己原来的步法也给
　　忘了，只好爬着回去。后人就用"邯郸学步"或"学步失故"比喻
　　依仿别人不成，反而丢失了自己固有的技能。

⑩工：工巧。指技艺高明。

⑪藉（jiè）：凭借，依靠。

⑫的然：确然，一定。

⑬"则镌"句：后一个"镌石"，李贽《读升庵集》作"镌名"。附：依附。

⑭元祐奸党碑：即"党籍碑"。见后《党籍碑》注"题解"。

⑮"石工"句：常安民，即"元祐奸党碑"的镌刻者，一说姓安名民。
　　据说常安民害怕在"元祐奸党碑"上刻了自己的姓名会跟蔡京一
　　道受后人的责骂，因此，请求不要把它镌在石碑后面。

⑯又何耶：又为什么？以上三句意为镌刻者要"借重于人"，但要看
　　对方是什么样的人。若是坏人，则不但得不到"借重"，反而会受
　　到玷污，连累。

【译文】

　　雕刻碑石，是一种技艺，也含有一定的哲学人生道理。《庄子·养
生主》记载，文惠君看了庖丁为他宰牛的情况赞叹说："嘻！技术怎么这
样高妙？"庖丁答道："我爱好的是道，已经超过技艺了。"这是把哲学人
生道理与技艺分而为二，是不对的。技艺可以达到造圣则圣、入神则神
这样超出平凡变化莫测的境地，这就包含着哲学人生之道。技艺可以
达到造圣则圣、入神则神的超出平凡变化莫测的境地，那一定是有神异

之物的帮助扶持,何况有见识的人呢? 而且千载之后,人们都会很爱惜这些雕刻碑石,哪里有亲自为之雕刻而不爱惜之人呢? 雕刻的石工署上名字,正是对自己雕刻的爱惜和技艺的肯定,不是把自己仅仅看成是一个单纯的石工。因为造圣则圣、造神则神,神圣都在雕刻技艺之中得以表现,所以对技艺是不能轻视的。否则,读书作文也没有什么价值,哪里只有雕刻碑石的石工呢? 正因为这样,为《樊敏碑》进行精妙的雕刻的刘武良同时书雕上自己的名字那是应该的,而今世的一些石匠,都把自己的名字书雕在石碑背后不知什么意思? 这正像"邯郸学步"一样,结果是学步失败,依仿别人不成,反而丢失了自己固有的技能,实在是可笑! 所以书雕匠人的技艺高明,则书雕上自己的名字,雕刻石碑借此得以传颂。书雕匠人技艺不好,但所雕刻的字与文,或者所雕刻人物有贤名,那也一定会传于世,那么书雕匠人之名也一定依附而传世。这就是相互依附而得以相互传颂。正因为雕工技巧高明,所以人们都很看重他。能被人们看重,那也会借着被雕刻人的名望地位以传颂自己之名。然而"元祐奸党碑",镌刻此碑的石匠常安民却恳求不要把他的名字镌刻在后面,这是为什么呢?

诗画

【题解】

　　本文于万历二十四年(1596)写于麻城。原为《读升庵集》卷一四《论诗画》《张僧繇》的两篇评语,可能是在编《焚书》时合为了一篇。杨慎文见《升庵集》卷六六,题为《论诗画》《张僧繇·又》。这本是两篇评语,前者论诗画的创作,后者论识人的不易,合而为一,有些不伦不类。但两篇所提出的见解却都颇引人深思,特别是关于画要"形神在"、诗要"画中态",深刻道出了诗、画创作的真谛。

　　东坡先生曰①:"论画以形似,见与儿童邻。作诗必此诗,定知非诗人②。"升庵曰③:"此言画贵神,诗贵韵也④。然其言偏⑤,未是至者⑥。晁以道和之云⑦:'画写物外形⑧,要物形不改;诗传画外意,贵有画中态。'其论始定⑨。"

【注释】

①东坡:即苏轼,号东坡居士。见《封使君》注④。

②"论画"四句:见《苏东坡集》卷一六《书鄢陵王主簿所画折枝二首》(其一)。作诗,原为"赋诗"。见,见解。邻,邻近,差不多。作诗必此诗,意为写诗只限于本诗题内容,而缺乏丰富的内涵与气韵。

③升庵:即杨慎。见《杨升庵集》题解。

④韵:这里指气韵。

⑤偏:片面。

⑥至:精到。

⑦晁以道:晁说之(1059—1129),字以道,号景迂,巨野(今山东巨野)人。北宋文人。著有《儒言》《晁氏客语》《景迂生集》等。和(hè):唱和,和答。以下引诗见其《和苏翰林题李甲画雁》,作者一题晁补之。

⑧物外形:客观实物之外的形象,指物的神气。

⑨以上为杨升庵原文,见《升庵文集》卷六六《论诗画》一文。

【译文】

　　苏东坡说:"绘画只注意形似,简直是儿童之见。作诗而缺乏诗题内容之外的气韵,那一定不是真正的诗人。"杨慎说:"苏轼之说意在绘画贵在有形外之神,诗歌贵在有内容之外的气韵。然而这个说法有些片面,并不精到。晁以道在和诗中说:'绘画要表现客观实物之外的内在神气,但不能完全脱开客观实物之形;诗歌创作要有内容之外的气韵,但不能脱离所表现的内容而不切题。'这种说法确切。"

卓吾子谓改形不成画,得意非画外,因复和之曰:"画不徒写形,正要形神在;诗不在画外,正写画中态。"杜子美云①:"花远重重树,云轻处处山②。"此诗中画也,可以作画本矣。唐人画《桃源图》③,舒元舆为之记云④:"烟岚草木⑤,如带香气。熟视详玩,自觉骨戛青玉⑥,身入镜中⑦。"此画中诗也,绝艺入神矣。

【注释】

①杜子美:即杜甫。见《李白诗题辞》注③。

②"花远"二句:见杜甫《涪江泛舟送韦班归京》诗。意为:一层一层的树丛缀满五颜六色的花朵,一处一处的山峦飘浮着轻轻的白云。

③《桃源图》:唐代人根据陶渊明《桃花源》诗所作的画,今已佚。

④舒元舆:婺州东阳(今浙江东阳)人。唐元和进士。历官监察御史、刑部员外郎、著作郎等。所作《牡丹赋》传称一时。《旧唐书》卷一六九、《新唐书》卷一七九有传。记,指《录桃源画记》,见《全唐文》卷七二七。

⑤烟岚:云气。

⑥"自觉"句:意为自己感觉全身像一块纯洁的玉独特出众地独立着。戛(jiá),戛然。独特、出众貌。青玉,一种纯洁无瑕的玉。

⑦镜:镜面,这里引申为境界。

【译文】

卓吾子认为如若画马不像马那也不是好作品,绘画所内含的神气应该通过所画的外在形物而表现出来,因此又和诗说:"绘画不能只追

求形似,而是要形神兼备;诗中有画,诗韵正在画意之中。"杜甫有诗名:
"花远重重树,云轻处处山。"这真是诗中有画,可以作为绘画的范本了。
唐代人依陶渊明的《桃花源》诗所绘画的《桃源图》,舒元舆在《录桃源画
记》中说:"云气草木,如带香气。细细观赏,仿佛自己也像纯洁无瑕的
美玉一样独立于世,沉醉在特有的境界之中。"这真是画中有诗,卓绝的
技艺达到神妙之境。

　　吴道子始见张僧繇画①,曰:"浪得名耳②。"已而坐卧其
下③,三日不能去。庾翼初不服逸少④,有家鸡野鹜之论⑤,
后乃以为伯英再生⑥。

【注释】

①吴道子:又名吴道玄,阳翟(今河南禹州)人。少时孤贫。曾学书
　于张旭、贺知章,未成而罢,改习绘画。擅长佛教和道教人物画,
　画法远师南朝张僧繇,近学张孝师,笔迹磊落,势状雄峻,生动而
　有立体感。长于壁画,在长安、洛阳二地寺观作壁画三百余间,
　情状都不相同。其作品对后代影响极大。《藏书》卷四六有传。
　张僧繇(yáo):南朝梁画家,吴(郡治今江苏苏州)人。历官右军
　将军、吴兴太守。擅长人物及佛教画。武帝崇奉佛教,凡装饰佛
　寺,多命他画壁;所绘佛像,自成样式,有"张家样"之称。《藏书》
　卷四六有传。从此句到下文"后乃以为伯英再生",见《升庵集》
　卷六六《张僧繇·又》。

②浪:滥,徒然。

③坐卧其下:坐卧在张僧繇的壁画下(以细心观赏)。

④庾翼(305—345):字稚恭,东晋颍川鄢陵(今河南鄢陵西北)人。
　曾任都督江、荆、司、雍、梁、益六州诸军事,及荆州刺史。力主北
　伐。书法家。《晋书》卷七三有传。逸少:王羲之,字逸少。见

《逸少经济》注"题解"。

⑤家鸡野鹜(wù)：原作"家鸡野雉"，苏轼《跋庾征西帖》写作"家鸡
野鹜"。野鹜，野鸭，野雉，野鸡。《太平御览》卷九一八引《晋
书》："(庾翼)书，少时与右军(王羲之)齐名，右军后进，庾犹不
分，在荆州与都下人书云：'小儿辈贱家鸡爱野雉，皆学逸少书，
须吾下当比之。'"这里是说，庾翼起初不服王羲之，遂以家鸡自
喻其书，以野雉喻王氏之书。后来王羲之书法大进，庾翼见后，
大为叹服，认为可以和张艺(见下注)比美。家鸡，喻指家传的书
法技艺。

⑥伯英：张艺(？—192)，字伯英，敦煌酒泉(今甘肃酒泉)人。东汉
书法家。善草书，被称为"草圣"。《后汉书》卷二七一有传(附于
《张奂传》后)。

【译文】

吴道子初见张僧繇的画时，说："徒有虚名。"后来对着张僧繇的壁
画细心观赏，沉醉其中，三天都不愿离去。庾翼开始也极不佩服王羲
之，对人们说，我是家传的书法技艺，王羲之的字只是野鸭之类，但后来
他又称王羲之真是"草圣"张伯英再生。

然则入眼便称好者，决非好也，决非物色之人也①，况未
必是吴之与庾，而何可以易识。噫！千百世之人物，其不易
识，总若此矣。

【注释】

①物色之人：所要选择的人物，理想的人物。物色，访求，寻找，
挑选。

【译文】

要知道一看就说好，不一定就是好，一定是不识货之人，况且未必

有吴道子和庾翼的眼光,那是不容易就能认识到的。唉! 对于千百年
来的历史人物,不容易给以真正的认识与评价,也总是如此。

党籍碑

【题解】

本文约于万历二十四年(1596)写于麻城。杨慎同题文见《升庵集》
卷四九。李贽此文当是读杨慎文后写的评论,但不见《读升庵集》。党
籍碑,又称"党人碑"。宋哲宗元祐元年(1086),司马光为相,尽废神宗
熙宁、元丰间王安石新法,恢复旧制。绍圣元年(1094)章惇为相,复熙、
丰之制,斥司马光、苏轼等为奸党,贬逐出朝。徽宗崇宁元年(1102)蔡
京为宰相,在复绍圣之法的名号下,行派系倾轧之实,把司马光、苏轼
等追贬为"元祐奸党",并于崇宁三年(1104)立碑于朝堂,书司马光、苏
轼等三百零九人之罪状,而且"偏班郡国"(《宋史》卷四七二《蔡京
传》)。李贽对王安石多有偏见,在他有关著作中也多有体现,此文即
为一例。但李贽由读史而引出的君子、清官也能误国,而且由于他们
"本心无愧",而"胆益壮而志益决",所以危害更大,这却很引人深思。

"安石误国之罪①,本不容诛;而安石无误国之心,天地
可鉴。主意于误国而误国者,残贼之小人也,不待诛也②。
主意利国而误国者,执拗之君子也③,尚可怜也。"

【注释】

①安石:王安石(1019—1086),字介甫,号半山,抚州临川(今江西
临川)人。庆历进士。神宗熙宁年间(1068—1077),两次任宰
相,积极推行青苗、均输等新法。后退居江宁(今南京),封荆国

公,世称"荆公"。北宋政治家、文学家、思想家。其散文雄健峭拔,为"唐宋八大家"之一。诗作遒劲清新,词虽不多而风格高峻。著有《临川集》等。《宋史》卷三〇五、《藏书》卷三九、《宋元学案》卷九八等有传。

②不待诛:无须治罪(意即使其自取灭亡)。不待,不必。

③执拗(niù):坚持己见,固执任性。王安石因坚持变法,曾被反对派攻击为"执拗",是"拗相公"。

【译文】

有人说"王安石虽然有误国之罪,却不应杀头;这是因为他有误国的结果,却无误国之心,这是天地可以作证的。打着主意误国而误国的人,是最恶毒阴险的小人,是该杀该剐的。一心想为国家办好事而误国的人,是性格倔强、坚持己见的君子,是很值得同情和理解的。"

卓吾曰:公但知小人之能误国①,不知君子之尤能误国也。小人误国犹可解救,若君子而误国,则末之何矣②。何也?彼盖自以为君子而本心无愧也。故其胆益壮而志益决,孰能止之。如朱夫子亦犹是矣③。故余每云贪官之害小,而清官之害大;贪官之害但及于百姓,清官之害并及于儿孙。余每每细查之,百不失一也。

【注释】

①公:当指杨慎,但杨慎《党籍碑》一文中没有上引一段文字。

②末之何:没有什么办法。末,没有。

③朱夫子:疑指朱熹,见《反骚》第一段注①。李贽在《藏书》卷三五《赵汝愚传论》中,曾对朱熹的"以能去小人谓为君子"的言行及其"正心诚意"的学说进行了严厉批判,斥朱熹为"无学""无术"

的伪君子，斥其学说为"流无穷之毒害"的"伪学"。

【译文】

卓吾说：你们只知道小人能误国，却不懂得君子最能误国的道理。小人误国还可解救，如果是君子误国，那就不知如何办才好了。为什么呢？那是因为他们自以为是君子，心里坦荡无私，光明磊落。因此他们干起事来胆子更大，意志更坚决，谁也阻止不了他们的行动。大理学家朱熹就是这样的一类人。所以我经常说，贪官的危害还算是小的，"清官"的危害却是最大的；贪官的危害只使百姓遭殃，而"清官"的祸害却远及子子孙孙。我在史书上进行过严肃认真的查证，百分之百的都是这样。

无所不佩

【题解】

本文于万历二十四年（1596）写于麻城。亦见《读升庵集》卷四，原题前有"去丧"二字。杨慎同题文见《升庵经说》卷一三。去丧无所不佩，语出《论语·乡党》。意为服丧期满以后，什么东西都可以佩带。在此文中，李贽从佩饰论到文武的关系，提出"文武兼设"，而反对"文武遂判"，这是他一贯的思想。他在《兵食论》中曾提出"文事武备，一齐具举"的主张（见本书卷三），在《孙子参同》（见张建业主编《李贽全集注》第十三册）这一专著中提出"文事武备，士君子分内事也"，反对腐儒伪道学家分文武为二事和重文轻武的思想，都显示着李贽作为一个思想家的独到眼光和智慧。

王逸曰①："行清洁者佩芳②，德光明者佩玉③，能解结者佩觿④，能决疑者佩玦⑤。故孔子无所不佩也⑥。"

【注释】

①王逸：见《招魂》第二段注㉓。

②行：品行。芳：香草。

③德：德操。

④觿（xī）：古代解结的用具。形如锥，用象骨制成。也用作佩饰。

⑤玦（jué）：有缺口的环形佩玉，还是占卜决疑的用具。常用作表示决断的象征物。

⑥以上引文为杨慎的原文。其中所引王逸的话见《楚辞补注》《离骚》"纫秋兰以为佩"王逸注。

【译文】

王逸说："品行高洁之人佩带芳草，德操光明之人佩带美玉，善于解结之人佩带形如锥的象骨工具，能决疑之人佩带占卜用的有缺口的环形玉器。所以孔夫子说服丧期满之后什么都可以佩带。"

李卓吾曰：道学原重外饰，盖自古然矣①，而岂知圣人之不然乎？古者男子出行不离剑佩，远行不离弓矢，日逐不离觿玦②。佩玉名为随身之用，事亲之物③，其实思患豫防④，文武兼设，可使由而不可使知之道也⑤，与井田寓兵同括矣⑥。意不在文饰，特假名为饰耳。后人昧其实也⑦，以是为美饰而矜之⑧。务内者从而生厌曰⑨："是皆欲为侈观者⑩，何益之有！"故于今并不设备⑪，而文武遂判⑫。非但文士不知武备，至于武人居常走谒⑬，亦效文装矣：宽衣博带，雍雍如也⑭，肃肃如也⑮。一旦有警，岂特文人束手，武人亦宁可用耶？

【注释】

①"道学"二句：意为道学家推究重视外饰，认为古代就是这样。

原,推究,追溯。

②日逐:逐日。每天,经常。

③事亲之物:古礼规定,儿子晨起去侍奉父母,必须佩带些供父母随时使用的用具,包括一些玉制品。《礼记·内则》:"子事父母,鸡初鸣……左右佩用(佩带所用之物)。左佩纷帨(巾类)、刀、砺(砺石)、小觹、金燧(日中取火之用),右佩玦……"

④豫防:预防。豫,同"预"。

⑤"可使"句:意为可以使他们遵从而不一定使他们知道道理。这里指上句所说的"文武兼设"两方面。李贽在《兵食论》中对此有着详细的论述。其中说:"六艺之术,上之所以卫民之生者,然而圣人初未尝教之以六艺也……盖可使之由者同井之田,而不可使之知者则六艺之精、孝弟忠信之行也。"(本书卷三)由,遵从,奉行。

⑥井田寓兵:李贽认为上古时代的井田制中就包含着武备的用意。在《兵食论》中,他还指出当时虽无治兵之名,但却在井田制中通过"田猎"而达到"家自为战,人自为兵","国未尝有养兵之费,而家家收获禽之功;上之人未尝有治兵之名,而人人皆三驱(打猎能力)之选"。可与此文相对参看。井田,即井田制,相传古代的一种土地制度。以方九百亩为一里,划为九区,形如"井"字,故名。其中为公田,外八区为私田,八家各私田百亩,同养公田。从春秋时起,井田制日趋崩溃。同括:含有同样的意思。括,包括,包容。

⑦昧:不明白。

⑧矜(jīn):夸耀,炫耀。

⑨务内者:讲求实际内容的人。

⑩侈观:过分追求外饰。

⑪设备:满足需要的各种器物。

⑫判：分离。

⑬居常：平时在家。走谒：外出访客。

⑭雍雍如也：温和有礼的样子。

⑮肃肃如也：恭恭敬敬的样子。

【译文】

李卓吾说："道学家重视装饰，认为自古就是这样，他们怎么知道古代圣人并不是这样呢？古时男子出行总佩带剑器，远行总不离弓箭，每天也总是带觿玦一类器具。所带佩玉虽名为随时之用，侍奉父母之需，其实是防患于未然，文武兼顾，人们虽然都这样做但却不知其中内含的这种道理，这与古代井田之制中就包含着武备是一样的道理。其深意并不仅仅在于妆饰，只是借着妆饰的样子而已。后人不明白这其中的道理，都以为真是美丽的妆饰而互相炫耀。讲求实际的人从而讨厌这种妆饰，说："这样追求外在的妆饰，有什么益处！"因此现今都没有了这些妆饰品，文武就分离为二了。不但文人不知道武备的重要，就是军人或家居或外出，也都着以文装礼服：宽衣博带，恭敬儒雅。这种情景，一旦遇到警报危险，难道只是文人会束手无策，军人会有作为吗？

荀卿李斯吴公

【题解】

本文于万历二十四年(1596)写于麻城。亦见《读升庵集》卷八。杨慎同题文见《升庵集》卷五一。荀卿，即荀况，战国赵人，世称荀卿。曾在齐游学稷下(今山东临淄)，三为祭酒。后去齐至楚，春申君任以兰陵(今山东苍山西南兰陵镇)令。晚年专事著述，终老兰陵。学宗儒术而言性恶，谓须恃礼义以矫其枉，乃得从善，对儒家的思想有所发展和转化。战国末政治家韩非、李斯，曾师事其门。著有《荀子》。《史记》卷七四、《藏书》卷三二等有传。李斯(？—前208)，见《思归赋》注⑧。吴公，汉上蔡人，曾从李斯学。文帝时为河南守，"治平为天下第一"，因被召为廷尉。他很欣赏年轻的贾谊，曾召置门下，并向汉文帝进行推荐，年仅二十余的贾谊被召为博士。事见《史记》卷八四《屈原贾生列传》。李贽在此文中提出的人必有骨才能自立，自立自能奔走求师，这是人生处世的宝贵经验。

升庵先生曰："以荀卿大儒，而弟子有焚书坑儒之李斯①；以李斯为师，而弟子有治行第一之吴公②。人之贤否，信在自立③，不系师友也④。"卓吾子曰：能自立者必有骨也⑤。有骨则可藉以行立⑥；苟无骨，虽百师友左提右挈⑦，其奈之何？一刻无人⑧，一刻站不得矣。然既能行立，则自能奔走求师，如颜、曾辈之于孔子然⑨，谓其不系师友，亦非也。

【注释】

①焚书坑儒：秦始皇三十四年（前213），博士淳于越根据古制，建议分封子弟。李斯反对儒生以古非今，以私学诽谤朝政，建议除秦记、医药、卜筮、种树书外，民间所藏《诗》《书》和诸子百家书一律焚毁；谈论《诗》《书》者处死；以古非今者族；欲学法令者以吏为师。秦始皇采纳了这一建议。次年，方士、儒生求仙药不得，卢生等又逃亡，秦始皇怒，在咸阳坑杀诸生四百六十余人。这一事件史称"焚书坑儒"。见《史记》卷六《秦始皇本纪》。

②治行：为政有成绩。

③信：确实。

④系：关系，关涉。

⑤骨：骨头，骨气。

⑥藉：有助于。行立：行走站立。引申为能干事业。

⑦左提右挈(xié)：左右扶助。

⑧人：这里指人的骨气的品性行为。

⑨颜、曾：指孔子的弟子颜渊(名回，字子渊)、曾参(字子舆)。

【译文】

升庵先生说："荀卿这样的大儒，却有提出焚书坑儒的弟子李斯；以李斯为师，弟子中又有为政有成绩的吴公。一个人的贤与不贤，确实在于自立，与师友没什么关系。"卓吾子说："能自立的人一定有骨气。有骨气就可以有助于行走站立干一番事业；如若没有骨气，虽然有众多的师友左右扶助，又有什么用？如若没有人的骨气的品性行为，那就一刻之间也很难站立成事。然而既能行走站立干事业，那一定会奔走求师，像颜渊、曾参求师于孔子那样，所以说一个人的成功不成功与师友没有关系，也不对。

宋人讥荀卿

【题解】

本文于万历二十四年(1596)写于麻城。亦见《读升庵集》卷八。杨慎同题文见《升庵集》卷四六。

宋人谓卿之学不醇①，故一传于李斯，即有坑儒焚书之祸②。夫弟子为恶而罪及师，有是理乎？若李斯可以累荀卿③，则吴起亦可以累曾子矣④。《盐铁论》曰⑤："李斯与苞丘子同事荀卿⑥，而苞丘子修道白屋之下⑦。"卓吾子曰：使李斯可以累荀卿，则苞丘子亦当请封荀子矣⑧。

【注释】

①"宋人"句：宋代学者批评荀子的言论很多。南宋藏书家晁公武

(字子止,山东巨野人)在《郡斋读书志》卷一〇《子类·儒家类》介绍《杨京注荀子二十卷》时曾说:"其指往往不能醇粹,故后儒多疵之云。"其,指荀卿。不醇,不纯,不纯粹。指不完全符合儒家的理论。醇,纯。这里所说的"宋人",从下文看当指苏轼。

②"故一传"二句:这里是杨慎转述苏轼的话。苏轼在《荀卿论》一文中曾说:"昔者尝怪李斯事荀卿,既而焚灭其书,大变古先圣王之法,于其师之道,不啻若寇仇。及今观荀卿之书,然后知李斯之所以事秦者,皆出于荀卿,而不足怪也。荀卿者,喜为异说而不让,敢为高论而不顾者也……彼李斯者,又特甚者耳……焚烧夫子之《六经》,烹灭三代之诸侯,破坏周公之井田,此亦必有所恃者矣。彼见其师历诋天下之贤人,以自是其愚,以为古先圣王皆无足法者……其父杀人报仇,其子必且行劫。"苏轼站在儒家正统的立场,对荀子的"奇谈怪论"深不以为然,并把李斯的焚书坑儒等行为归罪于李斯的老师荀子。

③累:连累,使受害。这里是归罪之意。

④吴起(? —前381):战国初期卫国人。初任鲁将,后任魏将,屡建战功,被任为西河(郡名,辖境在今陕西东部黄河西岸地区)守。后遭陷害,逃奔楚国,辅佐楚悼王实行变法,促进了楚国富强。政治家、军事家。楚悼王死后,被旧贵族杀害。《汉书》卷三〇《艺文志》著录《吴起》四十八篇,今佚。今本《吴子》六篇系后人所托。《史记》卷六五、《藏书》卷四七等有传。曾子:名参,字子舆,春秋末鲁国人。孔子弟子。以孝著称。提出"吾日三省吾身"(《论语·学而》)的简易的修养方法。认为"忠恕"是孔子"一以贯之"的思想。提出"慎终(慎重地办理父母的丧事),追远(虔诚地追念祖先),民德归厚"、"犯而不校(别人触犯自己也不计较)"等主张。《大戴礼记》中记载有他的言行,相传《大学》是他所著。后被封建统治者尊为"宗圣"。《史记》卷六七有传。吴起

曾是曾子的学生,后"其母死,(吴)起终不归,曾子薄之,而与起绝"(见《史记》本传)。

⑤《盐铁论》:西汉桓宽编著。记录昭帝时盐铁会议的文献。昭帝始元六年(前81),召集各地推举的贤良、文学六十多人到京城长安举行会议,"问民间所疾苦"。与制定、推行盐铁官营、均输、平准等政策的桑弘羊等进行了反复辩论,内容涉及政治、经济、军事、文化等各个方面。《盐铁论》记述了双方的论点,为研究当时的社会矛盾、思想斗争和桑弘羊的思想保存了丰富的史料。全书分十卷六十篇。下面的引文见该书《毁学》篇。

⑥苞丘子:《盐铁论》作"包丘子",即浮丘伯,齐(今山东临淄)人。曾游师于荀子。以讲授《诗经》而著称的西汉儒生。汉高祖刘邦的同父异母弟楚元王刘交与鲁穆公、白生、申公曾跟着浮丘伯学《诗经》。事见《汉书》卷三六《楚元王传》、卷八八《儒林传·申公传》、清代赵翼《陔余丛考》卷三四等。

⑦修道:指修习儒家之道。白屋:指不施采色、露出木材质地的房屋。或说指以白茅覆盖的房屋。古代平民或寒士所居的简陋住房。《盐铁论·毁学》在这一句下,还有"乐其志"三字,以见包丘子的情操。

⑧请封:请求追封。古代帝王把爵位、土地、名号等赐给臣子叫做"封"。

【译文】

宋人认为荀卿的理论不纯粹,就是说不完全符合儒家的理论,所以传到他的学生李斯,就发生了坑儒焚书的祸害。弟子作恶却归罪于他老师,有这种道理吗? 如若说李斯提出坑儒焚书这种祸害应该归罪于他的老师荀卿,那么作为曾子的学生吴起母亲死后也不回去行孝是不是也应该归罪于重孝道的曾子呢? 西汉桓宽在《盐铁论》中说:"李斯与苞丘子同拜荀卿为师,而苞丘子却修习儒家之道,身居简陋的住房'乐其志'。"卓吾子说:如若李斯提出坑儒焚书之说可以归罪于荀卿,那么作为荀卿学生的苞丘子那样忠于儒家之道而且修养极佳,也应该因为他是荀卿的学生而为荀卿请求封赏爵位和土地了。

季文子三思

【题解】

　　本文于万历二十四年(1596)写于麻城。亦见《读升庵集》卷四。杨慎同题文见《升庵集》卷四五。季文子三思,语出《论语·公冶长》。原文是:"季文子三思而后行。子闻之,曰:'再,斯可矣。'"意为季文子每件事考虑多次才行动。孔子听到了,说:"想两次也就可以了。"季文子(? —前568),即春秋时鲁国大夫季孙行父。谥号"文",故称季文子。孔子说上面的话时,季文子已经死了很久了。

　　文子相三君①,其卒也无衣帛之妾,食粟之马,无重器备②,左氏侈然称之③。黄东发曰④:"行父怨归父之谋去三家,至扫四大夫之兵以攻齐⑤。方公子遂弑君立宣公⑥,行父不能讨⑦,反为之再如齐纳赂焉⑧。又帅师城莒之诸、郓二邑以自封殖⑨,其为妾马金玉也多矣⑩,是即王莽之谦恭也⑪。时人皆信之⑫,故曰'季文子三思而后行'。夫子不然之⑬,则曰'再思可矣'⑭。若曰⑮:'再尚未能,何以云三思也?'使能再思,不党篡而纳赂⑯,专权而兴兵,封殖以肥己矣。文公不得其辞⑰,乃云'思至于三,则私意起而反惑'⑱。诚如其言⑲,则《中庸》所谓'思之不得弗措也'⑳,管子所谓'思之思之又重思之,思之不通,鬼神将通之'㉑,吴臣劝诸葛恪十思者㉒，皆非矣。”

【注释】

①相三君：季文子曾经担任过鲁宣公、成公、襄公的卿。

②“其卒”三句：语本《左传·襄公五年》。原文是：“季文子卒。大夫入敛，公在位。宰（季氏家臣的首领）庀（pǐ 备办）家器为葬备。无衣帛之妾，无食粟之马，无藏金玉，无重器备。君子是以知季文子之忠于公室也。”意为季文子死，根据大夫入殓的礼仪，襄公亲自监临。家臣收集家里的器物作为葬具。但家里没有穿丝绸的妾，没有吃粮食的马，没有收藏的铜器玉器，没有贵重的器具用具。君子从这里知道季文子的忠于公室。衣帛，穿丝绸。衣，穿。重，贵重。器备，器物，器具。杜预《左传》注：“器备，谓珍宝甲兵之物。”

③左氏：即左丘明。一说复姓左丘，名明；一说单姓左，名丘明。春秋晚期鲁国史官，双目失明。相传是《左传》（又名《春秋左氏传》）的作者。一说《国语》亦出其手。侈然：夸诞的样子。

④黄东发：黄震，字东发，南宋慈溪（今浙江慈溪）人。理宗宝祐进士。历官史馆检阅、抚州知州、提点刑狱等。学宗朱熹。曾参加修宁宗、理宗两朝《国史》《实录》。著有《古今纪要》《黄氏日钞》（又名《日钞分类》）等。《宋史》卷四三八、《宋元学案》卷八六等有传。

⑤“行父”二句：意为行父（即季文子）怨恨归父策划除去三家，以至集中四大夫的所有兵力去攻打齐国。这里的说法与《左传》所载不同。《左传》所载实为两事。一是鲁宣公十八年（前590），公孙归父由于他父亲襄仲立了宣公，受到宠信，想去掉三桓，以伸张公室的权势。二是季文子集中四大夫兵力攻打齐国，是因为齐国侵犯了鲁国的北方边境。此事发生在鲁成公二年（前589）。

《春秋·成公二年》：“春，齐侯伐我北鄙……季孙行父、臧孙许、叔孙侨如、公孙婴齐帅师会晋郤克、卫孙良夫、曹公子首，及齐侯战于鞌（ān），齐师败绩。”归父，即公孙归父，鲁庄公之孙，鲁公子襄仲之子。三家，指鲁国的大夫孟孙（仲孙）、叔孙、季孙，都是鲁桓公的后代，故称“三桓”。鲁文公死后，三桓势力日强，分领三军，实际掌握了鲁国的政权。扫，尽，集中。四大夫，指鲁国大夫季孙行父、臧孙许、叔孙侨如、公孙婴齐。齐，春秋诸侯国名。在今山东北部。春秋初期齐桓公任用管仲进行改革，国力富强，成为霸主。后为战国七雄之一。公元前 221 年为秦所灭。

⑥“方公子遂”句：公子遂即襄仲。鲁文公十八年（前 612），文公死后，襄仲杀死太子恶和他的弟弟视，而立庶子俀（亦作倭）为国君，是为宣公。方，当。弑君，指杀死当立为国君的文公嫡子。季文子也参与了这一事件。

⑦讨：讨伐，征讨。

⑧再如齐纳赂：指往齐国送礼进行贿赂以巩固宣公的地位。《左传》宣公元年（前 608）：“夏，季文子如齐，纳赂以请会……（宣公和齐侯）会于平州，以定公位（稳定宣公的君位）。”

⑨帅：率领。城：这里作动词，指建筑城墙，派兵驻防。莒（jǔ）：春秋诸侯国名。故址在今山东莒县。诸、郓（yùn）：古邑名，均为鲁地。诸，在今山东诸城西南。郓，在今山东沂水北。春秋时鲁国有二郓邑，此称东郓（另一郓邑在今山东郓城东，称西郓）。《春秋·文公十二年》（前 616）：“季孙行父帅师城诸及郓。”封殖：亦作“封植”。原指厚土培育树木，后也用以指聚敛财货、扩大势力的意思。据《春秋》及《春秋公羊传》有关记载，诸、郓二邑在莒、鲁两国交界处，两国常有争夺。

⑩“其为”句：意为这比得到妾、马、金、玉还要多。

⑪王莽（前 45—23）：字巨君，汉元帝皇后侄。西汉末，以外戚掌握

政权,成帝时封新都侯。他经常以周公自居,汉平帝时,他仿效
周公也表演过一场"金縢"丑剧。《汉书·王莽传》:"平帝疾,莽
作策,请命于泰畤(古代天子祭天神之处),戴璧秉圭,愿以身代。
藏策金縢(用金属制的带子将收藏书契的柜封存),置于殿前,敕
诸公勿敢言。"后毒死平帝,自称假皇帝,立年仅二岁的广戚侯刘
婴继帝位。他以辅助子婴为借口,执掌国政,最后篡夺了帝位,
改国号"新"。公元 8—23 年在位。统治期间,经济混乱,法令苛
刻。更始元年(23),在赤眉、绿林农民起义的打击下,"新"王朝
覆灭,王莽被杀。《汉书》卷九九、《藏书》卷三等有传。谦恭:指
伪装谦虚恭敬。

⑫时人:当时的人。

⑬夫子:指孔子。

⑭再思可矣:孔子原话为"再,斯可矣"。见"题解"。

⑮若曰:好像是说。以下两句是黄东发对孔子话所作的解释。意
　　为思考两次都不能想好,还说什么三思。

⑯党篡:结党篡权。篡,特指臣子夺取君位,亦指以庶夺正。这里
　　指季文子参与谋杀太子恶而立庶子俀为宣公一事。

⑰文公:指朱熹。不得其辞:没有理解孔子的话。其,指孔子。

⑱"思至"二句:是朱熹《论语·公冶长》"季文子三思而后行"章集注引
　　程颐的话。原文是:"程子曰,为恶之人,未尝知有思。有思则为善
　　矣。然至于再,则已审。三则私意起而反惑矣,故夫子讥之。"

⑲其言:指上面朱熹引程颐的话。

⑳《中庸》:儒家经典之一。原为《礼记》中的一篇,相传战国时子思
　　作。其内容是把"中庸"(处理事情不偏不倚、无过不及)看作是
　　道德行为的最高准则。南宋时朱熹把它和《大学》《论语》《孟子》
　　并列为"四书",成为科举应试的必读教材。思之不得弗措也:
　　《中庸》原文是"有弗思,思之弗得弗措也"。意为有的事情没有

思考过,就要认真静思,不到彻底明白就不停止思考。弗措,不放下,不放弃,引申为停止。

㉑管子:即管仲。见《贾谊》第一段注④。下面的引文见《管子·内业篇》。原文"思之不通",为"思之而不通"。紧接这段话的后面还有"非鬼神之力也,精气之极也"两句。可见管仲这里所说的"鬼神",指的是人的"精气(精神元气)"的充分发挥,这是对人的思维能力的唯物解释。

㉒吴臣:指三国时吴国的吕岱(161—256),字定公,广陵海陵(今江苏泰州)人。历官昭信中郎将、庐陵太守、镇南将军、大司马等。颇有战功,为官清廉。《三国志》卷六〇有传。诸葛恪(kè,203—253):字元逊,三国时琅玡阳都(今山东沂南南)人。诸葛瑾之子,诸葛亮之侄。孙权时,历官抚越将军、丹阳太守、大将军。孙权死,辅立孙亮,任大将军,专国政。他力主攻魏,终无取胜。后被皇族孙峻所杀。《三国志》卷六四有传。吕岱劝诸葛恪十思一事,见《三国志·诸葛恪传》注引《志林》:"初权病笃,召恪辅政。临去,大司马吕岱戒之曰:'世方多难,子每事必十思。'恪答曰:'昔季文子三思而后行,夫子曰"再思可矣",今君令恪十思,明恪之劣也。'岱无以答,当时咸谓之失言。"

【译文】

季文子曾经担任过鲁宣公、成公、襄公三代君王的卿相,但他死后家臣收集家里的器物作为葬具,却没有穿丝绸的妾,没有吃粮食的马,没有收藏的铜器玉器,没有贵重的器具用具。左丘明在《春秋左氏传》中对季文子忠于公室的精神给予了极力的称赞。南宋的黄东发说:"季文子怨恨公孙归父策划除去被称为'三桓'的鲁国大夫孟孙、叔孙、季孙,以至集中鲁国季孙行父、臧孙许、叔孙侨如、公孙婴齐四大夫的所有兵力去攻打齐国。当公子遂杀死太子恶和他的弟弟视,而立庶子倭为国君宣公之时,季文子不但不去讨伐,反而往齐国送礼进行贿赂以巩固宣公的地位。又带着士兵在莒国的诸、郓两地建筑城墙派兵驻防,扩大势力,这比得到妾、马、金、玉还有价值,这就像王莽伪装谦虚恭敬而窃得权力一样。当时的人都相信他,所以说'季文子每件事都考虑多次才行动'。孔子则不赞成这种说法,所以才说'想两次也就可以了'。我认为孔子的话中像是说:'思考两次都不能想好,还说什么三思呢?'如若他能再想一想,就不会做谋杀太子恶和他的弟弟视而立庶子俀为国君这样的结党篡权之事,和向齐国送礼进行贿赂以巩固宣公的地位,也不会带着士兵在莒国的诸、郓两地建筑城墙派兵驻防,以扩大自己的势力。朱熹没有理解孔子的话,却引用程颐的话说:'思考问题到三次,那就会引起私心反而迷惑也。'如果像程颐说的这样,那么《中庸》说'对于事情不到彻底明白就不停地思考',管仲说'思考思考再思考,思考不能通,鬼神帮你思考通',三国时吴国的吕岱劝诸葛恪'每事必十思',都是不正确的了。"

卓吾曰:周公之圣①,唯在于思兼。思而不合,则夜以继日②。一夜一日,思又何止三也?朱子盖惑于圣人慎思之说③,遂以三思为戒。唯其戒三思,是以终身不知圣人之慎思也。我愿学者千思万思,以思此"慎思"二字。苟能得慎思之旨于千思万思之中,则可以语思诚之道矣④,区区一季文子何足以烦思虑乎⑤!

【注释】

①周公:即周公旦,姬姓,亦称叔旦,周武王之弟。因采邑在周(今陕西岐山北),被称周公。曾助武王灭商。武王死后,成王年幼,由他摄政,平定叛乱,分封诸侯,制礼作乐,建立典章制度,做出了诸多贡献。《史记》卷三三有传。

②"唯在"三句:语本《孟子·离娄下》:"周公思兼三王,以施四事;
　其有不合者,仰而思之,夜以继日;幸而得之,坐以待旦。"意为周
　公想要兼学三王(夏禹、商汤、周文王),来实践禹、汤、文王、武王
　四者所行的勋业。如果有不合于当日情况的,就仰头思考,白天
　想不好,夜里接着想。侥幸地想通了,便坐着等待天亮(马上付
　诸实行)。思兼,即"思兼三王"的紧缩语。

③朱子:指朱熹。惑:不了解。慎思:谨慎思考。语出《中庸》:"博
　学之,审问之,慎思之,明辨之,笃行之。"

④语:说得上。思诚之道:语本《孟子·离娄上》:"是故诚者,天之
　道也;思诚者,人之道也。至诚而不动者,未之有也;不诚,未有
　能动者也。"意为诚是自然的规律,反身自省追求诚是人的规律。
　极端诚心而不能使别人感动,是不曾有过的事;不诚心,也没有
　能感动别人的。这里,李贽是借以说明慎思的重要。

⑤"区区"句:意为小小一个季文子,哪里值得这样费心思呢? 区
　区,小,少。形容微不足道。

【译文】

　　卓吾说:周公的神圣,就在于他想兼学夏禹、商汤、周文王这三王的
业绩,自己与三王不符合之处,那就夜里接着白天想。一夜一日,思考
又何止三回呢? 朱熹不了解圣人在《中庸》提出的"审问之,慎思之"的
谨慎思考的意思,就以三次思考作为鉴戒教训。正因为他以三次思考
为鉴戒教训,所以一生都没有理解圣人"审问之,慎思之"的谨慎思考的
意思。我希望学者千思虑万思考,去思考"慎思"二字的含义。如若从
千思考万思考中懂得了圣人"审问之,慎思之"的谨慎思考的含义,那才
可以说懂得了圣人所说的以诚待人的慎思的重要,一个小小的季文子
哪里值得这样费心呢!

陈恒弑君

【题解】

本文于万历二十四年(1596)写于麻城。亦见《读升庵集》卷四。杨慎同题文见《升庵经说》卷一三。陈恒,名恒,又名常,也叫陈成子、田成子。春秋末期齐国大夫。他与阚止共同事齐简公,阚止恃宠而逐陈氏,结果被陈成子所杀。鲁哀公十四年(前481),陈成子又杀掉齐简公,掌握了齐国的政权。事见《左传》鲁哀公十四年与《论语·宪问》。弑(shì),古代卑幼杀死尊者叫弑。多指臣子杀死君主,子女杀死父母。

　　升庵先生曰:"孔子沐浴而朝①,于义尽矣②。胡氏乃云'仲尼此举,先发后闻可也'③。是病圣人之未尽也④。果如胡氏之言,则不告于君而擅兴甲兵⑤,是孔子先叛矣,何以讨人哉?胡氏释之于《春秋》,朱子引之于《论语》⑥,皆未知此理也。岳飞金牌之召⑦,或劝飞勿班师⑧,飞曰:'此乃飞反,非桧反也⑨。'始为当于义矣⑩。"

【注释】

①孔子沐浴而朝:当时,已经告老居鲁的孔子听到陈恒杀齐简公的消息后,马上洗澡斋戒,随即去朝见鲁哀公,请求派兵讨伐。事见《论语·宪问》:"陈成子弑简公。孔子沐浴而朝,告于哀公曰:'陈恒弑其君,请讨之。'"《左传·哀公十四年》有相同记载。

②于义尽矣:意为已尽到了作为大夫的义。朱熹在《论语·宪问》"陈成子弑简公"章集注曾说:"臣弑其君,人伦之大变,天理所不容,人人得而诛之。况邻国乎?故孔子虽已告老,而犹请哀公讨之。""弑君之贼,法所必讨,大夫谋国,义所当告。"即此意。

③胡氏:指胡安国(1073—1138),字康侯,建宁崇安(今福建崇安)人。曾任中书舍人兼侍讲、宝文阁直学士。南宋经学家,长于春秋学,往往借用《春秋》谈论政治。著有《春秋传》(又名《春秋胡氏传》,明初曾定此书为科举取士的教科书)、《资治通鉴举要补遗》等。《宋史》卷四三五、《藏书》卷四四、《宋元学案》卷三四等有传。"仲尼"二句:见《春秋胡氏传》鲁隐公四年"宋公、陈侯、蔡人、卫人伐郑"一条的传注。先发后闻,先发兵后报告。闻,上达,报告。据《论语·宪问》记载,孔子朝见鲁哀公并请派兵时,鲁哀公表示不敢自作主张,让他向季孙、仲孙、孟孙去报告。孔子又对这三位大臣报告,三位大臣却说"不可",不肯出兵。因此,胡安国认为孔子应该"先发后闻"。

④病:责备。

⑤擅:自作主张。甲兵:铠甲和兵械。泛指兵器。这里指军队。

⑥"朱子"句:朱熹引胡安国《春秋胡氏传》的话,见《论语·宪问》"陈成子弑简公"章集注。原文是"胡氏曰:《春秋》之法,弑君之贼,人得而讨之。仲尼此举,先发后闻可也。'"

⑦岳飞:见《岳王并施全》"题解"。金牌之召:《宋史》卷三六五《岳飞传》载,秦桧为与金人求和,"一日奉十二金字牌"召岳飞撤兵,"飞愤惋泣下,东向再拜曰:'十年之力,废于一旦。'"金牌,即金字牌。一种朱漆金字木牌,古代凡赦免、军机以及紧急之事用之。

⑧班师:回师,调回军队。班,还,返回。

⑨桧:即秦桧。见《岳王并施全》第一段注⑳。

⑩当(dàng):符合。

【译文】

升庵先生说:"孔子听到陈恒杀死齐简公的消息后,马上洗澡斋戒,并随即去朝见鲁哀公和季孙、仲孙和孟孙三位大夫,请求他们派兵讨伐陈恒。虽然鲁哀公和季孙、仲孙、孟孙三位大夫都拒绝了孔子的请求，但孔子已尽到了作大夫的义务。南宋经学家胡安国在《春秋胡氏传》中说：'孔子这样作并不合适，应该先发兵而后再报告就好了。'这是责备孔子作的不合适。如果真像胡安国所说，孔子不先朝见鲁哀公而自作主张先发兵而后再报告，那是孔子先叛乱了，怎么可以去讨伐他人呢？胡安国在《春秋胡氏传》中加以评说，朱熹把胡安国的评说引用到他对论语的集注，都是不懂得上述的道理。秦桧为了和金人求和，一天之中发十二个金字牌要岳飞撤兵，有人劝岳飞不要撤兵，岳飞说：'这样做等于是我岳飞不听朝廷之令而造反了，不是秦桧造反了。'这是非常符合义理的。"

　　李卓吾曰：世固有有激而为者①，不必问其为之果当也②；有有激而言者，不必问其能践言与否也③。哀其志可也，原其心可也④，留之以为天下后世之乱臣贼子惧可也⑤。何必说尽道理⑥，以长养乱贼之心乎⑦？若说非义，则孔子沐浴之请亦非义矣。何也？齐人弑君，与鲁何与也⑧？鲁人尚无与⑨，又何与于家居不得与闻政事之孔子也⑩？不得与而与，是出位之僭也⑪。明知哀公三子皆不可与言而言⑫，是多言之穷也⑬。总之为非义矣。总之为非义，然总之为出于义之有所激也，总之为能使乱臣贼子惧也，即孔子当日一大部《春秋》也⑭，何待他日笔削《鲁史》而后谓之《春秋》哉⑮？先正蔡虚斋有《岳飞班师》一论⑯，至今读之，犹令人发指冠⑰，目裂眦，欲代岳侯杀秦桧、灭金虏而后快也⑱，何可无此议论也？明知是做不得，说不得，然安可无此议论乎？安得无此议论乎？

【注释】

①激：激动，激愤。

②为之果：行为的结果。当：得当，适宜。

③践言：履行诺言。

④原：推究而加以谅解。

⑤乱臣贼子惧：语出《孟子·滕文公下》："孔子成《春秋》，而乱臣贼子惧。"意为孔子著作了《春秋》，叛乱的臣子、不孝的儿子才有所害怕。

⑥说尽道理：指上文杨升庵所说的是否合于"义"的道理。

⑦长养：抚养，培养。这里是助长之意。

⑧何与：有什么关系。与，相干，关系。以下五个"与"字，除"与闻""而与"的"与"解作"参预"外，意义同此。

⑨鲁人：这里指鲁哀公及季孙、仲孙、孟孙为代表的鲁国当权派。

⑩家居：当时孔子已告老家居。

⑪出位之僭(jiàn)：超越本分的僭越行为。出位，越位。

⑫"明知"句：见第一段注③。哀公，即鲁哀公，公元前494—公元前467年在位。三子，指鲁国大夫季孙、仲孙、孟孙。

⑬穷：困窘。

⑭《春秋》：见《子虚》注②。这里不是指《春秋》这部书，而是指孔子作《春秋》是"寓褒贬别善恶"的用心。

⑮《鲁史》：鲁国官方记载当时历史的史书。相传《春秋》一书就是孔子依据鲁国史整理修订而成。

⑯先正：先贤。先世的贤人。蔡虚斋(1452—1503)：蔡清，字介夫，号虚斋，明代晋江(今福建泉州)人。死后谥文庄。明宪宗成化二十年(1484)进士。历官礼部祠祭主事、祠祭员外郎、南京文选郎中、江西提学副使等。后起南京国子祭酒，命刚下，蔡清已卒。为官清廉，贫而乐施。为学初主静，后主虚，故以虚名斋，并号虚

斋。以善《周易》著名,是有一定影响的理学家。著有《四书蒙引》《易蒙引》《虚斋集》等。后人将其著作编为《蔡文庄公集》。《续藏书》卷二一、《明史》卷二八二、《明史稿》卷二六三、《明书》卷一一三、《明儒学案》卷四六、《明诗综》卷二五、《明诗纪事》丙八等有传。《岳飞班师》:见《虚斋集》卷一。又见《蔡文庄公集》卷四,题为《岳飞班师论》。

⑰发指冠:头发直竖,顶着帽子。与下文"目裂眦(zì)",都是形容非常愤怒的样子。指,直立,竖起。裂眦,眼眶似乎要裂开。眦,眼眶。

⑱岳侯:即岳飞。岳飞死后谥武穆,后改谥忠武。宁宗时追封鄂王。其爵位相当于侯,故称岳侯。金虏:指金人。虏即"敌",古称敌人为虏。

【译文】

李卓吾说:"世上本来就有由于激愤而干事的人,不必管他行为的结果是否得当;有由于激愤而发议论的人,也不必问他是否履行了他的议论。怜爱同情他的志愿就可以了,加以推究并谅解他的心意就可以了,留下他们由于激愤而干的事和发的议论使天下后世的乱臣贼子有所恐惧就可以了。何必像升庵先生那样要问他是否合于义理,以助乱臣贼子的不义之心呢?要论不合于义理,那么孔子听到陈恒杀死齐简公消息后立即洗澡斋戒并请鲁哀公和季孙、仲孙、孟孙三大夫派兵讨伐陈恒,就不合于义理。为什么呢?齐国发生了陈恒杀死齐简公的事,与鲁国有什么关系?和鲁哀公以及季孙、仲孙、孟孙三大夫没有关系,又和告老家居不应该过问政事的孔子有什么关系?与你没关系你却参与其中,那是超越本分的僭越行为。明明知道鲁哀公与季孙、仲孙、孟孙三大夫都不会答应孔子的请求却还去请求,那不是使自己陷于困窘之地吗?总之这也是不合于义理的。总之不合于义理,然而也是孔子自己认为出于义理而由于激愤才这样做,总之也是为了使乱臣贼子有所惧怕才这样做,这也可以说是当时孔子"寓褒贬别善恶"的《春秋》笔法的用心,那里还用他日笔削《鲁史》而后整理修订成《春秋》呢?先世贤人蔡虚斋有《岳飞班师》一文对岳飞的评论,至今读来,仍使人怒发冲冠,眼眶裂开,想代岳飞杀死秦桧、灭掉金虏而后才得以快慰,怎能没有虚斋这样的评论呢?明明知道这是做不到的,说也是无用,然而怎么能没有这样的评论呢?怎么能没有这样的评论呢?

王半山

【题解】

　　本文于万历二十四年(1596)写于麻城。亦见《读升庵集》卷九。杨慎原文题为《半山文庙》,见《升庵集》卷五二。王半山,即王安石。见《党籍碑》注①。此文是对王安石关于荆轲的评论的批评。王安石认为荆轲豢于燕,因此就要为燕太子丹而刺秦王,以报豢养之遇。李贽则认为这是一种丑陋之见。在李贽看来,荆轲不过是为了知己田光之荐才去行刺的,这和侯嬴以死送朱亥和信陵君一样,都是一种情交,是为了"成事"而"杀身"。如若说王安石更侧重于从政治家君臣关系立场观察、评论荆轲,那么,李贽则更侧重于从思想家、文学家以情相交的角度评价荆轲、侯嬴。在这一点上,李贽斥王安石为"丑哉宋儒之见",是有一定道理的。

　　半山谓荆轲豢于燕①,故为燕太子丹报秦②。信斯言也,亦谓吕尚豢于周③,故为周伐纣乎④?相知在心,岂在豢也,半山之见丑矣。且荆卿亦何曾识燕丹哉!只无奈相知如田光者荐之于先⑤,又继以刎颈送之于后耳。荆卿至是,虽欲不死,不可得矣。故余有《咏荆卿》一首云⑥:"荆卿原不识燕丹,只为田光一死难。慷慨悲歌为击筑,萧萧易水至今寒⑦。"又有《咏侯生》二首云⑧:"夷门画策却秦兵⑨,公子夺符出魏城⑩。上客功成心遂死⑪,千秋万岁有侯嬴。"又:"晋鄙合符果自疑,挥锤运臂有屠儿⑫。情知不是信陵客,刎颈迎风一送之⑬。"盖朱亥于公子相知不深,又直侯生功成名立之际,遂以死送之耳。虽以死送公子,实以死送朱亥也。丑哉宋儒之见⑭,彼岂知英雄之心乎!盖古人贵成事,必杀身以成之;舍不得身,成不得事矣。

【注释】

①荆轲鬻于燕:王安石在《书刺客传后》中说:"荆轲鬻于太子丹。"荆轲,战国末年刺客。卫国人,卫人叫他庆卿。游历燕国,燕人叫他荆卿,亦称荆叔。后被燕太子丹尊为上卿,派他去刺秦王政(即秦始皇),被秦王政杀死。《史记》卷八六有传。燕,战国时诸侯国之一,在今河北、辽宁一带,公元前222年为秦国所灭。

②燕太子丹:燕丹(?—前226),战国末年燕王喜的太子。曾被作为人质送在秦国,后逃归。因患秦军逼境,燕王喜二十八年(前227),派荆轲入秦刺秦王政不中。次年秦军攻破燕国,他逃奔辽东,被燕王喜斩首献给秦国。《史记》卷三四有传。

③吕尚:即被神话后的姜尚,名牙,字子牙,俗称姜太公。传说他八十岁时在渭水岸边钓鱼,为周文王访得,与语大悦,曰:"吾太公望子久矣。"即拜为相位。故又称太公望。后助周武王起兵伐纣,完成兴周大业。其事迹见《史记》卷三二《齐太公世家》。姜尚在《鬻子》《六韬》《金匮》《搜神记》等书中,被逐渐加以神化,至《封神演义》而达于极致。

④纣:名辛,商代最后一位君主。

⑤田光:燕国处士。他将荆轲引荐给燕太子丹,并以自杀而死以激励荆轲为燕太子丹去刺秦王政。事见《史记》卷八六《刺客列传》。

⑥《咏荆卿》:与下文的《咏侯生》,均收入本书卷六,题为《咏史三首》。

⑦"慷慨"二句:《史记·刺客列传》载:荆轲赴秦行刺出发时,"太子及宾客知其事者,皆白衣冠以送之。至易水之上,既祖(祭完道路神,喝毕酒),取道,高渐离击筑,荆轲和而歌,为变徵(zhǐ,五代五音之一)之声,士皆垂泪涕泣。又前而为歌曰:'风萧萧兮易水寒,壮士一去兮不复还!'"筑,一种古代乐器。易水,在河北西部,其源出自易县境。

⑧《咏侯生》:是李贽以侯嬴为信陵君魏无忌策划盗符夺兵权、抗秦救赵为题材的二首诗。公元前257年,秦昭王派兵围攻赵国都城邯郸,赵王派使者向魏求救。魏安釐王慑于秦国威力,不敢立即出兵,而是派大将晋鄙率兵屯驻边境观望。魏安釐王弟信陵君采纳门客侯嬴的建议,借助如姬(安釐王之妃)窃得兵符,杀了晋鄙,夺得兵权,击破秦军,解了邯郸之围。"窃符救赵"便成为历史上义救邻邦抗御强暴的典故。事见《史记》卷七七《魏公子列传》。

⑨夷门:魏都城大梁(今河南开封)东门。这里指侯嬴,侯嬴当时是那里守门的役吏。

⑩公子:指信陵君魏无忌。

⑪上客:指侯嬴。功成心遂死:当信陵君向侯嬴告别而去夺晋鄙兵权时,侯嬴认为自己年老不能随行,发誓估计信陵君到达时,他就以自杀表示送别。后来,果然自刎于大梁。李贽认为侯嬴感到窃符救赵将告成功,这是他决心以死报答信陵君的时候了。

⑫"晋鄙"二句:《史记·魏公子列传》:"(信陵君)至邺,矫魏王令代

晋鄙。晋鄙合符,疑之,举手视公子曰:'今吾拥十万之众,屯于境上,国之重任,今单车来代之,何如哉?'欲无听,朱亥袖四十斤铁椎,椎杀晋鄙,公子遂将晋鄙军。"合符,古代调兵用的兵符,一般用金属铸成虎形,剖为两半,一半交给带兵将领,一半留国王保存。国王若要调兵,就将半边兵符交使者,带兵将领合符后就可出兵。屠儿,指朱亥,他在魏以屠宰为业,侯嬴推荐他随信陵君前往晋鄙处,准备在晋鄙生疑而不交兵权时击杀之,后果然由朱亥挥起袖中铁锤击杀晋鄙。

⑬"情知"二句:意为侯嬴知道朱亥不是信陵君自己结识的门客,相知不深,他的自杀,是为了给信陵君,也是为了给朱亥送行,并激励朱亥。刎颈迎风,指侯嬴表示将以自杀送行。《史记·魏公子列传》:"公子过谢侯生。侯生曰:'臣宜从,老不能。请数公子行日,以至晋鄙军之日,北乡(面向)自刭,以送公子。'公子遂行。"

⑭宋儒:指王安石。

【译文】

王安石认为荆轲是由于被豢养于燕国,所以为了替燕国太子丹报仇去刺杀秦始皇。如若这种说法可信,那么也可以说吕尚是因为被豢养于周,因此才助周武王伐纣吗?荆轲为燕太子报仇刺秦始皇上,姜太公助周武王伐纣,那都是互相知心的朋友的友情,哪里在于豢养,王安石的说法太丑陋了。况且荆轲哪里认识燕太子丹!只是无奈相知的朋友田光引荐在先,并以自杀而死激励荆轲为燕太子丹报仇去刺杀秦始皇。荆轲面对这种情况,即使不想死,也不可能了。所以我作有《咏荆卿》诗一首说:"荆卿并不相识燕太子丹,刺杀秦始皇只因田光的以死引荐。击筑悲歌多慷慨,凄清的易水至今还寒光闪闪。"又有《咏侯生》二首:"侯嬴巧设计谋破了秦兵,信陵君'窃符救赵'出了大梁城。上等门客以死相报主翁的成功,千秋万岁佳颂着侯嬴的英名。"又:"大将晋鄙对兵符产生了怀疑,屠儿朱亥挥动铁锤把他击毙。朱亥并非信陵君的

相知门客,侯嬴以自杀激励他们相互携持。"屠儿朱亥与信陵君相知并
不深,又遇到侯嬴等待着巧设计谋破秦兵而功成名立之际,就以死为之
送别。侯嬴虽然是以死送别信陵君,实际上也是以死送别屠儿朱亥。
王安石说荆轲是由于被豢养于燕国,所以为了替燕国太子丹报仇才去
刺杀秦始皇的说法是多么丑陋,他哪里会知道像荆轲、侯嬴这些英雄的
心志呢!古人看重成事,为此不怕牺牲生命去完成;舍不得生命,就成
不了事。

为赋而相灌输

【题解】

　　本文于万历二十四年(1596)写于麻城。亦见《读升庵集》卷七,原
题为《食货志》。杨慎原文题为《〈平准书〉〈食货志〉同异》,见《升庵集》
卷四七。为赋而相灌输,这是司马迁在《史记》卷三〇《平准书》中对桑
弘羊所推行的均输法政策的概括。其法是由朝廷设置"平准"(平衡物
价)、"均输"(调运流通)等机构,要农民把可卖的物资作为赋税交给国
家,"平准""均输"等国家机构掌握大量物资在各地流通,贵时卖,贱时
买,以抑制物价。赋,税。灌输,注入。此处指商品的流通买卖。在此
文中,李贽肯定桑弘羊的均输法,反对霍光、班固等人对均输法的曲解
与否定,这不但表现了李贽杰出的历史眼光,也间接反映了要求既发展
农业又发展工商的时代需要。"农有租赋之入,商有征税之益",是明末
最为可行的经济政策,作为思想家的李贽也很具政治家的眼力。

　　"为赋"二字甚明,何说未明也①?盖为赋而相灌输,非
为商而相灌输也②。为赋而相灌输,即如今计户纳粮运租之
类③;为商而相灌输,乃是驱农民以效商贾之为。夫既驱农

民以效商矣，又将驱何民以事农乎？若农尽为商，则田尽不辟④，又将以何物为赋而相输灌也？曷不若令商自为之⑤，而征其税之为便乎？农有租赋之入，商有征税之益，两利兼收，愚人亦知，而谓武帝不知耶⑥？盖当时霍子孟辈⑦，已不晓桑大夫均输之法之善矣⑧，何况班孟坚哉⑨！俗士不可语于政⑩，信矣。

【注释】

①何说未明：为什么说讲得不清楚。这是对一些人指责《史记》关于"为赋"的论述而言。

②为商而相灌输：杨慎在《〈平准书〉〈食货志〉同异》中，根据宋人马廷鸾（字翔仲，饶州乐平人）的说法，谓班固《汉书·食货志》认为桑弘羊的均输法是"驱农民以效商贾之为"。李贽对此进行了反驳。

③运租：上交租赋。

④辟：开辟，这里指耕种。

⑤曷：何。

⑥武帝：汉武帝刘彻。见《贾谊》第二段注②。

⑦霍子孟：霍光（？—前68），字子孟。西汉河东平阳（今山西临汾西南）人。霍去病异母弟。武帝时，为奉车都尉。昭帝年幼即位，他与桑弘羊同受武帝遗诏辅政，任大司马大将军，封博陆侯。后又迎立宣帝。前后执政凡二十年，轻徭薄赋，有助于生产发展。《汉书》卷六八、《藏书》卷二八等有传。

⑧桑大夫：即桑弘羊（前152—前80），西汉洛阳（今河南洛阳东）人。出身商人家庭。汉武帝时，任治粟都尉，领大司农。制订、推行盐铁酒类的官营专卖，设立平准、均输等机构控制全国商品，对

巩固封建中央集权,发展经济,打击富商大贾势力,支援抗击匈奴的攻扰,都起到重要作用。昭帝时,召开盐铁会议,一些贤良、文学人士对政府的盐铁官营、平准、均输政策进行全面批评。桑弘羊坚持上述政策,与贤良、文学等儒生展开了激烈辩论。当时,霍光当政,对此应负有责任,因此李贽认为他不了解桑弘羊均输法的优越性。其事迹见《史记》卷三〇《平准书》、《汉书》卷二四《食货志》。《藏书》卷一七有传。

⑨班孟坚:班固,字孟坚。见《诫子诗》第二段注①。

⑩俗士:这里指迂腐的儒生。语:议论,谈论。

【译文】

"为赋"二字说的就是税收非常明白,为什么说讲得不清楚? 为了税收而让农民把可卖的商品物资作为赋税上缴国家,并不是像杨慎先生所说的那样是驱使农民去像商人那样转动贩卖货物。让农民把可卖的商品物资作为赋税上缴国家,就如同现在实行的以各户土地上缴粮食作为租赋给国家一样;如若让农民都像商人那样去转运贩卖货物,就是把农民变成商人了。既然把农民都变成了商人,那又让什么人去从事农业劳动呢? 如若农民都去从商了,那么也就没人种地了,那又能用什么物品作为赋税而上缴国家呢? 为什么不让商人自己做他的生意,从而征他的税不是更方便吗? 农民把商品物资作为赋税上缴国家,国家从商人那里又得到收税的好处,两种利益都可得到,愚笨的人都能知道,汉武帝刘彻怎么会不知道呢? 当时掌权的霍光等人,已经不懂得桑弘羊均输法的好处,何况后来的班固呢! 迂腐的儒生不可以论政事,真是如此。

文公著书

【题解】

本文于万历二十四年(1596)写于麻城。亦见《读升庵集》卷六。杨慎同题文见《升庵集》卷四六。文公，指朱熹。他死后谥号文公。该文对朱熹、杨慎对历史人物的评价提出了自己的看法。

　　"朱文公谈道著书，百世宗之①。然观其评论古今人品，诚有违公是而远人情者②：王安石引用奸邪③，倾覆宗社也，乃列之《名臣录》而称其道德文章④；苏文忠道德文章⑤，古今所共仰也，乃力诋之⑥，谓得行其志，其祸又甚于安石⑦。夫以安石之奸，则末减其已著之罪⑧；以苏子之贤，则巧索其未形之短⑨。此何心哉？"卓吾子曰：文公非不知坡公也。坡公好笑道学，文公恨之，直欲为洛党出气耳⑩，岂其真无人心哉！若安石自宜取⑪。

【注释】

①宗：尊重，推崇。

②违公是：违背公理。远人情：不近人情。

③王安石：见《党籍碑》注①。王安石是位很有作为的政治家，杨慎在这里对他的评说是不正确的。

④《名臣录》：即朱熹编撰的《三朝名臣言行录》。其中论到王安石时，对其道德文章有所称赞，但对其变法则进行了攻击。其文说："安石以文章节行高一世，而尤以道德经济为己任。被遇神宗，致位宰相，世方仰其有为，庶几复见二帝三王之盛。而安石乃汲汲以财利兵革为先务，引用凶邪，排摈忠直，躁迫强戾，使天下之人嚣然丧其乐生之心。卒之群奸嗣虐，流毒四海。至于崇宁、宣和之际，而祸乱极矣。"

⑤苏文忠：即苏轼，号东坡。见《封使君》注④。因死后赐谥"文忠公"，故有"苏文忠"之称。下文"坡公"也指苏轼。

⑥诋:诋毁,毁谤。

⑦"谓得"二句:朱熹对苏轼的指责,见《朱子语类》卷一三〇《自熙宁至靖康用人》:"蜚卿问荆公(王安石)与坡公之学。曰:'二公之学皆不正。但东坡之德行那里得似荆公!东坡初年若得用,未必其患不甚于荆公。'但东坡后来见得荆公狼狈,所以都自改了。"

⑧末减:减轻。著:显著,显露。

⑨巧索:费尽心机地搜索。未形:没有形成的。

⑩洛党:宋哲宗元祐年间(1086—1094),王安石变法失败后,反对变法的朝臣分为三个党派。其一为洛党,首领为程颐。因程颐为洛阳人,故称洛党。此外,还有以苏轼为首领的蜀党,以刘挚为首领的朔党。朱熹是程颐的四传弟子,所以说他骂苏轼是"为洛党出气"。

⑪自宜取:本来就应该选取列入《名臣录》。宜,适宜,应该。

【译文】

"朱熹谈道著书,百世都推崇他。然而看一看他对古今人品的评论,确实有违背公理不近人情之处:王安石引用奸邪之人,他实行的变法几乎使国家倾覆,却把他列入《名臣录》而且称赞他的道德文章;苏轼的道德文章,古今都一致赞仰,却极力地毁谤他,说要是依着他的主张做,祸害比王安石还厉害。王安石那么奸邪,却减轻他明显的罪行;苏轼那么贤良,却费尽心机搜索他没有的短处。这是什么用心呢?"卓吾子说:朱熹并不是不知道苏轼。苏轼好嘲笑道学,所以朱熹恨他,那是为了替洛党出气而已,朱熹岂是一个无见识的人呢!至于王安石本来就应该选取列入《名臣录》。

先生又曰:"秦桧之奸①,人皆欲食其肉,文公乃称其有骨力②;岳飞之死③,今古人心何如也,文公乃讥其横,讥其直向前厮杀④。汉儒如董如贾⑤,皆一一议其言之疵⑥,诸葛孔明名之为盗⑦，又议其为申、韩⑧；韩文公则文致其大颠往来之书，亹亹千余言，必使之不为全人而已⑨。盖自周、孔而下⑩，无一人得免者。忆文公注《毁誉章》云⑪：'圣人善善速，而恶恶则已缓矣⑫。'又曰：'但有先褒之善，而无预诋之恶⑬。'信斯言也，文公于此，恶得为缓乎⑭？无乃自蹈于预诋人之恶也？"卓吾子曰：此俱不妨，但要说得是耳。一苏文忠尚不知，而何以议天下之士乎？文忠困厄一生⑮，尽心尽力干办国家事一生。据其生平，了无不干之事⑯，亦了不见其有干事之名，但见有嬉笑游戏，翰墨满人间耳⑰。而文公不识，则文公亦不必论人矣。

【注释】

①秦桧：见《岳王并施全》第一段注㉒。

②称其有骨力：朱熹称秦桧"有骨力"，见《朱子语类》卷一三一《中兴至今日人物上》。

③岳飞：见《岳王并施全》题解。

④"文公"二句：《朱子语类》卷一三一《中兴至今日人物上》载："（沈）僴（xiàn）问：'若论数将之才，则岳飞为胜。然飞亦横，只是他犹欲向前厮杀。'先生（指朱熹）曰：'便是如此。'"可知讥岳飞"横""直向前厮杀"，是沈僴（字杜仲）提出，而朱熹表示了赞同。横，下决心不顾一切。

⑤董：指董仲舒。见《贾谊》第三段注①。贾：指贾谊。见《贾谊》"题解"。

⑥议其言之疵：朱熹在《朱子语类》中，多次指责贾谊"驳杂，大意是说权谋功利"，《新书》只是"杂记稿耳"，贾谊的文章"文势都不相干涉"，"大抵恁地无头脑"（卷一三五《历代二》），"贾谊之学杂"

（卷一三七《战国汉唐诸子》）。对于董仲舒，朱熹也有所批评，称他的有些理论"终是说得骑墙，不分明端的"。但同时对董仲舒又多有肯定，如说："汉儒唯董仲舒纯粹，其学甚正，非诸人比。"（卷一三七）

⑦诸葛孔明：即诸葛亮。见《岳王与施全》第一段注⑬。名之为盗：出处待查考。

⑧议其为申、韩：朱熹在《朱子语类》中，多次指诸葛亮与申、韩有密切关系。如说："孔明喜申、韩……孔明手写申、韩之书以授后主，而治国以严，皆此意也。""孔明学术亦甚杂"，"其所学，一则从黄老中来，一则从申韩中来"（卷一三五《历代二》）。"孔明出于申韩"，"孔明本不知学，全是驳杂"（卷一三六《历代三》）。申，指申不害。见《晁错》第二段注㉑。韩，指韩非（约前280—前233），战国末期韩国人。出身贵族。著《孤愤》《五蠹》《说难》等十余万言，受到秦王政的重视，被邀出使秦国。他吸收了道、儒、墨各家的思想，集法家学说的大成。其法治思想为秦始皇所采用，对于建立和巩固新兴地主阶级统一的中央集权国家起到一定作用。著有《韩非子》。《史记》卷六三、《藏书》卷一五等有传。

⑨"韩文公"三句：唐宪宗元和十四年（819），宪宗听说凤翔法门寺护国真身塔内有释迦文佛指骨一节，遣使持花迎入大内。韩愈上表极谏，触怒宪宗，几被处死，幸得裴度等援救，贬为潮州（今广东潮阳）刺史。在此，与著名和尚大颠相识。1047年，北宋袁陟发现了韩愈给大颠三封信的碑刻，无法断定真伪，就送给欧阳修看。欧阳修认为这三封信"世所罕传"，从内容看，"宜为退之之言"（见《欧阳文忠公文集》卷一四一《集古录跋尾》八《唐韩文公与颠师书》）。后来，苏轼反对欧阳修的看法，认为三封信是他人伪造。他在《记欧阳论退之文》中说："韩退之喜大颠，如喜澄观、文畅（唐代二僧人）之意，了非信佛法也。世乃妄撰退之《与

大颠书》，其词凡陋，退之家奴仆亦无此语。"并认为在三封信末题"欧阳永叔谓此文非退之莫能此"，是"诬永叔也"（《东坡题跋》卷一）。就此公案，朱熹曾著《考韩文公与大颠书》（并把韩愈给大颠的三封信附录于文后），不仅赞同欧阳修的意见，认为三封信为韩愈之作，而且，从信中的"久闻道德，侧承道高""所示广大深迥，非造次可谕""论甚宏博"等语，得出"安得谓初无崇信其说之意耶"的结论，把韩愈说成是佛教的"崇信"者。（《朱文公文集》卷七一）不仅如此，朱熹在他处还多次就此事发表过议论，认为从《与大颠书》可以看出，韩愈"真个是有崇信之意"。而且，韩愈被贬潮州后，因为"无聊"，就被大颠"说转了"。又说韩愈"平日只以做文吟诗，饮酒博戏为事。及贬潮州，寂寥，无人共吟诗，无人共饮酒，又无人共博戏，见一个僧说道理，便为之动"（《朱子语类》卷一三七《战国汉唐诸子》）。从这些地方看，朱熹确实在贬低韩愈在儒学中的地位，借以提高自己。因此，杨慎指责他借《与大颠书》一事，"必使之（指韩愈）不为全人而已"。韩文公，指韩愈（768—824），字退之，河南河阳（今河南孟州）人。祖籍昌黎（今河北昌黎），世称韩昌黎。谥曰文，故有韩文公之称。唐德宗贞元进士。官监察御史，因上疏极论宫市，触怒权贵，被贬为阳山（今广东阳山）令。宪宗元和初，召为国子博士。因参与平定淮西藩镇之乱有功，权知刑部侍郎。后因谏阻宪宗迎佛骨，被贬为潮州刺史。穆宗长庆年间，转为吏部侍郎，故又称韩吏部。死后赠礼部尚书。韩愈是唐代古文运动的主要倡导者，被列为"唐宋八大家"之首。其诗作形成"以文为诗""奇崛险怪"的诗风，也极有特色。著有《昌黎先生集》。《旧唐书》卷一六〇、《新唐书》卷一七六、《藏书》卷三九等有传。文致，舞文弄法，罗织罪状。大颠（732—824），颍川（今河南许昌）人。唐代僧人。德宗贞元时，在潮州创灵山禅院，学者四集。著有《心经释义》《金刚经释义》等。事迹见《景德传灯录》卷一四、《统要续集》卷一二、《联灯录》卷一九、《五灯会元》卷五等。亹亹(wěi)，连续不绝。全人，完善的人。

⑩周：指周公。见《季文子三思》第二段注①。孔：指孔子(前551—前479)，名丘，字仲尼，鲁国陬邑(今山东曲阜东南)人。春秋末期思想家、政治家、教育家，儒家学说的创始人。自汉代以后，孔子学说成为两千余年封建文化的正统，影响极大。孔子本人则被封建统治者尊为圣人。现存《论语》一书，记有孔子的谈话以及孔子与门人的问答，是研究孔子学说的主要资料。《史记》卷四七有传。

⑪《毁誉章》：指《论语·卫灵公》中"子曰：'吾之于人也，谁毁谁誉(诋毁了谁、称赞了谁)?'如有所誉者，其有所试矣(那是曾经考验过他的)"的一章。

⑫"圣人"二句：这是朱熹在《论语集注》中对孔子上一段话中有关毁誉注释的紧缩语。意为圣人表彰善人善事是很迅速的，而指责厌恶的人则是很迟缓的。朱熹的原文是："圣人善善之速而无所苟如此，若其恶(wù)恶(è)则已缓矣。"已，过于，很。

⑬"但有"二句：语出《朱子全集》卷二六《答吕伯恭》第四十八封信。褒，褒扬。诋，诋毁，攻击。

⑭恶得为缓乎：指责厌恶的人是否也很迟缓呢?

⑮困厄：困苦危难。

⑯了：与否定词连用，完全、皆的意思。

⑰翰墨：笔墨。借指文章。

【译文】

升庵先生又说："秦桧这个奸臣，人们都恨得想吃他的肉，朱熹却称赞他有骨力；岳飞精忠报国却被冤死，古今人心怎样看待自不待言，朱熹却讥讽他下决心不顾一切，讥讽他只知向前厮杀。对于汉代的儒生如董仲舒和贾谊,都指责他们的言论多有弊病,诸葛亮名之为盗,却又说他与申不害、韩非的思想有密切关系;就韩愈给僧人大颠之信一事,也舞文弄法,罗织罪名,连续不断,洋洋一千多言,说韩愈与禅学有关,以贬低韩愈在儒学中的地位,借以抬高自己。自周公、孔子而下,没有一个人不受朱熹的指责。因忆起朱熹注《论语·毁誉章》时说:'圣人表彰善人善事是很迅速的,而指责厌恶的人则是很迟缓的。'又说:'对于善事要尽快地褒扬,而对于自己认为可厌恶之事不要随自己的爱恶而指责。'如若相信这些话,朱熹上面所说的一切,指责他厌恶的人和事是否不太迟缓了? 那不就陷于自己所说的矛盾之中了?"卓吾子说:这都没有关系,但要说得正确。对于一个苏轼都认识不清,怎么能评议天下的士子? 苏轼一生困苦危难,一生为国家尽心尽力。看看他的生平,没有不干的事,却也没有得到干事之名,只有嬉笑游戏,文章被传遍人间。而朱熹对此没有认识,所以朱熹也不必评论人物了。

阖然堂类纂引

【题解】

　　本文于万历二十三年(1595)写于麻城。《阖(àn)然堂类纂》,共六卷,潘士藻著。潘士藻(1537—1600),字去华,号雪松,徽州婺源(今江西婺源)人。婺源又称新安,故有时称潘士藻为潘新安。万历十一年(1583)进士,历官监察御史、尚宝司卿等。《明史》卷二三四、《明史稿》卷二一四、《明儒学案》卷三五等有传。《阖然堂类纂》一书,用因果报应的观点,编撰"苦言",企图给"眩迷"的"当局"作"鉴戒",其中也暴露了道学官僚的贪婪、虚伪和残忍,因而得到李贽的赞赏。万历二十三年,潘士藻到麻城龙潭湖芝佛院访李贽,并"剧谈因果"(潘士藻:《阖然堂遗集》卷四《汤文学梦游记》)。在此前,李贽批选有《因果录》,潘士藻辑有以谈因果为主要内容的《阖然堂类纂》,因此,两人"剧谈"是其必然。当时，潘士藻将《闇然堂类纂》交李贽，李贽写了这篇"引"。文中称赞潘士藻"其志益坚，其气益实，其学愈造而其行益修，断断乎可以托国托家而托身"，赞赏其书"譬之于曲则新腔，于词则别调，于律则切响"，是可以"侧耳而倾听"的"必鉴必戒"之作，固然表现了二人在"因果"方面的认识一致，也显示着对潘士藻借"因果"而对当时道学官僚的批判的肯定与赞赏。

　　《闇然堂类纂》者何？潘氏所纂以自为鉴戒之书也[1]。余读而善之，而目力竭于既老，故复录其最者以自鉴戒焉[2]。

【注释】

① 鉴戒：引为教训，使人警惕。

② 复录其最者：李贽曾从《闇然堂类纂》中摘录他认为特别富有"鉴戒"意义的文章另成《闇然录最》一书（四卷），现存《卓吾先生李氏丛书》《李卓吾遗书》。见张建业主编《李贽全集注》第十六册。

【译文】

　　《闇然堂类纂》是什么样的书？那是潘士藻所编纂的企图用"若言"使"眩迷"的"当局"作为自我"鉴戒"即引为教训使人警惕的书。我读后非常喜欢，但两眼已老花，所以就又选录其中特别富有鉴戒意义的部分成《闇然录最》一书作为自我鉴戒之用。

　　夫余之别潘氏多年矣，其初直谓是木讷人耳[1]，不意其能刚也。大抵二十余年以来，海内之友寥落如晨星，其存者或年往志尽[2]，则日暮自倒[3]，非有道而塞变[4]，则盖棺犹未定也[5]。其行不掩言[6]，往往与卓吾子相类[7]。乃去华之于今日，其志益坚，其气益实，其学愈造而其行益修[8]，断断乎可以托国托家而托身也⑨。非其暗室屋漏⑩,暗然自修⑪,不忘鉴戒,安能然乎? 设余不见去华,几失去华矣。余是以见而喜,去而思,思而不见则读其书以见之,且以示余之不忘鉴戒,亦愿如去华也。

【注释】

①木讷(nè):质朴而不善辞令。

②年往志尽:随着时间的流逝而意志消尽。

③日暮自倒:随着年岁的衰老而自甘潦倒。

④非有道而塞变:在国家有好治道的情况下,改变了未出仕时的抱负。有道而塞变,语本《中庸》:"国有道不变塞焉。"塞,未达,指未出来当官。

⑤盖棺犹未定:还没有到盖棺定论之时。

⑥行不掩言:行为与言论、主张不相称。

⑦卓吾子:李贽自称。

⑧造:学业达到新的境界。修:善好,有修养。

⑨断断:确实,决然无疑。

⑩暗室屋漏:语本《诗经·大雅·抑》:"相在尔室,尚不愧于屋漏。"高亨《诗经今注》:"尚,疑应读为当。漏,借为䁘,屋中之鬼名䁘。此二句言:你检查一下,在屋内时应该不愧于屋中的鬼神。"即虽处偏僻之处,也没做亏心之事。

⑪暗然自修:默默地致力于自我修养。语本《中庸》:"君子之道,暗然而日章。"

【译文】

　　我和潘士藻分别已经多年,认识他时以为他是个质朴不善于辞令的士人,没想到他却非常地刚毅。大概二十多年以来,海内的朋友生存于世的已经很少了,其中有的随着时间的流逝而意志消尽,有的随着年岁的衰老而自甘潦倒,有的在国家没有好治道的情况下改变了没有出仕时的抱负,这都没有到盖棺论定之时。有的行为与言论主张不相称,往往和卓吾子一样。而潘士藻至今,志向更加坚定,气势更加充实,他的学问更是达到新的境界,他的行为更加美好有修养,决然无疑可以把个人、家庭及国家寄托于他。虽处偏僻之处,也不会做出亏心之事,他在默默地致力于自我修养,不忘鉴戒,才能做到这样。如若我不去见潘士藻,那就会失去这位朋友。所以我很高兴地见到他,分手后又非常思念,思念而见不到就读他的书也就等于和他见面了,而且他书中所表现的不要忘记鉴戒使我永记在心,我也希望做到像潘士藻那样。

　　夫鉴戒之书,自古有之,何独去华? 盖去华此《纂》皆耳目近事①,时日尚新②,闻见罕接③,非今世人士之所常谈。譬之时文④,当时则趋⑤,过时则顽⑥。又譬之于曲则新腔,于词则别调⑦,于律则切响⑧,夫谁不侧耳而倾听乎? 是故喜也。喜则必读,读则必鉴必戒。

【注释】

①耳目近事:耳闻目见的现实的事。

②时日尚新:这些事发生的时间离现在都不远。

③闻见罕接:人们罕闻少见。

④时文:时下流行的文体,旧时对科举应试文的通称。明清时特指科举应试的八股文。

⑤趋:成了倾向,流行的趋势。

⑥顽:老旧之意。

⑦别调:别具一格的格调。

⑧律:声律,韵律。切响:重浊的字音。古人写诗讲究字音的轻重、

清浊搭配得当，以求音节和谐，亲切悦耳。

【译文】

引为教训使人警惕的鉴戒之书，古代就有，为什么独独对潘士藻此书给以赞赏呢？因为士藻这本《闇然堂类纂》都是耳闻目见的现实的事，这些事发生的时间离现在都不远，人们也罕闻少见，都是今世人士不常谈及的事。比如时下流行的八股文，曾经成为一种倾向一种流行的趋势，但过些时就感到老旧了。又好像戏曲中的新腔，唱词中别具一格的格调，韵律中的切响，谁能不侧转头部认真地听呢？这是因为喜欢的缘故。对潘士藻的《闇然堂类纂》因为喜欢所以必读，读后一定会从中引为鉴戒。

朋友篇

【题解】

本文约写于万历二十三年（1595），与《〈闇然堂类纂〉引》同时。潘士藻编纂的《闇然堂类纂》，得到李贽的欣赏，不但为之作序，还从该书作了摘录，把他认为特别富有"鉴戒"意义的文章辑为《闇然录最》四卷，并在其中加写了评论文字。《朋友篇》就是该书卷一有关友谊内容中的评论文字之一。在此文中，李贽盛赞"嗜义之友朋"，痛责"嗜利"之所谓"友朋"，并愤激地说"天下无朋"，实是对当时那种"攘臂而夺之食，下石以灭其口"的恶劣世俗的批判。《闇然录最》所载此文，比《焚书》文字略有增加。开头"去华"下有"生平"二字；"非嗜友朋也"下有"嗜友朋则嗜义矣"句；"则谓之曰无朋可也"下有"且今所谓朋者，彼其生之时，比嗜义之友尤为真切也，一一若可托者。而阳结阴夺，甚有未死而谋其妻者矣！如此，则岂但无朋，反不如无朋之为愈矣！"言辞更为激烈。

去华友朋之义最笃①，故是《纂》首纂笃友谊②。夫天下无朋久矣。何也？举世皆嗜利③，无嗜义者。嗜义则视死犹生，而况幼孤之托④，身家之寄，其又何辞也？嗜利则虽生犹死，则凡攘臂而夺之食⑤，下石以灭其口⑥，皆其能事矣。今天下之所称友朋者，皆其生而犹死者也。此无他，嗜利者也，非嗜友朋也。今天下曷尝有嗜友朋之义哉！既未尝有嗜义之友朋，则谓之曰无朋可也。以此事君⑦，有何赖焉？

【注释】

①去华：即潘士藻。

②《纂》：指潘士藻编纂的《闇然堂类纂》，共六卷。首纂笃友谊：《闇然堂类纂》第一卷首先是关于友谊的内容，对真诚友谊的赞美，对无义行为的批判。

③嗜：喜好。引申为贪图，重视。

④幼孤之托：与下句"身家之寄"，语本《论语·泰伯》："可以托六尺之孤，可以寄百里之命，临大节而不可夺也——君子人与？君子人也。"意为可以把孤儿托付给他，可以把国家命脉交付给他，面临安危存亡的紧要关头而不动摇屈服——这种人是君子人吗？是君子人哩。

⑤攘臂：捋起衣袖，伸出胳膊。常形容激奋之貌。

⑥下石：即投井下石，比喻乘人之危加以陷害。

⑦此：指重利而不重朋友之"义"。

【译文】

　　去华对朋友之情最忠实，因此，他在自己撰写的《纂》的第一篇就论述忠实友谊。现在天下很久没有真正的朋友了。为什么呢？世人都特别爱好利益，而没有特别追求情义的。讲情义就要把死看作生一样的平常，而更何况朋友临终时将幼子、家室相托，那又怎能不鼎立相助呢？

竭力追求利益的人则即使活着也像死了一样，大凡拼命抢夺他人食物、落井下石以杀人灭口，都是他们擅长之事。现在世上以朋友相称的人，全都是这样的一伙人。没有别的什么目的，只是拼命追名逐利，而不是铁心地讲求友谊。现在世上何曾有视友情如生命的人！既然不曾有特别讲友情的人，所以我说世上没有真正的朋友了。我用这些话来劝告你，你以为如何？

阿寄传

【题解】

　　本文于万历二十三年(1595)写于麻城。除末段外，均录自《闇然堂类纂》卷一。亦见《闇然录最》卷一，但题下有"此仆可大用"一语，文后则无"李卓吾曰"以下一段评论。《续藏书》卷二五亦有此篇，题为《义仆阿寄》，题下无"此仆可大用"一语，开头无"钱塘田豫阳汝成有《阿寄传》"一句，文中无"去华曰"一段评论。其他文字也稍有不同。

　　钱塘田豫阳汝成有《阿寄传》①。阿寄者，淳安徐氏仆也②。徐氏昆弟别产而居③：伯得一马④，仲得一牛，季寡妇得寄。寄年五十余矣，寡妇泣曰："马则乘，牛则耕，踉跄老仆⑤，乃费吾藜羹⑥！"阿寄叹曰："噫！主谓我力不牛马若耶⑦？"乃画策营生⑧，示可用状。寡妇悉簪珥之属⑨，得金一十二两畀寄⑩，寄则入山贩漆，期年而三其息⑪，谓寡妇曰："主无忧！富可立致矣。"又二十年而致产数万金，为寡妇嫁三女，婚两郎，赍聘皆千金⑫。又延师教两郎⑬，皆输粟入太学⑭，而寡妇卓然财雄一邑矣⑮。顷之，阿寄病且革⑯，谓寡妇曰："老奴马牛之报尽矣。"出枕中二楮⑰，则家计巨细悉均分之⑱,曰:"以此遗两郎君⑲!"言讫而终。徐氏诸孙或疑寄私蓄者,窃启其箧⑳,无寸丝粒粟之储焉。一妪一儿㉑,仅敝缊掩体而已㉒。余盖闻之俞鸣和㉓。又曰㉔:"阿寄老矣,见徐氏之族,虽幼必拜,骑而遇诸途,必控勒将数百武以为常㉕。见主母不睇视㉖,女虽幼㉗,必传言㉘,不离立也㉙。"若然㉚,则缙绅读书明礼义者㉛,何以加诸㉜?以此心也,奉其君亲㉝,虽谓之大忠纯孝可也。

【注释】

①田豫阳汝成:田汝成,字叔禾,号豫阳,明代钱塘(今浙江杭州)人。嘉靖五年(1526)进士。历官南京刑部主事、广东佥事、贵州佥事、广西右参议、福建提学副使等。博学工古文,尤善叙述。著有《田叔禾集》《西湖游览志》等。所作《阿寄》(见《田叔禾集》卷六),潘士藻收入《闇然堂类纂》。以下一段文字,基本上录自田叔禾《阿寄》。《明史》卷二八七、《明史稿》卷二六八、《明诗纪事》戊一六、《列朝诗集小传》丁集上等有传。

②淳安:今浙江淳安。

③昆弟:兄弟。别产:分割家产,分家。

④伯:古时以伯、仲、叔、季表示兄弟长幼的次序。伯是老大,仲第二,叔第三,季最小。

⑤踉跄(liàng qiàng):脚步不稳,行动迟滞。

⑥藜羹:用藜菜作的汤。泛指粗劣的食物。

⑦不牛马若:不如牛马。若,如。

⑧画策:谋画策略,筹划计策。

⑨悉:尽,全部。这里指变卖尽。簪珥(ěr):妇女用的发簪和耳饰。泛指金银首饰。珥,用珠子或玉石做成的耳环一类饰品。属:

种类。

⑩畀(bì)：给与。

⑪期(jī)年：一年。三其息：获得三倍的利息。这里泛指多次获利之意。

⑫赍(jī)聘：指嫁妆和聘金。赍，送。

⑬延：聘请。

⑭输粟入太学：意为通过捐纳谷物入国子监当监生。太学，中国古时的最高学府，是中央政府设立的教育士人的学校。明洪武初称"国子学"，后改称"国子监"。

⑮阜然：盛多富有的样子。雄：称雄。

⑯革(jí)：危急。

⑰楮(chǔ)：楮树。落叶乔木，皮可造纸，故常用为纸的代称。这里指财产清单。

⑱家计：家庭财产。

⑲遗：留给。《续藏书·义仆阿寄》在此句后，有"可世守也"文字。

⑳窃：暗中。箧(qiè)：小箱子。

㉑妪(yù)：老妇人。指阿寄的妻子。

㉒敝缊(yù)：破旧的袍子。缊，缊袍，以乱麻为絮的袍子。《续藏书·义仆阿寄》在此句下有"田汝成曰，阿寄事"文字。

㉓余：田汝成自称。俞鸣和：生平事迹不详。《续藏书·义仆阿寄》此句为"予盖闻之俞鸣和云"。接下去还有下面一段文字："夫臣之于君也有爵禄之荣，子之于父也有骨肉之爱。然垂缨曳绶(指身着官服的官吏)者，或不讳为盗臣(叛臣)；五都之豪(在繁盛都市的富豪之人)，为父行贾(做生意)，匿良献苦(把顺利的好事藏匿起来，只说不利的困苦之事)，否且德色也(行为可恶，却表现出有恩德的神色)。阿寄村鄙之民，非素闻诗礼之风，心激宠荣之慕也，乃肯毕心殚力，毙而后已。呼呜！不可及已。"

㉔又曰:《续藏书·义仆阿寄》此两字前面有"鸣和"二字。

㉕控勒:拉住缰绳。这里指下马。将:伴送。武:半步。古代以六尺为一步,半步为武。

㉖睨(dì)视:斜视,细看。

㉗女虽幼:《续藏书·义仆阿寄》为:"女使虽幼。"

㉘必传言:《续藏书·义仆阿寄》为"非传言"。传言,传令,传话。

㉙离立:并立。

㉚若然:像这样。

㉛缙(jìn)绅:插笏于绅带间,旧时官宦的装束。亦借指士大夫。缙,插。

㉜加诸:超过他呢! 加,凌驾,超过。诸,兼词,"之乎"的合音。

㉝君亲:指君主和父母。

【译文】

钱塘人田豫阳写有《阿寄传》。阿寄,是浙江淳安徐氏家的仆人。徐氏兄弟分家而居:老大分得一匹马,老二分得一头牛,老四之妻寡居分得仆人阿寄。阿寄已五十多岁,寡居之妇看到这种情况流泪说:"马能驾车,牛能耕地,老仆人阿寄行动都不稳,不是白白吃我的饭吗!"阿寄听后叹息着说:"唉! 主人是不是觉得我不如牛马?"而后就细心谋划生财之法,并把可行之理向主妇说明,寡居的主妇觉着可行就把金银首饰全部变卖,得金一十二两给阿寄做资本。阿寄随之入山贩卖油漆,一年之中多次获利,对寡居主妇说:"您不必发愁! 很快就会富起来。"就这样经营了二十年,收获了数万的财产,帮助寡居主妇出嫁了三个女儿,为两个儿子娶了妻子,女儿的嫁妆和儿子的聘礼都在千金以上。又为两个儿子聘请了家庭教师,并通过捐纳谷物进了国子监,寡居主妇成为了一邑之中的首富。不久,阿寄病危,对寡居主妇说:"老奴已为您尽了牛马之力。"而后从枕下取出二份财产清单,家中财产清清楚楚,并说:"把这留给两位少主。"说完就去世了。徐氏的几个孙子怀疑阿寄别有私产,偷偷打开阿寄的小箱,结果里面什么也没有。阿寄留下一个妻子和儿子,却生活在贫困之中。这都是我从俞鸣和那里听到的。俞鸣和还告诉我:"阿寄虽然年老,只要看见徐氏的族人,即使是幼童,也都尊敬礼拜,如若是骑马路上相遇,必定下马相送。见主母时绝不正视,即使是年幼使女,也不随便传话,并保持着一定的距离。"像这样的行止,就是读书明礼的士大夫,会比阿寄做的更好吗? 用这样的诚心,侍奉君主与父母,完全可以称之为大忠纯孝了。

去华曰①:"阿寄之事主母,与李元之报主父何以异②?余尤嘉其终始以仆人自居也。三读斯传,起爱起敬,以为臣子而奉君亲者能如是,吾何忧哉?"

【注释】

①去华:即潘士藻。以下一段文字见《阒然堂类纂》。

②李元之报主父:据《后汉书》卷八一《独行列传》,李元当为李善之误。李善,字次孙,东汉南阳(今河南南阳)人。原为同县富翁李元的奴仆。当时疫疾流行,李元家相继而死,只留刚生数旬的孤儿李续。其他奴婢共计议,欲谋杀李续,分其财产。李善就带着李续外逃,亲自哺养遗孤,备极艰辛,后终于又带李续归本县,理旧业,并得到统治者的褒奖,先后诏拜为太子舍人,后又官日南郡(今越南南部)太守。李续则官至河间国(今河北文安、河间、交河一带)相。

【译文】

潘士藻说:"阿寄供奉寡居的主母,与李善诚心救助主人李元之子有什么不同吗? 我更称赞阿寄始终都以仆人对待自己。我读了《阿寄传》三遍,又爱又敬他,认为如若作臣子能像阿寄那样侍奉君主和父母,我还有什么可忧心的?"

　　李卓吾曰：父子天性也①。子而逆天，天性何在？夫儿尚不知有父母，尚不念昔者乳哺顾复之恩矣②，而奴反能致孝以事其主。然则其天定者虽奴亦自可托③，而况友朋！虽奴亦能致孝，而况父子！彼所谓天性者，不过测度之语；所谓读书知孝弟者，不过一时无可奈何之辞耳④。奴与主何亲也？奴于书何尝识一字也？是故吾独于奴焉三叹，是故不敢名之为奴，而直曰我以上人⑤。且不但我以上人也，彼其视我正如奴矣。何也？彼之所为，我实不能也。

【注释】

①天性：这里指先天具有的品质或性情。

②顾复：反复回视，形容父母对儿女的爱抚。后来因以用来指父母的养育之恩。语出《诗经·小雅·蓼莪》："父兮生我，母兮鞠（养）我。拊（抚爱）我畜我，长我育我，顾我复我，出入腹我。"郑玄注："顾，旋视；复，反覆也。"

③其：那种。天定：即天然生成之意。

④"彼所谓"四句：田叔禾《阿寄》文中有："夫臣之于君也，有爵禄之荣；子之于父也，有骨肉之爱。然垂缨曳绶（垂下冠带绶带，这里以官服代指官吏）者，或不讳为盗臣（盗名欺世的官吏）。五都之豪（繁盛的都市），为父行贾（经商），匿良献苦（gǔ，藏起好的摆出劣的），否（pǐ 鄙陋）且德色（自以为有恩德于人而表现出来的神色）也。乃阿寄村鄙之民，衰迈之叟……非素闻诗礼之风，心激宠荣之慕也，乃肯毕心殚力，昌振镃基（家业），公而忘私，毙而后已，是岂寻常所可及哉！"由此而引出李贽"父子天性也"的议论，以及前引俞鸣和的评说："缙绅读书明礼义者，何以加诸。"这里则对这些议论加以评说。彼，语气助词。孝弟，孝悌，孝顺父母，

敬爱兄长。

⑤我以上人：我的主人。上人，这里当主人讲。

【译文】

李卓吾说："父子之情是先天具有的品德。如若作儿子的违背了这一品德，那还有什么父子之情可言？有的儿子不知道孝顺父母，忘记了父母对自己的爱抚与养育之恩，而像阿寄这样的奴仆却能尽孝以待其主。如若具有这种天然生成的品德，虽是奴仆也可以托付，何况朋友呢！虽是奴仆也可以尽孝道，何况父子呢！像田豫阳所说的君臣、父子间的天性，那不过是猜想的话；像俞鸣和所说的读书明礼的士大夫也不一定会像阿寄那样做，也不过是一时无可奈何的感叹而已。奴仆与主子并没有亲情关系，奴仆也一字不识，所以我对于奴仆无限的赞叹，因此我不敢称他们为奴仆，而直接称他们是我的主人。不但把他们看做是我的主人，他们也完全可以把我看作奴仆。为什么？他们的品德行为，我实在难以做到。

孔明为后主写申韩管子六韬

【题解】

本文写作时间不详。选自《焚书》卷五。孔明，即诸葛亮。后主，三国时蜀汉后主刘禅，字公嗣，小字阿斗。刘备之子。公元223—263年在位。初由诸葛亮辅政，亮死后，他信任宦官黄皓，朝政腐败。后魏军迫成都，他出降。写，抄写，誊录。诸葛亮抄写《申子》《韩非子》《管子》《六韬》等书，用来教导刘禅一事，见《三国志》卷三二《先主传》裴松之注引《诸葛亮集》载先主(刘备)遗诏："闻丞相为写《申》《韩》《管子》《六韬》一通已毕，未送，道亡，可自更求闻达。"本文是李贽的一篇读史札记，文中对历史上的许多学派及人物进行了评价。这些评价不一定完全准确，但有一点是可以肯定的，那就是李贽在文章结尾所说的"勿以为余之言皆经史之所未尝有者",就是说李贽是以他那种"颠倒千万世之是非"(《藏书·世纪列传总目前论》)的精神,对历史学派及人物进行自己独特的评说的。还应指出,在此文中,李贽赞扬申不害、韩非、吴起、商鞅,以至谯周、冯道,说他们是"各有一定之学术","各有必至之事功","非苟苟者",而独独指斥儒家"既无一定之学术",又无"必至之事功",只知"依仿陈言,规迹往事",在这一褒一贬中,完全可以见出李贽那反传统思想的锐利目光。李贽的这种思想和目光,在很多作品中都有所体现。如在《墨子批选》的序言中,他从"无为而治"出发,把墨翟和管仲推为"圣人',从"言必可用,用必其言"出发,赞扬吴起"用之魏则魏强,用之楚而楚伯",赞扬商鞅变法,终于"令秦成帝业",赞扬申不害"辅弱小之韩,以当暴秦之冲",甚至对苏秦、张仪一类纵横家、游说家,虽指斥其"反复变诈而难信",却又肯定其"言利害则晓然分晰而可审",但对儒家却只字不提。这在儒家独尊、理学炽热的当时,确实引人深思。

　　唐子西云①:"人君不论拨乱守文②,要以制略为贵③。《六韬》述兵权④,多奇计;《管子》慎权衡⑤,贵轻重;《申》《韩》核名实⑥,攻事情⑦。施之后主,正中其病。药无高下,要在对病。万全良药,与病不对,亦何补哉?"又观《古文苑》载先主临终敕后主之言曰⑧:"申、韩之书⑨,益人意智⑩,可观诵之!"《三国志》载孟孝裕问郤正太子,正以虔恭仁恕答⑪。孝裕曰:"如君所道,皆家门所有耳⑫。吾今所问,欲知其权略知调何如也⑬。"

【注释】

①唐子西:唐庚,字子西,北宋眉州丹棱(今四川丹棱)人。宋哲宗

绍圣进士。历官宗子博士、承议郎等。著有《唐庚文录》《三国杂事》及《诗话》等。《宋史》卷四四三有传。下面引文见唐庚的《三国杂事》卷上《诸葛亮丞相为后主写申韩管子六韬各一道》。原文是："学者责孔明不以经书辅道少主,乃用《六韬》《管子》《申》《韩》之书。吾谓不然。人君不同拨乱守文,要以知略为先。后主宽厚仁义,襟量有余,而权略智诈是其所短,当时识者咸以为忧。《六韬》述兵权奇计,《管子》贵轻重权衡,《申子》核名实,《韩子》引绳墨、切事情,施之后主,正中其病矣。药无善恶,要以对病为妙。万金良药,与疾不相值,亦复何补哉!"

②拨乱:治理乱世,指封建君主开国创业。守文:本谓遵循文王法度,后泛指遵循先王法度。即继位的国君要保持既成的事业。

③要:总之。制略:讲求法制和策略。贵:重要。

④《六韬》:兵书,相传为周代吕望(姜太公)所作,有人认为是战国时作品。全书现存六卷,即"文韬""武韬""龙韬""虎韬""豹韬""犬韬"。兵权:用兵的权谋和策略。

⑤《管子》:相传春秋时期齐国管仲撰,实系后人托名于他的著作。共二十四卷。原本八十六篇,今存七十六篇。内容庞杂,包含有道、名、法等家的思想,以及天文、历数、舆地、经济和农业等知识。慎权衡:与下句"贵轻重",意为慎重地分析事情的得失利弊,注意事情的轻重缓急。语出《史记》卷六二《管晏列传》:"(管仲)其为政也,善因祸而为福,转败而为功。贵轻重,慎权衡。"权衡,本指称,引申为衡量、比较。轻重,《管子》中有《轻重篇》,论述关于调节商品、货币流通和控制物价的理论极为详细。引申为对事情的处理要分清轻重缓急。

⑥《申》:即《申子》,战国中期申不害著。内容多刑名权术之学,属于法家著作。《韩》:即《韩非子》。韩非死后,后人搜集其遗著,并加入他人论述韩非学说的文章编成。共十二卷,五十五篇,是

集先秦法家学说大成的代表作。《韩非子》综合了商鞅的"法治"、申不害的"术治"和慎到的"势治"理论,提出了一套"法""术""势"相结合的法治主张,为创立中央集权的封建国家提供了有力的理论根据。核名实:核实名称和实际是否一致,这是韩非的重要理论之一。实,实际,实质。他在《主道》篇提出:"形(实)名参同(验证事情的实际与所表现出的言语名称是否契合)";在《功名》篇提出"名实相持而成",而反对"名不称实者";在《定法》篇提出"循名而责实(按照名分以责求实际)"等。

⑦攻事情:研究事物的实际情况,这也是韩非的重要理论之一。攻,研究。情,实情,真相。他在《问辩》篇提出:"夫言行者,以功用为之的彀(gòu)者也(言论和行动。要以实际效用的情况作为它的衡量标准)";在《显学》篇提出:"无参验而必之者,愚也(不依事物的实际而加以验证就对事物作出决断,是愚蠢的);弗能必而据之者,诬也(不依事物的实际就把它作为依据,那是欺骗)。"并提出"举实事(依据实际情况做有实际效果的事),去无用(抛弃脱离实际情况而没有实际效果的空谈)。"

⑧《古文苑》:编辑者不详。所录诗、赋、文自周代至南朝齐代共二百六十余篇。合二十一卷。先主:即三国时期蜀汉昭烈帝刘备(161—223),字玄德,涿郡涿县(今河北涿州)人。蜀汉政权的开创者。敕(chì):君主对臣下的诏书命令。现存《古文苑》中没有刘备给刘禅的手敕。

⑨申:即申不害(约前385—前337),战国时郑国人。曾任韩昭侯的国相十五年,主张法治,尤其重术。所谓术就是"因任而授官,循名而责实,操杀生之柄,课群臣之能"(转引《韩非子·定法》)。即君主要经常监督臣下,考核其是否称职,予以奖惩,使能尽职守,以加强君主专制。《汉书·艺文志》著录《申子》六篇,现仅存辑录《大使》一篇。

⑩益：丰富，增加。意智：思想，智慧。

⑪"《三国志》"二句：西晋陈寿著，共六十五卷，分《魏书》《蜀书》《吴书》。孟孝裕：孟光，字孝裕，河南洛阳（今河南洛阳）人。刘备时为议郎，刘禅时为大司农。《三国志》卷四二有传。问郤正太子：向郤正询问太子刘禅的为人。事见《三国志·孟光传》："（孟）光问正太子所习读并其情性好尚，正答曰：'奉亲虔恭，夙夜匪懈，有古世子之风；接待群僚，举动出于仁恕。'"虔恭仁恕，指待人虔诚恭敬，仁爱宽恕。郤（xì）正，字令先，河南偃师（今河南偃师）人。刘禅时为秘书令。《三国志》卷四二有传。

⑫家门：古时称卿大夫的家为家门。这里指一般贵族人家的子弟。《三国志·孟光传》"门"为"户"。家户，则指家家户户。

⑬权略：权谋，谋略。知调（zhì diào）：智慧，才干。《三国志·孟光传》"知"为"智"，"知"是"智"的古字。

【译文】

　　唐子西说："做国君的不论治理乱世还是维护已经取得的政权，重要的是注重讲求法治和策略。《六韬》论述的是用兵的权谋和策略，有很多奇计；《管子》这部书讲的是要谨慎地分析事情的得失利弊，注意分别事情的轻重缓急；《申子》《韩非子》论述的是在处理一切事情时，要考察名实是否相符，研究事情的实际情况。把这些书推荐给后主刘禅，正好切中他的要害。药物没有高下之分，关键在于对症。再好的药不能对症，对病人又有什么益处呢？"又读《古文苑》，里面记载说刘备在临终时对后主刘禅说："申不害和韩非子的书，丰富人的思想，增加人的智慧，你应该认真阅读，细心体会！"《三国志》记载孟孝裕向郤正询问刘禅的为人，郤正回答说，刘禅对人恭敬有仁爱宽恕之心。孝裕说："如你所说的这些，是一般贵族人家的弟子都具有的。我现在要问的，是想知道太子治理国家的智慧和才能怎么样。"

由此观之,孔明之喜申、韩审矣①。然谓其为对病之药,则未敢许②。夫病可以用药,则用药以对病为功,苟其用药不得,则又何病之对也?刘禅之病,牙关紧闭,口噤不开③,无所用药者也,而问对病与否可软?且申、韩何如人也?彼等原与儒家分而为六④。既分为六,则各自成家;各自成家,则各各有一定之学术,各各有必至之事功⑤。举而措之⑥,如印印泥⑦,走作一点不得也⑧。独儒家者流,泛滥而靡所适从⑨,则以所欲者众耳⑩。故汲长孺谓其内多欲而外施仁义⑪,而论六家要指者⑫,又以"博而寡要,劳而少功"八字益之,可谓至当不易之定论矣⑬。孔明之语后主曰:"苟不伐贼,王业亦亡。与其坐而待亡,孰与伐之⑭?"是孔明已知后主之必亡也,而又欲速战以幸其不亡⑮,何哉?岂谓病虽进不得药,而药终不可不进,以故犹欲侥幸于一逞乎⑯?吾恐司马懿、曹真诸人尚在⑰,未可以侥幸也。六出祁山⑱,连年动众,驱无辜赤子转斗数千里之外⑲,既欲爱民,又欲报主,自谓料敌之审⑳,又不免幸胜之贪㉑,卒之胜不可幸,而将星于此乎终陨矣㉒,盖唯其多欲,故欲兼施仁义;唯其博取㉓,是以无功徒劳。此八字者,虽孔明大圣人不能免于此矣。

【注释】

①孔明:即诸葛亮(181—234),字孔明,琅玡阳都(今山东沂南)人。三国蜀汉政治家、军事家。曾助刘备建立蜀国,并任丞相。审:清楚,明白。

②许:赞同。

③噤(jìn):闭口。

④"彼等"句：意为（申、韩）本来就是与儒家等区分为六家的。春秋战国时期，激烈的社会矛盾反映在政治思想领域，出现了许多学说和学派，主要的有儒家、墨家、法家、名家、阴阳家、道家。

⑤必至：必定要做到。

⑥举而措之：提出（学说和主张）并加以施行。举，拿出来。措，施行。

⑦印泥：即印色，盖图章用的印料。

⑧走作：走样，偏差。

⑨泛滥：空泛，庞杂。靡（mǐ）所适从：叫人不知怎么做才好。靡，无。

⑩"则以"句：意为原因在于他们贪求的东西太多了。欲，贪求。众，多。

⑪汲长孺：汲黯（? 一前112），字长孺，濮阳（今河南濮阳西南）人。汉武帝时，任东海太守，"学黄老之言，治官理民。好清静"（《史记·汲郑列传》）。为官直言切谏，并反对汉武帝对匈奴的战争。后出为淮阳太守。汲黯曾批评汉武帝说："陛下内多欲而外施仁义，奈何欲效唐虞之治乎？"（《史记·汲郑列传》）内多欲，内心欲望很多。李贽这里是借用汲黯的话，批判儒家贪求无厌，表面上却假仁假义。

⑫论六家要指者：指西汉史学家司马谈。司马谈曾著《论六家之要指》（载《史记》卷一三〇《太史公自序》），对先秦六家学派进行了评析。要指，主要的宗旨。指，同"旨"。

⑬"又以"二句：在《论六家之要指》中，司马谈论到儒家时说："儒者博而寡要，劳而少功，是以其事难尽从。"意为儒家的学说内容庞杂而缺乏要旨，费力很大而少见功效，所以他们所说的事情很难全都做到。益，概括。至当（dàng）：最恰当。不易：不可改变。

⑭"苟不"四句：语见诸葛亮《后出师表》。原文是："然不伐贼，王业

亦亡,惟坐待亡,孰与伐之?"(见《三国志·诸葛亮传》裴松之注引《汉晋春秋》)贼,指曹魏。因蜀与魏为敌,故称之为贼。王业,帝王的事业,指蜀汉政权。孰与,哪如,疑问词,表示比较抉择。

⑮幸:侥幸,希望。

⑯逞(chěng):快意,称愿。引申为最后挣拼一下。

⑰司马懿(179—251):字仲达,三国河内温县(今河南温县西南)人。出身士族。曾作过曹操的谋士,多谋略,善权变。后成为魏文帝曹丕、魏明帝曹叡(ruì)、魏齐王曹芳的重臣。魏齐王嘉平元年(249),杀曹爽,专国政。魏明帝时,司马懿任大将军,曾多次率兵与诸葛亮交战。曹真:字子丹,曹操之侄。早年随曹操征战,拜中坚将军。魏文帝曹丕时,任大将军,多有战功。魏明帝曹叡时,进封郡陵侯。曹真在世时,曾是诸葛亮北伐的劲敌。

⑱六出祁山:传说诸葛亮曾六出祁山攻打曹魏。但据《三国志·诸葛亮传》记载,诸葛亮攻魏凡六次,而出祁山仅两次。即后主刘禅建兴六年(228)攻祁山,战于街亭;建兴九年(231)围祁山。其余出建威,在祁山附近,出散关,守城固,出斜谷,皆经汉中一带。

⑲赤子:婴儿。这里喻指老百姓。转斗:辗转连续作战。

⑳料敌之审:对敌人力量了解很清楚。

㉑幸胜:侥幸取胜,意外的胜利。

㉒将(jiàng)星:古人认为帝王将相是天星下凡,与天上星宿相应,将星即象征大将的星宿。如若天上星落,地上人亡。陨(yǔn):坠落。《三国志·诸葛亮传》载:后主刘禅建兴十二年(234),诸葛亮出斜谷攻魏,在武功五丈原(今陕西眉县西南)与司马懿对阵。"其年八月,亮疾病,卒于军。时年五十四。"

㉓博取:贪求太多。

【译文】

由此看来,孔明喜好申、韩之学是很明白的了。然而说申、韩之学对刘禅来说是对症的药，我是不敢同意的。当病可以用药治疗时，那么对症下药能收到效果，如果这个病不能用药了，哪还谈得上什么对症呢？刘禅的病已到了牙关紧咬，嘴巴紧闭，没有什么药可以用的地步了，还谈得上什么对症不对症呢？而且申、韩是什么样的人呢？他们本来是与儒家等区分为六家的。既然分成六家，那么就各成一派；既然各成一派，就各有各的学说主张，各有各的最终目的。他们提出自己的学说主张并加以实施，说的和做的就如同图章按在印泥上一样，一点也不能走样。唯独儒家学派的学说空泛庞杂，叫人不知怎么做才好，原因在于他们贪求的东西太多了。所以汲长孺说儒家内心想贪求的很多，而外表却施行仁义。司马谈在《论六家之要指》中，对儒家用了"博而寡要，劳而少功"这八个字来概括，意思也是说儒家的学说内容庞杂而要旨不明，费力而少见功效，可以说是极为恰当而不可改变的结论了。孔明告诉刘禅说："如果不征伐曹魏，蜀汉也要灭亡的。与其坐等灭亡，哪如讨伐曹魏？"这表明孔明已知蜀汉一定要灭亡，而又想侥幸用速战的办法不亡。为什么这么做呢？这岂不是说病已到了不能下药，可是药又不能不下，因此还想侥幸最后挣扎一下吗？我想恐怕司马懿、曹真等人还在，是不可以侥幸取胜的。诸葛亮六出祁山，连年兴师动众，驱使无辜百姓转战数千里以外，他既想爱护百姓，又要报答主上，自称对敌人力量了解得很清楚，又贪图侥幸取胜，但终究是不能侥幸取胜的，而孔明自己也死在五丈原了。因为儒家贪得无厌，所以要用假仁假义为遮丑布；因为他们贪求太多，目标不一，所以费力而不见功效。"博而寡要，劳而少功"这八个字，即使孔明那样的大圣人也避免不了。

愚尝论之①，成大功者必不顾后患，故功无不成，商君之于秦②，吴起之于楚是矣③。而儒者皆欲之，不知天下之大功，果可以顾后患之心成之乎否也④，吾不得而知也。顾后患者必不肯成天下之大功，庄周之徒是已。是以宁为曳尾之龟,而不肯受千金之币;宁为濠上之乐,而不肯任楚国之忧⑤。而儒者皆欲之,于是乎又有居朝廷则忧其民,处江湖则忧其君之论⑥。不知天下果有两头马乎否也⑦,吾又不得而知也。墨子之学术贵俭⑧,虽天下以我为不拔一毛不恤也⑨。商子之学术贵法⑩,申子之学术贵术⑪,韩非子之学术兼贵法、术,虽天下以我为残忍刻薄不恤也。曲逆之学术贵诈⑫,仪、秦之学术贵纵横⑬,虽天下以我为反覆不信不恤也。不惮五就之劳⑭,以成夏、殷之绩⑮,虽天下后世以我为事两主而兼利⑯,割烹要而试功⑰,立太甲而复反可也⑱。此又伊尹之学术以任⑲,而直谓之能忍诟焉者也⑳。以至谯周、冯道诸老宁受祭器归晋之谤㉑,历事五季之耻㉒,而不忍无辜之民日遭涂炭㉓,要皆有一定之学术,非苟苟者㉔。各周于用㉕,总足办事㉖,彼区区者欲选择其名实俱利者而兼之㉗,得乎?此无他,名教累之也㉘。以故瞻前虑后,左顾右盼。自己既无一定之学术,他日又安有必成之事功耶?而又好说“时中”之语以自文㉙,又况依仿陈言,规迹往事㉚,不敢出半步者哉!故因论申、韩而推言之㉛,观者幸勿以为余之言皆经史之所未尝有者可也。

【注释】

①愚:自称的谦词。

②商君之于秦:商君,指商鞅。他辅助秦孝公变法,奠定了秦国富强的基础。

③吴起之于楚:吴起辅佐楚悼王实行变法,促进了楚国富强。

④“果可”句:意为(天下的大功)果真可以心中顾虑重重而能获

得吗？

⑤"是以"四句：一次，庄子在濮水钓鱼，楚威王派了两个大夫请他到楚国去做官。庄子手持渔竿头也不回地说，听说楚国有一只神龟，已经死了三千年，楚王还把它珍贵地藏在祭祖宗的庙堂之上。请问，这只龟是宁可死了"留骨而贵"，还是愿意活着拖着尾巴在泥巴里爬？我是希望拖着尾巴在泥巴里爬的。从而拒绝了受重聘到楚国做官。又一次，庄子与惠施（战国时期名家的代表之一）在濠水桥上游玩。庄子说："鱼在水里悠悠哉哉游，真是快乐啊！"惠施问："你不是鱼，怎么知道鱼是快乐的？"庄子回答说："你不是我，怎么知道我不晓得鱼的快乐呢？"宁为曳尾之龟，赞赏濠鱼之乐，都表现了庄子敝屣富贵、不求闻达以及追求自然天乐的思想，其中也含有逃避现实的因素。曳(yè)，牵引，拖着。币，钱。任，承担。

⑥"于是"二句：这两句本出自范仲淹《岳阳楼记》。原文是："居庙堂之高（在朝廷居高位）则忧其民，处江湖之远（退居而远离朝廷）则忧其君。"李贽认为这两句话的意思也是"既欲爱民，又欲报主"。

⑦两头马：即生着两个头的马，这是没有的。这里用以嘲讽既想成大功又顾后患的儒者，意为他们是不可能达到目的的。

⑧墨子之学术贵俭：墨子，即墨翟(dí，约前468—前376)，相传原为宋国人，后长期住在鲁国。战国初期墨家学派的创始人。曾学习儒术，因不满其烦琐的"礼"，另立学说，聚徒讲学，成为儒家的主要反对派。曾提出"兼爱""非攻""节用"等思想命题，和"尚贤""尚同"等政治主张。主张节俭，反对奢侈浪费，是墨子的一个重要思想，这在《节用》《节葬》《七患》《辞过》等篇中都有深入的论析。有《墨子》传世。

⑨不恤：不顾。

⑩商子:指商鞅。贵法:重视法治。

⑪术:指君主监督臣下,考核他们是否称职,并给予奖惩的手段和方法。

⑫曲逆之学术贵诈:曲逆,指陈平(? —前178),西汉阳武(今河南原阳东南)人。少时家贫,好黄老之术。先从项羽,后归刘邦。汉朝建立,封曲逆侯。他善用计谋,在帮助刘邦建立汉王朝过程中起了不小的作用。

⑬仪秦之学术贵纵横:仪,即张仪,战国时魏国人。纵横家,主张连横,游说六国(齐、楚、燕、赵、韩、魏)以事秦。秦,即苏秦,战国时东周洛阳(今河南洛阳东)人。纵横家,主张合纵,即合六国以抗秦。

⑭不惮(dàn)五就之劳:指伊尹(商初大臣)曾五次找到夏桀,后又五次找到商汤,要求为他们效劳。事见《孟子·告子下》:"孟子曰:'居下位,不以贤事不肖者,伯夷也;五就汤,五就桀者,伊尹也;不恶污君(恶浊的君主),不辞小官者,柳下惠也。三子者不同道,其趋(方向)一也。一者何也? 曰,仁也。君子亦仁而已矣,何必同?'"惮,怕,畏惧。

⑮以成夏、殷之绩:以帮助夏、殷成就功业。夏,指夏桀,夏代最后一个帝王。殷,即殷商。商王盘庚从奄(今山东曲阜)迁殷(今河南安阳)后,周人即改称商为殷,历史上统称殷商,其开国之主为商汤。

⑯两主:指夏桀与商汤。

⑰割烹要(yāo)而试功:以割烹之技去求得功业。割烹,指厨师割切、烹调的技术。要,求得。试功,试图建立功业。语本《孟子·万章上》:"伊尹以割烹要汤(商汤)。"据《史记》卷三《殷本纪》:"伊尹名阿衡。阿衡欲奸(同"干",追求)汤而无由,乃为有莘氏媵臣(商汤后妃的陪嫁奴仆),负鼎俎(割烹的用具),以滋味说

汤，致于王道。"伊尹为商汤后妃的厨师以烹调而说商汤事，也见于《墨子·尚贤》《吕氏春秋·本味》，后者记载尤为详细。

⑱立太甲而复反：汤死后，伊尹曾拥立汤的孙子太甲为君。后因太甲破坏了商汤的法度，伊尹便把他流放到桐宫（在今河南偃师）。三年之后，太甲悔过，能够以仁居心，唯义是从，伊尹又恢复了他的君位。事见《孟子·万章上》。

⑲伊尹之学术以任：指伊尹的学术要旨在于承担责任。任，承担责任。

⑳忍诟：忍受耻辱。

㉑谯（qiáo）周：见《二十分识》注。李贽在《藏书·谯周传》中对他劝说刘禅降魏之举给予肯定和赞扬。冯道（882—954）：字可道，自号长乐老。五代时瀛州景城（今河北沧州）人。后唐、后晋时，历任宰相；契丹灭晋后，又附契丹任太傅；后汉时，任太师；后周时，又任太师、中书令。曾作《长乐老自叙》，述历事五朝的经历与感慨："为子，为弟，为人臣，为师长，为夫，为父，有子，有犹子（侄子、侄女），有孙，奉身即有余矣。为时乃不足，不足者何？不能为大君致一统、定八方，诚有愧于历职历官，何以答乾坤之施。"他曾倡议并组织《九经》的校定与刻印，世称"五代监本"，官府大规模刻书由此开始。后世因其历事五朝，对其每加非议。而李贽在《藏书·冯道传论》中，对他使百姓"卒免锋镝之苦"的"安民""养民"做法大加肯定。祭器归晋之谤：指人们对谯周劝刘禅降魏的非议。刘禅降魏时，曹魏大权已落在司马氏手中。刘禅投降不久，司马氏灭魏，建立了晋王朝，所以说"祭器归晋"。祭器，祭祀祖先的礼器，这里代指国家政权。

㉒历事五季：指冯道历事后唐、后晋、契丹、后汉、后周五个朝代。五季，五代，原特指我国历史上五代时的后梁、后唐、后晋、后汉、后周，这里则指冯道历事的五个朝代。

㉓涂炭：泥潭炭火。比喻极端困苦的境地。

㉔苟苟：苟且偷生。

㉕周：这里的意思是"切合"。

㉖总足办事：都足以办成大事。

㉗区区者：小人，这里指儒者。区区，微不足道。

㉘名教：名分和教化。指以正名定分为主的封建礼教，即儒家的纲常伦理等说教。累：牵累，束缚。

㉙时中：儒家谓立身行事，合乎时宜，不偏不倚，无过与不及。语出《周易·蒙》："蒙亨（蒙卦所说的亨通），以亨行（是行动能够畅行无阻），时中也（因为把握了不偏不倚的中庸原则）。"又见《中庸》："君子之中庸也，君子而时中。"自文：粉饰自己。

㉚规迹：踩着前人的脚印。这里是"遵循"的意思。规，规矩。迹，足迹。

㉛推言：推断论说。

【译文】

　　我曾经讲过，要想成就大事业就不要顾虑后患，这样就没有不成功的，商鞅辅助秦孝公，吴起辅助楚悼王，就是这样。而儒家学派的人，又想成大功又顾及后患，却不知天下的大功，果真可以心中顾虑重重而就可以获得吗？那我就不知道了。顾及后患的人必不能成就天下的大事业，庄周这种人就是这样。因此，他宁肯像乌龟那样拖着尾巴在泥巴里爬来爬去，而不愿受聘到楚国做官；宁愿做濠水中的游鱼，享自由之乐，也不愿受到尘世的干扰。而儒家却都想得到，这样就有了范仲淹的"居庙堂之高，则忧其民；处江湖之远，则忧其君"的观点。我真不知世上是不是真的有长着两个头的马，也就是说世上有没有既顾及后患又能成就大事的人。墨子的主张是重视节俭，即使天下的人认为我一毛不拔也无所顾忌。商鞅的主张是重视"法治"，申不害的主张是重视"术治"，韩非的主张是兼顾法、术，即使天下人认为我残忍刻薄也置之不顾。陈平善于使用计谋,张仪、苏秦或合纵、或连横,即使天下人认为我反复无常、不讲信用也毫不在意。伊尹不辞劳苦,五次找到夏桀,又五次找到商汤,愿意帮助他们建功立业,即使后世的人讥讽他为两个主子效劳是为谋取私利,议论他曾以割烹这种低贱的事去求见商汤而试图建立功业,或者说他在立太甲这件事上反反复复,那也没有什么。这说明伊尹的主张贵在坚强自信,承担责任,真称得上是可以忍受一切耻辱的人。以至谯周宁愿忍受出卖蜀汉给晋朝的诽谤,冯道宁愿忍受被人们指责做五个朝代臣子的耻辱,而不让无辜百姓遭受困苦,总而言之,都有一定的学说主张,不是苟且偷安的人。以上所说的各家,他们的主张都切合实用,都足以办成大事,而那些小人想要选择名利双收的办法,能办到吗? 他们这个样子,不是由于别的原因,只是因为受纲常名教的束缚啊。所以,儒者瞻前顾后,左顾右盼。自己既没有一定的主张,将来又怎么能成就大事业? 而儒家又好用立身行事要合乎时宜、不偏不倚这样的话来粉饰自己,更何况效法陈旧的学说,遵循古老的规矩,不敢越出半步的那些人呢! 因此我由议论申不害和韩非的学术进一步发挥了这些感想,希望读者不要以为我的话全是经、史上未曾有过的就可以了。

卷六

四言长篇

读书乐并引

【题解】

这首诗与引文于万历二十四年(1596)写于麻城。这年李贽七十岁。在这篇诗及引中,一方面表现了李贽"读书论世",以读书为战斗、以战斗为快乐的豪迈气概和"是非大戾昔人"的批判精神;另一方面,也流露出难得同志的孤寂感伤情绪。后来李贽把此诗抄寄给袁宗道,袁宗道作《书读书乐后》:"龙湖老子手如铁,信手诋驳写不辍。纵横圆转轻古人,迁也无笔仪无舌。一语能塞泉下胆,片言堪肉夜台骨。我自别公苦寂寞,况闻病肺那忘却。忽有两僧致公书,乃是手书'读书乐'。自夸读书老更强,胆气精神不可当。歌管无情有真乐,问公垂老何气扬。诗既奇崛字道绝,石走岩皴格力苍。老骨棱棱精炯炯,对此恍如坐公傍。龙湖老子果希有,此诗此字应不朽。莫道世无赏音人,袁也宝之胜琼玖。"(《白苏斋类集》卷一)

　　曹公云①:"老而能学,唯吾与袁伯业②。"夫以四分五裂③,横戈支戟④,犹能手不释卷,况清远闲旷哉一老子耶⑤!虽然,此亦难强⑥。余盖有天幸焉⑦。天幸生我目,虽古稀犹能视细书⑧；天幸生我手，虽古稀犹能书细字⑨。然此未为幸也。天幸生我性⑩，平生不喜见俗人，故自壮至老，无有亲宾往来之扰⑪，得以一意读书。天幸生我情⑫，平生不爱近家人，故终老龙湖⑬，幸免俯仰逼迫之苦⑭，而又得以一意读书。然此亦未为幸也。天幸生我心眼⑮，开卷便见人，便见其人终始之概⑯。夫读书论世⑰，古多有之，或见皮面⑱，或见体肤，或见血脉，或见筋骨，然至骨极矣⑲。纵自谓能洞五脏⑳，其实尚未刺骨也㉑。此余之自谓得天幸者一也。天幸生我大胆，凡昔人之所忻艳以为贤者㉒，余多以为假，多以为迂腐不才而不切于用；其所鄙者、弃者、唾且骂者，余皆的以为可托国托家而托身也㉓。其是非大戾昔人如此㉔，非大胆而何？此又余之自谓得天之幸者二也。有此二幸，是以老而乐学，故作《读书乐》以自乐焉。

【注释】

①曹公：指曹操（155—220），字孟德，小字阿瞒，谯（今安徽亳州）人。东汉末，曹操在镇压黄巾起义中，逐步扩充军事力量，平定吕布等割据势力，统一中国北部。封魏王。后子曹丕称帝，追尊为武帝。三国时政治家、军事家、文学家。后人整理有《曹操集》。

②"老而"二句：据《三国志》卷一《武帝纪》裴松之注引《英雄记》："太祖（曹操）称：'长大而能勤学者，惟吾与袁伯业耳。'语在文帝（曹丕）之《典论》。"《典论》今已散佚，仅存《自序》与《论文》两篇，不见此语。袁伯业，即袁遗，字伯业，东汉末汝南汝阳（今河南商水西南）人。袁绍的堂兄。曾任山阳太守，与曹操等一起兴兵讨伐过董卓。事迹见《三国志·武帝纪》。

③四分五裂：指东汉末年封建割据、军阀混战的局势。

④横戈支戟：把戈横拿，把戟竖起，指行军作战。戈和戟都是古代
兵器。

⑤清远闲旷：清静空闲。老子：老人，李贽自称龙湖老子。

⑥难强：不能勉强。

⑦天幸：得天之幸，指幸运。

⑧古稀：指七十岁。杜甫《曲江》诗："人生七十古来稀。"细书：字小
的书。

⑨书细字：写小字。

⑩生我性：生就这样一种性格脾气。

⑪亲宾：亲戚朋友。

⑫情：性情。

⑬终老：老死。龙湖：又名龙潭、龙潭湖，位于麻城东三十里。湖畔
有芝佛院，李贽于万历十六年(1588)寓居于此。

⑭"幸免"句：意为幸运地免除了抚育子女和供养父母等家事的牵
累。俯仰，指养家糊口。俯，向下。这里代指抚育子女。仰，向
上，这里代指供养父母。语本《孟子·梁惠王上》："是故明君制
民之产，必使仰足以事父母，俯足以畜妻子。"

⑮心眼：眼力，见识。

⑯终始之概：前前后后的情况及其内在本质。概，概况，概貌。

⑰读书论世：指读书、研究历史与评论现实相结合。

⑱皮面：表皮，指表面现象。跟下文所说的"体肤""血脉""筋骨"，
都是比喻观察事物的不同深度。

⑲极：终极，顶点。

⑳洞：洞察。五脏：心、肝、脾、肺、肾的总称。这里比喻内在的
东西。

㉑刺骨：深入骨髓。与上文所说的"至骨""见筋骨"，都是指接触到
事物的本质。

㉒忻(xīn)艳:欣羡,羡慕。忻,同"欣",喜欢。

㉓的:的确,确实。托:委托,托付。

㉔戾(lì):背离。这里是违反之意。

【译文】

曹操说:"老年时候还能努力读书的,只有我和袁伯业。"他们在国家的纷乱战争中还能不断地读书学习,何况我这清静空闲的七十多岁的老头子呢? 不过,读书这件事,也是不能勉强的。我大概得到了上苍的保佑。很庆幸苍天给我一双好眼睛,虽然已是七十多岁的人,却还能看字很小的书;苍天给我一双好手,虽然年逾古稀,却还能写细小的字。但这还不是最大的幸运。更幸运的是苍天赐给我超脱的性格,平生不喜欢见俗人,所以自壮年到老年,没有很多亲戚宾客来打扰我,这样方能一心一意地读书。苍天还赐给我独有的性情,平生最不喜欢受家人的束缚,所以剃发出家在龙湖安居,也幸运地免除了抚育子女和供养父母等家事的牵累,使我可以一心一意地读书。但是这也还不是使我感到最为幸运的。我感到最为幸运的是苍天赐给我不平凡的眼光,我打开书本,就能看到古人,见到他们一生的历程及其内在本质。读古书与评论现实相结合,从古至今有很多,但他们的见识或是局部的,或是表面的,有时也能看到一些内在因素,但很难达到透骨的深刻。我却能很自负地说,评世论史我比一般人要深刻很多,这是苍天赐给我的最大的幸运。苍天还赋予我敢于突破传统的胆量,凡是前人所赞美的什么大圣大贤,我则认为多数不真实,大多数是迂腐不才,是对经世治国毫无用处之辈;而那些在历史上遭鄙视、遭抛弃、遭谩骂的人,我则认为是可以把身家性命甚至国家付托给他们。我评论历史人物的是非标准,大大违背了传统的是非标准,这不是胆大包天吗? 我却认为这是苍天赐给我的第二大幸运。有了这两大幸运,因此我老而乐学,并作这首《读书乐》的诗来自我取乐。

天生龙湖，以待卓吾；天生卓吾，乃在龙湖。

龙湖卓吾，其乐何如？四时读书①，不知其余。

读书伊何②？会我者多③。一与心会，自笑自歌。

歌吟不已，继以呼呵④。恸哭呼呵⑤，涕泗滂沱⑥。

歌匪无因⑦，书中有人⑧。我观其人，实获我心。

哭匪无因，空潭无人⑨。未见其人，实劳我心⑩。

弃置莫读，束之高屋。怡性养神⑪，辍歌送哭⑫。

何必读书，然后为乐？乍闻此言，若悯不穀⑬。

束书不观，吾何以欢？怡性养神，正在此间。

世界何窄⑭，方册何宽⑮！千圣万贤，与公何冤！

有身无家⑯，有首无发⑰。死者是身，朽者是骨。

此独不朽⑱，愿与偕殁⑲。倚啸丛中⑳，声震林鹘㉑。

歌哭相从㉒，其乐无穷。寸阴可惜，曷敢从容㉓！

【注释】

①四时：四季。

②伊何：怎么样？伊，句中语气词。

③会：领悟，理解。

④呼呵（hē）：又喊又叫，表示感情激动。

⑤恸（tòng）哭：痛哭，大哭。

⑥涕泗滂沱（pāng tuó）：谓眼泪和鼻涕如雨，形容涕泪流得极多。涕泗，眼泪和鼻涕。滂沱，下大雨的样子，形容泪如雨下。

⑦匪：非。

⑧书中有人：意为书中有与自己的心相会的人物。

⑨空潭无人：意为空寂冷静的龙潭湖没有合自己心意的人。这里

借以指当时所处的社会。

⑩劳:忧愁。

⑪怡性养神:怡悦精神,使之安适愉快。怡,喜悦,快乐。

⑫辍(chuò):停止。

⑬若悯不毂:好像是怜悯自己。悯,怜悯,哀怜。不毂,不善。古代王侯自称的谦词,这里作者借指自己。

⑭世界何窄:指当时社会现实环境的险恶,无处可容身。

⑮方册:典籍。这里指书籍。

⑯无家:李贽在《豫约·感慨平生》中对他弃官而不回家乡的原因曾有所论述:"缘我平生不爱属人管……弃官回家,即属本府本县公祖父母管矣。来而迎,去而送;出分金,摆酒席;出轴金,贺寿旦。一毫不谨,失其欢心,则祸患立至,其为管束入木埋下土未已也,管束得更苦矣。我是以宁飘流四外,不归家也。"(本书卷四)

⑰无发:李贽于万历十六年(1588)夏六十二岁时在麻城维摩庵落发。李贽曾说:"卓吾子之落发也有故"(《初潭集·自序》),何故? 他一则说:"其所以落发者,则因家中闲杂人等时时望我归去,又时时不远千里来迫我,以俗事强我,故我剃发以示不归,俗事亦决然不肯与理也。又此间无见识人多以异端目我,故我遂为异端以成彼竖子之名。兼此数者,陡然去发,非其心也。"(本书卷二《与曾继泉》)再则说:"又今世俗子与一切假道学,共以异端目我,我谓不如遂为异端,免彼等以虚名加我,何如? 夫我既已出家矣,特余此种种(指头发)耳,又何惜此种种而不以成此名耶?"(本书卷一《答焦满园》)李贽出家而又食肉,住进了佛堂又不认祖师,这都表明,李贽的落发也并不是真正皈依佛教,做一个虔诚的佛教徒,而是要公开以"异端"的身份出现,向当时的正统势力及假道学们挑战。

⑱此：指"方册"。

⑲偕殁(mò)：共存亡。殁，死。

⑳倚啸(xiào)丛中：靠着丛林而长啸。倚，靠着。啸，撮口吹出长而清越的声音。古人常以长啸来抒发自己的感情。

㉑鹘(hú)：鸟类的一科，飞得很快，善于袭击其他鸟类。也叫隼。

㉒歌哭相从：指读书时心中有所体会而引起的感情波涛。即前边所言"一与心会，自笑自歌。歌吟不已，继以呼呵。恸哭呼呵，涕泗滂沱"。

㉓曷敢从容：哪里敢悠闲度日。从容，悠闲舒缓，不慌不忙。

【译文】

大自然造就了景色美丽动人的龙潭湖，好像是专为等待我李卓吾。老天爷生下我李卓吾，最终却真是安居在龙潭湖。如若要问安居在龙潭湖的李卓吾有什么愉悦和快乐？那就是一年四季都埋头读书著书，其他俗事我则一概不想涉足。要问读书和著书能得到怎样的愉悦和快乐？那是因为我从书里鲜活的人物领悟到了人生哲理和学识之途。每当我从书中的鲜活人物那里领悟到了人生哲理和学识之途，就不自禁发自内心地欢笑与歌舞。欢笑歌舞若不足以抒发心中所感，那就禁不住继之以呼叫吟哦。甚至痛苦流涕，激动地泪如雨落。读书著书为何使我如此精神昂奋？因为我从书中那些鲜活的人物身上得到了感应。他们有胆有识脱俗超群，时时与我的思绪心心相应。读书著书为何使我激动落泪？因为现实社会中我难以再见到那有胆有识脱俗超群的人。见不到那有胆有识脱俗超群之人，怎能不使我烦忧痛心！或许有人会说："不要读了，不要写了，把那些书籍束之高阁吧，这样可以使自己怡悦精神、安适愉快，不再为书中的人物而恸哭昂奋。何必要从读书著书中苦苦求索，而后得到心灵的感应与欢乐？"我知道这是对自己善意的怜悯与劝说。但是，如若真的把书籍束之高阁，我哪里还能快乐？因为我要怡悦精神、安适愉快，正是在读书著书中才能求得。现实世界是如此狭窄而险恶，只有在读书著书中才能感受到天地无限广阔！或许有人会说："古代的千圣万贤与你有何冤仇，你何必要对他们一一重新评判？"其实我虽有身却没有家，虽留着胡须却剃了头发。我深知自己终要离开这个尘世，尸骨也会随着日月的流失而逝去。但我在读书著书中所得到的批判精神，将与那些书籍永远流传。今后我仍会依着丛林而长啸，用自己的批判精神而惊起丛林中的隼鸟。在读书著书中继续着自己的昂奋与激情，从而得到那欢乐的无尽无穷。一寸光阴一寸金啊，我又怎敢悠闲度日慢慢腾腾！

五七言长篇

富莫富于常知足

【题解】

本诗及解释文字约写于嘉靖四十五年（1566）。当时李贽在北京礼部司务任上。选自《焚书》卷六。此文前为格言，后为解说。这是李贽针对当时流行的格言而给以不同的定位与解说。据明郎瑛《七修类稿》卷二〇《辩证类·格言》称："贵莫贵于为圣贤，富莫富于畜道德，贫莫贫于未闻道，贱莫贱于不知耻。士能弘道曰达，士不安分曰穷。得志一时曰夭，流芳百世曰寿。右格言八句，世皆不知谁为之者，得其一者，或不知其二也。前四句乃陆梭山之言，后四句乃方蛟峰续之者。今并书之，故尤不知为谁耳。"李贽此文就是从陆梭山、方蛟峰的说教中，提出了自己独特的理解，表现出与世俗观念不同的价值判断。富莫富于常知足，语本《老子》："知足者富"（三十三章），"知足之足，常足矣"（四十六章）。

富莫富于常知足，贵莫贵于能脱俗①。

贫莫贫于无见识，贱莫贱于无骨力。

身无一贤曰穷②，朋来四方曰达③；

百岁荣华曰夭④，万世永赖曰寿⑤。

解者曰⑥：常知足则常足，故富；能脱俗则不俗，故贵。无见识则是非莫晓，贤否不分⑦，黑漆漆之人耳，欲往何适⑧，大类贫儿，非贫而何？无骨力则待人而行，倚势乃立⑨，东西恃赖耳⑩，依门傍户⑪，真同仆妾，非贱而何？身无一贤，缓急何以⑫，穷之极也⑬。朋来四方，声应气求⑭，达之至也。吾夫子之谓矣⑮。旧以不知耻为贱亦好⑯，以得志一时为夭尤好。然以流芳百世为寿，只可称前后烈烈诸名士耳⑰，必如吾夫子，始可称万世永赖，无疆上寿也⑱。

【注释】

①贵：高贵。俗：庸俗，世俗。

②贤：贤人，指有才德、有声望的人。穷：这里指贫乏。

③朋来四方：意本《论语·学而》："有朋自远方来，不亦乐乎？"达：通达，显达。

④百岁荣华：这里指一时的荣耀华贵。夭：夭亡，未成年就死去。

⑤永赖：永远受益。赖，好处，受益。

⑥解者：李贽自指。下文即是对上面一诗的解说发挥。

⑦贤否：贤与不贤。

⑧欲往何适：指无所适从。适，归向。

⑨倚势：倚仗权势。

⑩东西恃(shì)赖：处处依赖他人。东西，这里指处处。恃，凭借，依赖。

⑪依门傍户：或作依人傍户。指依赖别人，不能自立。

⑫以：使用，凭借。

⑬极：顶点。

⑭声应气求：意气相投，志同道合。语本《周易·乾》："同声相应，同气相求。"

⑮夫子：指孔子。

⑯旧以：指郎瑛《七修类稿》所引之文。

⑰烈烈：显赫，威武。诸名士：待考。

⑱"必如"三句：李贽把孔子称为"万世永赖，无疆上寿"，如同在其他著作中一样，李贽并不否定孔子在历史上应有的作用与价值，他反对的是千百年以孔子的是非为是非的盲目尊孔的"践迹"行为和传统观念。无疆，无穷，永远。上寿，三寿中之上者，后泛指高寿。《庄子·盗跖》："人上寿百岁，中寿八十，下寿六十。"《左传·僖公三十二年》："中寿，尔墓之木拱矣。"唐孔颖达疏则谓古称上寿百二十岁，中寿百岁，下寿八十岁。

【译文】

精神富有的人最富有，高贵的人在于能脱俗。

无独立见解的人最贫穷，没有骨力的人最下贱。

身边没有一个有德才的人称为"穷"，有朋友自四方而来称为"达"。

一时的荣华富贵实际上等于夭亡，一生受益才算真正的长寿。

解释者说：知足者常乐，就是富有；超群而不俗气，就是高贵。没有思想见解，就真理与谬误不辨，贤人与小人不分，头脑里漆黑一团，就精神空虚，无所适从，很像贫困之人，这不是贫困又是什么？没有骨气，就得依靠别人扶持着行走，依仗他人势力而存在，处处依赖他人，而不能自立，这实在与奴婢没有两样，这不是下贱又是什么？身边没有一位有德才的好朋友，有什么事无人帮助，那真是穷困到了极点。朋友从四方而来，意气相投，志同道合，作起事来，那真是畅快之极。这才是我所追求的境界。传统上称不知耻辱为"贱",这也是恰当的;称仅仅得志一时的人为"夭',这更恰当。然而,称流芳百世的人为"寿",只可用来赞誉那些显赫威武的英雄豪杰,这正像我们的孔夫子,才配称万世不朽,永远长寿。

九日同袁中夫看菊寄谢主人

【题解】

本诗写于万历二十六年(1598)。当时李贽寓居南京永庆寺(又名白塔寺)。九日:指阴历九月九日,重阳节。袁中夫,袁文炜(wěi),字中夫,号死心,湖北黄冈(今湖北黄冈人)。李贽僧友。袁中道《游居柿录》卷四:"死心即袁文炜中夫,弃青衿出家者也。"《湖北通志》卷一六九《人物志·仙释传》:"死心和尚,黄冈贡生袁文炜也。因遭坎壈(lǎn,不得志),削发于京师崇国寺。"万历二十年(1592),李贽在武昌与袁文炜相识,后多有诗文来往。在《与焦弱侯》信中,李贽称赞袁文炜说:"念世间无有读得李氏所观看的书者,况此间乎!惟有袁中夫可以读我书,我书当尽与之。"又说:"中夫聪明异甚,真是我辈中人,凡百可谈,不但佛法一事而已。老来尚未肯死,或以此子故。骨头(骨气)又胜似资质(禀性、素质),是以益可喜。"(《续焚书》卷一)主人,疑指焦竑。本年春间,李贽与新罢讲官的焦竑同舟南下,夏初抵南京,住焦竑精舍。汪本钶《卓吾先师告文》:"明年(指万历二十六年)春,师同弱侯先生抵白下(南京),先生造精舍以居师。"(《李氏遗书》附录)不久,李贽移居永庆寺。可能在本年重阳节时,又与焦竑相聚赏菊。

去年花比今年早,今年人比去年老。
尽道人老不如旧,谁信旧人老亦好。
秋菊总开旧岁花,人今但把新人夸。

不见旧日龙山帽，至今犹共说孟嘉①？

去年我犹在阴山②，今年尔复在江南③。

傍人错指前身是④，一是文殊一瞿昙⑤。

花开于我复何有，人世那堪逢重九⑥？

举头望见钟山高⑦，出门便欲跨牛首⑧。

袁生袁生携我手，欲往何之仍掣肘⑨。

虽有谢公墩⑩，朝朝长在门。

虽有阶前塔⑪，高高未出云。

褰裳缓步且相随⑫，一任秋光更设施⑬。

天生我辈必有奇，感君雅意来相期⑭。

入门秋色上高堂⑮，烹茶为具呼儿郎。

欢来不用登高去，扑鼻迎风尊酒香⑯。

子美空吟白发诗⑰，渊明采采亦徒疲⑱。

何如今日逢故知⑲，菊花共看未开时！

【注释】

①"不见"二句：指晋代孟嘉九月九日龙山落帽的故事。据陶渊明《晋故征西大将军长史孟府君传》，九月九日，征西大将军桓温游龙山（今湖北江陵县西北），设宴大会亲族、部下。当时佐吏均着戎服，座上，孟嘉军帽被风吹落在地而未觉察。桓温目视左右及宾客不要告他，以观其举止。后当孟嘉离座上厕所时，桓温命另一参军孙盛写一嘲讽文章放在孟嘉坐处。孟嘉返座后，见嘲讽之文，当即写了一篇作答，"了不容思，文辞超卓"，致使"四坐叹之"。此处引用此事，以说明"人今但把新人夸"是不恰当的。孟嘉，字万年，江夏鄳（méng，今河南信阳东北）人。当时任桓温参

军,后迁长史。《晋书》卷九八有传。

②"去年"句:万历二十四年(1596)秋至万历二十五年(1597)夏,李赞应丁父忧而家居的吏部右侍郎刘东星之邀到山西沁水坪上村,白天读书论道,晚上教刘东星子用相、侄用健学习《大学》《中庸》,教授内容后由用相、用健整理成《道古录》一书。万历二十五年夏,应大同巡抚梅国桢之邀赴大同。在这里,在去年编纂的《读孙武子十三篇》的基础上,成《孙子参同》一书。本年秋,离大同,赴北京,寓居西山极乐寺。阴山,指阴山山脉下的大同、沁水等地。

③尔:你。指袁中夫。江南:指南京。李赞诗文中多有此用法,如本卷《却寄》:"一回飞锡下江南。"

④"傍人"句:意为旁人玩笑地指李赞与袁中夫前身是瞿昙和文殊。傍,旁。前身,佛家语,前生。

⑤文殊:四大菩萨之一,即文殊师利,亦称曼殊师利,意为"妙吉祥""妙德"等。简称文殊。以智慧辩才为大菩萨中第一,故尊号为"大智文殊"。他和普贤并称,作为释迦的胁侍,侍左方。瞿昙(tán):这里指释迦牟尼。瞿昙是梵文乔答摩的另一音译,古代天竺人的姓。因释迦牟尼姓瞿昙,故常用以指释迦牟尼。

⑥重九:指阴历九月九日,亦称重阳。

⑦钟山:今南京紫金山。

⑧牛首:又名牛头山,在南京西南。

⑨掣(chè)肘:从旁牵制。

⑩谢公墩:在今南京东蒋山的半山下,晋代谢安曾居此,故名。此墩离李赞居处永庆寺仅数十步。

⑪塔:指白塔,在永庆寺前。

⑫褰(qiān)裳:提起下裳。裳,古代称下身穿的衣裙,男女皆服。

⑬设施:原意为施展才能,这里指秋光的尽情展示。

⑭雅意:不落俗套的美意。期:聚会。

⑮高堂:高大的厅堂。

⑯尊酒:犹杯酒。

⑰子美:杜甫(712—770),字子美,巩县(今河南巩县)人。唐代诗人。著有《杜工部集》。《旧唐书》卷一九〇下、《新唐书》卷二〇一、《藏书》卷三九等有传。白发诗:当指杜甫《登高》诗中语:"艰难苦恨繁霜鬓,潦倒新停浊酒杯。"

⑱渊明:陶潜(365—427),字渊明,一字元亮,私谥靖节。浔阳柴桑(今江西九江西南)人。东晋诗人。曾任江州祭酒、彭泽(今江西九江)令等职。后因不满当时政治黑暗,和"不能为五斗米折腰向乡里小人(指郡里派来的督邮小官)"(《宋书·隐逸传》),而弃官归隐。嗜酒好文,以田园诗称,亦讽谕时政,阐"形尽神灭""乐天安命"的观点。后人辑有《陶渊明诗》。《晋书》卷九四、《宋书》卷九三、《南史》卷七五、《藏书》卷六七等有传。采采:当指陶渊明《饮酒》诗中语:"采菊东篱下,悠然见南山。"

⑲故知:故交,旧友。

【译文】

去年花开得比今年早,今年的人却比去年老。

都说这人老了就不如以前了,谁能相信旧交更友好。

秋菊总是开去年的花,现在的人却总是把新人夸。

想想晋代孟嘉在龙山落帽挥笔为文之事,到今天不还被人们所夸耀?

去年我远走阴山山脉下的沁水大同,今年你又来江南与我相会。

别人玩笑地说我和你前生是文殊与瞿昙,今世又转生到人间。

花开花落对我来说是常见之事,但在九九重阳时赏花感慨真是难言。

抬头就望见那高耸的钟山,出门就想到牛头山上游览。

中夫老弟快与我携手向前,不要被世俗杂务纠缠。

这里有因谢安居住而留下的谢公墩,时时刻刻都会引起无限的思念。

在我居住的永庆寺阶前有一白塔,高高耸立在白云之下。

我们提起下裳缓步相随而前,任情地欣赏着美好的秋光十色。

天生我辈必然会有不同凡俗的作为,

非常感谢你怀着这不凡之志来与我聚会。

满院的秋色直融入高大的厅堂,呼唤侍儿快快烹茶供品尝。

在这里充满欢乐用不着为了九九重阳去登高,

尽可沉醉在微风吹拂过来的杯杯扑鼻酒香。

不必学杜甫那潦倒停杯的艰难苦恨,

也不必像陶渊明那样采菊东篱下的辛劳。

哪里如今日这样故交相逢快乐,而且在菊花将要绽放之时来欣赏!

至日自讼谢主翁

【题解】

本诗于万历二十四年(1596)写于山西沁水坪上村。至日,冬至日。自讼,指对过去生活的自我回顾和责问。主翁,指刘东星。

明朝七十一,今朝是七十。

长而无述焉①,既老复何益!

虽有读书乐,患失又患得②。

患失是伊何③? 去日已蹉跎④。

患得是伊何? 来日苦无多。

聪明虽不逮⑤,精神未有害⑥。

笔秃锋芒少,指柔龙蛇在⑦。

宛然一书生⑧,可笑亦可爱!

且将未死身,暂作不死人。

所幸我刘友⑨,供馈不停手⑩。

从者五七人⑪,素饱为日久⑫。

如此贤主人,何愁天数九⑬!

【注释】

①述:著述。

②患失:生怕失去。患得:生怕得不到。

③伊何:怎么样。伊,句中语气词。

④蹉跎(cuō tuó):虚度光阴。

⑤聪明虽不逮:意为耳朵和眼睛都不如过去。聪明,指耳目。不逮,不如,不及。

⑥未有害:这里是没有衰减之意。

⑦指柔:指法柔软熟练。龙蛇:形容书法笔势的蜿蜒曲折。

⑧宛然:恰似。

⑨刘友:指刘东星(1538—1601),字子明,号晋川,山西沁水(今山西沁水)人。隆庆二年(1568)进士。历官兵科给事中、礼科给事中、山东按察使、湖广布政使、右佥都御史巡抚保定等。万历二十六年(1598),以工部侍郎总理河漕。当时黄河决口,刘东星因治河有功,升为工部尚书兼右副都御史。性俭约,为官颇有政绩。李贽在《晋川翁寿卷后》曾称赞他说:"居中制外,选贤择才,使布列有位,以辅主安民,则居中为便。"(本书卷二)以宰相之才称之。李贽好友。曾为《藏书》《道古录》作序。《国朝献征录》卷五九、《明史》卷二二三、《明史稿》卷二〇六等有传。

⑩供馈(kuì):供给,赠送。

⑪从者:随从的人。指跟随李贽去沁水的学生怀林等。

⑫素饱:吃闲饭。

⑬数九:我国民间习惯,进入冬至后,每九天为一"九",至"九九"为
止,共八十一天,是一年中寒冷的时期,称"数九天气"。

【译文】

明年我是七十一,今年我是整七十。

一年比一年老却无成就,年老又有什么用处!

虽然我可以以读书著书为乐,却又常常患得患失。

患失又怎么样? 失去的日子已经很多很多。

患得又怎么样? 生命的岁月已经很少很少。

虽然我耳聋眼花听看都不如过去,但是我的精神思维都还可以。

操笔写字的锋芒一天比一天弱,

但指法柔软熟练、笔势蜿蜒曲折还有一定韵味。

我真像一个书生,可笑又可爱!

既然我的生命还在,我就要作一个生生不息的人。

高兴的是我有一位挚友刘东星,他对我的关照无所不至。

就连跟随我的五七位学生,也都在这里长久地吃闲饭。

有这样贤良的主人宽待,数九寒冬也不必发愁!

朔风谣

【题解】

本诗约写于万历二十四年(1596)至万历二十五年(1597)来往于山
西沁水、大同之际。朔(shuò)风,北风。该诗表现了李贽希望免于名利
之逐,大家共享太平的社会理想。

南来北去何时了? 为利为名无了时。

为利为名满世间，南来北去正相宜。

朔风三月衣裳单，塞上行人忍冻难^①。

好笑山中观静者^②，无端绝塞受风寒^③。

谓余为利不知余，谓渠为名岂识渠^④。

非名非利一事无，奔走道路胡为乎？

试问长者真良图^⑤，我愿与世名利徒，同歌帝力乐康衢^⑥。

【注释】

①塞上：泛指北方长城内外。行人：为生活而奔波的人。

②山中观静者：作者自谓。

③无端：无缘无故。绝塞：极远的边塞地区。

④渠：他，他们。当指塞上行人。

⑤长者：年纪大辈分高的人。此指作者自己。

⑥帝力：指《击壤歌》。相传唐尧时有老人击壤（土地）而唱此歌。其歌辞为："吾日出而作，日入而息，凿井而饮，耕田而食，帝何力于我哉！"（《艺文类聚》卷一一引晋皇甫谧《帝王世纪》）此歌早见于《论衡·艺增》，文字略有不同。康衢：指《康衢谣》，相传为唐尧时儿歌。歌辞为："立我蒸民，莫非尔极。不识不知，顺帝之则。"意为存立了广大的民众，无不得到了中正的自然之性。他们不识不知（不因识、知而使自然之性受到制约），顺从了上天的准则。这首民歌见于《列子·仲尼》，但"立我蒸民，莫非尔极"二句，则见于《诗经·周颂·思文》，开头二句为"思文后稷，克配彼天"。是对周始祖后稷的颂歌。

【译文】

南来北去的奔忙何时了？为利为名的人永远没完时。

为利为名的人到处是，他们南来北去地奔忙永难止息。

你看那些在春寒三月朔风呼呼中衣裳单薄的人，

他们忍受着寒冷而在塞上来来去去。

可笑我本来在山中静静观察世道的人，

却也无缘无故地来到这极其风寒遥远的边塞之地。

若说我是为利那真不了解我，

若说那些在塞上来去的人是为了名也不一定是。

既不为名也不为利，为什么艰辛地在路上南来北去？

你若要问我他们到底为什么，

我愿告诉世上追求名利之徒，

大家最好一起摆脱绳锁一样的名和利。

题绣佛精舍

【题解】

本诗于万历二十一年(1593)写于麻城。题，本义为记，引申为写。写在书、画、墙壁上面的诗叫题诗。绣佛精舍，即绣佛寺，在麻城北街，为梅澹然舍宅所建。乾隆《麻城县志》卷二："绣佛寺，在北街，梅司马女澹然舍宅，以绣为功课，故名。"精舍，寺院的异名。本诗对梅澹然的诚心学佛进行了赞誉，并寓意着女子和男人一样可以学佛求道，对当时道学家"女人不可以学道"的谬说进行了批判。

闻说澹然此日生，澹然此日却为僧①。

僧宝世间犹时有②，佛宝今看绣佛灯③。

可笑成男月上女④，大惊小怪称奇事。

陡然不见舍利佛⑤，男身复隐知谁是⑥？

我劝世人莫浪猜⑦，绣佛精舍是天台⑧。

天欲散花愁汝著⑨，龙女成佛今又来⑩。

【注释】

①"闻说"二句：万历二十一年，芝佛院要塑观音大士像，梅澹然闻知，写信给李贽表示愿为观音大士，请李贽为她作记。从这两句诗可知，梅澹然就在此时落发为尼，李贽写此诗以贺。澹然，梅国桢三女，善因之妹，经常写信向李贽质疑问难。曾尊李贽为师，李贽不肯，亦以师相称。本书卷四《观音问》有《答澹然师》信五篇，《豫约·感慨平生》有和善因、澹然交往的叙述，可参阅。

②僧宝：佛教三宝（佛、法、僧）之一，佛是已开悟的人，法是佛的教法和义理，僧宝原指僧团，后泛指继承、宣扬佛教教义的僧众，即信奉佛的教法者。

③佛宝今看绣佛灯：意为已经开悟成佛的人就是现今在绣佛精舍灯前的人，即代指梅澹然。绣佛灯，绣佛像前的灯。

④成男月上女：指龙女成男和月上女成佛的两个故事。据《法华经》记载，龙女是大海娑竭罗龙王之女，八岁时便有信仰佛说之情，到灵鹫山修道。然而佛皆为男身而成。龙女并不为此而沮丧，依然专意修心禅定。经过不断努力，勤苦修炼，达到一个新的境界。有一次，她见佛献宝，突然自己也变为男身，并终于成了佛。据《月上女经》记载，月上女，即维摩诘之女。生不久，大如八岁，容姿端正，求婚之人不止。月上女即告之说，我当自选其人。一天，在求婚者齐聚之时，月上女于众中突然升上虚空，对前来求婚的男子宣扬佛道。大家听后，都顶礼于月上女之下。作者用这样两个故事，说明女人可以同男人一样得道成佛。

⑤陡然：突然，骤然。舍利佛：即舍利子（亦称舍利弗），释迦牟尼十大弟子之一。因其持戒多闻，敏捷智慧，善解佛法，被称为"智慧第一"。

⑥男身复隐知谁是：是谁又隐蔽而为男身？这里以龙女变为男身而成佛喻指梅澹然。

⑦浪猜:胡乱猜测。

⑧天台:山名。这里指浙江天台县北的天台山,是佛教天台宗的创立地。此处用以代指佛门圣地。

⑨天欲散花愁汝著:指天女散花(也作散花天女)的故事。据《维摩经·观众生品》,在维摩诘室有一天女,以天花散在听说法的诸菩萨、大弟子身上。天花至诸菩萨都落地,至大弟子舍利子身上,便着身不坠。天女说:"结习(烦恼)未尽,华(花)着身耳,结习尽者,华不着也。"即以天女散花是否着身以验证菩萨和声闻弟子(原指释迦牟尼在世时听其说法的弟子,后一般指罗汉)的向道之心。

⑩龙女成佛今又来:赞扬梅澹然如同龙女一样认真学佛。

【译文】

原来听说澹然是在这日出生,没想到澹然在这日落发为僧。

信奉佛教教义的人时时有,

绣佛灯前的澹然今日终于修炼到开悟成佛的至诚。

龙女成男月女成佛实好笑,奇事传说世人惊。

突然不见舍利佛,澹然隐身成佛谁知情?

我劝世人不要乱猜测,绣佛精舍就是佛门之子澹然圣。

天女散花着谁身? 龙女澹然又一承。

十八罗汉漂海偈

【题解】

本诗写作时间不详。罗汉,梵文阿罗汉的省称。小乘佛教用指最高的修道程度,谓已断烦恼,超出三界轮回,应受人天供养的尊者。我国寺庙中供奉者,有十六尊、十八尊、五百尊、八百尊之分。偈(jì),偈语,偈颂,佛经中的唱颂词。本诗以调侃诙谐的语调描绘了胖罗汉的形象,以及对佛国西方净土的赞颂。

> 十八罗汉漂海,第一胖汉利害。
> 失脚踏倒须弥①,抛散酒肉布袋。
> 犹然嗔怪同行②,要吃诸人四大③。
> 咄!天无底,地无盖,好个极乐世界④。

【注释】

①须弥:原为古印度神话中的山名,后为佛教所采用,指一个小世界的中心。山顶为帝释天所居,山腰为四天王所居。四周有七山八海、四大部洲。

②嗔(chēn)怪:责怪。

③四大:佛教以地、水、火、风为四大,即四种基本原素,认为四者分别包含坚、湿、暖、动四种性能。人身即由此构成,因亦用作人身的代称。佛教称世间一切"色法"即物质现象,俱由"四大"构成。"四大"和合,则有物质现象,"四大"离散,物质现象就不复存在。因此,物质现象都是暂存的,无常的,非真实的。人身和一切物质现象一样,也是"四大"偶然地暂时地依托而成的,因此,也是不真实的。

④极乐世界:指佛教虚构的极乐佛国西方净土,即无尘世污染的清净世界。

【译文】

十八位罗汉漂海,第一位胖汉利害。

不注意一脚踏倒了须弥山,又抛散了装着酒肉的布袋。

他却责怪同行者,扬言要把他们都吃掉。

啊!上天无底,大地无盖,真是无尘世污染的极乐世界。

十八罗汉游戏偈

【题解】

本诗写作时间不详。神通游戏,佛家谓诸佛菩萨能够于神通中历涉为游,出入无碍,以救济化度众生如游戏然。神通,佛教用语,梵文意译,亦译作"神通力""神力"。谓佛、菩萨、阿罗汉等通过修持禅定所得到的神秘法力。

不去看经念偈,却来神通游戏。
自夸能杀怨贼[①],好意翻成恶意[②]。
咦! 南无阿弥陀佛[③],春夏秋冬四季。

【注释】

①怨贼:佛教用语。佛教称害人之命、夺人之财、为人所怨恨的坏人。

②"好意"句:意为罗汉本为救济化度众人而杀怨贼,但开了杀戒反成了恶意。

③"南无"句:佛教用语。佛教净土宗的"六字洪名"(亦称"六字名号")。南无(nā mó),梵语音译,顶礼、忠于、尊敬的意思。常用来加在佛、菩萨或佛经题名之前。阿(ē)弥陀佛,这里指净土宗为持名念佛的佛号,就是佛助一切众生行礼成佛。净土宗以持名念佛为主要修行方法,谓专念"南无阿弥陀佛",命终即可往生西方净土。

【译文】

不去看经念偈,却在神通无碍中化度众生如游戏。
自夸能够杀掉怨恨的坏蛋,没想到好意却开了杀戒的恶意。

啊！南无阿弥陀佛，救济众人春夏秋冬四季。

哭耿子庸 四首

【题解】

　　本诗于万历十二年(1584)写于黄安。耿子庸，即耿定理(1534—1584)，字子庸，号楚倥，人称八先生。耿定向的仲弟，因此，也叫仲子。但对耿定向鼓吹儒家的伦理道德有不同看法，而与李贽思想比较接近。《明儒学案》卷三五载："卓吾寓周柳塘湖上。一日论学，柳塘谓：'天台(耿定向)重名教，卓吾识真机。'楚倥诮柳塘曰：'拆篱放犬！'"《明史》卷二二一、《明儒学案》卷三五、《湖北通志》卷一五一、《黄安府志》卷一九、民国《麻城县志前编》卷九等有传。耿定理是李贽的好友，他的逝世，使李贽极为悲伤，在这组诗中有着深切的抒发。同时，李贽又写《耿楚倥先生传》(本书卷四)，深切追述了他与耿定理的交往与友情。李贽在次年写的《与弱侯焦太史》中说："自八老去后，寂寥太甚，因思向日亲近善知识时，全不觉知身在何方，亦全不觉欠少甚么，相看度日，真不知老之将至。盖真切友朋，生死在念，万分精进，他人不知故耳。自今实难度日矣！"(《续焚书》卷一)与本诗中所说："已矣莫我知，虽生亦何益！"表达的是同样心情。

其一

楚国有一士①，胸中无一字②。
令人读《汉书》，便道赖有此③。
盖世聪明者，非君竟谁与？
所以罗盱江④，平生独推许。
行年五十一，今朝真死矣！
君生良不虚，君死何曾死！

【注释】

①楚国：春秋时期诸侯国名，在今湖北、湖南一带。这里指湖北。
士：指耿定理。

②胸中无一字：这是对耿定理悟道修养的称赞。佛教禅宗产生于
拈花微笑之间，主张不立文字，直指人心，以见性的功夫而悟道。
释迦牟尼曾说："吾有正法眼藏，涅槃妙心，实相无相，微妙法门，
不立文字，教外别传，付嘱摩诃迦叶。"（见《五灯会元》卷一）李贽
在《耿楚倥先生传》中曾写道，耿定理"终日口不论道，然目击而
道斯存"。借用《庄子·田子方》："若夫人者，目击而道存矣（眼
光一接触使知'道'之所在），亦不可以容声矣（也不容再用语言
了）。"用以称颂耿定理悟性之好，与这里所说的"胸中无一字"意
思相近。

③"令人"二句：这是借石勒的故事以赞扬耿定理。《晋书》卷一〇
五《石勒传》："勒雅好文学，虽在军旅，常令儒生读史书而听之，
每以其意论古帝王善恶，朝贤儒士听者莫不归美焉。尝使人读
《汉书》，闻郦食其（lì yì jī）劝立六国后，大惊曰：'此法当失，何得
遂成天下！'至留侯谏，乃曰：'赖有此耳。'其天资英达如此。"

④罗盱（xū）江：罗汝芳（1515—1588），字维德，号近谿，江西南城
（今江西南城）人。南城附近有盱江流过，这里就是以地而称之。
嘉靖三十二年（1553）进士，除太湖知县，召诸生论学。官终云南
布政司参政。泰州学派代表人物之一。先学于颜钧，后又为王畿
再传弟子，学主良知。死后门人私谥明德。著有《近谿子明道录》
《近谿子文集》等。《续藏书》卷二二、《明史》卷二八三、《明史稿》卷
一八五、《明儒学案》卷三四等有传。李贽对罗汝芳非常推崇，罗
逝世后，李贽曾著《罗近谿先生告文》（见本书卷三）悼念缅怀他。

【译文】

楚地有一士人耿子庸，悟道修养极其精妙。

像石勒令人读《汉书》一样,听读中就能悟出治国之道。

当今世上聪明人,还有谁能和耿子庸相比较?

所以大学者罗汝芳,平生对你最赞好。

没想到你刚刚五十一岁,就仙逝而去引发我的哀悼。

但你的一生没有虚度,你的精神永远给人以感召!

其二

我是君之友,君是我之师。

我年长于君,视君是先知。

君言“吾少也”,如梦亦如痴。

去去学神仙①,中道复弃之②。

归来山中坐③,静极心自怡。

大事苟未明④,兀坐空尔为⑤。

行行还出门,逝者在于斯⑥。

反照未生前⑦,我心不动移。

仰天一长啸,兹事何太奇!

从此一声雷,平地任所施。

开口向人难,谁是心相知?

【注释】

①去去:远去,越去越远。这里指远离世俗。学神仙:隆庆元年 (1567),李贽四十岁时,在北京任礼部司务。“为友人李逢阳、徐用检所诱,告我龙谿王先生语,示我阳明王先生书,乃知得道真人不死,实与真佛、真仙同,虽倔强,不得不信之矣。”(《王阳明先生道学钞》)“学神仙”,当指此。

②中道复弃之：李贽五十岁时，转而研究佛学。他在《圣教小引》中
　　说："五十以后，大衰欲死，因得友朋劝诲，翻阅贝经，幸于生死之
　　原窥见斑点。"（《续焚书》卷二）这里所说"中道复弃之"，当指此。
　　中道，中途。

③归来山中坐：万历九年（1581），李贽辞去云南姚安知府任，到湖
　　北黄安好友耿定理家客居，住在耿家离城十五里的五云山之巅
　　的天窝书院。后又寓居麻城，先住维摩庵，后移龙潭湖芝佛上
　　院。这里"倚山临水，每一纵目，则光、黄诸山，森然屏列，不知几
　　万重"（袁宗道《龙湖》，《白苏斋类集》卷一四）。"潭（龙潭湖）距
　　县二十里而近，万山合沓，俨若城郭，秀峰丹壁，逼近几席。"（周
　　思久《石潭记·又记》，《周氏族谱》卷一〇）

④大事：指佛家所说的成佛因果。这里指悟佛性，得佛道。

⑤兀坐：独自端坐。这里指端坐参禅。戴叔伦《晖上人独坐亭》：
　　"萧条心境外，兀坐独参禅。"

⑥逝者在于斯：语本《论语·子罕》："逝者如斯夫，不舍昼夜。"这里
　　用以说明光阴似流水，时间过得很快。

⑦反照：佛家以日悬西山，反照东方为反照，如回顾往古之事以认
　　识自心的本源。这里引申为对照，回头看。未生前：指未生之
　　前，与"已生后"相对而言。

【译文】

我是你的挚友，你是我的老师。

我虽然比你年老，但总是把你看作先知。

你曾说"我年纪轻轻不敢当"，我们在忘年交中梦寐而痴迷。

我为了远离世俗曾经学仙道，而后又在佛禅学中找知己。

最后辞官而去归隐倚山临水的芝佛院，

在明心见性的修炼中感到乐趣。

如若对成佛因果没有真正的感悟，

那么就是整天端坐参禅也只能是空空无知。

有时到外面去走一走,不觉间光阴就像流水一样逝去。

如能反思一下未生之前的自心本性,

那么什么世俗杂事也不会使本心动移。

想到此不禁使我仰天长啸,这样的佛理是多么的奇异!

就像一声惊雷掠过大地,使我振奋而积极进取。

现今你离我而去又能向谁讲说,又有谁能与我心心相知?

其三

太真终日语,东方容易谈①。

本是闽越人②,来此共闲闲③。

君子有德音④,听之使人惭。

白门追随后⑤,万里走滇南⑥。

移家恨已满⑦,敢曰青于蓝⑧?

志士苦妆饰⑨,世儒乐苟安。

谓君未免俗,令人坐长叹⑩。

【注释】

①"太真"二句:这里是以"太真"与"东方"为喻,叙述李贽与耿定理见面时的情景,一个"懵然无知,而好谈说",一个"默默无言"(见《耿楚倥先生传》)。太真,温峤(288—329),字太真,东晋祁(今山西太谷)人。历仁元帝、明帝、成帝三朝。官终骠骑将军、开府仪同三司,封始安郡公。聪明有识量,博学能文,而且"风仪秀整,美于谈论"。《晋书》卷六七、《藏书》卷五九等有传。东方,指东方朔(前154—前93),字曼倩,平原厌次(今山东德州)人。汉武帝时为金马侍郎,官至太中大夫。曾上书汉武帝"陈农战强国之计","其言

专商鞅韩非之语"(见《汉书》本传)。西汉文学家,善辞赋。性诙谐滑稽,而又敢于直言切谏,民间有很多关于他的传说。《汉书》卷三〇《艺文志》杂家有《东方朔》十二篇,今佚。现存作品有《答客难》《非有先生论》《七谏》等。《史记》卷一二六、《汉书》卷六五、《藏书》卷六八等有传。容易谈,指东方朔《非有先生论》中"谈何容易"的议论。该文以非有先生与吴王主客问答的形式劝帝王听谏,并一再诉说陈述政见而又被"明王圣主"听之,"谈何容易"!

②闽越:今福建、浙江、广东一带。这里偏指闽,即李贽的故乡福建。

③此:指耿定理家乡湖北黄安。闲闲:从容自得的样子。

④德音:有德之音。指善言。

⑤白门追随后:隆庆五年(1571),李贽到南京任刑部员外郎,后升为郎中,在此期间与耿定理、焦竑等相识。白门,南京。

⑥万里走滇南:万历五年(1577),李贽离开南京,出任云南姚安府知府。滇,云南的别称。

⑦移家:李贽赴姚安府知府任时,路经黄安,与好友耿定理相逢,便有弃官留住之意。可是缺乏归隐之资,就想把家属留在耿家,一人独往。后来,其妻强与偕行,就暂把女儿和女婿庄纯夫留住耿家。这里所说"移家"当指此。恨:遗憾。这里指愿望。

⑧青于蓝:青出于蓝而青于蓝。意为青(一种颜料)是从蓝草中提炼出来,但其颜色比蓝草更深。语出《荀子·劝学》:"青,取之于蓝而青于蓝;冰,水为之而寒于水。"

⑨妆饰:打扮,修饰。这里指求学精进。

⑩坐:因而。

【译文】

我们相识时我像温太真而好谈说,你则像非有先生不轻易言谈。

我的故乡在福建泉州,而今却逍遥自得在你的乡梓黄安。

在这里聆听到你的美好善言,使我深感自己的浮浅。

回想当年我们在南京相识不久,我就远走万里出任知府云南姚安。

原本想弃官留住与你一起求学闻道,哪里敢说青出于蓝而青于蓝?

有志之士不断地求学精进,世俗儒生则只知苟且偷安。

你淡于世情却被人指为难免其俗,这样的俗见真使人长吁短叹!

其四

君心未易知,吾言何恻恻①!

大言北海若,小言西河伯②。

缓言微风入,疾言养叔射③。

粗言杂俚语④,无不可思绎⑤。

和光混俗者⑥,见之但争席⑦。

浩气满乾坤⑧,收敛无遗迹⑨。

时来一鼓琴⑩,与君共晨夕。

已矣莫我知,虽生亦何益!

【注释】

①恻恻:悲痛。

②"大言"二句:大言,大的方面的道理。小言,小的方面的道理。北海若,北海海神。西河伯,黄河河神。《庄子·秋水》载:河伯见秋水高涨,"百川灌河",就"欣然自喜,以天下之美为尽在己"。及到了北海,"东面而视,不见水端",才感到自己的渺小。于是北海海神便向河伯讲了关于宇宙万物之间"大"和"小"的道理。大意为:天下之水,莫大于海,"而吾未尝以此自多",因为我在天地之间,不过就像大山上的小石小木。人类以天下为事,但从整个宇宙看来,则天下之大仍极微小,不过尽同于毫末而已。那么,是不是可以以天地为大,以毫毛为小呢?也不可以。因为万物的量是没有

穷尽的,时序是没有止期的,始终是没有不变的。所以大智慧的人无论远近都观照得到,因而小的不以为少,大的不以为多。由此看来,毫毛是不可以确定最小的限度,而天地也是不可以穷尽最大的领域的。庄子在这里宣扬的是价值判断的无穷相对性。李贽借此以称赞耿定理,谓其所讲的话,不论是大的方面的道理,还是小的方面的道理,都能像海神对河伯讲的那样透彻。

③“缓言”二句:这是对耿定理言谈的描绘。意为缓缓的言语就像微风吹拂,急遽地说话就像养由基的射箭。养叔,养由基,春秋时楚国的射箭能手。

④粗言:粗鲁的话语。即口头语,土语。俚语:方言俗语,民间浅近的话语。

⑤思绎:思索寻求。

⑥和光混俗:即和光同尘。语本《老子》第四章:“和其光,同其尘。”意谓随俗而处,不露锋芒。

⑦争席:争坐位。表示彼此融洽无间,不拘礼节。语出《庄子·寓言》:“其往也(当阳居子来的时候),舍者(旅舍的人)迎将(迎送)其家,公执席,妻执巾栉,舍者避席,炀(炊)者避灶。其反也(等他回去时),舍者与之争席矣(旅舍的人就不再拘束地和他争席位了)。”郭象注:“去其夸矜故也。”成玄英疏:“除其容饰,遣其矜夸,混迹同尘,和光顺俗,于是舍息之人与争席而坐矣。”

⑧浩气:浩然之气。正大刚直之气。乾坤:《周易》中的两个卦名,指阴(坤)阳(乾)两种对立的力量。这里引申为天地。

⑨收敛:检点行为,约束身心。无遗迹:不拘于形迹,而以心相知。《文选》刘孝标《广绝交论》:“寄通灵台之下,遗迹江湖之上。”李善注:“《庄子》曰:‘鱼相忘于江湖,人相忘于道术。’郭象曰:‘各自足,故相忘也。’今引‘江湖’,唯取‘相忘’之义也。”张铣注:“遗迹,谓心相知而迹相忘也。”

⑩鼓琴:用伯牙鼓琴唯锺子期善听的故事,比喻与耿定理之间的
　"心相知"。《列子·汤问》:"伯牙善鼓琴,锺子期善听。伯牙鼓
　琴,志在登高山。锺子期曰:'善哉! 峨峨兮若泰山!'志在流水。
　锺子期曰:'善哉! 洋洋兮若江河!'"后因以"高山流水"为知音
　相赏或知音难遇之典。

【译文】

你心中有许多奥妙哲理没来得及倾诉,

却仙逝而去我该是多么悲切!

你言谈中的大道理小道理,

都能像《庄子·秋水》中海神对河伯讲的那样透彻。

言谈缓缓时就像微风吹拂,

言谈急遽时就像射箭能手养由基的箭射。

即使是你在言谈时引用些土语俗语,

都能使人从中引起无限的遐思。

与人们相处你能随俗而安不露锋芒,彼此融洽无间不拘礼节。

处处都显示着浩然正气,行为检点而以心相接。

像伯牙鼓琴锺子期善听一样,我与你朝夕共处日日月月。

现今你离我而去无人与我相知,

我活在这个世上怎能不心灰意灭!

五言四句

宿吴门 二首

【题解】

本诗约写于嘉靖四十一年(1562)。李贽做官后经吴门(今江苏苏

州)直接赴京者仅此一次。

其一

秋深风落木①,清水半池荷。
驱马向何去? 吴门客子多②。

【注释】

①落木:落叶。

②客子:作客他乡的人。

【译文】

深秋时节树叶被阵阵北风吹落,澄清的池水中半塘都绽放着荷花。

要问这些骑马而行的人何处去? 原来他们都是经过吴门的游客。

其二

屋有图书润①,庭无秋菊鲜。
应知彭泽令②,一夜不曾眠。

【注释】

①润:丰富,充实。表示琳琅满目。

②彭泽令:指东晋诗人陶渊明。见《九日同袁中夫看菊寄谢主人》
注⑲。陶渊明曾任彭泽(今江西彭泽)令八十余日,后弃官隐居。
后世因以彭泽令代称陶渊明,又以代称弃官而归隐者。这里是
作者用以自比。

【译文】

屋中飘洒着书籍的清香,庭院里却飘落了可爱的秋菊。

这该使"采菊东篱下"的陶渊明,一夜都难以入梦乡。

同深有上人看梅

本诗写作时间不详。深有(1544—1627),俗姓熊,名深有,麻城(今湖北麻城)人。龙潭湖芝佛院守院僧,僧号无念。曾为周思久(柳塘)礼请李贽居芝佛院。后入黄檗山(在河南商城),建法眼寺。著有《醒昏录》《黄檗无念复问》等。《麻城县志》康熙版卷八、光绪版卷二五、民国版《前编》卷一五,《五灯严统》卷一六,《五灯全书》卷一二〇等有传。上人:旧时对和尚的尊称。

东阁观梅去①,清尊怨未开②。
徘徊天际暮③,独与老僧来。

【注释】

①东阁:东向的小门。《汉书》卷五八《公孙弘传》载,公孙弘官至宰相,为招延贤人,在宅子里另起客馆,并开一个东门专为宾客出入,以表示其优待和礼貌。此处引申为款待宾客的地方。

②清尊:亦作"清樽""清罇",酒器。亦借指清酒。

③徘徊:来回行走。天际:天边。

【译文】

到款待客人的庭院去看梅花,可惜那里没有清酒招待。

在傍晚时节徘徊散步,只有深有上人和我这位老僧一起来。

又观梅

【题解】

本诗写作时间不详。诗写雷雨过后,陪客看海,逸情自在其中。

雷雨惊春候①,寒梅次第开②。
金陵有逸客③,特地看花来。

【注释】

①春候:春日的气候。这里指春季的节气,即惊蛰。此时气温上
　升,土地解冻,春雷始鸣,蛰伏过冬的动物惊起活动,故名。

②次第:繁多,急速。这里用以表现梅花盛开的情景。

③金陵:今江苏南京。逸客:超逸高雅的客人。

【译文】

惊蛰时节一阵雷雨唤起春日气息,带着冬日寒气的梅花绽放盛开。
高雅尊贵的南京客人,特为看这梅花而来。

郑楼

【题解】

本诗可能是撰写《藏书·郑子真传》时有感而发。郑楼,当指郑子
真延客的"小楼"。

谷口郑子真①,栖迟市门里②。
小楼延上客③,酒酣犹未已。

【注释】

①谷口:在今陕西淳化县西北。秦时于此置云阳县。《战国策·秦策三》:"范雎曰:'大王之国,北有甘泉、谷口。'"鲍彪注:"在云阳。"郑子真:名朴,字子真,西汉后期人。与严君平都是"修身自保"的有名的隐者。汉成帝时,大将军王凤曾以礼聘他为官,但他没有应允,而隐居谷口,"耕于岩石之下",却"名震于京师"。后人以他的事迹称之为"谷口子真""谷口耕夫""谷口真""谷口耕"等。《汉书》卷七二、《藏书》卷二八等有传。

②栖迟:居住游息。市门:市场的门。古代市场出入有门,按时启闭。这里当用与郑子真同时的梅福的故事。当时,大将军王凤擅权,梅福上书予以斥责。后王莽专政,梅福弃官隐遁,"变名姓,为吴市门卒"。(《汉书》卷六七《梅福传》)后因被称为"市门翁"。

③延:引进,接待。上客:尊贵的宾客。

【译文】

写到了汉代隐居于云阳谷口的郑真,

不禁联想到与他同时的弃官隐遁为市场看门的梅福。

想当年郑子真在他的小楼上延请宾客,

酒酣后大家禁不住地雀跃欢呼。

薙发 四首

【题解】

本诗于万历十六年(1588)写于麻城。薙(tì)发,即剃发。这里是指落发为僧。万历十三年(1585),李贽从黄安迁居麻城,先住在周思久的女婿曾中野家。后由周思敬出资买下县城两家民居,改建成维摩庵,供李贽居住。万历十六年夏,李贽于维摩庵落发为僧,但却留着长长的胡须。这年初秋,李贽徙居龙潭湖芝佛院,《薙发》即作于此时。李贽为什么要落发?他自己说:"卓吾子之落发也有故,故虽落发为僧,而实儒也。"(《初潭集·自序》)什么"故"?真像李贽说的"而实儒也"吗?或者像此诗中说的"薙发便为僧",真的要当和尚吗?其实,李贽在给友人的信中,把他"落发"的原因说得是非常清楚的。他说:"其所以落发者,则因家中闲杂人等时时望我归去,又时时不远千里来迫我,以俗事强我,故我剃发以示不归,俗事亦决然不肯与理也。又此间无见识人多以异端目我,故我遂为异端以成彼竖子之名。兼此数者,陡然去发,非其心也。"(本书卷二《与曾继泉》)又说:"又今世俗子与一切假道学,共以异端目我,我谓不如遂为异端,免彼等以虚名加我,何如?夫我既已出家矣,特余此种种(指头发)耳,又何惜此种种而不以成此名耶?"(本书卷一《答焦漪园》)李贽的朋友刘东星也说李贽"虽弃发,盖有为也"(《书〈道古录〉首》)。李贽虽出家而又食肉,住进了佛堂而又不认祖师,这都清楚表明,李贽的落发并不是要真正皈依佛教,做一个虔诚的佛教徒,而是要以佛教徒这种"异端"的身份出现,向封建正统势力挑战。

其一

空潭一老丑^①,薙发便为僧。
愿度恒沙众,长明日月灯^②。

【注释】

①空潭:指空荡寂寞的龙潭湖。老丑:老而叫人厌恶。这里作者用
  以自嘲。
②"愿度"二句:意为(我剃发的目的)是希望引度像恒河沙那样无
  数的天下众生,使佛光永远明亮。度,即渡,佛教用语。指超度、
  接引世人出家,以离世俗,超生死。恒沙,恒河沙的简称。佛经
  中常用恒河沙形容数量多至无法计算。日月灯,即日月灯明佛,

佛名。以日月灯明比喻佛光,意为佛光在天如日月,在地如灯。
这里指佛光。

【译文】

在空荡寂寞的龙潭湖有一老丑,剃去了头发而入了僧门。
愿从此引导像恒河沙那样众多的天下世人,
使他们得到像日月灯一样的佛光的照引。

其二

有家真是累①,混俗亦招尤②。
去去山中卧③,晨兴粥一瓯④。

【注释】

①累:拖累。

②混俗亦招尤:意为混同世俗也招来了罪过。混俗,混同世俗,不
清高超脱。尤,过失,罪过。李贽于万历九年(1581)弃官后,先
住黄安,后住麻城,脱离了官场。"混俗"当指此。但在思想上却
与耿定向等人发生了严重分歧和激烈争论,从而受到耿定向等
人的指责与攻击。"招尤"当指此。

③去去:远,越去越远。山中卧:指从维摩庵徙居龙潭湖芝佛院。
详见《哭耿子庸》注⑧。

④兴:起。瓯(ōu):盛食物的小盆。

【译文】

家室给人增加拖累,弃官为俗也会招来指责。
那就远离世俗到山中隐逸吧,早晨起来喝一碗粥也就满足了。

其三

为儒已半世,贪禄又多年①。
欲证无生忍②,尽抛妻子缘③。

【注释】

①贪禄:指做官。李贽于嘉靖三十五年(1566)出任河南辉县教谕,而后历任南京国子监博士,北京太学博士,北京礼部司务,南京刑部员外郎、郎中,云南姚安府知府。万历八年(1580),李贽弃官而寓居黄安。李贽的仕宦生活前后共二十五年。

②证:证实,验证。无生忍:佛教用语。指能以通达无生无灭之理而不动心。

④尽抛妻子缘:指万历十五年(1587)李贽将妻女送回老家福建泉州,单身寓居麻城维摩庵。妻子,妻子儿女。缘,缘分。

【译文】

为儒生有半个世纪,为官吏也已二十多年。

为了求得通达无生无灭之理,割断了妻子儿女的深深情缘。

其四

大定非关隐①,魂清自可人②。
而今应度者③,不是宰官身④。

【注释】

①大定:佛教用语。指达到佛心澄明,即悟佛道、断妄想的意思。关隐:闭隐,闭关,即坐禅。禅僧的一种修行方式,指佛教徒闭居一室,静修佛法。

②魂:精神或情绪。这里指心性。清:洁净,纯洁。可人:这里是可人意,使人称心如意的意思。

③应:接受。

④宰官:即官宰,泛指官员。这里是作者自指。

【译文】

并不是只有闲关坐禅才能达到佛心澄明悟断妄想，

只要作到心性纯净就可以免除烦恼而称心如意。

今天我剃去头发而超度出家，再不是过去混迹仕途上的官宰身。

哭贵儿 三首

【题解】

本诗于万历十五年(1588)写于麻城。哭，哭泣。可引申为哀悼的意思。贵儿，一作桂儿。李贽"年二十九而丧长子"(本书卷三《卓吾论略》)，而后又两个儿子死于贫病，两个女儿死于饥荒，只剩下一个女儿。《续焚书》卷五还有《哭贵儿》二首，是李贽以诗为其招魂的。其中有"汝子是吾孙"句，由此推测，贵儿可能是李贽弟弟的儿子过继给他做后嗣的。从本诗看，贵儿可能是溺水而死。

其一

水深能杀人，胡为浴于此^①？

欲眠眠不得，念子于兹死^②！

【注释】

①此：这儿，此地。指李贽寓居的麻城龙潭湖。从第三首看，贵儿应是死于李贽遣妻女回故乡泉州之后。

②兹：同"此"。

【译文】

深水能淹死人，你怎么在深深的龙潭湖游泳洗浴？

你死后我夜夜难以入睡，总在想怎么使你魂留他乡异地！

其二

不饮又不醉,子今有何罪?
疾呼遂不应,痛恨此潭水!

【译文】

你不贪吃又不醉酒,有什么罪过而遭此不幸?
我日日夜夜呼唤你而没有回应,
更使我极为痛恨这深深的龙潭湖水!

其三

骨肉归故里①,童仆皆我弃。
汝我如形影②,今朝唯我矣!

【注释】

①骨肉:比喻至亲。这里指李贽的眷属。
②形影:形影相随,一刻也不分离。

【译文】

一家亲人都回故乡泉州了,随从也相继离我而去。
只有我和你形影相随一刻不离,
现今你也抛我而走只留下孤独的我自己。

哭黄宜人 六首

【题解】

本诗于万历十六年(1588)写于麻城。黄宜人,即李贽妻子黄氏。

明清时官五品以上者，其母或妻封宜人。李贽曾任云南姚安府知府三年，官四品，故称其妻为宜人。据《清源林李宗谱草创》卷之三《历年表》："万历戊子(即万历十六年)又六月初三未时，卓吾姚庄(应为黄)宜人卒，年五十六。"时其婿庄纯夫因探省李贽在麻城，由其女料理丧事。李贽闻讣约在七月间，他写了墓碑碑文"明诰封宜人李卓吾妻黄氏之墓"(墓碑残片拓片现藏泉州市文物管理委员会)，交由庄纯夫带回镌石。时任福建提学按察司副使的耿定力，对黄氏的丧葬十分关心，不但亲撰墓表，而且为镌石拨助葬之资。耿定力《诰封宜人黄氏墓表》曾记载黄氏由麻城归乡后逝世及殡葬的情况："万历丁亥岁(即万历十五年)，宜人率其女若婿自楚归，而卓吾尚留楚。宜人念其夫在远方，郁郁不怿。越戊子闰六月初三日卒于家。庄生(指庄纯夫)先期如楚省卓吾，独其女侍含敛(亦作"含殓""含歛"，古代丧礼，纳珠玉米贝等于死者口中，并换上寿衣，然后放入棺中)。讣闻，卓吾不为恸，而友卓吾者忉怛(dāo dá，悲痛，忧伤)不胜。庄生以是年冬季(十二月)十八日葬宜人于城南之张园(今晋江紫帽山农场张园村官下)。"耿定力所说"卓吾不为恸"，只能是李贽在当时情景下的有意控制感情。从本诗和《与庄纯夫》(见本书卷二)、《忆黄宜人》(《续焚书》卷五)等，可以看出李贽对黄氏的恩爱与深挚的思念之情。

其一

结发为夫妇①，恩情两不牵②。
今朝闻汝死，不觉情凄然！

【注释】

①结发：指结婚。古礼，成婚之夕，男左女右共髻束发，故称。
②牵：牵挂，牵念。这里有牵强的意思，意为恩爱之情发自内心，出于自然。

【译文】

自从我们结发成夫妻,恩爱之情发自内心。

现在传来你逝世的噩耗,怎能不使我悲痛伤极。

其二

不为恩情牵①,含凄为汝贤②。

反目未曾有③,齐眉四十年④。

【注释】

①牵:这里有牵动之意。

②含凄:心怀悲伤。贤:贤惠。李贽在《与庄纯夫》中曾说:"夫妇之
际,恩情尤甚,非但枕席之私,亦以辛勤拮据,有内助之益。"又
说:"情爱之中兼有妇行妇功妇言妇德,更令人思念耳,尔岳母黄
宜人是矣。"

③反目:谓夫妻间不和睦。

④齐眉:即"举案齐眉"。《后汉书·梁鸿传》:"每归,妻(孟光)为具
食,不敢于鸿前仰视,举案齐眉。"后以此泛指夫妻间的相敬爱。
案,有脚的托盘。

【译文】

悲痛伤感不只为我们恩爱深笃,

也蕴含着你知情达理的妇言妇德妇行妇功。

四十年我们从未反目而和睦相处,相敬相爱如同孟光与梁鸿。

其三

中表皆称孝①,舅姑慰汝劳②。

宾朋日夜往,龟手事香醪③。

【注释】

①中表：指与祖父、父亲的姐妹的子女的亲戚关系，和与祖母、母亲的姐妹的子女的亲戚关系。即姑表亲和姨表亲的总称，父系姐妹之子为"表"，母系姐妹之子为"中"。

②舅姑：旧指丈夫的父母。俗称公婆。

③龟（jūn）：皮肤因寒冷或干燥而破裂叫龟裂。香醪（láo）：美酒。

【译文】

亲戚齐声称赞你能尽孝道，公婆更是夸美你勤谨辛劳。

众多宾朋不停地来往，都是你酿酒做饭致使双手破裂而粗糙。

其四

慈心能割有①，约己善持家②。
缘余贪佛去③，别汝在天涯。

【注释】

①慈心：慈善之心。割有：这里指割舍己有。

②约己：约束自己。这里指持家节俭，以身作则。

③缘：因为。贪佛：贪恋佛法，出家学佛。

【译文】

慈善之心使你总挂念他人，严于律己而又勤俭持家。

我为贪恋佛法离家而去，从此与你一别远在天涯。

其五

近水观鱼戏，春山独鸟啼①。
贫交犹不弃②，何况糟糠妻③！

【注释】

①"近水"二句：意为看到鱼儿在水中结伴戏游,听到鸟儿在山林无伴独鸣。这是李贽借以抒发自己失去妻子、只身在外的悲伤心情。观鱼,亦作"观渔"。春秋时鲁隐公故事。《左传·隐公五年》："五年春,公将如棠观鱼者。"杨伯峻注："鱼者,意即捕鱼者。"《三国志》卷一二《鲍勋传》："昔鲁隐观渔于棠,《春秋》讥之。虽陛下以为务,愚臣所不愿也。"后泛指观看扑鱼或观赏扑鱼以为戏乐。春山,杜甫有"春山无伴独相求"诗句(见《题张氏隐居二首》),这里用其意。

②贫交：贫穷时交识的朋友。《史记》卷一二九《货殖列传》："(陶朱公)十九年之中三致千金,再分散与贫交、疏(远亲)昆弟。"

③糟糠妻：指共患难过的妻子。语出《后汉书》卷二六《宋弘传》：光武帝刘秀姊湖阳公主新寡,有意于朝臣宋弘。刘秀试探宋弘的意思,并让其姊坐屏风后窃听。刘秀问宋弘："谚言'贵易(改换)交,富易妻',人情乎?"宋弘答道："臣闻贫贱之知不可忘,糟糠之妻不下堂(谓被丈夫遗弃)。"这里以比喻夫妻感情深厚,不可舍弃。

【译文】

看到鱼儿在水中结伴游戏深感自己的孤单,
听到鸟儿在林中无伴独鸣更感自己的无依。
贫穷时交识的朋友都不会离弃,何况共患难且感情深厚的妻子。

其六

冀缺与梁鸿①,何人可比踪②?
丈夫志四海,恨汝不能从③!

【注释】

①冀缺：亦作郤(xì)缺，又称郤成子。春秋时晋国大夫。以其父芮封于冀(今山西稷山北)，称冀缺。因其父图谋晋文公未成而被杀，他被降为庶人，耕于冀野。其妻常亲自送饭到田间，两人彼此相敬，好像宾客一样。后由白季推荐，晋文公又让他担任下军大夫。事迹见《左传》僖公二十四年和三十三年。梁鸿：字伯鸾，东汉初扶风平陵(今陕西咸阳西北)人。家贫博学，与妻孟光隐居霸陵山中，"以耕织为业，咏诗书，弹琴以自娱"。因写诗讽刺朝政，为朝廷所忌，遂改姓名，东逃齐鲁。后往吴投依皋伯通，给人当雇工舂米。妻孟光为之备食，举案齐眉。《后汉书》卷八三、《藏书》卷六七等有传。

②比踪：比迹。齐步、并肩的意思。踪，踪迹。

③恨汝不能从：意为遗憾的是汝(黄宜人)不能像冀缺、梁鸿之妻那样随从其丈夫，而随我访道求友。李贽在《与庄纯夫》中在称赞黄氏的贤德之后曾说："独有讲学一事不信人言，稍稍可憾。"

【译文】

像冀缺、梁鸿与妻子的恩恩爱爱，什么人能达到此境呢？

我为了访学求道以四海为家，遗憾的是你不能随从。

夜半闻雁 四首

【题解】

本诗于万历二十四年(1596)写于麻城。万历二十三年(1595)，原任广东参议史旌贤调任湖广佥事，兼任湖北分巡道。史旌贤在京时曾以门生礼拜见过耿定向，这次就任后又特地到黄安看望耿定向。经过麻城时，扬言要"以法"惩治李贽。自此麻城又掀起一股迫害李贽的风浪。万历二十四年一月，史旌贤调任江西按察司佥事，约在春季离任。

在此期间，先有耿克念邀请李贽到黄安，继有顾养谦邀请李贽到通海（即南通州，今江苏南通），梅国楼（梅国桢弟）邀请李贽到山西大同，刘东星派其子刘用相接李贽到山西沁水。但李贽都表示，自己处在"嫌疑之际"（《续焚书》卷一《与耿克念》），决不离开麻城，决不为史旌贤的恐吓而逃避。这首诗就是在这种情景下所写，其中表现了李贽对自己二十五载官场生活的回顾，和想离开龙潭湖，高飞远走，但情势又使其不得不淹留的复杂心情。在诗的小引中，李贽说他二十五载仕途"坦行阔步"，是"难者反易"。这固然表现了他不为权势所压、不为世俗所染的斗争精神，但实际上他的仕途经历也是很苦的，这在卷四的《豫约·感慨平生》中说得极为详细而明白。那么，李贽为何要把充满苦痛的仕途说成是"难者反易"呢？那是为了衬托"易者反难"。本来，身退矣，名隐矣，与世无争，与俗无缘，还有何难？李贽不明白，他虽身退矣，名隐矣，但却退而不休，隐而不闲，著书立说，讲学论道，而他的书、说、学、道，又与当时的统治思想相抵牾，处处显示着"异端"的色彩，从而引起包括像老友耿定向这样的卫道者的不满与攻击，更引起像史旌贤这样的执政者的公开要对他绳之以法。李贽所说的"易"，其实极为不易，从而也必然引导出他极难的处境。再者，在他与耿定向的论战中，在执政者对他迫害时，虽然也得到一些友朋的支持和庇护，但他终感势单力孤，同道者少，所以他在很多文章中都发出过知己难觅真朋难遇之叹。在此诗中他说自己如同"孤鸿"，如同"独雁"，也是这一思想的流露，这实际上也是他的思想不被接受、不被理解的悲哀。这是李贽的悲哀，也是时代的悲哀，李贽的产生是那个时代的光彩，也是那个时代的悲剧，他的最终被逮入狱，被逼自刎，正是这一悲剧的象征。

　　改岁以来①，老病日侵②，计不久矣③。夫余七十人也，追思五十以前，抱此粗疏④，遨游四海，兼图升斗以赡俯仰⑤，凭尺寸以奉高尊⑥。人人皆视为畏途⑦，余独坦行阔步二十五载⑧,不少一日,遍交当世名流,无空过者,直至今日,犹然念余不舍也。是世之所难者,余之所易也。及其解组入楚⑨,身退矣,名且隐矣,可谓易而又易矣,乃行畏途觉平妥⑩,逃空虚转颠踬何耶⑪? 岂非理之不可晓者耶! 夫余执此道以终始,未尝一毫改步也⑫。今难者反易,易者反难,虽余亦自不知其故矣。内实自伤,故因闻雁而遂赋之⑬。

【注释】

①改岁:由旧岁过渡到新年。

②侵:侵淫,逐渐发展。

③不久:不久于人世。

④粗疏:粗浅,谓才识疏略寡陋。

⑤升斗:此处借指低微的俸禄。赡俯仰:养家糊口,顾养父母妻子。

⑥尺寸:形容事物细微、微小。这里指尺寸之才。高尊:指上级官吏。

⑦畏途:艰险可怕的路途。这里指仕途。

⑧二十五载:李贽自嘉靖三十四年(1555)就任辉县教谕,至万历八年(1580)辞弃姚安知府之职,共计二十五年。

⑨解组:解下印绶,指辞弃官职。组,印绶。入楚:李贽于万历八年辞官后,遍游滇中山水,于第二年离滇赴湖北黄安。湖北古属楚地,故称。

⑩平妥:平稳,妥当,没有危险。

⑪逃空虚:逃离朝廷,避开世俗,寻求清静无欲的境界。空虚,本指天空,亦指朝廷。颠踬(zhì):跌跌撞撞的样子,引申为遇到困顿挫折,艰难险阻。

⑫改步:改变原来的做法。

⑬赋:创作诗歌。

【译文】

新的一年以来,老病逐渐厉害,估计将不久于人世。我已是七十岁老翁,想想五十岁以前,以才识疏略寡陋之身,却遨游四海,并希图以微薄的俸禄养家糊口,凭着微小的才能以侍奉上级官吏。人们都把这种仕途看成艰险难处之境,我却能安然无碍地行走二十五年,天天如此,和当世名流相结交,没有人亏待我,直到现在,仍然挂念着我而不舍弃。则世人所认为艰险难处之境,在我却是安然平易处之。后来辞官寓居湖北黄安,离开了仕途,而隐居于乡野不使人知,可以说是极为平易好处了。没想到原来在艰险难处的仕途时却安然平易,不觉艰险;而今避开世俗,远离朝廷,却感到困顿挫折,艰难险阻。这是为什么呢?难道不是用常理难以解释的吗!但我始终以我的想法处世,从来都没有什么改变。现在想来艰险难处之境反而平易好处,平易好处之境反而艰险难处,就连我自己也不知道这是为什么。内心实在悲伤,所以因半夜听到孤单大雁的哀鸣而作了这四首《夜半闻雁》的诗歌。

其一

孤鸿向北征,夜半犹哀鸣。
哀鸣何所为? 欲我如鸿冥①。

【注释】

①如鸿冥:往又高又远的空际。如,往。鸿冥,高远的天空。

【译文】

孤单的大雁飞向北方,哀鸣之声震动着夜空。
要问大雁为什么哀鸣?
那是想招引我与它为伴去那远离尘世的高高天穹。

其二

自有凌霄翮①,高飞安不得。
如何万里行,反作淹留客②?

【注释】

①凌霄:升腾云霄。翮(hé):翅膀。
②淹留:羁留,逗留。

【译文】

你本有升腾云霄的翅膀,可以轻松地飞腾高高空际。
为什么要跋涉万里,逗留他乡为寓居之客?

其三

独雁虽无依,群飞尚有伴。
可怜何处翁①,兀坐生忧患②!

【注释】

①翁:作者自谓。
②兀坐:独自端坐。

【译文】

孤独的大雁虽然没什么可依,但它遇到群雁时就有了伴侣。
可怜的是像我这样的老翁,独自端坐无依无伴怎能不忧患伤感!

其四

日月湖中久①,时闻冀北音②。
鸿飞如我待,鼓翼向山阴③。

后数岁,余竟赴冀北,过山阴,其词卒验④。

【注释】

①日月:一天一月,每天每月。这里代指时间。湖:指李贽寓居的龙潭湖。

②冀北音:河北以北的声音。这里可能指梅国桢和刘东星邀请李贽到山西之事。冀,河北的别称。

③鼓翼:张开翅膀。山阴:县名。在今山西北部。这句还暗含"山阴乘兴"之意。刘义庆《世说新语·任诞》:"王子猷(王徽之)居山阴(今浙江绍兴,旧县名称山阴),夜大雪……忽忆戴安道(戴逵),时戴在剡(yǎn,古县名,治所在今浙江嵊县),即便夜乘小船就之,经宿方至,造门不前而返。人问其故,王曰:'吾本乘兴而行,兴尽而返,何必见戴?'"后因以"山阴乘兴"代指访友。

④"后数岁"四句:万历二十四年秋,李贽应刘东星之邀经河北到山西沁水。万历二十五年(1597)夏,又应梅国桢之邀到山西大同,八月间转赴北京。万历二十九年(1601),应马经纶之邀,同赴北通州(今北京通州)。这段题辞可能写于万历二十九年、三十年之间。卒验:终于得到验证。

【译文】

一天天一年年长住龙潭湖,不时听到冀北传来的邀我音讯。

高飞的鸿雁请你等一等,我要和你一起飞到好友所在的山阴。

没过几年,我竟然去了冀北,并经过山阴,这首诗中所写的愿望终于实现。

庄纯夫还闽有忆 四首

【题解】

本诗于万历二十三年(1595)写于麻城。庄纯夫(1554—1606),名凤文,字纯夫(又作纯甫),泉州人。李贽的女婿。李贽《耿楚倥先生传》

后附周思跋语:"三日前(即跋语文中所说的'十二月二十九日'前),得楚倥长郎汝念书。汝念以送庄纯夫到九江,专人驰书白下,报喜于余云:'两先生(指李贽与耿定向)已聚首,语甚欢契。'"据此可知庄纯夫于本年冬到麻城、黄安探望过李贽,而此年李贽六十九岁,诗中说"七十古来稀",是举成数而言。又,诗句有"薄暮多风雨,知子宿前村",可证写于庄纯夫还闽启程之初,即与《耿楚倥先生传》的写作时间(万历二十三年十二月)差不多同时。

其一

乘龙人归去^①,谁复到吾门?
薄暮多风雨^②,知子宿前村^③。

【注释】

①乘龙:女婿的代称。语出张方《楚国先贤传》:"孙携字文英,与李元礼俱娶太尉桓焉女,时人谓桓叔元两女俱乘龙。言得婿如龙也。"后因称佳婿为"乘龙",如"乘龙快婿""乘龙佳婿"等。

②薄暮:傍晚。

③子:指庄纯夫。前村:指旅途前面的村庄。

【译文】

佳婿纯夫要返乡,不知还有没有人来探望我?

天色已晚且有风雨,纯夫是否停宿在旅途村庄?

其二

海物多奇错^①,砺房味正清^②。
夫妻共食啖^③,不得到麻城^④。

【注释】

①海物:海味。奇错:珍奇而繁多。泉州临海,多海产。

②砺(lì)房:亦作蛎房,即牡蛎。因牡蛎附石而生,连结如房,故称。

③夫妻共食啖(dàn):这是想像庄纯夫回到泉州后与其妻共食的情
　境。啖,吃的意思。

④不得到麻城:这是说李贽不能到麻城相聚,而深感遗憾。

【译文】

家乡海产珍奇而繁多,牡蛎味道更是清纯可餐。

佳婿娇女得相聚,我只有心系乡梓望南天。

其三

三子皆聪明①,必然早著声②。
若能举孝廉③,取道过西陵④!

【注释】

①三子:指庄纯夫的三个儿子祖耳、宗耳、胤耳(见《青阳庄氏族谱》
　土部《十二世荣行》)。李贽有《汝师子友名字说》:"庄纯夫长儿
　名祖耳,字汝师;中子名惠施,字子友。"(《续焚书》卷二)但据光
　绪丁未(1907)桐月重修晋江《青阳庄氏支派鲲游家谱》载:"十三
　世靖庐公,鲲游公(即庄纯夫)仲子,讳宗耳,字友施,又字子友",
　与李贽所说不同。《汝师子友名字说》称:"果是亲兄弟,不必同
　名字",因祖耳、宗耳,二者都有一个"耳"字,故李贽改宗耳为惠
　施。但从上述《族谱》《家谱》看,庄纯夫并未接受李贽的意见。

②著声:著名,著称。

③举:推荐,选用。孝廉:原为汉代选拔官吏的科目之一,相当于后
　来考试选拔的举人,所以明清时亦称举人为孝廉。

④西陵:旧县名,汉置,在今湖北黄冈西北,麻城西南,其辖区有一
　部分属今麻城。乾隆《麻城县志》卷三:"麻城,春秋时为弦(在今
　河南潢川西北息县南)黄(在今河南潢川西)二国地,后属楚,秦
　属南郡,汉为西陵县地。"这里代指麻城。

【译文】

三个外孙都聪明,定会早早得功名。

一朝中举得孝廉,勿忘报喜到麻城。

其四

七十古来稀,知余能几时?
君宜善自计①,莫念出家儿②!

【注释】

①君:指庄纯夫。自计:自忖,自己估量。这里是自己要多为生活
　筹谋。

②出家儿:李贽自称。

【译文】

人生七十古来稀,我在人世已不多时。

纯夫要为全家生计多筹谋,不要挂念我这远尘世的出家儿!

岁暮过胡南老 四首

【题解】

本诗写作时间不详。岁暮,岁末,一岁将终时。过,过访,前往拜
访。湖南老,未详。从其三"君看五马贵"句,可能是李贽任姚安知府时
相识的一位隐者。

其一

胡床挂空壁①,穷巷有深居②。

满目繁华在,先生独晏如③。

【注释】

①胡床挂空壁:这是用东汉徐稚的故事写胡南老的辞官隐居。《后汉书》卷五三《徐稚传》载:徐稚,字孺子,家贫,常自耕稼,且恭俭义让,人服其德。但多次被推荐为官,都不应允。"时陈蕃为太守,以礼请署功曹,稚不免之,既谒而退。蕃在郡不接宾客,唯稚来特设一榻,去则县(悬)之。"胡床,从少数民族地区传入的一种可以折叠的轻便坐具,亦称"交床""交椅""绳床"。

②穷巷:偏僻简陋的小巷。深居:幽深隐蔽的住所,不跟外界接触。

③晏如:安逸、平静的样子。

【译文】

胡床特为徐稚设,远离仕途穷巷居。

一切繁华过眼云,平静生活最安逸。

其二

河内著碑铭,瞿塘流颂声①。

百年林下叟②,隐隐作仪刑③。

【注释】

①"河内"二句:当指胡南老的事迹。河内,地名,今河南沁阳。著,著述,写作。碑铭,碑文和铭文,刻在碑上的记事文字。瞿塘,峡

名,在今四川奉节附近。流颂声,流传着歌颂赞美之声。

②林下叟:幽居深山密林的老人。这里是指隐士胡南老。

③隐隐:很多的样子。隐,通"殷"。仪刑:楷模,典范。

【译文】

河内的碑铭刻记着你的事迹,瞿塘的大众佳颂着你的美名。

你最终隐居于深山密林,为世人立下一个典型。

其三

四邻箫管沸①,大都为岁除②。

君看五马贵③,囊有一钱无④?

【注释】

①箫管沸:箫管之声沸腾。箫管,排箫与大管,泛指管乐器。

②岁除:年终,除夕。一年的最后一天。

③五马:汉代太守乘坐的车用五匹马驾辕,因作太守的代称。明代的知府相当于汉代的太守,李贽曾任姚安府知府,这里当是李贽自指。贵:高贵。

④囊:口袋。

【译文】

四邻一片管乐声,除旧迎新真高兴。

可惜昔日太守官,囊中袋中都空空。

其四

有席虽长穿①,有朋亦喜欢。

园蔬堪摘矣,不用一钱看②。

【注释】

①席：这里指坐席。长穿：久已破损。

②看：对待，看待。

【译文】

坐席虽已破，老友相聚也喜欢。

自种蔬菜味更鲜，而且不用一分钱。

磕山寺夜坐

【题解】

本诗于万历二十四年（1596）写于山西沁水。磕山寺："磕"，字书无此字，当是"榼"（kē）字之讹。榼山寺应指后晋建的榼山大云禅院。《山西通志》卷五七《古迹考八》："大云寺在（沁水）县东九十里榼山，一名榼山寺。唐景福元年（892）赐今额。明成化十六年（1480）修。殿有古松三株。"这首诗当是李贽应刘东星之邀到山西沁水后游榼山寺而作。刘东星就自称"榼山主人"（见《续藏书》卷一〇《史阁款语》，又见《续焚书》卷二）。

松风已可哀，萝月复飞来①。

如何当此夜②，万里独登台③？

【注释】

①萝月：藤萝间的明月。唐代沈佺期《入少密溪》："相待且留鸡黍熟，夕卧深山萝月春。"

②如何：奈何。

③万里：李贽家乡福建泉州，距山西沁水路途遥远。

【译文】

阵阵松林的风声使人悲哀，

藤萝间升起的明月更加引起游子的思乡心怀。

在这样风声明月之夜，

独自一人坐在榼山寺怎能不心痴目呆？

慰郑子玄 三首

【题解】

　　本诗于万历二十九年(1601)写于北京通州。郑子玄，李贽友人，生平不详。李贽在《又与焦弱侯》中曾说："郑子玄者，丘长孺父子之文会友也。文虽不如其父子，而质实有耻，不肯讲学，亦可喜，故喜之。盖彼全不曾亲见颜、曾、思、孟，又不曾亲见周、程、张、朱，但见今之讲周、程、张、朱者，以为周、程、张、朱实实如是尔也，故耻而不肯讲。不讲虽是过，然使学者耻而不讲，以为周、程、张、朱卒如是而止，则今之讲周、程、张、朱者可诛也。彼以为周、程、张、朱者皆口谈道德而心存高官，志在巨富，既已得高官巨富矣，仍讲道德，说仁义自若也；又从而哓哓然语人曰：'我欲厉俗而风世。'彼谓败俗伤世者，莫甚于讲周、程、张、朱者也，是以益不信。不信故不讲。然则不讲亦未为过矣。"(本书卷二)由此可见，郑子玄也是位颇有"异端"色彩的人。

　　郑子玄不顾雨雪之难，走潞河①，欲寻旧交②，余惧其或有"嗟来"也③，故作诗三章，以慰其行。

【注释】

　　①潞河：即北京通州以下的白河。一般代指通州。

②旧交:旧友。

③嗟来:即"嗟来之食"。《礼记·檀弓下》:"齐大饥,黔敖为食于路,以待饿者而食之。有饿者蒙袂(以袖子蒙住脸,谓不愿见人)辑屦(拖着鞋子),贸贸然(目光不明,糊糊涂涂)来。黔敖左奉食,右执饮,曰:'嗟!来食。'(饿者)扬其目而视之曰:'予唯不食嗟来之食,以至于斯也!'从而谢焉,终不食而死。"嗟来之食,原指悯人饥饿,呼其来食。后多指侮辱性的施舍。这里李贽借以勉励郑子玄,慰其不要因为四处求友而感到耻辱。

【译文】

郑子玄冒着雨雪,远走潞河,想寻找老友。我怕他四处找友而有些顾虑,特作诗三章,以抚慰并鼓励他。

其一

雨雪东南行,贫交家上京①。
当时孔北海,极重郑康成②。

【注释】

①贫交:贫穷时交往的朋友。这里指郑子玄的朋友。上京:古代对国都的通称。这里指北京的通州。

②"当时"二句:作者借孔融与郑玄的交往,写郑子玄和他朋友的友情。孔北海,即孔融(153—208),字文举,东汉末鲁国(治今山东曲阜)人。孔子后裔。曾做过北海相,故称孔北海。又任少府、大中大夫等职。为人恃才负气,后因触怒曹操被杀。能文善诗,为"建安七子"之一。原有集,已散佚,明人辑有《孔北海集》。《后汉书》卷七〇、《三国志》卷一二、《藏书》卷三〇等有传。他任北海相时,深敬于郑玄的仁德,曾极力推荐并下令高密县把

郑玄的家乡立为"郑公乡"(事见《后汉书》卷三五《郑玄传》)。郑康成,即郑玄(127—200),字康成,东汉北海高密(今山东高密)人。经学家。聚徒讲学,弟子众至数百千人。因党锢事被禁,潜心著述,以古文经说为主,兼采今文经说,遍注群经,成为汉代经学的集大成者,称"郑学"。《后汉书》卷三五、《藏书》卷三二等有传。

【译文】

冒着雨雪向东南跋涉,为了寻访在上京的贫穷时相交的朋友。

不禁使我想起当年的孔北海,他是那样推崇敬慕郑康成。

其二

四顾堪愁绝,连天一月雪①。

恐抵张家湾②,难对贫交说。

【注释】

①连天一月雪:表示雪下的大而久。连天,满天。

②张家湾:在今北京通州东南。旧为南北水陆要会,京杭大运河上的一重要码头。

【译文】

放眼望去茫茫满天大雪,真使人感到难以跋涉。

如若到达了张家湾,也不好意思和贫交诉说。

其三

贫贱少亲交①,许由故弃瓢②。

许由千古少,蒙袂且相招③。

【注释】

①亲交：亲近之友，知己，知交。

②许由故弃瓢：许由，亦作"许繇"，字仲武，颍川（今河南登封东）人。传说中的隐士。相传尧让以天下，不受，逃居于颍水之阳的箕山（今河南登封东南）之下。尧又召为九州长，由不愿闻，洗耳于颍水之滨。事见《庄子·逍遥游》、《史记》卷六一《伯夷列传》。许由弃瓢，见汉蔡邕《琴操·箕山操》："许由者，古之贞固士也。尧时为布衣，夏则巢居，冬则穴处，饥则仍山而食，渴则仍河而饮。无杯器，常以手捧水而饮。人见其无器，以一瓢遗之。由操饮毕，以瓢挂树。风吹树动，历历有声，由以为烦扰，遂取损之。"

③蒙袂且相招：这里反用"饿者蒙袂辑屦"而拒绝"嗟来之食"（见前注）之意，意为舒展着衣袖而迎向朋友。

【译文】

贫贱时很难有知己之交，许由因此扔掉了别人的水瓢。

像许由这样的人千古极少，你不必在意青白眼而诚心与朋友相交。

寓武昌郡寄真定刘晋川先生 八首

【题解】

本诗写于万历二十年（1592）。武昌郡，即武昌府。这里指当时府治和湖广布政使司所在地武昌（原属江夏县）。真定，府名，又名保定（今河北保定），治所在正定（今河北正定）。刘晋川，即刘东星，见《至日自讼谢主翁》注万历十九年（1591），袁宏道到麻城向李贽问学，留住三个多月。临别时，李贽又送袁宏道到武昌，同游黄鹄矶时，被一些人诬为"左道惑众"而遭驱逐。当时任湖广左布政使的刘东星深慕李贽之名，特意到李贽寓居的洪山寺进行拜访，"然后知其果有道者……嗣后或迎养别院,或偃息官邸,朝夕谈吐,始恨相识之晚云"(刘东星《书〈道古录〉首》)。万历二十年,刘东星升都察院右佥都御史,巡抚保定。这一组诗就是刘东星抵真定后所写,表现了李贽为刘东星送行以及别后追怀的情思。

其一

密密梧桐树,亭亭相与许①。
中夜闻人声②,疑是见君子③。

【注释】
①"密密"二句:借写梧桐树而暗寓李贽与刘东星相互敬佩的深厚
　友谊。亭亭,高高耸立的样子。相与许,相互称许。
②中夜:半夜。
③君子:指刘晋川。

【译文】
我与君相交之谊,就像那高高耸立密不可分的梧桐。
夜半听见有人声,以为是你来相依。

其二

芒种在今朝①,君行岂不遥!
农夫欢倒极,雨立迓星轺②。

【注释】
①芒种:二十四节气之一。本年芒种在阴历四月底。
②"农夫"二句:写农夫在雨中对刘晋川到来的欢喜。欢倒极,高兴
　到极点。倒,出乎意料的。迓(yà),迎接。星轺(yáo),古代认为

天节八星主使臣事,因称帝王的使者为星使,称使者所称的车子
为"星轺",亦借指使者。这里指刘晋川。轺,使节所用的车。

【译文】

在芒种的时节,你离我而远赴保定巡抚任。

民众热情欢迎你,雨中黄土道上站满等待的人群。

其三

细问去来者①,暮宿汉阳城②。
三日望京山③,五日过西陵④。

【注释】

①去来者:过往的行人。

②汉阳城:明汉阳府所在地。即今湖北武汉汉阳。

③京山:县名,今湖北京山。

④西陵:这里当指"西陵氏"的西陵,古国名,在明安陆县(今湖北钟
祥),在京山南近二百里地。刘晋川由汉阳北行,当先经京山,再
过西陵。《湖北通志》卷一四《舆地志一四》:"西陵,黄帝元妃嫘
(léi)姓国,今江夏安陆间,故吴以安陵为西陵。"《史记》卷一《五
帝本纪》:"黄帝居轩辕之丘,而娶于西陵之女,是为嫘祖。"张守
节《正义》:"西陵,国名也。"《集韵·平脂》:"嫘,姓也。黄帝娶于
西陵氏之女,是为嫘祖。"

【译文】

我一直打探着你的行程,想你一定会夜宿汉阳城。

三天后越过京山,五天后越过西陵。

其四

青翠满池台①,徒增静者哀②。

一步一回远,君今去不来。

【注释】

①池台:池塘和台阁。

②静者:作者自称。

【译文】

看到我们一起散步的满院满地的青翠花草,

只有增重了我对你思念的悲哀。

你一步一步远离我去,不知何时才能再来。

其五

方我来归日①,是君倾盖时②。

通玄信长者③,北海好男儿④!

【注释】

①方:正当,正在。来归日:指李贽行游武昌被人驱逐而得到刘晋
川"迎养"的那些日子。归,归附、投奔的意思。这是自谦话。

②倾盖:朋友相遇车盖倾斜靠近以便于交谈,比喻相互间的倾心亲
密。这里指刘晋川对作者的保护、接待的亲切之谊。

③通玄:即李通玄(646—740),山西太原东北人。唐居士。平生该
博古今,洞精儒释,而倾心《华藏》。曾日食枣十枚、柏叶饼一枚,
因号枣柏大士。传说他到神福山,得土龛居之。龛旁无涧泉,通
玄至,风雨暴作,拔出一松,化为一潭,里人呼为"长者泉"。开元
间坐化。著有《华严经合论》《华严经决疑论》《华严经大意》。
《佛祖统纪》卷三〇、《宋高僧传》卷二二、《佛祖历代通载》卷一三
等有传。这里是作者自喻。信:果真,确实。

④北海:即李邕(678—747),字泰和,扬州江都(今江苏江都)人。初任谏官,历任郡守,官至汲郡(治所在今河南汲县西南)、北海(治所在今山东昌乐东南)太守,人称"李北海"。为官"喜兴利除害",且"弹劾任职,人颇惮之"(《新唐书》本传)。工文,善书,尤擅以行楷写碑。存世碑刻有《麓山寺碑》《云麾将军李思训碑》等。文集已佚,明人辑有《李北海集》。《旧唐书》卷一九〇中、《新唐书》卷二〇二等有传。这里借喻刘晋川。

【译文】

我在武昌被围逐时却得到你的呵护,从而成为亲密无间的挚友。我想学习远离尘世的李通玄,你则一心为国为民可比李北海。

其六

季心何意气①,夜半犹开门。
幸免穷途哭②,能忘一饭恩③!

【注释】

①季心:秦汉之际项羽部将季布之弟。据《史记》卷一〇〇《季布列传》,季心"气盖关中,遇人恭谨,为任侠,方数千里,士皆争为之死……当是时,季心以勇,布以诺,著闻关中"。这里借指刘晋川注重朋友义气。意气:志气和情谊。这里与"义气"相近,指情谊、恩义。

②穷途哭:典出《晋书》卷四九《阮籍传》:"(籍)时率意独驾,不由径路,车迹所穷,辄恸哭而反。"本谓因车无路可行而悲伤,后亦谓处境的艰难困苦。

③一饭恩:即"一饭千金"。典出《史记》卷九二《淮阴侯列传》。汉代韩信少时家贫,在淮阴城(今江苏淮阴)钓鱼,有漂洗衣物的妇

人见他饥饿,给他饭吃数十日。后来韩信当了楚王,就拿千金报
答她。后称受恩重报为"一饭千金"。这里李贽借以写刘晋川对
他照料的恩情。

【译文】

你像季心一样重于友朋义气,为了他人而不顾个人生死。

在我被围逐时伸出了救助之手,一饭之恩怎能不深深铭记!

其七

黄昏入夏口,无计问刘琦①。

假若不逢君,流落安所之②!

【注释】

①"黄昏"二句:这是借刘备投奔刘琦写自己。意为我傍晚时到了
夏口,没有办法之际,问到你这个愿意接纳刘备的刘琦。《三国
志》卷三二《蜀书》刘备传载,建安十三年(208),刘备于长坂(在
今湖北当阳东北,《三国演义》中的长坂坡即指此)被曹操打败,
无处安身,曾投奔夏口刘琦。夏口,即夏口城,在今武汉武昌镇
黄鹤山上,吴孙权筑,为江夏郡治所所在地。刘琦,东汉刘表之
子,刘表死后,出任江夏太守。这里用刘琦借指刘晋川。

②之:往。

【译文】

我像刘备一样在走投无路之际,只好求助于像刘琦一样的你。

要不是得到你的救助,我不知会流落到何地!

其八

南国留棠阴①,江城遗白叟②。

君思用赵人,犹忆江南否③?

【注释】

①南国:古代称南方诸侯之国为南国。这里泛指南方,实指湖广,暗喻刘晋川,刘曾任湖广布政使。棠阴:即"棠树"。周时,召伯巡行南国,曾在甘棠树下听讼。召伯死后,时人因敬爱召伯,相戒勿损伤这株甘棠。见《诗经·召南·甘棠》。后来用"棠阴"或"棠树"比喻惠政或良吏的惠行。这里借以称赞刘晋川。

②江城:临江之城。这里指武昌。白叟:白发老人。作者自称。

③"君思"二句:意为您现在想用赵人,还记得原来任职的江南吗?赵,赵国,战国七雄之一。建国晋阳(今山西太原)。疆域有今山西中部、陕西东北角及河北西南部。这里指河北真定一带。"我思用赵人",见《史记》卷八一《廉颇蔺相如列传》:"楚闻廉颇在魏,阴使人迎之。廉颇一为楚将,无功,曰:'我思用赵人!'"江南,原指长江以南。这里则指湖广省,暗喻李贽居住的湖广省武昌府治所武昌。

【译文】

湖广流传着你的惠政,武昌寓居着我这白发老翁。

现今您与赵地之人相处,勿忘江南友人的情深意重!

塞上吟 时有倭警

【题解】

本诗写于万历二十五年(1597)。《续焚书》卷五有《客吟》四首,其第四首与此诗同。塞上,泛指北方长城内外。这首诗写于李贽从山西沁水赴大同后,因称"塞上吟"。时有倭警,《明史》卷三二〇《朝鲜列传》、卷二三八《麻贵传》等记载,万历二十五年八月,日本再犯朝鲜全罗道,进逼王京。明兵部尚书邢玠亲往王京坐镇,人心始定。"倭警"即指这次日本再犯朝鲜并进逼王京的战事。

乘槎欲问天①，只怕冲牛斗②。
乘桴欲浮海，又道蛟龙吼③。

【注释】

①乘槎(chá)：传说古时天河与海相通，有人从海渚乘槎到天河，遇见牛郎织女。见晋张华《博物志》卷三。乘槎，谓上天，后用以比喻奉使。这里则谓入朝为朝廷谋划。槎，星槎，往来于天河的木筏。

②冲牛斗：冲撞朝廷。牛斗，亦作"斗牛"，二十八星宿中的斗宿和牛宿。这里是偏义复词指斗，即北斗星，代指朝廷。

③"乘桴(fú)二句：意为坐个木筏到海外去吧，又不忍置倭寇的侵扰而不顾。乘桴欲浮海，语本《论语·公冶长》："子曰：'道不行，乘桴浮于海。'"意为孔子说：自己的主张行不通，就坐个木筏到海外去。蛟龙吼，这里喻倭寇的侵扰。

【译文】

想为国家谋划抗倭之策，又怕言不合时而冲撞朝廷。
想不问世事而隐去，面对倭寇的侵扰而又心难安宁。

赋松梅 二首

【题解】

本诗写于万历二十五年(1597)。诗中表现了秋之夜远离家乡在明月松梅之下听到琴声后的复杂心思。

其一

二八谁家女，曲弹塞上声①。
且莫弹此曲，无家人难听②。

【注释】

①塞上声:即塞上曲,新乐府辞,由汉横吹曲辞演化而来。横吹曲
　为军中之乐,多军士思归之悲。塞上,这里指大同。当时李贽应
　大同巡抚梅国桢之邀由山西沁水到大同作客。

②无家人:李贽自指。万历十五年(1587),李贽将妻女送回老家福
　建泉州,开始了单身寓居麻城的生活。

【译文】

谁家的二八姣女,弹起了军士思归的塞上之曲。

请姑娘停下手中的琵琶,此曲能引起无家人的伤悲。

其二

皎皎中秋月,无声谁论价①?
有色兼有声②,松梅明月下。

【注释】

①论价:议定价格。这里是欣赏其美的意思。

②有色兼有声:色,指明月、松梅;声,指塞上声。

【译文】

皎皎的中秋明月,动人的美妙音乐。

月光映照着松梅,声色交融成浑然一体的世界。

赠何心隐高第弟子胡时中

【题解】

本诗于万历十二年(1584)写于黄安。何心隐(1517—1579),原名
梁汝元,字桂乾,号夫山,吉州永丰(今江西永丰)人。曾从学颜山农,为

泰州学派的代表人物之一。早年放弃科举道路,在家乡组织"萃(聚)和堂",进行社会改良的试验。后因反对严嵩的斗争,遭严党疾视,改名何心隐,四处讲学,其言行颇具"异端"色彩。后被湖广巡抚王之垣以"妖逆""大盗犯"的罪名捕杀于武昌。后人整理有《何心隐集》。邹元标《愿学集》、《明儒学案》卷三二、沈德符《野获编》卷一八、《江西省志》卷三六、《永丰县志》卷五等有传。李贽在《何心隐论》(本书卷三)中曾给以极高推崇。在《答邓明府》(本书卷一)、《为黄安二上人三首·大孝》(本书卷二)、《与焦漪园太史》、《寄焦弱侯》(《续焚书》卷一)中也多有论述,可参看。高第,学生中的优秀者。胡时中,字子贞,号环溪,安徽祁门(今安徽祁门)人。与其弟胡时和(字子介,号少庚)都是何心隐的学生。据康熙《胡氏族谱》浙江按察司副使徽州知府徐成位写于万历十二年的《题二胡双义》,和祁门知县常道立写于万历十七年(1589)的《表二胡双义》,何心隐与胡时和于万历七年(1579)三月在祁门同时被捕。后经徐成位出面,胡时和被释放。何心隐被捕后,辗转经浮梁(今江西浮梁)、鄱阳(今江西鄱阳)、余干(今江西余干)、进贤(今江西进贤)、南安(今江西大余),而被押到湖广行省治所所在地武昌。在此期间,胡时和随侍数千里。何心隐被害死后,胡时和又"以身殉之"。《祁门县志·胡时和传》载:"时和哀痛死,其兄时中受弟遗托,经理汝元身后之事。"并依何心隐遗言,将其遗骸葬于湖北孝感太仆寺丞程学颜之墓。关于胡时和之死和收何心隐遗骸的到底是胡时中还是胡时和,解文炯的《梁夫山先生遗集序》,程学博的《祭梁夫山先生文》,邹元标的《梁夫山先生传》三文(见容肇祖整理的《何心隐集》中的《梁夫山遗集·附录》)等,都有记载,其说法不尽相同。徐成位为当事人,常道立身为祁门知县又距时近,当为可信。不管情况如何,胡氏兄弟对其师的情谊却深为李贽赞叹。

三日三渡江，胡生何忙忙^①？
师弟恩情重，不忍见武昌^②。

【注释】

①"三日"二句：这是说胡时中到湖北时的情况。程学博在《祭梁夫
山先生文》附记说："此余殡夫山先生时作文以哭之。其时从先
生与难者惟祁门胡少庚，乃少庚亦死矣。今余叨（tāo 承受）补过
居家，而少庚之兄胡环溪君适在余家，将之梁氏（何心隐家），问
余所以语梁氏者，余书此以贻之，烦持之悬挂于梁氏聚和堂中，
以表予之心，并以与诸君告云。万历甲申季春，云南副使孝感程
学博（程学颜之弟）顿首泣言。"由此可知，胡时中于本年季春（农
历三月）间曾到湖北孝感访程学博，当他途经黄安（今湖北红安）
或黄冈（今湖北黄冈）时，可能与李贽会面，李贽写此诗赠给他。

②"师弟"二句：胡时中来往于孝感、黄安等地，离武昌很近，但因其
师被杀于此，而不愿经过武昌。这两句即李贽感其师弟情谊而
发的感慨。师弟，老师与弟子。

【译文】

三天之内三渡长江，时中你为何这样忙？
我知道你和老师何心隐恩情极重，所以不愿踏过他被害之地武昌。

偈二首答梅中丞

【题解】

本诗约写于万历十九年（1591），当时李贽在武昌。偈（jì），偈语，偈
颂，佛经中的唱颂词。梅中丞，即梅国桢（1542—1605），字客生（一作克
生），号衡湘，麻城（今湖北麻城）人。隆庆元年（1567）举人，万历十一年

(1583)进士。历官都察院右佥都御史、巡抚大同、兵部右侍郎等。李贽好友,曾为李贽的《藏书》《孙子参同》作序。著有《燕台集》《西征草》《西征集》《梅司马遗文》等。《明史》卷二二八,《明史稿》卷二一二,《黄州府志》卷一四,《麻城县志》康熙版卷七、乾隆版卷一六、光绪版卷一八、民国版《前编》卷九卷一五、《续编》卷一四等有传。据《明神宗实录》卷二三八载:"万历十九年七月甲戌(十一日),以河南道侍御史梅国桢复除浙江道御史。"此偈可能是写于梅国桢将赴浙江道御史之任的时候。中丞,汉代设"御史中丞"一职,与明代都察院的"都御史"相当,明代对佥都御史、副都御史和都御史俗称"中丞"。这两首偈语与怀林答偈表现了佛学无人无我的思想。

其一

本无家可归,原无路可走。
若有路可走,还是大门口^①。

【注释】

①"本无"四句:这首偈语借"无家可归""无路可走",表现了佛学无人无我的思想。佛学认为自性本来圆满空寂,无人无我。既然无我,那就没有归家走路的人。连归家走路的人都没有,哪还有家可归? 也就自然无所谓上路。如果还总是想自己如何归家,如何走路,那就说明根本未体会到无人无我的真智。充其量只是个门外汉,在大门外打转转,远未登堂入室。

【译文】

本来就没家可回,哪里还有回家之路可走。
你要是总想着回家之路,就只能在大门口外转悠。

其二

莫夸家里富,家富令人丑。
若实到家人,一毫亦无有①。

【注释】

①"莫夸"四句:这首偈语以"莫夸家里富"的话语,同样表达了佛学无人无我的思想。丑,这里有厌恶之意。到家人,指修行学道到家的人。

【译文】

不要夸耀家里富有,家里富有也许不会长久。
在修行悟道者看来,无人无我圆满空寂才是正途。

怀林答偈附

【题解】

怀林,龙潭湖芝佛院和尚,李贽的弟子。怀林这首偈语,表现的思想内容与李贽的偈语相近。

亦知都府内①,事事无不有。
只是从外来,令人难长守。

【注释】

①都府:唐代"节度使"的别称。对兵甲财赋民俗之事,无所不领管。这里是指梅国桢当时在武昌任湖广左布政史时的官署。

【译文】

深知都府官署内,事事不可少有。

但从都府官署外看,事事都难长守。

六言四句

云中僧舍芍药 二首

【题解】

本诗写于万历二十五年(1597)。云中,指山西大同。大同古属云中郡。唐置云州,不久改为云中郡,后复为云州。州治即在今大同。当时李贽应大同巡抚梅国桢之邀从山西沁水到此作客。僧舍,佛寺,庙宇。芍药,多年生草本植物,初夏开花,与牡丹相似,花大而美丽,有紫红、粉红、白等色,为著名观赏植物。本诗对芍药盛开与闭合姿态的描绘,都生动感人。

其一

芍药庭开两朵①,经僧阁里评论②。
木鱼暂且停手③,风送花香有情。

【注释】

①庭开两朵:表明芍药尚未盛开。由此可以推断李贽可能是在五月初到大同。

②经僧:诵经的和尚。评论:品评,观赏。《李温陵集》为"千声",更有韵味。

③木鱼:佛教法器。相传佛家谓鱼昼夜不合目,故刻木像鱼形,中
  间镂空,用以警戒僧众应昼夜忘睡而思道。化缘时亦用它敲打。
  有两种:一为圆状鱼形,诵经礼佛时扣之以调音节;二为挺直鱼
  形,粥饭或集会众僧时用之,俗称梆。

【译文】

庭院的芍药刚刚开了两朵,僧人们边念经边观赏。

手中的木鱼停止了敲打声,因为清风送来了花香。

其二

笑时倾城倾国①,愁时倚树凭阑②。

尔但一开两朵③,我来万水千山。

【注释】

①"笑时"句:这是形容芍药盛开时美丽动人的妩媚姿态。倾城倾
  国,亦作"倾国倾城"。语本《汉书》卷九七上《外戚传上·李夫
  人》:"延年侍上起舞,歌曰:'北方有佳人,绝世而独立。一顾倾
  人城,再顾倾人国。宁不知倾城与倾国,佳人难再得!'"后因以
  "倾城倾国"或"倾国倾城"形容女子极其美丽。

②"愁时"句:这是形容芍药闭合时的情境与怣态。凭阑,靠着栏
  杆。阑,通"栏",栅栏。

③尔:指芍药。

【译文】

芍药盛开时的妩媚倾城倾国,芍药闭合时的柔姿醉人心怀。

你虽然只悄悄绽放两朵,却使我感受到万水千山。

士龙携二孙同弱侯过余解粽 四首

【题解】

本诗于万历四年(1576)写于南京。士龙,即李登,字士龙,号如真,上元(今南京)人。隆庆五年(1571)进士,授新野(今河南新野)令。万历时改崇仁(今江西崇仁)教谕,官至礼部侍郎,后辞官归。李登是耿定向的学生,与李贽也有交往。《泉州府志》卷五四、《江南通志》卷一六三、《江宁府志》卷三〇、陈作霖《金陵通传》卷一八等有传。二孙,《金陵通传·李登传》:"(李登)其孙克爱,字虚云,以孝友著,与弟虚舟卜居长干之西,俱工诗。"弱侯,即焦竑(1540—1620),字弱侯,又字从吾、叔度,号澹园,又号漪园,著文亦常署漪南生、澹园子、澹园居士、澹园老人、太史氏等,有时偶署龙洞山农。学者多称澹园先生。其籍贯为南京应天府旗手卫,但他的上世是山东日照人,因此,焦竑自称乡贯,有时言金陵、江宁、上元(皆南京异称),有时言琅玡(山名,在今山东日照、诸城东南海滨,因秦始皇在此建有琅玡台并刻石而著称,这里代指日照)。万历十七年(1589)以殿试第一为翰林院修撰。后因议论时政被劾,谪福宁州(治所在今福建霞浦)同知。焦竑本是耿定向的学生,但后来思想上深受李贽的影响,二人成为挚友,曾为李贽的《焚书》《续焚书》《藏书》《续藏书》等作序。著有《澹园集》《焦氏笔乘》《焦氏类林》等。《明史》卷二八八、《明史稿》卷二六九、《明儒学案》卷三五、《罪惟录》卷一八、《列朝诗集小传》丁集下、《居士传》卷四四、《江南通志》卷一六五等有传。过,访。解粽,剥食粽子。亦借指端午节。本诗借端午节的相聚,而着重在对人物的描写,别具一格。

其一

解粽正思端午①,怀沙莫问汨罗②!
且喜六龙下食③,因知二妙堪多④。

【注释】

①端午：农历五月初五日，我国传统的民间节日。相传战国末期楚国爱国诗人屈原忧愤国事，于是日投汨罗江而死。楚人为了悼念他，每到这一天即用竹筒贮米投水祭奠他，后改为做粽子。（见南朝吴梁均《续齐谐记》）

②"怀沙"句："怀沙"，《楚辞·九章》中的一篇，屈原所作。关于《怀沙》的内容及写作时间说法不一。有人认为是怀念长沙，因为长沙是楚国熊绎在江南的始封之地。屈原自杀那年，江北楚国郢都沦陷，故其因依恋宗国之情，就在这一具有历史意义的地方投江而死。汨(mì)罗，即汨罗江，在长江附近。《史记》卷八四《屈原贾生列传》在引《怀沙》一文后说："（屈原）于是怀石遂自沉汨罗以死。"人们据此认为《怀沙》是屈原将投汨罗江时写的绝笔词，而所谓"怀沙"，则是怀抱沙石而自沉。李贽在这里说"怀沙莫问汨罗"，意为不要问《怀沙》是不是屈原自沉汨罗时所写，对由《史记》而引出的一般说法提出了不同看法。

③六龙下食：《后汉书》卷六二《荀淑传》载：东汉荀淑有子八人，"并有名称，时人谓之'八龙'"。（《三国志》卷十《魏书·荀彧(yù)传》引张璠《汉纪》也有大致相同的记载。）《世说新语·德行》载：一次，贫俭无仆役的陈寔(shí)访荀淑，使长子陈纪（字元方）赶车，少子陈谌(chén，字季方)持杖从后。荀淑则"使叔慈应门（守候和应接敲门的人），慈明行酒（斟酒），余六龙下食（进奉食物）"。后世用"六龙"作对人的美称。李贽《初潭集》卷五"贤子"也载录了此事。这里借指士龙的孙子。意为士龙的孙子到我寓所吃粽子，我很高兴。

④二妙：称同时以才艺著名的二人。如《晋书》卷三六《卫瓘(guàn)传》："瓘学问深博，明习文艺，与尚书郎敦煌索靖俱善草书，时人号为'一台二妙'。"《新唐书》卷一一八《韦维传》："（韦维）迁户部

郎中,善裁剖,时员外宋之问善诗,故时称'户部二妙'。"这里指焦竑与李士龙。焦竑学问渊博,且为书法名家;李士龙则"精攻六书之学",并著有《字学》等书(见《江宁府志·李士龙传》)。

【译文】

端午节包粽子祭奠屈原,怀沙之作不一定是在身投汨罗时!
今日得见二孙在我寒舍过节,更喜焦竑、士龙才艺之多。

其二

元方既难为弟,季方又难为兄①。
如此食糜自可,何必白日飞升②!

【注释】

①"元方"二句:陈寔长子元方之子陈群(字长文)和少子季方之子陈忠(字孝先),"各论其父功德,争之不能决",而咨询其祖父陈寔。陈寔说:"元方难为兄,季方难为弟。"(一作"元方难为弟,季方难为兄",见《世说新语·德行》)意即两人功德才华难分高下。这里用以称赞士龙的二孙德才兼备。

②"如此"二句:意为士龙二孙如此聪慧,只要有粥吃即可,何必希望他们飞黄腾达呢!"食糜自可",典出《世说新语·夙惠》:陈寔宴请宾客时,让元方、季方做饭。二人因窃听客人与其父的议论,蒸饭时忘记了放箄(bì,蒸饭时用的竹屉),以致把干饭煮成糜(烂粥)。其父责问其故,他们作了老实回答,并依父言把所窃听的议论一点不差地重述一遍。其父高兴地称赞说:"如此但糜自可(喝粥就可以了),何必饭也!"这里用来指安于一般人的生活。白日飞升,犹白日升天。道教谓人修炼得道后,白昼飞升天界成仙。此处借指出身贫寒的读书人忽得官职。

【译文】

元方难为弟季方难为兄,士龙二孙才德兼备自精英。

安于平素心自净,何必费尽聪明求飞升!

其三

我本老而好学,故随真人东行①。

两家并生才子②,自然常聚德星③。

【注释】

①真人东行:《世说新语·德行》载:陈寔与诸子侄访荀淑父子时,
　太史奏曰:"真人东行。"真人,道家称存养本性或修真得道的人。
　李贽这里当指僧定林。万历三年(1575),李贽与定林从黄安天
　中山前往泗州,这里是追述。因泗州在天中山之东,故云"东
　行"。

②两家:指李士龙与焦竑两家。

③常聚德星:《世说新语·德行》刘孝标注引檀道鸾《续晋阳秋》:
　"陈仲弓(陈寔)从诸子侄造荀(淑)父子,于时德星聚,太史奏:
　'五百里贤人聚。'"聚德星,指李贽与士龙携二孙及焦竑的相聚。
　德星,喻贤人。

【译文】

我虽年老但仍好学,不怕辛劳随从定林东行。

士龙、焦竑子孙多才,相聚一起众多德星。

其四

泗州说有大圣①,金陵亦有元城②。

何似维明与公③,并称"二李先生"④。

【注释】

①泗州：州名，北周末置，治所在宿预（今江苏宿迁）。唐开元时治所移临淮（今江苏泗洪东南，盱眙对岸）。大圣：即僧伽大师（628—710），西域人，俗姓何。唐高宗龙朔初来中国，初住楚州（治所在山阳，今江苏淮安）龙兴寺。后在泗州临淮建伽蓝，因称泗州大圣或泗州和尚。景龙二年(708)，唐中宗迎入内道场召问佛法要义，尊为国师。谥证圣大师。李白曾为作《僧伽歌》。《宋高僧传》卷一八、《景德传灯录》卷二七、《六学僧传》卷三〇等有传。

②金陵：南京。元城：县名，汉置，治所在今河北大名东，其后屡有迁移。这里是指宋儒刘安世(1048—1125)，字器之，北宋魏县（属大名府）人。世称元城先生。中进士后，不就官，从学于司马光。后为司马光、吕公著推荐，历官左谏议大夫宝文阁待制。他以敢于"面折廷争"，且言事激切，论事刚直，被目为"殿上虎"。章惇执政时，曾三度被贬。徽宗即位时重加起用，后又为蔡京所逐。著有《尽言集》。《宋史》卷三四五、《宋元学案》卷二〇等有传。李贽这里是以刘元城借指李士龙。李士龙也曾因"抗旨忤时"而由新野令降为崇仁教谕（见《江南通志》本传）。

③维明：即李逢阳(1529—1572)，字维明，号翰峰，白下（南京）人。隆庆二年(1568)进士，历官户部主事，礼部郎中。李贽的朋友。李贽在《李中谿先生告文》中曾说，他与李维明是"同道雅相爱慕者"（本书卷三）。在《李生十交文》中说："肉骨相亲，期于无斁(yì，厌弃)，余于死友李维明盖庶几焉。"（本书卷三）可见二人交谊之深。公：指李士龙。

④二李先生：指李维明与李士龙。

【译文】

泗州有僧伽大圣，金陵有殿上虎元城。

当今有李维明与李士龙,人们并称"二李先生"。

七言四句

南池 二首

【题解】

本诗写于万历二十八年(1600)。南池,即南湖,在济宁州城南三里许(今山东济宁东)。万历二十八年,河漕总督刘东星以漕务巡河到南京,接李贽去山东济宁漕署。这时,马经纶来会,李贽与他同游济宁城和南池、太白楼等名胜,有《南池》《太白楼》诸诗。李贽在《与凤里》中,对他在济宁的游观有清楚记述:"一身漂泊,何时底定!昨为白下客,今日便为济上翁矣。济上自李、杜一经过,至今楼为太白楼,经过淮济者,泊舟城下即见'太白楼'三字俨然如照乘之璧;池经千百载,尚为南池,又为杜陵池。池不得湮,诗尚在石。吁!彼又何人,乃能使楼使池使任城之名竟不能灭也!吾辈可以惧矣,真是与草木同腐也哉!"(《续焚书》卷一)本诗由杜陵池联想到杜甫的诗作,融景与情为一体。

其一

济漯相将日暮时^①,此间乃有杜陵池^②。
三春花鸟犹堪赏^③,千古文章只自知^④。

【注释】

①济漯(tà):济水和漯水。济水是古代四条通海河流之一,漯水是古代黄河下游的主要支流之一。济、漯都流经山东入海,故用以代指山东。相将:行将,将近。

②杜陵池：这里用以代指南池。即李贽《与凤里》所说："尚为南池，又为杜陵池。"杜陵，在今陕西西安东南，唐代诗人杜甫祖籍杜陵，他也曾在杜陵附近居住，故常自称杜陵布衣、杜陵野老、杜陵野客等。杜甫曾游于南池，并写了《与任城许主簿游南池》诗。

③三春：春季三个月。农历称正月为孟春，二月为仲春，三月为季春，合称"三春"。这里指农历三月。

④千古文章：指杜甫的诗篇。袁宏道有《读卓吾南池诗》一首："'三春花鸟犹堪赏，千古文章只自知。'文章自是堪千古，花鸟三春只几时！"（见潘曾纮：《李温陵外纪》卷五）可与李贽诗对看。

【译文】

夕阳西下时到了济水、漯水流经之地，

看到了因杜甫浏览过而被称名的杜陵池。

暮春三月花香鸟鸣令人醉，杜甫诗章千古传精神。

其二

水入南池读古碑①，任城为客此何时②？

从前只为作诗苦，留得惊人杜甫诗。

【注释】

①古碑：南池刻有杜甫《与任城许主簿游南池》诗的石碑。

②任城：古县名，汉置。明代有任城卫，在济宁东北（今山东兖州）。这里代指济宁。

【译文】

在南池读到刻有杜甫诗的石碑，遥想杜甫在此为客时该是何等心意？

学人都知道作诗之苦，杜甫的诗作怎能不令人心惊意迷！

太白楼 二首

【题解】

本诗写于万历二十八年(1600)应刘东星之邀到山东济宁之时。见《南池》题解。太白楼,在济宁州南城下,与南池相距很近。唐代诗人李白曾在任城居住多年,相传他还与县令贺知章在此饮酒,后人因此建楼纪念。李白在《任城县厅壁记》一文中,称任城是鲁境的"冲要","地博厚,川疏明","万商往来,四海绵历,实泉货之橐籥(tuó yuè,古代冶炼时用以鼓风吹火的装置,犹今之风箱),为英髦(俊秀杰出的人)之咽喉"。而且"帝择明德,以贺公(贺知章)宰之"(《李太白全集》卷二八)。表现出对任城的赞美及对贺知章的称颂。本诗借太白楼,对有关李白的事进行了评说。

其一

世事真同水上浮①,金龟好换酒家愁②。
山东李白今何在③? 城下唯瞻太白楼。

【注释】

①浮:浮动。这里比喻世事的变幻不定。

②"金龟"句:李白《对酒忆贺监二首·序》说:"太子宾客贺公(贺知章),于长安紫极宫一见余,呼余为'谪仙人',因解金龟,换酒为乐。怅然有怀,而作是诗。"诗中一则说"昔好杯中物,今为松下尘。金龟换酒处,却忆泪沾巾。"二则说:"人亡余故宅,空有荷花生。念此杳如梦,凄然伤我情。"《李太白全集》卷二三)孟棨(qǐ)《本事诗》:"李太白初自蜀至京师,舍于逆旅。贺监知章闻其名,首访之,既奇其姿,复请所为文,出《蜀道难》以示之。读未竟,称

叹者数四,号为'谪仙'。解金龟换酒,与倾尽醉,期不间日,由是声誉光赫。"

③山东李白:李白(701—762),字太白,号青莲居士。祖籍陇西成纪(今甘肃秦安东),出生于碎叶城(今吉尔吉斯托克马克城附近),幼随父迁居绵州昌明(今四川江油)青莲乡。唐代诗人。著有《李太白集》。《旧唐书》卷一九〇下、《新唐书》卷二〇二、《藏书》卷三八等有传。前人根据杜甫"汝与山东李白好"诗句(《苏端薛复筵简薛华醉歌》,《钱注杜诗》卷二),误称李白是山东人。李贽在《李白诗题辞》中,并不赞成"以白为山东人"的说法,并对李白出生籍贯的种种说法提出了自己的看法,他认为:"余谓李白无时不是其生之年,无处不是其生之地",不必为此争论不休。(本书卷五)。这里称"山东李白",是指李白到过山东济宁而后人在此建有太白楼而言。

【译文】

世事变幻不定如浮动不息的流水,

想起已逝的金龟换酒的贺知章怎能不凄然落泪。

曾漫游到此的李白现今何在?只有看一看为纪念他而建的太白楼。

其二

天宝年间事已非①,先生不醉将安归②?

当时豪气三千丈③,倾国名花赠玉妃④。

【注释】

①天宝年间:天宝,唐玄宗年号(742—756)。这里指天宝后期,李白因性格高傲,不为朝中权贵所容,终被排挤,而后出京。事已非:指不像刚被唐玄宗诏入京城时那样得宠。

②醉：以酒消愁。这里含有退隐之意。

③豪气三千丈：天宝元年，李白曾二次受唐玄宗征诏入京。进京前他在《南陵别儿童入京》中说："仰天大笑出门去，我辈岂是蓬蒿人！"（《李太白全集》卷一五）自以为可以实现其远大的政治理想了。入京后，玄宗召见于金銮殿，论当世事，草《答蕃书》，以七宝床赐食，御手调羹以饭之。供奉翰林，专掌密命。并与贺知章等为"酒中八仙"之游。杜甫在《饮中八仙歌》中说："李白一斗诗百篇，长安市上酒家眠。天子呼来不上船，自称臣是酒中仙。"（《钱注杜诗》卷一）都可见其当时"豪气"之盛，心情的得意。

④"倾国"句：据《太平广记》引唐代李（或作"韦"，误）濬《松窗杂录》（一作《松窗录》，今不存），李白应征诏入京后，一次宫中牡丹盛开，唐玄宗和杨太真妃（杨贵妃）一起赏花，命李龟年选领梨园子弟中优异者唱歌。李龟年是当时最擅长唱歌的人，当他拿着檀板正要领着梨园子弟开始唱时，玄宗忽然说："赏名花，对妃子，焉用旧乐词为？""遂命龟年手持金花笺，宣赐翰林学士李白，立进《清平乐词》三章。"这时，李白酒醉尚未醒，就"援笔赋之"。李龟年"捧词进"，玄宗命梨园子弟简约配制词调，并调抚丝竹乐器，让李龟年唱起新词来。同时，太真妃"持玻璃（状如水晶的宝石）七宝杯，酌西凉州蒲桃酒，笑领歌辞，意甚厚"。而且玄宗也吹笛相和，自是，玄宗"顾李翰林尤异于他学士"（此事又见于宋代乐史的《杨太真外传》）。李白在《清平调词三首》的第三首中有"名花倾国两相欢，长得君王带笑看"诗句。倾国，即倾国倾城，见《云中僧舍芍药》注⑤。这里是形容杨贵妃的美丽动人。玉妃，指杨贵妃（719—756），小名玉环，蒲州永乐（今山西芮城西南）人。晓音律，善歌舞。初为玄宗子寿王瑁（mào）妃，后为女道士，号太真。入宫得玄宗宠爱，天宝四载

(745)封为贵妃。其堂兄杨国忠操纵朝政,政事败坏。安禄山叛乱,玄宗逃奔到马嵬驿(今陕西兴平西),军士哗变,杨国忠被杀,她被迫缢死。《旧唐书》卷五一、《新唐书》卷七六、《藏书》卷六三等有传。

【译文】

被唐玄宗诏入京城的美意已烟消云逝,为什么不就事退隐而归乡里?想当年大笑出门去是多么豪气,《清平词》三首又多么得宠于杨贵妃。

恨菊

【题解】

本诗写作时间不详。恨,这里是遗憾的意思,即诗中"满庭秋色无人见"的遗憾。杜甫《复愁十二首》诗之十一:"每恨陶彭泽,无钱对菊花。如今九日至,自觉酒须赊。"(《钱注杜诗》卷一五)李贽在此诗中即用其意。

> 不是先生偏爱菊①,清霜独有菊花开②。
> 满庭秋色无人见,敢望白衣送酒来③。

【注释】

①先生:作者自谓。

②清霜:寒霜,白霜。

③白衣送酒:南朝宋檀道鸾《续晋阳秋·恭帝》:"王宏(弘)为江州刺史,陶潜九月九日无酒,于宅边东篱下菊丛中摘盈把,坐其侧。未几,望见一白衣人至,乃刺史王宏送酒也。即便就酌而后归。"后常以此典作朋友赠酒、饮酒等。

【译文】

我和杜甫一样并不是特别偏爱菊花，

而是喜欢百花凋落时而菊花独放的不畏严寒神采。

遗憾的是菊花带来的满院秋色往往被人遗忘，

多希望有像王宏那样的友人这时一起赏菊并送酒来。

哭陆仲鹤 二首

【题解】

　　本诗约写于万历二十六年(1598)或万历二十七年(1599)，当时李贽在南京。陆仲鹤，陆万垓(1533—1598)，字天溥，一字无畦，号仲鹤，浙江平湖(今浙江平湖)人。隆庆二年(1568)进士。历官福宁州知州、南京刑部员外郎、云南兵巡副使、福建巡按使、河南右布政、山西左布政、江西巡抚、右佥都御史等。是李贽在南京刑部任职期间的好友。据《陆氏当湖友家乘》："陆万垓，明嘉靖十二年(1533)癸巳生，万历二十六年(1598)戊戌卒，年六十六。"又据《明神宗实录》卷三二五载："万历二十六年八月甲寅，江西巡抚陆万垓告病，许之。"又卷三三七载："万历二十七年七月癸亥，赠巡抚江西都察院右佥都御史陆万垓为右副都御史。"由此可知，陆万垓约死于万历二十六年秋冬或万历二十七年春夏。著有《中丞疏稿》(已佚)、《通鉴便象》(已佚)、《希高诗稿》(已佚)、《知非小鉴》等。清代沈季友《槜李诗系》、陆惟鋆(xiǎn)《平湖经籍志》卷四、光绪《平湖县志》卷一五等有传。

其一

　　二十年前此地分^①，孤帆万里出重云。

　　滇南昔日君怜我^②，白下今朝我哭君^③。

【注释】

①二十年前:指李贽出任云南姚安府太守的万历五年(1577)。

　此地:即下面所说的"白下",今南京。

②滇南:云南南部。这里指姚安。滇,云南的别称。怜:关爱。

③今朝我哭君:陆万垓约死于万历二十六年秋冬或二十七年春夏,

　李贽此诗亦当写于这个时期。

【译文】

二十年前我们在这里相别,我到万里外的云南姚安赴任。

后来你也到滇南成为上司并对我多加关爱,

今天我却在早年相聚的南京为你送殡。

其二

岁岁年年但寄书,草萍消息竟何如①?

巨卿未解山阳梦②,垂老那堪策素车③!

【注释】

①草萍:草在风中动摇不定,萍在水中飘浮不停。这里用以比喻生

　活的飘泊。

②"巨卿"句:范式,字巨卿,山阳(今山东金乡)人。东汉儒生。他

　与汝南(今河南汝南)儒生张劭(字元伯)在太学为友。后二人并

　告归乡里。有一天,范式在家乡山阳忽然梦见张劭死去,便前去

　吊丧。这时,张劭之丧已发,至圹(墓穴),将下棺,而棺木不肯进。

　张劭的母亲说:"元伯,岂有望邪?"遂停枢一段时间,果见范式驾

　着素车白马号哭而来,当时"会葬者千人,咸为挥涕。式因执绋

　(手执牵引灵枢的大绳以助行进)而引,枢于是乃前"。事见《后汉

　书·范式传》。《后汉书》卷八一、《藏书》卷二九等有传。

③"垂老"句：意为我垂老之年难以能像范式那样驾着素车去给你
　　吊丧。策，驾。素车，古代丧事所用之车，以白土涂刷。

【译文】

年年岁岁我们书信不断，飘泊不定的生活相互慰藉。

汉代的巨卿、元伯真挚友，而今我只能写诗悼念你。

九日坪上 三首

【题解】

　　本诗写于万历二十四年(1596)。坪上，山西沁水(今山西沁水)坪
上村，刘东星的故乡，处太行山脚下。当时李贽应刘东星之邀到此
作客。

其一

如鸟飞飞到处栖①，今年九日在山西②。

太行正是登高处③，无菊亦应有酒携。

【注释】

①"如鸟"句：这是李贽对自己大半生的感慨。李贽从三十岁时离
　　家，直到写此诗时的七十岁，除两次回泉州奔丧外，从没回过故
　　乡。万历十三年(1585)，他移居麻城，把家眷全部送回泉州后，
　　就孤身一人，以寺院为家，以朋友为亲。四十年间，由南而北，由
　　北而南，今天又来到离家万里的太行山下，又逢重阳佳节，心中
　　自然是感慨良多。

②九日：九月九日重阳节。

③登高：据南朝梁吴均《续齐谐记·重阳登高》，九月九日带茱萸

囊,登高山,饮菊花酒,可以避邪免灾。后世因以形成节日风俗。重阳节又有家人团圆之俗。唐代王维外出时曾作《九月九日忆山东兄弟》:"独在异乡为异客,每逢佳节倍思乡。遥知兄弟登高处,遍插茱萸少一人。"因此,后人有九月九日登高以示重阳家人团聚的风俗。

【译文】

数十年我处处寓居,今年重阳节又来到山西。

太行山正是登高之地,在这里饮菊花酒寄托乡思。

其二

坪上无花有酒钱,谩将沽酒醉逃禅①。

若言不识酒中趣②,可试登高一问天③!

【注释】

①谩:随意,随便。谩,通"漫"。沽酒:买酒。逃禅:逃出禅戒。佛教戒酒,李贽曾皈依佛教,而今又"谩将沽酒",故言。杜甫《饮中八仙歌》:"苏晋长斋绣佛前,醉中往往爱逃禅。"仇兆鳌注:"逃禅,犹云逃墨逃杨,是逃而出,非逃而入。""逃而入",即遁世逃入佛教参禅,"逃而出",即逃出禅戒。

②酒中趣:饮酒的乐趣。陶渊明《晋故征西大将军长史孟府君传》:"(桓)温曾问君:'酒有何好,而卿嗜之?'君笑而答曰:'明公但不得酒中趣尔。'"

③问天:指心有疑惑,而诉问于天。借用屈原《问天》之意。

【译文】

坪上虽少鲜花口袋里却不乏买酒之钱,

酒醉而迷自不必束于禅戒之言。

如若你品味不到酒醉的乐趣,不妨将一切疑虑都付之苍天。

其三

身在他乡不望乡,闲云处处总凄凉①!
故人若问凉边事②,日射坪田索酒尝③。

【注释】

①"身在"二句:这是写李贽当时的独特心理感受。说"不望乡",是因"处处总凄凉",家乡也未必不凄凉,实际上并非真正的不望乡,他在下句所说的"故人",也包括着家乡的故人亲友。而这种感受,又是由"闲云"所引起。所谓"闲云",即不受时空限制而悠然飘浮的云。唐代王勃《滕王阁》诗:"闲云潭影日悠悠,物换星移几度秋。"李贽这里所说的"闲云"及由此而引起的感受,与王勃有相通之处。凄凉,这里是寂寞冷落的样子。

②凉边事:指作者在山西沁水的生活情景。凉,凉州,西汉置,辖境相当今甘肃宁夏和青海湟水流域,多指西北边陲之地。这里则指山西。

③"日射"句:表现出李贽在凄凉中的放达。日射,每天谋求饮酒。射即射覆,古代酒令之一。清代俞敦培《酒令丛钞》:"今酒座所谓射覆……射者言某字,彼此会意,余人更射。不中者饮,中者令官饮。"即猜字、对词之游戏。《红楼梦》第六十二回:"宝玉便说:'雅坐无趣,须要行令才好。'……探春便命平儿拈,平儿向内搅了搅,用箸夹了一个出来,打开一看,上写着'射覆'二字。"

【译文】

身在他乡不要再总是思念故乡,
你看那悠然飘浮的白云带走了多少时光!
老友若要问我坪上生活怎样,天天射覆饮酒以求心怀舒畅。

除夕道场即事 三首

【题解】

本诗于万历二十四年(1596)写于山西沁水。道场,和尚或道士诵经、礼拜、做法事的场所。即事,以当前事物为题材作诗。

其一

众僧齐唱阿弥陀^①,人在天涯岁又过。

但道明朝七十一,谁知七十已蹉跎^②!

【注释】

①阿弥陀:即阿弥陀佛,佛教指西方极乐世界的教主。"阿弥陀"意译为无量,也译作无量寿佛或无量光佛。"阿弥陀"是净土宗用为持名念佛的佛号,在民间有广泛影响。

②蹉跎(cuō tuó):光阴虚度。

【译文】

听着众僧阿弥陀的齐唱声,知道要在遥远的沁水过新年了。

喜迎七十一岁的新明,深感七十年的光阴有些虚度!

其二

坪上相逢意气多^①,至人为我饭楼那^②。

烧灯炽炭红如日^③,旅夕何愁不易过^④!

【注释】

①意气:情谊,恩义。

②至人:这里指道德修养最高的人。指刘东星。饭楼那:即斋僧,

指招待李贽随从的和尚。楼那,即"富楼那"(释迦牟尼十大弟子之一)的省称,代指和尚。

③"烧灯"句:形容除夕夜的热闹情景。烧灯,点灯。炽炭:燃烧炭火。

④旅夕:客旅他乡暂作停留。这里指在外度岁。

【译文】

挚友相聚情深义重,热情招待我和随从。

除夕夜灯亮炭红如白昼,客旅他乡又有何愁!

其三

白发催人无奈何,可怜除夕不除魔①!
春风十日冰开后,依旧长流沁水波②。

【注释】

①魔:这里指妨碍修行的心理活动,如烦恼、疑惑等。

②"春风"二句:意为春天来临,冰消雪化,河水长流,那么,一切魔障都会消解,表现了李贽七十高龄老人的积极进取精神。

【译文】

白发日多人益衰老,遗憾的是除夕都驱不去烦恼!

自信待春暖冰开之日,河水定会长流魔障定会融消。

闭关

【题解】

本诗于万历二十六年(1598)写于北京。闭关,佛教用语,亦称"坐关",即坐禅。禅僧的一种修行方式,指佛教徒闭居一室,静修佛法。

闭关正尔为参禅①，一任主人到客边②。
无奈尘心犹不了③，依然出户拜新年。

【注释】

①正尔：的确，实在。参禅：佛教禅宗的修持方式。有游访问禅、参
　究禅理、打坐禅思等形式。这里指打坐禅思以求参究佛理。

②一任：听凭。主人：当指董其昌。李贽此诗写于他寓居北京西山
　极乐寺之时。董其昌《画禅室随笔》卷四《禅说》，曾记他于万历
　十六年元日与李贽在"都门外兰若"相见的情景与印象："李卓吾
　与余以戊戌春初，一见于都门外兰若中。略披数语，即许可莫
　逆，以为眼前诸子，惟君具正知见，某某皆不尔也，余至今愧其意
　云。"客边：客中。谓旅居他乡。

③尘心：即俗念。

【译文】

打坐禅思原是为了参究佛理，更高兴老友来到我客居的寺院。
因为俗念难以排除净尽，仍然外出会客拜迎新年。

元宵

【题解】

本诗约写于万历二十六年(1598)寓居北京西山极乐寺之时。元
宵，农历正月十五日叫上元节，这天晚上叫"元宵"。亦称"元夜""元
夕"。唐以来有观灯的风俗，所以又叫"灯节""烧灯节"。

元宵真是可怜宵①，独对孤灯坐寂寥②。
不是斋居能养性③，嗔心几被雪风摇④。

【注释】

①可怜:这里作异常的意思。

②寂寥:冷落,寂静。

③斋居:斋戒别居,过求佛念经的清静生活。

④嗔(chēn)心:佛教用语。谓能造恶业而生苦果的忿怒之心。属
　　于三毒(佛教指贪、嗔、痴)之一。雪风:夹带着雪的风。

【译文】

元宵佳节不寻常,独自对着孤灯心情怎能不凄凉。

要不是斋戒颂经陶冶了性情,忿怒之心难免不随着风雪而张扬。

哭怀林 四首

【题解】

本诗于万历二十五年(1597)写于山西大同。怀林,龙潭湖芝佛院
和尚,李贽的弟子。万历二十四年(1596)随李贽到山西沁水坪上村。
可能是在本年秋或明年春"抱病归"龙潭湖后死去。

其一

南来消息不堪闻①,肠断龙堆日暮云②!

当日虽然扶病去③,来书已是细成文④。

【注释】

①南来消息:指从湖北麻城传来的怀林病逝的消息。

②肠断:形容悲哀之极。龙堆:又称白龙堆,古代对塞外天山南路
　　沙漠地域之称。《汉书》卷九六上《西域传》:"楼兰国最在东垂,
　　近汉,当白龙堆,乏水草。"汉代扬雄《法言·孝至》:"龙堆以西,

大漠以北。"晋代李轨注:"白龙堆也。"这里则指山西沁水。

③扶病:带病。

④细:细密,精致。

【译文】

麻城传来你病逝的噩耗,我悲痛欲绝的心随着傍晚的白云而飘摇!

早些时你虽然带病离我而去,你的来信仍是细密而精巧。

其二

年少才情亦可夸,暂时不见即天涯。

何当弃我先归去①,化作楚云散作霞。

【注释】

①何当:怎么能。

【译文】

你年轻有为受人赞美,我们一分手就各自南北。

没想到你却先我仙逝而去,化作楚地云霞而留下伤悲。

其三

梦中相见语依依①,忘却从前抱病归。

四大皆随风火散②,去书犹嘱寄秋衣。

【注释】

①依依:依恋不舍的样子。

②四大:佛教以地、水、火、风为四大,人身即由此构成,因亦用作人
　身的代称。详见《十八罗汉漂海偈》注③。风火散:随着风火而
　化散。

【译文】

梦中与你相见依依难舍,忘记你已带病回归故里。

而今你驾鹤西天去,我却在早日信中嘱你寄我秋衣。

其四

年在桑榆身大同①,吾今哭子非龙钟②。
交情生死天来大,丝竹安能写此中③!

【注释】

①桑榆:日落时光照桑、榆树端,因以指日暮。比喻人的晚年,垂老之年。身大同:当时李贽应大同巡抚梅国桢之邀在大同作客。

②钟:即老态龙钟。言人年迈、行动不便的衰老样子。

③丝竹:古代对弦乐器与管乐器的总称,亦泛指音乐。这里指悼念怀林的诗。

【译文】

在垂老之年应邀来到大同,真难忍白发人哭黑发人的哀痛。

忘年交的深情无可比拟,这几首悼亡诗怎能抒写心胸!

晋阳怀古

【题解】

本诗写于万历二十五年(1597)。晋阳,即太原。这首诗是李贽应梅国桢之邀从山西沁水赴大同,路过太原时的怀古之作。晋阳,本古唐国,周成王封其弟叔虞于此,称唐侯,后改国曰晋。春秋时,晋国有赵、范、智、荀、韩、魏六卿,势力极大,后来互相兼并,剩下智、赵、韩、魏四卿。公元前454年,晋出公在位,这年智伯骄横地向韩康子、魏桓子、赵襄子索地,韩、魏自思不能抗拒,都忍痛答应了智伯的要求,独赵襄子不与。智伯怒,帅韩、魏之兵攻赵襄子,赵襄子无奈逃到晋阳。三国攻晋阳一年多,不下,乃引汾水灌其城,城中"悬釜而炊,易子而食,群臣皆有外心,礼益慢,唯高共不敢失礼"(《史记》卷四三《赵世家》)。在这种外攻内乱的形势下,赵襄子非常着急。后来他使张孟谈夜间偷偷到韩、魏军营,向他们说明"唇亡则齿寒,今智伯帅二国之君伐赵,赵将亡矣,亡则二君为之次矣"(《战国策》卷一八《赵策》)。离间了智伯与韩康子、魏桓子的关系,并约定共灭智伯的日期。到了约定日期,赵襄子派人夜间杀了智伯守汾河堤的士卒,用水灌智伯军,韩、魏又同时从两侧击之,终于大败智伯,并灭其族,分其地,这就是我国历史上有名的"三家分晋"。智伯被灭后,赵襄子论功行赏,却以毫无战功的高共为头等功。张孟谈质问此事,赵襄子说:"方晋阳急,群臣皆懈,惟共不敢失人臣礼,是以先之。"(《史记》卷四三《赵世家》)就因为高共在动乱中守君臣之礼,就给他以头等功,而把冒着生命危险深夜潜入韩、魏军中进行离间计、破了智伯救了赵的张孟谈排斥在下,这是多么不公平的事情啊! 李贽路过太原,想起了我国历史上这一重要事件,想起了这次战争中智伯的骄横与失败,更想起了张孟谈建奇功而不得重赏,高共无功而受禄,他不禁发出:"如何智伯破亡后,高赦无功独首论?"李贽的这一质问,鲜明表现出他对赵襄子那种只知维护君臣之礼,不管谁为国家立下功劳的行为的不满,实际上也是对君臣之礼的不敬,表现了李贽重实际、尚战功的思想,这与那些只知打恭作揖以求高功、不顾国家生死存亡的道学家形成鲜明对比。不仅如此,李贽在这里不单单是发思古的幽情,而且具有现实的针对性,这就是对梅国桢有功而不得其禄的感愤。万历二十年(1592)春,宁夏副总兵鞑靼族人哱(pò)拜及其子承恩杀死巡抚都御史党馨、副使石继芳,据城叛乱,成为轰动朝野的"西事"(与当时日本发动侵朝战争,并准备进一步侵略中国的被称为"东事"相对举)。四月,明王朝听从梅国桢的建议，任李如松为提督，梅国桢为监军。五月发兵征剿，九月乱平，十一月在京师举行献俘典礼。在这次平西之战中，梅国桢一直身处前线，并多所决策，立有大功。依惯例应升为都察院佥都御史，并出为巡抚。但在论功封赏时，却只是"升四品京堂"，即既不在兵部，又不在都察院，而是外转任太仆寺少卿，是专管马匹的闲职。而远离战地连宁夏城都没见到、战事取胜后又杀降冒功的甘肃巡抚后来并兼任宁夏总督的叶梦熊，由于与兵部尚书石星私交甚深，却升任右都御史，正二品。不仅如此，作为监军的梅国桢负有"专司监察"、记录功次之责。但却凡梅国桢荐举的有功之士，大都恩荫不及，而一些善于钻营者则无功而受赏。在这种形势下，梅国桢多次以病为由上疏请求归里，以避开这种使他既愤慨又不愿参与其中的是非。但是，事实是不可改变的。宁夏之战叙功封赏之后，舆论大哗，西征将士大多不满，说是功多者赏轻，功小者赏重，甚至于无功者有赏，滥杀者擢升。六科给事中也纷纷上疏，指责赏赐冒滥，大失人心。后来神宗又下圣旨，要"就问梅国桢，何人亏枉，何人冒滥，从实查明说来"。经过几多周折，叙功封赏之事才有所稳定。而梅国桢直到万历二十一年（1593）八月，吏部才按照神宗旨意"即便推用"，升为都察院右佥都御史，巡抚大同。对于这场公案，当时人叶向高就表示了不平。他在《梅公神道碑》中说："嗟乎！西夏之事难言也。督帅（指叶梦熊）驻二百里外，置酒高会，遥制成败；监军（指梅国桢）身在城下，腰刀裤褶（xí，服装名，上穿褶，下穿裤，名起于汉末，始为骑服。盛行于南北朝，亦用作常服、朝服），亲受矢石。成则督帅总其功，败则监军专其罪。"（《梅氏族谱》卷首中，转引自凌礼潮《麻城梅国桢大传》109 页）当时的名士王稚登在梅国桢赴大同巡抚任时的赠诗中，在对梅国桢宁夏平叛的功绩赞赏有加的同时，对朝廷的功赏不明也有所感叹。其诗是："灵武名高御史聪，更劳开府住云中。美人学舞鱼肠剑（古宝剑名），厮养（即厮役，泛指仆役）能开兕角弓。城下已无夫饮马，幕前安用客和戎。不知今日麒麟阁，谁是平西第一功？"（《麻城县志》光绪版卷三三)李贽在《西征奏议后语》中对于梅国桢在宁夏平叛中处境的艰难及立大功而无封赏更是愤愤不平。他写道:"未几而西夏之报至矣,事果大定,献俘于广阙下,报捷于京师,论功称赏,亦可谓周遍咸矣。褒崇之典,封爵之胜,垂纶广荫,同载并举。而客生(梅国桢)回朝半岁,曾不闻有恩荫之及,犹然一侍御何也? 余实讶之而未得其故,后于他所获读所为《西征奏议》者,乃不觉拊几叹曰:'余初妄意谓客生西事我能为之,纵功成而不自居,我亦能之。不知其犯众忌,处疑谤,日夕孤危,置身于城下以与将佐等伍,而卒能成奇功者也!'余是始愧恨,以谓千不如客生,万不如客生,再不敢复言世事矣。因密语相信者曰:'西夏之事不难于成功,而难于以监军成功。何也? 监军者,无权者也,自古未有不专杀生之权而可以与人斗者也。又不难于以监军成功,而难乎任讪谤于围城之日,默无言于献捷之后也。'"(《续焚书》卷二)这首《晋阳怀古》的现实针对性就在这里。

> 　水决汾河赵已分①,孟谈潜出间三军②。
> 　如何智伯破亡后③,高赦无功独首论④?

【注释】

①汾河:原名汾水,黄河第二大支流,在山西中部。源出宁武县,经太原南流到新绛县折向西,在河津县西入黄河。

②孟谈:张孟谈,战国时赵国赵襄子家臣。《史记》卷四三《赵世家》作"张孟同",司马贞《索隐》:"《战国策》作'张孟谈'。谈者,史迁之父名,迁例改为'同'。"间:离间。

③智伯:世袭为晋卿。其远祖因食采邑于智,故别为智氏。

④高赦:指高共,赵襄子家臣。高共的"共",《史记·赵世家》裴因《集解》:"徐广曰:'一作赫'。"李贽诗中把"赫"误为"赦"。首论:首先论评其功。

【译文】

水决汾河三家分晋,张孟谈用离间计赢得了胜利。

为什么智伯被消灭后,战争中毫无出力的高共却被封头功?

过雁门 二首

【题解】

本诗写于万历二十五年(1597)。雁门,即雁门关。在山西代县北部,长城重要关口之一。唐于雁门山顶置关,明初移筑今址。向为山西南北交通要冲。

其一

尽道当关用一夫①,昔人曾此扦匈奴②。

如今冒顿来稽颡③,李牧如前不足都④。

【注释】

①当关用一夫:谓地势险要,便于防御。语本李白《蜀道难》诗:"剑阁峥嵘而崔嵬,一夫当关,万夫莫开。"当关,守关。

②扦:通"捍",即抵御。匈奴:亦称"胡",我国古代北方民族之一。战国时游牧于燕、赵、秦以北地区。其族随世异名,因地殊号,战国时始称匈奴和胡。东汉光武帝时分裂为南北二部。匈奴主出于掠夺奴隶和财物的需要,经常南犯,成为当时的重要民族矛盾。战国末的李牧和汉代的李广都是抗击匈奴的著名将领。昔人,即指李牧和李广等。

③"如今"句:意为现在北方国境安定,少数民族臣服。这里表现了李贽对张居正整顿西北边防成绩的肯定。明代自开国一直到嘉

靖、隆庆期间,二百年来,边患不断。在朝廷内部,除少数像于谦这样的抗敌英雄外,其他或则贪图贿赂而通敌,或则无所作为而待毙。直到张居正任内阁首辅后,整饬边防,坚决支持戚继光为巩固西北边防而进行的一系列军事改革,才多次挫败俺答的侵犯。俺答死后,其后继者接受了明朝顺义王封号,并与明朝保持了和平互市关系,使二百多年的西北边患得以解除。冒顿(mò dú),即西汉初年的匈奴单于(匈奴君长的称号)。姓挛鞮(luán dī)。秦二世元年(前209)弑父自立,建立军政制度,不断扩大势力。西汉初年,经常侵扰边地。这里代指俺答。稽颡(qǐ sǎng),古代一种跪拜礼,屈膝下拜,以额触地,表示极度的虔诚。

④李牧(? —前228):战国末年赵将。长期防守赵的北边雁门郡(今山西北部宁武以北,包括大同的东部、北部等地),很得民心,并大破匈奴,使其不敢犯边者十余年。《史记》卷八一、《藏书》卷四七等有传。如前:像以前(李牧)的事迹。都:美盛,赞扬。

【译文】

都说一夫当关万夫莫开,李牧、李广就是在这里抗击了匈奴。

现今国境安定少数民族和睦相处,

远比李牧、李广的战绩更加值得赞誉。

其二

千金一剑未曾磨①,陉上关来感慨多②。

关下人称真意气③,关头人说白头何④!

【注释】

①"千金"句:这里作者用价值千金的宝剑以自喻,寄寓胸中的远大抱负。磨,磨砺,磨炼。

②陡:突然。

③关下人:这里指与作者同行的人。意气:这里指精神、气概。

④"关头"句:这是李贽抒发自己年事已高不能为国家建功立业的感慨。

【译文】

胸中抱负没能实现,突然来到雁门关上真是难堪。

同行之友安慰我精神昂昂,白发之人则感慨万端!

渡桑间

【题解】

本诗写于万历二十五年(1597)。《李氏遗书》卷二题为《将到云中》,又诗中"勿问"作"莫问","桑间"作"桑乾"。桑间,在河南濮阳南濮水之上,濮水在河南延津、滑县二县境,即春秋时"桑间濮上"之濮。历代上下游或此通彼塞,或此塞彼通。后因河水涸竭,故道渐湮。此"桑间",应依《李氏遗书》作"桑乾"为准。桑乾河在山西省北部和河北省西北部,相传每年桑葚成熟时河水干涸,故名。上游流经黄水高原,含沙量仅次于黄河,故有"浑河""小黄河"之称。下游淤浅,河道迁徙无定,故明代叫无定河。清代筑"永定大堤",以固河漕,圣祖康熙赐名永定河。李贽当时应梅国桢之邀在赴大同途中,当经过桑乾河。

逢人勿问我何方,信宿并州即我乡①。

明日桑间横渡去,两程又见梅衡湘②。

【注释】

①信宿:连宿两夜。《诗经·豳风·九罭(yù)》:"公归不复,于女信

宿。"毛传:"再宿曰信;宿,犹处也。"并州:古"九州"之一。汉武帝所置"十三刺史部"之一,约当今山西大部和内蒙古、河北的一部。东汉并州刺史治所在晋阳(今太原)。这里指大同。这句诗反用贾岛《渡桑乾》诗意:"客舍并州已十霜,归心日夜忆咸阳;无端更渡桑乾水,却望并州是故乡。"贾岛此诗写渡桑乾河北行时的感受。意谓久居并州,天天想回到咸阳,现在不但不能回去,反而越走越远。渡过桑乾,到了更遥远的北方之后,回望并州,并州又成了可思念之地。现在并州都不能回,那么咸阳就更是不敢想了。李贽则反其意而用之,说并州(指大同)就是我的故乡了,因为到那里就可以与老友梅国桢相聚了。

②两程:两天所行的路程。据《大同县志》:"桑乾河自郑家庄南李家小村北流入县界(东南八十五里)。"(《山西通志》卷四三《山川考十三》引)李贽可能就是在李家小村附近停宿,而后再走两天的路程到大同。梅衡湘:即梅国桢。

【译文】

你不要问我何方人士,将要去的大同就是我的故乡。

明日渡过桑乾河水,就可以见到老友梅衡湘。

初至云中

【题解】

本诗作于万历二十五年(1597)。云中,指大同。李贽初到大同,一切都感到新鲜,但最新鲜的还是他从来不曾听过的山西腔,一听到这新鲜的语音,他就更加感觉到自己是到了西北黄土高原上的云中了。

锡杖朝朝信老僧①,苍茫山色树层层②。
出门只觉音声别③,不审身真到白登④。

【注释】

①锡杖:僧人所用的禅杖。可为乞食驱虫之用。朝朝:天天,每天。
　信:信从、随从。这里是听凭、陪伴之意。

②"苍茫"句:由此景色,可推知李贽是在夏季到的大同。

③音声别:人们说话时带的山西腔调。

④不审:不知。白登:白登山,在大同东,又称白登台。汉高祖刘邦
　北击匈奴冒顿,曾在此被围困七日,史称"白登之围"。因此,提
　到大同,人们总是想到白登。

【译文】

每日拄着禅杖随着老僧,游走在苍茫山色层层树丛。
一路上山西腔甚感新鲜,没想到来到刘邦被匈奴围困七日的白登。

赠两禅客

【题解】

本诗写作时间不详。禅客,禅家寺院,请说法之人相为问答,并解
答佛经中疑难问题的和尚。

孟尝门下客三千①,狗盗鸡鸣绝可怜②。
自脱秦关归去后③,始知二子会参禅④。

【注释】

①孟尝:即田文。战国时齐国贵族,袭其父田婴的封爵,封于薛(今

山东滕县南),称薛公,号孟尝君。被齐湣王任为相国,门下有
"食客数千人",而且"客无所择,皆善遇之"(《史记》卷七五《孟尝
君列传》)。

②狗盗鸡鸣:指孟尝君手下能装狗进行偷窃、学雄鸡鸣叫啼明的两
个门客,以比喻具有微末技能。典出《史记·孟尝君列传》:孟尝
君入秦为相,秦昭王听信谗言后囚禁了孟尝君,并要谋杀他。孟
尝君使人托昭王幸姬(得到宠爱的姬妾)求解。幸姬说:"妾愿得
君狐白裘。"孟尝君曾有一狐白裘,价值千金,天下无双,但入秦
时已献给了昭王。孟尝君非常忧虑,遍问门客办法,无人能对。
这时坐在最后座的能"狗盗"的门客说:"臣能得狐白裘。"夜间他
就装成狗潜入秦宫,偷出了狐白裘,孟尝君把狐白裘献给了幸
姬,幸姬劝说昭王,放了孟尝君。孟尝君变换名姓带着门客而
逃,夜半至函谷关。此时秦昭王后悔放了孟尝君,立即派人追
逐。函谷关规定,鸡鸣时才放客人出关。这时孟尝君门客中有
"居下坐"者会学雄鸡鸣叫,一叫而附近的雄鸡齐啼,于是放孟尝
君等出了关。绝可怜:这里指平时不被人们重视。

③自脱秦关:即赚开函谷关关门,使孟尝君等得以逃回齐国。

④二子:指"狗盗鸡鸣"的两个门客。参禅:佛教禅宗的修持方式。
见《闭关》注①。这里借指成佛的途径,大的本领。

【译文】

孟尝君门下食客三千多,人们都看不起那狗盗鸡鸣的门客。

没想到就是这二位门客救了孟尝君,他俩才是参禅的真佛家。

得上院信

【题解】

本诗约写于万历二十四年(1596)在山西沁水时。上院,对寺院的

敬称,这里指龙潭湖芝佛院。诗中表现了李贽不屈于封建势力的精神。

> 世事由来不可论,波罗忍辱是玄门^①。
> 今朝接得龙湖信^②,立唤沙弥取水焚^③。

【注释】

①"波罗"句:意为忍辱是修行成佛的佛法。波罗,即波罗密,亦作波罗蜜,梵语的音译。意译为到彼岸,即由此岸(生死岸)度人到彼岸(涅槃、寂灭),也就是经过修行而成佛之意。玄门,佛教的玄妙之门,指佛法。李贽把"忍辱"看作是修行成佛的佛法,他在不少诗文中都有所表示。但李贽所说的"忍辱",并不是一般意义上的忍受耻辱,而是佛经中所说的忍辱草的精神。这种草生在雪山,经受住严寒,牛羊食之,则成醍醐(tí hú),即佛经中指从牛奶中提炼出来的精华,以比喻最高的佛法。所以,李贽所说的"忍辱",有时不是一般意义上的忍受耻辱,迁就退让,而是指坚忍不拔的韧性精神。这种精神,既表现在他的求道为学之上,更表现在他的人生处世之上。例如万历二十三年(1595),史旌贤就新任湖广佥事兼湖北分巡道时,特地到黄安看望故交耿定向。经过麻城之时,他扬言为了"正风化",要"以法"惩治李贽,并要将李贽"递解原籍"。对此,李贽在《与周友山》中作了如下的回答:"又我性本柔顺,学贵忍辱,故欲杀则走就刀,欲打则走就拳,欲骂则走而就嘴,只知进就,不知退去,孰待其递解以去也!盖此忍辱孝顺法门,是我七八岁时用至于今七十岁,有年矣,惯用之矣。不然,岂其七十之老,身上无半文钱钞,身边无半个亲随,而敢遨游旅寓万里之外哉!盖自量心上无邪,身上无非,形上无垢,影上无尘,古称'不愧''不怍',我实当之。是以堂堂之阵,正正之旗,日与世交战而不败者,正兵在我故也。正兵法度

森严,无隙可乘,谁敢邀堂堂而击正正,以取灭亡之祸钦!"(《续焚书》卷一)在这封信中,李贽说自己"性本柔顺,学贵忍辱",并且"此忍辱孝顺法门,是我七八岁时用至于今七十岁,有年矣,惯用之矣"。但也明白表示,这种"柔顺""忍辱",就是对于论敌施展的"杀""打""骂"的手段都无所畏惧,而且敢于以"堂堂之阵,正正之旗"与之交战。其原因就在于自己"心上无邪,身上无非,形上无垢,影上无尘","正兵在我故也"。这样的"忍辱",正表现着李贽不同于世俗的独特精神面貌。

②龙湖信:麻城龙潭湖寄来的信。信的内容不详。

③沙弥:初出家的男佛教徒。水焚:把书信烧毁,而后将纸灰洒在水里。

【译文】

世事从来都是变幻多端的,但忍辱草精神则是佛说的玄妙之门。

今日一早就接到麻城龙潭湖来信,读后深有感慨就把它水焚。

重来山房赠马伯时

【题解】

本诗于万历二十一年(1593)写于黄安。山房,即李贽在《定林庵记》中所说的马伯时隐此山时特置的"山居":"余不出山久矣。万历戊戌,从焦弱侯至白下,诣定林庵,而庵犹然无恙者,以定林在日素信爱于弱侯也。定林不受徒,今来住持者弱侯择僧守之,实不知定林作何面目,则此庵第属定林创建,名曰定林庵,不虚耶?定林创庵甫成,即舍去之牛首,复创大华严阁,弱侯碑纪其事甚明也。阁甫成,又舍去之楚,访余于天中山,而遂化于天中山,塔于天中山。马伯时隐此山时,特置山居一所,度一僧,使专守其塔矣。今定林化去又十二年,余未死,又复来此,复得见定林庵。"(本书卷三)李贽于万历三年(1575)寓居于黄安天

中山的天窝山房时,与定林初次会面。万历十年(1582),李贽辞去姚安
太守后,来到黄安,又寓居于天窝山房。万历十二年(1584),耿定理死
后,李贽即离开天中山。本诗中说"一别山房便十年",说明这首诗就是
写于万历二十一年李贽离开天中山的十年之后。铃木虎雄《李卓吾年
谱》,因李贽于万历三年在天窝山房与定林初次会见,又因此诗中"一别
山房便十年"句,系此诗为万历十四年(1586)所作,是错误的。马伯时,
马逢旸(yáng),字伯时,江宁(今南京)人。焦竑的学生,曾在黄安天中
山、五云山隐居。铃木虎雄《李卓吾年谱》把马伯时说成是马经纶,误。

> 一别山房便十年,亲栽竹篠已参天①。
> 旧时年少唯君在,何处看山不可怜②!

【注释】

①竹篠(xiǎo):小竹。参天:高入云天。

②可怜:可爱。这里有怀念之意。

【译文】

我们在山房分别整整十年,

现在回来看到亲手栽的小竹已高入云天。

十年前在此相会的朋友今日只有你在,

看看青山想想旧友实在怀念!

古道通三晋

【题解】

本诗写于万历二十四年(1596)自河南入山西之时。三晋,古地区
名。疆域屡有变迁,战国晚期约当今山西省,河南省中部、北部和河北

省南部、中部。这里指河南北部的太行山一带。

　　　　黄河远缀白云间①，我欲上天天不难。
　　　　三晋谁云通古道，人今唯见太行山②。

【注释】

①远缀：远远地连接着。缀，连结。

②太行山：在现在的山西、河南、河北等省。由东北而西南走向，西缓东陡。受河流切割，多横谷，为东西交通孔道，古有"太行八陉(xíng)"之称，即轵关陉、太行陉、白陉、滏(fǔ)口陉、井陉、飞狐陉、蒲阴陉和军都陉，向为河北平原进入山西高原的交通要道。此诗中所说的"古道"即指此。

【译文】

远远望去黄河之水就漂浮在白云之间，

漂浮在这水云之间犹如航行在上天。

人们都说通过古道就可以进入三晋，我正行进在古道的太行山。

中州第一程

【题解】

　　本诗写于万历二十四年(1596)李贽由河南赴山西沁水途中。中州，即今河南省一带地区，古为豫州，处九州之中，故称中州。

　　　　程程物色使人羞①，同上中原第一楼②。
　　　　太行虽有摧车路③，千载人人到上头。

【注释】

①程程:沿途。物色:自然景色。这里指沿途山水风光。差:畏惧。这里指景色的险要。

②第一楼:不详。

③太行:太行山。摧车路:道路难行,致使车轮折损。形容山路的崎岖险峻。

【译文】

沿途景色美丽而惊险,停车休憩登上中原第一楼。

太行山路虽然崎岖险峻,千多年来人人无所畏惧往前走。

咏史 三首

【题解】

这三首诗又见于《王半山》(见本书卷五),并有题名"《咏荆卿》一首""《咏侯生》二首"。而《王半山》一文是李贽《读升庵集》中的一篇,《读升庵集》于万历二十四年(1596)写于麻城,则本诗也当写于此时。

其一

荆卿原不识燕丹①,只为田光一死难②。

慷慨悲歌唯击筑,萧萧易水至今寒③。

【注释】

①荆卿:即荆轲,战国末年刺客。卫国人,卫人叫他庆卿。游燕国,燕人叫他荆卿,亦称荆叔。后被燕太子丹尊为上卿,派他去刺秦王政(即秦始皇),被秦王政杀死。《史记》卷八六、《藏书》卷二七等有传。燕丹:燕太子丹(? —前226),战国末年燕王喜的太子,

名丹。曾被作为人质送在秦国,后逃归。因患秦军逼境,燕王喜二十八年(前227),派荆轲入秦刺秦王不中。次年秦军攻破燕国,他逃奔辽东,被燕王喜斩首献给秦国。《史记》卷三四、《藏书》卷二七等有传。

② 田光:燕国处士。他将荆轲引荐给燕太子丹,并以自杀而死激励荆轲为燕太子丹去刺秦王政。《史记》卷八六、《藏书》卷二七等有传。李贽《王半山》一文中曾说:"且荆轲亦何曾识燕丹哉! 只无奈相知如田光者荐之于先,又继以刎颈送之于后耳。荆卿至是,虽欲不死,不可得矣。"认为荆轲不过是为了知己田光之荐才去行刺的,这和侯嬴以死送朱亥和信陵君一样,都是一种情交,是为了"成事"而"杀身"。对王安石(号半山)认为荆轲是由于"豢于燕""故为燕太子丹报秦",认为是一种丑陋之见。可与此诗参看。

③ "慷慨"二句:《史记》卷八六《刺客列传》载:荆轲赴秦行刺出发时,"太子及宾客知其事者,皆白衣冠以送之。至易水之上,既祖(祭完道路神,喝毕酒),取道,高渐离击筑,荆轲和而歌,为变徵(zhǐ,古代五音之一)之声。士皆垂泪涕泣。又前而为歌曰:'风萧萧兮易水寒,壮士一去兮不复还!'"筑,一种古代乐器。易水,在河北西部,其源出自易县境。

【译文】

荆卿并不相识燕太子丹,刺杀秦始皇只因田光的以死引荐。

击筑悲歌多慷慨,凄清的易水至今还寒光闪闪。

其二^①

夷门画策却秦兵^②,公子夺符出魏城^③。

上客功成心遂死^④,千秋万岁有侯嬴。

【注释】

①其二：与下面的"其三"两首诗，是李贽以侯嬴为信陵君魏无忌策划盗符夺兵权、抗秦救赵为题材的二首诗。公元前257年，秦昭王派兵围攻赵国都城邯郸，赵王派使者向魏求救。魏安釐王慑于秦国威力，不敢立即出兵，而是派大将晋鄙率兵屯驻边境观望。魏安釐王弟信陵君采纳门客侯嬴的建议，借助如姬（安釐王之妃）窃得兵符，杀了晋鄙，夺得兵权，击破秦军，解了邯郸之围。"窃符救赵"便成为历史上义救邻邦抗御强暴的典故。事见《史记》卷七七《魏公子列传》。

②夷门：魏都城大梁（今河南开封）东门。这里指侯嬴，侯嬴当时是那里守门的役吏。

③公子：指信陵君魏无忌。

④上客：指侯嬴。功成心遂死：当信陵君向侯嬴告别而去夺晋鄙兵权时，侯嬴认为自己年老不能随行，发誓估计信陵君到达时，他就以自杀表示送别。后来，果然自刎于大梁。李贽认为侯嬴感到窃符救赵将告成功，这是他决心以死报答信陵君的时候了。

【译文】

侯嬴巧设计谋击破了秦兵，信陵君"窃符救赵"出了大梁城。

上等门客以死相报主翁的成功，千秋万岁传颂着侯嬴的英名。

其三

晋鄙合符果自疑，挥锤运臂有屠儿①。

情知不是信陵客，刎颈迎风一送之②。

【注释】

①"晋鄙"二句：《史记·魏公子列传》："（信陵君）至邺，矫魏王令代

晋鄙。晋鄙合符,疑之,举手视公子曰:'今吾拥十万之众,屯于境上,国之重任,今单车来代之,何如哉?'欲无听。朱亥袖四十斤铁椎,椎杀晋鄙,公子遂将晋鄙军。"合符,古代调兵用的兵符,一般用金属铸成虎形,剖为两半,一半交给带兵将领,一半留国王保存。国王若要调兵,就将半边兵符交使者,带兵将领合符后就可出兵。屠儿,指朱亥,他在魏以屠宰为业,侯嬴推荐他随信陵君前往晋鄙处,准备在晋鄙生疑而不交兵权时击杀之,后果然由朱亥挥起袖中铁锤击杀晋鄙。

②"情知"二句:意为侯嬴知道朱亥不是信陵君自己结识的门客,相知不深,他的自杀,是为了给信陵君,也是为了给朱亥送行,并激励朱亥。刎颈迎风,指侯嬴表示将以自杀送行。《史记·魏公子列传》:"公子过谢侯生。侯生曰:'臣宜从,老不能。请数公子行日,以至晋鄙军之日,北乡(面向)自刭,以送公子。'公子遂行。"

【译文】

大将晋鄙对兵符产生了怀疑,屠儿朱亥挥动铁锤把他击毙。

朱亥并非信陵君的相知门客,侯嬴以自杀激励他们相互携持。

却寄 四首

【题解】

本诗写于万历二十七年(1599)。却寄,回寄,寄答。从诗中"却羡婆须蜜氏女,发心犹愿见瞿昙"和"欲见观音今汝是,莲花原属似花人"句看,这一组诗应是回寄给麻城梅澹然的。当时李贽寓居南京永庆寺。

其一

一回飞锡下江南①,咫尺无由接笑谈②。

却羡婆须蜜氏女,发心犹愿见瞿昙③。

【注释】

①一回：一会儿，一转眼。飞锡：锡，指僧人用的锡杖（禅杖），可为乞食驱虫之用。后称僧人游方为"飞锡"。江南：指南京。李贽诗文中多有这种用法，如本卷《九日同袁中夫看菊寄谢主人》："今年尔复在江南。"

②咫（zhǐ）尺：形容距离很近。咫，周制八寸，合今市尺六寸二分二厘。

③"却羡"二句：万历二十一年（1593），麻城芝佛院要塑观音大士，梅澹然闻知后，曾写信给李贽说："闻庵僧欲塑大士（指观音大士）像，我愿为之，以致皈依，祇望卓公为我作记也。"（本书卷四《观音问·答澹然师》）这两句诗就是对这一情景的描述。婆须蜜，菩萨名。瞿昙（tán），指释迦牟尼。瞿昙是梵文乔答摩的另一音译，古代天竺人的姓。因释迦牟尼姓瞿昙，故常用以指释迦牟尼。

【译文】

我虽然刚刚离开龙潭湖芝佛院来到南京，
却不能与咫尺之间的你面晤笑谈。
你愿为观音大士塑像化身的皈依之心，
使我深深地感到欣慰与心羡。

其二

持钵来归不坐禅①，遥闻高论却潸然②！
如今男子知多少，尽道官高即是仙。

【注释】

①钵（bō）：僧徒食用器具。梵语"钵多罗"的省称。坐禅，亦称"闭关""闭隐"，禅僧的一种修行方式。指佛教徒闭居一室，静修佛法。

②高论:指梅澹然的书信。潸(shān)然:泪流貌。

【译文】

我是四方游僧不去闭关静修,

看到你愿为观音大士塑像化身的信却热泪涟涟!

千千万万的男子都在追求什么?他们得到高官厚禄成了神仙。

其三

> 盈盈细抹随风雪①,点点红妆带雨梅②。
> 莫道门前马车富,子规今已唤春回③。

【注释】

①盈盈细抹:指晶莹轻细的飞雪。

②点点红妆:指瓣小而繁多的梅花。

③"莫道"二句:意为眼前繁华景象,像春天一样,很快就要过去。马车富,马车很多,指士女游春盛况。子规,鸟名,又名杜鹃、杜宇、子巂(guī)等。传说为蜀帝杜宇的魂魄所化。常夜鸣,声音凄切,故借以抒悲苦哀怨之情。杜鹃鸟科种类繁多,大多为夏候鸟或旅鸟,因此,李贽说"子规今已唤春回"。

【译文】

晶莹的飞雪随风飘动,红妆的梅花雨中笑迎。

春去夏来时光匆匆,子规夜啼何以为情?

其四

> 声声唤出自家身①,生死如山不动尘②。
> 欲见观音今汝是③,莲花原属似花人④。

【注释】

①声声唤出:由上一句的"唤春回"而言,也暗寓蜀帝杜宇魂魄所化的传说,借以寄寓回归"自家身"。自家身:自家本身,自己的本来面目,本原自心,这是人人所生而具足的佛心佛性,是成佛的根据。自家,自己。

②"生死"句:意为在修行成佛的路上,生死无贰,至死无异心。

③观音:即观世音,四大菩萨之一。能现三十三种化身,救十二种大悲。因主张随类化度众生,不分贵贱贤愚,听到世间众生的呼救声即施以救援,被尊为"大慈大悲救苦救难观世音菩萨"。后因避唐太宗李世民之讳,改称"观世音"为"观音"。其形象初为男身,后为男身、女身不定。元以来渐成女身,妙年美容,手中常持花瓶,以泄甘露,普济众生。汝:指梅澹然。

④莲花:呈莲花形的佛座,比喻佛门的妙法。似花人:指梅澹然。

【译文】

子规夜啼唤佛心佛性,修行路上一片纯情。

观音大士化身何在? 你在莲花座上显现真影。

喜杨凤里到摄山 二首

【题解】

本诗于万历二十六年(1598)写于南京。杨凤里,杨定见,号凤里,麻城(今湖北麻城)人。李贽在龙潭湖居住时往来论道的僧人之一,也是李贽的学生,深得李贽赞赏。在《八物》中说"如杨定见,如刘近城,非至今相随不舍,吾犹未敢信也。直至今日患难如一,利害如一,毁谤如一,然后知其终不肯畔我以去"(本书卷四)。在《豫约·早晚守塔》中说:"刘近城是信爱我者,与杨凤里实等。"(本书卷四)万历二十八年(1600),湖广按察司佥事冯应京烧毁了龙潭湖的芝佛院,并驱逐李贽。

杨定见为李贽设法先行藏匿,然后避入河南商城的黄蘗山中,免遭了封建统治者的一次毒手。摄山,又名栖霞山,在南京东北约四十里。山上有栖霞寺、千佛岩、舍利塔等名胜古迹。传说山上多药草,可以"摄生"(即养生),因名摄山。

其一

十年相守似兄弟,一别三年如隔世①。
今日还从江上来②,孤云野鹤在山寺③。

【注释】

①"十年"二句:万历十六年(1588),李贽在麻城龙潭湖与杨定见等友人相聚。袁中道《李温陵传》:"公遂至麻城龙潭湖上,与僧无念、周友山、丘坦之、杨定见聚,闭门下键,日以读书为事。"(《珂雪斋集》卷一七)至写此诗时相聚于摄山的万历二十六年,整十年,所以说"十年相守"。万历二十四年(1596),李贽应刘东星之邀离开龙潭湖往山西、北京等处,至今在摄山与杨凤里相会,"一别三年"即指此。

②江:指长江。

③野鹤:作者自比。山寺:指栖霞山上的栖霞寺。李贽到栖霞山后当寓居于栖霞寺,他有《栖霞寺重新佛殿观化文》(《续焚书》卷四)可证。袁宏道《李龙湖》:"闻公结庵栖霞,栖霞木石俱佳,但面西,度夏苦热耳。"(《袁宏道集笺校》卷二二)亦可为旁证。

【译文】

十年相聚亲如兄弟,三年相别恍如隔世。

今日你从长江来与我相聚,欣喜的孤独老在栖霞山寺等待你。

其二

忆别龙湖才几时,天涯霜雪净须眉①。
君今复自龙湖至,鬓里有丝君自知②。

【注释】

①"天涯"句:意为天涯的霜雪净尽了自己的胡须和眉毛。也就是
  说胡须和眉毛都像霜雪一样白了,用以说明年岁已老。天涯,极
  远的地方,这里指山西等地。净,净尽,一点不剩。

②鬓里有丝:鬓角里有银丝的白发。这里指杨凤里也有白发了。

【译文】

我们龙湖之别没有几日,我走了一趟山西就白了眉毛胡须。

没想到今日来此相聚,你的鬓角也添了银丝。

山中得弱侯下第书

【题解】

本诗写于万历十一年(1583)。山中,指黄安五云山之巅的天窝书
院,当时李贽寓居于此。弱侯,即焦竑。见《士龙携二孙同弱侯过余解
粽》题解。下第,科举时代考试不中,又称落第。焦竑于万历十一年春
在京应试,考试不中,给李贽写信告之。李贽得消息后,即赋诗两首,一
方面为焦竑下第鸣不平,一方面又进行劝慰,并望焦竑早日归来。这两
首诗稍后在李贽给焦竑的信中寄呈了焦竑,见《续焚书》卷《与焦弱
侯》。这首诗即是其中的一首。

秣陵人去帝京游^①,可是隋珠复暗投^②。

昨夜山前雷雨作,传君一字到黄州^③。

【注释】

①秣(mò)陵:古县名,辖境今南京市。焦竑为南京人,故称"秣陵
　人"。帝京:京城。指北京。游:出游。这里指赴京应考。

②"可是"句:意为焦竑如同珍贵的宝珠,但却被置于暗处,得不到
　像隋侯这样的人的重用。李贽在同时写的第二首诗中,曾这样
　称赞焦竑:"独步中原二十秋,剑光长射斗间牛。"隋珠,即隋侯
　之珠,相传是周代隋侯得到的一宝珠。《战国策·楚策四》:
　"宝珍隋珠不知佩兮,袆布与丝不知异兮。"暗投,典出《史记》
　卷八三《鲁仲连邹阳列传》:"臣闻明月之珠,夜光之璧,以暗
　投(暗中置放)人于道路,人无不按剑相眄(斜视,不用正眼
　看)者。何则?无因而至前也。"后以"暗投"谓美好的事物不
　被人们接受。这里用来比喻焦竑虽有杰出才能却得不到朝廷
　的选用。

③"昨夜"二句:李贽在《与焦弱侯》中写道:"当接到兄京信时,时夜
　雷雨,出中偶感事作二绝句,便去,亦可以见古今豪贤之感也。"
　(《续焚书》卷一)君,指焦竑。一字,指简短的书札。黄州,古州
　名,元改为路,明改为府,辖境在今湖北长江以北一带。这里代
　指黄安。

【译文】

你从故乡赴京都应考,虽才华出众却名落孙山。

在雷雨之夜展读你的来信,作一简短书札寄上慰安。

同周子观洞龙梅

【题解】

　　李诗约写于万历十年(1582)。周子,可能是指周思久。李贽当时寓居天窝山房,周思久不时与之相聚。李贽在《复焦漪园》中说:"侗天(耿定向)为我筑室天窝,甚整。时共少虞(吴心学)、柳塘(周思久)二丈老焉,绝世器,怡野逸,实无别样出游志念,盖年来精神衰甚,只宜隐也。"(《续焚书》卷一)洞龙,即洞龙书院,吴心学创建,在黄安县南十二里的似马山。《黄安县志》同治版:"洞龙书院,距城十二里,在似马山之麓。处士吴公少虞心学讲学于此,进士吴公曲梦化读书发解处,温陵李贽在天窝所著书亦半成于此。"当时,李贽可能与周思久同在洞龙书院。

　　一枝斜倚古垣东①,白首逢君出洞龙②。
　　莫怪花神争笑语,周郎昨夜此山中③。

【注释】

①一枝斜倚:指梅花。斜倚,斜靠。古垣:古旧的矮墙。

②白首:这里指白色的梅花。君:当指吴心学,号少虞,黄安(今湖北红安)人。因在黄安似马山建洞龙书院,自称"洞龙"。耿定向的学生,与李贽也有亲密交往。《黄州府志》卷一九《儒林》说他"一意孔孟之学","教人以下学上达为宗"。李贽与耿定向矛盾激化后,吴站在耿一边,曾对李贽进行攻击。李贽在本书卷一《答耿司寇》曾说:"大抵吴之一言一动,皆自公(指耿定向)来。"在本书卷四《因记往事》中曾称之为"大头巾"(迂腐之甚的儒生)。著有《洞龙集》。《黄安县志》卷一〇有传。

③周郎:三国时吴国名将周瑜。这里用以指周思久。

【译文】

古旧的矮墙旁斜靠着一枝梅花，

雪白的花瓣摇动枝臂对龙洞书院主人表示欢迎。

花神也懂得人世的礼仪，

它的微笑欣喜是因为昨夜周思久带来了友情。

湖上红白梅盛开戏题

【题解】

本诗写作时间不详。湖上，可能是指龙潭湖。

始知春意属闲身[①]，红白相将入望频[②]。

才到开时君又老，看花不是种花人。

【注释】

①闲身：古代指没有官职之身。

②相将：相与，相共。这里是表现红白梅花相互盛开的情状。

【译文】

美好的春意只留给没有官场浊气之人，红白梅花交相辉映提精神。

种花的人今何在？看花人思念种花人。

赠周山人

【题解】

　　本诗约写于隆庆五年(1571)。周山人，不详。黄克晦有《送周山人文美之广陵》(见《吾野诗集》卷三)，与李贽所说的周山人当为一人。隆庆五年，黄克晦曾到南京访李贽，时李贽在南京刑部员外郎任上。黄克

晦将返闽时,有《留别李宏甫比部四首》(《吾野诗集》卷三),由此推知,
李贽这首诗当写于此时。山人,隐居山中的士人,其身份各有不同。这
里指以卜卦、算命为业的人。

> 谩道男儿四海身①,百钱卖卜不愁贫②。
> 即今欲上黄梅路③,谁把十金抛与人④?

【注释】

①四海身:以四海为客之身。

②百钱卖卜:即百钱卜。典出晋皇甫谧《高士传·严遵》:"严遵,字
　君平,蜀人也。隐居不仕,常卖卜于成都市,日得百钱以自给。
　卜讫,则闭肆下帘,以著书为事。"后以"百钱卜"泛指问卜。卖
　卜,以占卜谋生。

③"即今"句:指上山朝见佛祖,学道求佛。黄梅,禅宗五祖弘忍
　(602—675),曾居黄梅(今湖北黄梅)东山,大弘禅要。这里所说
　"上黄梅路",即上山求佛学道之意。

④十金:十斤金或十镒金。其价值因时代而异,或表价值小,或表
　价值大。这里非实数,泛指别人的施舍。

【译文】

休说男儿定要四海为家,占卜谋生也一样维持生涯。

若要诚心求佛学道,就不要轻易把十金抛予他。

牡丹时 二首

【题解】

本诗写作时间不详。写的是牡丹、芍药,却内含着人生的感慨。

其一

牡丹才记欲开时,芍药于今久离披^①。

可是山中无人到,花开花谢总不知。

【注释】

①离披:纷纷散落。

【译文】

牡丹就要开放之时,芍药却已散落于地。

在这无人到的深山之中,花开花落可有谁知?

其二

忆昔长安看花时^①,牡丹独有醉西施^②。

省中一树花无数^③,共计二百单八枝。

【注释】

①长安:我国古都之一,在今西安市一带。这里指明代帝都北京。

②醉西施:牡丹品种之一。

③省中:宫禁之中。

【译文】

遥想早年在长安看花之际,牡丹中最为迷人的是醉西施。

宫禁中一树花开无其数,数一数共有二百单八枝。

五言八句

初到石湖

【题解】

　　本诗写于万历十年（1582）。石湖，即龙潭湖（见《读书乐并引》注⑬），因湖中有巨石，故又称石湖或石潭。巨石亦称石台、钓台，周思久（号柳塘）在本年建寒碧楼于台上。李贽于本年到龙潭湖后，曾与周思久、耿定理在钓台论学。黄宗羲《明儒学案》卷三五《耿楚倥先生定理》附《楚倥论学语》："卓吾寓周柳塘湖上，一日论学，柳塘谓：'天台（指耿定向）重名教，卓吾识真机。'楚倥（耿定理）诮柳塘曰：'拆篱放犬！'"后来，李贽与耿定向矛盾激化时，于万历十六年（1588）寓居于此。

皎皎空中石，结茅俯青溪①。
鱼游新月下②，人在小桥西。
入室呼尊酒③，逢春信马蹄④。
因依如可就⑤，筇竹正堪携⑥。

【注释】

①"皎皎"二句：写龙潭湖钓台的景色。周思久《石潭记》："去家二十里而近有湖（指龙潭湖），曰石潭，前瞰龟岭，后枕玉山，左右重冈，抱若城郭，盖胜境也。石形类大龟蹲水心，横六丈许，纵倍之。居士（周思久）结茆（茅）其上，覆土种竹为门径，杂以花卉。湖每遇雨涨，水激石，怒号如喷雪溅珠，咫尺不闻人声。迨流减浪平，鸥浮鱼跃，居士则载酒榫一叶舟，歌渔父辞，极所往而后

返。人望之者,以为仙岛也。"(《周氏族谱》卷一〇)皎皎,洁白。
空中石,突起耸立在空中的岩石,指湖中巨石。

②新月:农历每月初出的弯形的月亮。

③尊酒:杯酒。尊,通"樽",酒器。

④信:任,随意。

⑤因依:倚傍,依托。

⑥筇(qióng)竹:竹名。因高节实中,常用以为手杖,为杖中珍品。
这里指竹作的手杖。

【译文】

洁白似玉的巨石在潭水中凌空而起,

在巨石新建的寒碧楼上俯视碧绿的溪水。

弯形的新月下鱼儿在悠闲地游戏,几位挚友相聚在小桥之西。

有时在精舍交杯畅饮,有时在郊野放马踏春。

志同道合相为依托,当携筇竹手杖相随而去。

春宵燕集得空字

【题解】

本诗于万历十年(1582)写于麻城。燕集,即宴集,宴饮聚会。得空字:古时选韵作诗的一种方法。得"空"字,即指所作诗篇的韵脚,必有一个是用"空"字韵,其余各韵脚也必用"空"字所在的韵部。"空"字在古诗韵中属平声中的"东"韵。

高馆张灯夜①,清尊兴不空②。

故交来昨日③,千里动春风④。

竹影寒塘下,歌声细雨中。

可怜新岁月⑤,偏向旧衰翁⑥。

【注释】

①高馆：高大的馆舍。

②清尊：清樽。酒器，亦借指清酒。

③故交：可能是指李如真。李贽《与焦弱侯》第三书："如真兄来，辱惠我书札，此时固已恨兄之不能来……此间大盖楼屋精舍于钓台（指周思久于万历十年于钓台上建寒碧楼，见《初到石湖》题解，待贤者至止。弟亦设精厨寝食其上为贤地主。楚倥兄朝夕在其间，诚可乐也。"《李氏遗书》卷一）可证李如真于万历十年曾到龙潭湖与李贽相聚。李如真，即李登。见《士龙携二孙同弱侯过余解粽》题解。

④千里：李如真是从白下（南京）焦竑处到麻城的，水路约一千三百多里，此说"千里"，举成数而言。

⑤可怜：可爱。新岁月：新年的月亮。因是"春宵燕集"，因说"新岁月"。

⑥旧衰翁：旧日衰朽的老翁。作者自谓。

【译文】

在高大馆舍张灯之夜，频频的清酒引发无限的兴致。

因为老朋友昨日到来，他长途跋涉一千多里挟带着春风。

竹影倒映在寒塘之下，歌声飘飞在细雨之中。

可爱的新年皎洁月光，却照射在我这日益衰朽的老翁。

中秋刘近城携酒湖上

【题解】

本诗写于万历十六年（1588）。刘近城，麻城人。李贽于本年秋初隐居龙潭湖，因此，刘近城携酒到湖上相聚。刘近城曾跟随李贽多年，深得李贽赞赏。参看《喜杨凤里到摄山》题解。

> 举网澄潭下，凭阑看得鱼。
> 谁将从事酒^①，一问子云庐^②？
> 水白沙鸥净，天空木叶疏。
> 中秋今夜月，尔我独踌躇^③。

【注释】

①从事酒：即青州从事，用以比喻美酒。典出南朝宋刘义庆《世说新语·术解》："桓公有主簿善别酒，有酒辄令先尝。好者谓'青州从事'，恶者谓'平原督邮'。青州有齐郡，平原有鬲（gé）县。从事，言到脐；督邮，言在鬲（膈）上住。"意为像"青州从事"这样的美酒的酒气可直到脐部。

②子云庐：指汉代词赋家、哲学家扬雄（字子云）隐居之处，在今四川犍（qián）为南二十里的子云山上。山顶有池，又有子云洞。（参看清顾祖禹《读史方舆纪要·四川嘉定府犍为县》）

③尔：助词。踌躇：从容自得，心情舒畅。

【译文】

撒网于澄清的石潭水下，依着阑栅观赏得到的活蹦乱跳的鲜鱼。
是谁把沁人心肺的青州美酒携来，
那是像扬子云隐士一样的近城刘君。
月光照射下净净的潭水中沙鸥已寐，空旷的天空下树叶飘落稀疏。
在这美好的中秋之夜的月光下与挚友相聚，
老汉我内心无限的舒畅与自逸。

秋前约近城凤里到周子竹园 二首

【题解】

本诗写于万历十六年(1588)将隐龙潭湖之前。近城，即刘近城，见上首诗注题解。凤里，即杨凤里，见《喜杨凤里到摄山》题解。周子：当指周思敬(？—1597)，号友山，麻城(今湖北麻城)人。周思久(柳塘)之弟。隆庆二年(156)进士，曾官工部主事、户部侍郎等。李贽好友，与耿定向也有交往。著有《周友山集》，《湖北通志》卷一三六，《黄州府志》卷一四、卷二，《麻城县志》康熙版卷七、乾隆版卷一六、光绪版卷一九、民国版《前编》卷八卷九等有传。

其一

竹径来三友①，清幽半在君②。
抛书为对客，把酒好论文。
青苔过雨后，独鹤向人群③。
携手欲同去④，相看日未曛⑤。

【注释】

①三友：指李贽、刘近城和杨凤里。这里也有《论语·季氏》"益者三友"之意："益者三友，损者三友。友直，友谅(信实)，友多闻，益矣；友便辟(谄媚奉承)，友善柔(当面恭维背面毁谤)，友便佞(夸夸其谈)，损矣(有害了)。"后多以指益友。

②清幽半在君：既是写景说竹，也寓示竹的主人周思敬。清幽，这里是清贞而幽雅意。

③独鹤：是实指写景，也是自喻。

④欲同去：指刘近城、杨凤里和周思敬等同去龙潭湖为侣。袁中道

《李温陵传》:"公遂至麻城龙潭湖上,与僧无念、周友山、丘坦之、杨定见聚,闭门下键,日以读书为事。"(《珂雪斋集》卷一七)李贽《复焦弱侯》:"计且住此,与无念、凤里、近城数公朝夕龙湖之上,虽主人以我为臭秽不洁,不恤也。"(本书卷二)都可作为"欲同去"的佐证。

⑤曛(xūn):黄昏,傍晚。

【译文】

翠竹环绕的小径上来了三位益友,

竹园的主人如翠竹一样幽雅而清贞。

收起书籍以便与客人交谈,手执酒杯相互议论新作之文。

微雨过后青苔更加清新碧绿,我像一只独鹤与友朋相聚。

我们将一同去龙潭湖论学讲道,趁着天色未晚而踏上路程。

其二

暑在人还倦,竹深风自凉。

茶来频我酌,酒到与君尝。

徙倚窥驯鹿①,闻呼过短墙。

沉吟秋日近,容易得相将②。

【注释】

①徙倚:犹徘徊,留连不去。

②相将:相偕,相共。

【译文】

暑气未消使人疲倦,竹林深处清风凉爽。

我喝着醇香的新茶,益友手执酒杯尽情品尝。

徘徊在竹林旁观赏驯养的小鹿,听到呼声则迈过短短的围墙。

内心悄悄吟叹着凉爽的秋日就要到来，

那时我们再相聚一起开心吟唱。

环阳楼晚眺得棋字

【题解】

本诗写于万历十六年(1588)。环阳楼，在麻城北门外，为梅国桢所建。乾隆《麻城县志前编》卷五《古迹考》载："环阳楼在北关外，梅少司马(梅国桢)所创。俯龙池，临大河，沿河尽竹，以桃、杨掩映其中。楼外有深池，系舫游泳，花鸟亲人。又有山茶一株，高二丈许，红英绿叶，翠色覆被中庭云。"得棋字，古时选韵作诗的一种方法。得"棋"字，即指所作诗篇的韵脚，必须有一个是用"棋"字韵，其余各韵脚也必用"棋"字所在的韵部。"棋"字在古诗韵中属平声中的"支"。

> 不是环阳客，何来席上棋！
> 推窗云亦去，俯槛月犹迟。
> 水底鱼龙醒①，花间鸟鹊饥②。
> 眼看春又半，虽老亦忘疲。

【注释】

①鱼龙：鱼和龙。泛指鳞类水族。醒：动植物的恢复生机，或由蛰伏而活动。这里指游动。

②饥：这里当是"乐饥"之意。《诗经·陈风·衡门》："可以乐饥。"毛传："乐饥，可乐道忘饥。"此处指鸟鹊的婉叫。

【译文】

假若你不是环阳楼的客人，你怎么能参加以棋为韵的诗歌酬唱！

遥望窗外飘飞的白云,依凭槛栏等待月儿迟迟升起。

湖水中鱼儿欢快地游戏,花丛间乌鹊得意地婉啼。

美好的春天一日日生机勃勃,老汉我年事虽高却也把疲劳忘记。

重过曾家

【题解】

本诗于万历十六年(1588)写于麻城。曾家,指曾中野家。曾中野,周思久(柳塘)的学生、女婿。万历十三年(1585)李贽因与耿定向矛盾激化而离开黄安,徙居麻城,周思久为东道主,曾中野"舍大屋"给李贽居住。不久,李贽迁维摩庵。到本年重过曾家,整三年。

冰肌仍带雪①,霜鬓更逢梅②。

花是去年白,人知何日回③?

一杯临老客,三度隔墙开④。

无计就君住⑤,明朝还复来。

【注释】

①冰肌:原用以形容女子纯净洁白的肌肤,这里借以比拟开放的梅花。

②霜鬓:鬓发斑白如霜。用以代指作者。

③回:返回。

④"一杯"二句:意为李贽和曾家分别三年后又得重逢。三度隔墙开,指梅花已经又三度开放。

⑤无计就君住:指三年前李贽住曾中野家。李贽在《与弱侯焦太史》中写道:"去年十月曾一到亭州(指麻城),以无馆住宿,不数

日又回……所幸菩萨(李贽自指)不至终穷,有柳塘老以名德重望为东道主,其佳婿曾中野舍大屋以居我,友山兄又以智慧禅定为弟教导之师,真可谓法施、食施、檀越施兼得其便者矣。"(《续焚书》卷一)。

【译文】

在纯净洁白的如少女冰肌雪肤的梅花开放之时,

两鬓斑白的老汉我又来到曾家。

纯净洁白的梅花像去年一样美丽,人生却日日过去而不能返回。

今日举杯与老友庆贺相聚,梅花已悄悄地绽放三次。

想当年无处住脚时得君舍大屋以居,深深的情谊使我永难忘记。

送郑子玄兼寄弱侯

【题解】

本诗于万历十七年(1589)写于麻城。郑子玄,生平不详,李贽寓居麻城时的友人。李贽在《又与焦弱侯》中曾说:"郑子玄者,丘长孺父子之文会友也。文虽不如其父,而质实有耻,不肯讲学,亦可喜,故喜之……彼以为周(周敦颐)、程(程颢程颐)、张(张载)、朱(朱熹)者皆口谈道德而心存高官,志在巨富;既已得高官巨富矣,仍讲道德,说仁义自若也;又从而哓哓然语人曰:'我欲厉俗而风世。'彼谓败俗伤世者,莫甚于讲周、程、张、朱者也,是以益不信。不信故不讲。然则不讲亦未为过矣。"(本书卷二)由此可知,郑子玄对道学家的两面行为极为厌恶,与李贽思想比较接近。弱侯,即焦竑。见《士龙携二孙同弱侯过余解粽》题解。焦竑这年中一甲进士第一名,在京师任翰林院修撰,郑子玄当是北游京师,故说"兼寄"。

我乃无归处^①，君胡为远游^②？
穷途须痛哭^③，得意勿淹留^④！
旅鬓迎霜日^⑤，诗囊带雨秋^⑥。
蓟门虽落莫，应念有焦侯^⑦。

【注释】

①我乃无归处：当时，李贽老而无朋，感到孤单，自称"老苦"。他曾想离开龙潭湖，从好友焦竑在京中住下。夏季，他派无念到北京见焦竑等。夏秋间，无念回到龙潭湖，言知焦竑"身心俱不得闲"，打消了赴京从焦竑以居的愿望。"我乃无归处"，即指当时的这种心境与情景。可参看卷二《复焦弱侯》。

②君：指焦竑。

③穷途须痛哭：指自己境遇艰难而痛苦。穷途，末途，谓境遇艰难。

④得意：指焦竑中一甲进士第一名，而任翰林院编修。淹留：久留，羁留。

⑤旅鬓迎霜日：是说自己鬓发如霜而仍客游他乡。

⑥诗囊带雨秋：是说自己带着秋雨般的愁绪作诗。诗囊，存放诗稿的袋子。唐代诗人李贺，每日早出，常"从小奚奴，骑距驴，背一古破锦囊，遇有所得，即书投囊中"。傍晚回家后，再整理成诗篇（见李商隐：《李长吉小传》）。诗囊一典即由此出。带雨秋，如同秋雨般的愁绪。

⑦"蓟门"二句：意为我若到京师可能也会有寂寥之感，但一想到有焦竑所在，也就疑虑消除了。蓟门，亦称蓟丘，古地名。在北京城西德胜门外西北隅。这里代指北京。落莫，寂寥，冷落。

【译文】

我无处得以安居，你为何还要远游？

我在理学家夹击下极为痛苦，
你虽中一甲进士第一名却也不要久留！
老汉我鬓发如霜而仍客游他乡，
所以诗作中总是带着秋雨般的情愁。
我若到京师也许还会感到寂寥，
但有弱侯相伴也就心满意足。

丘长孺生日

【题解】

本诗写作时间不详。丘长孺，即丘（一作邱）坦，字坦之，号长孺，麻城（今湖北麻城）人。据袁中道《游居柿录》卷一一所引丘诗中有"我齿于君长六年"句，中道生于隆庆四年（1570），则丘坦应出生于嘉靖四十三年（1564），比李贽小三十七岁。万历二十六年（1598），公安三袁在北京城西崇国寺创立蒲桃社，丘坦是其主要成员之一。万历三十四年（1606），武乡试第一，官至海州（今江苏东海）参将。善诗，工书，是李贽寓居麻城时的朋友。著有《南北游稿》等。《麻城县志》康熙版卷七、乾隆版卷一六、光绪版卷二〇等有传。

似君初度日①，不敢少年看②。
百岁人间易，逢君世上难。
三杯生瑞气③，一雨送春寒。
对客犹辞醉，尊前有老聃④。

【注释】

①初度：指初生之时。语出《楚辞·离骚》："皇览揆余初度兮，肇锡余

以嘉名。"后因称生日为"初度"。如说"二十初度",即二十岁生日。

②不敢少年看:不敢把你作少年看待,意即已经成熟。这是李贽以长辈的口吻对丘坦的肯定。

③瑞气:指吉祥之气。

④尊:通"樽",酒器。老聃(dān):即老子,姓李名耳,字伯阳,春秋楚国苦县(今河南鹿邑东)人。做过周朝管理藏书的史官。孔子曾向他问礼,后隐退离去,至函谷关(一说散关)关令尹喜留下他所著的《老子》,后不知所终。老子是我国历史上的思想家,道家学派的创始人。一说老子即太史儋,或老莱子。《老子》一书是否为老子所作,历来有争论。一般认为书中所述,基本上反映了他的思想。《史记》卷六三有传。

【译文】

你虽然年纪轻轻,我却不敢把你当作少年。

人活百岁也并不是什么难事,但能遇到像你这样的知己却难中又难。

酒饮三杯就会感到心胸畅快如有吉祥之气,

一场春雨过后寒冬就会悄悄逝远。

面对知己不怕酒后醉态,端起酒杯你就把我看作老聃。

谒关圣祠

【题解】

万历五年(1577),李贽出任姚安知府,撰有《关公告文》(本书卷三),此诗当为同时所作。谒(yè),拜见。关圣祠,关羽的祠庙。关羽(？—219),字云长,河东解县(今山西临猗西南)人。三国蜀汉将军。其事迹被神话,尊称为"关公""关帝""关圣"等。《三国志》卷三六、《藏书》卷五六等有传。这首诗与下首诗都表现了李贽对关羽的敬佩。

交契得如君^①，香烟可断云^②。
既归第一义^③，宁复昔三分^④？
金石有时敝^⑤，关张孰不闻^⑥！
我心无所似^⑦，只是敬将军^⑧。

【注释】

①交契：交好，结交。指刘备、关羽、张飞桃园三结义。据《三国志
平话》及《三国演义》记载，刘、关、张三人在张飞的桃园里结拜为
异姓兄弟，并誓言："虽为异姓，既结为兄弟，则同心协力，救困扶
危；上报国家，下安黎庶；不求同年同月同日生，只愿同年同月同
日死。皇天后土，实鉴此心。背义忘恩，天人共戮！"（《三国演
义》第一回）《三国志·蜀书·关羽传》，只载刘、关、张三人"寝则
同床，恩若兄弟"，并没有提到桃园结义之事。

②香烟可断云：意为祭祀的香烟可以像云一样，以表香火之盛。断
云，片云。南朝梁简文帝《薄晚逐凉北楼迥望》："断云留去日，长
山减半天。"

③既归第一义：既然归附了最上至深的佛法妙理。第一义，也称第
一义谛、真谛、胜义谛，与世谛、俗谛或世俗谛对称，指最上至深
的佛法妙理。世间法为"俗谛"，出世间法为"真谛"。李贽在《题
关公小像》中，对关羽皈依佛法曾作了如下赞颂："唯义不朽，故
天地同久，况公皈依三宝（这里以佛教的佛、法、僧三宝借指佛），
于金仙氏为护法伽蓝（意为作为佛的护法神），万亿斯年，作吾辈
导师（引导进入佛道的佛）哉！"（本书卷四）

④宁复昔三分：意为对关羽的敬重，难道还要有什么国别之分吗？
宁，难道。三分，一分为三。这里指关羽时的魏、蜀、吴三国鼎
立。语出《三国志》卷三五《蜀书·诸葛亮传》："今天下三分，益

州罢(疲)弊,此诚危急存亡之秋也。"

⑤金石:金和美石。常用以比喻事物的坚固,牢不可破。敝:破旧,
损坏。

⑥关张:关羽和张飞的并称。张飞(? —221),字益德,涿郡(今河
北涿州)人。三国蜀汉将军。《三国志》卷三六、《藏书》卷五六等
有传。

⑦似:与,给。这里是供奉祭祀之意。

⑧敬将军:李贽对关羽非常崇敬。在《关王告文》中称其"忠义贯金
石,勇烈冠古今"(本书卷三)。在《题关公小像》中说:"某也四方
行游,敢曰以公为逑(伴侣)。唯其义(嘉许)之,是以仪(榜样)
之;维其尚(尊崇)之,是以像之(供他的像)。"

【译文】

你和刘备、张飞的桃园结交情深,

使后人永志难忘祭祀的香火袅袅如云。

你归附了至高至深的佛法妙理,更受到普天下人的赞美之心。

纯金美石再坚固也会破损,

但是关羽、张飞的结交深情却永难破损!

今日我来拜见你虽没有什么祭祀,我的深心却永远敬重将军。

观铸关圣提刀跃马像

【题解】

本诗约写于《谒关圣祠》同时。

英雄再出世①,烈烈有晖光②。

火焰明初日③,金精照十方④。

居然围白马,犹欲斩颜良⑤。

岂料人千载,又得见关王。

【注释】

①英雄再出世:指关羽的提刀跃马铸像。再出世,谓艺术再现,形象逼真。

②烈烈:威武的样子。

③火焰明初日:(铸像)炽热的光华明亮如初升的太阳。

④金精照十方:(铸像所体现的)西方乐土之精神照耀十方。金精,西方之气。《文选·祢衡〈鹦鹉赋〉》:"体金精之妙质兮,合火德之明辉。"李善注:"西方为金,毛有白者,故曰金精。"李贽在《题关公小像》中曾称关羽是"皈依三宝,于金仙氏为护法伽蓝"(本书卷四)。把关羽说成是皈依佛门,为佛的护法神。因此,这里所说的"金精",可以解为西方乐土的精神。十方,东、西、南、北、东南、东北、西南、西北和上下。这里指各个方面。

⑤"居然"二句:建安五年(200)二月,袁绍部将颜良等攻东郡太守刘延于白马。关羽当时在曹营任偏将军,在曹操的亲自指挥下,斩杀颜良,解除了白马之围。事见《三国志》卷一《魏书·武帝纪》。白马,古县名,故治在今河南滑县东。

【译文】

提刀跃马铸像似英雄再现人间,烈烈辉光展现出威武不屈的火焰。

这火焰炽热明亮如初升的太阳,

其蕴含的西方乐土精神照耀着十方大千。

好像又一次解除了白马之围,挥刀斩首颜良威名振天。

没想到度过千载的日日月月,又见到了你栩栩如生的关王。

秋怀

【题解】

本诗写于万历二十四年(1596)。当时李贽在山西沁水坪上村刘东星家。袁宗道在给李贽的信中说:"忽得法语,助我精进不浅。又得读近诗,至'白尽余生发,单存不老心''远梦悲风送,秋怀落木吟',使我婆娑起舞,泣数行下。近作何妙至此乎? 岂惟学道不可无年。沁水父子日与翁相聚,想得大饶益。"(《白苏斋类集》卷一五《李卓吾》)可知李贽曾将此诗由沁水寄给在京都的袁宗道。

白尽余生发①,单存不老心。
栖栖非学楚②,切切为交深③。
远梦悲风送④,秋怀落木吟⑤。
古来聪听者⑥,或别有知音⑦。

【注释】

①余生:犹残生。指晚年。

②栖栖:忙碌不安的样子。楚:楚狂。指春秋时楚国隐士接舆。《论语·微子》:"楚狂接舆歌而过孔子曰:'凤兮凤兮,何德之衰!'"刑昺疏:"接舆,楚人,姓陆名通,字接舆也。昭王时,政令无常,乃被发佯狂不仕,时人谓之楚狂也。"后常用为狂士和隐士的代称。

③切切:迫切,密切。这里指情意真挚迫切。为交深:因为交谊的深厚。指与刘东星的友情。

④悲风:凄厉的寒风。因为"秋怀",故觉是"悲风"。《古诗十九首·去者日以疏》:"白杨多悲风,萧萧愁杀人。"

⑤落木吟:杜甫《登高》诗:"无边落木萧萧下,不尽长江滚滚来。"

⑥聪听:明于听取,明于辨察。

⑦知音:用伯牙鼓琴,锺子期能从琴声听出伯牙的心意,比喻知己

朋友为知音。

【译文】

白发苍苍年事高,心怀壮志不让人。

针砭世俗忙忙碌碌并不是要学隐士接舆,

跋涉万里情挚意切只为交谊之深。

在深秋的悲风中送走了茫茫的思梦,

面对萧萧而下的落叶而抒发出内心的诗吟。

从古以来能从琴声中听出其中的深意,

只有像锺子期与伯牙这样心心相印的知音。

闲步

【题解】

本诗从内容看,可能是写于李贽到山西沁水坪上村刘东星家时。
表现出李贽与刘东星二人之间的真挚友情。

> 灌园看老圃①,秋色似江南。
> 畦沁蔬堪摘②,霜黄柿未甘。
> 尔非陈仲子③,我岂老瞿昙④!
> 聊共班荆坐⑤,凭君说两三。

【注释】

①老圃:有经验的菜农。

②畦(qí):分行种植。沁:灌水,润湿。

③陈仲子:名子终,战国时齐国人,贵族出身。兄戴为齐卿,食禄万
　　钟,仲子以为不义,适楚,居于陵,自号於陵仲子。穷不苟求,不

义之食不食。楚王闻其贤,欲以为相。仲子听说后逃走,替人家
灌园。见《高士传》。

④瞿昙(tán):指释迦牟尼。见《九日同袁中夫看菊寄谢主人》注⑤。

⑤班荆坐:朋友相遇于途,铺开荆草坐地,而叙情怀。形容彼此感
情很好。典出《左传·襄公二十六年》:楚国的伍举与声子友好,
伍子将奔晋,声子也将入晋,二人"遇之于郑郊,班荆相与食,而
言复故"。班,铺开。

【译文】

播种,施肥,授粉,如同老莱家;兰天,白云,微风,塞外赛江南。
一畦畦湿润蔬菜生机勃勃惹人喜,
一串串经霜黄柿正待成熟而采摘。
东星你不是穷不苟求、宰相不为的陈子终,
卓吾我也不是终身说法普救世人的老瞿昙。
我们是可以班荆而坐的真挚友,两人面对面尽情地喜笑畅谈。

立春喜常、融二僧至 二首

【题解】

本诗于万历二十七年(1599)写于南京。常、融,麻城龙潭湖芝佛院
僧人。常、融等二僧这时从龙潭湖到南京永庆寺访李贽。

其一

客久岁云暮①,吾衰道自尊②。
时辰催短速③,晷刻变寒温④。
人贱时争席⑤,神伤早闭门。
新春看尔到,应念我犹存!

【注释】

①客久：李贽于万历二十六年（1598）初夏到南京，到年末（"岁云暮"），已过八个多月，故说"客久"。

②吾衰道自尊：我的身体虽衰老，但我所坚持的道义却自然崇高。尊，这里是崇高之意。

③短速：短暂而急速。

④晷（guǐ）刻：日晷和刻漏，古代的计时仪器。这里是时间短暂之意。

⑤贱：谦词，用以称有关自己的事。这里是地位低下之意。争席：争坐位。表示彼此融洽无间，不拘礼节。语出《庄子·寓言》。详见《哭耿子庸》其四注⑦。

【译文】

我客居南京已经很长时间了，
深感身材日益衰老但坚持的道义却崇高自然。
日子过的是这样的急速不停，
日晷和刻漏一转换就从夏天到了冬天。
像我们这些平凡之人相处极为融洽无拘束，
如若遇到使你伤神之人之事那就避之远远。
在新春即将来临之时你们来到这里，
那一定是思念我这位白发老人还在世间！

其二

正尔逢春日，到来两足尊①。
偷生长作客，僧腊始开门②。
淡淡梅初放③，如如雪可吞④。
千三四百里⑤，又是一乾坤⑥。

【注释】

①两足尊:即无上两足尊,如来佛的尊足。人间中最值得尊敬的人,两足即指人而言。这里代指常、融二僧。

②僧腊:僧尼受戒的年岁。腊为岁末之称,僧尼受戒后,每年在夏季要安居三个月,禁止外出,专致坐禅修道,又称"坐夏"或"坐腊"。安居完毕,即为僧尼的一岁岁末。其时正当雨季,又称"坐雨安居",具体日期因地而异。

③淡淡:形容颜色浅淡。

④如如:形容络绎不绝的飘落的雪花。

⑤千三四百里:指自麻城龙潭湖到南京的陆路的大约里程。乾隆《麻城县志》卷三《疆域》:"(麻城)东南至江南(南京)陆一千五百三十里,水路一千八百三十里。"

⑥乾坤:《周易》中的两个卦名,指阴阳两种力量,引申为天地、日月、男女的代称。这里指天地。

【译文】

正当立春的日子,两位尊贵的僧人来到。

苟且求活人生就是一次游客,坐夏完毕再去访圣求道。

颜色浅浅的梅花刚刚绽放,络绎不绝的雪花纷纷飘飘。

经过一千三四百里的长途跋涉,一个新的天地等待着你们的逍遥。

乾楼晚眺 三首

【题解】

本诗于万历二十五年(1597)写于山西大同。乾楼,山西大同府的城楼,在府城西北角,明代洪武五年(1372)建。《山西通志》卷三〇八《府州厅县考六》载:"大同府城,明洪武五年大将军徐达因旧土城增筑,周十三里,高四丈二尺,甃(zhòu,砖砌)以砖石。门四:东曰和阳,南曰永泰,西曰清远,北曰武定。上各建角楼四,敌楼五十四,窝铺九十六。西半属前卫,东半属后卫。西北楼益宏壮,曰乾楼。"

其一

呼朋万里外,拍手层霄间①。
塞晚浮烟重②,天空岁月闲。
断云迷古戍③,落日照西山。
幸有声歌在,更残且未还。

【注释】

①层霄间:层层的云霄间。以形容其高耸宏壮。

②塞:塞上,塞外。大同在塞外,故称。

③断云:片云。迷:昏沉,昏暗。这里有遮掩之意。古戍:古城堡。

【译文】

为觅挚友而到万里之外,在高耸宏壮云霄缭绕的乾楼上晚眺。

塞外的晚上飘飞着一层层的烟雾,辽阔的天空使人感到岁月的悠闲。

古戍的城堡被片片流云遮掩,落日的余辉照着幽幽的西山。

歌女那美妙的歌声沁人心脾,虽夜深更残也不愿归还。

其二

凭高一洒衣①,望远此何时?
正是中元节②,兼听游女悲③。
杯干旋可酌,曲罢更题诗。
愿将北流水,弹与锺子期④。

【注释】

①洒衣：敞开衣裳。

②中元节：农历七月十五日为中元节，俗称鬼节。

③游女：出游的女子。这里指歌女。

④"愿将"二句：这里借伯牙与锺子期的故事喻指与梅国桢为知音。
《列子·汤问》："伯牙善鼓琴，锺子期善听。伯牙鼓琴，志在登高
山。锺子期曰：'善哉，峨峨兮若泰山！'志在流水，锺子期曰：'善
哉，洋洋兮若江河！'"后因以为知音相赏或知音难遇之典。

【译文】

登上乾楼敞开衣襟，迎着飘浮的烟雾远远望去。

正逢着幽魂处处的中元鬼节，不时传来歌女那悲哀的歌吟。

老友相聚杯杯美酒相劝，挥笔题诗高歌吟颂留下声韵。

我愿将高山流水之音，弹听给知音难遇之人。

其三

中丞绥定后①，携我共登临②。

所喜闻谣俗③，非干怀壮心，

山云低薄暮，楼日压重阴。

欲归犹未可，此地有知音。

【注释】

①中丞绥定后：指梅国桢于万历二十年(1592)平定宁夏副总兵哱
拜虏族人哱(pò)拜叛乱一事。见《晋阳怀古》题解。中丞，汉代设
"御史中丞"一职，与明代都察院的"都御史"相当。梅国桢曾官
都察院右佥都御史，故称之为"中丞"。绥定，平定。

②携我共登临：万里二十五年春夏间，李贽应梅国桢之邀，由沁水

赴大同。中元节时,又亲自陪同李贽登上乾楼,并一起饮酒题诗。

③谣俗:从民间歌谣可观其习俗。即指民俗习惯。

【译文】

老友梅国桢在平定哱拜叛乱之后,邀我到大同并登乾楼以慰欢欣。

高兴的是从这里的塞北民谣中可以观其习俗,

遗憾的是自己没有像梅国桢那样的壮心。

幽幽的西山被傍晚的层层薄雾遮掩,

夕阳西下的余光冲破那袅袅的烟云。

心想归去却又犹疑不定,因为这里有难以割舍的知音。

赠利西泰

【题解】

本诗于万历二十七年(1599)写于南京。利西泰,即利玛窦(1553—1610),意大利人,是欧洲十六世纪宗教改革后耶稣会派到远东的传教士。利西泰是他在中国的名字。利玛窦万历九年(1581)来华,先在肇庆、韶州等地传教。万历二十三年(1595),跟随南雄府少司马石公第一次北上,准备到北京传教。走到南京,石公怕别人参奏引进外人,把他留在南京,利玛窦不得已,又折回南昌。万历二十六年(1598),利玛窦的中国朋友王忠铭去北京,道经南昌,又携带他同行,路过南京时,作了短期停留,而后到达北京。这时正是日本侵略朝鲜之时,有人怀疑利玛窦为日本侦探,没人敢为他上达皇帝,不得已,他又离京南下,于万历二十七年第三次到了南京。就在这时,他和李贽有两次会见,一次是李贽去拜访利玛窦,一次是利玛窦回访答拜李贽。在相互拜见时,利玛窦曾把自己的著作《交友论》赠送李贽,李贽还"命人把利公的《交友论》誊录了好几份,加上几句推崇的话,寄给他湖广一带为数很多的门生"(裴化

行:《利玛窦司铎和当代中国社会》第一册,第 253 页。王昌社译,1943
年上海震旦大学史学研究所出版)。《交友论》是利玛窦在南昌时为明
宗室建安王而写,全文不过二千字,论述了交友的重要,如说:"吾友非
他,即我之半,乃第二我也;故当视友如己焉。友之与我,虽有二身,二
身之内,其心一而已。"文中所论述的交友的道理很为当时的士大夫所
推崇,先后多次再版,很多名士为之作序。焦竑在《古城答问》中也说:
"西域利君言:'友者,乃第二我也。'其言甚奇,亦甚当。"(《澹园集》卷四
八)利玛窦在《交友论》中所论述的关于交友的思想,与李贽的看法更为
接近。李贽在很多著作中都强调了交友的重要,他说:"盖独学难成,唯
友为益也。"(《续焚书》卷一《答沈王》)"仆老矣,唯以得朋为益,故虽老
而驱驰不止也"(《续焚书》卷一《答马侍御》)。"友之即师……师之即
友"(本书卷二《为黄安二上人·真师》)。在关于交友的专论《论交难》
中,李贽还提出了"夫唯君子超然势利之外以求同志之劝,而后交始难
耳"(《续焚书》卷二)的见解。这一切都表明,李贽推崇利玛窦的《交友
论》,是有其一定思想认识的基础的。在李贽与利玛窦的交往中,李贽
"赠给利玛窦神父一个纸折扇,上面写有他做的两首诗"(利玛窦、金尼
阁:《利玛窦中国札记》,何高济等译,中华书局 1983 年版,第 359 页)。
纸折扇已不可见,"两首诗"也只保留下来一首,即这首《赠利西泰》。利
玛窦到中国来传教,为了使中国成为天主教的园圃,他采用了多种手段
与方法,如随同中国习俗,开始随从佛教规矩,后又改着儒服,以儒士而
出现。同时又以西方的奇巧物品和先进科学知识为宣传资料。他还利
用孔子的理论附会天主教的教义,以"合儒"的方式使天主教儒化。再
者,他广泛交际社会名流,与政界、学术界的官员和知名人士都有结交。
利玛窦的神学教义毫无疑问是为当时的封建统治服务的,他把天主教
披上儒学的外衣以求推广,这与李贽的反传统的启蒙思想都是相抵触
的。但利玛窦所宣传的自然科学、西方文化,却又与李贽的启蒙思想有
着相通之处。因此,李贽对利玛窦的传教,是既有赞赏,又有怀疑,这一

点清楚地表现在他的《与友人书》中（见《续焚书》卷一）。

> 逍遥下北溟①，迤逦向南征②。
> 刹利标名姓，仙山纪水程③。
> 回头十万里④，举目九重城⑤。
> 观国之光未⑥？中天日正明⑦。

【注释】

①逍遥下北溟：这句当指利玛窦的多次北上。逍遥，这里作徘徊不得进之意。北溟，亦作"北冥"。古人意识中北方最远的大海。语出《庄子·逍遥游》："北冥有鱼，其名为鲲，鲲之大不知其几千里也。"

②迤逦（yǐ lǐ）向南征：这句当指利玛窦的多次南行。迤逦，曲折连绵。

③"刹（chà）利"二句：意为刹利为利玛窦名姓的标记，仙山为他记载着水路的里程。刹利，即刹帝利，古印度第二族姓，掌握政治和军事权力，为世俗统治者。宋沈括《梦溪笔谈·杂志一》："唯四夷则全以氏族为贵贱，如天竺以刹利、婆罗门二姓为贵种，自余皆为庶姓。"这里以"刹利"作为利玛窦名姓的标记，谓利氏亦出自"贵种"。仙山纪水程，借用海中神山的故事，以说明利玛窦行踪的奇异不凡。《史记》卷二八《封禅书》："自威（齐威王）、宣（齐宣王）、燕昭使人入海求蓬莱、方丈、瀛洲。此三神山者，其传（传说）在勃海中，去人不远；患且至，则船风引而去。盖尝有至者，诸仙人及不死之药皆在焉。其物禽兽尽白，而黄金银为宫阙。未至，望之如云；及到，三神山反居水下。临之，风辄引去，终莫能至。"后多以"仙山楼阁"形容奇异不凡的境界。这里则借以指利玛窦的行踪。这二句在钱谦益《列朝诗集》闰集三和吴景

旭《历代诗话》卷七九癸集八的引文中,均作"刹刹标名姓,山山
纪水程"。刹,佛寺。这里指利玛窦所建的天主教堂。利玛窦曾
随从佛教之规把教堂称为寺。

④回头十万里:指利玛窦回头望去从欧洲到中国是多么的遥远。
十万里,概言其远。

⑤九重城:官禁。古制,天子之居有门九重,故称。这里指明代的
留都南京。

⑥观国之光:指参观考察中国的政教风俗、文物制度及其光辉文化
传统等。

⑦中天日正明:以太阳正当高空之中,比喻中国国势之盛。从中可
见出李贽强烈的民族自豪感。中天,高空之中,当空。

【译文】

你多次北上想见帝王而难以实现,只好又连绵不断地多次南行。

刹利为你的名姓以显其尊贵,仙山记载着你奇异的行踪。

回顾你从遥远十万里的欧洲来到中国,

终于走进了神圣的天子之居留都南京。

你是否考察了我中华的政教制度与光辉文化?

她像光芒四射的太阳正高升空中。

六月访袁中夫摄山

【题解】

本诗于万历二十六年(1598)写于南京。袁中夫,即袁文炜(wěi)。
见《九日同袁中夫看菊寄谢主人》题解。摄山:又名栖霞山,在南京东北
约四十里。详见《喜杨凤里到摄山》题解。李贽于本年春间,与新罢讲
官焦竑从北京乘舟南下,夏初抵南京,先住焦竑精舍,不久移寓永庆寺
(又名白塔寺)。六月,到摄山访袁中夫,并避暑于山巅的栖霞寺。

怀人千佛岭^①，避暑碧霞颠^②。

试问山中乐，何如品外泉^③？

阴阴藤挂树^④，隐隐日为年^⑤。

坐觉凉风至，披襟共洒然^⑥。

【注释】

①怀人：所怀念的人。这里指袁中夫。千佛岭：即千佛岩，摄山上
　一名胜。这里代指摄山。

②碧霞颠：指栖霞山上的栖霞寺。

③品外泉：摄山名胜之一。

④阴阴：幽暗深邃的样子。

⑤隐隐：幽静深寂。日为年：暗用"洞中方七日，世上一千年"之意，
　言山中一日，世上一年，以言其解脱之快。

⑥洒然：心情开朗、洒脱不拘的样子。

【译文】

深深怀念千佛岭上的老友，

立即到千佛岭上的碧霞寺与他避暑相聚。

要问摄山上哪里风光最美，当然是品外泉这人人称道的名胜。

树丛中被青藤层层缠绕显得幽深静寂，

在这闲适舒畅山中一日如世上一年。

习习凉风不时阵阵吹拂，展开衣襟洒脱不拘真如神仙。

薛萝园宴集赠鸥江词伯

【题解】

《续焚书》卷五有《蓟北游寄云中欧江词伯》，这两首诗当写于同时

或前后,即万历二十五年(1597)。这首诗是李贽在大同时所作,《蓟北游寄云中欧江词伯》当是李贽离开大同赴北京途中所作。薛萝,薛荔和女萝。两者皆野生植物,常攀缘于山野林木或屋壁之上。后用以指隐者与高士的服饰,也用以指其住所。薛萝园可能是鸥江词伯园子所用的名称。鸥江,生平不详,当是李贽在大同的文友。《续焚书》一诗作"欧江",未知孰是。词伯,擅长文词的大家,犹词宗。

为有玉田饭①,任从金粟过②。
名园花树早,小径牛羊多。
煮茗通玄理③,焚香去染疴④。
宗侯非旷荡⑤,若意在烟萝⑥。

【注释】

①玉田:传说中产玉之田。杨伯雍于无终山汲水作义浆,有一人就饮,送石子一斗,说种之可产玉,后当得佳妇。伯雍种其石,果有玉生石上,因取玉聘徐氏之女为妻。后称种玉处为"玉田"。参阅晋干宝《搜神记》卷一一。也用作对田园的美称。这里则指鸥江词伯的薛萝园。

②金粟:金粟如来(即维摩诘大士)的省称。用以指佛教徒。这里指参加薛萝园宴集的人。

③茗:茶叶。玄理:深奥微妙的道理。

④染疴:疾病。

⑤宗侯:可能是指鸥江。旷荡:豁达,纵情,不拘礼法。

⑥若意在烟萝:意为其心意追求在寓情于山水田园之间,即乐于隐士的生活情趣。烟萝,草树茂密,烟聚萝缠之地,借指幽居或修真之处。

【译文】

在玉田一样美丽的薜萝园宴会，

赴宴客人都是像金粟如来一样虔诚的大士。

薜萝园内的种种花树早早绽放，

一群群牛羊在园内小径上自由游荡。

客人在品茶中相互研讨深奥微妙的玄理，

在焚香礼拜时暗暗期愿身心的健康。

主人并非特意追求豁达纵情，

其真意就在山水田园之间给人生以寄托。

望东平有感

【题解】

本诗写于万历二十六年(1598)。东平，今山东东平。万历二十六年，李贽与焦竑同舟由北京南下，途经东平，有感于东汉东平王刘苍"为善最乐"一语而作。

我来齐境上①，吊古问东平②。

雨细河鱼出，云收山鸟鸣。

夭桃夹岸去③，弱柳送春行④。

最乐谁堪比？唯君悟此生⑤。

【注释】

①齐：山东的别称。

②吊古：凭吊往古的事迹。

③夭桃：艳丽的桃花。语本《诗经·周南·桃夭》："桃之夭夭，灼灼其华。"

④弱柳：柳条柔弱，故称。

⑤"最乐"二句：《后汉书》卷四二《东平宪王苍传》载：汉明帝刘庄在
　一次诏书中说，以前曾问东平王"处家何等最乐"，东平王答以
　"为善最乐"。明帝认为这是"其言甚大，副（符合、相当）是要腹
　（腰与腹，比喻重要）矣。"君，指东平王刘苍。此生，这句话（"为
　善最乐"）最有意义。

【译文】

我与焦竑同舟南下经过山东，来到东平想起了在此为王的刘苍。

欣赏着细雨中河鱼的欢娱，倾听着乌云消散的山鸟鸣唱。

艳丽的桃花遮掩着河岸，柔弱的柳条送走了春日的行程。

"为善最乐"真是无人可比，只有东平王刘苍悟透了其中的真情。

过聊城

【题解】

本诗写于万历二十六年（1598）。聊城，今山东聊城。这是李贽与
焦竑同舟南下，途经聊城时，有感于援朝战争的惨败而作。《续焚书》卷
五有《聊城怀古》二首，与此诗写于同时，内容相近，可参看。

谁道百夫长，胜作一书生①。
渤海新开府，中原尽点兵②。
倭夷两步卒，廊庙几公卿③。
不见鲁连子，射书救聊城④？

【注释】

①"谁道"二句：唐代杨炯《从军行》："宁为百夫长，胜作一书生。"百

夫长,旧时统率百人的低级军官。《尚书·牧誓》:"千夫长,百夫长。"孔传:"师帅卒帅。"孔颖达疏:"百人为卒,卒长皆上士。"这里李贽反杨炯之意而用之,其中包含着他对当时朝臣将领尸位素餐现象的极端厌恶与愤慨。

②"渤海"二句:指当时的抗倭战争。万历二十年(1592),日本封建主丰臣秀吉发动侵朝战争,陷王京(汉城),妄图占据朝鲜,并进一步侵略中国。明朝政府应朝鲜的请求,出兵援朝抗倭。后日本请求交和。万历二十五年(1597),日本再度侵扰,明廷复议抗倭援朝。二月,派前都督同知麻贵为备倭总兵官,统南北诸军。三月,派山东右参政杨镐为佥都御史,经略朝鲜军务;派兵部侍郎邢玠(jiè)为尚书,总督蓟、辽、保定军务,经略御倭。五月,邢玠上疏请募兵川、浙,并调蓟、宣大、山陕兵及福建、吴淞水师援朝。八月,日本再犯朝鲜全罗道,并进逼王京,邢玠亲往王京坐镇。李贽的这二句诗,就是对万历二十五年抗倭形势的描写。渤海新开府,意为在渤海新开将军府,即朝廷任命了讨倭将领。渤海,唐代以靺鞨(mò hé)族(朝鲜族的一个分支)为主体所建的政权,唐睿(ruì)宗时,封该部族酋长大祚荣为勃海郡王,"后世遂号渤海"(范文澜、蔡美彪等《中国通史》第四编第三章第一节)。其辖地相当于今黑龙江、吉林及朝鲜人民民主共和国一带。开府,府兵军职。据《北史》卷六〇《李弼等传论》和《新唐书》卷五〇,西魏和北周时全国府兵分属二十四军,每军设一开府,兵额约二千人。隋、唐因之,但兵额有所变化。这里则指任命邢玠等为抗倭将领之事。

③"倭夷"二句:这是对当时抗倭惨败的讥讽。万历二十六年正月,侵朝日本援兵至蔚山,援朝将领杨镐奔逃,全军大溃,丧失辎重无数,举朝震惊。倭夷,我国古代对日本的称呼。两步卒,两个步兵,形容倭夷兵卒之少。廊庙,殿下屋和太庙。指朝廷。几公

卿,有多少高官(他们都在干什么)。公卿,泛指高官。

④"不见"二句:鲁连子,指鲁仲连,战国时齐人。他不肯做官,但善
　于策划,常周游各国排难解纷。《史记·鲁仲连邹阳列传》载:燕
　孝王时,燕将攻下齐国聊城后,被齐人离间,不敢归燕,只得死守
　聊城。齐将田单久攻聊城不下,士卒多有死伤。后来,鲁仲连经
　过这里,写了一封信射入城中。信中在指明燕将的"非忠""非
　勇""非智"的同时,说他只有或归于燕,或游于齐,是其唯一选
　择。燕将见到这封信后,"泣三日,犹豫不能自决。欲归燕,已有
　隙,恐诛;欲降齐,所杀虏于齐甚众,恐已降而后见辱"。最后无
　奈而自杀,田单就顺利地收复了聊城。此事又见《战国策》卷一
　三《齐策六》。李贽借此说明,希望有像鲁仲连这样的人去击败
　倭夷的侵犯。《史记》卷八三、《藏书》卷一一等有传。

【译文】

谁说宁愿为一个低级军官,也不愿作一个书生。

你没看见现今在渤海新开设了将军府,在全国都扩军征兵。

因为微微的倭寇侵犯,就使得朝廷无数高官束手无能。

这怎么能不使人想再出现一个战国书生鲁仲连,

像他那样一信救聊城而挫败倭寇的进攻?

过武城 二首

【题解】

本诗写于万历二十六年(1598)。武城,今山东武城。春秋时属鲁
地。这是李贽与焦竑同舟南下,途经武城时有感而发。

其一

弦歌古渡口^①，经过欲停舟。
世变人何往^②，神伤意不留。
文章夸海岱^③，礼乐在《春秋》^④。
堪笑延陵札，同时失子游^⑤！

【注释】

①弦歌：《论语·阳货》载：孔子到了子游作县长的武城，"闻弦歌（弹琴唱歌）之声"。孔子微笑着说："割鸡焉用牛刀？"（意思是说，治理这个小地方，用得着教育吗？）子游回答说：以前我听老师说过，做官的学习了，就会有仁爱之心；老百姓学习了，就容易听指挥，听使唤（意思是教育总是有用的）。孔子便向跟随他的学生又说：二三子，子游的话是正确的。我刚才那句话不过是同他开玩笑罢了。古渡口：浚河的一条支流从武城经过。

②人：指孔子及其弟子。

③文章夸海岱：这是对子游的评说。《论语·先进》："文学：子游，子夏。"这里"文章"与"文学"同义，即关于古代文献方面（孔子所传的《诗经》《尚书》《周易》等）的知识。海岱，指渤海与泰山，《尚书·禹贡》中青、徐二州的总称。今山东渤海至泰山之间的地带。岱，即泰。

④礼乐：礼节和音乐。这里指孔子定的《周礼》和《乐经》。后代帝王常用兴礼乐为手段以求达到尊卑有序远近和合的统治目的。《春秋》：原是春秋时代鲁国官方记载当时历史的史书，后经孔子加以整理修订，成为儒家经典之一。经学家认为孔子修《春秋》时，用字寓褒贬，不伪不谀，体现着礼乐精神，因之使乱臣贼子

惧怕。

⑤"堪笑"二句:延陵札,即季札,春秋时吴国国王寿梦少子。季札
贤,寿梦欲废长立少,季札不受君位,封于延陵(今江苏常州),号
延陵季子,省称"季子"。鲁襄公二十九年吴王余祭四年(前
544),吴使季札出使鲁国,观赏周乐,并加以评论,成为研究《诗
经》及周代舞乐的重要历史文献。事见《左传》襄公十四年、二十
九年,《史记》卷一四《十二诸侯年表》、卷三一《吴太伯世家》。同
时失子游,意为季札失去了对子游以礼乐教育的评说。按:据
《史记·十二诸侯年表》,季札出使鲁国观乐时,孔子才八岁,子
游尚未出生,季札不可能对子游的礼乐教育加以评说。李贽对
此当是清楚的。说"同时失子游",其意思应是用季札这样的贤
人,更加衬托子游的可贵。

【译文】

在武城浚河古渡口仿佛又听到子游教授的弦歌声,

因此想停下舟船品味一下留传下来的遗风。

但是千多年历史世俗多变先人已去,

不禁使人黯然失意也难以停留。

想当年子游的学问雄居渤海泰山之间,

在这里传授孔子的学说多多有成。

只可惜像季札这样的贤人,却失去了对子游礼乐教育的述评。

其二

先师无戏论,一笑定千秋①。

白雪难同调,青云谁见收②。

春风吹细草,明月照行舟。

鲁国多男子③,几人居上头?

【注释】

①"先师"二句：指孔子到武城时与子游的对话。先师，孔子曾被明
　世宗朱厚熜(cōng)尊称为"至圣先师"。

②"白雪"二句：指子游所实行的孔子礼乐之治当时还不被广泛理
　解。白雪，即"阳春白雪"，战国时楚国的高雅歌曲名。《文选》宋
　玉《对楚王问》："其为《阳阿》《薤露》，国中属而和者数百人；其为
　《阳春》《白雪》，国中属而和者不过数十人。"李周翰注："《阳春》
　《白雪》，高曲名也。"难同调，属（继续）而知者少之意。青云，青
　云之志。指远大的抱负和志向。收，收取，接纳。

③鲁国：古国名。公元前十一世纪周王朝分封的诸侯国。姬姓。
　地处今山东西南部，建都曲阜(今山东曲阜)。

【译文】

至圣先师孔子从无戏论，他的玩笑话中却包涵着千秋不易之理。

《阳春》《白雪》的高雅歌曲能欣赏者极少，

远大的抱负和志向有谁能帮助接纳成现实。

在这春风吹拂着嫩草的美好时节，

航船在明月照耀的潺潺水流中前行不息。

想一想在鲁国这礼乐之邦，又有几人能超过子游礼乐之治？

七言八句

自武昌渡江宿大别

【题解】

本诗约写于万历十九年(1591)。大别，大别山。这里指汉阳东北
的鲁山，是大别山脉在湖北的延伸部分。本年李贽曾因刘东星的介绍

在大别山与唐伯元相见。唐伯元在《答刘方伯》中说:"忆承李卓吾道人寄声相候之谕,既渡江,因与玉车晤卓吾于大别山上。"(《明儒学案》卷四二《文选唐曙台先生伯元》)唐伯元复信刘东星称他为"方伯",当是刘东星在湖广左布政使任时,因为"方伯"是明代对布政使的称呼。此诗中有"流水有情怜我老,秋风无恙断人肠",可知该诗是写于本年的秋季。这首诗本是为朋友相聚而作,但却流露着难以遏止的伤感情绪,这是有原因的。这年五月,李贽与袁宏道同游黄鹤矶时,被诬以"左道惑众"而遭驱逐,幸得刘东星的保护,得以安居于武昌会城。秋初,耿定向的门徒蔡毅中著《焚书辨》,又向李贽展开攻击。接着,耿定向又写《求儆书后》,对李贽进行嘲讽和责难。就是在这种情势下,李贽写了《自武昌渡江宿大别》,想起他在武昌的这段时日及其遭遇,自是感慨多端,伤悲愈加。

疏钟夜半落云房①,今夕何由见武昌?
流水有情怜我老,秋风无恙断人肠②。
千年芳草题鹦鹉,万里长江入汉阳③。
大别原非分别者,登临不用更悲伤!

【注释】

①疏钟:稀稀落落的钟声。云房:古时僧道或隐士的住所。

②"流水"二句:这是即景抒情,由长江之水和秋季之风引出的深心感慨。无恙,没有忧患。

③"千年"二句:这是即情写景。意为千年以来,鹦鹉洲依然芳草萋萋,可供诗人题咏;万里长江流经汉阳,又向大海涌去。鹦鹉,鹦鹉洲的简略。唐代诗人崔颢《黄鹤楼》诗中有"晴川历历汉阳树,芳草萋萋鹦鹉洲"句。辛文房《唐才子传》记李白登黄鹤楼本欲

赋诗,因见崔颢之作,为之敛手,说:"眼前有景道不得,崔颢题诗在上头。"但李白不但写有《鹦鹉洲》,而且又有《登金陵凤凰台》,其寓意、格调,都与崔颢诗极为类似。

【译文】

稀稀落落的钟声半夜时传进了我居住的禅房,
没想到今夕又一次经过武昌。
长江流水情意涛涛怜悯我日益衰老,
秋季凉风飘飘洒洒令人愁断心肠。
芳草凄凄的鹦鹉洲千年以来引发诗人多少诗兴,
万里长江流经汉阳涌入大海又有多少咏唱。
我们相聚在大别山而不是在此分别,
所以携手登临时要欢乐而不要悲伤!

晓行逢征东将士却寄梅中丞

【题解】

本诗于万历二十五年(1597)写于由大同到北京的旅途中。却寄,即回寄。梅中丞:即梅国桢,见《偈二首答梅中丞》题解。李贽应刘东星之邀赴山西沁水时,梅国桢正在大同巡抚任上,特邀李贽到大同作客。这年五月,李贽到了大同。在这里,除了和老友梅国桢谈禅论道并游览参观外,还不时地著述,对《藏书》进行了修订,编著了《孙子参同》,并有诗文之作。秋季,李贽又告别梅国桢,离开大同到北京去。这首诗即写于从大同到北京的路途中。这首诗是为日本侵略军再犯朝鲜全罗道、进逼王京一事而发。万历二十年(1592),日本封建主丰臣秀吉发动侵朝战争,妄图占据朝鲜,并进一步侵略中国。明朝政府应朝鲜的请求,出兵援朝抗倭。李贽此诗就是在去北京路上,遇到援朝的征东将士后而作。诗中对那些"早闭门"的"绝塞将军"进行了讽刺。东海之边战事连年不息,但这些领兵大将却早早闭门,颐养天年了。看到这种庸碌无能的将军,李贽更加感到梅国桢这一人才的可贵,他多么希望能征善战的梅国桢能得到重用,为国出力,从中表现出李贽对国事的关心。

> 烽火城西百将屯①,寒烟晓爨万家村②。
> 雄边子弟夸雕鞯③,绝塞将军早闭门④。
> 傍海何年知浪静,登坛空自拜君恩⑤。
> 云中今有真颇牧⑥,安得移来觐至尊⑦?

【注释】

①烽火:古时边防报警的烟火。边境上筑高土台,上置柴火,遇警烧柴以报。百将屯:云集着大量征东将士。

②爨(cuàn):烧火煮饭。

③雄边子弟:守卫边疆的英雄士兵。夸:夸耀,赞赏。雕鞯(jiān):雕镂着花纹的马鞍垫子,这里借指战马。鞯,垫马鞍的东西。

④绝塞将军:在边远塞外带兵的将领。这里指带领征东士卒而经过塞外的将领。绝塞,远方的边塞。

⑤"傍海"二句:这二句指责将军们空负了国君对他们的重用。傍海,沿海一带。这里指朝鲜东西的黄海、日本海,即倭寇经常进行骚扰之处。登坛,古代任命大将时,要登坛举行一种仪式。这里指皇帝任命将领。

⑥云中:古郡名,郡府在云中(今山西大同)。颇牧:廉颇与李牧,都是战国时期赵国的名将。这里借指梅国桢。廉颇,赵惠文王时任上卿,屡次战胜齐魏等国。长平之战,坚壁固守三年,后因赵孝成王改用赵括为将,致遭大败。赵孝成王十五年(前251),他战胜燕军,任相国,封信平君。赵悼襄王时不得志,奔魏居大梁

（今河南开封）。后老死于楚。《史记》卷八一有传。李牧，长期
防守赵国的北方边境，深得军心，打败东胡、林胡、匈奴。赵王迁
三年（前233），率军向秦反攻，在肥（今河北晋州西）大败秦军，因
功封武安君。后赵王中秦反奸计，李牧被杀死。《史记》卷八一、
《藏书》卷四七等有传。

⑦觐（jìn）：大臣朝见国君。至尊：古时对皇帝的尊称。

【译文】

塞外烽火台西聚集着众多征东将士，

早晨煮饭的炊烟飘流在户户村村。

战士们欣赏着夸耀着自己的战马，

在边塞带领军伍的将军却个个早早休憩闭门。

沿海倭寇的骚扰何时才能平定？

你们这些登坛拜将都只顾享乐的人不是太辜负了国君的大恩！

现今在大同城中就有像廉颇、李牧一样杰出的军事将领梅国桢，

他何时才能得到重用再去为国建立功勋？

晚过居庸

【题解】

本诗写于万历二十五年（1597）。居庸，即居庸关，长城重要关口，
在北京昌平西北居庸山上。这是李贽离开大同到北京去路过居庸关时
有感而写。

重门天险设居庸①，百二山河势转雄②。

关吏不闻占紫气③，行人或共说非熊④。

湾环出水马蹄涩，回复穿云月露融⑤。

燕市即今休感慨，汉家封事已从容⑥。

【注释】

①重门：重关，门指关门。喻指边防要塞。

②百二：以二敌百。一说百的一倍。原指秦地的险固。《史记》卷八《高祖本纪》："秦，形胜之国，带河山之险，县隔千里，持戟百万，秦得百二焉。"裴骃集解引苏林曰："得百中之二焉。秦地险固，二万人足当诸侯百万人也。"司马贞索隐引虞喜曰："百二者，得百之二。言诸侯持戟百万，秦地险固，一倍于天下，故云得百二焉，言倍之也，盖言秦兵当二百万也。"后用以喻山河险固之地。这里指居庸设关的险隘形势。

③"关吏"句：《史记》卷六三《老子韩非列传》：老子"居周久之，见周之衰，乃遂去"。至关（函谷关），关令尹喜乃请老子著书，"于是老子乃著书上下篇，言道德之意五千余言而去，莫知其所终"。司马贞索隐引汉刘向《列仙传》："老子西游，关令尹喜望见有紫气浮关，而老子果乘青牛而过也。"后常以紫色云气为祥瑞之气，附会为帝王或圣贤出现的预兆。这里借以说明，如今的关吏，已不是懂得占紫气的尹喜了。

④非熊：《六韬·文师》载：文王将往渭水边打猎，行前占卜，卜辞曰："田于渭阳，将大得焉，非龙非彲（chī，即螭，传说中的一种蛟龙，无角），非虎非罴（pí，熊的一种，俗称人熊或马熊），兆得公侯。天遗汝师以之佐昌。"后果见姜太公（吕尚）坐渭水边垂钓，与之语而大悦，遂同车而归，拜之为师。古熊、罴连称，后遂以"非熊"为姜太公的代称，并用以说明隐士贤才的被起用。这里则以"行人"议论姜太公之事，而暗寓现今对人才的不重视。

⑤"湾环"二句：这是写当时过居庸关时的情景。出水，出自水中。李贽《盆荷》诗："无心出水真如画，有意凭栏笑欲然。"即此用法。月露，月下的露滴。

⑥"燕市"二句：意为面对如今的现实（参看上首诗题解），感慨不必

发了,"封事"也不必上了,其中包含着作者对当时现实极为失望的感慨。燕市,指燕京,即当时的都城北京。汉家封事,汉代时,臣下上书奏事,防有泄漏,用皂囊封缄,成密封的奏章,因称"封事"。《汉书》卷八《宣帝纪》:"上始亲政事,又思报大将军功德,乃复使乐平侯山领尚书事,而令群臣得奏封事,以知下情。"《后汉书》卷二《明帝纪》:"于是在位者皆上封事,各言得失。"李善注:"宣帝始令群臣得奏封事,以知下情。"《文心雕龙·奏启》:"自汉置八仪,密奏阴阳,皂囊封板,故曰'封事'。"从容,宽缓,不必急于。

【译文】

我站在边塞无险似的重关居庸,

在这里真是以二敌百险隘坚固难以攻。

如今的关吏哪里懂得紫气浮关的意义,

行人们也只能空议今日无人识得姜太公。

马踏流淌的湾水举蹄慢,来往穿云的月光像露滴消融。

面对当今的现实不必感慨了,朝廷内歌舞升平上什么奏章也没有用。

九日至极乐寺闻袁中郎且至因喜而赋

【题解】

本诗写于万历二十五年(1597),或万历二十九年(1601)。极乐寺,在北京西山。万历二十五年,李贽离开大同,转赴北京,九月九日重阳节时到北京西山极乐寺。此时,袁中郎在八、九月间进京"谒选"(据袁宗道《白苏斋类集》卷一五《与李卓吾》五)。万历二十九年,李贽住北京通州马经纶别业,再度到极乐寺寓居。这时,袁中郎"将抵国门"(据钱谦益《列朝诗集小传》闰三《卓吾先生李贽》)。本诗可能写于这两次李贽寓居极乐寺和袁中郎到北京之际。袁中郎,袁宏道(1568—1610),字中郎,号石公,湖广公安(今湖北公安)人。万历二十年(1592)进士。历官吴县县令、国子监助教、礼部主事、吏部郎中、陕西主事等。与其兄宗道(字伯修)、弟中道(字小修)齐名,并称"三袁"。他们受李贽思想的影响,反对前、后"七子""文必秦汉,诗必盛唐"的复古、摹拟的文学主张,崇尚本色,强调独写"性灵",世称"公安派"。"三袁"中宏道成就尤为突出,实为"公安派"的旗手。著有《袁中郎全集》。《明史》卷二八八、《明史稿》卷二六九、《列朝诗集小传》丁集中、《居士传》卷四六等有传。

世道由来未可孤①,百年端的是吾徒②。
时逢重九花应醉③,人至论心病亦苏④。
老桧深枝喧暮鹊⑤,西风落日下庭梧⑥。
黄金台上思千里⑦,为报中郎速进途。

【注释】

①世道:世间道理。亦指世上事物的发展变化。孤:孤立。语出《论语·里仁》:"德不孤,必有邻。"

②端的:的确,果然。吾徒:我的门徒,知心朋友。

③重九:夏历九月初九称"重阳",又叫"重九"。

④论心:谈论出自肺腑。指诚挚相待。苏:醒过来,指病而复苏。

⑤老桧(guì):老的桧柏。桧,柏科,常绿乔木。

⑥庭梧:庭前的梧桐树。

⑦黄金台:古台名。又称金台、燕台。故址在今河北易县东南北易水南。相传战国时燕昭王筑,置千金于台上,延请天下贤士,故名。后世慕名,在今北京和河北徐水、满城、定兴等地皆有以"黄金"为名的台式建筑。此处指北京黄金台。

【译文】

世界上一切事物的发展变化都是互相联系而不孤立的，

多年的交往我和你成了心心相印的知己。

重阳时节鲜花怒放使人陶醉，朋友间诚挚相待身心泰舒。

傍晚之际喜鹊在古老桧树枝上喳喳叫，

庭院的梧桐微风习习摇曳着夕阳西下的余晖。

我在黄金台上思念着千里之外的你，

等待着北京的相聚请你快速地赶路。

元日极乐寺大雨雪

【题解】

本诗于万历二十六年(1598)写于北京极乐寺。元日，正月初一。该诗表现了李贽对人生不幸遭遇的深沉感慨。

万国衣冠共一新①，婆娑独占上方春②。

谁知向阙山呼日③，正是飞花极乐辰④。

寂寂僧归云际寺⑤，溶溶月照陇头人⑥。

年来鬓发随刀落，欲脱尘劳却惹尘⑦。

【注释】

①万国：普天下。一新：全部更新。

②婆娑：盘桓，逗留。这里指作者自己。上方：住持僧居住的内室。亦借指佛寺。这里指极乐寺。

③向阙(què)：古代宫门前面两侧高台上的楼观。借指皇帝所居住的宫廷。山呼：封建时代臣下对皇帝的祝颂仪式，叩头高呼"万

岁"三次。

④飞花:飘飞的雪花。

⑤云际寺:指极乐寺。云际,云中,言其高远。

⑥陇头人:指作者。陇头,陇山,借指边塞。李贽当时由山西沁水
　　到大同,又由大同到北京,沁水、大同都是边塞之地,故自称"陇
　　头人"。

⑦"年来"二句:这是李贽对十年来遭遇的感慨。李贽于万历十六
　　年(1588)由于多种原因落发为僧(参看《薙发》题解)。本想由此
　　而脱离"尘劳",著述讲道,完成自己的人生追求,但却又不断受
　　到道学家的攻击与封建官吏的迫害。万历十八年(1590),耿定
　　向看到公开刊行的《焚书》后,极为恼火,说是"闻谤",立即将以
　　前与李贽论战的书信检出,并写了公开信《求儆》,还唆使其徒蔡
　　毅中作序,向李贽展开攻击。而后,又与官府勾结,驱逐李贽。
　　万历十九年(1591),李贽在袁宏道陪同下游武昌黄鹄矶,被诬为
　　"左道惑众"又遭驱逐。同年秋,蔡毅中写《焚书辨》、耿定向写
　　《求儆书后》,再次攻击李贽。万历二十一年(1593),因澹然、自
　　信、明因、善因等向李贽请教佛法,又遭道学家的非议,写信给李
　　贽,说"妇人见短,不堪学道"。万历二十二年(1594),耿定向卧
　　病而著《学彖》《冯道论》,对"异学"和李贽再作攻击。同时,麻城
　　又掀起一场迫害李贽的风波,扬言要拆毁李贽居住的芝佛院。
　　万历二十三年(1595),耿定向的故交、门生、原任广东参议史旌
　　贤调任湖广佥事,兼任湖北分巡道,就任时特地到黄安看望耿定
　　向。他经过麻城时,扬言要"以法"惩治李贽,麻城又掀起一股迫
　　害李贽的风波。后来,李贽与耿定向有所"和解"。但对于李贽
　　与澹然等女弟子间的通信谈道,诬为"男女混杂"的种种攻击却
　　仍然不断。而且麻城黄安一带又有人扬言"欲杀"李贽,经焦竑
　　"分剖乃止"(本书卷二《与焦弱侯》)。这十年间,李贽的遭遇,正

如他在写于万历二十四年（1596）的《豫约·感慨平生》中所说："余之多事亦已极矣。余唯以不受管束之故，受尽磨难，一生坎坷，将大地为墨难尽写也。"（本书卷四）在这首诗中所说"年来鬓发随刀落，欲脱尘劳却惹尘"，正是这种不幸遭遇的内心抒发。尘劳，佛教徒谓世俗事务的烦恼。

【译文】

普天下的人全都换着新衣以迎佳节新春，
我徘徊在极乐寺禅房内等待春光的降临。
每年此时臣子们都要在宫廷向帝王叩头跪拜，
满天的雪花飞舞妆点着这一美妙的时辰。
在这寂静之夜僧人们都安居在高高的极乐寺，
溶溶如水的月光照射在我这个来到塞外的陇头人。
十年前我为了摆脱世俗杂务的烦恼而落发为僧，
没想到却因此而引来更多的世俗杂务的纠纷。

雨中塔寺和袁小修韵

【题解】

本诗于万历二十六年（1598）写于南京。塔寺，因寺中有塔，故称。又名白塔寺，在南京永庆寺内。光绪六年重刊《江宁府志》卷一〇《古迹下》载："永庆寺，在城内北门桥铁塔寺后。梁天监间，祠永庆公主香火，因名。寺有塔，又名白塔寺。"和袁小修韵，本年春季，李贽与新罢讲官的焦竑联舟南下，同回南京。早夏，过仪征（古称真州，今江苏仪征），与到仪征接寓居于此的袁宏道家属而入京的袁小修相遇，并同游位于仪征东南澄江桥西的天宁寺。当时袁小修有《雨坐天宁寺，时将同卓吾子游秣陵，以雨不果》诗："照泥星出湿频频，早夏萧条似早春。牛首燕矶将戒路，雨师风的漫清尘。石栏浣浣流花泪，槐叶森森护鸟身。窗下一

篇闲自读,喜君年老有精神。"(《珂雪斋集》卷二)诗中"频、春、尘、身、
神"属十一真韵,李贽此诗即用此韵"濒、人、身、贫、神"等字以和之。袁
小修,袁中道(1570—1624),字小修,号柴紫居士。湖广公安(今湖北公
安)人。万历四十四年(1616)进士。历官徽州府教授、国子博士、南京
礼部主事、南京吏部郎中等。与其兄袁宗道(字伯修)、袁宏道(字中郎)
齐名,并称"三袁"。他们受李贽思想的影响,反对前、后"七子""文必秦
汉,诗必盛唐"的复古、摹拟的文学主张,崇尚本色,强调独写"性灵",世
称"公安派"。著有《珂雪斋集》。《明史》卷二八八、《明史稿》卷二六九、
《列朝诗集小传》丁集中、《居士传》卷四六等有传。

　　　　无端滞落此江濒①,雨湿征衫逢故人②。
　　　　但道三元犹浪迹,谁知深院有孤身③。
　　　　才倾八斗难留客④,酒赋千钟不厌贫⑤。
　　　　自是仙郎佳况在⑥,何妨老子倍精神⑦。

【注释】

①无端:无缘无故。滞落:停滞,流落。江濒:江滨,江畔。江,指
　长江。

②"雨湿"句:这是回忆早夏在仪征与袁小修的相逢。

③"但道"二句:这是当时李贽对自己心情的表白。三元,旧称农历
　正月、七月、十月之望(十五日)为上元、中元、下元,合称三元。
　此指七月十五日。浪迹,到处漫游,行踪无定。孤身,孤单一身,
　李贽自指。李贽为什么会有到处浪游、孤身无着的情绪呢?像
　上首诗一样,这也需要对他这几年间的经历与处境作些考察。
　万历二十三年(1595),史旌贤路过麻城时,扬言要"以法"惩治李
　贽,掀起了一股迫害李贽的风浪。当时耿克念(耿定理之子)曾

来信邀李贽到黄安,李贽回信表示处在“嫌疑之际”,还是不去为好。还表示史旌贤要用恐吓手段迫使他主动离开麻城,那是绝对办不到的。并说:“故我可杀不可去,我头可断而我身不可辱,是为的论,非难明者。”(《续焚书》卷一《与耿克念》)后来,顾养谦来信邀李贽到通海(即南通州,今江苏南通),李贽也以“适病暑”而婉言谢绝(本书卷二《复顾冲庵翁书》)。秋初,耿克念又来信邀请李贽到黄安。李贽回信说,为了避免“去往黄安求解免”的嫌疑,还是决定不去。同时表示:“若要我求庇于人,虽死不为也。”(《续焚书》卷一《与耿克念》)大概在秋季,刘东星派其子刘用相来接李贽到山西沁水。李贽本准备动身前往,不意又闻史巡道要“以法治之”,于是决定不远赴山西,而改赴黄安之约。他在《与城老》中说:“本选初十日吉,欲赴沁水之约。闻分巡之道欲以法治我,此则治命,决不可违也。若他往,是违治命矣,岂出家守法戒者之所宜乎!”又说:“大抵七十之人,平生所经风浪多矣。平生所贵者无事,而所不避者多事……宁屈而死,不肯倖生……今又幸有此好司道(指史旌贤)知我,是又不知何处好风吹得我声名入于分巡之耳也。为之忻幸者数日,更敢往山西去耶!只有黄安订约日久,不得不往……盖黄安去此不远,有治命总不曾避;若山西则出境远矣,治命或不得达,是以决未敢去。”(《续焚书》卷一)约在十一、二月间,李贽到黄安见到耿定向,两人再次“和解”。万历二十四年(1596)二月间,李贽回到龙潭湖。九月,到山西沁水。五月,应大同巡抚梅国桢之邀,到大同。八月,离大同,转赴北京。在沁水、大同期间,刘东星、梅国桢都给李贽以悉心照料,使他度过了一段愉快的时日,并相继完成了《道古录》《孙子参同》等著作。但是,麻城一再扬起的对李贽的诋毁、攻击风波,也给李贽思想上造成了痛苦。李贽原本想在麻城著述讲道,在这种情势下,使他产生了茫然无归的苦恼。他在这时写给当时在京任左通政的耿定力的信中说："从此东西南北，信步行去，所至填沟壑皆不悔矣。"(《续焚书》卷一《与耿叔台》)就是这一苦恼的流露。九月九日，李贽到了北京，寓居西山极乐寺。在此期间，一意诵经、参禅。万历二十六年春，李贽与焦竑同舟南下，到南京，先住焦竑精舍，不久移寓永庆寺。在这三四年的奔波中，虽不乏挚友的"供养甚备"(《续焚书》卷一《答李惟清》)。而且，住到永庆寺后，又不断地友人来往，据佘永宁的《永庆答问》，当时与李贽相会论学的就有佘永宁、吴世征、李登、李朱山、吴远庵、徐及、无念、程浑之、方沆、曹鲁川、洪石夫、汪震甫等。但东西南北的奔波，仍使李贽产生一种身无所着之感。李贽并不想一定老死麻城，他在《与焦弱侯》中曾说："弟(自指)则以为生在中国(这里指包括湖北在内的内地)而不得中国半个知我之人，反不如出塞行行，死为胡地之白骨也，兄胡必劝我复反龙湖乎？龙湖未是我死所，有胜我之友，又真能知我者，乃我死所也。"又说："与其不得朋友而死，则牢狱之死，战场之死，固甘如饴也，兄何必救我也？死犹闻侠骨之香，死犹有烈士之名，岂龙湖之死所可比！……我岂贪风水之人耶！我岂坐枯禅，图寂灭，专一为守尸鬼之人耶！何必龙湖而后可死，认定龙湖以为冢舍也！"(本书卷二)但是，麻城在李贽心中还是深有留恋的。上面所引的一段话，明显地带有愤激之情，即对麻城一带的封建官吏与卫道士们的诋毁、迫害的愤激。李贽的很多友人也都看出了当时李贽处境的艰难。袁宏道在《寄杨乌栖》中说："卓老既到南，想公决来接。弟谓老卓南中既相宜，不必撺掇去湖上也。亭州(麻城)人虽多，有相知如弱侯老师者乎？……一郡巾簪势不相容，老年人岂能堪此？"(《袁宏道集笺校》卷二一)说明李贽要回麻城的不宜。陶望龄在《与焦漪园》中则说："世上眼珠小，不能容人。况南京尤声利之场，中间大儒老学，崇正辟异,以世教自任者尤多,恐安放卓老不下,丈须善为之计。弟意牛头、摄山诸处,去城稍远,每处住几时,意厌倦时,辄易一处,无令山神野鬼得知踪迹,则卓老自然得安,或不遂兴思归也。"(《歇庵集》卷一一)这则说明李贽在南京也是不宜的,就是躲入禅寺、深山,也得常常变换场所,以免山神野鬼得其踪迹,使其不得安处。这都多么清楚地表明李贽当时处境的艰难。李贽在此期间的一些诗文书答中,也都流露出心情的忧戚与处境的艰难。如写于山西沁水时的《卷蓬根》:"尘世无根若卷蓬,主人莫讶我孤踪。南来北去称贫乞,四海为家一老翁。"与这首诗的"无端滞落此江濒,雨湿征衫逢故人。但道三元犹浪迹,谁知深院有孤身"其中所包含的无限感慨完全一致。

④才倾八斗:称赞袁小修是位极富才学的人。倾,超过,胜过。八斗,八斗之才,比喻才高。唐李商隐《可叹》诗:"宓妃愁坐芝田馆,用尽陈王八斗才。"宋无名氏《释常谈·八斗之才》:"文章多,谓之'八斗之才'。谢灵运曰:'天下才有一石,曹子建独占八斗,我得一斗,天下共分一斗。'"

⑤"酒赋"句:酒逢知己千杯少的意思。赋,给予,授予。千钟,千杯。不厌,不满足。贫,不足,缺乏。

⑥"自是"句:指袁小修。仙郎,唐代人们对尚书各部郎中、员外郎的惯称。袁小修曾官吏部郎中,李贽以唐代人的惯称称之。

⑦"何妨"句:李贽自指。何妨,不妨,表示可以、使得之意。这句是承接上句而来,表示由于"仙郎佳况在",使得自己也"倍精神"。从中可见二人交谊之深。

【译文】

不知何故流寓在这长江边,不禁又忆起在仪征雨中与你的相见。
如若有人说我怎么在中元鬼节还是不停地漫游,
他哪里知道在这塔寺深院就我孤独一人。

想当初与你这位超过八斗之才的文士相聚而又分离，

使人真实感到酒逢知己千杯少的深深含义。

得知仙郎你现今身心俱健，高兴得老汉我也倍加精神。

读羊叔子劝伐吴表

【题解】

本诗写作时间不详。羊叔子，羊祜（hù，221—278），字叔子，泰山南城（今山东费县西南）人。西晋大臣。司马师妻弟。魏末任相国从事郎中，掌司马昭机密。晋武帝（司马炎）代魏后，以尚书左仆射都督荆州军事，出镇襄阳，开屯田，储军粮，作灭吴准备；平日则与吴将陆抗互通使节，各保分界。为官清俭，自谓"拜爵公朝，谢恩私门，吾所不取"（《晋书》卷三四《羊祜传》）。屡请出兵灭吴，未能实现。临终，举杜预自代。两年后，西晋灭吴，武帝流涕念其功，并策告祜庙。著有《老子传》，已佚。劝伐吴表，羊祜曾向晋武帝司马炎上疏，极言伐吴的重要与必要性，但因"议者多不同"，而未能实现。羊祜病危时，武帝遣中书令张华问伐吴之策，羊祜说："吴人虐政已甚，可不战而克。"李贽对此赞为："甚是，甚是。"（《藏书》卷一〇《羊祜传》）劝，进谏。伐，讨伐。吴，三国之一。公元221年孙权在武昌（今湖北鄂州）称吴王，229年称帝。亦称孙吴、东吴。占有今长江中下游，南至福建、广东、广西以及越南北部和中部地区。280年为晋所灭。表，古代奏章的一种。

三马同槽买邺都①，转身卖与小羌胡②。

山涛不是私忧者③，羊祜宁知非算无④？

天堑长江权入晋⑤，地分左衽终输吴⑥。

当时王谢成何事⑦？只好清谈对酒垆⑧。

【注释】

①三马同槽：《晋书》卷一《宣帝纪》："魏武（曹操）察帝（司马懿）有雄豪志，闻有狼顾相，欲验之。乃召使前行，令反顾，面正向后而身不动。又尝梦三马同食一槽，甚恶焉。因谓太子丕曰：'司马懿非人臣也，必预汝家事。'"三马，指司马懿、司马师、司马昭；一槽，指曹氏。后因以"三马同槽"为外姓谋位之典故。买邺都：指司马氏篡魏自立。买，购买。此处引申为占领、篡夺。邺都，古都邑名，建安十八年（213），曹操为魏公，定都于此，故址在今河北临漳西南邺镇一带。曹丕代汉后，定都洛阳，邺仍为五都之一。长期以来，魏与邺已被视为异名同义，这里的"邺都"，即指曹魏。公元265年，司马炎迫魏帝曹奂（huàn）禅位，废为陈留王，易魏为晋，改元泰始，是为晋武帝。

②"转身"句：指邺都不久又被羌（qiāng）胡族所占领。小羌胡，羌胡为我国古代的羌族和匈奴族，亦用以泛称我国古代西北部的少数民族。小，带有歧视之意。

③山涛（205—283）：字巨源，西晋河内怀县（今河南武陟西南）人。"竹林七贤"之一。与司马懿有亲戚关系，见懿与曹爽争权，隐居不问世事。后司马师执魏政时出仕，入晋为吏部尚书、右仆射等职。《晋书》卷四三、《藏书》卷一〇等有传。私忧：以个人得失为忧虑。指山涛为官少私心，推荐人才比较公正。《晋书》本传载：他与钟会、裴秀都友好，钟、裴"二人居势争权，涛平心处中，各得其所，而俱无恨焉"。后"羊祜执政，时人欲危裴秀，涛正色保持之"。出为冀州刺史时，"甄拔隐屈，搜访贤才，旌命三十余人，皆显名当时"。后任主管选用官吏的职务十余年，也都公允无失。南朝宋刘义庆《世说新语·政事》："山司徒（山涛）前后选，殆周遍百官，举无失才。凡所题目（品评之语），皆如其言。"李贽在这里所说的山涛的"私忧"，当与羊祜的谏伐吴有关，但具体情况尚

待考察。

④宁知:岂知,哪知。非算:不寻常的计策。指劝伐吴表。无:不存在。引申为落空。

⑤"天堑(qiàn)"句:指晋军通过长江灭了吴国,统一了江南。天堑,天然的壕沟。言其险要可以隔断交通,成为不可逾越的屏障,以比喻长江天险。此处用以借称吴国。权,权且,暂时。入,并入。

⑥"地分"句:指公元317年,晋室南渡,建都建康(今南京),成为东晋。而长江以北之地,则为匈奴、鲜卑等少数民族所侵占。左衽(rèn),亦作"左袵",衣襟向左。衽,衣襟。我国古代一些少数民族的服装,前襟向左掩,异于中原一带人民的右衽。此处用以指代少数民族。输吴,入吴。即转入到原来吴国之地。司马氏篡汉称帝建立西晋王朝之后,由于代表士族大地主集团的利益,实行等级森严的门阀制度和分封制度,形成了"上品无寒门,下品无世族"(《晋书》卷四五《刘毅传》)的状况,使社会矛盾激化。晋武帝司马炎死后,诸王争权夺利,互相攻伐,遂演成"八王之乱",最后使匈奴等外族得以入侵,大半个北中国成为连年混战的战场,而西晋王朝也就在这种内乱外患之中很快灭亡,晋室不得不逃渡江南,偏安一隅。李贽这里的感慨即对此而发。

⑦王谢:晋代望族王氏、谢氏的并称。晋自开国以来,朝廷大权一直为王家和谢家所把持。此处指执掌政权的大官僚。

⑧清谈:亦称"清言"或"玄谈",魏晋时期崇尚老庄、空谈玄理的一种风气。始于三国魏何晏、王弼等,至晋于衍辈而益盛。酒垆:卖酒处安置酒坛的砌台。亦借指酒肆、酒店。这里用作酒的代称。

【译文】

司马氏终于在邺都篡夺了曹魏的政权,

但是不久邺都又被小小的羌胡所侵占。

山涛这人为官公正而少私心，

羊祜怎么能想到他的伐吴谏议不能实现？

东吴虽有长江天堑之险终于为晋军所灭，

短短四十年司马氏又被匈奴等赶到了原来的东吴那边。

当时像王、谢那样把持朝廷大权的高官们又能办成什么事？

他们只知道手捧酒杯借着老庄搞玄谈。

读刘禹锡金陵怀古

【题解】

本诗写作时间不详。刘禹锡(772—843)，字梦得，彭城(今江苏徐州)人。德宗贞元进士，后又中博学宏词科，授官监察御史，是王叔文集团重要人物之一。后由于革新政治失败，被贬为郎州(今湖南常德)司马，当时年仅二十三岁。而后又历官连州(今广东连县)、夔州(今四川奉节)、和州(今安徽和县)刺史，在外二十多年。入朝后为主客郎中，官至检校礼部尚书。晚年回到洛阳，任太子宾客。唐代政治家、思想家、诗人。著有《刘梦得文集》。《旧唐书》卷一六〇、《新唐书》卷一六八等有传。金陵怀古，指刘禹锡的《西塞山怀古》："王濬楼船下益州，金陵王气黯然收。千年铁锁沉江底，一片降幡出石头。人世几回伤往事，山形依旧枕寒流。今逢四海为家日，故垒萧萧芦荻秋。"诗中表现了希望国家统一、反对藩镇割据的思想，在中唐有着强烈的现实意义。

王濬楼船下益州①，金陵怀古独称刘②。

千寻铁锁沉江底③，百万龙骧上石头④。

赋就群公皆阁笔⑤，功成二子莫为仇⑥。

钟山王气千年在⑦，不见长江日夜浮⑧！

【注释】

①"王濬(jùn)"句:写王濬造楼船率师沿长江东下灭吴之事。王濬(206—286),字士治,小字阿童,弘农湖县(今河南灵宝西北)人。初为羊祜部下,祜荐为益州(今四川成都)刺史。官至抚军大将军。晋武帝时,即造舟舰,练水师,积极准备攻吴。后受命伐吴,率师出益州沿江而下,先克武昌,直取吴都建业(今江苏南京),接受孙皓投降。《晋书》卷四二、《藏书》卷五四等有传。楼船,有楼的大船,古代多用作战船。亦代指水军。《晋书·王濬传》:"武帝谋伐吴,诏濬修舟舰。濬乃作大船连舫,方百二十步,受二千余人。以木为城,起楼橹,开四出门,其上皆得驰马来往。又画鹢首怪兽于船首,以惧江神。舟楫之盛,自古未有。"

②金陵怀古:泛指怀吟金陵(今江苏南京)的咏史诗。称:著称,称扬。刘:指刘禹锡。

③"千寻"句:意为吴国设在长江上的铁锁铁锥江防都被打破了。寻,古代长度单位,八尺为寻。铁锁,吴国曾在长江中设铁锁、铁锥,以防晋军的进攻。《晋书·王濬传》:"吴人于江险碛要害之处,并以铁锁横截之,又作铁锥长丈余,暗置江中,以逆距船。"

④龙骧(xiāng):古代将军的名号。晋武帝曾以王濬为龙骧将军,王濬为伐吴而造的大船亦称龙骧。这里指王濬所率领的晋军。石头:石头城,又名石首城,故址在今江苏南京市清凉山。此处指南京。

⑤群公皆阁笔:宋代计有功《唐诗纪事》卷三九《刘禹锡》载:"长庆中,元微之(元稹)、梦得(刘禹锡)、韦楚客(韦楚)同会乐天(白居易)舍,论南朝兴废,各赋《金陵怀古》诗。刘满饮一杯,饮已即成,曰:'王濬楼船下益州……'白公览诗曰:'四子探骊龙(黑龙,颔下有宝珠),子先获珠,所余鳞爪何用耶!'于是罢唱。"这里借此以称赞刘禹锡的《金陵怀古》。群公,指元、韦、白等诗人。阁

笔,即搁笔,指群公"罢唱"。

⑥二子:指王濬与王浑。据《晋书·王濬传》,王濬率水师东下灭吴时,晋武帝命令他受安东将军王浑节度。濬军将至秣陵(今江苏南京)时,王浑曾要濬"暂过论事"。而濬以"风利,不得泊也"为由,举帆直下,乘胜纳降,一举攻下南京城。而久破孙皓军"顿兵不敢进"的王浑"耻而且忿",乃上书称濬"违诏不受节度"要求有司治之罪。

⑦钟山:今南京紫金山。王气:旧指象征帝王运数的祥瑞之气。

⑧"不见"句:这句是用日夜滔滔不息的长江象征"王气"的表现。浮,显现,呈现。

【译文】

王濬造楼船率大军从益州沿长江而下灭了东吴,

自古以来借金陵而咏怀的诗作刘禹锡占鳌头。

吴国在长江上设置的铁锁铁锥江防终被打破,

王濬率领的百万晋军一举攻占了东吴南京首都。

刘禹锡的《金陵怀古》使元稹、韦楚客、白居易都搁笔罢唱,

既然攻吴大胜王濬、王浑两位将军又何必争功结仇。

南京钟山有着牢固不散的帝王祥瑞之气,

就像那滔滔不息的长江之水浩浩荡荡东流。

琉璃寺

【题解】

本诗于万历十二年(1584)写于黄安。琉璃寺,在黄安(今湖北红安)西。《黄州府志》卷四《寺观》:"琉璃寺在黄安县西。"

琉璃道上日初西^①，马绕秋风万木低。

僧舍不关从客去，田家有酒为谁携？

篱边小雨催黄菊，山岫明星报晓鸡^②。

自有深公为伴侣^③，何妨一笑过前溪！

【注释】

①琉璃道上：指日光照耀的道路上。

②"篱边"二句：写"从客去"的景色。岫（xiù），峰峦。

③深公：即深有。见《同深有上人看梅》题解。

【译文】

夕阳西下的阳光照射得道路如闪闪的琉璃，

在树阴夹道微风习习中催赶着乘骑。

离开僧舍随客悠悠而去，不知路上能否饮酒小憩？

一阵小雨洒落在篱边黄菊丛中，

几颗明星闪灼的山峰中传来报晓的鸡啼。

这次出游一路得老友深有相伴，内心自然是无限欣喜地越过前溪！

赴京留别云松上人

【题解】

本诗于嘉靖四十一年（1562）赴京途经江苏吴县时所写。赴京，到北京求职。李贽于嘉靖三十八年（1559）任南京国子监博士，到任数月，其父病逝，即守制东归。嘉靖四十一年秋间，服满，携眷入京求职。云松上人，云松和尚。云松，不详，可能是在支硎（xíng）山隐居修行的和尚。上人，旧时对和尚的尊称。

支公遁迹此山居①，深院巢云愧不如②。
自借松风一高枕③，始知僧舍是吾庐。
风吹竹柏袈裟破④，月满池塘钟磬虚⑤。
独有宿缘酬未毕⑥，临歧策马复踌躇⑦。

【注释】

①支公：即支遁（314—366），字道林，以字行，时人也称为"林公"。本姓关，陈留（今河南开封南）人。家世奉佛，年二十五出家。晋代僧人。曾在支硎山（在今江苏苏州）隐居修行，故又称"支公"。南朝宋义庆《世说新语·言语》："支道林常养数匹马。或言道人畜马不韵，支曰：'贫道重其神骏。'"余嘉锡笺疏："《吴郡志》九云：支遁庵在南峰，古号支硎山，晋高僧支遁尝居此。"后至建康（今江苏南京），与谢安、王羲之等交游，好谈玄理。所注《庄子·逍遥游》，见解独到，"群儒旧学莫不叹服"，时称"支理"。作《即色游玄论》等，宣扬"即色本空"思想，为般若学六大家之一。其他著作有《圣不辩知论》《释即色本无义》等。现存有清代邵武徐氏刊《支遁集》二卷，附补遗一卷。《梁高僧传》卷四、《六学僧传》卷一一、《释氏稽古略》卷二等有传。遁（dùn）迹：指避世隐居。此山：指吴县支硎山。按：日人铃木虎雄《李卓吾年谱》将此诗系在万历二十八年（1600），并说："也许是卓吾离开龙湖，要到北京去时作的。"实际上，李贽为官后经江苏吴县而赴京者只有嘉靖四十一年由泉州出发的一次。由此诗"支公遁迹此山居"，可证本诗是写于嘉靖四十一年，而不是万历二十八年。

②巢云：巢居云际。指隐居高山禅寺。

③松风：松林之风。这里指像松风那样清朗，以喻隐居支硎山的支遁与云松上人的人品高洁。

④袈裟：梵文音译，原意为"不正色"，佛教僧尼的法衣。佛制，僧人
　必须避免用青、黄、赤、白、黑五种正色，而用似黑之色，故称。

⑤钟磬（qìng）：佛寺中念经供佛时所用的乐器。虚：稀少。

⑥宿缘：前生的因缘。佛教认为，现实中的遇合，与宿昔（前生、旧
　日）因缘有关，并非偶然，故称。这里指与云松上人的友情。

⑦临歧：上路。歧，岔路。

【译文】

晋代僧人支遁曾在支硎山这里修行，

现在我自愧不如的云松上人又在这云际禅寺隐居。

他们禅学深深人品高洁如同清朗的松风吹拂，

使我深受感染不觉地也想出家皈依。

风吹竹柏身披袈裟潜悟禅理，

月光洒满池塘的深夜供佛念经的乐声已减息。

我与云松上人的友情因缘难割难舍，临分手时又恋恋不忍离去。

望鲁台礼谒二程祠　　二程俱产于此

【题解】

本诗于万历十五年（1588）写于湖北黄陂。望鲁台，在湖北黄陂（今
武汉黄陂区）东鲁台山，"二程"在此读书，并在此眺望东鲁，以表对孔子
的崇拜。后人在此建有二程祠。《湖北通志》卷一五《古迹》："望鲁台在
黄陂县东，二程先生筑以望鲁。明景泰间建祠其麓。"嘉庆重修《大清一
统志》卷三三八《汉阳府一》："二程祠，在黄陂县东鲁台山。"又："鲁台山
在县东一里，宋二程读书处。"李贽于万历十五年将送眷属回泉州前，从
麻城到黄陂访教谕祝世禄，特到鲁台山谒二程祠，此诗当作于礼谒二程
祠后。礼谒，拜谒，瞻仰。二程，指程颢（1032—1085）、程颐（1033—
1107）兄弟。颢，字伯淳，学者称明道先生，洛阳（今河南洛阳）人。颐，

字正叔,学者称伊川先生。程氏兄弟学于周敦颐,均为北宋哲学家、教育家,是北宋理学的奠基者,世称"二程"。其学说为后来的朱熹所继承与发展,世称程朱学派。其著作后人编入《二程全书》。《宋史》卷四二七、《宋元学案》卷一三卷一四和卷一五卷一六、《藏书》卷三二和卷四三等有传。二程俱产于此:程颢程颐之父程珦(xiàng),曾官黄陂县尉,二程俱出生于黄陂。

> 日暮西风江上台①,森森古木使人哀②。
> 楚云一夜真堪赋③,鲁国何年入望来④?
> 千载推贤唯伯仲⑤,百年想像见婴孩⑥。
> 儵然欲下门庭雪,知是先生爱不才⑦。

【注释】

①江上台:指望鲁台。黄陂县鲁台山位于长江附近,故称。

②森森:蔚然高耸之貌。

③"楚云"句:这是写李贽在望鲁台停宿时对二程的敬仰。楚云,指黄陂。湖北古属楚地,故云。

④"鲁国"句:这是写二程当年在鲁望台眺望东鲁,以表示对孔子的崇拜。

⑤伯仲:兄弟。这里指二程。

⑥"百年"句:这是对当年"二程俱产于此"的想像描述。

⑦"儵(shū)然"二句:意为天空突然像要下起大雪,表示着先生对我的衷爱。这里是化用"程门立雪"的典故。《宋史》卷四二八《道学传二·杨时》:"(杨时)一日见颐,颐偶暝坐,时与游酢侍立不去。颐既觉,则门外雪深一尺矣。"事亦见《二程语录》卷一七引侯仲良《侯子雅言》。后因以"程门立雪"为尊师重道的典故。儵然,迅疾,突然。不才,对自己的谦称。

【译文】

在西风吹拂夕阳西下之际我登上了长江边的望鲁台,

放眼蔚然高耸的森林引发我无限的缅怀。

一夜的礼谒更增加了我对二程的钦佩敬仰,

想当年他们兄弟二人眺望东鲁对先师孔子该是何等崇拜。

千百年来二程兄弟不愧为圣贤之尊,

想当年他们在黄陂出生时该是多么富有灵气的婴孩。

二程祠旁好像突然大雪扬扬,

我意念中感受到这是先生对我的衷爱。

附录一　序跋

李氏焚书跋

黄　节

卓吾学术渊源姚江。盖龙谿为姚江高第弟子,龙谿之学一传而为何心隐,再传而为卓吾。故卓吾论心隐,尊以为上九之大人;而其叙龙谿文录,则曰:"先生此书前无往古,今无将来,后有学者可以无复著书矣。"夫卓吾以孔子之是非为不足据,而尊龙谿乃至是。由是言之,亦可以知卓吾学所从来矣。卓吾此书外,复著有《藏书》《续藏书》《说书》《卓吾大德》等书。《藏书》述史,始自春秋,讫于宋、元;《续藏书》则述明一代万历以前事。去岁邓秋枚购得《藏书》,李晓暾自金陵购得《续藏书》,余皆获读之。此书则为锦州张纪庭捐赠国学保存会者,明刊本也。

卓吾曰:"名曰《焚书》,言其当焚而弃之。"明季此书两经禁毁:一焚于万历之三十年,为给事中张问达所奏请;再焚于天启五年,为御史王雅量所奏请。然而此本则刻于既奉禁毁以后,观焦弱侯序可知也。嗟夫! 朝廷虽禁毁之,而士大夫则相与重镂之。陈明卿云:"卓吾书盛行,咳唾间非卓吾不欢,几案间非卓吾不适。"当时风尚如此。夫学术者天下之公器,王者徇一己之好恶,乃欲以权力遏之,天下固不怵也。然即怵矣,而易世之后,镂卓吾书者如吾今日,则亦非明之列宗所得而如何者。然则当日之禁毁,毋亦多事尔。

卓吾为人,颇不理于谢在杭、顾亭林、王山史诸贤之论,惟袁中郎著

《李温陵传》颇称道之。余最录袁传以附于后。嗟夫！嗟夫！卓吾学与时忤，其书且毁，记其人者或甚其词，度必有之。亭林、山史因学术之同异，至痛诋其人，以为叛圣。若是，夫阳明之不能免于世之诋诃，固宜也。戊申三月，顺德黄节跋

李氏焚书首序

陈证圣

李卓吾先生以儒术起家二千石，有理学名。然多涉释氏，制行瑰异，措论玄冥，世亦病之，因是祸搆。遗稿数十万言，悉焰祖龙。吴人士镌其余，而隘之制。议者曰：以先生之资，究心儒术，将统继千秋，庙食百世，前无濂洛，后无余姚，胡逃儒归释，遭此訾诟如今日哉！余以为惟其归释，得以炳烁；不然，仅一学究老生耳，川岩徒灭，雷电俱收，何有今日？然则以此贾祸者，即以此招声。先生未尝负斯世，斯世未尝负先生也。虽然，先生岂其逃儒，岂其归释？惟是儒者尚渐，释者尚顷。由释入儒，其功捷；由儒游释，其机镕。先生之于震旦氏也，始则假途，终则游艺，既徼其捷，复收其镕，盖妙于儒者，何得病之！古亦有言：道在蝼蚁，道在糠粃。蝼蚁糠粃，道且或存，岂遗释氏。斯集也，不知者目为震旦筌蹄，知之者目为尼山衣钵矣。梓成，吴人士徵予序，因题数字于弁。

中华经典名著
全本全注全译丛书
（已出书目）